重印本

司法解释理解与适用重印精选（9）

最高人民法院
建设工程施工合同司法解释的
理解与适用

最高人民法院民事审判第一庭　编著

人民法院出版社

图书在版编目（CIP）数据

最高人民法院建设工程施工合同司法解释的理解与适用/最高人民法院民事审判第一庭编著．—2版．—北京：人民法院出版社，2015.9

（司法解释理解与适用重印精选；9）

ISBN 978-7-5109-1299-3

Ⅰ．①最…　Ⅱ．①最…　Ⅲ．①建筑工程—经济合同—法律解释—中国　②建筑工程—经济合同—法律适用—中国　Ⅳ．①D923.65

中国版本图书馆CIP数据核字（2015）第171010号

最高人民法院建设工程施工合同司法解释的理解与适用

最高人民法院民事审判第一庭　编著

责任编辑　王　婷
出版发行　人民法院出版社
地　　址　北京市东城区东交民巷27号（100745）
电　　话　（010）67550617（责任编辑）　67550558（发行部查询）
　　　　　　65223677（读者服务部）
客服QQ　2092078039
网　　址　http://www.courtbook.com.cn
E－mail　courtpress@sohu.com
印　　刷　保定市中画美凯印刷有限公司
经　　销　新华书店

开　　本　787×1092毫米　1/16
字　　数　479千字
印　　张　34.5
版　　次　2015年9月第2版　2018年4月第10次印刷
书　　号　ISBN 978-7-5109-1299-3
定　　价　88.00元

重印说明

司法解释是最高人民法院根据法律和有关立法精神，针对审判工作中具体应用法律问题进行的统一规范，具有法律效力，是人民法院的裁判依据。为帮助司法实务工作者更好理解司法解释制定的背景、条文的涵义、适用中应注意的问题，最高人民法院在每部重要司法解释公布后，都会组织参与司法解释起草工作、审判经验丰富的专家法官撰写该司法解释的“理解与适用”，交由人民法院出版社等出版机构出版。自 2001 年首部司法解释理解与适用图书问世至今，人民法院出版社已出版“司法解释理解与适用丛书”逾 50 种。

十多年来，司法解释“理解与适用”图书以其内容的权威性、实用性而受到广大读者，特别是司法实务部门读者的肯定和欢迎，成为法官准确执行司法解释、统一裁判尺度的重要工具，律师准确理解司法解释要旨、开展执业活动的重要指南，学界研究中国司法实务的重要资料，对其他司法工作者更好地理解并适用司法解释也具有较强的指导和参考价值。“理解与适用”图书本身也已成为法律实务图书中的主流品种以及人民法院出版社的标志性品牌图书。

随着中国特色社会主义法律体系的形成，一些审判工作中常用的法律出台或修正，相关司法解释随之废止或修改，一些“理解与适用”图书品种不再具有现实指导意义；一些图书品种脱销多年，读者寻觅不易。为满足广大读者学习最高人民法院司法解释的现实需要，人民法院出版社从已出版的“理解与适用”图书中，精选出18种在实务中仍具学习和使用价值的图书品种，重印出版，以飨读者。具体品种如下：

1. 最高人民法院《关于确定民事侵权精神损害赔偿责任若干问题的解释》的理解与适用（2001年第1版）；

2. 最高人民法院《关于行政诉讼证据若干问题的规定》释义与适用（2002年第1版）；

3. 最高人民法院关于企业改制司法解释条文精释及案例解析（2003年第1版）；

4. 最高人民法院关于审理证券市场虚假陈述案件司法解释的理解与适用（2003年第1版）；

5. 最高人民法院关于审理商品房买卖合同纠纷案件司法解释的理解与适用（2003年第1版）；

6. 最高人民法院《关于审理期货纠纷案件若干问题的规定》的理解与适用（2003年第1版）；

7. 最高人民法院婚姻法司法解释（二）的理解与适用（2004年第1版）；

8. 最高人民法院人身损害赔偿司法解释的理解与适用（2004年第1版）；

9. 最高人民法院建设工程施工合同司法解释的理解与适用（2004年第1版）；

10. 最高人民法院国有土地使用权合同纠纷司法解释的理解与适用（2005年第1版）；

11. 最高人民法院农村土地承包纠纷案件司法解释的理解与适用（2005年第1版）；

12. 最高人民法院劳动争议司法解释的理解与适用（2006 年第 1 版）；

13. 最高人民法院劳动争议司法解释（三）的理解与适用（2010 年第 1 版）；

14. 最高人民法院仲裁法司法解释的理解与适用（2007 年第 1 版）；

15. 最高人民法院关于会计师事务所审计侵权赔偿责任司法解释理解与适用（2007 年第 1 版）；

16. 最高人民法院关于公司法司法解释（一）、（二）理解与适用（2008 年第 1 版）；

17. 最高人民法院关于民事案件诉讼时效司法解释理解与适用（2008 年第 1 版）；

18. 最高人民法院关于合同法司法解释（二）理解与适用（2009 年第 1 版）。

本次重印仅对其中个别错字、漏字、错句修正，对于原版中的基本内容、作者观点和结构体例等方面基本保留原貌，并对原版中的法律法规部分做了适当删减。应当说明的是，部分重印图书中，引用的法律或司法解释有变化，如，2010 年《中华人民共和国侵权责任法》施行后，最高人民法院于 2003 年公布的《关于审理人身损害赔偿案件适用法律若干问题的解释》中的部分条款因为与之相冲突，已经不再适用；又如，为了与 2013 年修改后重新公布的《中华人民共和国公司法》相适应，最高人民法院于 2014 年修改并重新公布了三个与之相关的公司法司法解释。本次重印对这些内容未逐处一一注明，请读者在使用本书时，以最新的法律和司法解释为准。

重印凡例

一、本书中所引用的下列法律，已经修订或修正，请以修改后的法律为准

1.1979年7月8日《中华人民共和国中外合资经营企业法》已被1990年4月4日《全国人民代表大会关于修改〈中华人民共和国中外合资经营企业法〉的决定》第一次修正，被2001年3月15日《全国人民代表大会关于修改〈中华人民共和国中外合资经营企业法〉的决定》第二次修正。

2.1987年1月1日《中华人民共和国土地管理法》已被1988年8月29日《中华人民共和国土地管理法》修订，后者被2004年8月28日《全国人大常委会关于修改〈中华人民共和国土地管理法〉的决定》修正。

3.1994年8月31日《中华人民共和国审计法》已被2006年2月28日《全国人民代表大会常务委员会关于修改〈中华人民共和国审计法〉的决定》修正。

4.1997年11月1日《中华人民共和国建筑法》已被2011年4月22日《全国人大常委会关于修改〈中华人民共和国建筑法〉的决定》修正。

二、本书中所引用的下列行政法规、规章、司法解释，已经废止

1.1983年8月8日《建筑安装工程承包合同条例》已被2001年10月6日《国务院关于废止2000年底以前发布

的部分行政法规的决定》废止。

2. 1993 年 1 月 29 日《建设工程施工合同管理办法》已被 2003 年 8 月 12 日《建设部关于废止等 9 件规范性文件的通知》废止。

3. 1993 年 11 月 16 日《建设工程质量管理办法》已被 2001 年 10 月 26 日《建设部关于废止〈建设工程质量管理办法〉等部令的决定》废止。

4. 1995 年 8 月 7 日《建筑装饰装修管理规定》已被 2004 年 7 月 2 日《建设部关于废止等部令的决定》废止。

5. 1995 年 12 月 27 日《最高人民法院印发〈关于审理房地产管理法施行前房地产开发经营案件若干问题的解答〉的通知》已被 2013 年 1 月 14 日《最高人民法院关于废止 1980 年 1 月 1 日至 1997 年 6 月 30 日期间发布的部分司法解释和司法解释性质文件（第九批）的决定》废止。

序

2004年10月26日，最高人民法院公布了《关于审理建设工程施工合同纠纷案件适用法律问题的解释》（以下简称《解释》）。这是最高人民法院为了统一审理建设工程施工合同纠纷案件的执法标准，根据《民法通则》《合同法》《建筑法》和《招标投标法》等法律规定，作出的一部重要司法解释。它对依法保护建设工程施工合同各方当事人的合法权益，维护建筑市场正常秩序，促进建筑业健康发展，维护社会的公平与正义，必将产生重要而深远的影响。

“百年大计、质量第一”，这是我们在建设工程施工现场经常看到的警句，它昭示着建设工程质量的重要性。多年来，我国建筑市场繁荣，发展很快，吸纳了大量的农民工就业，并拉动了一系列相关行业的发展，建筑业已经成为我国国民经济发展新的增长点。与此同时，也出现了一些建筑工程质量不高、建筑市场行为不规范、建筑投资不足等问题，特别是投资不足行为，造成了大量拖欠工程款和农民工工资的现象，已经严重侵害了建筑企业和进城务工人员的合法权益。这远远超出经济问题和法律问题的层面，演变成一个社会问题，引起了党和国家领导人的高度重视，为此国家已经采取专项措施进行处理。为了配合国家关于清理工程欠款和农民工工资等专项措施的实施，统一司法尺度，迫切需要及时制定相关司法解释。

该《解释》的起草工作始于2002年3月。在起草过程中，最高人民法院分别召开了不同类型的座谈会，多次征求了立法部门、国务院主管部门、施工企业、房地产开发企业、执业律师、专家学者、工程造价和工程质量鉴定中介机构等方面的意见，于2003年11月形成了初稿。为了确保司法解释能够集中民智，体现民情，符合立法本意，更好地维护公平与正义，最高人民法院于2003年12月15日将起草的司法解释稿在《人民法院报》和中国法院网上同时公布，公开向社会各界征询意见，受到了社会各界的广泛关注。最高人民法院民事审判第一庭作为本《解释》的起草单位，在对相关意见进行整理归纳、认真研究后，形成了《解释》的送审稿，并在多次征求全国人大常委会法制工作委员会和国务院法制办公室的意见后，报请最高人民法院审判委员会第1327次会议讨论通过了该《解释》。

这部《解释》主要是针对当前民事审判实践中遇到的与建设工程施工合同各方当事人利益以及人民群众生命安全和生活密切相关的重要问题，其中很多都是长期司法实践中反映出来的突出问题，有些还是社会关注的热点、难点、疑点和焦点问题。例如，建设工程施工合同无效的处理原则，合同解除的条件，质量不合格工程、未完工程的工程款结算，工程质量缺陷的责任，工程款利息的起算时间以及"黑白合同"的认定等。这次制定的《解释》，确定了尽量维护合同效力；合格工程应按照合同约定支付工程款；质量不合格的不支付工程款；当事人对垫资款及其利息的约定应予认可；严格限制合同解除权；发包人对工程质量缺陷有过错的也应承担责任；发包人收到结算报告不予答复的按照结算报告支付工程款；拖欠的工程款应当支付利息；招投标的建设工程未经备案的合同不能作为结算的依据；保护实际施工人的利益等重大原则，根据不同情况确定了界限范围。相信这些原则的确定和界限的划定，对规范和引导建筑市场行为，确保建筑工程质量，维护人民群众生命财产安全，公平保护当事人的合法权益，将会起到积极的效果。

最高人民法院制定司法解释，是根据宪法和法律赋予的职责，对适用法律过程中遇到的问题予以明确，旨在使原则和抽象的法律条文具体化、量化，更具有可操作性。为了便于从事民事审判的法官正确理解和适用该《解释》，同时也让社会了解、民众熟知该《解释》的条文本意，最高人民法院民事审判第一庭组织负责起草和参加讨论的法官，对该《解释》逐条进行了详细的说明，介绍了每个条文的形成过程、所依据的法律原则和精神，结合专家学者和社会各界意见采纳和吸收情况，对条文所要解决的实际问题进行了阐释，以便于读者全面理解和正确掌握该《解释》的条文本意。这也是最高人民法院民事审判第一庭组织撰写《理解与适用》书籍的本意和初衷。同时，为便于读者全面了解该《解释》的起草依据和背景，本书还收录了近年来最高人民法院民事审判第一庭终审的建设工程施工合同方面的典型案例，以便于读者参考。

全面规范建筑市场行为，提高建设工程质量，从根本上解决拖欠农民工工资问题，是一项复杂的系统工程，需要有关方面协同努力。该《解释》的制定，为妥善处理建设工程合同纠纷提供了更加明确的依据；本书的撰写和出版，对于帮助读者准确解读《解释》的本意提供了有益的参考。迄今为止，专门论述建设工程施工合同方面的专业书籍在我国尚不多见，本书融实务性、学术性、专业性和指导性为一体，在理论与实践的结合上进行了积极的、有益的探索，适合于从事相关工作的法官、律师、教学科研人员、建筑从业人员以及其他对此感兴趣的社会各界人士运用和学习该《解释》时参考。

值本书付梓之际，聊书数语，以向各界介绍，是为序。

二〇〇四年十月

目录

最高人民法院审理的建设工程施工合同纠纷案例

最高人民法院
关于审理建设工程施工合同纠纷案件适用法律问题的解释

法释〔2004〕14号

（2004年9月29日最高人民法院审判委员会第1327次会议通过　2004年10月25日最高人民法院公告公布　自2005年1月1日起施行）

根据《中华人民共和国民法通则》《中华人民共和国合同法》《中华人民共和国招标投标法》《中华人民共和国民事诉讼法》等法律规定，结合民事审判实际，就审理建设工程施工合同纠纷案件适用法律的问题，制定本解释。

第一条　建设工程施工合同具有下列情形之一的，应当根据《合同法》第五十二条第（五）项的规定，认定无效：

（一）承包人未取得建筑施工企业资质或者超越资质等级的；

（二）没有资质的实际施工人借用有资质的建筑施工企业名义的；

（三）建设工程必须进行招标而未招标或者中标无效的。

第二条　建设工程施工合同无效，但建设工程经竣工验收合格，承包人请求参照合同约定支付工程价款的，应予支持。

第三条　建设工程施工合同无效，且建设工程经竣工验收不合格的，按照以下情形分别处理：

（一）修复后的建设工程经竣工验收合格，发包人请求承包人承担修复费用的，应予支持；

（二）修复后的建设工程经竣工验收不合格，承包人请求支付工程价款的，不予支持。

因建设工程不合格造成的损失，发包人有过错的，也应承担相应的民事责任。

第四条 承包人非法转包、违法分包建设工程或者没有资质的实际施工人借用有资质的建筑施工企业名义与他人签订建设工程施工合同的行为无效。人民法院可以根据《民法通则》第一百三十四条规定，收缴当事人已经取得的非法所得。

第五条 承包人超越资质等级许可的业务范围签订建设工程施工合同，在建设工程竣工前取得相应资质等级，当事人请求按照无效合同处理的，不予支持。

第六条 当事人对垫资和垫资利息有约定，承包人请求按照约定返还垫资及其利息的，应予支持，但是约定的利息计算标准高于中国人民银行发布的同期同类贷款利率的部分除外。

当事人对垫资没有约定的，按照工程欠款处理。

当事人对垫资利息没有约定，承包人请求支付利息的，不予支持。

第七条 具有劳务作业法定资质的承包人与总承包人、分包人签订的劳务分包合同，当事人以转包建设工程违反法律规定为由请求确认无效的，不予支持。

第八条 承包人具有下列情形之一，发包人请求解除建设工程施工合同的，应予支持：

（一）明确表示或者以行为表明不履行合同主要义务的；

（二）合同约定的期限内没有完工，且在发包人催告的合理期限内仍未完工的；

（三）已经完成的建设工程质量不合格，并拒绝修复的；

（四）将承包的建设工程非法转包、违法分包的。

第九条 发包人具有下列情形之一，致使承包人无法施工，且在催告的合理期限内仍未履行相应义务，承包人请求解除建设工程施工合同的，应予支持：

（一）未按约定支付工程价款的；

（二）提供的主要建筑材料、建筑构配件和设备不符合强制性标准的；

（三）不履行合同约定的协助义务的。

第十条 建设工程施工合同解除后，已经完成的建设工程质量合格的，发包人应当按照约定支付相应的工程价款；已经完成的建设工程质量不合格的，参照本解释第三条规定处理。

因一方违约导致合同解除的，违约方应当赔偿因此而给对方造成的损失。

第十一条 因承包人的过错造成建设工程质量不符合约定，承包人拒绝修理、返工或者改建，发包人请求减少支付工程价款的，应予支持。

第十二条 发包人具有下列情形之一，造成建设工程质量缺陷，应当承担过错责任：

（一）提供的设计有缺陷；

（二）提供或者指定购买的建筑材料、建筑构配件、设备不符合强制性标准；

（三）直接指定分包人分包专业工程。

承包人有过错的，也应当承担相应的过错责任。

第十三条 建设工程未经竣工验收，发包人擅自使用后，又以使用部分质量不符合约定为由主张权利的，不予支持；但是承包人应当在建设工程的合理使用寿命内对地基基础工程和主体结构质量承担民事责任。

第十四条 当事人对建设工程实际竣工日期有争议的，按照以下情形分别处理：

（一）建设工程经竣工验收合格的，以竣工验收合格之日为竣工日期；

（二）承包人已经提交竣工验收报告，发包人拖延验收的，以承包人提交验收报告之日为竣工日期；

（三）建设工程未经竣工验收，发包人擅自使用的，以转移占有建设工程之日为竣工日期。

第十五条 建设工程竣工前，当事人对工程质量发生争议，工程质量经鉴定合格的，鉴定期间为顺延工期期间。

第十六条 当事人对建设工程的计价标准或者计价方法有约定的，按照约定结算工程价款。

因设计变更导致建设工程的工程量或者质量标准发生变化，当事人对该部分工程价款不能协商一致的，可以参照签订建设工程施工合同时当地建设行政主管部门发布的计价方法或者计价标准结算工程价款。

建设工程施工合同有效，但建设工程经竣工验收不合格的，工程价款结算参照本解释第三条规定处理。

第十七条 当事人对欠付工程价款利息计付标准有约定的，按照约定处理；没有约定的，按照中国人民银行发布的同期同类贷款利率计息。

第十八条 利息从应付工程价款之日计付。当事人对付款时间没有约定或者约定不明的，下列时间视为应付款时间：

（一）建设工程已实际交付的，为交付之日；

（二）建设工程没有交付的，为提交竣工结算文件之日；

（三）建设工程未交付，工程价款也未结算的，为当事人起诉之日。

第十九条 当事人对工程量有争议的，按照施工过程中形成的签证等书面文件确认。承包人能够证明发包人同意其施工，但未能提供签证文件证明工程量发生的，可以按照当事人提供的其他证据确认实际发生的工程量。

第二十条 当事人约定，发包人收到竣工结算文件后，在约定期限内不予答复，视为认可竣工结算文件的，按照约定处理。承包人请求按照竣工结算文件结算工程价款的，应予支持。

第二十一条 当事人就同一建设工程另行订立的建设工程施工合同与经过备案的中标合同实质性内容不一致的，应当以备案的中标合同作为结算工程价款的根据。

第二十二条 当事人约定按照固定价结算工程价款，一方当事人请求对建设工程造价进行鉴定的，不予支持。

第二十三条 当事人对部分案件事实有争议的，仅对有争议的事实进行鉴定，但争议事实范围不能确定，或者双方当事人请求对全部事实鉴定的除外。

第二十四条 建设工程施工合同纠纷以施工行为地为合同履行地。

第二十五条 因建设工程质量发生争议的，发包人可以总承包人、分包人和实际施工人为共同被告提起诉讼。

第二十六条 实际施工人以转包人、违法分包人为被告起诉的，人民法院应当依法受理。

实际施工人以发包人为被告主张权利的，人民法院可以追加转包人或者违法分包人为本案当事人。发包人只在欠付工程价款范围内对实际施工人承担责任。

第二十七条 因保修人未及时履行保修义务，导致建筑物毁损或者造成人身、财产损害的，保修人应当承担赔偿责任。

保修人与建筑物所有人或者发包人对建筑物毁损均有过错的，各自承担相应的责任。

第二十八条 本解释自 2005 年 1 月 1 日起施行。

施行后受理的第一审案件适用本解释。

施行前最高人民法院发布的司法解释与本解释相抵触的，以本解释为准。

依法保护当事人权益
促进建筑市场健康发展

——最高人民法院有关负责人就《关于审理建设工程施工合同纠纷案件适用法律问题的解释》答记者问

为了贯彻执行《民法通则》《合同法》《招标投标法》等法律规定，最高人民法院审判委员会第1327次会议讨论通过了《关于审理建设工程施工合同纠纷案件适用法律问题的解释》（以下简称《解释》）。值此司法解释公布之际，最高人民法院有关负责人就司法解释的有关问题接受了本报记者的采访。

一、司法解释出台的背景

问：请您介绍一下最高人民法院为什么要制定这个司法解释，这个司法解释的公布有何重要意义？

答：最高人民法院作出这个司法解释主要是基于以下两个方面的考虑：一是为了给国家关于清理工程拖欠款和农民工工资重大部署的实施提供司法保障。因为，近年来我国的建筑业发展很快，建筑业吸纳了大量的农民工就业，并拉动了诸多相关行业的发展，建筑业已经成为我国国民经济发展的新的增长点。在建筑业快速发展的同时，也出现了一些问题，如：建设工程质量问题、建筑市场行为不规范问题、投资不足问题，特别是投资不足问题造成了大量拖欠工程款和农民工工资的现象，已经严重侵害了建筑企业和进城务工人员的合法权益。这既是一个经济问题，又是一个社会问题，更是一个法律问题，引起了党中央和国务院领导的高度重视，国家已经采取专项措施予以治理，本《解释》主要是从法律上提供更加明确、有力的保障。二是由于有些法律规定还比较原则，人民法院在审理建设工程施工合同纠纷案件时，对某些法律问题在具体适用上认识不统一，如无效合同处理原则，合同解除条件，质量不合格工程、未完工程的工程价款结算问题，工程质量缺陷的责任，工程欠款利息的起算时间等，不解决这些法律适用问题，不仅影响到人民法院司法的公正性、统一性和审判的效率，而且也不利于尽快解决拖欠工程款和农民工工资问题。因此，为了配合国家专项措施的实施，统一人民法院执法尺度，公平保护各方当事人的合法权益，维护建筑市场的正常秩序，促进建筑行业的健康发展，最高人民法院决定制定这个司法解释。

根据最高人民法院工作部署，自 2002 年 3 月起，最高人民法院民事审判第一庭开始着手《解释》的起草工作。在起草过程中召开了各种类型的座谈会，反复听取了立法部门、国务院主管部门、建筑施工企业、房地产开发企业、执业律师、专家学者、工程造价和工程质量鉴定中介机构等有关方面意见，于 2003 年 11 月形成了司法解释稿。为了确保司法解释能够集中民智，体现民意，更好地维护公平与正义，依法保护各方当事人的合法权益，2003 年 12 月 15 日我们将起草的司法解释稿在《人民法院报》和人民法院网上公布，公开向社会征询意见。这个司法解释稿受到了社会各界的广泛关注，社会各界以不同的形式提出修改意见近千条。我们在对相关意见进行整理归纳、认真研究后，形成了《解释》的送审稿，并经最高人民法院审判委员会第 1327 次会议讨论通过。我相信，它的公布和实施，对规范建筑市场行为，促进我国建筑行业的发展，确保建设工程质量，维护人民生命财产的安全，公平保护建设工程施工合同各方当事人的合法权益，都将起到积极作用。

二、尽量维护合同的效力

问：调整建设工程施工合同纠纷案件的法律中，强制性条款很多，为何只列举 5 种合同无效的情形？

答： 建设工程施工合同受到不同领域的多部法律及其他规范性文件调整。法律、行政法规和部颁规章中调整建设工程施工合同的强制性规范就有六十多条，如果违反这些规范都以违反法律强制性规定为由而认定合同无效，不符合《合同法》的立法本意，不利于维护合同稳定性，也不利于保护各方当事人的合法权益，同时也会破坏建筑市场的正常秩序。我们认为，法律和行政法规中的强制性规定，有的属于行政管理规范，如果当事人了违反这些规范应当受到行政处罚，但是不应当影响民事合同的效力。从相关法律、行政法规的强制性规范内容看，可分为两类：一是保障建设工程质量的规范，二是维护建筑市场公平竞争秩序的规范。《解释》第一条和第四条将这两大类分为以下五种情形：一是承包人未取得建筑施工企业资质或者超越资质等级的；二是没有资质的实际施工人借用有资质的建筑施工企业名义的；三是建设工程必须进行招标而未招标或者中标无效的；四是承包人非法转包建设工程的；五是承包人违法分包建设工程的。当然，《民法通则》和《合同法》等基本法律规定的合同无效的情形，也应当适用于建设工程施工合同。

三、合同无效但建设工程质量合格的，也可参照合同约定结算工程价款

问：按照《解释》规定，合同被确认无效，如果建设工程经竣工验收合格的，可以参照合同约定结算工程价款，这是否违反《民法通则》和《合同法》关于无效合同的处理原则？

答：《合同法》第五十八条规定，合同无效或者被撤销后，因该合同取得的财产，应当予以返还；不能返还或者没有必要返还的，应当折价补偿。建设工程施工合同具有特殊性，合同履行的过程，就是将劳动和建筑材料物化在建筑产品的过程。合同被确认无效后，已经履行的内容不能适用返还的方式使合同恢复到签约前的状态，而只能按照折价补偿的方式处理。从建设工程施工合同的实际履行情况看，当合同被确认无效后，有两种折价补偿方式：一是以工程定额为标准，通过鉴定确定建设工程价值。考虑到目前我国建筑市场的实际情况，有的发包人签订合同时往往把工程价款压得很低，如果合同被确认无效还按照第一方案折价补偿，将会造成无效合同比有效合同的工程价款还高，这超出了当事人签订合同的预期。二是参照合同约定结算工程价款。这种折价补偿的方式不仅符合双方当事人在订立合同时的真实意思，而且还可以节省鉴定费用，提高诉讼效率。因此，通过对以上两种折价补偿方案的比较，根据我国建筑行业的现状，衡平合同各方当事人的利益，在《解释》第二条规定，建设工程施工合同被确认无效以后，建设工程质量合格的，可以参照合同约定结算工程价款。《解释》确立了参照合同约定结算工程价款的折价补偿原则。这与《民法通则》《合同法》第五十八条的规定并不矛盾，而是在处理无效的建设工程施工合同纠纷案件中具体体现了《合同法》规定的无效处理原则。

《解释》第二条规定适用的无效合同仅指合同标的物为质量合格的建设工程，不包括质量不合格的建设工程。建设工程质量合格，包括两方面的意思：

一是建设工程经竣工验收合格，二是建设工程经竣工验收不合格，但是经过承包人修复后，再验收合格。总之，只要建设工程经过验收合格，即使确认合同无效，也可以按照合同约定结算工程价款。

四、对质量不合格又不能修复的工程可以不支付工程价款

问：如果建设工程经竣工验收不合格的，不支付工程价款是否公平，承包人因此受到的损失，有过错的发包人是否也应当承担赔偿责任？

答：《解释》第三条第一款第二项规定：合同无效，修复后的建设工程经竣工验收不合格，承包人请求支付工程价款的，不予支持。制定此项规定我们是这样考虑的：

一是建设工程施工合同属于特殊形式的承揽合同，法律规定承包人的主要合同义务就是按照合同约定向发包人交付合格的建设工程，如果承包人交付的建设工程质量不合格，发包人订立合同的目的就无法实现，发包人不仅可以拒绝受领该工程，而且也可以不支付工程价款。这是民事法律调整加工承揽关系的原则。

二是根据《解释》规定，承包人对经验收不合格的建设工程可以进行修复，经过修复建设工程质量合格的，发包人应当按照约定支付工程价款；如果经修复建设工程仍不合格的，该工程就没有利用价值，在这样的情况下让发包人支付工程价款是不公平的。

三是不能按照合同约定支付工程价款，当然会给承包人造成损失，但承包人是建设工程的建设者，对工程质量不合格应当承担主要责任，因此，一般说来，造成的损失也应当由承包人承担。但是，如果发包人对造成工程质量不合格也有过错的，也应当承担与过错相适应的责任。也就是说，在发包人有过错的情况下，发包人虽然可以不承担按照合同约定支付工程价款的给付义务，但是应当对承包人不能得到工程价款的损失按照过错承担赔偿责任。《解释》第三条第二款规定：因建设工程不合格造成的损失，发包人有过错的，也应承担相应的民事责任。《合同法》第五十八条规定，合同无效后，有过错的一方应当赔偿对方因此受到的损失，双方都有过错的，应当各自承担相应的责任。承、发包双方当事人按照过错分别承担相应的责任，这样规定不仅符合建筑市场的实际情况和民法原则，同时也有利于承包人重视建设工程质量，加强对工程质量的监督和管理。

必须指出的是，关于建设工程经验收不合格，发包人可以不支付工程价

款的规定，除合同无效情形外，也适用于有效合同。《解释》第十条、第十六条规定，建设工程施工合同履行中承包人交付的工程质量不合格或者合同因解除而停止履行时，建设工程经验收质量不合格的，参照《解释》第三条规定处理。

五、对垫资条款不作无效处理

问：根据《解释》第六条规定，可否认为垫资是合法的？这是否与以往法院对垫资条款无效的处理原则相矛盾？《解释》认定垫资有效是出于什么考虑？

答：以前，人民法院认为建设工程施工合同中的垫资、带资条款或者当事人另行签订的垫资合同的性质为企业法人间违规拆借资金，这种行为违反了原国家计划委员会、建设部和财政部联合发布的《关于严格禁止在工程建设中带资承包的通知》的规定，但对于是否应当认定垫资条款无效，却有不同认识。

在司法解释起草过程中，我们考虑到：一是建筑市场垫资比较普遍，发包人要求承包人垫资，如果承包人不带资、垫资也难以承揽到工程，如果不承认垫资有效，不利于保护承包人的合法权益。二是我国已经加入WTO，建筑市场是开放的，建筑市场的主体可能是本国的企业，也可能是外国的企业，而国际建筑市场是允许垫资的，如果我们认定垫资一律无效，违反国际惯例，与国际建筑市场的发展潮流相悖。三是根据《合同法》第五十二条规定，必须是违反法律、行政法规的强制性规定，才能认定合同无效。但是从法律规定的层次看，《关于严格禁止在工程建设中带资承包的通知》不属于法律、行政法规，至多归为部颁规章，不能成为人民法院认定合同条款无效的法律依据。

基于以上考虑，《解释》规定当事人对垫资及其利息有约定，请求按照合同约定返还垫资款和利息的，应当予以支持。从而确立了垫资合同有效的处理原则。根据《解释》规定，当事人对垫资利息计算标准的约定不能超过国家法定基准利率；如超出，对超出部分不予保护。

六、解除合同的条件更加明确

问：从司法解释的规定看，似乎对合同的解除规定了较严格的条件，出于什么考虑?

答: 根据《合同法》规定,合同解除分为约定解除和法定解除两种。从《合同法》的规定看,法定解除主要是适用于当事人不履行合同的主要义务,致使合同的目的无法实现的情形。《解释》第八条和第九条的规定,主要是对《合同法》第九十四条关于合同解除权规定适用于建设工程施工合同的具体化,其目的是通过明确解除合同的条件,防止合同随意被解除,从而保证建设工程施工合同全面实际履行。

《解释》第八条是规定了发包人的解除权,该条规定:承包人具有下列情形之一,发包人请求解除建设工程施工合同的,应予支持:(一)明确表示或者以行为表明不履行合同主要义务的;(二)合同约定的期限内没有完工,且在发包人催告的合理期限内仍未完工的;(三)已经完成的建设工程质量不合格,并拒绝修复的;(四)将承包的建设工程非法转包、违法分包的。承包人的上述行为都属不履行合同主要义务的行为,并且会导致发包人按质按期获得建设工程的合同目的难以实现,依法应当准许发包人解除合同。

第九条规定了承包人的解除权。该条规定:发包人具有下列情形之一,致使承包人无法施工,且在催告的合理期限内仍未履行相应义务,承包人请求解除建设工程施工合同的,应予支持:一是未按约定支付工程价款的;二是提供的主要建筑材料、建筑构配件和设备不符合强制性标准的;三是不履行合同约定的协助义务的。

七、发包人对工程质量缺陷有过错的,也应承担责任

问: 建设工程质量的缺陷应当由承包人负责,为什么还要发包人对工程质量缺陷承担责任?

答: 建设工程的质量关系到公共安全,为了确保建设工程质量,《合同法》《建筑法》等法律、行政法规或者部颁规章都作出了许多具体规定,如有关承包人施工资质、工程分包、工程验收、工程保修、工程监理、建材供应等方面的规定,这些规定的核心都是为了保证工程质量。一般来讲,承包人的主要合同义务就是按照合同约定和国家标准施工,将合格的建设工程交付发包人,如果工程质量有缺陷,应由承包人承担责任。但在特殊情况下,建设工程质量缺陷与发包人的过错有关,如果发包人不承担相应的责任,都让承包人承担责任是不公平的。因此,《解释》第十二条规定,发包人提供的设计有缺陷,提供或指定购买的建筑材料、建筑构配件、设备不符合强制性标

准，直接指定分包人分包专业工程的，应当承担责任。

八、发包人收到结算报告后逾期不答复的视为认可

问：从法律上讲工程价款结算是当事人的行为，结算报告是承包人单方作出的，未经发包人认可不能作为结算依据。司法解释规定按照结算报告结算工程价款有何依据?

答：一般情况下，应当按照合同约定结算工程价款，工程经竣工验收合格后，双方就应当结算。结算中，一般先由承包人提交竣工结算报告，由发包人审核。而有的发包人收到承包人提交的工程结算文件后迟迟不予答复或者根本不予答复，以达到拖欠或者不支付工程价款的目的。这种行为严重侵害了承包人的合法权益。为了制止这种不法行为，建设部发布的《建筑工程施工发包与承包计价管理办法》第十六条规定，发包人应当在收到竣工结算文件后的约定期限内予以答复。逾期未答复的，竣工结算文件视为已被认可。合同对答复期限没有明确约定的，可认为约定期限均为28天。这条规定对制止发包人无正当理由拖欠工程款的不法行为，保护承包人的合法权益发挥了很大作用。为了更好地约束双方当事人，使建设部的这条规定更具有可操作性，《解释》第二十条明确规定，当事人约定，发包人收到竣工结算文件后，在约定期限内不予答复，视为认可竣工结算文件的，按照约定处理。承包人请求按照竣工结算文件结算工程价款的，应予支持，体现了充分尊重合同当事人约定的原则。

九、拖欠工程价款，应当支付利息

问：拖欠工程价款就应当支付利息，司法解释为何专门对此问题作出规定?

答：从法理上讲，利息属于法定孳息，应当自工程欠款发生时起算，但由于建设工程是按形象进度付款的，许多案件难以确定工程欠款发生之日。因此，各级法院对拖欠工程款的利息应当从何时计付，认识不一，掌握的标准也不统一。有的从一审法庭辩论终结前起算，有的从一审举证期限届满前起算，还有的从终审判决确定工程价款给付之日起算。为了统一拖欠工程价款的利息计付时间，维护合同双方的合法权益，《解释》第十八条规定，利息从应付工程价款之日计付。当事人对付款时间没有约定或者约定不明的，下

列时间视为应付款时间：（一）建设工程已实际交付的，为交付之日；（二）建设工程没有交付的，为提交竣工结算文件之日；（三）建设工程未交付，工程价款也未结算的，为当事人起诉之日。这是根据建设工程施工合同的不同履行情况，把工程欠款利息的起算时间分为三种情况。建设工程是一种特殊的商品，建设工程的交付也是一种交易行为，一方交付商品，对方就应当付款，该款就产生利息。建设工程因结算不下来而未交付的，为了促使发包人积极履行给付工程价款的主要义务，把承包人提交结算报告的时间作为工程价款利息的起算时间具有一定的合理性。当事人因结算纠纷起诉到法院，承包人起诉之日就是以法律手段向发包人要求履行付款义务之时，人民法院对其合法权益应予以保护。

十、“黑白合同”应以备案的中标合同为准

问：在建设工程招投标中，有的当事人为了获取不正当利益，在签订中标合同前后，往往就同一工程项目再签订一份或者多份与中标合同的工程价款等主要内容不一致的合同，如果出现“黑白合同”，应当按照哪一份合同结算？

答：在招投标的工程价款结算纠纷案件中，一方当事人主张按照“黑合同”结算，对方当事人则主张按照“白合同”结算的，《解释》第二十一条明确规定，应当以“白合同”即备案的中标合同作为结算工程价款的依据。为什么不能以“黑合同”作为结算依据呢？这是因为法律、行政法规规定中标合同的变更必须经过法定程序，“黑合同”虽然可能是当事人真实意思表示，但由于合同形式不合法，不产生变更“白合同”的法律效力。当事人签订中标合同后，如果出现了变更合同的法定事由，双方协商一致后可以变更合同；但是合同变更的内容，应当及时到有关部门备案，如果未到有关部门备案，就不能成为结算的依据。这样，就能从根本上制止不法行为的发生，有利于维护建筑市场公平竞争秩序，也有利于《招标投标法》的贯彻实施。

十一、加强了对农民工合法权益的保护

问：《解释》二十六条第二款规定是否存在突破合同相对性的问题？作出这样的规定是否会损害发包人利益？

答：《解释》第二十六条规定是为保护农民工的合法权益作出的规定。因

为建筑业吸收了大量的农民工就业，但由于建设工程的非法转包和违法分包，造成许多农民工辛苦一年往往还拿不到工资。为了有利地保护农民工合法权益，《解释》第二十六条规定，实际施工人以发包人为被告主张权利的，人民法院可以追加转包人或者违法分包人为本案当事人，发包人只在欠付工程价款的范围内对实际施工人承担责任。从该条的规定看：

一是实际施工人可以发包人为被告起诉。从建筑市场的情况看，承包人与发包人订立建设工程施工合同后，往往又将建设工程转包或者违法分包给第三人，第三人就是实际施工人。按照合同的相对性来讲，实际施工人应当向与其有合同关系的承包人主张权利，而不应当向发包人主张权利。但是从实际情况看，有的承包人将工程转包收取一定的管理费用后，没有进行工程结算或者对工程结算不主张权利。由于实际施工人与发包人没有合同关系，这样导致实际施工人没有办法取得工程款，而实际施工人不能得到工程款则直接影响到农民工工资的发放。因此，如果不允许实际施工人向发包人主张权利，不利于对农民工利益的保护。

二是承包人将建设工程非法转包、违法分包后，建设工程施工合同的义务都是由实际施工人履行的。实际施工人与发包人已经全面实际履行了发包人与承包人之间的合同并形成了事实上的权利义务关系。在这种情况下，如果不允许实际施工人向发包人主张权利，不利于对实际施工人利益的保护。基于此种考虑，《解释》第二十六条规定实际施工人可以向发包人主张权利，但发包人仅在欠付工程款的范围内对实际施工人承担责任，如果发包人已经将工程价款全部支付给承包人的，发包人就不应当再承担支付工程价款的责任。因此，发包人只在欠付工程价款范围内对实际施工人承担责任，并不会损害发包人的权益。

三为了方便案件审理，《解释》第二十六条还规定，人民法院可以追加转包人或者违法分包人为本案当事人，考虑到案件的审理涉及两个合同法律关系，如果转包人或者违法分包人不参加到诉讼的过程中来，许多案件的事实没有办法查清，所以人民法院可以根据案件的实际情况追加转包人或者违法分包人为共同被告或者案件的第三人；实际施工人可以发包人、承包人为共同被告主张权利。这样规定，既能够方便查清案件的事实，分清当事人的责任，也便于实际施工人实现自己的权利。

建设工程施工合同司法解释的理解与适用

第一条　建设工程施工合同具有下列情形之一的，应当根据《合同法》第五十二条第（五）项的规定，认定无效：

（一）承包人未取得建筑施工企业资质或者超越资质等级的；

（二）没有资质的实际施工人借用有资质的建筑施工企业名义的；

（三）建设工程必须进行招标而未招标或者中标无效的。

条文主旨

本条规定从《建筑法》的立法目的出发，依据《合同法》第五十二条第（五）项“违反法律、行政法规的强制性规定的合同无效”的规定，以三项列举了五种合同无效的情形：一是承包人未取得建筑施工企业资质或者超越资质等级的承揽工程的；二是没有资质的实际施工人借用有资质的建筑施工企业名义承揽建设工程的；三是建设工程必须进行招标而未招标或者中标无效的。前三种合同属于违反《建筑法》强制性规定的情形。由于建筑产品是涉及公共安全的特殊产品，为保证建筑产品质量，法律、法规对建筑市场主体规定了较为严格的准入条件，对承包人的主体资格作出了严格限制。《建筑法》第二十六条规定，承包建筑工程的单位应当持有依法取得的资质证书，并在其资质等级许可的业务范围内承揽工程。禁止建筑施工企业超越本企业资质等级许可的业务范围或者以任何形式用其他建筑施工企业的名义承揽工程。本条司法解释就上述问题，严格按照法律规定作出合同无效的认定。《招标投标法》第三条规定了建设工程必须进行招标的三种情形，第五十条、第五十二条、第五十三条、第五十四条、第五十五条、第五十七条规定了建设工程中标无效的六种情形。第四十五条第二款还规定，中标通知对招标人和投标人具有法律约束力，故中标无效必然导致建设工程施工合同无效。具备上述情形认定合同无效有利于规范建设项目的招投标行为，进而达到规范建筑市场的目的。本条司法解释严格按照《招标投标法》的立法目的，规定必须进行招标未招标或者中标无效的，所签订的建设工程施工合同无效。

理解与适用

一、起草背景

由于长期实行计划经济的影响，我国行政法规范调整、干预民法领域的现象在一定范围内存在。就建设工程施工合同而言，行政法规范的强制性规定多达60多种。是否所有违反行政法强制性规范的建设工程施工合同都应当依据《民法通则》及《合同法》的规定，认定为无效，一直是困扰审判实务界的难点问题。从人民法院审结的案例中发现，各地人民法院对于此类问题在适用法律上有不同的理解，并产生过裁判结果截然不同的判例。这种现象的发生，一方面使人民法院的审判工作产生困扰，另一方面不利于贯彻《合同法》尽量保护当事人利益，促使合同有效的立法原旨，使建设工程施工合同案件的审判不能达到合理解决纠纷，平息社会矛盾的效果。因此，本司法解释在起草中，就建设工程施工合同效力的认定问题广泛征求意见，并在研究各种意见的基础上，明确规定上述条款中三种情形的五类合同无效。这有利于指导人民法院对于建设工程施工合同效力的认定，保证人民法院公正、高效解决纠纷，进一步规范建筑业市场，推动经济的有序发展。

二、本条规定的理论依据及实践基础

本条主要对无效合同作出规定。无效合同，是指合同虽然已经成立，但因其在内容和形式上违反了法律、行政法规的强制性规定和社会公共利益，因此应被确认为无效。[①] 无效合同一般有两种情况：一种情况是，合同违反法律、行政法规的强制性规定和公序良俗，法律直接规定此类合同无效。另一种情况是，合同违反了法律、法规的强制性规定，但法律、法规并没有直接规定此类合同无效，合同是否有效需要经过人民法院裁判的认定，如一般行政法规范制定的强制性规定。当合同违反了行政法规范的强制性规定时，行政法只规定了针对违反强制性规范的行为应当承担的行政责任，不直接规定合同的效力。违反行政法规范的强制性规定对于合同效力的影响，主要是通过民法规范“违反法律、行政法规的强制性规定的行为无效”而实现的。这样，法官在审理案件时，对合同效力的认定具有很大的空间。我国由于行政

---

① 王利明、崔建远：《合同法新论·总则》，中国政法大学出版社2003年版，第261页。

管理权介入经济领域的历史传统及法制化进程的限制，行政法强制性规范很多，且很多行政法中的强制性规范过多侵占民法领域。是否违反行政法规范中的强制性规定都会导致民事合同无效，理论界及实务界一直存在争议。台湾学者主张把强行法规范进行区分。台湾学者认为，强行法规范可分为强制规定与禁止规定两种。强制规定者，指命令当事人应为一定行为之法律规定。禁止规定者，指命令当事人不得为一定行为之法律规定。而禁止规定可再分为取缔规定及效力规定，史尚宽先生认为：强行法得为效力规定与取缔规定，前者着重违反行为之法律行为价值，以否认其法律效力为目的；后者着重违反行为之事实行为价值，以禁止其行为为目的。取缔规范的作用在于对违反者加以制裁，以禁遏其行为，并不否认其行为私法上的效力。台湾地区的判例认为，违反禁止规定的效果，应先判断该禁止规定为取缔规定或效力规定，取缔性规定不适用“民法”第七十一条无效的规定。[①] 日本民法中没有强制性规定这一概念，而是以“违反公共秩序和善良风俗”取代违反法律，但学说、判例有“取缔法规”和“强行法规”的概念。在民法典颁布之初，日本判例所表达的思想是，违反强制性规定的行为原则上无效。后来，无论是学说还是判例都发生很大变化，认为违反强制性法规的行为虽然要受到行政制裁，但在原则上并不影响其在私法上的效力。而且，判例至今仍然坚持这种立场。从我国台湾地区和日本学者及审判实务界的做法来看，他们一般将法律上的强制性规范进一步区分为效力性规范与取缔性规范。只有违反效力性规范的合同才会被认定为无效，而违反取缔性规范不会导致合同无效。我国学者对于法律规范的区分，分任意性规范与强制性（或禁止性）规范。学者们认为，凡是关系国家一般利益、社会秩序、市场秩序、市场交易安全及直接关系第三人利益事项，法律设强制性规定，以排斥当事人意思自由。凡是关系当事人自己利益的事项，法律设任意性规定，允许当事人以意思自由原则协商决定。同时，一般认为，强制性规范在法律条文中是用禁止、不得、不许或者应当等词语来表述。我国学者只是对合同规范进行了两种形式的划分，但没有对强制性规范做进一步的区分。近年来，理论界开始重视强制性规范对合同效力的影响问题，研究对强制性规范的进一步区分，但没有就区分标准形成主流观点。王利明教授认为，对强制性规定进一步区分为效力规定与取缔规定是有必要的。我国法律、法规确定了大量的强制性规范，但违反这些规

① 史尚宽：《民法总论》，中国政法大学出版社 2000 年版，第 330 页。

定是否都导致合同无效？从法律的强制性规定来看，有的只是规定违反法律强制性规定应当受到处罚，有的则明确规定违反法律的前者性规定不仅受到处罚，还将导致合同无效。这就有必要区分效力规范与取缔规范。划分标准：第一，法律、法规明确规定违反强制性规定将导致合同无效或者不成立的，该规定属于效力规定；第二，法律、法规虽然没有明确规定违反强制性规定将导致合同无效或者不成立的，但违反该规定以后若使合同继续有效将损害国家利益和社会公共利益，也应当认定为该规范属于效力性规范；第三，法律法规虽然没有明确规定违反强制性规定将导致合同无效或者不成立的，违反该规定以后若使合同继续有效并不损害国家利益和社会公共利益，而只是损害当事人的利益，在此情况下，该规范就不属于效力规范，而是取缔规范。① 第二种观点认为，违反法律、行政法规的强制性规定之法律行为或合同，原则上应为无效。但仍有例外，即法律、法规依其意旨，并不以为无效的，并不影响该行为的效力。第三种观点认为，对于强制性规范对合同效力影响，是否违反强制性法规只是一种形式上的观察，并不能直接作为决定合同无效与否的标准，具体的合同是否应当无效，应该就强制性规范所保护的利益种类和性质来决定。对于违反强制性法律规定的合同来说，无效并非唯一可取的手段。如果刑法、行政法的制裁方法或者其他民事责任已经足以达到法律规范的制裁目的时，应当尽量将合同解释为有效。②

我国法律将合同内容的合法性原则作为一项效力性规定。《民法通则》第五十八条第（五）项规定，违反法律或者社会公共利益的民事行为无效。在这一规定当中，将所有违反法律或者社会公共利益的民事行为均确认为无效，这就导致大量无效合同的存在。而随着我国社会主义市场经济体制的建立，无效合同的大量存在在一定程度上影响着交易安全，不利于经济的发展。故而，《合同法》第五十二条第（五）项规定，违反法律、行政法规的强制性规定的合同无效。将违反法律规定的合同无效限制为违反法律、行政法规的强制性规定的合同无效。最高人民法院关于《合同法》解释（一）第四条规定，《合同法》实施以后，人民法院确认合同无效，应当以全国人大及其常委会制定的法律和国务院制定的行政法规为依据，不得以地方性法规、行政规章为依据。这样，司法解释进一步限制了认定合同无效的依据为全国人大及其常

---

① 王利明：《合同法新问题研究》，中国社会科学出版社 2002 年版，第 322 页。

② 应秀良：《违反行政法强制性规定的合同效力探讨》，载《法律适用》2004 年第 3 期。

委会制定的法律、国务院制定并颁布的行政法规，从而严格限制了无效合同的范围。但是，由于我国法律发展的局限性及行政干预合同自治原则一定范围内的存在，法律、行政法规中的强制性规范较多而且庞杂。而合同是否因违反法律、行政法规的强制性规范无效，是法官根据案件事实适用法律的问题，这就给法官在判断合同效力时留有很大的空间。因此，也使法官对于法律行为效力的取舍一直存在争议。从人民法院作出的相关判例来看，审判实务界长期以来确定的基本原则是，违反法律、行政法规强制性规定的合同一般认定为无效，但是在某种情况下，允许当事人对合同效力予以补正。同时，从人民法院作出的判例及最高人民法院颁布的司法解释的态度来看，审判实务界基本上把强制性规范分为效力性规范与管理性规范。这种区分方法主要以行政法的立法目的和强制性规范的设立目的作为最高指导原则。如果法律规范的目的纯粹是为了行政管理的需要，并无涉及民事主体之间利益关系的意图，则应当根据行政管理权与司法审判权职能区分要求，把这类强制性规范作为管理性规范对待，排除在认定合同效力依据的范围之外。如最高人民法院颁布的《关于审理商品房买卖合同纠纷案件若干问题的解释》第六条规定，当事人以商品房预售合同未按照法律、行政法规规定办理登记备案手续为由，请求确认合同无效的，不予支持。这一司法解释规定中，就严格区分了行政管理权与司法审判权。在我国，商品房预售登记备案是商品房预售管理的一部分，房地产行政管理部门通过房地产开发商的预售商品房的登记备案，对房地产开发商的商品房销售行为的合法性进行审查，以保护预购人的利益。房地产开发商没有进行预售登记，并不会损害国家利益，房地产行政管理部门可以通过行政制裁来规范其行为。故在上述司法解释当中，最高人民法院将登记备案作为一种行政管理手段，排除在认定合同效力的依据范围之外。本条司法解释从行政法规范的立法目的出发，紧扣《建筑法》保证工程质量这一立法宗旨，将五种合同确认为无效。这五种合同直接关系建筑工程质量及建筑业市场的规范经营。

三、司法解释起草中的几种观点

（一）在起草本司法解释中，有意见认为应当在本条列举的三种情形之外，加上“其他违反法律、行政法规强制性规定的合同”。司法解释解决的是审判实践中的突出问题，即明确这五种违反《建筑法》及《招标投标法》强制性规定的合同无效。对于其他违反法律、行政法规强制性规定的合同无效，

《合同法》中已有明确规定，可以按照《合同法》的规定认定合同效力，故而本司法解释当中没有加上“其他违反法律、行政法规强制性规定的合同无效”这一条款。

（二）还有意见认为，《建筑法》明确规定，签订建设工程施工合同时，应当取得开工许可证。故而，签订合同时没有取得建设工程开工许可证，签订的建设工程施工合同无效。建设工程开工许可证是建设行政主管部门对房地产开发商或者是发包人可以进行工程建设的一种审查，主要目的是审查建设单位是否符合法律规定的建设条件，包括建设用地的合法性等方面。这是行政主管部门对建设单位进行工程建设资格的一种审查，目的是经过审查保证所建工程的合法性。就其性质来讲，属于一种行政管理，如果违背此项管理，行政机关可以对其作出相关的行政处理。按照我们上述关于管理性规范的分析，开工许可证的办理，应当属于管理性规范，违反管理性规范，对民事合同效力不产生影响，故本条没有对签订合同时未取得开工许可证的情形作出无效的认定。

（三）在司法解释起草初期，我们曾将发包人肢解发包工程的合同认定为无效合同，作为本条的第三项列入无效合同情形当中。所谓肢解发包，就是将应当由一个承包单位完成的建筑工程肢解成若干部分发包给几个承包单位的行为。工程的肢解应包括两方面：1. 对于勘察设计最小发包工程的单位为一个单项工程。单项工程是建设项目的组成部分，能够独立发挥生产能力或效益的工程。工业建设项目的单项工程，一般是指独立生产的车间，设计规定的主要产品或生产线；非工业建设项目的单项工程，是指建设项目中能够发挥设计规定的主要效益的各个独立的工程；2. 对于建设施工最小发包的工程为一个单位工程，通常按照单项工程所包含的不同性质的工程内容，根据能否独立施工的要求，将一个单项工程划分为若干个单位工程。主张将发包人肢解发包的建设工程施工合同认定为无效合同的主要理由是《合同法》第二百七十二条规定，发包人不得将应当由一个承包人完成的建设工程肢解成若干部分发包给几个承包人。《建筑法》第二十四条规定，提倡对建筑工程实行总承包，禁止将建筑工程肢解发包。建筑工程的发包单位可以将建筑工程的勘察、设计、施工、设备采购一并发包给一个总承包单位，也可以将建筑工程勘察、设计、施工、设备采购的一项或者多项发包给一个工程总承包单位；但是，不得将应当由一个承包单位完成的建筑工程肢解成若干部分发包给几个承包单位。《建设工程质量管理条例》第七条规定，建设单位不得将建设工程肢解发包。上述法律和行政法规明确规定禁止对建筑工程肢解发包。我国目前正处于计划经济向市场经济过渡的过程中，建筑业的行为还不规范。经常发生发包人利用肢解发包工程为手段进行不正当行为。这种行为不仅导致了某些个人的贪污犯罪，同时也危害了公共安全。实践中，单位为了自身利益，任意肢解发包工程，致使一个工程由多个施工单位进行施工，又无现场总负责人，安全与质量问题频频发生。按照法规规定及从保证建设工程质量的角度考虑，应当将发包人肢解发包建设工程的合同认定为无效合同。在就此条款征求建设部意见时，建设部提出，建设部正在对《建筑法》的修改进行积极调研工作，在《建筑法》修订送审稿中，对现今《建筑法》的适用范围进行了扩大，修订稿第二条对《建筑法》调整范围概括为："在中华人民共和国境内从事建设工程的建筑活动，实施对建筑活动的监督管理，应当遵守本法。本法所称建设工程，是指房屋工程、土木工程及其附属设施。本法所称建筑活动，是指建设工程的勘察、设计、施工、安装、装饰装修、维护维修、拆除；建筑构配件的生产与供应；服务于建设工程的项目管理、工程监理、招标代理、工程造价咨询、工程技术咨询、检验检测等活动。"《建筑法》修订稿对《建筑法》调整范围的扩大，主要是为了适应建筑业市场的发展。在建筑业市场中，随着经济的不断发展，科技水平的不断提高，建筑业各项专业分工越来越细致，而现今施行的《建筑法》由于调整范围的限制，对于新发展起来的建筑专业没有纳入调整对象，导致对建筑业市场进行管理的政府部门过于繁多、行业封锁、市场分割的局面，难以形成统一的建筑业大市场。但由于《建筑法》修订稿中对于调整范围的扩大，导致一些专业型较强的建设工程也纳入《建筑法》调整范围，而对于这些专业性较强的建设工程严格禁止肢解分包与行业惯例不符，会限制这些建筑行业的发展。如铁道建设中的铁轨建设，作为建筑工程它铺设铁轨属于单项工程，但是在铁道建设当中，这一单项工程是可以分标段进行招标施工，如某一施工企业承建这一标段范围内的铁道建设，而另一标段的铁道建设由另外的施工单位进行施工。这一惯例符合铁道建设的实际情况，并且在世界范围内被予以认可。我们如果认定所有肢解分包的建设工程施工合同均无效，在铁道建设的建设施工合同当中，就会出现与行业惯例不相符合的情况。随着建筑行业专业分工的逐渐细化及建筑业市场的不断发展，对于单项工程由不同的专业施工部门联合来完成，应该成为一种普遍现象。故而，《建筑法》修订稿中对于哪些工程可以肢解分包，哪些工程不能肢解分包进行区分，以适应建筑行业的发展。因现在《建筑法》修正案没有出台，我们在本司法解释当中无法对哪些肢解发包建设工程施工合同无效作出规定。为了与修订后的《建筑法》相一致，本条中没有加入发包人肢解发包的建设工程施工合同无效的规定。但对于违反《建筑法》强制性规定，对建筑工程肢解发包的，仍然可以按照《合同法》第五十二条的规定确认无效。

四、五种无效合同

（一）承包人未取得建筑施工企业资质或者超越资质等级承揽建设工程的合同无效

这里的承包人主要指建筑施工企业。建筑施工企业是指从事建筑施工生产活动的独立生产、独立经营、独立核算的经济组织。建筑施工企业包括建筑工程施工总承包企业、建筑工程承包企业和建筑专项分包企业三类。工程施工总承包企业是指从事建筑工程施工阶段总承包活动的企业。对工程从立项到交付使用全过程承包的企业应当具备施工图设计、工程施工、设备采购、材料订货、工程技术开发应用、配合生产使用部门进行生产准备直到竣工投产等能力。建筑施工承包企业，是指从事建筑工程施工承包活动的企业。建筑专项分包企业，是指从事建筑工程施工专项分包活动和承包限额以下小型工程活动的企业。关于限额小型建筑工程的范围，根据目前的有关规定，由省、自治区、直辖市人民政府建设行政主管部门确定。由于建设工程质量是建设工程的生命，而建筑施工企业的建筑施工能力是保证建设工程质量的前提条件，故而《建筑法》对建筑施工企业实行资质强制管理制度。《建筑法》规定建设行政主管部门根据建筑施工企业的现时条件对建筑施工企业做不同的资质等级的划分，并将法定资质等级作为建筑施工企业承揽建筑工程的前提条件，建筑施工企业取得的资质等级决定其承揽工程的范围。《建筑法》第十三条规定，从事建筑活动的建筑施工企业、勘察单位、设计单位和工程监理单位，按照其拥有的注册资本、专业技术人员、技术装备和已完成的建筑工程业绩等资质条件，划分为不同的资质等级，经资质审查合格，取得相应的资质等级证书后，方可在其资质等级许可的范围内从事建筑活动。第二十六条规定，承包建筑工程的单位应当持有依法取得的资质证书，并在其资质等级许可的业务范围内承揽工程。禁止建筑施工企业超越本企业资质等级许可的业务范围或者以任何形式用其他建筑施工企业的名义承揽工程。

从事建筑活动单位的资质审查制度是指勘察、设计单位、建筑施工企业、工程监理单位经建设行政主管部门进行资质审查、取得相应等级资质证书，并在资质等级许可的范围内从事建筑活动的制度。资质是指人员素质、管理水平、资金数量、技术装备和建筑工程业绩等。所谓资质等级是指按照人员素质、管理水平、资金数量、技术装备和建筑工程业绩等情形划分从事建筑活动的级别。如建设部颁布的《建筑施工企业资质等级标准》规定，一级企业具有20年以上的施工经历，近15年承担过两个以上的大型工业建设项目的主体工程的施工，工程质量合格；有较强的技术开发能力，近三年内曾获得过两个部或省级以上单位颁发的技术或工程质量奖；企业经理具有十年以上从事施工企业管理工作的资历，企业有职称的工程、经济、会计、统计等专业技术人员，占企业年平均职工人数的8%以上。建筑施工企业和单位应在资质等级范围内从事建筑活动，不能超越有关部门核对的等级范围从事建筑活动，如建筑企业中，一级企业可承包各种通用工业与民用建筑项目的建筑施工；二级企业可承包30层以下、30米跨度以下的房屋建筑，高度100米以下的建筑物的建设施工。建设部发布的《工程总承包企业资质管理暂行规定（试行）》第十一条规定，各级工程总承包企业必须在其资质等级的范围内总承包。一级工程总承包企业可以承担本专业及与其资质相适应的其他专业的大型建设项目的总承包；二级工程总承包企业可以承包本专业及与其资质相适应的其他专业的中型建设项目的总承包。三级工程总承包企业可以承担普通中小型工业与民用建设项目的总承包。第十四条规定，工程总承包企业必须按照《资质等级证书》规定的承包范围从事总承包活动，不得无证或者越级总承包工程。建设部颁布的《建筑企业资质管理规定》第八条规定，工程施工总承包企业和施工承包企业的资质实行分级审批，一级企业由国务院建设行政主管部门审批，二级以下企业，属于地方的，由省、自治区、直辖市人民政府建设行政主管部门审批；直属于国务院有关部门的，由有关部门审批。第二十四条规定，企业一般在资质定级三年后，按合理工期完成两项以上本等级承包范围内规定的上限工程，其他资质条件均达到上一级资质等级标准，并且连续两年资质年度检查合格的，可申请晋升一个资质等级。第二十五条规定，企业资质等级两年后满足第二十四条规定的条件，全部工程质量合格，优良品达到30%以上，并获得两项以上省、部级工程质量奖或一项国家级工程质量奖，也可申请晋升一个资质等级。从事建筑活动的勘察、设计单位、建筑施工企业和工程监理单位应当具备下列条件：1. 有符合国家规定的注册资本；注册资本是指设立建筑施工企业的出资人实际缴纳并在企业等级机关登记的出资数额。2. 有与其从事的建筑活动相适应的具有法定执业资格的专业技术人员。这是对专业技术人员的要求。要求专业技术人员一是要具有法定的执业资格，必须经过考核合格持有有关部门颁发的资格证书。二是该单位的专业技术人员持有的执业资格证书必须同所在单位从事的建筑活动相适应。一级建筑施工企业不能招收只能从事三级建筑施工企业的专业技术人员。《建筑法》第十四条规定，从事建筑活动的专业技术人员，应当依法取得相应的执业资格证书，并在执业资格证书许可的范围内从事建筑活动。如国务院对《注册建筑师条例》中规定，注册建筑师，是指依法取得注册建筑师证书并从事房屋建筑设计及相关义务的人员。注册建筑师分为一级建筑师和二级建筑师。注册建筑师考试合格，取得相应的建筑师资格的，可以申请注册。3. 有从事相关建筑活动所相应的技术装备。这是对技术装备的要求。不同的建筑活动，所要求的技术装备是不一样的。按照本条规定，技术装备要与所从事的建筑活动相适应。从事建筑活动的勘察、设计、监理、建筑施工企业，按照其拥有的注册资本、专业技术人员和已完成的建筑工程业绩等资质条件，划分为不同的资质等级。禁止建筑施工企业以任何形式允许其他单位或者个人使用本企业的资质证书、营业执照，以本企业的名义承揽工程。

《建筑法》及相关部门规章对建筑施工企业取得相应资质的标准及一定资质范围内可以从事的建筑施工活动作出明确的规定。在我们司法解释起草中，有观点认为，在建筑市场中，没有取得资质而承揽工程，使建设工程质量丧失保障，这类合同认定无效，意见一致。但是，超越资质等级承揽工程是否应当认定无效应予考虑。在建筑施工市场中，建筑施工企业为了争取提高资质等级，提升自己的建筑施工能力，经常要承揽超越其资质等级的工程，以充实其业绩，提升其提高资质等级申请获得审批的可能性。资质等级审批单位对建筑施工企业的这一行为表示认可，并在资质等级审批上鼓励这一行为。如果我们认定超越资质等级的建设施工合同无效，与建筑市场的实际情况不符。对于这一问题，建设部持坚决的否定态度，理由是《建筑法》及建设部部颁规章规定，在建筑施工企业的资质等级审批中，建筑施工企业是否承揽并完成超越资质等级的工程并不是提升其资质等级的条件，且《建筑法》明确规定禁止建筑施工企业超越资质等级承揽工程。实践中超越资质等级承揽工程的行为，不论其目的如何，都属于违反法律禁止性规定的行为，应当坚决制止。我们采纳了建设部的意见，理由是任何依据现实条件进行放宽标准的行为，都不应当与法律规定的目的相抵触。《建筑法》对建筑施工企业资质等级的强制性规定，在于严格建筑施工企业进入建筑施工市场的条件，以保证建筑工程质量。任何对“建筑施工企业承揽工程必须与其资质等级相一致”的放宽，都会给建筑工程质量带来隐患，与《建筑法》的立法目的相抵触。故而，对此问题，应严格按照法律规定来予以理解和掌握。

（二）没有资质的实际施工人使用有资质的建筑施工企业名义承揽工程的合同无效

我国房地产业的快速发展，导致建筑业市场空前繁荣。建筑业市场需求的扩大及高额的利润回报，吸引大量的企业投入建筑行业。但《建筑法》对建筑施工企业的从业资格作了严格的限定，明确规定从事建筑活动的建筑施工企业取得相应等级的资质证书后，方可在其资质等级许可的范围内从事建筑活动。并同时规定，禁止建筑施工企业以任何形式用其他建筑施工企业的名义承揽工程。禁止建筑施工企业以任何形式允许其他单位或者个人使用本企业的资质证书、营业执照，以本企业的名义承揽工程。禁止总承包单位将工程分包给不具备相应资质条件的单位。这种情势下，有相当一部分企业由于不具备取得法定资质的条件，又被建筑行业的利润所吸引，故而通过各种方法借用具有法定资质企业的名义对外承揽工程。在民营企业当中，由于民营企业起步时规模较小、资金不足，建设能力较弱，故而无法取得法定的建设工程资质等级，故借用具有法定资质条件的建筑施工企业名义对外承揽工程是一种普遍现象。在建筑行业中，这种现象的普遍存在，规避了行政管理机关对建筑施工企业资质条件的管理，扰乱了建筑市场正常秩序，严重影响了建设工程的质量。在审判实践中，无法定资质借用具有法定资质企业名义对外承揽工程的合同纠纷时有发生，但由于缺少对这类合同处理的明确的法律依据，导致各地人民法院对此类合同如何处理掌握的原则不一致，不能及时解决纠纷，遏制违法行为，规范建筑市场，维护经济秩序。故而，本条司法解释明确规定借用具有法定资质企业名义承揽工程的合同无效。在司法解释征求意见当中，有意见认为，鉴于不具有法定资质的民营企业使用具有法定资质施工企业名义对外承揽工程情况的普遍存在，不应认定这类合同全部无效，否则，容易遏制民营企业的发展，不利于推动我国经济的快速发展。我们没有采纳此种意见，理由是，虽然民营企业借用具有法定资质建筑施工企业名义对外承揽工程的情况普遍存在，但这种普遍存在的情况是违反法律禁止性规定的违法行为，如果我们放宽对无资质企业借用具有法定资质企业名义对外承揽工程，牺牲的是法律规定的价值，最终导致的是建筑业市场的混乱，影响建筑业市场的健康有序发展，影响建筑工程质量，给国家和人民的生命财产安全带来威胁。我们严格对建筑施工企业的资质条件，最终会导致民营企业在法治轨道上的逐步健康发展，牺牲的是眼前的利益，保证的是长治久安。

施工人没有资质而使用法定资质建筑施工企业名义承揽工程的形式很多。在审判实践当中，出现的形式有无资质的施工人挂靠具有资质的施工企业，无资质的施工人变相作为具有资质施工企业的内部承包单位，无资质施工人与具有资质施工企业的名义上的联营等多种形式。在起草《解释》初期，我们曾试图将借用具有资质施工企业名义对外承揽工程的形式予以概括，由于无资质的施工人借用其他建筑施工企业资质的形式的多样性及形式的不断发展变化性，对这种形式的涵盖没有实践基础。本司法解释没有对使用具有法定资质条件企业名义对外承揽工程的形式进行概括，而将这一认定交给了法官，由法官根据案件的具体事实，来认定是否无资质施工人借用具有法定资质施工企业名义对外承揽工程。

（三）建设工程必须进行招标而未招标或者中标无效的

这一条规定的法律依据是《招标投标法》。该法第三条规定，在中华人民共和国境内进行下列工程建设项目包括项目的勘察、设计、施工、监理以及与工程建设有关的重要设备、材料等的采购，必须进行招标：（一）大型基础设施、公用事业等关系社会公共利益、公共安全的项目；（二）全部或者部分使用国有资金投资或者国家融资的项目；（三）使用国家组织或者外国政府贷款、援助资金的项目。《招标投标法》是规范建筑市场招投标活动的具有公法性质的一部法律，目的是通过规范建筑项目的招投标活动，进而保护国家利益和社会公共利益及公共安全。本司法解释规定必须招标的项目没有招标的合同无效，符合《招标投标法》立法目的及宗旨。《招标投标法》第五十条、第五十二条、第五十三条、第五十四条、第五十五条、第五十七条规定了中标无效的六种情形。该法第四十五条第二款规定，中标通知对招标人和投标人具有法律约束力。按照《招标投标法》的规定，中标是发包单位与承建单位签订建设施工合同的前提条件，只有符合法律规定的中标，才会形成合法的建设工程施工合同。中标无效，必然导致建设工程施工合同无效。让上述合同无效，有利于规范建筑项目的招标投标行为，进而达到规范建筑市场的目的。

五、实践中应注意的问题

本条司法解释是针对实践中出现较多的问题，而法律并没有规定明确的处理方法，人民法院对这类问题适用法律掌握的标准不一致的情况，规定本条中五类合同无效，但并非这五类合同之外的合同都是有效合同，如本司法解释第四条规定，承包人非法转包、违法分包建设工程所签订的合同无效。就人民法院对案件的审判来讲，首先要适用法律、行政法规来审判案件。在法律、行政法规没有规定，或者规定比较原则，不易掌握，才会适用司法解释的规定。从这一点讲，除了本司法解释第一条规定的五类合同之外，如果建设工程施工合同违反了法律、行政法规的强制性规范，仍然可以根据《民法通则》和《合同法》的规定，认定合同无效。在认定一份违反法律、行政法强制性规范合同的效力时，应当从以下方面予以考虑：（一）分析强制性规范禁止的对象只是行为手段或者行为方式，或者禁止的是行为的外部条件如经营时间、地点等，而允许依其他手段、方式或者时间、地点作出行为的，[①] 这时，法律本意不是禁止行为效果的发生，而在于规范人们的行为举止，这类规范则为管理性规范。违反该管理性规范，并不必然导致民事行为无效。（二）分析强制性规范的禁止目的是为了保护国家利益还是为了保护民事主体的利益。如果法律彻底阻止这类行为实施，并且认定合同有效会直接导致直接损害国家利益的严重后果的，属于效力性规范。如果违反禁止规定时，只会损害一方民事主体利益时，则属于管理性规范。因为，如果禁止规定只在于对某方当事人的保护，则规定法律行为完全无效就有可能事与愿违。[②] 分析禁止的是针对一方当事人还是针对双方当事人的行为。如果合同违反的禁止规定只是针对当事人一方的，而且这禁止规定完全是一方作为纪律条款来规定的，不属于效力性规范。

---

① 应秀良：《违反行政法强制性规定的合同效力探讨》，载《法律适用》2004年第3期。

② 武钦殿：《合同效力的研究与确认》，吉林人民出版社2001年版，第591页。

第二条　建设工程施工合同无效，但建设工程经竣工验收合格，承包人请求参照合同约定支付工程价款的，应予支持。

条文主旨

《合同法》第五十八条规定，合同无效或者被撤销后，因该合同取得的财产应当予以返还；不能返还或者没有必要返还的，应当折价补偿。建设工程施工合同的特殊之处在于，建设工程的施工过程，就是承包人将劳务及建筑材料物化到建设工程的过程。基于这一特殊性，合同无效，发包人取得的财产形式上是承包人建设的工程，实际上是承包人对工程建设投入的劳务及建筑材料（一般是工程款），故而无法适用无效恢复原状的返还原则，只能折价补偿。由于当前建筑市场中，关于工程价款的计算标准较多，计算方法复杂多样，合同无效后，以何种标准折价补偿承包人工程价款，一直是审判实践中的难点问题。就建设工程施工合同而言，工程质量是建筑工程的生命，《建筑法》及相关行政法规范，均将保证工程质量作为立法的主要出发点和主要目的。《建筑法》及《建筑工程质量管理条例》规定，未经验收或者验收不合格的建设工程，不得交付使用。在建设工程经竣工验收合格后，无效合同与有效合同在《建筑法》制定的根本目的上已无很大的区别。如果抛开合同约定的工程价款，发包人按照何种标准折价补偿承包方，均有不当之处，不能很好地平衡双方之间的利益关系。工程经竣工验收，已经达到《建筑法》保护的目的。本条司法解释为平衡当事人双方之间的利益关系，便捷、合理解决纠纷，确定建设工程施工合同无效，建设工程经竣工验收合格的，参照合同约定支付承包人工程价款。

理解与适用

一、起草背景

发包人与承包人签订的建设施工合同无效后，如何处理，一直是人民法院审理建设工程施工合同纠纷案件中的难点问题。主要原因是，我国建筑业市场处于变革时代，市场中旧的经济秩序被打破，新的经济秩序尚未建立，房地产市场的快速发展，又吸引大量的企业投入到建筑业市场当中，不规范的经营行为时有发生，如参与建筑活动的主体行为不规范，发包方肢解工程发包、承包方没有资质或者超越资质等级承揽工程，承包方非法“挂靠”借用具有法定资质等级的建筑施工企业名义承揽工程。这些不规范的经营行为，一方面扰乱了建筑市场正常经营秩序，使建筑工程质量事故不断发生。另一方面在一定程度导致大量无效合同的产生。《合同法》《建筑法》及《建筑工程质量管理条例》均规定，工程未经竣工验收不得交付使用。在合同无效的情况下，如何判定经验收合格的工程和未经竣工验收及验收不合格工程的价值，对于这样的工程如何处理，是否适用折价补偿的处理原则，成为人民法院审判实践的难点问题。在我国的建筑业市场，存在不同标准的工程款的计算方法，现实中工程量的增减也是普遍现象，用何种标准及方法对承包人建设的工程进行折价补偿，亦是难点问题。从审判实践来看，人民法院在具体案件中就无效合同的处理如何适用法律有不同的理解，对于折价补偿的标准及范围也有不同的认定，导致相类似的案件裁判结果相差甚远，不能取得良好的社会效果。同时，由于无效合同的处理没有明确的法律规定标准，致使案件不能尽快审结，导致经竣工验收不合格的工程长期搁置，不能及时予以利用，不能实现人民法院追求的效力目标，并且不能及时妥善保护当事人利益。故而，本司法解释在广泛征求社会各界意见，综合人民法院的审判实践的成功经验，依据《合同法》规定的无效合同的处理原则，以工程经验收合格作为折价补偿的前提条件，对合同无效，工程经验收合格的合同如何处理作出明确的规定。

二、社会各界意见

（一）对于工程经验收合格后，合同是否应当认定有效的意见。由于工程质量是建设工程的生命线，保证工程质量是《建筑法》等行政法的立法目的之一，从这一角度考虑，建筑物的质量标准应当高于建设工程施工合同的效力标准，故有观点认为，当建设工程经验收合格的，建设工程施工合同不宜认定无效，建议本条修改为“建设工程施工合同符合本司法解释第一条规定的无效条件，但是建设工程经验收合格的，当事人请求认定合同无效的，人民法院不予支持。”反对的观点认为，虽然在建设工程施工合同当中，工程质量是处于核心地位，并被《合同法》及《建筑法》等相关行政法规范所保护，但是，法律并没有明确规定，在建设工程施工合同当中，以工程质量是否经验收合格作为合同是否有效的必备要件。现仅从《建筑法》的立法目的考虑，将工程质量是否经验收合格作为建设工程施工合同是否有效的唯一必备条件，与《合同法》的规定不符，且容易造成在结果上鼓励建筑业市场中不规范经营行为的发生，不利于实现通过本司法解释来制裁违法行为，规范建筑市场的目的。因此，建筑工程质量是否经验收合格只能涉及承发包方如何结算工程款的问题，而不能因此导致合同效力的变化。

（二）对于折价补偿问题的不同观点。对于合同无效，工程经竣工验收合格，发包人按照何种标准对承包人予以折价补偿问题。起草征求意见中出现几种意见：第一种意见认为，建设工程施工合同无效，建设工程验收合格的，发包人应当返还承包人在建设工程的造价成本；造价成本与合同价款的差价为损失，按照过错原则承担责任。理由是，无效合同的不得履行性导致的直接结果是承包人不应依据无效合同取得利益。故而，发包人只能按照建设工程的造价成本对承包人予以折价补偿。造价成本与合同约定价款的差价作为损失，由双方按照过错责任分担，这样才符合无效合同的特征及无效合同与有效合同的本质区别。"造价成本"如何计算，也存在几种观点：一种观点认为，造价成本按照当年适用的工程定额标准由鉴定机构计算。理由是，国家没有对建筑工程的造价成本规定计算标准的情况下，建设部及各地建筑行政主管部门颁发的建筑工程定额标准，属于行业标准，应当参照执行。另一种观点认为，造价成本按照建设行政主管部门发布的市场价格信息计算。理由是，建设行政主管部门就计算工程造价成本制定的定额标准往往跟不上市场价格的变化，而建设行政主管部门发布的市场价格信息，更贴近市场价格，更接近建筑工程的实际造价成本，有利于保护当事人的利益。第三种观点认为，造价成本为合同约定的工程款中的直接费与间接费，不包含利润和税金，利润和税金为损失。理由是，因合同中对于工程款项的支付标准约定明确，便于人民法院对于案件的审理，同时，由于是当事人自行约定，利于当事人接受。但是，合同无效，承包方不应依据无效合同取得利益，故而其不应取得合同约定工程款中的利润。税金是履行合同应当缴纳的，无效合同的不得履行性，导致承包人不应取得发包人支付的税金。第二种意见认为，建设工程施工合同确认无效后，建设工程验收合格的，承包人请求参照合同约定支付工程价款的，人民法院应当支持。此种意见主要是以工程质量是否合格，作为按照合同约定结算工程款的标准。这种观点的主要理由是，当建筑工程经验收合格后，区分合同效力的意义已不存在，参照合同约定支付工程款，有利于平衡双方当事人之间的利益关系，且不影响建筑工程质量，社会效果较好。

三、司法解释对各种意见的采纳情况

本司法解释最终采纳了建设工程施工合同无效，建设工程验收合格的，承包人请求参照合同约定支付工程价款，人民法院应予支持的观点。理由是：本司法解释第一条规定了合同无效的几种情况，如果我们以建设工程验收合格作为合同有效的唯一必备要件，司法解释中第一条关于合同无效的规定就没有意义，因为第一条规定的无效的合同，在工程经验收合格后，都会成为有效合同，这与司法解释打击建筑业市场的违法活动，规范建筑业市场的经营活动的制定初衷相违背，间接鼓励了无效合同的签订及履行。故而，本司法解释没有规定建设工程验收合格的，可以认定有效，而是确定建设工程施工合同无效，建设工程验收合格的，可以按照有效处理，发包人参照合同约定支付工程款。在合同无效的情况下，参照合同约定支付工程款，与法理和现行法律有关无效合同的处理原则明显相悖，但这种处理方式有利于保障工程质量。且这种方式利于案件的审理，平衡当事人之间的利益关系，得到良好的社会效果。其他关于工程款支付标准的意见，都存在一定的审判实践中不好掌握的问题。合同无效，按照工程造价成本由发包人折价补偿承包人。如果按照工程定额或者建设行政主管部门发布的市场价格信息作为计价标准计算工程的造价成本，都需要委托鉴定。这势必增加当事人的诉讼成本，扩大当事人的损失，案件审理期限延长，不能及时审结案件，不利于对当事人合法权益的保护，案件审判的法律效果与社会效果不能得到有机的统一。同时，目前我国建筑市场属于发包人市场，发包人在签订合同时往往把工程款压得很低，常常低于当年适用的工程定额标准和政府公布的市场价格信息标准，如果合同无效按照上述两种标准折价补偿，就可能诱使承包人恶意主张合同无效，以达到获取高于合同约定工程款的目的，这与无效合同处理原则及制定司法解释以期达到规范建筑市场、为促进建筑业的发展提供法律保障的初衷相悖。故而在合同无效时，不宜采用上述两种标准作为折价补偿的计算标准。认为合同无效，承包人只能要求合同约定中的直接费和间接费，不能主张利润及税金的观点同样有不当之处。就建设工程而言，其价值就是建设工程的整体价值，也即建设工程的完整造价。如果合同无效，承包人只能主张合同约定价款中的直接费和间接费，则承包人融入进建筑工程产品当中的利润及税金就被发包人获得。发包人依据无效合同取得了承包人应当得到的利润，这与无效合同的处理原则不符，其利益向一方当事人倾斜，不能很好地平衡当事人之间的利益关系，导致矛盾激化，案件审判的社会效果不好。故而，此种观点亦不可取。参照合同约定确定工程款数额符合签约时当事人的真实意思，且有利于保证工程质量，平衡双方之间的利益关系，便于人民法院掌握施行。对一部分案件而言，可适当简化程序，减少当事人讼累。

四、实践中注意的几个问题

建设工程施工合同与其他合同比较而言，有一定的特殊性。处理时应当把握以下原则：（一）履行建设工程施工合同的过程就是将劳动和建筑物材料物化在建筑产品的过程。《合同法》第五十八条规定，合同无效或者被撤销后，因该合同取得的财产，应当予以返还；不能返还或者没有必要返还的，应当折价补偿。由建设工程施工合同性质决定，合同无效后不能适用恢复原状的返还原则，而应适用折价补偿的返还原则。（二）应当区分工程质量是否合格。按照《合同法》规定，建设工程施工合同无效的法律后果是折价补偿和按照过错赔偿损失。“折价补偿”首先应确定履行无效合同建造的建筑产品是否有价值，然后才存在补偿问题；没有价值就不补偿，只能按过错赔偿损失。是否有价值的衡量标准，应根据《合同法》第二百七十九条的规定，建设工程经验收合格后，方可交付使用；未经验收或者验收不合格的，不得交付使用。《建筑法》六十一条第二款也作出相同规定。建设工程竣工验收不合格就无法交付使用，建设工程的价值就体现不出来，无法折价补偿，故人民法院在案件审理中，应把握工程是否经竣工验收合格这一标准。验收合格一般有建设行政主管部门的质量评定机构作出的认定，从目前对于建设工程质量的评定来看，建设行政主管部门作出的评定标准是具有行政评定色彩，具有权威性，应在案件审理中予以确定。对于建设行政主管部门作出的质量评定，当事人可以提出异议，如果提出的异议充分，应当允许当事人重新评定的申请，并依据重新评定的结果作为认定建设工程质量是否合格的参考。（三）经验收合格的工程包括工程竣工后验收合格和正在建设中的工程经阶段性验收合格的工程及经过修复后验收合格的工程。《建筑法》第六十条第一款规定，建筑物在合理使用寿命内，必须确保地基基础工程和主体结构的质量。地基基础工程和主体结构工程具有相对独立性，完成这部分工程时应当验收，验收合格后才能进行下一步施工；建筑物也因地基基础和主体结构的合格而产生一定价值，未完的工程，应当对经阶段性验收合格的地基基础工程和主体结构部分折价补偿。（四）参照合同约定支付价款是处理合同无效，工程经竣工验收合格时，双方支付工程款的一项基本原则。在通常情况下，应当依照合同约定来支付工程款。但是，根据案件的具体情况，按照合同约定无法计算工程款，往往发生在未完的工程，或者工程大规模改变设计的情况下，也不排除根据案件的具体情况委托评估的办法来认定工程款的数额。

第三条　建设工程施工合同无效，且建设工程经竣工验收不合格的，按照以下情形分别处理：

（一）修复后的建设工程经竣工验收合格，发包人请求承包人承担修复费用的，应予支持。

（二）修复后的建设工程经竣工验收不合格，承包人请求支付工程价款的，不予支持。

因建设工程不合格造成的损失，发包人有过错的，也应承担相应的民事责任。

条文主旨

本条主要规定了建设工程施工合同无效，建设工程经竣工验收不合格的处理原则。这一条包含两层意思：一是合同无效，工程竣工验收不合格，工程款项的支付方法；二是合同无效，工程验收不合格，承包人与发包人责任的承担。《合同法》第五十八条规定，合同无效或者被撤销后，因该合同取得的财产应当予以返还；不能返还或者没有必要返还的，应当折价补偿。建设工程经竣工验收不合格，主要是建设工程质量不符合国家规定或者行业规定的标准，一般包括两种情况：一种是建设工程质量虽然不合格，但经过修复，可以使缺陷得到弥补，符合国家或者行业强制性质量标准。这种情况下，发包人仍然可以接受建设工程，并在修复后继续利用建设工程。按照《合同法》关于无效合同的处理原则，应当对建设工程予以折价补偿，但由于建设工程没有经过竣工验收，需要进行修复，具备验收条件后方能使用，故而发包人可以要求承包人承担修复费用。另一种情况是，建设工程的质量缺陷无法通过修复予以弥补，建设工程丧失利用价值。对于没有利用价值的建设工程，只能炸掉重新进行建设，承包人没有请求支付工程价款的权利。《建筑法》第五十八条第一款规定，建筑施工企业对工程的施工质量负责。按照上述法律规定，对于经竣工验收不合格的建设工程，承包人应当承担民事责任。但实践中经常出现工程质量缺陷是由于发包人原因导致的情况，所以按照过错程度，具有过错方承担责任，符合公平原则及《合同法》规定的按照过错承担无效合同赔偿责任的原则。

理解与适用

一、起草背景

对于合同无效，建设工程经验收不合格，哪一方应当承担责任，发包人是否应当支付工程价款，及工程价款按照何种标准予以支付，一直是审判实践中争议较大的问题。《合同法》第二百七十九条规定，建设工程竣工后，发包人应当根据施工图纸及说明书、国家颁发的施工验收规范和质量检验标准及时进行验收。验收合格的，发包人应当按照约定支付价款，并接受该建设工程。建设工程竣工经验收合格后，方可交付使用；未经验收或者验收不合格的，不得交付使用。《建筑法》第六十一条规定，建筑工程竣工经验收合格后，方可交付使用；未经验收或者验收不合格的，不得交付使用。《建设工程质量管理条例》第十六条第三款规定，建设工程经验收合格的，方可交付使用。按照上述法律规定，建设工程必须经竣工验收合格方能交付使用，否则不能予以交付使用。在审判实践当中，对于合同无效，工程经验收不合格，或者合同无效，建设工程未经竣工验收的，承包人主张工程款的，人民法院根据上述法律关于经竣工验收方能交付使用的规定，驳回承包人的诉讼请求。这样的裁判结果使大量经验收不合格或者未经竣工验收的建设工程施工合同纠纷得不到彻底解决。实践中另一种做法是，按照《合同法》规定的无效合同的处理原则，合同无效，不论工程是否竣工，是否经验收，都要归发包人所有，因此发包人应当对承包人予以折价补偿。但各地人民法院对于补偿的标准掌握的原则并不一致，有的以工程造价成本折价补偿承包人，有的按照合同约定价款，有的委托专业部门对建筑工程进行评估，按照评估价格对承包人予以折价补偿。由于人民法院对适用法律理解的不同，导致就具体案件作出的裁决结果差异很大。工程经验收不合格的建设工程施工合同纠纷案件审结的社会效果不好，是造成建筑施工企业长期拖欠工人工资的原因之一。因此，妥善处理此类纠纷，对于合理利用社会资源，平等保护承、发包人利益，保护建筑工人的合法权益，维护社会稳定，具有积极的意义。在本司法解释征求意见当中，社会各界及各级人民法院均要求将合同无效，工程经验收不合格的案件如何处理，按照统一的标准，作出明确的规定。我们在充分调研的基础上，对此问题作出了两方面的规定。

二、征求意见及采纳的情况

在本司法解释起草中，对于合同无效，工程经验收不合格的建设工程施工合同纠纷如何处理，有不同的观点：一种观点认为，按照《建筑法》和《合同法》的规定，建筑工程经验收合格后，方可交付使用。对于未经验收合格的工程，不得交付使用。因竣工验收不合格的工程，无法交付，发包人无法使用，导致合同目的无法实现，发包人可以不支付工程价款。按照这种意见来处理案件，可能造成的后果是，发包人不用支付对价即可以接受建设工程，如果建设工程具有利用价值，发包人依据无效合同取得利益，而承包人不能依据其投入得到相应的报酬，双方的利益不平衡，损害承包人利益，不符合民法的公平原则，且亦激化矛盾，案件审判社会效果不好。且由于发包人不用支出即可取得建设工程，导致发包人对已取得建设工程产品价值不珍惜，轻易决定对接受的建设工程铲掉重来重新进行建设。如果工程经过修复可以符合验收条件，从而具有使用价值，这种做法会造成社会资源的浪费。另一种观点认为，不论工程是否验收合格，按照无效合同的处理原则，工程都要交付发包人，故而发包人应当就接受的工程支付承包人工程款。这种观点又会导致如果工程确实无法修复，不再具有使用价值，这种损失完全由发包人承担，不符合公平原则。在充分研究各种意见的前提下，本司法解释当中确定以建设工程修复后是否经竣工验收合格作为承包人请求支付工程款的前提条件，建设工程修复后经竣工验收合格的，发包人请求承包人承担修复费用的，应予支持。建设工程无法修复或者修复后经竣工验收不合格的，承包人请求支付工程款的，不予支持。此款规定具有充分的法律依据，《合同法》第二百六十二条规定，承揽人交付的工作成果不符合质量要求的，定作人可以要求承揽人承担修理、重做、减少报酬、赔偿损失等违约责任。《建设工程质量管理条例》第三十二条规定，施工单位对施工中出现质量问题的建设工程或者经竣工验收不合格的建设工程，应当负责返修。上述法律规定表明的观点是，建设工程经验收不合格的，承包人应当承担返修义务，返修费用由承包人自行承担。如果承包人拒绝承担返修义务或者双方基于丧失合作基础的情况，发包人与承包人均同意由第三人能进行建设工程的修复工作时，发包人可以要求承包人承担修复费用。这种做法可以避免社会资源的浪费，平衡当事人之间的利益，使案件的审判结果达到较好的社会效果。修复后的建设工程经竣工验收仍然不合格的，建设工程已经失去价值，只能铲掉重新进行建设，承包人要求支付工程款的，不应予以支持。这样的规定，可以严格制裁违法行为，保证工程质量，促进建筑业市场的健康有序发展。

《合同法》第五十八条规定，合同无效或者被撤销后，因该合同取得的财产应当予以返还；不能返还或者没有必要返还的应当折价补偿。有过错的一方应当赔偿对方因此所受到的损失，双方都有过错的，应当各自承担相应的责任。《建筑法》第五十八条明确规定，建筑施工企业对工程的施工质量负责。建筑施工企业必须按照工程设计图纸和施工技术标准施工，不得偷工减料。工程设计的修改由原设计单位负责，建筑施工企业不得擅自修改工程设计。第五十九条规定，建筑施工企业必须按照工程设计的要求、施工技术标准和合同的约定，对建筑材料、建筑构配件和建筑设计进行检验，不合格的不得使用。第六十条规定，建筑物在合理使用寿命内，必须确保地基基础工程和主体结构的质量。《建设工程质量管理条例》第三十二条规定，施工单位对施工中出现质量问题的建设工程或者竣工验收不合格的建设工程，应当负责返修。上述法律规定表明，承包人应当对建筑工程的质量承担责任。故而，本司法解释明确规定，建设工程经验收不合格，承包人应当承担民事责任。但建筑业的实际情况是，工程质量不合格可能有发包人的原因，如发包人提供的设计有缺陷，造成按照发包人提供的设计图纸进行施工建造的房屋存在质量问题，无法经过验收。发包人为追求不正当的经济利益，往往提供或者指定购买的建筑材料、建筑配件、设备不符合国家强制性标准。而我国的建筑业市场基本是发包人市场，承包人往往考虑到发包人的优势地位，接受发包人购买的材料或者购买发包人指定的建筑材料、建筑配件、设备等，导致建筑工程质量经验收不合格。也有发包人在工程发包过程中操作不规范，将工程肢解分包，或者直接指定分包人，而被指定的分包人不具有相应的资质，或者不能按照规范施工，导致工程质量存在缺陷，经验收不合格。本司法解释在征求意见的基础上，从我国建筑业市场的实际现状出发，规定工程经验收不合格的，发包人有过错的，也应当承担相应的过错责任。这也符合《民法通则》的公平原则。

三、实践中应注意的问题

掌握本条规定的工程款项支付的原则，就要从根本上把握修复后的建设工程经再次竣工验收是否合格这一分界点。修复后的建设工程经竣工验收合格的，发包人要支付承包人工程价款，同时可以要求承包人承担建设工程的修复费用。修复后的建设工程经再次竣工验收不合格的，发包人可以不支付承包人工程价款。在审判实践中，双方因为纠纷的产生，矛盾加大，对于建设工程经竣工验收不合格的，一方面承包人不愿继续承担建设工程的修复义务，进行修复工作；另一方面发包人也不愿承包人再继续进行建设工程的修复工作。如果双方均同意不再由承包人进行修复工作，如何确定工程款的给付问题。笔者认为，在承、发包双方均同意不再由承包人继续建设工程的修复工作的，首先要看建设工程存在的质量缺陷是否可以修复，并可以经竣工验收合格。对于建设工程存在的质量缺陷是否能够修复，一方面看当事人对这一问题的态度，如果双方当事人从建筑业的国家质量要求及行业质量要求的基础上，均认可建筑工程存在的质量缺陷可以修复，那么，人民法院可以根据法律规定，对此予以认可。发包人应当支付承包人工程价款，承包人负担工程的修复费用。如果双方对建筑工程存在的质量缺陷是否能够修复有不同的意见，且难以达成共识，由于建筑工程质量问题涉及专业技术问题，这种情况下，建筑工程质量存在的缺陷是否能够修复，就需要委托专业部门进行评定，以评定的结果作为人民法院认定建筑工程经验收不合格，其存在的质量问题是否可以修复的参考。发包人在提出请求承包人承担修复费用的主张后，并不妨碍和影响发包人向承包人主张合同无效其受到损失的赔偿责任及缔约过失责任。对于审判实践当中出现的工程没有竣工，经阶段性验收不合格，但可以予以修复的，修复后的工程经验收合格的，可以参照这一标准来处理。建设工程经竣工验收不合格的，在经过专业机构评定，工程存在的质量问题无法修复的，不再支持承包人请求支付工程款的主张。但如果发包人对工程质量缺陷具有过错的情况下，承包人可以就合同无效，请求发包人承担损失。对于合同无效，建筑工程经验收不合格的，确定的责任承担原则是承包人承担责任。但是，如果发包人对建设工程验收不合格存在过错的，也应当承担责任。这一责任的承担应当在认定发包人过错程度的基础上作出判断。在法律有明确规定某方面的责任是承包人主要责任的情况下，发包人只能负次要责任，对于其承担责任的多少，由法官依据案件的实际情况及法律规定予以判决。

第四条　承包人非法转包、违法分包建设工程或者没有资质的实际施工人借用有资质的建筑施工企业名义与他人签订建设工程施工合同的行为无效。人民法院可以根据《民法通则》第一百三十四条规定，收缴当事人已经取得的非法所得。

条文主旨

本条规定具有两方面内容：一是承包人非法转包、违法分包建设工程或者不具有资质的实际施工人借用有资质的建筑施工企业名义与他人签订的建设工程施工合同违反《建筑法》的强制性规定无效；二是将当事人依据上述无效合同取得的利益确定为非法所得，依据《民法通则》第一百三十四条第三款："人民法院审理民事案件时，可以收缴当事人进行非法活动的财物和非法所得"的规定，由人民法院采取民事制裁措施，对承包人非法转包、违法分包建设工程取得的利益、出借法定资质的建设施工企业因出借行为取得的利益、没有资质的建设施工企业因借用资质签订建设工程施工合同取得的利益予以收缴。

理解与适用

一、起草背景

《建筑法》从规范建筑业市场，保证建设工程质量的目的出发，明确规定禁止承包人非法转包、违法分包建设工程。禁止未取得资质等级证书的企业承揽工程。但在建筑业市场中，承包人为追求不正当利益，将承包的建设工程非法转包、违法分包。无资质的施工企业为承揽工程，常常通过各种形式使用法定资质建筑施工企业名义与他人签订建设工程施工合同。上述违法行为，一方面导致建筑业市场承发包行为不规范，竞争无序，扰乱建筑业市场的正常运转，另一方面直接导致建筑工程质量缺陷，建设工程发生安全事故，危及人民生命及财产安全，扰乱社会安定。但法律对承包人转包、违法分包建设工程的合同是否无效，没有明确的法律规定，人民法院对如何适用法律认定此类合同效力理解不同，导致对此类合同效力认定上的不同。人民法院对合同性质认定的不一致，使案件审判达不到良好的社会效果，同时不利于制裁民事违法行为，进而达到规范建筑业市场的目的。故而，本条中明确规定，承包人非法转包、违法分包的建设工程施工合同无效。本司法解释第一条规定五种无效合同，这五种合同基本涉及发包人与承包人之间的法律关系，但本条中规定的无效合同涉及发包人与承包人之间的建筑工程承包合同关系，承包人因非法转包、违法分包与实际承包人之间的建设工程承包合同关系，发包人与工程实际承包人之间的关系三方当事人之间的法律关系，故承包人非法分包、违法转包合同无效没有在解释第一条中规定，而是在本条中予以规定。本司法解释第一条对没有资质的实际施工人借用有资质施工企业名义签订的合同无效已作出规定，本条再次重申，主要考虑到本条中规定了对非法所得予以收缴，而没有资质建筑施工企业借用有资质施工企业名义签订合同取得利益，也在本条予以收缴的范围之中，且在认定没有资质建筑施工企业的非法所得时，同样涉及发包人、承包人与被使用资质企业三方之间的法律关系。故本条在体例上将承包人分包、违法转包合同无效独立于第一条之外，并与无资质实际施工人借用有资质建筑施工企业名义承揽工程的无效合同并在一起，作为本条下面收缴规定的对象。对于承包人非法转包、违法分包建设工程取得的利润，没有资质的施工人通过借用有资质建筑施工企业名义与他人签订建设工程施工合同获取的利益，是否应认定为非法所得并予以收缴，各地人民法院掌握的原则不一致。有的人民法院积极采取收缴措施，对于当事人基于违反法律强制性规定签订的建设工程施工合同在认定合同无效的前提下，都适用收缴的民事制裁措施。有的法院则不主张采用收缴这种民事制裁措施，在案件审理中，基本不予采用收缴这一民事制裁措施。综合人民法院的审判实践，在1995年以前，各地人民法院在审理案件中，对于当事人进行非法活动的非法所得，一般采取收缴的民事制裁措施。在1995年至2000年，对于非法所得，有的人民法院采取收缴措施，有的法院不予收缴。2000年以后，人民法院在审判中逐渐淡化对当事人非法所得采用收缴措施的。在司法解释征求建议中，各级人民法院建议将当事人依据上述合同取得的利益认定为非法所得，由人民法院依据《民法通则》的规定，予以收缴。理由是，有人民法院采取收缴这种民事制裁措施，一方面可以起到打击违法行为，规范经营活动的目的，另一方面可以平衡当事人之间的利益关系，有利于案件审判达到较好的社会效果。社会各界也积极呼吁本司法解释当中对于收缴非法所得作出规定，以规范建筑业市场的经营活动。建设行政部门对于该观点予以支持。本司法解释采纳各界意见，明确承包人转包、违法分包建设工程取得的利益、出借法定资质的建设施工企业因出借行为取得的利益、没有资质的建设施工企业因借用资质签订建设工程施工合同取得的利益确定为非法所得，由人民法院依据《民法通则》第一百三十四条的规定，采取民事制裁措施，对当事人已经取得的非法所得予以收缴。

二、讨论中的意见

对于承包人非法转包、违法分包建设工程的合同无效，在司法解释征求意见当中，基本取得一致的意见。对于在建设工程施工合同纠纷中，是否可以依据《民法通则》第一百三十四条规定对非法所得予以收缴，在起草初期，我们一直主张减少和避免适用收缴民事制裁措施，对违法行为由行政机关依照行政法规范作出行政处罚。基于此种考虑，在本解释草拟稿中没有作出收缴规定。以后，解释稿在人民法院网上、人民法院报上征求社会各界意见以及召开座谈会听取各级法院、建设部等单位意见时，一致意见认为人民法院对非法所得应予收缴，并建议增加相应条款。我们采纳了各方面对于在本司法解释中增加对非法所得予以收缴的意见，主要理由是：（一）将当事人依据本条规定的无效合同取得的利益，确定为非法所得并采用民事制裁措施予以收缴，有充分的法律依据。按照《民法通则》规定的精神，非法所得应是指当事人从事违反法律、行政法规强制性规定的民事行为所取得的财产。《建筑法》第二十六条规定，禁止建筑施工企业超越本企业资质等级许可的业务范围或者以任何形式用其他建筑施工企业的名义承揽工程。禁止建筑施工企业以任何形式允许其他单位或者个人使用本企业的资质证书、营业执照，以本企业的名义承揽工程。第二十八条明确规定，禁止承包单位违法转包、肢解分包。第二十九条第三款规定，禁止总承包单位将工程分包给不具备相应资质条件的单位。《建筑法》的上述三个条款属于强制性条款，当事人在建设施工合同中出现上述违反《建筑法》强制性规定的情形，就可以依照《民法通则》和《合同法》的规定，确定合同无效。《建筑法》第六十六条规定，建筑施工企业转让、出借资质证书或者以其他方式允许他人以本企业的名义承揽工程的，责令改正，没收违法所得，并处罚款。第六十七条规定，承包单位将承包的工程转包的，或者违反《建筑法》规定进行分包的，责令改正，没收违法所得，并处罚款。《建筑法》通过上述两个条款，对建筑施工企业出借资质证书、转让资质证书取得的利益，承包单位违法分包、转包取得的利益确定为非法所得，由建设行政主管部门或者有关部门依据行政职权采取没收非法所得的行政制裁措施。在《建筑法》中，已经明确将本条司法解释中涉及的三种行为确定为违反行政法规禁止性规定的行为，并将所得认定为非法所得，行政机关依照职权可以予以收缴。《建筑法》作为规范建筑行业的法律，具有公法的性质，按照公法优于私法的原则，我们首先可以根据《建筑法》的规定，将承包人分包、违法转包建设工程取得的利益、不具有资质的施工人通过借用具有资质施工企业名义签订建设工程施工合同取得的利益、具有资质施工企业出借资质取得的利益确定为非法所得。然后按照《民法通则》第一百三十四条："人民法院审理民事案件，收缴当事人进行非法活动的财物和非法所得"的规定，对当事人的上述非法所得予以收缴。（二）对这几种合同非法所得进行收缴，有利于平衡当事人之间的利益关系，及时制裁违法行为，进一步规范建筑市场，保证建筑工程质量，进而保证人民生命、财产安全。我们开始考虑只在第三人借用具有法定资质的建设施工企业名义与发包人订立的合同无效，人民法院可以根据《民法通则》第一百三十四条规定收缴建设施工企业出借法定资质的非法所得。后在讨论中，又增加为现在的三种合同，之所以增加收缴非法所得适用范围，主要考虑在违法分包、转包建设工程中，合同当事人以管理费等名目收取的非法所得，如不收缴，对这部分利益不论作何种处理都很难平衡当事人利益。具体讲，订立转包合同后，转包人收取了转承包人交纳的管理费，如将此款全部判归转承包人，那么转承包人因签订无效合同而获得全部合同利益，与有效合同处理结果一样；如作出这样的判决，显然与现行法规定不符；如将这部分费用全部或者部分判归转包人，由于转包人未实际施工，只因签订违法转包合同而获取利益，也不符合法律规定。人民法院对非法所得予以收缴，可以在合同被认定无效后平衡当事人利益。同时在审理案件中及时作出收缴措施，有利于打击建筑业市场的违法行为，进而规范建筑业市场的经营行为。我们在审判实践中出现过这样的做法，即人民法院不采取收缴措施，而是向建设行政主管部门发出司法建议，建议建设行政主管部门对当事人的非法所得予以收缴。这种做法的弊端是，建设行政主管部门在收到人民法院司法建议书后，可能由于某些方面的原因，不对违法活动者取得的非法利益采取收缴措施，这样不利于打击建筑业市场中的违法活动。且人民法院采取收缴的制裁措施是事中制裁，制裁起到的社会效果较好，能够通过制裁违法行为，起到预防违法行为产生的作用。而建设行政主管部门按照人民法院司法建议中确定的事实对当事人采取的制裁措施是一种事后制裁，其取得的社会效果不如事中制裁得到的社会效果好。且因是事后制裁，可能收缴措施得不到执行，这样制裁措施的采用就达不到一定的社会效果。这也是建设行政部门主张人民法院在案件审理时，对当事人依据本条规定的无效合同取得的非法利益予以收缴的原因。

三、审判实践中对于收缴非法所得的具体做法

我国《民法通则》第一百三十四条规定，人民法院在审理案件时，可以对当事人进行非法活动的非法所得予以收缴。对于在审判实践中如何贯彻和执行上述法律规定，审判实务界一直存在争议，并存在不同的观点。第一种观点认为，人民法院在审理案件时，应当对当事人进行违法活动时约定取得的财产和已经取得的财产均予以收缴。理由是，当事人履行违反法律禁止性规定的合同所取得财产，应认定为非法所得，予以收缴。《民法通则》规定的非法所得，应当包括已经取得和约定取得两种形式，按照法律规定的本意，应对约定取得和实际取得的财产一并适用收缴。这一观点曾被最高人民法院的相关司法解释采纳。最高人民法院《关于审理联营合同纠纷案件若干问题的解答》第四条规定，关于联营合同中的保底条款问题：企业法人、事业法人作为联营一方向联营体投资，但不参加共同经营，也不承担联营的风险责任，不论盈亏均按期收回本息，或者按期收取固定利润的，是名为联营，实为借贷，违反了有关金融法规，应当确认合同无效。除本金可返还外，对出资方已经取得或者约定取得的利息应予收缴，对另一方则应处以相当于银行利息的罚款；第二种观点认为，行政法律规范中将收缴非法所得确定为一种行政职能，由行政部门依法予以行使。人民法院在审理民事案件时，不宜替代行政部门的职能，行使收缴权。这种观点在审判实践中也曾被采纳，有些判例中，对于下级法院作出的收缴制裁决定，当事人向上一级人民法院提出复议申请，上级法院有根据上述观点，撤销下级法院收缴决定的复议决定；第三种观点认为，《民法通则》规定的非法所得，应是指已经实际取得的财产，对于当事人约定取得但没有取得的财产，不宜认定为非法所得予以收缴。最高人民法院在具体的案例中体现了该种观点。四川省高级人民法院在审理眉山分公司与李明建设工程施工合同纠纷一案时查明，李明个人不具有建筑施工资质条件，却于1998年8月23日与眉山分公司签订了“分包协议”，以个人名义承揽建设工程，违反了《建筑法》的禁止性规定，李明和眉山分公司

所签“分包协议”无效，其工程付款结算应按李明实际施工部分造价进行，双方不得以上述违法民事行为而牟取利益。故依照《民法通则》第一百三十四条第三款、《建筑法》第六十五条第三款的规定，于 2003 年 4 月 7 日作出〔2001〕川经终字第 203-1 号和〔2001〕川经终字第 203-2 号民事制裁决定书，决定对眉山分公司因履行本案协议在扣除实际施工部分造价及李明多收款额后尚差约定应付款额287 653.08元，作为约定取得予以收缴。李明已收取款额扣除其实际施工部分造价后，多收款额406 782.92元予以收缴。眉山分公司与李明对四川省高级人民法院的上述制裁决定书均不服，向最高人民法院申请复议。眉山分公司认为，李明实际施工部分造价为5 613 217.08元，而眉山分公司已多付406 782.92元，因此，眉山分公司在本案中并未牟取利益。民事制裁决定书认定“对眉山分公司因履行本案协议在扣除实际施工部分造价及李明多收款额后尚差约定应付款额287 653.08元予以收缴”显属不当。因协议确认为无效，也就不存在按协议约定付款的问题。四川省高级人民法院〔2001〕川经终字第 203-1 号民事制裁决定书在认定事实和适用法律上均有错误，请求撤销该民事制裁决定书。最高人民法院经审查认为，根据《民法通则》第一百三十四条第三款规定，人民法院审理民事案件，可以予以收缴进行非法活动的财物和非法所得。但案件事实表明，“分包协议”无效后，经司法鉴定，李明实际施工部分造价为5 613 217.08元，而眉山分公司支付给李明的工程款是 602 万元，已超出实际施工部分造价406 782.92元。因此，眉山分公司没有非法所得。四川省高级人民法院“对眉山分公司因履行本案协议在扣除实际施工部分造价及李明多收款额后尚差约定应付款额287 653.08元”，作为约定取得予以收缴没有法律依据。眉山分公司尽管违反了《建筑法》第六十七条第一款的规定，但其应承担的是行政处罚性的法律责任。根据《建筑法》第七十六条第一款规定：“本法规定的责令停业整顿、降低资质等级和吊销资质证书的行政处罚，由颁发资质证书的机关决定；其他行政处罚，由建设行政主管部门或者有关部门依照法律和国务院规定的职权范围决定”。因此，人民法院审理民事案件，不得以此为依据对当事人予以民事制裁。故而撤销了四川省高级人民法院对眉山分公司的处罚决定。对于李明的复议申请，最高人民法院经审查认为，根据四川省高级人民法院〔2001〕川经终字第 203 号民事判决和《中华人民共和国建筑法》第二十九条第三款、第六十五条第三款、《中华人民共和国合同法》第五十八条之规定，《分包协议》无效后，李明只能按照其实际施工部分的造价5 613 217.08元收取工程款，对其多收的超出其实际施工部分造价的406 782.92元工程款，应认定为非法所得。依据《中华人民共和国民法通则》第一百三十四条第三款之规定，对李明的非法所得应予以收缴。故维持了四川省高级人民法院对李明的处罚决定。最高人民法院上述判例表明，当事人实施违法行为，依据无效合同的履行取得的财产，可以确定为非法所得，依据《民法通则》的规定，予以收缴。受上述观点的影响，审判实践中，1995 年前，人民法院对非法所得多予以收缴，收缴范围包括已经取得和约定取得的财产。

四、实践中应注意的问题

（一）严格把握承包人转包、分包行为。国务院于 2000 年 1 月 30 日发布的《建设工程质量管理条例》第七十八条第二款规定，本条例所称违法分包，是指下列行为：（一）总承包单位将建设工程分包给不不具备相应资质条件的单位的；（二）建设工程总承包合同中未有约定，又未经建设单位认可，承包单位将其承包的部分建设工程交由其他单位完成的；（三）施工总承包单位将建设工程主体结构的施工分包给其他单位的；（四）分包单位将其承包的工程再分包的。转包，是指承包单位承包建设工程后，不履行合同约定，直接将工程再转包。人民法院在审判案件中，应在上述范围内确定承包人分包与违法转包的行为。

（二）限制收缴的范围。《民法通则》只是规定了对非法所得予以收缴，但没有明确规定何种利益属于非法所得，可以适用收缴的民事制裁措施。我们在建设工程施工合同纠纷案件审理中，应严格把握非法所得的适用范围，在本条司法解释确定的三种合同当中适用，不应超出本条司法解释确定的合同范围之外。采取收缴非法所得的对象是进行分包、转包的建设工程承包人、出借法定资质的建设工程施工企业及不具有资质的施工人。收缴的非法所得为承包人因违法分包、转包取得的利益、出借建筑施工法定资质的建筑施工企业因出借行为取得的利益、不具有法定资质的施工人通过借用资质签订建设工程承包合同取得的利益。

（三）避免民事制裁措施和行政处罚措施重复使用。《建筑法》对本条司法解释中可以适用收缴的情况也均作出了行政制裁予以收缴的规定，在建设行政机关依照行政职权已经对当事人予以处罚的情况下，人民法院不宜再作出收缴的处罚决定，否则会加重当事人负担，处罚过重，处罚混乱，不会取得较好的社会效果。

（四）非法所得应限定在已经实际取得的财产范围内，对于约定取得不宜采取收缴措施。本条司法解释明确规定对已经取得的非法所得予以收缴，对于约定取得但没有实际取得的财产不使用收缴这种制裁措施。主要理由是合同无效，如果对约定取得的财产也采用收缴的制裁措施，等于强迫当事人履行合同，导致的是合同履行的后果，这与合同无效的法律后果不相一致，且扩大收缴范围，加重当事人负担，与收缴目的不相适应，且没有充分的法律依据。《民法通则》规定的非法所得，从字面上理解应为从事非法活动所取得的利益，对于约定取得，因没有实际取得，因而对于取得方来讲，其并没有依据非法活动取得利益，对于约定支付方来讲，其只是因合同无效，没有导致现有财产的减少，其并没有依据无效合同取得利益。故而，对于约定取得，不宜采用收缴这一民事制裁措施。

（五）注意避免重复采取涉及财产的民事制裁措施。《民法通则》第一百三十四条规定的涉及财产的民事制裁措施，除收缴非法所得外，还可以予以罚款。在人民法院已经采取收缴非法所得的制裁措施后，为避免加重当事人负担，不应再采取罚款的制裁措施。

第五条　承包人超越资质等级许可的业务范围签订建设工程施工合同，在建设工程竣工前取得相应资质等级，当事人请求按照无效合同处理的，不予支持。

条文主旨

承包人在签订建设工程施工合同时超越资质等级许可的范围，违反了《建筑法》的强制性规定，依照《合同法》和《民法通则》的规定，应当认定合同无效。但如果承包人在建设工程竣工前取得相应资质等级的，合同违反《建筑法》禁止性规定的情形已经消失，满足合同生效条件，可以认定有效。本条吸收了理论界中合同效力补正的理论。按照我国学者的观点，合同效力补正是指当事人所签订的合同因违反了法律禁止性规定，导致合同不能满足有效条件，当事人可以通过事后补正或者实际履行来使合同满足有效的条件，促使合同有效。我国对建筑施工企业实行资质等级管理制度，即建筑施工企业要依据其取得的资质等级承揽与其资质等级相适应的建设工程。我国建筑业市场起步较晚，超越资质等级签订的建设工程施工合同有一定的数量，甚至在一定的地区普遍存在。而且，建设行政主管部门对建筑企业的资质等级实行动态管理，按照行政法规范及部门规章的规定，建筑施工企业资质等级的取得需要一定的审批时间，对于承包人在签订建设工程施工合同时已经具备了与建设工程相适应的建设能力，并且已经申报与建设工程相适应的资质等级，但由于审批时间和程序的限制，不能立即取得，认定此种合同效力可以补正，不会影响建设工程质量，不会与《建筑法》的立法宗旨相违背，对于保证和促进建筑市场合同的稳定性都有重要意义。对于无效合同效力补正问题，最高人民法院相关的司法解释中已有规定，在审判实践中取得了良好的社会效果。故本条吸收了最高人民法院司法解释中关于合同效力补正的成功经验，规定对于此种合同就其效力可以予以补正。

理解与适用

一、起草背景

应该说，超越资质等级承揽建设工程的现象，在我国的建筑业市场是较为普遍存在的一种状况。这一现状的产生，一方面是由于我国建筑业市场没有形成规范的经营秩序，法律对建筑业市场的调整力度及相关建设行政管理机关对建筑业市场的管理和引导不到位。进入建筑业市场主体经营模式的多样化，发包人或者承包人为追求不正当的利益，对于承包人建筑资质等级的审查不严格，导致超越资质等级承揽工程情况的大量出现。另一方面是由于我国建设行政主管部门对建筑施工企业资质等级的管理实行动态管理，即建设行政主管部门根据建筑施工企业的建设施工能力达到的程度，按照建筑施工企业的申请，可能会提高建筑施工企业的资质等级，同时，可能因为建筑施工企业建设施工能力的下降或者建筑施工企业的违法经营行为，降低建筑施工企业的资质等级。这样，建筑施工企业的资质等级在承揽工程的过程中可能处于变化的状态。建设部关于资质等级管理的部门规章中曾规定，建筑施工企业承揽超越资质等级两个以上的工程的，作为建筑施工企业申请提升资质等级的一个条件。在资质等级的实际评定当中，有将建筑施工企业超越等级承揽工程的数量作为考虑提高建筑施工企业等级的因素的情况。建设主管部门的这种做法，也鼓励了建筑施工企业超越资质等级承揽工程。这种状况下，如果我们对于超越资质等级承揽工程签订的建设工程施工合同，不论建筑施工企业是否在工程的建设当中取得相应的资质等级，一律认定合同无效，会导致大量无效合同的产生，这一方面与《合同法》尽量保护合同有效的立法原意不符，另一方面脱离建筑业市场的现状，不利于从公平合理的角度解决纠纷。故而，本司法解释对承包人在签订建设工程施工合同时超越本企业资质等级许可的业务范围，但是在建设工程竣工前取得相应资质等级的，采取可以认定合同有效的规定。

二、征求意见中的几种观点

对于承包人在签订建设工程承包合同时超越资质等级许可的业务范围，但是后来取得了相应资质等级，合同效力如何认定，在建设施工企业资质等级取得时间上是否应放宽，放宽到什么程度，在本司法解释起草中一直存在争议。第一种观点认为，国家公权对合同的干预主要体现在对合同效力认定的国家干预上，对合同效力的认定，是法律、行政法规规定的“杠杆”，不能再有突破，否则就是突破法律规定。无效合同的主要特征是自始无效性，不允许当事人通过事后补正或者实际履行来使合同有效，否则会鼓励当事人签订无效合同，与《合同法》规定无效合同的目的相违背。因此，不应当对建筑施工企业取得与其承建工程相适应的资质等级的时间予以放宽，并据此对本应无效的合同认定为有效；第二种观点认为，中国的建筑业市场刚刚起步，很不规范，应当允许司法审判中对当事人的民事行为给予适当的宽容，允许当事人采取补救措施，这有利于市场经济的发展，有利于维护合同，维护当事人的合法权益，具有良好的社会效果，这样做不违背法律规定，恰恰是为了实现法律的根本目的——为经济建设服务；第三种意见认为，应当允许当事人通过事后补办手续，来补正合同效力，但要严格掌握，必须严格限定补正时间，否则会引起当事人权利义务的失衡。在起草该部司法解释时，社会各界的普遍意见认为，承包人在签订建设工程施工合同时其他条件均符合法律规定，只是超越资质等级许可的业务范围，但在合同签订后取得了相应资质等级，以认定合同有效为益。建设部对此观点持支持态度。对于承包人事后取得与承揽工程相适应的资质等级的时间宽展到何时，有不同的意见：一种意见认为，应当宽展到一审诉讼期间。理由是这样才能与本条规定的目的相一致，且最高人民法院在《关于审理房地产法管理法施行前房地产开发经营案件若干问题的解答》中对于房地产开发商补办手续规定宽展到一审诉讼期间，取得很好的社会效果；第二种观点认为应当严格限制取得时间，将时间限定在建设工程竣工前，否则会鼓励超越资质等级承揽工程现象的出现，影响建筑工程质量，与《建筑法》的立法目的相违背；第三种观点认为，应当将补办时间限定在起诉前。理由是：最高人民法院《关于民事诉讼证据的若干规定》确定的原则是当事人就双方争议的法律关系诉讼到法院以后，形成的诉讼法律关系必须处于稳定的状态，倘若还允许其处于不确定的状态，并且在诉讼中法院对法律关系的定性还要受到当事人意志的影响，显然对司法的权威提出了挑战，构成威胁，这是很不严肃的事。而且《民事诉讼法》有关诉讼关系的基本理论也要求人民法院受理民事诉讼以后，该诉讼就应当出于管辖恒定、当事人恒定、诉讼关系恒定、诉讼请求恒定的状态，禁止重复起诉，禁止随意变更诉讼请求等。因此，应当将当事人补办手续的时间限定在诉讼前。

三、对各种观点的采纳情况

我们在本司法解释当中采纳了合同效力可以补正的观点，主要理由是：（一）合同效力的补正有充分的理论基础。我国学者认为，无效合同包括两种情况：一种情况是合同因明显违反法律、法规的强制性规定和公序良俗，不需要经过裁判的认定，合同就是当然无效。另一种情况是合同虽然违反了有关法律和行政法规的强制性规定，但法律、法规并没有明确指明违反该规定对当事人进行的民事行为效力的影响，也就是说违反了法律、法规强制性规定是否导致合同无效需要经过法院的裁判予以认定。许多法律、法规常常只是规定违反强制性规定应当承担的行政责任，但未规定合同无效。由于行政责任与合同效力不是同一概念，即使承担行政责任并非必然导致合同无效。这样，此类合同在签订后，人民法院作出认定之前虽然成立但不生效的，就并非不能通过事后补正或者实际履行来促使合同有效。[①]（二）合同的效力补正已经被最高人民法院制定出台的司法解释所吸收，并取得良好的社会效果。最高人民法院在《关于适用〈中华人民共和国合同法〉若干问题的解释（一）》中，已经肯定法律、行政法规规定的某些合同的批准、登记手续是可以补办的，或者在一定的期限内是可以补办的，该解释第九条规定，法律、行政法规规定合同应当办理批准手续，或者办理批准登记手续才生效，在一审法庭辩论终结前当事人仍未办理批准手续的，人民法院应当认定合同未生

① 王利明：《合同法新问题研究》，中国社会科学出版社 2002 年版，第 289～291 页。

效。最高人民法院在《关于审理房地产管理法施行前房地产开发经营案件若干问题的解答》中规定，商品房的预售方，持有土地使用证，也投入一定的开发建设资金，进行了施工建设，预售商品房的，在一审诉讼期间办理了预售许可证明的，可以认定预售合同有效。最高人民法院《关于审理商品房买卖合同纠纷案件适用法律若干问题的解释》第二条规定，出卖人未取得商品房预售许可证明的，与买受人订立的商品房预售合同，应当认定无效，但在起诉前取得商品房预售许可证明的，可以认定有效。上述司法解释当中关于合同效力补正的规定，在实践中起到了促进当事人积极履行合同、保证交易安全及促进经济发展的作用，被许多法官和当事人借鉴，本司法解释根据建设工程施工合同的审判实践并考虑到法律规定的原则，借鉴最高人民法院《关于适用〈中华人民共和国合同法〉若干问题的解释（一）》和最高人民法院《关于审理商品房买卖合同纠纷案件适用法律若干问题的解释》的规定，在本司法解释当中规定承包人在签订建设工程施工合同时超越资质等级许可的业务范围，但是在建设工程竣工前取得相应资质等级的，发包人以承包人超越资质等级为由主张建设工程施工合同无效的，不予支持。对于效力补正的时间，本司法解释在分析各种意见的基础上，规定相应的资质等级的取得应在建设工程竣工前。这一规定的主要理由在于，从建设行政主管部门对建设施工企业资质施行动态管理的现状来看，建筑施工企业超越资质等级承揽工程，但是在工程竣工前取得与承揽工程相适应的资质等级，表明其已经具备对承揽工程进行建设的施工能力。此种情况下认定合同有效，与《建筑法》通过对建筑施工企业资质的管理，来达到保证建设工程质量的目的并不矛盾。如果把补正时间确定在当事人提起诉讼之前，或者在一审诉讼期间，由于建设工程合同履行期限较长，可能在工程竣工后的很长一段时间内，实践中有的距工程竣工几年之后，双方当事人因各种原因，诉至法院。由于建设工程施工合同本身的复杂性，人民法院审理的时间相对较长，这样，当事人起诉或一审诉讼期间距离竣工时间已经很长，此时取得的资质，已经与竣工工程的建设没有技术上的关系，对已竣工工程的质量没有任何保证，以此时取得的资质来认定合同效力，与《建筑法》的立法目的相违背。

四、在实践中应注意的问题

应当严格掌握合同效力补正的范围及补正时间。本司法解释当中只规定超越资质等级的建设工程施工合同可以进行效力补正，其他违反法律、行政法规禁止性规定的合同，没有允许进行效力补正，故而，对于可以进行效力补正的合同应当限定在这一规定的情形之下，不应再扩大合同效力补正的范围。本条规定中已经明确补正时间放宽到建设工程竣工前，在审判实践当中，应当严格把握这一时间限制。建设工程竣工，一般指承包人将工程竣工的相关资料提交给发包人，监理公司对承包人工程竣工的事实予以认可，并将建设工程实际交付发包人。如果承包人出于某方面的考虑，如出于发包人没有全额支付工程款，为了将工程作为发包人支付款项的抵押或者主张工程款的优先受偿权的考虑，没有将已经实际竣工的工程实际交付发包人，但承包人有证据证明工程已经实际竣工，可以认定工程竣工的事实，并依据竣工的事实作出竣工时间的认定。对于未完的工程，一般应以承包人停止建设，将工程实际交付发包人前确定是否取得与承揽工程相适应的资质等级，作为认定合同效力的事实基础。

第六条　当事人对垫资和垫资利息有约定，承包人请求按照约定返还垫资及其利息的，应予支持，但是约定的利息计算标准高于中国人民银行发布的同期同类贷款利率的部分除外。

当事人对垫资没有约定的，按照工程欠款处理。

当事人对垫资利息没有约定，承包人请求支付利息的，不予支持。

条文主旨

本条是关于合同中垫资条款的效力及发生纠纷后如何处理的原则规定。对垫资问题的处理包括本金及利息两方面问题。此前在处理垫资问题无论从学术界还是实务界都有不同的观点和做法，有的观点认为垫资是不正当竞争的手段或者属于企业之间非法拆借资金的方式，应认定为无效；有的认为垫资是建设工程施工合同常的现象，也是建筑领域的交易惯例，不应认定为无效。本条原则地认可了垫资合同的效力，对以往处理该类问题可以说是一个突破，从而确立了垫资既不同于拆借资金，又不同于一般工程欠款的处理原则。在垫资合同或者合同中的垫资条款中对垫资本金及利息有明确约定的，如双方发生纠纷，应按照合同的约定处理本金及利息的问题；如果仅对垫资本金有约定，对利息没有约定，则承包人请求返还利息的请求不应支持；如果虽有垫资的行为，但合同中没有关于垫资的约定，则发生纠纷后，已经发生的垫资按照一般的工程欠款处理。

理解与适用

一、起草背景及对垫资问题上认识的转变

在建设工程施工合同中，时常会遇到当事人双方有关于垫资的约定。所谓垫资是指，承包方在合同签订后，不要求发包方先支付工程款或者支付部分工程款，而是利用自有资金先进场进行施工，待工程施工到一定阶段或者工程全部完成后，由发包方再支付垫付的工程款。以前，人民法院在审理建设工程施工合同纠纷案件中主流观点认为，建设工程施工合同中的垫资条款或者另行签订的垫资合同性质为企业法人间违规拆借资金行为，因违反国家金融法规规定而无效，一般另行制作民事制裁决定书对垫资及利息予以收缴。这种观点的法律依据为 1996 年原国家计划委员会、建设部和财政部联合发布的《关于严格禁止在工程建设中带资承包的通知》，通知规定禁止建筑施工企业垫资或者带资施工。但是，在实践中却出现了为垫资“松绑”的现象，以至于关于垫资的上述规定与建设工程实际情况呈现尴尬的南辕北辙畸形特征。上述通知其中明确规定，不论是开发商还是施工单位，均不能以垫资为条件参与招投标。一般认为，这就是国家对建筑市场中垫资问题的“禁行令”。但此后的几年间里，该规定却一直面临着无法实践的尴尬局面。二十世纪 90 年代初，某大型建筑施工企业曾经就工程建设中的垫资施工问题作过一个统计：该公司的垫资工程按照项目个数计算为 50%以上；按照施工造价算，垫资总额占合同造价的 20%左右。近年来业内就此问题也有一个流行甚广的判断：10 个工程 9 个垫；垫到正负零是客气的，垫到结构完工也不稀奇。换言之，垫资问题没有因为上述通知的出台被阻止，反而愈演愈烈了。

正所谓“上有政策，下有对策”，不论被管理者和执法者是否认可垫资行为，该类行为在近年来的市场上确实十分盛行。而为了规避有关规定，承包方和发包方也想出了不少变通的办法。最为常见的对策就是“阴阳合同”，又称“黑白合同”，即双方表面上按照招投标文件订立一份表面上无懈可击、用来掩人耳目的“阳”合同；私底下还有一份双方实际执行的、见不得光的、包含垫资条款的“阴”合同。应当承认，上述通知出台的初衷是为了维护施工

企业的利益，缓解工程款拖欠问题。按当年的政策解释：垫资是市场混乱的根源，如果没有垫资，就不会存在工程拖欠款问题，没有拖欠款也就不会产生各种社会问题。因此，禁止垫资不仅可以解决拖欠款问题，更可以规范建筑市场。但现在看来，实际情况和当初的设想大相径庭。虽然，在司法实践中上述通知往往会成为法官判决垫资条款无效的依据，但其法律效力太低却是一个客观存在。按照最高人民法院 1999 年 12 月出台的关于适用《合同法》若干问题的司法解释的规定，“《合同法》实施以后，人民法院确认合同无效，应当以全国人大及其常委会制定的法律和国务院制定的行政法规为依据，不得以地方性法规、行政规章为依据”。上述通知是位列部门规章之下的规范性文件，不能成为否定合同效力的依据，这无疑会影响它的施行。但这还不是最根本的原因。一些专家认为，制度设计的一个基本原则是必须符合市场经济的规律。上述通知虽然出于良好的愿望，但却与建筑市场的规律不一致。实际上，工程垫资是我国建设项目在结束了长达几十年的由国家全额投资的计划体制以后，最先由市场主体自觉与国际工程承包惯例接轨的一种市场行为。是承发包双方根据市场经济“双向选择”的原则确定合作对象的一种方式。在目前市场条件下，虽然这种方式对承包方而言有点无奈，但仍然是在承认现实的基础上，双方自愿达成的约定，从垫资行为的有效性看，它并不违反现行任何法律。比照我国其他经济领域，它也并非建筑市场独创。因此有人甚至断言，即使用行政法规乃至于法律来规定垫资行为无效，也难以在实践中得以避免垫资行为。

应该看到，在目前的市场条件下，工程款拖欠现象依然十分严峻，并且很多情况下都与垫资问题连在一起，但是二者之间是否具有广泛的必然联系呢？在国外，垫资施工早已成为惯例，但是并没有出现严重的拖欠款问题。国内许多民营企业近年来垫资施工的比例也越来越高了，有的企业甚至达到了 100%，除了一些正常的债务纠纷，拖欠款问题也没有给企业正常经营造成难堪。可见垫资本身并不是问题，问题在于市场机制和企业体制。从这些民营企业的情况看，他们都有一整套防范垫资演变为拖欠款的办法，所以他们可以大胆地垫资。但在部分国有企业中，情况就不一样了。由于国有企业体制上的局限性，对垫出的大笔资金如何收回没有有效的机制。在这种情况下，垫资必然产生拖欠款。因此，有人认为，政府从一开始就瞄错了靶子。要真正解决拖欠款和由此带来的一系列问题，重要的不是禁止垫资而是建立完善的企业管理制度和建设资金监督管理机制。只要能够保证建设方的资金百分之百用于工程建设，垫资又有什么不可以呢？一把菜刀，虽然可以用来杀人，但更重要的是用来切菜。因噎废食显然是不可取的。就垫资而言同样如此，真正要做的是创造一个菜刀只能切菜、垫资只能用于工程建设的环境。实际上，国家有关管理部门早已意识到这个问题对市场的影响。建设部有关部门负责人也曾经明确表示，管理层并不认为垫资违反现行法律。之所以迟迟没有明确《通知》的地位，主要是考虑市场的承受力。专家们分析认为，管理层倾向于等待国有企业体制改革完善后再开禁是可以理解的。但是也有专家指出，解除垫资的禁令实际上宜早不宜迟，因为现在我国已经将国门打开，外资企业已经可以进入中国建筑市场，而进来的企业无一不是垫资施工的能手，他们有一整套运作垫资承包的规范，有保证工程款顺利收回的机制，更有承受工程款收不回的实力。如果我国不尽早将垫资松绑，让我们的企业适应“阳光下”的垫资施工，让市场形成规范的垫资环境，等到这些跨国企业在中国站稳脚跟，我们的民族建筑业很难与其竞争。

随着时间推移，人民法院审理建设工程施工合同纠纷案件时，对垫资效力在观念上有所转变，有的法院开始认定垫资条款有效，主要是由于我国加入 WTO 后，审理案件应当顾及国际惯例，而垫资则是国际建筑市场惯例，并且也符合我国建筑市场实际情况。在起草本解释中，就垫资问题反复听取管理部门、法律专家、社会各界的意见，最后形成共识认为：《关于严格禁止在工程建设中带资承包的通知》从法律上讲不属于《合同法》第五十二条规定的法律、行政法规的强制性规定，不具有应当适用的效力，人民法院以此作为认定垫资无效的法律依据，理由似不充分。垫资符合行业和国际惯例。目前建筑市场正在推行发包人支付工程款和承包人承接工程保证金制度及支付工程款的商业保险制度，随着这些制度的逐步完善，将从根本上解决拖欠工程款问题，垫资合法化不会导致发生大量拖欠工程款。此外，是否垫资和垫资多少，也是建筑施工企业综合实力的体现，通过竞争可以实现建筑施工企业的优化组合。在审判实务中常常出现承包人在承揽工程时，主动要求垫资，以达到承接工程的目的，而在诉讼时又坚决主张垫资条款无效，请求返还垫资款本息。如其主张得到支持，不符合诚信原则。据此，解释稿将垫资行为合法化符合《合同法》精神，也符合建筑市场的实际情况。

二、正确处理垫资问题

建筑安装施工合同纠纷是当前房地产纠纷案件中的占比重较大的一部分，

其中垫资建房而导致纠纷是突出的一种。该种纠纷的形成与目前我国建筑市场的不规范，及相关法律的不健全有直接的关系。从目前法院受案的情况看，此类纠纷为数不少，多数表现为提供垫资一方因在施工中垫资过高，无力继续承担的情况下，而要求建设方给付工程款。而建设一方则要求继续按合同履行。法院在审理该类纠纷中，如对有关建筑施工的程序了解不透，政策尺度掌握不一，特别是对产生“垫资”的原因、性质及后果未做深入了解的话，其处理结果将不能得到好的社会效果。

正确处理这种纠纷的前提，应首先明确产生纠纷的原因、性质及后果，只有这样才能总结出适合当前建筑市场现状的审判思路。

（一）垫资建房的原因

在建筑安装施工合同的履行中，由于涉及施工的问题多种多样，故作为建设单位（发包方）和施工单位（承包方）在合作中可能会发生多种类型的争议，例如有关工程质量、工期、工程结算等问题。近年来，由垫资建房所引发的纠纷呈明显增加趋势，逐渐成为建筑工程施工合同纠纷中的主要表现。

垫资建房是我国房地产业逐步发展中的一种产物。一般来讲，作为承包方，其承接工程的目的，就是为通过工程款获取施工利润。但由于我国房地产市场尚处于发育阶段，特别是在房地产开发中，相关法律法规不健全、不配套，尤其是有关建筑工程公开招投标的竞标程序未法律化，即使是颁布了有关政策、法规，也缺乏有效强制力保证实施。造成在建筑市场中，一些未经过公开招标程序而产生的“人情合同”非常之多。施工单位，特别是一些实力雄厚的建筑公司为了在竞争中击败对方，拿到工程合同，不惜压低报价，或以其他不正当的竞争方式来争取合同。承诺垫资施工即是其中一种方式。同时，其他中小建筑企业为生存，也不惜以向银行贷款为代价以垫资方式参与竞争。在上述方式中，最大的受益者即为建设单位。因为一些资金不足的开发商，仅凭有关部门批准的立项、规划手续，就可以通过施工单位垫资方式进行施工，而一分钱不花地等着建筑物的落成。更有甚者，有些开发商是以房屋的预售、销售款来支付工程款，而将市场风险全部转嫁给施工一方。这就是垫资施工建房易出现矛盾的主要原因。

如上所述，施工单位承担了本应由开发商（建设单位）负担的还贷风险及市场风险。有些观点认为，垫资建房属于建设单位与施工单位的纠纷，且垫资行为是施工单位自愿的意思表示，如施工单位无法继续履行约定，无能力提供充分的施工资金，违约责任应由其自行承担。但从客观上讲，垫资建房也存在相应的社会危害性。由于在市场竞争中，承包方较发包方是相对弱者，为了拿到合同，不惜以垫资为代价。而资金来源中的一部分为自筹资金，另一部分通常是由贷款而来，并以其先行启动工程。在施工过程中一些材料费、设备费用往往通过赊欠其他单位的费用实现。与此同时，施工单位为减少资金投入及加快工期进度，在施工中偷工减料、拖欠工人工资、材料费的做法屡屡发生，以此来缓解资金的紧张。由于施工单位工程款的回收情况取决于开发商的经营效果，一旦开发商销售业绩低于预计水平，就会导致建设单位无力支付工程款的问题，从而一系列问题均会相伴而来。所以，一般在垫资纠纷案件审理过程中，除有工程款纠纷外，还常伴有双方的劳务费纠纷、与材料商的材料款纠纷、与银行的借款纠纷及工程质量瑕疵等诸多问题。另外，因在施工中，随着市场的变化，原材料、人工费等难免存在有调整变化，且垫资者还将承担银行利息及逾期罚息等，这些政策变化而产生的经营风险无疑也会添加到施工单位的身上。而作为建设单位，由于是由施工单位垫资，在资金上并无压力，其给付工程款一般是从预售、销售房款中支取，故双方合同约定能否完全顺利履行，主要凭借房屋预售、销售情况而定。如房屋未能销售业绩不佳，建设单位一般总是以各种借口拒付、拖欠或克扣工程款，即使是顺利销售房屋，建设单位也总是先考虑再次开发的用款，而对拖欠的工程款采取尽可能地回避、拖延态度。同时，如果在房屋建成之后施工单位仍无法回收工程款，势必面对银行、材料商、施工工人及其他债权人的强大压力。为了尽快解决债务困扰，施工单位不得不勉强满足建设单位的各种不合理的要求。由此可以看出，垫资建房在很大程度上损害了施工单位的权益，且对建筑市场正常的经济秩序存在潜在危害性。

（二）垫资建房的性质

垫资建房从表面上看是双方自愿的一种合同方式，它可以使建设单位在自有资金短缺的情况下，通过施工单位提供资金的做法及时启动工程。施工单位亦可在承揽到工程的同时，防止停产损失并获取施工报酬和利益。从总体来讲，垫资施工对施工单位而言只能在市场竞争中体现一些优势，往往施工单位无法对施工期间垫资款项的利息等提出要求。故从表象上看，仅为一种合作的方式而已。但是，垫资建房掩盖了建设单位（开发商）资金不足的事实；其次，开发商建房的目的是为了出售，本身应属其经营行为的生产环节，为其生产环节筹措资金建房是经营者承担经营风险的义务；第三，开发商利用他人资金生产，又不承担风险及法律责任，使用不正当的手段抢占市场，挤垮同行，破坏正常的房地产市场。另一方面将其市场风险转移给他人，又不承担法律责任。因此有人认为，垫资的实质是两个非金融企业之间的资金拆借；也有人认为，垫资是同行业之间不正当竞争的手段。

我们认为，首先，垫资合同不是单纯的借贷合同，虽然承包人为发包人预垫工程款类似于借贷行为，但就合同的目的而言，双方根本的合意还是完成某一特定的工程，本质还是建设工程合同，将其简单理解为借贷合同未免有些牵强；其次，这类合同也不属于买卖合同的范畴，因为建设方拥有土地使用权，所以其对建设项目自始拥有所有权，而不是在施工单位完成一部分建筑工程后，建设方按约支付相应款项后才拥有这一部分的所有权。建设单位也正是基于所有权人的身份，才能将房屋予以预售或者将在建工程予以抵押。尽管是施工单位垫资施工，但是一旦其购买的建筑材料用于工程建设，施工单位就不再简单地拥有该建筑材料的所有权，否则势必造成建筑市场的混乱局面；再次，垫资也不能狭义地简单地认为就是行业不正当竞争的手段。能否垫资施工也是承包人承揽工程实力的体现。承包方资金及技术等施工实力的加强，更有利于工程的施工建设，有利于房地产市场的发展，而不会成为建设施工的不利因素。基于以上的分析，笔者认为，垫资合同实际上是契约当事人根据意思自治这一民法的基本原则，在建筑工程合同中，发包人与承包人就承包人进行工程建设，发包人支付价款的一种约定。只要它充分反映了当事人的真实意思，是双方当事人共同自愿实施的行为，就应当予以充分的尊重，赋予其应有的法律效力。

（三）垫资合同中需要注意的几个问题

垫资施工的方式一般包括：带资施工、形象节点付款、低比例形象进度付款和工程竣工后付款等。在目前的建筑市场上，无论是政府投资的项目、房地产项目、民营投资项目还是基础设施项目几乎都涉及这种法律、行政规定和市场交易习惯并不明确的行为。因此，施工企业承接这类工程要承担风险是非常大的。也因为此，对在目前市场条件下还不可能简单拒绝“垫资”的施工企业来说，如何防治它的风险就显得格外重要了。实践中，为了尽量减少垫资带来的风险，应主要注意以下几点：

1. 要充分研究招标文件。招标文件是一种“要约邀请”，其中很多条款将来就是合约条款，涉及承包人与发包人的权利义务。因此对工程范围、有关付款条件等直接与承包人经济利益密切相关的条款要仔细推敲，投标单位必须会同相关部门在报价、工程质量、项目成本、资金回收等相关方面作可行性分析。如果对招标文件分析不透，盲目投标，很可能就会给垫资施工带来巨大风险。

2. 要对建设单位资信特别是首度合作的建设单位进行严格的资信调查，包括开发项目的真实性和建设单位的注册资金情况、项目资金的来源以及到位情况、既往经营业绩、履约能力以及社会信誉等各方面情况的调查。

3. 要从程序和实体两个方面把好签约质量关。程序上要求就是对签约权的行使要有规范化的操作流程，实体上要求就是要对合约条款作综合评审。签约权的行使必须集中到法人层次，对施工企业授权代理人要有严格的资格要求，在程序上保证签约的规范。实体上要做好合约条款的评审工作。根据合同标的和项目风险大小，由施工企业内部相关部门对合同条款进行逐条评审，重大项目应由施工企业组成合同评审委员会，针对合同中存在的问题提出修改意见，提出解决问题的办法。

4. 争取在合同条款中约定建设单位工程款支付保证。这个条款虽然在目前条件下还比较难以争取，但是并非不可能，而一旦争取到该条款对施工企业垫资款的回收是极其有利的。目前河北、北京、深圳等地已经在地方法规或规章中明确该项制度，企业更应积极努力，争取在合同条款中将这一内容固定下来。建筑工程合同持续时间长、标的额巨大，而且合同履行过程中干扰事件多，变更签证频繁。因此，施工企业必须要加强合同控制和签证管理工作。充分认识到履约管理是一种涉及工程进度控制、质量管理、技术管理、材料管理、资金管理、劳务管理等方方面面的综合治理工程。

5. 实行项目合约经理委派制，将项目合约经理定位在项目副经理的地位，赋予他特定的职责权限，由公司直接领导，不受项目经理的行政干预，让他们能够在职责范围内开展风险防范和预警工作。同时还应实行项目部资金经理委派制，由其及时收取工程款，严格分包（劳务）商和材料商应付款项的审查与支付，监控现金流向。

6. 按照国际惯例深化中间结算，不放松竣工结算。建筑产品的结算周期很长，造价的争议常导致拖欠款债权不落实，使施工企业诉讼无据。因此，按照国际惯例，加强工程进度款的中间结算就显得尤为重要。强调工程进度款的中间结算，并不意味着可以放松竣工结算。竣工工程的拖欠款其风险性是很大的，必须在竣工后按照合同约定及时办理竣工结算。作为施工企业，首先要收集并整理好原始凭据，抓紧建设方实物供料的结算和已付工程款的核对，为竣工结算创造条件。竣工拖欠一旦发生，清理催讨要落实责任制，并辅以对责任人考核的奖罚激励措施。

7. 对已经发生的拖欠应允许将拖欠款置换业主的生产要素，如业主的产品、机电设备、库存材料、房地产、股票、第三方债务的追索权等，通过以股抵款、以债抵款、以物抵债等方式进行债务清理。

8. 工程款优先受偿权是施工企业的法定权利，但适用《合同法》的该项权利，施工企业必须在履约过程中应该为其真正适用创造充分的条件。即：工程竣工后 28 天内向业主递交工程竣工报告及竣工验收资料；发包人确认后的 28 天内，承包人向发包人递交结算报告；发包人逾期不结算的承包人应当向其发出催款函；与发包人协商就其承建的工程折价或申请法院拍卖，其价款优先受偿。

9. 施工企业必须牢记，在一般情况下，有效维护自身权益的两个非常重要的前提是：质量和工期。因此，千方百计地保证工程质量和工期是企业必须做到的基本条件。

三、审判实践中对垫资案件的处理应注意的问题

（一）应做到处理案件及时

由于诉讼期间建筑施工合同停止履行会涉及多方面的利益，对建设单位而言按时交付工程可以如期将房产投入市场以获取利益；施工单位在审理过程中不免要承担停工损失等；银行贷款如不能及时返还会导致罚息的增加；材料商、劳务费等费用的利息也日益加大。如果诉讼期间过长，难免使这些相关损失不断扩大。故法院在审理中应本着及时审理的原则。

（二）审执结合处理原则

对于社会影响较大、涉及面较广的案件，法院除应保证一个案件顺利的审理完结，亦应尽可能地保证在执行过程中社会多方面利益的真正实现，这也是法院审理案件、解决纠纷的最终目的。为了达到这一目的，重点应采取合理合法的方式对建设单位的房产（就是施工单位垫资施工的房产）进行诉讼保全措施，具体做法应以既能保证施工单位垫资投入的金额，又不影响工程的进一步施工为原则。单纯的冻结财产只会造成停工损失的无端扩大，原被告双方均会由此而产生新的纷争。审理期间的保全措施应以保障执行工作顺利进行为根本，不能代替执行。但如果审理期间这方面的措施不能完备，建设单位一旦将项目转让或将竣工的房产售出后不支付工程款，就会使当事人及其他债权申请人的利益付诸东流，案件审理也就失去了其真正意义。

（三）区别不同案件的情况作出具体处理

对于未实际履行的合同，双方在签订了有关垫资合同之后，施工单位尚未进场开工或仅仅是办理了开工手续双方即产生矛盾。在该种情况下，人民法院首先应对合同效力进行认定。如合同中的无效原因可以消除，合同效力可以补正，双方对继续履行合同达成共识，法院可以要求双方变更或重新修订原合同，使合同符合国家法律的规定。如果已无继续履行合同的可能性，法院可以对该合同在实际履行之前双方的投入进行审核，一般建设单位会提出办理开工手续、合同鉴证等费用，施工单位会发生进场或进场前的准备费用等。对双方的上述费用，可以根据无效合同的过错原则由双方按比例承担。对于已履行完毕的合同，这里所谓的“履行完毕”主要指施工单位承建的工程确已竣工，而建设单位拒不履行验收或验收后拒不结算义务的阶段。对于工程本身而言，往往具备了投入正常使用的条件。同时，建设单位如果要获取竣工工程，也理应以支付施工单位工程款为前提。故对于双方已履行完毕的合同解决重点应放在工程款的结算上。工程的结算可以主要根据原合同约定的结算方式，并结合法定标准进行。对于垫资问题，应主要依据合同的约定处理。如果合同没有明确的约定，应将垫资款作为工程的欠款处理。对于部分履行的合同，如果合同有效继续履行或者合同解除，则垫资问题从合同约定；如果合同被确认为无效，则垫资问题亦应按照无效处理，垫资本金作为返还财产的内容，利息可作为无效合同的损失，根据过错原则处理。

在目前阶段，垫资施工已非常普遍。随着房地产市场的发展，此类纠纷产生的危害性已经被社会有关方面所逐渐认识。在法院审理房地产案件中，这类纠纷的比重正在不断加大，故认真总结该类纠纷的特征及有效的处理方式，总结出一些有益可行的方法，对于规范建筑市场、协调建设单位与施工单位的法律关系是非常有益的。

第七条　具有劳务作业法定资质的承包人与总承包人、分包人签订的劳务分包合同，当事人以转包建设工程违反法律规定为由请求确认无效的，不予支持。

条文主旨

根据《合同法》及《建筑法》的有关规定，转包或者违法分包建设工程的应当认定为无效；将建设工程肢解后进行分包的亦应认定合同无效；分包单位将其承包的工程再行分包的也应认定为无效。而在实践中常常会出现总承包人或者分包人将承包工程的劳务作业部分分包给具有相应资质的企业或者其他单位。在这种情况下，不能认为是总承包人或者分包人将建设工程转包或者二次分包，当事人以此为由主张劳务作业分包合同无效的，不应支持。劳务作业分包是将简单劳动从复杂劳动剥离出来单独进行承包施工的劳动，因此，总承包人与劳务作业发包人及分包人与劳务作业承包人之间既不是劳务关系也不是劳动合同关系，而是建设工程施工合同关系。劳务作业承包人对其承担的劳务作业向劳务作业发包人负责；承包人向发包人就建设工程进行负责，但其中劳务作业部分由劳务作业承包人与承包人共同向发包人负责。

理解与适用

一、关于劳务分包的基本问题

（一）劳务分包的概念

劳务分包，又称劳务作业分包，是指施工总承包企业或者专业承包企业即劳务作业发包人将其承包工程的劳务作业发包给劳务承包企业即劳务作业承包人完成的活动。依据建设部《房屋建筑和市政基础设施工程分包管理办法》（以下简称《办法》）第五条规定，房屋建筑和市政基础设施工程施工分包分为专业工程分包和劳务作业分包。其中专业工程分包是指，施工总承包企业将其所承包工程的专业工程发包给具有相应资质的其他建筑企业即专业分包工程承包人完成的活动。依照建设部《专业承包企业资质等级标准》的规定，专业分包包括：地基与基础工程、土石方工程、建筑装修装饰工程、消防设施工程、建筑防水工程、送变电工程等60种方式的专业承包。每种专业承包对承包人都有相应资质标准的要求。

劳务作业分包人既可以是总承包人，也可以是专业分包的承包人。工程的劳务作业分包无需经过发包人或者总承包人的同意，但根据《办法》第九条规定，专业分包工程除在施工总承包合同中有约定外，必须经建设单位即工程发包人的认可。劳务作业分包与专业分包的共同点是：两者承包人都必须自行完成承包的工程或者任务。同时，建设单位不得直接指定分包工程承包人及劳务作业承包人。

建设部《建筑业企业资质管理规定》第五条规定，建筑企业资质分为施工总承包、专业承包和劳务分包三个序列。获得施工总承包资质的企业，可以对工程实行施工总承包或者对主体工程实行施工承包。承担施工总承包的企业可以对所承接的工程全部自行施工，也可以将非主体工程或者劳务作业分包给具有相应专业承包资质或者劳务分包资质的其他建筑企业。获得专业承包资质的企业，可以承接施工总承包企业分包的专业工程或者建设单位按照规定发包的专业工程。专业承包企业可以对所承接的工程全部自行施工，也可以将劳务作业分包给具有相应劳务作业分包资质的劳务分包企业。获得劳务分包资质的企业，可以承接施工总承包企业或者专业承包企业分包的劳务作业。

（二）劳务分包企业的资质要求

虽然劳务分包作业是相对简单的劳动，但仍然要求劳务分包企业需要相应的资质。建设部在《建筑业劳务分包企业资质标准》（2001 年 3 月 8 日）的规定中，对劳务作业分包的种类及各种类企业的资质标准作出了明确的规定。其中劳务作业分包包括如下十三种：即（1）木工作业、（2）砌筑作业、（3）抹灰作业、（4）石制作、（5）油漆作业、（6）钢筋作业、（7）混凝土作业、（8）脚手架作业、（9）模板作业、（10）焊接作业、（11）水暖电安装作业、（12）钣金作业、（13）架线作业。每种作业的承包人都分别应当具备相应的资质等级标准及作业的具体范围。以木工作业为例，分包企业资质分为一级、二级。一级资质标准为：（1）企业注册资本金 30 万元以上。（2）企业具有相关专业技术员或本专业高级工以上的技术负责人。（3）企业具有初级以上木工不少于 20 人，其中，中、高级工不少于 50%；企业作业人员持证上岗率 100%。（4）企业近 3 年最高年完成劳务分包合同额 100 万元以上。（5）企业具有与作业分包范围相适应的机具。二级资质标准为：（1）企业注册资本金 10 万元以上。（2）企业具有本专业高级工以上的技术负责人。（3）企业具有初级以上木工不少于 10 人，其中，中、高级工不少于 50%；企业作业人员持证上岗率 100%。（4）企业近 3 年承担过 2 项以上木工作业分包，工程质量合格。（5）企业具有与作业分包范围相适应的机具。一级企业作业分包范围为：可承担各类工程的木工作业分包业务，但单项业务合同额不超过企业注册资本金的 5 倍。二级企业作业分包范围为：可承担各类工程的木工作业分包业务，但单项业务合同额不超过企业注册资本金的5倍。在上述规定中，部分分包作业由于过于简单不分等级，如抹灰作业分包企业资质不分等级。

（三）建设工程施工劳务分包合同的主要内容

劳务分包合同虽然较建设工程施工合同而言要简单，但有一些特殊性的规定也需要注意。根据建设部和国家工商行政管理总局于2003年8月发布的《建设工程施工劳务分包合同示范文本》的表述，劳务分包合同的主要内容有：

（1）劳务分包人资质情况。（2）劳务分包工作对象及提供劳务内容，主要是指工程名称、工程地点、分包范围、提供分包劳务内容。（3）分包工作期限。（4）质量标准。其中，有些特殊的约定项目，如工程承包人应提供总（分）包合同（有关承包工程的价格细节除外），供劳务分包人查阅。当劳务分包人要求时，工程承包人应向劳务分包人提供一份总包合同或专业分包合同（有关承包工程的价格细节除外）的副本或复印件。劳务分包人应全面了解总（分）包合同的各项规定（有关承包工程的价格细节除外）。（5）关于工程承包人义务主要是对工程的工期和质量向发包人负责；劳务分包人义务主要为：对本合同劳务分包范围内的工程质量向工程承包人负责；未经工程承包人授权或允许，不得擅自与发包人及有关部门建立工作联系；劳务分包人须服从工程承包人转发的发包人及工程师的指令。（6）劳务报酬计算主要有三种方式，即固定劳务报酬、约定不同工种劳务的计时单价，按确认的工时计算及约定不同工作成果的计件单价，按确认的工程量计算。（7）禁止转包或再分包，即劳务分包人不得将本合同项下的劳务作业转包或再分包给他人。除上述合同约定外，劳务作业分包合同一般还包括如下合同附件：工程承包人供应材料、设备、构配件计划、工程承包人提供施工机具、设备一览表以及工程承包人提供周转、低值易耗材料一览表。

二、劳务分包合同与转包、分包的区别和联系

分包是指已经与发包人签订建设工程施工合同的总承包人将其承包的工程建设任务的一部分交给第三人（即分包人）完成。总承包人与发包人签订的建设工程施工合同称为总包合同，总承包人与分包人签订的合同为分包合同。虽然总包合同与分包合同是两个不同的合同，合同当事人也不一致，但合同的标的是有联系的，即分包合同的标的是总包合同的一部分。发包人、总承包人与分包人之间基于他们之间的合同关系，形成一个比较复杂的法律

关系：首先，对于全部工程建设任务，总承包人都应当对发包人负责，无论其中某一部分的工程是否由分包人完成；其次，在工程分包的情况下，总承包人仍然是与发包人签订的建设工程施工合同的当事人，对交由分包人完成的部分工程，总承包人应当与分包人共同对发包人承担连带责任；再次，分包人虽然不是总承包合同的当事人，但其与总承包人签订分包合同后，分包人就与总承包人共同成为总承包合同的当事人，是发包人的共同债务人，分包人与总承包人共同对发包人承担连带责任。

转包是指承包人在承包建设工程后，又将其承包的工程建设任务部分或者全部转让给第三人（即转承包人）。转包后，转让人即承包人退出承包关系，受让人即转承包人成为承包合同的另一方当事人，转让人对受让人的履行行为不承担责任。转包在理论上称为合同的转让，是合同权利义务的概括转移。合同一经转让，转让人即退出原合同关系，受让人取得原合同当事人的法律地位。转包是建设工程承包合同中经常发生的违法现象，也是建设工程质量存在问题的重要原因。

分包和转包既有区别，又有相似的地方。其中相同之处在于：二者都是由第三人完成建设工程的部分工作。区别则主要在于：在分包中，承包人与分包人承担连带责任，在转包中，转包人与转承包人不承担连带责任；分包是在分包人同意的情况下为法律所允许，转包则为法律所禁止。

《中华人民共和国合同法》第二百七十二条规定，发包人可以与总承包人订立建设工程合同，也可以分别与勘察人、设计人、施工人订立勘察、设计、施工承包合同。发包人不得将应当由一个承包人完成的建设工程肢解成若干部分发包给几个承包人。《建筑法》第二十八条规定，禁止承包单位将其承包的全部建筑工程转包给他人，禁止承包单位将其承包的全部建筑工程肢解以后以分包的名义分别转包给他人。通常认为上述规定是法律关于禁止工程转包或者肢解分包的规定。在国务院的行政法规中，也有类似的规定。其中，《建设工程质量管理条例》第七十八条规定，本条例所称肢解分包，是指建设单位将应当由一个承包单位完成的建设工程分解成若干部分发包给不同的承包单位的行为；本条例所称转包，是指承包单位承包建设工程后，不履行合同约定的责任和义务，将其承包的全部建设工程转给他人或者将其承包的区别建设工程肢解以后以分包的名义分别转给其他单位承包的行为。

《建筑法》第二十四条规定，提倡对建筑工程实行总承包，禁止将建筑工程肢解发包。建筑工程的发包单位可以将建筑工程的勘察、设计、施工、设备采购一并发包给一个总承包单位，也可以将建筑工程勘察、设计、施工、设备采购的一项或者多项发包给一个工程总承包单位；但是，不得将应当由一个承包单位完成的建筑工程肢解称若干部分发包给几个承包单位。所谓肢解发包，就是将应当由一个承包单位完成的建筑工程肢解成若干部分发包给几个承包单位的行为。这种行为可导致工程管理上的混乱，不能保证建筑工程的质量与安全，容易造成建筑工程工期的延长，增加建设成本。为此，规定禁止肢解分包，但不等于禁止分包，建设部、国家工商行政管理局发布的《关于禁止在工程建设中垄断市场和肢解发包工程的通知》中规定，在工程施工中，总包（包括施工总包）单位有能力并有相应资质承担上下水、暖气、电气、电讯、消防工程和清运渣土的，应当由其自行组织施工和清运；若总包单位须将上述某种工程分包的，在征得建设单位同意后，亦可分包给具有相应资质的企业，但必须由总包单位进行统一管理，切实承担总包责任。建设单位要加强监督检查，明确责任，保证工程质量和施工安全。除总包单位外，任何单位和个人均不得以任何方式指定分包单位。但是，若总承包单位出于某方面的考虑，需将上述某种工程分包的，根据合同约定在征得建设单位同意后，亦可分包给具有相应资质的企业，但必须由总包单位统一进行管理，切实承担总包责任。

根据本条解释的规定，劳务分包既不是转包，也不是分包。转包是将全部建设工程转由第三人施工建设，分包是将建设工程的某一部分施工项目有限制地交由第三人施工建设。劳务分包则是将建设工程中的劳务部分转由第三人完成。转包和将工程肢解分包为法律所禁止，分包工程在不违反法律法规禁止性规定的情况下是允许的，劳务分包则不为法律禁止。分包人不能将建设工程二次分包，但可以将劳务部分交由第三人完成，劳务分包亦不能将其作业内容再次交由其他人完成。分包工程承包人应当按照分包合同的约定对其承包的工程向分包工程发包人负责。分包工程发包人和分包工程承包人就分包工程队建设单位承担连带责任。劳务分包承包人按照劳务分包合同的约定对劳务分包作业向劳务分包的发包人负责，劳务分包的发包人和承包人对工程的劳务作业部分向总承包人及建设单位承担连带责任。

三、劳务分包合同与劳务合同、劳务关系及劳动合同之间的区别和联系

劳务合同是项目经理部与企业内部劳务分公司之间的合同，合同的主体

是项目经理部和劳务分公司。项目经理部是现场施工的管理机构，劳务作业承包队通过内部劳务市场实行劳务供需双方直接见面，相互选择，由劳务市场向施工现场输出劳务力量，按劳务合同的职责和分工组织施工。

劳动合同是劳动者与用人单位确立劳动关系、明确双方权利义务的协议，劳动合同的签订表示用人单位与劳动者之间劳动关系的建立。劳动合同关系主要由劳动法调整，劳动法从基本上说是调整企业和个体经济组织的劳动关系。这里的企业包括各种所有制（全民、集体、私营）、各种形式（股份有限公司、有限责任公司、合伙、独资、外资、个体经济组织）和与之形成劳动关系的劳动者，都由劳动法加以调整。

劳务关系是劳动法规定的用人单位以外的各种主体与劳动者之间形成的劳动关系。从历史的角度考察，劳动合同是从一般劳动关系的基础上发展而来的。在合同内容上，劳务关系与劳动合同指向的劳动关系没有本质的差别，其主要差别在于受国家的干预程度不同。劳动关系的具体内容是通过双方的约定确立的，劳动合同的自由协商度是受到一定限制的，合同必须以国家的法定的劳动条件、劳动保护等为合同的基本条款。劳务关系与劳动合同关系的主要区别体现在：（一）主体不同。根据劳动法的规定，在我国境内的企业、个体经济组织和与之形成劳动关系的劳动者，适用劳动法的规定。国家机关、事业组织、社会团体和与之建立劳动关系的劳动者，依照劳动法执行。根据上述规定，劳动合同涉及的主体有：1. 国内的各类企业、个体工商户和与之建立劳动关系的劳动者；2. 国家机关、事业单位、社会团体和与之形成劳动关系的劳动者。而劳务关系中，有人主张是劳动法规定的上述主体以外的其他主体，劳动者一般为自然人，还有不属于劳动法调整范围的农村承包经营户及其所招用的劳工。（二）适用法律上的区别。从现行的立法状况看，我国民法与劳动法分属于不同的部门法，劳务关系一般属民法调整，劳动合同由劳动法调整。但在司法实践中，我国的民法和劳动法则视为普通法与特殊法的关系。法院在审理劳务关系时一般适用民事法律的相关规定，在审理劳动争议案件时，则首先适用劳动法及相关法规的规定。

劳务分包合同从性质上说属于建设工程施工合同，其既不是劳动合同，也不是在发包人与承包人之间劳务关系的合同，更不是企业或者单位内部的劳务合同。劳务分包合同是基于建设工程施工合同派生出来的合同关系，在一个工程建设项目中，必然要有建设工程施工合同，但不一定同时还有建设工程分包合同、专业分包合同和劳务分包合同。然而只有产生了建设工程施工合同后，才会有建设工程分包合同、专业分包合同和劳务分包合同。因此，应当将劳务分包合同理解为建设工程施工合同的一部分，没有建设工程施工合同也就没有劳务分包合同的存在。

四、如何将劳务作业分包纳入法制轨道

积极发展劳务分包企业，建立劳务队伍管理新秩序，是维护广大建筑劳务人员的合法权益的现实要求，是全面构筑现代建筑市场体系的重要环节，是扩大再就业和推进城市化进程的重要举措，是全面提高建筑劳务从业人员的素质，确保工程质量和安全生产的重要基础，是维护社会秩序、保持社会稳定、加强精神文明建设的需要。因此，要加强劳务分包企业管理机构建设，明确机构职责，有针对性地加强对建筑劳务企业发展的指导、管理和服务。建筑市场、质量、安全、劳保、培训、造价等机构要按照各自的职责分工，积极配合，形成合力。同时应完善各项制度，健全建筑劳务管理的法规体系各地要结合实际。重点要在劳务企业的发展规划、管理体系、市场运行机制、用工制度、精神文明建设等方面研究出台有关政策措施，使建筑劳务管理逐步走上规范化、制度化、法制化，使建筑劳务管理工作有章可循，有法可依。此外，要强化劳务企业资质管理，建立严格的市场准入制度。不具备劳务分包资质的，一律不准从事劳务作业。总承包企业中的管理层与劳务层要加快分离，采取灵活方式将原来的劳务队伍改造成具有资质的劳务分包企业，杜绝零星的、“散兵游勇”式的用工作法；要加强对建筑劳务人员从业资格的管理，实行持证上岗制度；要研究建立劳务分包企业和人员的登记备案制度，健全劳务人员的个人档案，规范对劳务人员的聘用和解聘行为，不得随意解聘取得从业资格的劳务人员；要把劳务分包企业的资质、劳务人员的从业资格和市场行为作为建筑市场行政执法的重要内容，严厉查处无资质或超越资质等级承揽工程、违法分包或转包劳务作业工程的劳务企业，以及不具备从业资格的劳务人员。对不具备相应资质和资格，不能保证工程质量和安全生产的，要坚决清出建筑市场；要防止工程总承包、专业承包企业以劳务分包名义把工程再行分包。应当全面加强职业技能社会化培训，不断提高建筑劳务分包企业的素质要全面重视和加强建筑劳务人员的职业技能培训，强化劳务人员持证上岗制度，使广大建筑劳务人员和一线作业人员全部得到必要的培训教育。对建筑劳务的培训，要充分体现普及教育的原则，尽量压低培训费用。各级建设部门要把好关，防止培训单位借机获取暴利，增加企业职工负担。

第八条 承包人具有下列情形之一，发包人请求解除建设工程施工合同的，应予支持：

（一）明确表示或者以行为表明不履行合同主要义务的；

（二）合同约定的期限内没有完工，且在发包人催告的合理期限内仍未完工的；

（三）已经完成的建设工程质量不合格，并拒绝修复的；

（四）将承包的建设工程非法转包、违法分包的。

条文主旨

本条是关于发包人合同解除权的规定。从法律上讲，合同解除分为约定解除和法定解除两种。本条主要是解释《合同法》第九十四条规定的法定解除权在建设工程施工合同中具体适用情形。从审判实践上看，发包方在发包工程时处于优势地位，承包人为承揽工程竞争激烈，但随着合同履行，承包人进场施工后，发包人的优势地位也随之减弱。解除合同对双方来讲，损失都很大，在一般情况下当事人都不希望解除合同。解除不是合同履行的常态，应按照《合同法》规定，限制合同解除权的行使。而《合同法》关于法定解除的规定比较原则，结合建设工程施工合同的解除问题，应进一步明确解除权行使的具体情形，从而达到限制合同解除的目的。本条规定了发包方解除合同的几种情形，虽然条文是对发包方解除权的界定，是从正面规定解除权行使的条件，但实际上是对发包方合同解除权的一种限制，故在审判实践中应严格掌握。

理解与适用

一、关于合同解除的基本问题

（一）合同解除概念

合同解除概念，在各法系学者间，向有分歧。争议的焦点在于合同解除是否包括协议解除、约定解除。大陆法系学说一般认为协议解除非以解除权存在为必要，协议解除是双方同意的行为，因而不属于合同解除范畴。英美法系的合同解除有广义和狭义两种。其狭义的合同解除相当于大陆法系的合同解除，是指当事人一方违反条件（在英国法上）或重大违约（在美国法上）时，对方当事人行使解除权，使合同关系向将来消灭的现象。英美法系把广义的合同解除称为消灭，它与合同消灭是同义语。这样，合同不仅可以由于违约解除，还可以由于双方协议、履行、合同落空而解除。

协议解除，大陆法系称之为“合意解除”“解除契约”或“反对契约”，是指合同有效成立之后未履行完毕以前，当事人通过协商使合同效力消灭的双方法律行为。约定解除则是当事人按合同约定的解除权解除合同。法定解除则是当事人依照法律规定的解除权而解除合同。从性质上看，协议解除和约定解除均是合同自由原则的体现，而法定解除则体现了法律干预。协议解除和约定解除是意思自治原则的应有之义，当事人有权订立合同，亦有权解除合同。而法定解除的解除权属于形成权，形成权只能由法律明确规定，没有法律明确规定，当事人一方是无权解除合同的。而协议解除、约定解除无需法律明确规定。台湾地区学者史尚宽先生指出：“合同解除，以第二契约解除第一契约，而非依一方意思表示之解除。……所谓合同解除，非真正解除，不适用关于解除之规定。”因此，大陆法系学者将合同解除仅定义为法定解除，是颇有道理的。然而，从效果上看，三种解除皆使合同权利义务消灭，当事人都从合同的束缚中解脱出来。因此，将协议解除和约定解除纳入合同解除概念中并无不可。法定解除是合同解除制度中最核心、最根本的问题，是各国合同制度所必须明确关注的问题。法定解除条件是：1. 存在有效的合同并且尚未完全履行。此点使合同解除同无效合同、效力未定合同区别开来。2. 具备法定解除条件。只有在条件具备时，一方当事人才可行使。3. 有解除行为。解除权是否行使由当事人自行决定，但解除权行使方式必须符合法律规定。这不同于附解除条件合同，解除条件一旦成就，合同自动终止，合同效力向将来消灭。4. 法定解除产生合同消灭的后果。如果合同并不消灭，则可能是合同变更或中止。

（二）合同解除与合同终止

在大陆法传统理论中，合同终止与合同解除是并列概念。合同的终止仅指在继续性合同中，一方行使终止权而让合同的效力向将来消灭，结束合同关系。学者认为，大陆法上合同解除与合同终止的主要区别有以下几点：1. 合同解除使合同关系溯及既往的消灭，合同如同自始未成立。而合同终止使合同关系仅仅向将来消灭。2. 法定解除权，主要为对债务不履行。反之终止权则是有各种理由。3. 因解除权之行使，使债权关系溯及的消灭，发生不当得利返还之义务。因终止权之行使，不发生此问题。4. 解除权不因债权让与或债务承担，移转于受让人或承担人。《中华人民共和国合同法》（以下简称《合同法》）则将合同解除同抵销、提存、免除等一起作为合同终止的原因（见《合同法》第九十一条）。可见，《合同法》中的终止是指合同的消灭，并不是传统意义上的终止。

（三）合同法定解除的性质及分类

两大法系及大陆法系内部诸学者对合同解除的性质认识不太一致。在法国，有学者认为“合同的解除实质上是一种合同责任形式”。我国许多学者亦坚持，合同解除“是对违约方的一种惩罚，所以也成为承担违约责任的一种方式”。而英美法及大陆法部分学者认为，合同解除是非违约方在不得已的情况下采取的违约救济措施之一。

法定解除事由可以归为三类：客观原因引起的解除；违约引起的解除；法律规定的其他事由。

1. 因客观原因导致合同目的不能实现的解除

我国《合同法》第九十四条第（一）项规定，因不可抗力致使不能实现合同目的，当事人可以解除合同。不可抗力造成合同目的无法实现时，坚持合同履行已无可能或无实际意义。因而，不可抗力应作为法定解除事由。不仅不可抗力这一客观原因可引起合同目的无法实现，其他客观原因亦可引起合同目的无法实现，如意外事件、情势变更。

2. 违约解除

违约解除权是法定解除制度中最复杂的解除权。各国立法、判例及学说差别较大，呈现出不同的风貌。

（1）罗马法和法国民法典

在罗马法时代，局限于奴隶制简单商品经济的性质与要求，法律十分重视合同的信守，合同解除不被罗马法承认。唯买卖得附加“于一定期间内，不支付价金者，则契约解除”的条款。集罗马法精髓之大成的法国民法典，虽然其赖以产生的经济基础与罗马法时代已大不相同，但在合同解除的规定上突破不大，仅法典1184条反映出：双务合同中，在当事人一方不履行合同时，应视为有解除合同的约定（第1款）。但在此情形，合同并不当然解除，债权人解除合同应向法院提出，法院得根据情况给予被告一定期限（第3款）。现代法国的判例表明，只有当一方当事人不履行义务的行为具有严重性时，或仅责令债务人赔偿损失尚不足以制裁其行为时，法官才可判决解除合同。

（2）德国民法典

与法国不同，德国民法典以明确、具体的规定，确立了合同解除制度。其合同法定解除的事由主要有：第一，履行迟延。包括：①合同当事人一方履行迟延时，相对方得定相当期间，催告其履行；于该期间内仍不履行时，相对人可以解除合同（《德国民法典》第 326 条第 1 款）。②依合同性质或当事人的意思表示，如不于一定时日或一定期间履行，则不能达到合同目的，当事人一方不履行而又经过该时期时，相对方可以不经过催告，而径行解除合同（第 326 条第 2 款）；第二，履行不能。因可归责于债务人的事由，债务人履行不能的，债权人可以不经催告而直接解除合同（第 325 条）。二十世纪以来，大陆法已形成相当复杂的关于履行不能的理论。以履行不能和履行迟延作为合同法定解除理由是履行违反二元理论的必然产物。但实际上，除履行不能及履行迟延外还有诸多新的违约形式，为解决此问题，法院不得不采用“积极违约”（包括拒绝履行、违反随附义务等）理论，以弥补民法典的漏洞。

（3）英美法

在英国，违约在合同法发展的早期被严格区分为违反条件和违反担保，只有在一方违反条件时另一方才可以采取解除合同的救济措施。但区分条款到底是条件还是担保并非易事。法院在处理大量的合同纠纷时发现，一些违约形式不符合所谓“中间条款”。在学术上，对如何划分合同的条件条款与担保条款也是观点不一：一种观点认为应以条款本身的重要性进行区分。条件条款是合同的重要的、基本的、实质性的条款，相反则为担保条款。另一种观点坚持应根据违反义务后果是否给受害人造成履行艰难划分两种条款。这实质上等于以履行艰难的后果作为合同解除的条件。如若如此，无疑严格且不合理地限制了受害人的解除权，因此未被采纳。英国法最终以违约后果为根据来区分不同的条款，即当一方违约后果严重时，另一方可解除合同。

在美国，以后果是否严重为标准，违约被划分为重大违约和轻微违约。当一方违约致使另一方订立合同的主要目的难以实现时，为重大违约。必须指出的是，即使一方行为已构成重大违约，美国法院在许多情况下并不允许受害方直接解除合同，而是要求其给违约方一个自行补救的机会。法院在决定应当给违约方多长时间进行自行补救时，要考虑各种相关因素。重要因素之一是，违约方的拖延将在多大程度上剥夺受害方有权期望从该交易中获得的利益。另一个与之相对的因素是，允许受害方即时解除合同会给违约方造成多大的损失。法院的最终决定应当是权衡这两种因素的结果。无数判例表明，当一方迟延履行时，除非这种履行已与合同的性质及当事人的特别约定相违背，另一方应在给予一方一个合理的宽限期后再行使解除权。当然，并非在所有的违约情况下都应首先给违约方一个自行补救的机会，如违约方没有能力进行补救，不能履行或者不愿意自行补救（明确表示将不履行）时，受害方可即时解除合同。美国是判例法国家，以上只是典型解除合同的情况，对于其他大量的违约行为，是否应当解除合同由法院按照重大违约理论作出判定。美国学者与判例之所以有如此认识，理由在于，当一方违约时，另一方解除合同会使违约方完全丧失对其违约进行自行补救的机会，因而常常导致对违约方严厉惩罚的后果。而避免对违约方施加惩罚是美国法在确定救济手段时的基本政策。同时，学者们还认为，解除合同等于使业已达成的合同中途流产，对社会的发展不利。

在英美，预期违约理论也较成熟。按此理论，在合同履行期到来之前，如一方无正当理由而明确肯定地向另一方表示其将不履行合同，另一方可即时解除合同；或者一方在履行期到来之前有确切的证据证明另一方将不履行合同而又不愿意为此提供保证时，也可以解除合同。该理论在英美得到大多数学者的欢迎，如美国著名合同法学者柯宾认为，针对预期违约提起诉讼是合理的；英国学者猜图指出，其有助于使损失降到最低限度。当然反对者也有，如美国学者威尔顿认为预期的概念是“不合逻辑的”，而且其加重了被告的负担。总之，作为一项制度，预期违约因能起到防止本来可以避免的损害扩大的效果，应当予以肯定。但是，对于默示的预期违约情况，如判断不当，会造成加重或损害一方当事人负担的后果，对之应当严加限制。

（4）《联合国国际货物销售合同公约》（以下简称《公约》）与《国际商事合同通则》（以下简称《通则》）的规定

《公约》与《通则》关于法定解除的事由的规定基本相同：①因根本违约解除合同；②预期违约时解除合同；③非定期债务履行迟延时解除合同。所不同的只是在违约的判断标准上。《通则》对何为根本违约以及如何判断根本违约未作规定，相反，《公约》却对此明文规定，尤其对如何判断根本违约，规定了较为严格的主客观标准，即“除非另一方并不预知而且一个同等资格、通情达理的人处于相同情况也没有理由预知会发生这种结果（使另一方当事人蒙受损害)”。一些学者认为，“有时会限制非违约方的权利”。对《公约》的其他规定，批评意见较少。相反，正如前文所述，在受大陆法的较大影响的德国，民法学者对《公约》第72条预期根本违约的规定亦较为推崇。

《公约》及《通则》的规定，应当说与它们适用范围的特殊性有关。为了促进各国、特别是世界贸易的顺畅的发展，使不同法系的营业主体在同一规则之下进行平等的交易，《公约》与《通则》在立法内容与立法技术上不得不折中、调和两大法系关于同一问题的不同处理办法。在合同解除的事由的规定上，《公约》与《通则》采纳了英美法的重大违约与预期违约制度，同时，对大陆法中的非定期的迟延履行，也明确规定为一种合同解除的事由。其次，顾名思义，《公约》与《通则》的合同缔结者皆为商人，而且大多为从事跨国（地区）交易的大商人，相对于一般民事主体而言，商人的缔约能力、偿债能力及预见市场风险的能力均强。因此《公约》对根本违约严格的主客观标准是合理的。

（5）《欧洲合同法原则》（PECL）

该原则规定，在债务人有重大的不履行的场合下，债权人可以使合同终了（9：301条1款）。在履行期前“重大的不履行”的发生已经明白的场合下，债权人也可以使合同终止（9：304条）。另外，关于履行迟延的场合，即使不相当于“重大的不履行”，债权人也可以指定一个合理长度的履行期间通知对方履行，如果在这个期间内没有履行，可以使合同终了（8：106条3款，9：301条2款）。欧洲《合同法原则》是由欧洲一些学者以个人资格参加的“私人团体”——“欧洲合同法委员会”编制的文件，力求能够总结欧洲立法经验，力求面向21世纪。合同解除条文表现了强烈的效率价值取向，解除事由摆脱了个人归责事由这一传统价值取向，但解除事由的高度概括性亦要求理论的深入研究。

（6）我国《合同法》上的违约解除

我国《合同法》就违约解除事由作了以下规定：在履行期限届满之前，当事人一方明确表示或者以自己的行为表明不履行主要债务；当事人一方迟延履行主要债务，经催告后在合理期限内仍未履行；当事人一方迟延履行债务或者有其他违约行为致使不能实现合同目的。上述规定将各种违约形态都包含在内，即预期违约与实际违约；较好地运用了列举与概括方式。除迟延履行外，其他实际违约行为并没详细列举，简洁明了地将违约的着眼点定于不能实现合同目的。以下就《合同法》规定的几条违约解除条款具体加以探讨：

①在履行期限届满之前，当事人一方明确表示或者以自己的行为表明不履行主要债务。这种情形在日常生活中称为撕毁合同，大体相当于大陆法上的拒绝履行，英美法所称的提前违约或预期违约。但是，拒绝履行一般是指以明示的方式表示不履行合同，而且一般是在履行期到来以后，所以，这一条文内容更接近于英美法。但与英美法上的提前违约仍有所不同，英美法上的提前违约并不包括履行期到来以后的违约表示。而在履行期届满之前，可以是履行期尚未到来，也可以是履行期到来尚未届满。与英美法相比，《合同法》的规定更为周到。当事人的提前违约须是重大违约，另一方才有权解除合同。具体本条规定来看，表示不履行主要债务为重大违约。主要债务是合同中的主给付义务，即由合同的性质或当事人的特别的约定而确定的义务，如货物买卖合同中交货的基本义务。一般而言，交货时间、数量、地点、品质也可以构成主要债务。这是现代货物买卖合同的基本要求。但一般个人间少量的物品交易，可不必如此严格。这是一个事实问题，而不是法律问题。主要债务并不仅仅是主给付义务，在特定情况下，任一要素或从给付义务均可构成主要债务。如某一履行时间对于债权人有特别意义，则债务人提前表示不按期履行时，债权人可以解除合同。总之，应结合合同目的判断。债务人提前违约后，债权人可以保持合同，亦可以不解除合同。在此期间，若发生不可抗力，提前违约一方可以不承担任何责任。

②当事人一方迟延履行主要债务，经催告后在合理期限内仍未履行。这是迟延履行而发生的解除权。条文并没明确规定催告的方式，而法国法要求必须以书面作成，德国法则规定书面方式或口头方式均可。《合同法》没作特别要求，因此书面或口头方式也可被当事人采纳。催告所确定的期限多长为合理，是一个事实问题，应视不同合同而定。在实践中出现的一个问题是催告后经过了一段合理的时间，合同是否就自动解除?《合同法》规定合同解除必须通知对方。债务人仍不履行合同时，债权人可享有解除权，是否解除仍应由债权人自行决定。因此，经过合理期限债务人仍不履行的，债权人只有发出解除通知，合同才被解除。债权人若在催告通知时附有约定：债务人经过合同期限仍不履行的，合同自动解除，则这种约定也应视为有效。另外，在合理期限内，债务人以自己行动或明确表示不履行主要债务的，债权人可以提前直接解除合同。

债务人在履行期限到来时，能够履行而没有按期履行债务，则构成迟延履行。债务人在履行期限到来时，未作出履行，债权人是否应经过催告才能构成迟延，大陆法系国家对此作出了不同的规定。《法国民法典》第1129条规定："债务人的迟延责任，经接到催告或其他类似证书而成立，如契约载明无需上述证书而仅有到期不履行事实，债务人即成立迟延责任时，则依契约定。"因此无论合同是否规定期限，都必须经过催告才构成迟延，催告的目的是为了表明债权人要求债务人作出履行。而《德国民法典》则区分了债务订立履行期限和没有订立履行期限两种情况。对规定了履行期限的债务，则在履行期限届满债务人仍未履行时，不经债权人催告，即构成履行迟延，此即所谓"期限代人催告"。如果债务没有规定履行期限，必须经过催告之后，才构成迟延。根据我国《合同法》第一百一十条第三款，不必经过催告，只要债务人违背了履行期限的规定便构成迟延。

然而，并非债务人在履行期限到来后不履行债务，都会使债权人享有自动解除合同的权利。因为合同的解除将导致会同关系的终止，一旦解除将会消灭一项交易，因此解除是一项重要的行为，如果允许债权人在债务人任何迟延履行的情况下都解除合同，必然会导致不应当被解除的合同被解除，造成一些财产的不必要的损失和浪费，而且也会使债权人滥用解除的权利。因此《合同法》第九十四条要求，除了因迟延履行已构成根本违约的情况以外，只有一方在迟延履行主要债务，经催告后在合理期限内仍未履行，另一方才能解除合同。就此可见，第一，必须是债务人在履行期限到来后未履行主要债务，而不是未履行次要债务。主要债务和次要债务应根据合同的内容来确定。第二，必须经过债权人的催告履行，如未催告则不能随意解除。第三，经催告在合理期限内仍未履行。在催告后，债权人实际上要给予债务人一段合理的宽展期，使债务人继续准备履行。在合理的宽展期到来后，如果债务人仍不履行，则债权人有权解除合同。

③当事人一方迟延履行债务或者有其他违约行为致使不能实现合同目的。时间一般不具有特定意义。但在有些合同中，债权人享有期限利益，如贺婚花篮一定要在结婚日送到。其他违约行为还包括拒绝履行、不完全履行等。其他违约行为导致合同目的不能实现时，债权人可依据法定解除而解除合同。

3. 法律规定的其他情形

法律所规定的其他情形。主要是指合同分则中的有关解除规定，如分期付款合同的解除，委任合同的解除。另外，总则中的不安抗辩制度中的解除亦属于其他解除情形。

不安抗辩制度系大陆法所有。不安抗辩权行使的前提之一为合同须是双务合同，且只能由先履行人行使。不安抗辩制度为合同履行期届满前出现了令人不安状况提供了法律救济。我国《合同法》在不安情况规定上较传统大陆法有了突破。由于此点不是本文讨论主题，不在此作详尽说明。不安抗辩权只赋予双务合同中的先履行人。实际上，在同时履行合同中，发生令人不安情况，需要救济，在异时履行中，后履行人在先履行人出现不安情况时亦需要救济。我国《合同法》第六十六条规定，当事人互负债务，没有先后履行顺序的，应当同时履行。一方在对方履行之前有权拒绝其履行要求。一方在对方履行债务不符合约定时，有权拒绝其相应的履行要求。第六十七条规定，当事人互负债务有先后履行顺序，先履行一方未履行的，后履行一方有权拒绝其履行要求。先履行一方履行债务不符合约定的，后履行一方有权拒绝其相应的履行要求。亦许有人认为，《合同法》该两条规定的同时履行抗辩权、先履行抗辩权为这两种合同当事人提供了救济，但这两种抗辩权只是暂时抗辩权，债权人只能中止相应履行，债权人仍然受到合同约束。令人不安状况可存在任何双务合同中，不能因履行顺序不同而厚此轻彼。我们认为，应规定不安抗辩制度的适用范围，包括同时履行及任何一种异时履行合同，在一定条件下，当事人可以解除合同。

（四）合同解除程序

在现代各国立法上，合同解除的方法不尽相同：其一是通过法院裁判解除，即必须经过法院裁判才能解除合同。《法国民法典》第1184条规定，双务合同当事人，一方不履行其债务时，视为有解除条件的规定，但是并不当然解除合同，而是须向法院提出，经过法院裁判确认才能解除合同；其二是解除权人一方以意思表示将合同解除，不需要经过法院裁判，无论约定解除或法定解除，都是由解除权人一方以意思表示就可以解除。《德国民法典》第349条规定，解除合同应向他方当事人以意思表示为主；其三是在一定条件下合同当然而自动地解除，即不以当事人的意思表示为必要，依法律规定合同当然而自动地消灭。英美法对因合同落空而解除等，也采取当然解除方法。根据《欧洲合同法原则》9：304条3款规定，免责性而且是终局性地障碍发生时，债权人不对不履行的债务人发出合同终止的通知。

合同的解除具体应遵循如下程序：

1. 解除权的行使应当符合法律规定的程序，即遵守合同解除的条件。只有在出现了合同规定的条件和法律规定的情况下一方才有权通知对方解除合同，而不必征得对方同意。

2. 解除合同原则上须采用书面的形式通知对方当事人。通知到达对方当事人时生效。当事人在作出解除合同的通知以后，不得随意撤销。对方有异议的，可以请求人民法院或仲裁机构确认解除合同的效力。

3. 解除权的行使必须及时。因为在一方享有解除权时，该当事人长期不行使解除权，会影响当事人双方权利义务关系的确定。在一方违约导致另一方享有解除权时，权利人可在行使解除权和要求实际履行间作出选择。不管作出何种选择，都应及时确定，不能久拖不决。如果超过一定期限不行使解除权，应视为已损失解除权。所以在出现了法定的解除情况和约定的解除条件成就以后，一方享有解除权，但该解除权必须在规定的期限内行使。根据《合同法》第九十五条的规定，如果当事人约定了解除权行使得期限，则必须在约定的期限内行使。如果没有约定期限，必须在法律规定的期限内行使。如果法律没有规定或者当事人没有约定解除权行使期限，不享有解除权的一方有权催告享有解除权的一方在合理期限内行使解除权。享有解除权的一方收到催告以后应尽早通知是否解除合同，如果超过合理期限不行使解除权，则解除权消灭，会同关系继续有效。如果当事人对催告的合理期限有异议的，应由人民法院或者仲裁机构确认。

我国《合同法》第九十六条规定，当事人主张解除合同的，应当通知对方，合同自通知到达对方时解除。对方有异议的，可以请求人民法院或者仲裁机构确认解除合同的效力。法律、行政法规规定解除合同应当办理批准、登记等手续的，依照其规定。根据该规定，一方行使解除权时，应通知对方，对方有异议权。这里的解除权包括法定解除权和约定解除权。根据《国际商事合同通则》第1.9条的规定，“通知”包括声明、要求、请求或其他任何意图的表达。通知均采用到达主义，意即通知只有在送达被通知人时才生效。不过，被通知人对合同的解除或解除权的行使有权提出异议。异议提出的方式，应与解除合同的通知相同或相类似。异议并不必然产生其预期效果，解除权人是否撤回解约通知，完全取决于解除权人的行为。为使问题得以彻底地、权威性地解决，解除权人可以请求法院或仲裁机构确认解除合同的效力，即提起确认之诉。对方为到达让解除权人撤回解约通知的目的，也可请求法院或仲裁机构宣告解除合同的行为无效。法律、行政法规规定解除合同应办理特别程序的，须遵守特别程序的规定。这里所指的特别程序，是批准、登记等手续，否则不产生解除合同的效力。常见的标的物比较特殊的合同，如房屋买卖、土地使用权转让等合同，即需到有关部门办理手续。

二、本条规定的发包方行使合同解除权的条件

本条第（一）（二）（三）项之规定源自《合同法》第九十四条关于合同解除条件的规定，第（四）项的规定源自《合同法》第二百五十三条的规定，下面分别表述：

本条第（一）项规定，承包人明确表示或者以行为明确表示不履行合同主要义务的，发包人可以行使合同解除权。该规定基本上重复了《合同法》第九十四条第（三）项的相关规定。对于发包人而言，承包人在合同的主要债务即是承包人完成建设工程，如果承包人明示或者以自己的行为表示不履行合同的主要债务，也即不履行合同约定的主要义务，发包人有权解除合同。这一条毋庸置疑是《合同法》本身赋予守约方解除权的情形。在本解释起初的几个修改稿中，没有将该项写入在内，因为法律已经对这种情况有了明确的规定，在这里再次规定，似有重复之嫌，但为了表述的完整性，最终还是将这种情况列入其中。在司法实践中，明确表示不履行合同的情况并不多见，因为承包人一般情况下不愿意解除合同，但以行为表示不再履行合同的情况是存在的，主要表现为擅自停工。这里要视停工的原因及其他履行合同的状况来区分是否解除合同。如果是因为发包人没有依约支付工程进度款，合同对不支付工程款可以行使停工权利的内容有明确约定的，如承包人不愿意解除合同，应认定是发包人违约而不宜判令合同解除，从而尽量维护合同的稳定性、交易的安全性，而且本条是针对守约方的合同解除权的规定，在违约一方，原则上没有合同的解除权。如果停工是承包人擅自单方的原因造成的，在发包人没有违约的情况下主张解除合同，应当得到保护。

本条第（二）项规定，合同约定的期限内没有完工，并在发包方催告的合理期限内仍未完工的，发包人有权请求解除合同。该项规定源于《合同法》第九十四条第（三）项的规定。在理论上和条文的规定上没有突破《合同法》的相关规定。没有完工即为没有履行合同约定的主要义务。在司法实践中主要掌握催告的有效方式及催告的合埋期限两个问题。前文已就该问题作了相应的论述，这里不再赘述。

本条第（三）项规定，已经完成的建设工程质量不合格，承包人又拒绝修复的，发包人可以行使合同解除权。该项规定源于《合同法》第九十四条第（四）项的规定，即当事人一方迟延履行债务或者有其他违约行为致使不

能实现合同目的的，另一方当事人有权主张解除合同。《合同法》对根本违约导致合同目的不能实现的规定很笼统，本条是针对建设工程施工合同，指出了合同目的不能实现的情形，即已完成的建设工程质量不合格且承包人拒绝进行修复。建设工程的质量是建设工程的灵魂，质量不合格的工程不能竣工验收并投入使用，发包人不能得到签订及履行合同的根本目的，因此如果承包人对质量不合格的工程拒绝修复，承包人的行为构成根本违约，发包人应依法享有合同的解除权。此外，本条所指的工程质量是针对已完工程，没有再区分部分完工和全部完工的工程。但通常所指的是工程部分完工的情形，因为如果工程全部完工，即使工程质量不合格且承包人拒绝修复，发包人也不会通过行使合同的解除权来保护自己，解除合同的请求已无实际意义，其会通过追究承包人的违约责任的途径，请求减少支付工程款并要求承包人支付违约金的方式，使自己的权利得到救济。再有，如果工程质量不合格，承包人同意并实施修复，但仍不能使工程达到合格的标准，发包人是否可以以合同目的不能实现为由主张解除合同，本条中对此没有明确规定，笔者倾向于如果构成根本违约的情形，发包人是可以主张解除合同的。

本条第（四）项规定，承包人将工程转包、违法分包的，承包人可以解除合同。该项规定源于《合同法》第二百五十三条的规定。《合同法》第二百五十三条第二款规定，承揽人将其承揽的主要工作交由第三人完成的，应当就该第三人完成的工作成果向定作人负责。未经定作人同意的，定作人也可以解除合同。由于《合同法》第二百八十七条规定，建设工程合同一章没有规定的，使用承揽合同的有关规定，而建设工程合同一章没有关于工程转包或者违法分包后，发包人是否可以解除合同进行规定，故在本解释中作了上述的补偿性规定。由于转包和违法分包为法律所禁止，故而转包合同和违法分包合同应认定为无效，但转包合同和违法分包合同认定为无效后，发包人是否可以通过行使合同解除权的方式，保护自己的权利，以往没有明确的规定。由于承包人的转包或者违法分包的行为，发包人可能不愿意继续将工程交由承包人施工完成。鉴于《合同法》在承揽合同有相关的规定，本条将其立法精神移植过来，从而完善了发包人合同解除权的内容。承包人应当以自己的技术和劳动能力完成建设工程施工合同约定的工作，如果承包人将工程转包或者违法分包，可能使发包人对承包人的劳动质量的期望落空，致使合同的目的不能实现，因而应赋予发包人合同的解除权。但这里并不是说发包人必须解除合同，发包人可以根据具体情况进行选择。

第九条 **发包人具有下列情形之一，致使承包人无法施工，且在催告的合理期限内仍未履行相应义务，承包人请求解除建设工程施工合同的，应予支持：**

（一）未按约定支付工程价款的；

（二）提供的主要建筑材料、建筑构配件和设备不符合强制性标准的；

（三）不履行合同约定的协助义务的。

条文主旨

本条是关于承包人合同解除权的规定。本条是解释《合同法》第九十四条规定的法定解除权在建设工程施工合同中具体适用情形，主要是从发包人迟延履行合同约定的主要债务，经催告后在合理期限内仍未履行，发包人享有合同解除权的角度进行了规定。没有就《合同法》规定的合同法定解除的其他情形进行规定。从审判实践上看，发包方在发包工程时处于优势地位，承包人为承揽工程竞争激烈。但随着合同履行，承包人进场施工后，发包人的优势地位也随之减弱。解除合同对双方来讲，损失都很大，在一般情况下当事人都不希望解除合同。解除不是合同履行的常态，应按照《合同法》规定，限制合同解除权的行使。而《合同法》关于法定解除的规定比较原则，结合建设工程施工合同的解除问题，应进一步明确解除权行使的具体情形，从而达到限制合同解除的目的。

理解与适用

本条规定同样涉及合同解除的相关理论及法律问题。针对该问题的论述和说明，已在第八条的理解与适用中用相当的篇幅进行了解释，这里不再赘述。

本条第（一）项及第（二）项的规定，是对《合同法》第九十四条第（三）项进一步解释。《合同法》规定，当事人可以解除合同的情形之一为，当事人一方迟延履行主要债务，经催告在合理期限内仍未履行的。本条解释的三项规定即是建立在发包人迟延履行合同约定的债务，经承包人催告后，发包人仍不履行的基础上，承包人享有合同的解除权。《合同法》的规定是一方当事人不履行合同约定的主要债务，本条解释对此加以更严格的限制，即不履行本条规定的债务的同时，还要达到承包人无法继续进行施工建设的严重程度时，承包人才有合同的解除权。

本条第（一）项规定，发包人未按约支付工程价款，致使承包人无法施工，经催告无效的，承包人可以行使合同解除权。对建设工程施工合同而言，发包人的主要义务即为支付工程款。如果发包人不支付工程款或者未按约支付工程款，承包人依照《合同法》的相关规定，可以认为是发包人违反了合同约定的主要义务，经催告无效后解除合同，但这里作了实质的限制条件，即未按约支付工程款已致使承包人无法施工时，经催告无效，承包人才可以行使解除权。在此前的讨论稿中，曾把"未按约支付的工程款数额达到全部工程价款的五分之一以上"作为条件加以限制，其理论来源是参照《合同法》第一百六十七条关于分期付款的买卖合同的规定。《合同法》的上述规定为，分期付款的买受人未支付到期价款的金额达到全部价款的五分之一的，出卖人可以要求买受人支付全部价款或者解除合同。但该种意见此后未被认可，因为建设工程施工合同不是分期付款的买卖合同，两者的法律性质是不同的，移植《合同法》关于分期付款买卖合同的规定，没有法理上的依据，两种合同在性质上也没有联结点。而且建设工程施工合同由于标的额比较大，通常采用分期支付工程款的方式，约定的分期付款方式的每笔数额往往超过合同总价款的五分之一，如果迟延付款一次就可能导致解除合同，则交易的稳定性就会大大降低；而从另一角度讲，有可能未付的款项不足合同总价款的五分之一，也会导致承包人无力继续施工。因此，单纯地将导致合同解除的因素中未付工程款的数额进行量化，虽然处理起来比较简单，但不一定符合案件的具体情况。故而本条确定的最终标准是承包人因发包人的迟延付款行为而无法继续施工，依此作为判断违约方是否迟延履行合同的主要债务的标准。由于该项规定既提出了客观的判断标准，又体现了法官对案件的主观评价，在司法实践中，对于具体案件的处理，由于情况比较复杂，还需要法官根据具体案情对是否支持解除合同的主张进行判断。

本条第（二）项规定，发包人提供的主要建筑材料、建筑构配件和设备不符合强制性标准的，致使承包人无法继续施工，在催告后的合理期限内仍未履行义务，承包人享有合同的解除权。按照国家有关规定及合同约定，由发包方提供建筑材料、建筑构配件和设备的，应当保证建筑材料、建筑构配件和设备符合设计文件和合同要求。发包人不得明示或者暗示施工单位使用不合格的建筑材料、建筑构配件和设备。为了保证建筑材料和设备的质量符合设计文件及合同的要求，《建设工程施工合同（示范文本）》（GF－1999－0201）对发包方采购建筑材料、建筑构配件和设备的提出的具体操作要求是：（1）发包人提供材料设备的发包人与承包人应当约定发包人供应材料设备的一览表，一览表包括发包人供应材料设备的品种、规格、型号、数量单价、质量等级提供时间等。（2）发包人按一览表约定的内容提供材料设备，并向承包人提供产品合格证明，对其质量负责。发包人在所供材料设备到货前24小时，以书面形式通知承包人，由承包人派人与发包人共同清点。（3）发包人供应的材料设备，承包人派人参加清点后由承包人妥善保管，发包人支付相应保管费用。因承包人原因发生丢失损坏，由承包人负责赔偿发包人未通知承包人清点，承包人不负责材料设备的保管，丢失损坏由发包人负责。（4）发包人供应的材料设备与一览表不符合时，发包人承担有关责任。发包人应承担责任的具体内容有：①材料设备单价与一览表不符时，由发包人承担所有差价；②材料设备的品种、规格、型号、质量与一览表不符，承包人可以拒绝接收保管，由发包人运出施工场地并重新采购；③发包人供应的材料规格、型号与一览表不符，经发包人同意，承包人可代为调剂串换，由发包人承担相应费用；④到货地点与一览表不符，由发包人负责运至一览表指定地点；⑤供应数量少于一览表约定的数量时，由发包人补齐，多于一览表约定数量时，发包人负责将多出部分运出施工场地；⑥到货时间早于一览表约定时间，由发包人承担因此发生的保管费用；到货时间迟于一览表约定的供货时间，发包人赔偿由此造成的承包人的损失，造成工期延误的，应顺延工期。（5）发包人供应的材料设备使用前，由承包人负责检验或试验，不合格的不得使用，并通知发包人予以退换。检验或试验费用由发包人承担。建筑材料、建筑构配件和设备不合格是造成建筑工程质量问题的直接原因之一。因此，控制建筑工程质量就是控制建筑材料、建筑构配件和设备的质量。对发包人提供建筑材料、建筑构配件和设备的，承包人对建筑材料、建筑构配件、设备进行检验是保证其施工质量的重要手段。承包人要依据建筑工程设计要求、施工技术标准和合同的约定对建筑材料、建筑构配件和设备进行检验。《建设工程质量管理条例》将检验的标的扩及了商品混凝土、材料、构配件、设备及商品混凝土检验制度是承包人质量保证体系的重要组成部分，承包人应当依据以下几个方面的要求对建筑材料、建筑构配件、设备及商品混凝土进行验收：(1) 按照工程设计要求进行检验。按照设计文件规定的建筑材料、建筑构配件、设备和商品混凝土的规格、型号、性能等技术要求，对建筑材料等进行检验，对不符合技术要求的承包人不得使用。(2) 按照有关的施工技术标准进行检验。在各项施工作业的技术标准中，对施工所用的建筑材料、构配件等的质量要求作出规定的，承包人必须按照有关施工技术标准的规定进行检验，不符合施工技术标准的不得使用。(3) 按照建筑工程承包合同约定的技术要求进行检验。在建筑工程承包合同中对工程所用的建筑材料、建筑构配件、设备及商品混凝土的质量要求有明确约定的，承包人必须按照合同约定的技术要求进行检验，不符合合同约定要求的，不得使用。因此可以看出，发包人提供的主要建筑材料、建筑构配件和设备必须符合国家强制性的标准，因为建筑材料的质量直接关系到建成的建筑物的质量。当然双方当事人可以约定建筑材料的质量标准，但其不得低于国家的强制性标准。国家的强制性标准是关于质量要求的最低标准，如果发包人提供的建筑材料等不符合国家强制性标准，即应当认为是没有履行合同约定的主要义务，在经催告后仍未履行义务的，承包人可以请求解除合同。

本条第（三）项规定，发包人不履行合同约定的协助义务的，致使承包人违法继续施工，经催告后无效的，承包人可以请求解除合同。这主要源于《合同法》第二百五十九条关于承揽合同的相关规定。《合同法》该条的规定为，承揽工作需要定作人协助的，定作人有协助的义务。定作人不履行协助义务致使承揽工作不能完成的，承揽人可以催告定作人在合理期限内履行义务，并可以顺延履行期限；定作人逾期不履行的，承揽人可以解除合同。《合同法》对建设工程施工合同没有再作相关的规定，但可以适用承揽合同的规定。在建设工程施工合同中，承包人的工作有时是需要发包人协助的，发包人对承包人的工作有相应的协助义务。发包人协助义务的发生，取决于合同的约定及施工工程本身的需要。发包人的协助义务视施工工程的内容不同而无法穷尽表述，如补足施工所需的建筑材料、提供施工场地、办理施工所需的相关手续、提供施工图纸等等，如果发包人不履行有关协助义务，导致承包人无法施工或者继续施工，则是发包人违约。该违约行为经催告后没有有效改正的，承包人有权解除合同。此外，虽然该项是对发包人协助义务的规定，但并不是相对于主要义务和次要义务而言的，如果不履行协助义务致使承包人无法进行施工的，就可以认为发包人没有履行合同的主要义务，经承包人催告仍不履行的，承包人具有合同解除权。

需要进一步说明的是，本条规定与前条规定的不同在于，前条发包人解除合同有多种情形，包括了《合同法》第九十四条规定的三种情况，即在履行期限届满之前，当事人一方明确表示或者以自己的行为表明不履行主要债务；当事人一方迟延履行主要债务，经催告后在合理期限内仍未履行；当事人一方迟延履行债务或者有其他违约行为致使不能实现合同目的；还包括了《合同法》关于承揽合同解除的特殊情况。而本条关于承包人解除合同的规定，只包括当事人一方迟延履行主要债务，经催告后在合理期限内仍未履行一种情况，就其他解除合同的法定条件，没有再作进一步的规定。本条所列举的几种情况，均认为是发包人没有履行合同约定的主要债务，实际上是对发包人不履行主要债务情形的细化。虽然本条第（三）项是参照《合同法》中关于承揽合同中不履行合同约定的协助义务可以解除的特殊规定，但仍视为是发包人不履行合同主要债务的情形之一，这样处理不违背《合同法》关于合同解除的规定并能与之保持统一。

第十条　建设工程施工合同解除后，已经完成的建设工程质量合格的，发包人应当按照约定支付相应的工程价款；已经完成的建设工程质量不合格的，参照本解释第三条规定处理。

因一方违约导致合同解除的，违约方应当赔偿因此而给对方造成的损失。

条文主旨

本解释规定合同解除后，已完工程质量合格，发包人应当按照约定支付相应的工程价款。已完工程质量不合格按照《解释》第三条规定，即比照合同无效、工程质量不合格的规定处理，也就是说建设工程有利用价值的，发包人可以请求减少工程价款或者由承包人承担修复费用；建设工程没有利用价值，承包人请求支付工程价款的，不予支持。一般情况下，无论建设工程合同是否有效，对于不合格的建设工程原则上由承包人承担民事责任，但发包人有过错的，亦应承担相应的民事责任。同时，由于本条是对合同有效后解除的处理，守约方有权请求违约方赔偿因违约造成的经济损失。之所以这样规定主要是结合建设工程施工合同实际，适用《合同法》第九十七条合同解除后的法律规定和《合同法》第二百六十二条规定比照承揽合同，由违约方承担减少报酬的法定违约责任。此外，结合本解释第二条关于合同认定为无效，建设工程经竣工验收合格的，承包人可以请求参照合同约定支付工程价款的规定还可以看出，处理建设工程施工合同纠纷的工程质量优先于合同效力的精神，即无论合同是否有效或者是否被解除，只要工程质量合格就应支付工程价款，而工程质量不合格的，无论合同解除还是合同无效，适用的原则是相同的。

理解与适用

一、合同法定解除法律后果

（一）合同法定解除效力

合同解除的直接法律后果是使合同关系消灭，合同不再履行。合同解除后，对于解除以前的债权债务关系应当如何处理，这就涉及了合同是否具有溯及力的问题。如果合同解除具有溯及力，则合同解除前所为的履行部分，就要发生恢复原状的法律后果；如果合同解除不具有溯及力，则合同解除前所为的履行仍然有效存在，当事人无须恢复原状。可见，合同解除是否具有溯及力，是合同解除制度中十分重要的问题。

大陆法国家基本规定合同解除具有溯及力。在大陆法中，合同解除是作为违约制裁的一种制度，为了保护债权人利益，法律肯定合同解除具有溯及力。例如《德国民法典》第 346 条规定，在解除契约时，当事人双方互负返还其已受领的给付义务。《日本民法典》第 545 条第 1 项规定：当事人的一方行使解除权时，各当事人负有使相对人恢复原状的义务，但不得侵害第三人的权利。《意大利民法典》第 1958 条规定，契约因不履行而解除在当事人之间不具有溯及力。美国法认为解除合同产生恢复原状的效果，这一点接近于大陆法。英国普通法认为，因违约而造成的解除合同，并不使合同自始无效而只是指向将来，即只是解除合同时尚未履行的债务不再履行，已经履行的债务原则上不产生返还问题。但是，英国法在解除合同时，允许当事人提起“按所交价值偿还之诉”，以便收回他所提供的财物或服务的代价。这个问题上，《欧洲合同法原则（PECL）》《国际商事合同通则（CISG）》规定不尽一致。PECL 肯定不溯及性，其第 9：305 条第 1 款指出：“合同的终了，使双方当事人从将来的实施履行的义务和领受履行的义务下解放出来。”CISG 则肯定溯及性，其 7.3.6 条第 1 款规定：“合同解除时，各当事人在返还自己受领的同时，可以请求返还自己给付的财物。在原物返还不可能或不适当时，返还是合理的，应以金钱执行。”

（二）合同法定解除是否具有溯及力所涉及的问题

合同法定解除是否具有溯及力涉及两个问题：一是立法价值取向；二是事实问题，即依合同性质能否恢复原状。

规定法定解除是否具有溯及力的出发点之一，应是看其是否有利于保护非违约方利益。从一定角度看，肯定合同法定解除有溯及力是颇有道理的。理由如下：一是非违约方已作出了履行时，违约方的违约常表现为不履行或不相应履行。规定违约解除有溯及力，将使非违约方取回其已作出的履行，对其显然是有利的。非违约方的履行乃是基于为了获得对方的履行，这亦是双务合同的订立基础。如果知道不能获得违约方的履行，非违约方则不会履行的。因此，当履行意图落空时，应允许非违约方取回履行。二是当合同双方已履行完毕时，如不允许解除具有溯及力，则法定解除制度在此处没有获得现实价值。此时选择违约责任救济或解除救济没有什么差别。三是当违约方已作出了不适当履行，如果允许解除具有溯及力，则不适当履行将重返违约方，有利于保护非违约方利益。因为，不适当履行可能对于非违约方毫无意义，如非违约方接受对其毫无意义的瑕疵的货物。进一步看，合同解除应具有溯及力的理由在于：合同的履行应符合合同目的。发生重大违约时，从合同目的来看，由受领履行方保留履行可能已不符合其订立合同目的。因此，合同解除具有溯及力应是可取的。但是，在一定情况下，合同解除不具有溯及力可能更不利于保护非违约方利益。例如在一方交付货物以后，另一方不按时付款。如果合同解除效力指向未来，则交货方可以在解除合同时追索货款。如果合同解除有溯及力，则交货方解除合同后只能索要货物。针对此种情况持合同解除具有溯及力的学者认为：如果恢复原状对解除权人不利，则解除权人可以不解除合同。其自愿解除行为表明恢复原状对其是有利的。这种观点值得商榷。若合同解除具有溯及力，则合同解除如同合同未成立。除恢复原状，当事人亦从合同解放出来。若合同解除不具有溯及力，当事人则从合同面向将来的拘束力中解放出来。在合同解除具有溯及力时，保留履行利益和获得从合同拘束力中解脱出来的利益，是不能并存的。交货方解除合同表明其愿意从合同拘束力中解脱出来。这并不表明其没有获得已履行的利益的意愿。这实际上是一个鱼和熊掌不可兼得的两难选择，尤其是在交货方亦只有部分交货时。综上所述，合同解除是否应具有溯及力不可一概而论。

合同解除是否具有溯及力不仅涉及当事人利益，亦关系到社会利益。若合同解除有溯及力，则恢复原状需支付费用。这虽由当事人支付，但相对于整个社会则仍是财富浪费，而且亦不利于社会交易秩序稳定。合同解除不具有溯及力，不仅没有以上弊端，而且能保留合同部分履行的利益，这亦符合合同交易目的。有些合同依其性质是不可能恢复原状的，如委任合同、劳务合同等。这些合同一般是继续性合同。

（三）我国《合同法》的规定

我国《合同法》九十七条规定，合同解除后，尚未履行的，终止履行；已经履行的，根据履行情况和合同性质，当事人可以要求恢复原状、采取其他补救措施，并有权要求赔偿损失。可见，该条规定将合同解除的效力分成两块：前者无溯及力，后者有溯及力，并相应的产生不同的财产处理后果。具体来说，有以下三种情形：

1. 合同尚未履行的，终止履行。尚未履行合同的状态与合同订立前的情形并无不同，因而解除合同只需单纯地终止合同的权利义务。但是，当事人是否有权要求赔偿损失，条文并未明确规定。事实上合同尚未履行和合同尚未成立是很不相同的，虽然合同没有实际履行，但很可能已经给对方造成了极大的损失，如履行迟延或提前违约造成的损失。我们认为，出现这一问题，主要是立法者在表达上的疏漏。从我国合同法原理上讲，尚未履行并不影响当事人要求赔偿的权利。

2. 合同已履行的，要求恢复原状。恢复原状是指恢复到订立合同前的状态，是合同解除具有溯及力的标志和后果。这表明和多数国家的合同法一样，承认解除合同可产生溯及既往的效力。不论合同是全部履行还是部分履行，解除权人解除同时，都有可以要求恢复原状。从性质上讲，适用恢复原状的合同应该是非继续性的合同，即履行为一次性行为的合同，如货物买卖合同、赠与合同等。但是，有的合同尽管是一次性的合同，履行后有可能恢复原状，也可能无法恢复原状。此时只能根据情况来确定是否可以恢复原状，如技术秘密转让合同，如果已经将技术秘密披露给对方，则不可能真正地恢复原状，需采用其他的补救措施。

恢复原状一般包括如下内容：返还原物；受领的标的物为金钱的，应同时返还自受领时起的利息；受领的标的物生有孳息的，应一并返还；就应返还之物支出了必要的或有益的费用，如保管费及维修费，可以在对方得到返还时所得利益限度内，请求返还；应返还之物因毁损、灭失或其他原因不能返还的，应按该物的价值以金钱返还。如果该物是种类物，也可以同种类之物返还。

恢复原状对解除权人而言，是一种有力的保护方式。由于我国不承认物权行为，所以一旦其主张恢复原状，对方受领的标的物的所有权就重归于解除权人，他可以基于所有权请求返还，而这一请求权优先于普通债权。当对方的财产不足以清偿多个并存的债权时，解除权人仍可取回自己所给付的物，保全自己的利益。如果不允许恢复原状，合同效力只是向将来消灭，则对方的受领将产生转移所有权的效力，解除权人只能根据不当得利要求返还相应的价款，而这只是一个普通的债权，当对方的财产不足以清偿多个并存的债权时，解除权人将得不到全部的返还。相反，如果是恢复原状，则不论对方获得的给付现在的情形如何，均应按履行时的价值或状态返还。比如，如果解除权人甲以 2 万元的价格向乙出卖价值 3 万元的油画，而解除合同后乙因某种原因不能返还该画，甲可以主张按该画真正所值的 3 万元要求偿还。而如果只是返还不当得利，则只以对方受领的现存利益为限，当对方取得的给付因意外事件减少或不复存在，就不负返还义务。对一次性合同而言，恢复原状既是解除合同的必然结果，也是对解除权人最有利的结果。由于这种情况多属于对方违约，所以其履行对解除权人毫无意义。

3. 合同已履行的，采取其他补救措施。这种情形的发生，可由三个原因引起：一是合同的性质决定了不可能恢复原状，发生将来消灭的效力，解除权人只能采取其他的补救措施；二是合同的履行情况不适合恢复原状；三是当事人对清理问题协商而达成协议，既包括解除合同后达成协议，也包括《合同法》第九十八条的规定，即合同中的结算和清理条款继续有效。

解除继续性的合同是不适合恢复原状的，这类合同的特点是履行不是一次即为完结，而是在一定时间内持续地履行，如租赁合同、雇用合同、保管合同、长期供应合同、技术服务合同等。受领一方所享用的标的物效益，可能是无法返还的，如设备租赁合同，承租人已经对设备加以使用，不可能返还出租时的设备。因此，对继续性合同，合同只是自解除时向将来消灭，即提前终止合同，履行方仍可以请求对方对已受领的利益支付价款，但履行对相对方没有意义的发生恢复原状的后果。

根据履行的情况不适合恢复原状，可能是从经济上讲恢复原状是不可行的，如建筑工程承包合同，如果承包人已经完成主体工程，但发包人仍以迟延为由解除了合同，此时，如果要求恢复原状，会造成资源的极大浪费，对双方都没有益处，在实践中亦是不可行的。

另外，为了保护交易第三方的利益，某些合同的解除不能有溯及力，如委托合同。如果委托合同的解除溯及到合同成立时，则受托人所进行的代理行为将失去法律依据，第三人将处于极不安全的状态，正常的交易秩序将被破坏。因此，对于涉及善意第三人的合同，一般不应具有溯及力。本条的“采取其他补救措施”，主要是指要求对方付款、减少价款的支付或请求不当得利的返还。如果对方是不完全履行合同，而合同期限尚未到来，解除权人可以解除合同并要求减少价款。如房屋租赁合同约定了一年的租赁期，但因该房屋年久失修，存在较大的危险，而出租人又迟迟不履行维修该房屋的义务，在租赁期届满之前，承租人可以解除合同并要求减价，与房屋的实际租赁价值相当。如果承租人已经预先交纳了一年的租金，则承租人可以在解除合同的同时，请求出租人返还解除日至届满日之间的租金，从性质上讲，这部分租金已属于出租人的不当得利。如果房屋并没有瑕疵，而是承租人迟迟不交纳租金，则在租赁期届满之前，出租人有权解除合同并要求承租人支付租赁期间价款。在上述情况下，如果主张恢复原状，即意味着以金钱偿还受领的利益，其依据只能是不当得利，会增加清理的难度。对这类合同的解除权人而言，如果对方只是拖欠价款，则主张恢复原状往往是不利的，因为他只能要求不当得利的返还，而不能根据合同得到价款，这可能使其得到的返还少于原合同价款，因为市场价可能低于合同价。只有当市场价高于合同价时，主张不当得利才更为有利。

另外，履行如果是可分的，解除权人可以就部分履行行使解除权，如分批交货的合同中对某批货物行使解除权，解除权的效力只及于该批货物，而其他的履行不受影响，解除权人仍可保留其他的受领。但对该批货物而言，解除将产生恢复原状的效力，而不是此处所提到的其他效果。

二、合同解除后损害赔偿

在解除合同时能否同时请求损害赔偿问题，各国法律的规定有所不同。大多数国家认为这两种措施是可以同时采取的，如《法国民法典》第 1184 条规定，双务合同一方当事人不履行债务时，债权人可以解除合同并请求损害赔偿。《日本民法典》第 545 条亦规定，解除权的行使，不妨碍损害赔偿的请求。英美法亦认为解约方可以解除合同并请求损害赔偿。德国法却规定，解除合同和损害赔偿是不能就同一债务关系并存的，如果要求解除合同，就不能要求损害赔偿；反之，如果要求损害赔偿，就不能解除合同。德国法的基本逻辑是，既然解除合同将产生恢复原状的后果，等同于合同自始就不存在，那么因合同而产生的损害赔偿就失去了存在基础，所以这两种措施是矛盾的。这种规定离现实太远，反而使合同解除制度大大限制了合同解除功能的应用。实际上，立法者也认识到了这一点，在德国债务法修正草案里，已作了修正：第 327 条第 1 款规定：解除之后，债权人可以请求因看不到合同约定的实现使自己产生的损害赔偿。债权人也可以代替该损害的赔偿，请求由于相信合同约定能够实现而使自己产生的损害赔偿。

债权人不必对不可抗力所造成的损害赔偿。但在违约解除情况下，损害赔偿范围如何确定？有人认为，“损害赔偿除应包括不履行合同义务所致的损害以外，还应包括合同解除以后，因恢复原状而发生的损害赔偿”，“不应该考虑可得利益的赔偿问题”。换言之，这种赔偿只限于信赖利益。亦有人认为，赔偿的范围只包括债权不履行的损失而不包括因合同解除而产生的损害赔偿。亦有人认为，赔偿损失范围原则上包括直接损失和间接损失，此外，违约方还应赔偿对方因返还给付物所支出的必要费用，以及违约方不履行返还给付物给对方造成的损失。我国《民法通则》第一百一十一条规定，当事人一方不履行合同义务或者履行合同义务不符合约定条件的，另一方有权要求履行或者采取补救措施，并有权要求赔偿损失。第一百一十五条规定，合同的变更或者解除，不影响当事人要求赔偿损失的权利。可见，我国《民法通则》采取完全赔偿原则。因此，我们认为，第二种意见较为可取。除法律另有规定外，赔偿范围应包括：（1）债务不履行的损害赔偿。包括可得利益（履行利益）和信赖利益。（2）因合同解除而产生的损害赔偿，包括：①债权人订立合同所支出的必要费用。②债权人因相信合同能够履行而做准备所支出的必要费用。③债权人因失去他人订立合同的机会所造成的损失。④债权人已经履行合同义务时，债务人因拒不履行返还给付物的义务给债务人造成的损失。⑤债权人已经受领债务的给付物时，因返还该物而支出的必要费用。

三、本条规定的内涵及适用问题

本条规定实际上包括三层意思：

（一）合同解除原则上向前没有溯及力。即合同解除后，已经履行的按有效合同的处理原则及方式进行处理，不发生恢复原状的法律后果；未履行的部分不再履行。具体规定为，合同解除后，已经完成的建设工程质量合格，发包人应当按照约定支付相应的工程价款。建设工程施工合同在合同解除后，如工程质量合格，不存在恢复原状的问题，当事人一方主张恢复原状是不能得到支持的。但当发包人没有支付已履行部分工程价款时，不能认为支付工程价款是已经履行的部分，因此需要判令发包人支付工程价款。这样处理表面上看是在解除合同的同时又要求当事人在履行合同，但实质上是对合同解除后采取的一种补救措施，且仍然是向后解除的情况，即未履行的部分还是不再履行。

（二）已经完成的建设工程质量不合格的，参照本解释关于合同无效，工程质量验收不合格的规定处理。即修复后的建设工程经竣工验收合格，发包人请求承包人承担修复费用的，应予支持；修复后的建设工程经竣工验收不合格，承包人请求支付工程款的，不予支持。《合同法》第五十八条规定，合同无效或者被撤销后，因该合同取得的财产应当予以返还；不能返还或者没有必要返还的，应当折价补偿。建设工程经竣工验收不合格，主要是建设工程质量不符合国家规定或者行业规定的标准，这里一般包括两种情况：一种是建设工程质量虽然不合格，但经过修复，可以使缺陷得到弥补，并通过工程竣工验收。这种情况下，发包方仍然可以接受建设工程，并在修复后继续利用建设工程。按照《合同法》关于无效合同的处理原则，应当对建设工程予以折价补偿，故而发包方可以要求减少工程价款或者由承建方承担修复费用。另一种情况是，建设工程的质量缺陷无法通过修复予以弥补，不能通过竣工验收，建设工程丧失利用价值。对于没有利用价值的建设工程，只能重新进行建设，故而承包人没有请求支付工程款的权利。作出本条规定时，实际是参照了《合同法》关于承揽合同的相关规定。《合同法》第二百六十二条规定，承揽人交付的工作成果不符合质量要求的，定作人可以要求承揽人承担修理、重作、减少报酬、赔偿损失等违约责任。鉴于承揽合同的处理有上述规定，在建设工程施工合同中，如果合同解除或者无效后，建设工程质量不合格但仍有利用价值的，只要发包人请求减少工程价款或者承包人承担修复费用的，人民法院应当允许。

（三）因一方违约导致合同解除的，违约方应当赔偿因此而给对方造成的经济损失。由于合同解除是建立在合同有效的基础上作出的处理，因此因违约导致合同解除的，违约方应当承担合同约定的违约责任。如果合同应当的违约金不足以补偿守约方的经济损失，违约方还应赔偿损失与违约金之间的差额部分。这里所指的违约方或者守约方即可能是发包人有可能是承包人。

第十一条　因承包人的过错造成建设工程质量不符合约定，承包人拒绝修理、返工或者改建，发包人请求减少支付工程价款的，应予支持。

条文主旨

本条是关于因承包人的过错造成建设工程质量不符合约定的，应如何处理的规定。本条规定包括以下几层涵义：（1）因承包人过错造成建设工程质量不符合约定的，承包人应承担责任。（2）对承包人过错造成建设工程质量问题，发包人提出无偿修理、返工、改建，承包人拒绝的，发包人可以请求减少支付工程价款或者请求承包方支付合理的修复费用，而且对发包人的该项请求，人民法院应给予支持。建设工程施工合同的双方当事人在签订《建设工程施工合同》中，一般对建设工程质量问题均有明确约定，作为建设工程的承包方即施工人，在建设施工中应当按照合同约定进行施工建设。如果因施工人的原因造成建设施工的工程质量不符合合同约定，出现了质量瑕疵，其应依照合同约定的质量标准予以修复、返工、改建等；如果施工人拒绝修复、返工、改建，那么依照该条规定，发包人就可以请求减少工程价款或者请求承包人承担建设工程修复的合理费用。

理解与适用

本条规定是依据《合同法》第二百八十一条规定："因施工人的原因致使建筑工程质量不符合约定的，发包人有权要求施工人在合理期限内无偿修理或者返工、改建后，造成逾期交付的，施工人应当承担违约责任"及第二百六十二条"承揽人交付的工作成果不符合质量要求的，定作人可以要求承揽人承担修理、重作、减少报酬、赔偿损失等违约责任"的规定做出的。建设工程施工合同原为承揽合同的一种，亦属于承揽完成不动产工程项目的合同，其合同都属于完成工作成果的合同。完成工作成果的合同是指民事主体之间的一方当事人为另一方当事人完成某项工作，另一方当事人接受工作成果并支付工作报酬的合同。有义务完成工作成果的当事人，称为承揽人或者承包人；有义务接受工作成果并支付工作报酬的人，称为定作人或者发包人。完成工作成果的合同属于诺成合同、双务合同、有偿合同。承揽人或者承包人必须按照合同约定完成工作，而定作人或发包人必须接受工作成果并支付报酬。虽然承揽合同与工程建设合同均属于完成不动产工程项目的合同，但是，由于建设工程不同于其他工作的完成，工程建设合同除具有一般承揽合同的特征外，更具有与一般承揽合同不同的特点：如建设工程合同的主体以法人为主，其投资大、周期长；建设工程合同的标的物是建设工程而不能是其他物；建设工程合同系要式合同，国家对其具有严格的监督和管理；而且对国家的基本建设工程还要体现其计划性等特点。因此，我国原《经济合同法》就将工程建设合同作为不同于承揽合同的一类新的合同作出规定，且《合同法》仍采用这种分类方法。由于建设工程是从承揽合同发展而来，其仍与承揽合同有着密切的关系，所以《合同法》第二百八十七条规定，建设工程合同中没有规定的，适用承揽合同的有关规定。

工程质量出现问题就建设单位与承包人即建筑施工方来说，一般其责任应由承包方承担。我国《建筑法》第五十八条就规定，建筑施工企业对工程质量负责。建筑工程企业必须按照工程设计图纸和施工技术标准施工，不得偷工减料。工程设计的修改由原设计单位负责，建筑施工企业不得擅自修改工程设计。第五十九条还规定，建筑施工企业必须按照工程设计要求、施工技术标准和合同的约定，对建筑材料、建筑构配件和设备进行检验，不合格的不得使用。其第六十条规定，建筑物在合理使用寿命内，必须确保地基基础工程和主体结构的质量。建筑工程竣工时，屋顶、墙面不得留有渗漏、开裂等质量缺陷；对已发现的质量缺陷，建筑施工企业应当修复。建筑工程质量出现问题，其原因是多方面的，其中即可能是勘察、设计、监理方面的原因，也可能是建筑施工企业施工造成的。因此，建筑工程质量问题涉及的有关责任分担问题是一个非常复杂的问题。如果建筑工程出现质量问题，其原因是由于勘察、设计造成的，但其表现也常为施工质量不合格的情形，如建筑工程倾斜、断裂等。建筑施工企业的责任应如何确定需要有一个标准，作为建筑工程企业按照建筑勘察、设计要求进行了施工，而完全是由于勘察、设计等方面的因造成工程质量不合格，建设施工企业是不应该承担责任的，建筑施工企业对工程施工质量负责。

对本条中规定的“建设工程质量不符合约定的”应如何理解问题，作者认为，本条中“建设工程质量不符合约定”应作广义理解，它不仅包括工程质量不符合双方当事人合同约定标准，还应包括不符合国家对建筑工程质量强制性的规范标准等情形。因建筑工程施工方原因造成的工程质量问题主要应包括下列情形：（一）建筑工程施工方不按照工程设计图纸和施工技术规范施工造成的工程质量问题。工程设计图纸是施工的依据，施工技术标准亦称为施工技术规范，按照设计图纸和施工技术标准施工是建筑工程质量得以保证的重要前提，也是划分责任的重要依据。在建筑施工中有些施工方为了谋取非法利益偷工减料，不按照建筑工程施工标准要求的工序施工，在施工过程中用次料或少用料，这些都严重影响了建筑工程的质量和安全，造成事故隐患。再者，建筑工程施工方还存在擅自修改工程设计的行为。建筑工程设计是施工方据以施工的依据，施工方应当严格依照工程设计进行施工，建筑工程施工方擅自修改工程设计是建筑工程出现质量问题的原因之一。（二）建筑工程施工方未按照工程设计要求、施工技术标准和合同的约定，对建筑材料、建筑构配件和设备进行检验，使用不合格的建筑材料、建筑构配件和设备等，造成的质量问题。建筑材料、建筑构配件和设备不合格是造成建筑施工质量问题的直接原因之一。因此，严格建筑材料、建筑构配件和设备质量的检验，就是保证施工质量的重要手段之一。建筑工程施工方对建筑材料、建筑构配件和设备进行检验是要依据一定标准进行的，即应依据建筑工程设计要求、施工技术标准和合同的约定对建筑材料、建筑构配件和设备进行检验。建筑工程施工方对建筑材料、建筑构配件和设备进行检验是防止不合格的建筑材料、建筑构配件和设备用于建筑工程所采取的措施，不合格的建筑材料、建筑构配件和设备不得使用。如果施工方使用不合格的建筑材料、建筑构配件和设备而产生质量问题，建筑工程施工方要负责任。建筑工程施工方对不合格的建筑材料、建筑构配件和设备拒绝使用的，由此产生的后果是谁的责任就追究谁的责任。（三）建筑物在合理使用寿命内，地基基础工程和主体结构的质量出现问题。建筑工程竣工时，屋顶、墙面留有渗漏、开裂等问题。建筑物的地基基础工程和主体结构的工程的质量在合理使用寿命内必须得到确保。所谓建筑建筑物的地基，是指支承由基础传递的上部结构荷载的土体或岩体。为了保障建筑工程的安全和正常使用，首先要求地基在荷载作用下不致产生破坏；其次组成地基的地层因某些原因产生的变形不能过大，否则将会使建筑物遭受到破坏，而无法满足使用要求。所谓建筑物的基础，是指结构所承受的各种作用传递到地基上结构组成部分。它是建筑物的重要组成部分。建筑物的地基基础工程和主体结构工程是建筑工程的重要基础和主体。如果一项建筑工程在一定期限内若地基基础工程和主体结构出现质量问题，即使其他部分施工质量再好也难以保证整个建筑工程质量。因此，建筑物的地基基础工程和主体结构工程质量同建筑物整体结构质量密切相关。在建筑工程的质量问题中，房屋屋顶渗漏、墙面开裂等质量问题较为严重。屋顶渗漏的主要原因是施工工序未按照技术规定进行，或建筑材料不合格造成的。墙面开裂也主要是施工方面的原因。屋顶是建筑物的顶部结构，其应坚固、耐久、防渗漏，并具有保温、隔热等性能。墙面是指墙体表面，其应当可观、防开裂，这是合格建筑工程应达到的基本要求。另外工程质量缺陷还应包括：地面、楼面、门窗工程等出现的问题；室内地坪空鼓、开裂、起沙，厕所、厨房、盥洗室地面泛水、积水，阳台积水漏水等质量问题；电气管线、上下水管线的安装工程的质量问题；电气的线路、开关、电表的安装，电气照明器具的安装，给水管道、排水管道的安装等出现的问题；供热、供冷系统工程的质量问题等。

因建筑工程施工方原因造成工程质量不合格或质量瑕疵的，根据《合同法》第二百八十一条、《建筑法》第六十条及《建设工程质量管理条例》第三十二条“施工单位对施工中出现质量问题的建设工程或者竣工验收不合格的建设工程，应当负责返修。”的规定，建筑工程施工方对已发现的工程质量缺陷应当无偿修理、返工及改建等，以达到约定的质量要求和标准。建筑物的地基基础工程和主体结构质量问题，直接关系到建筑物的安危，当发现地基基础工程和主体结构出现质量问题时，如果能够通过加固等确保建筑物安全的，建筑工程施工方应当负责修复；不能修复造成建筑物无法使用的，有关责任人应当依法承担赔偿责任。对房屋屋顶渗漏、墙面开裂等质量问题，建筑工程施工方应当及时采取修理、返工及改建等方式消除工程质量瑕疵，这是建筑工程施工方必须履行的义务。上述所谈到的问题，既然是建筑工程施工方应当履行的义务，那么当其不履行其义务时，应如何处理？根据本条规定，当承包人拒绝无偿修理或者返工、改建时，发包人可以请求减少工程价款或者让承包人支付合理修复费用。虽然原有关法律等对此问题没有进行规定，但审判实践中经常会遇到承包方对工程质量拒绝无偿修理或者返工、改建，而发包方请求减少支付工程价款或请求承包方支付修理费用的案件。在办理这类案件中，对减多少工程价款及合理修复费用应如何确定是经常会遇到的问题。一般来说减少的工程价款数额及合理修复费用就是工程质量修复所实际发生的费用。其包括对原不合格工程进行拆除、重新返工、修复的建筑材料、机械设备及人工费用等。对减少的工程价款数额及修复费用在双方达不成一致意见时，可采用对质量修复费用进行鉴定的方法予以确定。当然发包方在请求承包方承担质量修复费用后，不影响其依照合同约定及有关法律规定请求承包人承担违约责任及赔偿责任。

需要说明的是，此规定的是针对建筑工程还未交付使用（包括在建工程），出现的质量问题应如何处理作出的规定。如果建筑工程已竣工验收交付使用后，出现了质量问题，则应当依照建筑工程保修的有关规定进行处理。另因地震、台风、洪水等不可抗力造成的质量缺陷，承包方不承担民事责任。

此类案件在审判实务中存有争议的一个问题是：一方当事人主张给付工程欠款，而另一方当事人称工程有质量问题要求减少给付工程欠款的数额。那么，主张减少工程款的一方应作为是对主张给付工程款一方的抗辩事由提出，还是应另行提起反诉。该问题在审判实际中做法不一：一种意见认为，主张减少工程款的一方是抗辩，无需再提起反诉。其理由是，双方当事人在订立合同时，对工程质量均有约定，在其质量未达到合同约定标准时，就可在一方主张支付工程款的同时，向其请求减少给付工程款，无需再提起反诉；而另一种意见与前一种意见完全相反，认为减少工程款数额不是抗辩事由，系一个新的诉讼请求必须提起反诉，人民法院才能一并审理；还有第三种意见是，对双方合同有明确约定的，如合同约定，工程质量有瑕疵，减少给付工程款的数额或者约定工程质量有瑕疵，其修复费用应从给付工程款中予以扣除等，就可以认定被告提出的请求为答辩事由，而不认定为一个新的请求，对此就可以直接减少给付工程款数额或者将质量瑕疵修复费用予以扣除。但是必须是双方合同有明确约定的。否则，被告的请求应认定为是一个新的请求，其提出的反诉人民法院可一并审理。

以上三种做法在审判实务中均存在，而且在原告追索工程欠款，被告即提出工程质量问题，请求减少给付工程款数额的案件越来越普遍，对被告的这一请求到底应当确定为答辩事由，还是反诉，目前尚无明确规定，因此造成审判中执法的不统一。本司法解释实施后，还会有更多地类似案件出现，这就更需要对该问题进行探究，求得执法的统一。在此笔者就此问题谈一下个人观点：同意以上三种意见的第一种意见，即被告主张减少工程款是抗辩，无需再提起反诉。其理由是：1. 被告的请求没有形成一个独立的诉。我们知道，所谓答辩是指被告或者被上诉人享有的对原告或者上诉人提出的诉讼请求和理由进行回答和辩驳。其行使的目的是切实有效地维护当事人自己的合法权益，也便于法院审理案件时能够兼听双方当事人提出的理由和意见，全面查清案情，分清是非，从而正确处理案件。而反诉是指在已经开始的诉讼程序中，被告向本诉的原告提出的一种独立的反请求，目的是抵销或者吞并本诉原告的诉讼请求。答辩与反诉都是被告或者被上诉人享有的诉讼权利，但答辩不会增加新的诉讼法律关系并导致诉的增加，而反诉的基本属性是诉，反诉的成立意味着成立了一个新的诉讼法律关系；答辩的目的是直接否定对方当事人的诉讼理由和请求，答辩是义务人依据法律规定对权利人拒绝履行义务的行为。例如，诉讼时效是义务人经常援引的一项抗辩事由。在建设工程合同中，承包人（原告）的义务是依照法律或合同约定交付合格工程，即没有瑕疵的工程，而发包人（被告）的义务是依照合同约定支付工程款。在原告请求给付工程欠款时，被告提出工程有质量瑕疵，请求减少给付工程价款的数额，是因原告未履行其义务交付合格工程，而导致被告提出拒绝履行支付约定工程款义务的抗辩的请求。这一请求仅导致被告不支付合同约定的工程款的数额，而未产生新的诉讼法律关系，也没有导致诉的增加。因此，未形成一个独立的诉。2. 被告的请求没有抵销或者吞并原告的诉讼请求，其不构成反诉。一般认为反诉的目的是为了抵销或者吞并原告的诉讼请求。在建设工程欠款纠纷中，被告提出拒绝履行支付全部工程款义务的抗辩请求，是在被告认可尚欠原告的工程款的前提下，提出原告交付的建设工程质量有瑕疵，请求在所欠工程款中扣除修复费用后，再支付工程款。因此被告的这一请求，没有抵销或者吞并原告请求工程欠款的诉讼请求，其不构成反诉。

在审判中，对此类案件绝大多数是按照上述意见处理的。另在建设工程欠款纠纷中，如果被告因建设工程质量瑕疵造成财产或人身损害而向原告提出赔偿请求的，则应提出反诉，人民法院尚可并案审理。

第十二条　发包人具有下列情形之一，造成建设工程质量缺陷，应当承担过错责任：

（一）提供的设计有缺陷；

（二）提供或者指定购买的建筑材料、建筑构配件、设备不符合强制性标准；

（三）直接指定分包人分包专业工程。

承包人有过错的，也应当承担相应的过错责任。

条文主旨

本条是关于因发包人原因，造成建设工程质量缺陷，其应承担相应责任的规定。本条规定包含以下几个内容：（1）因发包人原因造成的建设工程质量，其应承担过错责任。（2）列举了因发包人原因，可能造成建设工程质量瑕疵的几种情形。即提供的设计有缺陷；提供或者指定购买的建筑材料、建筑构配件、设备不符合强制性标准；直接指定分包人分包专业工程等情形。（3）规定了承包人对造成建设工程质量瑕疵有过错的，亦应承担相应的过错责任。

理解与适用

按照《建筑法》及《合同法》的有关规定，对建筑工程出现质量瑕疵的，一般处理原则是由承包方也就是建筑工程的施工方承担责任。但是根据《合同法》第二百五十六条第一款“定作人提供材料的，定作人应当按照约定提供材料。承揽人对定作人提供的材料，应当及时检验，发现不符合约定时，应当及时通知定作人更换，补齐或者采取其他补救措施。”第二百七十二条第一款“发包人可以与总承包人订立建设工程合同，也可以分别与勘察人、设计人、施工人订立勘察、设计、施工承包合同。发包人不得将应当由一个承包人完成的建设工程肢解成若干部分发包给几个承包人。”及第二百八十三条“发包人未按照约定的时间和要求提供原材料、设备、场地、资金、技术资料的，承包人可以顺延工程日期，并有权要求赔偿停工、窝工等损失”等规定，本司法解释的该条规定就对因发包人原因造成的工程质量瑕疵亦应承担责任进行了规定。根据本条规定由于发包人原因造成工程质量瑕疵的主要有以下几个情形：

一、提供的设计有缺陷

我们知道要保证建筑工程的质量其必须在建筑工程的勘察、设计、施工这三个环节上使建设工程质量符合国家规定的安全标准、技术规范及合同约定的要求，三者缺一不可。其中勘察、设计又是决定整个建设工程质量的基础，如果勘察设计的质量出现问题，即使施工质量再好，建筑工程质量也难以保证不出问题。因此工程的勘察、设计必须符合质量要求。此规定中为何仅谈到提供设计有缺陷而未提勘察有缺陷这种情形呢，起草中主要考虑到，建设工程施工合同中出现质量瑕疵很多情况均是由于变更设计引起，因勘察有缺陷造成质量瑕疵的情况比较少见，因此未将勘察单独列出。但是为了全面准确地理解该项规定，依照国家有关规定发包方不仅应提供符合约定要求的设计文件，同时还必须提供符合约定要求的勘察数据、施工图纸以及说明书等资料。而且勘察资料是设计的基础资料，是设计的依据，勘察质量出现问题，必然导致设计上的缺陷，在建设施工中两者是不可分的。建设工程勘察设计合同，它是指发包人与承包人为完成一定的勘察设计任务，明确相互权利义务关系的协议，该种合同又分为以下两类：一是勘察合同，指发包人与承包人就完成建设地理、地质状况的调查研究工作而达成的协议。二是设计合同，指发包人与承包人之间就建设项目决策或具体施工的设计工作达成的协议。在事实上它可以分为两种：一种是初步设计合同，即在建设项目立项阶段承包人为项目决策提供可行性资料的设计而与筹建单位签订的合同；另一种设计合同是在国家有关部门批准立项之后，承包人与筹建单位之间就具体施工设计达成的施工设计合同。初步设计合同与施工设计合同虽然内容各异，但法律关系基本相同。根据相关法规规定，承包建设工程的发包方所提供的勘察、设计资料必须符合以下要求：（1）符合有关法律、行政法规的规定。其包括符合《合同法》《建筑法》《城市规划法》《土地管理法》以及其他相关的法律、行政法规的规定；（2）符合建设工程质量、安全的标准。建设工程质量、安全标准是指按照标准化法及有关行政法规的规定制定的保证建设工程质量和安全的国家标准和行业标准。国家标准和行业标准分为强制性标准和推荐性标准。强制性标准必须执行。国家有关建设工程安全的标准，是涉及保障人身、财产安全的标准，属于强制性标准。其勘察、设计必须符合国家有关建设工程安全标准的要求，保证其勘察、设计质量；（3）符合建设工程勘察、设计的技术规范。建设工程勘察、设计技术规范通常是以标准形式制定、发布的。对有关建设工程勘察、设计规范的强制性标准，必须遵照执行；（4）符合合同约定。勘察、设计文件在符合法律、行政法规的规定和有关质量、安全标准的前提下，还应当符合勘察、设计合同约定的特殊质量要求。根据《建筑法》及《合同法》的有关规定，勘察、设计不符合上述要求的其责任应由勘察人、设计人承担责任，或者由勘察人设计人继续完善勘察、设计等。而该条为何规定发包方承担责任：第一，依照《合同法》第二百八十三条规定，发包方应向承包方提供符合要求的建筑工程技术资料。这是发包方必须履行的义务。即发包方应当依照合同约定的时间和份数向承包人提供符合约定要求的技术资料。其技术资料应包括勘察数据、设计文件、施工图纸以及说明书等。根据法律、行政法规的规定，承包人必须按照国家规定的质量标准、技术规程和设计图纸、施工图等技术资料进行施工。就发包方与承包方而言，如果建设工程质量出现瑕疵，其原因是由勘察、设计造成的，首先发包方应承担责任，其承担责任后，如果勘察人、设计人对勘察、设计亦有责任，发包人可再追究勘察人、设计人的责任；第二，在建设施工过程中经常会遇到，发包人擅自变更建设工程设计的情形。如因发包人变更设计导致工程质量瑕疵的，发包人亦应承担相应的责任。

二、提供或者指定购买的建筑材料、建筑配件、设备不符合国家强制性标准

按照国家有关规定及合同约定，由发包方提供建筑材料、建筑构配件和设备的，应当保证建筑材料、建筑构配件和设备符合设计文件和合同要求。发包人不得明示或者暗示施工单位使用不合格的建筑材料、建筑构配件和设备。为了保证建筑材料和设备的质量符合设计文件及合同的要求，《建设工程施工合同（示范文本)》(GF－1999－0201）对发包方采购建筑材料、建筑构配件和设备提出的具体操作要求是：（1）发包人提供材料设备的发包人与承包人应当约定发包人供应材料设备的一览表，一览表包括发包人供应材料设备的品种、规格、型号、数量单价、质量等级提供时间等。（2）发包人按一览表约定的内容提供材料设备，并向承包人提供产品合格证明、使用说明书等并对其质量负责。发包人在所供材料设备到货前 24 小时，以书面形式通知承包人，由承包人派人与发包人共同清点。（3）发包人供应的材料设备，承包人派人参加清点后由承包人妥善保管，发包人支付相应保管费用。因承包人原因发生丢失损坏，由承包人负责赔偿发包人未通知承包人清点，承包人不负责材料设备的保管，丢失损坏由发包人负责。（4）发包人供应的材料设备与一览表不符合时，发包人承担有关责任。发包人应承担责任的具体内容有：①材料设备单价与一览表不符时，由发包人承担所有差价；②材料设备的品种、规格、型号、质量与一览表不符，承包人可以拒绝接收保管，由发

包人运出施工场地并重新采购；③发包人供应的材料规格、型号与一览表不符，经发包人同意，承包人可代为调剂串换，由发包人承担相应费用；④到货地点与一览表不符，由发包人负责运至一览表指定地点；⑤供应数量少于一览表约定的数量时，由发包人补齐，多于一览表约定数量时，发包人负责将多出部分运出施工场地；⑥到货时间早于一览表约定时间，由发包人承担因此发生的保管费用；到货时间迟于一览表约定的供货时间，发包人赔偿由此造成的承包人的损失，造成工期延误的，应顺延工期。（5）发包人供应的材料设备使用前，由承包人负责检验或试验，不合格的不得使用，并通知发包人予以退换。检验或试验费用由发包人承担。建筑材料、建筑构配件和设备不合格是造成建筑工程质量问题的直接原因之一。因此，控制建筑工程质量就是控制建筑材料、建筑构配件和设备的质量。对发包人提供建筑材料、建筑构配件和设备的，承包人对建筑材料、建筑构配件、设备进行检验是保证其施工质量的重要手段。承包人要依据建筑工程设计要求、施工技术标准和合同的约定对建筑材料、建筑构配件和设备进行检验。《建设工程质量管理条例》将检验的标的扩及到了商品混凝土、材料、构配件、设备及商品混凝土检验制度是承包人质量保证体系的重要组成部分，承包人应当依据以下几个方面的要求对建筑材料、建筑构配件、设备及商品混凝土进行验收：（1）按照工程设计要求进行检验。按照设计文件规定的建筑材料、建筑构配件、设备和商品混凝土的规格、型号、性能等技术要求，对建筑材料等进行检验，对不符合技术要求的承包人不得使用。（2）按照有关的施工技术标准进行检验。在各项施工作业的技术标准中，对施工所用的建筑材料、构配件等的质量要求作出规定的，承包人必须按照有关施工技术标准的规定进行检验，不符合施工技术标准的不得使用。（3）按照建筑工程承包合同约定的技术要求进行检验。在建筑工程承包合同中对工程所用的建筑材料、建筑构配件、设备及商品混凝土的质量要求有明确约定的，承包人必须按照合同约定的技术要求进行检验，不符合合同约定要求的，不得使用。

三、肢解发包建设工程

本条虽然没有规定肢解发包建设工程的情形下发包人应当承担责任，但在《建筑法》第二十四条作出“禁止将建设工程肢解分包”规定，此外，行政法规《建设工程质量管理条例》第七条第二款也作出“建设单位不得将建设工程肢解分包”的规定，据此，发包人肢解分包的，应当承担责任。本解释原来也对此作出规定，但考虑到《建筑法》修改草案已经将此内容删去，故未作规定，但在法律修订前现行法律规定应当认真执行。具体讲，建设工程的发包人是采取总承包方式还是单项工程承包方式，可以由发包人根据实际情况自行确定。但是不论发包人采取何种方式与承包人签订合同，都应当遵守《合同法》第二百七十二条的规定，不得将建设工程肢解发包，即不得将应当由一个承包人完成的建设工程肢解成若干部分发包给几个承包人。这是针对目前建筑市场中多有发生且危害较大的将工程肢解发包的实际情况所作出的规定。在工程的建设中，一些发包单位将应当由一个承包单位整体承包的工程，肢解成若干部分，分别承包给几个承包单位，使得整个工程建设在管理和技术上缺乏应有的统筹和协调，往往造成施工现场秩序的混乱，责任不清，严重影响工程建设的质量，出了问题也很难找到责任者。而且从实际情况看，肢解发包往往与发包单位的工作人员徇私舞弊、利用肢解发包拿回扣有关，助长了违法行为等。因此相关法律规定发包人不得将应当由一个承包人完成的建设工程肢解成若干部分发包给几个承包人，如果发包人违反了《合同法》第二百七十二条的规定将建设工程肢解承包，因此而造成建设工程出现质量瑕疵，发包人根据本司法解释规定即应承担建设工程质量瑕疵责任。

四、直接指定分包人分包专业工程

一般来说分包工程是指总承包人拿到建设工程后，其再将部分工程分包给其他承包人。因此，我国《建筑法》《合同法》对建筑工程分包问题的规定是为了约束总承包人，限制总承包人利用分包损害建设单位的利益而作出的规定。而本条司法解释规范的是建设单位即发包人的行为，即建设单位如果在工程分包时直接指定分包人分包工程的，如果工程出现质量瑕疵，建设单位亦应承担相应责任。《建筑法》《合同法》对建筑工程分包的规定，是约束总承包人而作出的，而该司法解释的本条规定是针对建设单位直接指定分包人分包专业工程出现质量问题应承担责任的规定。我们知道，无论是建设单位还是总承包人，在建设工程分包时均不得违反国家的有关规定。《建筑法》第二十九条规定，建筑工程总承包单位可以将承包工程中的部分工程发包给具有相应资质条件的分包单位；但是，除总承包合同中约定的分包外，必须经建设单位认可。施工总承包的，建筑工程主体结构的施工必须由总承包单位自行完成。建筑工程总承包单位按照总承包合同的约定对建设单位负责；分包单位按照分包合同的约定对总承包单位负责，总承包单位和分包单位就分包工程对建设单位承担连带责任。禁止总承包单位将工程分包给不具备相应资质条件的单位，禁止分包单位将其承包的工程再分包。《合同法》第二百七十二条亦作了类似的规定。所谓建筑工程的分包，是指对建设工程实行总承包的单位，将其总承包的工程项目的某一部分或某几部分，自发包给其他的承包人，与其签订的总承包合同项下的分包合同，此时，总承包合同的承包人即成为分包合同的发包人。转包与分包的根本区别在于：在转包行为中，原承包人将其承包的工程全部倒手转给他人，自己并不实际履行合同约定的义务，转包是国家有关规定所明令禁止的；而在分包行为中，总承包人只是将其总承包中的某一部分或几部分再分包给其他承包人，总承包人仍然要就总承包合同约定的全部义务（包括分包工程部分）的履行，向发包人负责。分包合同一般有两种情况：第一种为分别承包，即各承包人均独立地与发包人建立合同关系，各承包人之间并不发生法律关系。第二种为联合承包，即承包人相互联合为一体，与发包人签订总包合同，然后各个承包人再签订数个分包合同，将项目建设中的各个单项工作落实到每个承包人。实践中，这两种分包合同被广泛使用，但它们的法律效果不相同。在分别承包中，各个承包人相互单独地对筹建单位负责，相互之间不发生任何法律关系；在联合承包中，承包人共同地对筹建单位负责，承包人之间发生连带之债的法律关系。一般来说，建设施工合同是发包人与承包人签订合同后，其合同约定的承包人的义务，都应当有承包人自行完成。但是，对一些大中型建设工程和结构复杂的建设工程，实行总承包与分包相结合的方式，允许承包人在遵守一定条件的前提下，将自己总承包工程项目中的部分劳务工程或者自己不擅长的专业工程项目分包给其他承包人，发挥各自的优势，这对提高工作效率，降低工程造价，保证工程质量及缩短工期都大有好处。但是根据《建筑法》的规定，分包是有限制性规定的。其限制条件是：（1）总承包人只能将部分工程分包给具有相应资质条件的单位；（2）为防止总承包人擅自将应当由自己完成的工程分包出去或者自己将工程分包给建设单位所不信任的承包人，而且分包的工程应是总承包合同约定可以分包的工程，合同没有约定的，须经建设单位认可；（3）为防止某些承包人在拿到工程项目以后以分包的名义倒手转包，损害建设单位的利益，破坏建设市场秩序，《建筑法》规定实行总承包的，建设工程的主体结构必须由总承包人自行完成，不得分包。对此，国家计委在《国家基本建设大中型项目实行招标投保暂行规定》中规定："主体工程不得分包。合同分包量不得超过中标合同价的30%。"从以上规定看，虽然有关法律对分包限制性的规定，但主要是针对承包人的，而根据本条规定，如果建设单位违反了上述规定进行分包的，亦应承担相应的责任。通过该条规定，使建设工程分包方面的相关规定更加全面与完善。

该条第二款规定，承包人有过错的，也应当承担相应的过错责任。第一款规定发包方如果提供的设计有缺陷；指定购买的建筑材料、建筑配件、设备不符合国家强制性标准；肢解发包建设工程；直接指定分包人分包专业工程的，其工程出现质量瑕疵，发包人应承担过错责任。那么在发包人承担责任后，承包人是否还要承担责任呢？根据本条第二款的规定，承包人有过错的，亦应当承担相应的过错责任。因为依照《建设工程质量管理条例》第二十五、二十六条的规定，承包人是具有相应资质等级的单位，施工单位对建设工程的施工质量负有法定责任和义务。而且《建筑法》第五十四条规定，建设单位不得以任何理由，要求建筑设计单位或者施工作业中，违反法律、行政法规和建筑工程质量、安全标准，降低工程质量。建筑设计单位和建筑施工企业对建设单位违反前款规定提出的降低工程质量的要求，应当予以拒绝。《建筑法》第五十九条还规定，建筑施工企业必须按照工程设计要求、施工技术标准和合同的约定，对建筑材料、建筑构配件和设备进行检验，不合格的不得使用。根据上述规定，承包人对建设单位即发包人违反法律、行政法规和建筑工程质量、安全标准，降低工程质量要求的，应当予以拒绝，其不予以拒绝，并按发包人要求进行建设施工，从而造成建设工程质量瑕疵的，依照本条规定承包人应当承担相应责任。对发包人提供建筑材料、建筑构配件和设备的承包人应当依照有关规定要求，对发包人提供的上述材料等进行检验。承包人在建筑材料使用前对建筑材料、建筑构配件和设备进行验收把好质量关是法律赋予的义务，其在使用的过程中都应对使用材料质量负责，忽视了这一点，导致的工程质量不合格的责任，承包人应负一定责任。承包人对检验不合格的建筑材料、建筑构配件和设备不得使用，如果承包人使用了不合格材料等，亦应承担相应责任。另外依照有关规定，承包人对建筑材料等应进行检验而未检验的，也应承担一定责任。如，在建设施工合同中，发包人提供水泥，其先提供20吨电力牌水泥为样品，承包人经检验合格，用于工程施工。后发包人又提供电力牌水泥，但不是同批水泥，而发包人告知承包人与前一批水泥是同一个批号，承包人对后一批水泥未进行查验，导致将不合格的水泥使用在建设工程中，造成严重工程质量问题。虽然发包人对其提供的不合格水泥应承担主要责任，但承包人对发包人提供的水泥未进行检验，亦违反《建筑法》有关规定，其具有过错，这就形成了在材料使用过程中，发包人与承包人混合过错。对此双方应共同承担工程质量责任。在审判实际中我们可从以下几个方面来确定承包人是否具有过错：（一）承包人明知建设单位提供的工程设计有问题或者在建设施工中发现设计文件和图纸有差错，而没有及时提出意见和建议，并继续进行施工的；（二）对建设单位提供的建筑材料、建筑构配件、设备和商品混凝土等未进行检验，或进行检验不合格仍予以使用的；（三）对建设单位提出的违反法律、行政法规和建筑工程质量、安全标准，降低工程质量要求，承包人不予拒绝，而进行施工的。依据本条司法解释，承包人只要具有上述过错之一的，就可认定其有过错，在发包人承担责任的同时，承包人也应当承担相应的过错责任。

第十三条　建设工程未经竣工验收，发包人擅自使用后，又以使用部分质量不符合约定为由主张权利的，不予支持；但是承包人应当在建设工程的合理使用寿命内对地基基础工程和主体结构质量承担民事责任。

条文主旨

本条是关于发包人擅自使用未经验收的建设工程，对建设工程出现质量瑕疵，其责任应如何认定问题。本条规定包含以下内容：(1) 发包人擅自使用未经验收建设工程的，对其使用部分出现的质量问题，应自行承担责任。(2) 对建设工程的地基基础工程和主体结构的质量问题，只要在合理使用寿命内，由承包人承担民事责任。

理解与适用

一、发包人擅自使用未经验收建设工程的，出现质量问题，应自行承担责任

《建筑法》第六十一条规定："建筑工程竣工经验收后，方可交付使用；未经验收或者验收不合格的，不得交付使用。"《中华人民共和国合同法》第二百七十九条、《建设工程质量管理条例》第十六条亦作了基本相同的规定。由于房屋建筑是较永久性的建设项目，且建筑质量问题错综复杂，其既可能是勘察、设计方面的原因，亦可能是施工方面的问题。因此国家对建筑质量的有关法律、法规及技术标准、设计文件等对此均作了明确规定。该规定中所称的竣工验收，是指建筑工程全部建成后为检查工程质量而进行的一项工作程序，也是建设过程中最后一个工序，是全面考核基本建设工作，检查是否合乎设计要求和工程质量的重要环节，是房屋从建设生产转入使用的一个重要的标志，交付使用的房屋必须经过这一环节。在正常情况下房屋建成后，有关部门应根据《建设项目（工程）竣工验收办法》的规定及工程规模大小，复杂程度等组织验收。不管是新建、扩建、改建项目及技术改造项目一律要经过工程验收后，方可交付使用。为了保证建设工程质量，我国有关法律法规对工程竣工验收程序等有严格的规定，要求交付竣工验收的建筑工程，必须符合国家规定的建筑工程质量标准，并具备规定的其他竣工条件等。根据《建筑法》有关规定，竣工交付使用的建设项目必须符合以下要求：①完成工程设计和合同中规定的各项工作内容，达到国家规定的竣工条件；②工程质量符合国家安全规定的标准。如符合房屋土建工程验收标准、安装工程验收标准等；③符合工程建筑设计和工程建设合同约定的内容；④有完整的并经有关部门审核的工程建设技术数据及档案图纸材料；⑤有建筑材料、设备、购配件的质量合格证件资料和试验检验报告；⑥有勘察、设计、施工、工程监理等单位分别签署的质量合格或优良等档案；⑦有工程施工单位签署的工程质量保修书；⑧已办理工程竣工交付使用的有关手续。工程竣工验收一般分为初步验收和正式验收两个阶段进行：对大、中型和比较复杂的工程先进行初验，然后进行全部项目的验收；对较小、简单的建设项目，可以一次进行全部建设工程验收。在验收步骤上，一般分为验收准备、初步验收及正式验收。验收单位要根据工程规模的大小情况，组成验收委员会或验收组。大中型建设工程由国家批准的限额以上利用外资的工程由国家组织委托有关部门组织验收；地方大中小型建设工程由省级主管部门组织验收。其他小型工程由地市级主管部门或建设单位组织验收。建筑工程经验收合格后，方可交付使用，未经验收的不得交付使用。建筑工程验收合格表明工程是按照工程合同的规定履行了合同义务。可以说没有经过竣工验收的建设工程，是未完成的工作成果，也可以说是未完成的工程，因为建筑工程未验收就没有已经完工的证明。因此交付使用的建筑工程都必须经过竣工验收这一环节，并且还须验收合格，对不合格的工程不予验收，也不得交付使用。该条中所说的建设工程未经验收，还应包括建设工程经验收不合格的情况。前面所述《建筑法》第六十一条的规定，不仅规定了未经验收的不得交付使用，同时规定经验收不合格的亦不得交付使用。交付经验收合格的建设工程是施工单位的责任。《建设工程质量管理条例》第二十六条、《建筑法》第五十八条、《合同法》第二百八十一条均规定，施工单位对建设工程的施工质量负责。建设单位在具备竣工验收条件时应当及时组织参加验收，没有经过竣工验收或者验收未通过的，发包人不得提前使用，对发包人擅自或强行使用的，根据本条司法解释由此发生的质量问题及其他问题，由发包人自行承担责任。该规定表明：交付工程责任风险的转移。根据《建筑法》的有关规定，施工单位对建筑工程质量承担责任。但是，根据本条规定，在建设工程未经过竣工验收或者验收未通过的情况下，发包人违反法律规定，擅自或强行使用，即可视为发包人对建筑工程质量是认可的，或者虽然工程质量不合格其自愿承担质量责任。因为发包人使用未经验收的工程，其应当预见工程质量可能会存在质量问题，而且使用验收不合格的建筑工程就更直接说明发包人对不合格工程予以认可。随着发包人的提前使用，其工程质量责任风险也由施工单位随之转移给发包人，而且工程交付的时间，亦可认定为发包人提前使用的时间。如某学校为解决职工住房与安居建筑公司签订了一份建筑工程承包合同，合同约定居安建筑公司负责施工建设，由学校提供建筑设计图纸等，合同对工期、质量、价款、结算等作了约定。合同签订后，施工单位进场施工。学校也制定了分房方案，在施工蓝图上对房屋进行了分配。多年住房紧张的职工，因见内装修逐渐完毕，不顾学校和施工队的阻拦，强行搬进，到工程完工时，此楼已经全部投入使用。这时学校对工程进行验收，发现楼梯间、门厅和部分房间的墙皮脱落、木地板起鼓等质量问题，学校要求施工单位进行返工，居安建筑公司拒绝对学校提出的质量问题进行返修，而学校迫于职工的压力，花费数万元进行了修复。随后向法院起诉，请求居安建筑公司赔偿因不履行返工和质量修缮义务而造成的经济损失。经法院审理认为，按照法律规定，施工单位对工程质量负有全面的责任，不得规避，对于学校的职工宿舍出现的墙皮脱落、地板起鼓等应当依照《建筑法》和《合同法》及合同约定进行返工，但是这种义务是建立在建设单位不提前使用该工程的前提下，一旦建设单位提前使用了该建设工程，质量瑕疵的返工义务即行消失。因此对于施工单位的返工责任亦予以免除。学校在宿舍楼工程还没有进行竣工验收的情况下，对本单位职工擅自进入施工场地没有采取可行、有效的措施加以避免，因此对于质量缺陷的修复责任应当自行承担。

二、该条司法解释明确规定，发包人仅对其擅自使用部分承担工程质量风险责任

就是说对未使用部分，其质量责任仍然有施工单位承担。关于工程未经验收，发包人擅自使用，其质量问题自行承担的问题，在本司法解释作出规定以前，原《经济合同法》第三十四条第二款第（四）项、《建筑安装工程承包合同条例》第十三条第二款第三项均有相同的规定。但规定发包人仅对使用部分承担质量责任，系规范性文件中第一次作出的明确规定。在本司法解释起草过程中，对发包人擅自使用未经验收工程的，其应对使用部分还是全部工程承担质量责任问题，在讨论中存有不同意见：一种意见认为，发包人只要擅自使用未经过竣工验收或者验收未通过的工程的，无论使用多少，均应承担全部工程的质量责任。其理由是，建筑工程是一个整体，发包人一旦使用其中一部分，施工单位对其他部分将无法进行施工或管理。另一种意见认为，发包人仅应对使用部分承担工程质量责任。理由是，1. 依照有关法律规定，建筑工程质量责任应由施工单位负责，对发包人应承担的质量责任应该做严格限制，不亦作扩大性的解释。2. 规定发包人对使用部分承担质量责任较为合理。当事人签订的建设工程合同，有的是一幢高层大楼，有的是几幢楼，也有建设一个或几个小区的，如果不限制在使用部分，那么一幢楼仅使用了一层，或者一个小区几幢楼仅使用了其中一幢，其发包人就承担整幢大楼和整个小区的工程质量责任，而施工单位就此免除了责任，其明显不合理。该司法解释采纳了后一种意见，发包人仅对使用部分承担质量责任。

三、承包人在建设工程的合理使用寿命内对地基基础工程和主体结构质量承担民事责任

这项规定是依据《建筑法》第六十条第一款“建筑物在合理使用寿命内，必须确保地基基础工程和主体结构质量”的规定作出的。无论建筑工程是否经过验收、发包人是否擅自使用，如果建筑工程在合理使用寿命内地基基础工程和主体结构质量出现问题，承包人仍然要承担责任。该规定是法律强制

性规定，其要求承包人必须确保地基基础工程和主体结构质量在建筑物合理使用寿命内不能出现问题，这是承包人依照法律规定必须履行的工程质量保证义务，如果出现问题承包人就必须承担民事责任。所谓建筑物的地基，是指支承由基础传递的上部结构荷载的土体或岩体。为保证建筑工程的安全和正常使用，首先要求地基在荷载作用下不致产生破坏，其次组成地基的地层因某些原因产生的变形不能过大，否则将会使建筑物遭到破坏，无法满足使用要求。以上可以看出，建筑物的地基基础在建筑物整体构造中起到的重要作用。建筑物的主体结构是指在建筑中，由若干构件连接而成的能承受作用的平面或空间体系。主体结构要具备足够的强度、刚度、稳定性，用以承重建筑物上的各种荷载，建筑物主体结构可以由一种或者多种材料构成，建筑物的主体工程更是建筑物工程的重要组成部分。因此，保证建筑物的地基基础工程和主体结构工程的质量是非常重要的，建筑工程的地基基础和主体结构的质量是政府质量监督的重要内容，也是建设单位或监理单位检查的重点。为确保建筑工程质量，我国制定了一系列技术标准和管理标准，如《建筑工程质量检验评定统一标准》《建筑安装工程施工及验收规范》等等。建筑物的地基基础工程和主体结构工程是建筑工程的重要基础和主体，如果一项建筑工程在地基基础工程和主体结构出现质量问题，即使其他部分施工质量再好也难以保证整个建筑工程质量。因此《建筑法》规定，建筑物在合理使用寿命内，必须确保地基基础工程和主体结构的质量，并要求建设工程在合理使用期限内不能有危及使用安全的质量问题，否则将会对人身和财产安全构成威胁，在合理使用期限内，如果对人身和财产造成损害的，承包人承担损害赔偿责任。建筑物的合理使用寿命即设计年限，一般是指建筑物的设计单位按设计的建筑物的地基基础和主体结构形式、施工方式和工艺等技术条件所确定的保证该建筑物正常使用的最低年限。关于“合理使用寿命”问题，目前国家还没有统一的规定，具体各类建设工程的合理使用年限，要根据建筑物的使用功能、所处的自然环境等因素，由有关技术部门作出判断，根据《民用建筑设计通则（试行）》一般认为按民用建筑的主体结构确定的建筑耐久年限分为四级：一级耐久年限为 100 年以上，适用于重要的建筑和高层建筑（指 10 层以上住宅建筑、总高度超过 24 米的公共建筑及综合性建筑）；二级耐久年限为 50～100 年，适用于一般建筑；三级耐久年限为 25～50 年，适用于次要建筑；四级耐久年限为 15 年以下，适用于临时性建筑，耐久年限即为工程合理使用年限，建设单位如有低于或高于工程合理使用年限要求的，应在合同中予以明确。对地基和主体结构发生质量缺陷，是否在合理使用寿命内引起争议，应首先确定该建筑物的合理使用寿命。已有确定年限的，以该年限为准；无确定年限的由原设计单位或有权确认的部门确定，并按此确定的年限为准。

第十四条　当事人对建设工程实际竣工日期有争议的，按照以下情形分别处理：

（一）建设工程经竣工验收合格的，以竣工验收合格之日为竣工日期；

（二）承包人已经提交竣工验收报告，发包人拖延验收的，以承包人提交验收报告之日为竣工日期；

（三）建设工程未经竣工验收，发包人擅自使用的，以转移占有建设工程之日为竣工日期。

条文主旨

本条是关于如何确定建设工程实际竣工时间的规定。

本条规定包括以下几层含义：当事人对建设工程实际竣工日期有争议的，如果建设工程经过竣工验收属于优良或合格的，以竣工验收合格之日作为竣工日期；若经验收属于不合格工程，则需要承包方按合同约定标准或有关工程质量技术规范进行整改，并达到合同约定标准或符合有关工程质量技术规范，重新验收合格之日作为实际竣工日期；如果承包人早已提交了竣工验收报告，而发包人出于种种目的而拖延验收，竣工验收合格的时间就可能拖后，这时应以承包人提交验收报告之日作为工程竣工的日期；如果建设工程未经竣工验收就被发包人擅自使用的，则以转移占有建设工程之日作为确定竣工日期的标准。

理解与适用

竣工日期采用一个时间段或截止日为表现方式，一般都在建设工程施工合同中予以写明，而实际竣工日期则往往会引起争议。有时承包方可能会比合同预计的日期提前完工，有时也可能因为种种原因不能如期完工，而工程完工之日和竣工验收合格之日也可能有一个时间差，究竟以哪个时间点作为实际竣工日期至关重要。确定建设工程实际竣工日期，其法律意义涉及给付工程款的本金及利息起算时间、计算违约金的数额以及风险转移等诸多问题。审判实践中经常会遇到此类争议，各地法院在具体处理上掌握也不完全一致，难免出现执法不统一的情形。本条司法解释的制定正是为了有效地解决有关实际竣工日期争议的问题，以便各地法院在实际操作中有章可循。

工程实际竣工日期的确认，如经双方签字确认竣工日期的，应以双方确认的日期为竣工日期，这应该没有什么问题。当双方对实际竣工日期有争议时，应分别情况进行处理：

第一，建设工程经竣工验收合格的，以竣工验收合格之日作为竣工日期，而不是以承包方提交竣工验收报告之日作为竣工日期。这里指的是一般正常情况，不包括发包方拖延验收的情形。

根据《中华人民共和国合同法》第二百七十九条的规定："建设工程竣工后，发包人应当根据施工图纸及说明书、国家颁发的施工验收规范和质量检验标准及时进行验收。验收合格的，发包人应当按照约定支付价款，并接收该建设工程。建设工程竣工经验收合格后，方可交付使用，未经验收或者验收不合格的，不得交付使用。"从该条规定可以看出，发包方按照约定支付工程价款的基本前提应当是工程验收合格，那么以竣工验收合格之日作为竣工日期就是有一定依据的。建设工程竣工验收，是整个建设工程的最后阶段，也是全面检验工程建设是否符合设计要求和施工质量的重要环节。交付竣工验收的建设工程，必须符合规定的建筑工程质量标准，并具备国家规定的其他竣工条件。建设工程竣工验收应当具备下列条件：

1. 完成建设工程设计和合同约定的各项内容；

2. 有完整的技术档案和施工管理资料；

3. 有工程使用的主要建筑材料、建筑购配件和设备的进场试验报告；

4. 有勘察、设计、施工、工程监理等单位分别签署的质量合格文件；

5. 有施工单位签署的工程保修书。

如果建设工程经验收为不合格的，发包人有权要求承包人在合理期限内无偿修理或者返工、改建。所谓"合理期限"，是指根据工程质量不符合约定的具体情形，以及根据国家相关规定确定的工期和相关合同文件约定的内容，承包方进行无偿修理或者返工、改建所需要的时间。承包方对建设工程进行修复后，经再次验收合格之日为工程竣工日期。对质量不合格的建设工程进行修理或者返工、改建，势必会占用一定的时间，这样可能会导致不能按照合同约定的竣工日期交付工程，而逾期交付的原因是由于承包人的工程质量不合格而进行修复占用了时间，承包人应当承担违约责任。

关于以竣工验收合格之日作为认定实际竣工日期的规定，在此举两个例子予以说明：如某建筑公司起诉要求发包人支付拖欠的工程款及提前竣工奖励金一案。2000 年 6 月 13 日，某建筑公司与某中心签订承建学生公寓的合同书。该合同书中约定，开工时间为 2000 年 10 月 25 日，竣工时间为 2001 年 8 月 31 日。同时还约定：如果工程总工期拖延一天，罚款 1 万元。每提前一天竣工奖励 1 万元，提前 10 天奖励 30 万元。2000 年 10 月 25 日，工程如期开工。为了不耽误工期，几百名民工日夜施工，2001 年 8 月 16 日，某建筑公司提前半个月完工。当天，某中心组织有关部门对该工程进行了整体验收，各验收部门在竣工报告上签字后，某中心却在竣工验收认定栏内填写了竣工日期为 2001 年 8 月 31 日，某建筑公司发现日期填写错误，遂要求进行纠正。某中心在竣工验收报告上重新填写了实际竣工日期，并将错误的填写划掉了。虽然某中心重新填写了实际的竣工日期，但某建筑公司却一直没有拿到 30 万元的奖励金。由于被长期拖欠工程款，某建筑公司向法院提起诉讼，要求支付拖欠的工程款及 30 万元提前竣工奖励金。在法庭上，某中心矢口否认某建筑公司提前 15 天完工，并称：工程竣工报告被划掉的日期才是实际竣工日期，而重新填写的日期是某建筑公司自己填写的。法院经审核各种证据后，最终认定工程的实际竣工日期为 2001 年 8 月 16 日，判决某中心支付拖欠的工程款及 30 万元提前竣工奖励金。又如，某建筑公司与某置业公司建筑安装工程纠纷一案中，就涉及对工程实际竣工日期问题的争议。双方在合同中约定的竣工日期是 1999 年 2 月 15 日，某置业公司认为工程的实际竣工日期为 2000 年 1 月 8 日，延误工期 327 天，要求按照合同约定追究某建筑公司逾期竣工的违约责任。某建筑公司认为工程的实际竣工日期为 1999 年 6 月 20 日，因为对“竣工”一词的理解各有不同，法律上没有明确的规定，只能依照行业惯例，以提交竣工验收报告的时间为实际竣工时间。而某置业公司认为，建筑行业工程竣工时间是指，施工单位在工程完工经自检合格后，向建设单位提交竣工验收报告，并提交相关竣工验收资料，在建设单位的主持下，由工程的设计方、监理方、勘察方、施工方等有关部门共同对工程进行验收，工程经验收如达到设计要求，符合国家的相关规范标准，参加验收各方出具竣工验收合格意见，该工程即竣工；如达不到上述标准，该工程不认为是竣工。某置业公司提交的《房屋建筑工程竣工验收备案表》上载明的竣工日期为2000年1月8日，该备案表上不仅有双方当事人的签字盖章，而且有监理、设计、质量部门的签章认可，应作为认定工程实际竣工时间的依据。其他可以佐证的证据还有：某建筑公司1999年9月的施工月报表中记载，当月的累计完成施工产值同1999年6月相比增加160万元，说明在1999年6月工程并未完工；工程的监理单位在1999年5月26日的备忘录中，反映工程有10项未完成和需要整改的施工内容；某置业公司在1999年6月23日致某建筑公司的工程联系函（某建筑公司于1999年6月24日签收）中，指出有大量项目需进行整改和部分项目尚未完成，望某建筑公司抓紧施工和整改，这也可以说明工程在1999年6月20日并未竣工。法院最后审查认定工程的实际竣工时间为2000年1月8日。

第二，承包人已经提交了申请竣工验收的报告，而发包人迟迟不予验收的，以承包人提交验收报告之日为竣工日期，而不是以后来验收合格之日为竣工日期。

过去，是由政府专门设立建设工程质量监督机构，对建设工程的全过程进行监督。施工单位完工后，向建设方（发包人）提交竣工报告，质监机构组织建设单位、施工单位等对工程进行竣工验收，并出具建设工程质量核验证明书。近年来随着建筑市场的蓬勃发展，质监机构代表政府对建筑市场进行监控已经越来越不符合市场经济发展的需要。国务院颁布的《建设工程质量管理条例》彻底改变了由质监机构代表政府对工程进行竣工验收的传统做法，而改由建设单位负责组织设计、施工、工程监理等有关单位进行竣工验收，质监机构不再承担代表政府直接参与工程质量检验的职责。建设单位在验收中处于主导地位，质监机构的职能已经在淡化。建设工程的竣工质量验收由建设单位负责组织进行，行政主管部门不再负责工程质量验收评定和工程质量评定等级，对工程进行竣工检查和验收，是建设单位的权利和义务。建设工程完工后，承包单位应当按照国家竣工验收的有关规定，向建设单位提供完整的竣工资料和竣工验收报告，请建设单位组织竣工验收。建设单位收到竣工验收报告后，应及时组织有设计、施工、工程监理单位参加的竣工验收，检查整个建设项目是否已按设计要求和合同约定全部建设完成。工程竣工后的验收，是对承包人履行义务是否符合合同约定进行的检验，也是承包人请求支付工程款的前提条件。如果建设单位为了自己的利益恶意阻止条件成就的，应当视为条件已成就。也就是说，承包人已经提交竣工验收报告，而发包人为了达到拖欠工程款等其他目的，故意拖延验收，那么本来应以验收合格之日为实际竣工日期，而为了保护承包人的合法权益，制裁发包人恶意阻止条件成就的行为，本条司法解释规定，以承包人提交验收报告之日为竣工日期。这样规定也是为了强化发包人的及时验收意识。至于在具体审理案件中如何认定“发包方拖延验收”，可以参考《建筑装饰施工合同》（甲种本）中的规定，该合同文本第三十二条载明：“甲方代表在收到乙方送交的竣工验收报告 7 天内无正当理由不组织验收，或验收后 7 天内不予批准且不能提出修改意见，视为竣工验收报告已被批准，即可办理结算手续。竣工日期为乙方送交竣工验收报告的日期，需修改后才能达到竣工要求的，应为乙方修改后提请甲方验收的日期。”2001 年 11 月 5 日建设部发布的《建筑工程施工发包与承包计价管理办法》中也规定：“发包方应当在收到竣工结算文件后的约定期限内予以答复。逾期未答复的，竣工结算文件视为已被认可。发承包双方在合同中对上述事项的期限没有明确约定的，可认为其约定期限均为 28 日。”

第三，在建设工程未经竣工验收的情况下，发包人擅自使用的，以建设工程转移占有之日为竣工日期。

在实践中，经常出现发包人出于自己的需要，为提前获得投资效益，没有经过验收就急于使用已经竣工的工程，发包人实际接收后，意味着承包人已完成其合同义务，从而开始享有请求支付工程价款的权利，同时也意味着，工程的一切意外风险由发包人承担。一般而言，标的物的风险转移以交付为要件。所谓的交付，一般来说转移占有就视为交付。在讨论本条司法解释时，有人提出用承包人“实际交付”建设工程之日为竣工日期，也有人建议用发包人“实际控制”或“实际接收”建设工程之日为竣工日期，但最后经过大家反复讨论、斟酌，倾向性意见认为还是用“转移占用”一词更为合适。因为在《最高人民法院关于审理商品房买卖合同纠纷案件适用法律若干问题的解释》中已经使用了“转移占有”一词，该解释第十一条第一款规定：“对房屋的转移占有，视为房屋的交付使用，但当事人另有约定的除外。”《北京市城市房地产转让管理办法》第二十四条中也使用了“转移占有”一词：“房地产灭失、毁损的风险责任自房地产转移占有之日由受让人承担，但转让当事人另有约定的除外。”而《上海市房地产转让办法》第二十一条则规定：“房地产的风险责任，自房地产权利转移之日起由转让人转移给受让人，但转让当事人约定自房地产转移占有之日起转移风险责任的，从其约定。”

发包人未经验收擅自使用建设工程的责任问题，1983 年的《建筑安装工程施工合同条例》中曾规定："工程未经验收，发包方提前使用或擅自动用，由此而发生的质量或其他问题，由发包方承担责任。"现在该条例已被废止，也许因为这样规定有些绝对且不尽合理，发包方一旦提前使用未经验收的工程就完全免除承包方的质量责任，尤其是有些质量缺陷明显就是承包方施工不当造成的，不分青红皂白完全都由发包方承担责任也是不公平的。以后的《合同法》《建筑法》都只是泛泛地规定："建筑工程竣工经验收合格的，方可交付使用；未经验收或者验收不合格的，不得交付使用。"并没有具体规定发包人擅自使用未经验收的工程的后果或者应当承担什么样的责任。换句话说，现行有效的法律、法规都没有规定未经验收发生的工程质量问题一律都由发包人承担。但是，发包人擅自使用未经验收的工程，应当承担一定的法律责任是毋庸置疑的。国务院《建设工程质量管理条例》第五十八条规定："违反本条例规定，建设单位有下列行为之一的，责令改正，处工程合同价款 2%以上 4%以下的罚款；造成损失的，依法承担赔偿责任：（一）未组织竣工验收，擅自交付使用的；（二）验收不合格，擅自交付使用的；（三）对不合格的建设工程按照合格工程验收的。"从该条规定可以看出，对发包方擅自使用未经验收的建设工程等行为要处以较为严厉的行政处罚，发包方对这一行为的违法性应该是明知的，主观上存在过错。当发包人存在未经验收提前使用建设工程的过错时，应当为其过错承担相应的法律责任。在工程未经验收的情况下，发包人擅自使用，发生纠纷时却以工程未经竣工验收为由拒付工程款，显然是不合适的，故以建设工程转移占有之日作为竣工之日是比较合理合法的。

例如某建筑工程集团总公司与某国际产业集团公司工程款纠纷案，双方 2000 年 1 月 6 日签订了一份建筑安装工程承包合同，约定工程总造价暂定为 500 万元，竣工日期为 2000 年 9 月 30 日。合同签订后 5 日内，某国际产业集团公司支付不少于合同总价 50%的工程款，工程达到 70%时，再支付 15%工程款，余款待工程实际竣工验收合格后支付。某建筑工程集团总公司于 2000 年 10 月初完成整个工程，某国际产业集团公司急于开业营利，未经竣工验收即于 2000 年 10 月 5 日使用该工程至今。但却迟迟不予支付工程余款，理由是双方合同约定的是工程竣工验收后支付余款，而工程一直没有进行竣工验收。法院经审查认为，某国际产业集团公司未经竣工验收即经营使用了该工程，应以其实际使用工程之日作为竣工日期，其应从 2000 年 10 月 5 日开始支付工程余款。

审判实践中应当注意的问题

一、审判实践中，经常会遇到有关延期竣工纠纷的诉讼时效问题。比如，双方在建设工程施工合同中约定了竣工日期，但承包方没有如期竣工，实际竣工日期比合同约定的竣工日期晚了一年半。发包方起诉要求按合同约定追究承包方逾期竣工的违约责任。承包方却认为，按照合同约定工程应当在某年某月竣工，如果这时工程没有竣工，发包方就知道或应当知道自己的权利已被侵害，诉讼时效应当从此时开始计算，而发包方起诉时已经超过了两年的诉讼时效期间，故应当驳回发包方的诉讼请求。

笔者认为，由于承包方违约的状态一直在持续，究竟承包方违约多少天，发包方要等工程实际竣工时才能计算出来，故诉讼时效的起算点应从工程实际竣工之日开始，而不是从双方合同约定的竣工日期开始起算。

二、发包方因承包方逾期竣工而同意先行接受已完工程的，承包方只承担未完部分工程逾期的违约责任。

三、建设工程的交付，除建筑物本身外，承包方应同时交付完整的工程技术资料，包括竣工图、材料设备的使用说明和零部件或备件，并符合国家有关工程竣工交付的其他条件。如果工程交付时承包人未交付法定相关图纸、资料而发包人未使用工程的，视为未交付；发包人已使用的，承包人承担延期交付工程技术资料的违约责任。

第十五条　建设工程竣工前，当事人对工程质量发生争议，工程质量经鉴定合格的，鉴定期间为顺延工期期间。

条文主旨

本条是关于建设工程竣工前对质量争议期间如何处理的规定。建设工程竣工前，当事人对工程质量发生争议，这时可能会暂时停工进行工程质量鉴定，而一般鉴定都需要经过一段时间，如果工程质量经鉴定合格的，鉴定期间应作为顺延工期期间。

理解与适用

工程质量特别是基础设施工程质量是百年大计，必须坚持质量第一，确保万无一失。从我国《建筑法》对有关建筑工程质量的规定来看，其对从事建筑活动的各个主体应当履行的保证工程质量的义务作出了明确、具体、全面的规定，如勘察、设计、施工的质量必须符合国家安全标准；建设单位不得违法要求降低工程质量；总承包单位与分包单位对分包工程的质量承担连带责任；勘察、设计单位必须对其勘察、设计的质量负责；建筑施工企业对工程的施工质量负责，必须按照工程设计图纸和施工技术标准施工，不得偷工减料。工程设计的修改由原设计单位负责，建筑施工企业不得擅自修改工程设计；建筑施工企业必须使用合格建材；建筑工程的竣工实行验收制度；建筑工程的质量实行保修制度等。关于对建设工程质量的内涵的理解，可以参考《建设工程质量管理办法》的规定："本办法所称建设工程质量是指在国家现行的有关法律、法规、技术标准、设计文件和合同中，对工程的安全、适用、经济、美观等特性的综合要求。"

建设工程质量问题比较复杂，质量责任又可能涉及施工单位、建设单位、设计单位、监理单位等。一旦出现质量问题，当事人可能各执一词，不愿承担责任。而认定工程质量缺陷本身及其责任人的问题，又具有很强的技术性和专业性，需要委托有资质的鉴定部门进行鉴定，即有关工程质量的纠纷常常取决于技术鉴定的结论。建设部曾颁布《建设工程质量检测工作规定》，规定各地县级以上的建筑工程质量检测中心是质量争议或等级评定的鉴定检测机构。有一些当事人在签订建设工程施工合同时已对一旦出现质量争议时的专业鉴定单位作出明确约定，以便发生质量争议时能够及时妥善解决。

从工程质量问题发生的时间和阶段来看，有的争议发生在施工过程中。对工程质量缺陷有争议的，当事人一般会委托建设行政主管部门认定的具有相应资质的建设工程质量鉴定机构进行鉴定，而对有关质量问题的鉴定往往需要一定的时间。本条司法解释所要解决的问题就是，对工程质量的鉴定期间能否作为顺延工期期间。在审判实践中，发包人起诉要求承包人承担逾期交工违约责任的案件比较多见，而承包人一般要举证证明施工过程中存在可以顺延工期的情况，比如发包人对设计进行变更、自然灾害的影响等。对工程质量的鉴定可否作为顺延工期的理由，主要以工程质量是否合格作为判断标准。如果工程质量是合格的，对于承包人来说，把工程质量的鉴定期间作为顺延工期期间是比较合理和公平的。反之，如果工程质量经鉴定为不合格的，工期不应顺延，承包人应承担逾期交工的违约责任。涉及隐蔽工程的验收问题，当发包方对隐蔽工程提出质量异议要求重新检验时，承包方应按要求进行剥露，并在检验后重新进行覆盖或修复。如果检验合格，发包方应承担由此发生的经济支出，赔偿承包方损失并相应顺延工期；如果检验不合格，则承包方承担所发生的费用，而且工期不能顺延。

某总公司建造营业大厦，某建筑公司中标承建营业大厦。但是，原定2002年11月交付的工程，因出现有关质量争议没有如期竣工。某总公司不能及时营业，经营严重受损，遂起诉要求某建筑公司承担逾期交工的违约责任，而某建筑公司认为因为质量争议前后经过两次鉴定，应当扣除鉴定的时间。在诉讼前，因营业大厦的质量问题双方发生争议。市建筑工程质量检测中心对大厦现浇楼面混凝土厚度进行检测，29项中有17项不合格。对现浇楼面钢筋间距的检测，发现2至8楼均存在超过允许偏差的问题。对大梁开凿检测，发现少了3根22厘米的钢筋。参与工程建设的一名木工向有关部门反映，大厦开始施工后，由于施工人员素质较差，放线方位不准，桩基灌注后，发现有60%以上桩基偏位，且向外倾斜。对此，施工人员在夜间或将钢筋弯折至正确位置，或切割后重新放置钢筋再浇注，这在工程施工中是绝对不允许的。后来，双方又委托省建设工程质检站对工程质量进行鉴定，其出具的《工程质量鉴定报告》认为，大厦工程施工时，钢筋位置偏位和桩的有效截面积减少，有的柱有效截面积减少超过10%，不能保证结构安全使用。混凝土现浇板的厚度不符合施工验收规范允许偏差的规定，混凝土工程中存在露筋等质量问题。根据工程质量鉴定结果，法院判决某建筑公司承担逾期交工的违约责任。

第十六条　当事人对建设工程的计价标准或者计价方法有约定的，按照约定结算工程价款。

因设计变更导致建设工程的工程量或者质量标准发生变化，当事人对该部分工程价款不能协商一致的，可以参照签订建设工程施工合同时当地建设行政主管部门发布的计价方法或者计价标准结算工程价款。

建设工程施工合同有效，但建设工程经竣工验收不合格的，工程价款

结算参照本解释第三条规定处理。

条文主旨

本条是关于工程价款的计算标准问题的规定。

本条包括以下几层含义：首先，如果当事人对建设工程的计价标准或计价方法事先有约定的，当然应当按照约定结算工程价款；其次，如果因设计变更导致建设工程的工程量或者质量标准发生变化，当事人对工程价款无法协商一致的，可以考虑参照签订原建设工程施工合同时当地建设行政主管部门发布的计价标准或者计价方法进行工程价款的结算；再次，建设工程施工合同本身是有效的，但建设工程经竣工验收后的结果是不合格工程，则应当按无效合同的处理原则来结算工程价款。

理解与适用

建设工程造价包括建筑、安装、设备及税费等建设所需的全部费用。建筑造价计算的准确性是由建筑设计的进度和深度决定的。按造价计算的准确程度，依设计进度可分为投资估算、设计概算和施工图预算三种。投资估算是在项目开发前期对建设投资最粗略的估计，仅可以作为编制可行性研究的依据；设计概算是项目在初步设计阶段，根据概算定额编制的、初步确定工程造价的依据；施工图预算则是在施工图设计阶段根据施工图反映的工程量按预算定额编制的确定工程预算造价的依据。[①]《建筑法》第十八条规定："建筑工程造价应当按照国家有关规定，由发包单位与承包单位在合同中约定。公开招标发包的，其造价的约定，须遵守招标投标法律的规定。发包单位应当按照合同的约定，及时拨付工程款项。"2001年建设部发布的《建筑工程施工发包与承包计价管理办法》第三条规定："建筑工程施工发包与承包价在政府宏观调控下，由市场竞争形成。"第十二条同时还规定："合同价可以采用以下方式：（一）固定价。合同总价或者单价在合同约定的风险范围内不可调整。（二）可调价。合同总价或者单价在合同实施期内，根据合同约定的办法调整。（三）成本加酬金。"因此，发包单位与承包单位如果在承包合同中约定了工程的计价标准或计价方法，则应首先从其约定，充分尊重当事人的意

---

① 朱树英：《建设工程法律实务》，法律出版社2001年版，第37页。

愿。在建设工程施工合同纠纷中，经常遇到当事人在合同中的特别约定，有的约定是明显高于或低于定额计价标准或市场价格的，在发生争议后，一方当事人会提出撤销或改变原有约定。根据《合同法》的自愿和诚实信用原则，只要当事人的约定不违反法律和行政法规的强制性规定，不管双方签订的合同或具体条款是否合理，均应遵从当事人自己的约定。定额标准为任意性规范，准许合同约定与定额标准不相一致。建设工程施工合同约定的工程款结算标准与建筑行业主管部门颁布的工程定额标准和造价计价办法不一致的，应以合同约定为准。当事人以合同约定与定额标准不一致为由，请求按照工程定额标准结算的，人民法院不予支持。因为建设工程定额标准是各地建设主管部门根据本地建筑市场建安成本的平均值确定的，可以理解为完成单位工程量所消耗的劳动、材料，以及机械台班等的标准额度，属于政府指导价范畴，也是任意性规范而非强制性规范，应当允许合同当事人随行就市订立与定额标准不一致的工程结算价格。同样道理，当事人签订低于承包人企业类别、资质等级定额标准的建设工程合同也属市场经营行为，应当认定双方签订的建设工程施工合同有效。比如，某工贸公司与某装饰公司债务纠纷案，1996 年 8 月 28 日，某工贸公司与某装饰公司签订《装饰工程施工承包合同》，约定由某装饰公司为某工贸公司的美食娱乐广场工程进行装修。工程总造价为 530 万元，采取包工包料的方式，据实结算。工程完工后，美食娱乐广场于 1997 年 1 月开业。在工程施工过程中，某工贸公司共支付工程款 150 万元。1997 年 7 月，某工贸公司又与某装饰公司签订《会议纪要》载明：双方最终确认工程总造价为 530 万元，某工贸公司尚欠 380 万元。后某装饰公司以某工贸公司不履行合同约定的付款义务为由提起诉讼，要求某工贸公司支付尚欠的工程款及利息。某工贸公司辩称：530 万元仅是工程造价的预算，根据中国轻工总会〔1996〕第 4 号文件的规定，室内装饰工程的设计施工取费必须以国家和地方颁发的室内装饰工程预算定额为依据，请求按定额重新决算工程款。法院经审理没有支持某工贸公司的请求，判决其支付拖欠的款项及其利息。

如果当事人在履行合同中对原约定已通过补充协议、会议纪要、工程对账签证、技术联系单等形式予以变更的，以变更后的约定作为结算标准。建设工程施工合同约定工程款实行包干的，包干范围内的工程款一次包定，当事人要求变更的，人民法院不予支持。

长期以来，我国建筑行业所签订的建设工程施工合同，在签约或履约过程中许多没有事先约定确定工程造价的程序和方法，当工程竣工进行造价结算时，要么发包方同意实报实销，要么合同双方互相扯皮，从而极容易酿成纠纷。在工程项目的施工过程中，由于多方面的情况变更，经常出现工程量变化、施工进度变化，以及发包方与承包方在履行合同中的争执等许多问题。这些问题的产生，一方面，是由于勘察设计工作的粗糙，以致在施工过程中发现许多招标文件中没有考虑或估算不准确的工程量，因而不得不改变施工项目或增减工程量；另一方面，是由于发生不可预见的事故，如自然或社会原因引起的停工和工期拖延等。由于工程变更所引起的工程量的变化、承包方的索赔等，都有可能使工程项目投资超出原来的预算投资。工程变更包括设计变更、进度计划变更、施工条件变更，也包括发包方提出的"新增工程"，即原招标文件和工程量清单中没有包括的工程项目。① 因工程变更导致建设工程的工程量或者质量标准发生变化的情况在实践中非常普遍，对工程量的变化一般比较容易理解，而质量标准变化指的是因设计变更致使建设工程的质量标准与原合同的约定不一样，比如原来计划建经济适用住房后来变成高档商品房，质量标准自然发生了变化；有的工程在实际施工中提高了内部装修等级等。在建设工程的工程量或者质量标准发生变化时，如果当事人之间对工程价款能够协商一致，当然是皆大欢喜。如果不能协商一致的话，本条司法解释确定的原则就是："可以参照签订建设工程施工合同时当地建设行政主管部门发布的计价方法或者计价标准结算工程价款。"请注意这里的用词含义，是"可以"而不是"应当"，是"参照"而不是"按照"。由于原合同体现了当事人最初签订合同的真实意思表示，所以参照的时间标准是签订原合同时，而不是发生争议时。

建国以来，我国一直沿用前苏联的做法，以定额为基础确定工程造价。定额指在正常施工生产条件下，完成一定计量单位产品的人工、材料、机械和资金消费的规定额度。其特点可以归纳为一个字——"套"，即套定额。工程造价从业人员根据工程图纸计算出工程量，然后套定额单价，求得直接费，再根据直接费套用有关定额取费费率，求得工程造价。这种计价模式在计划经济时代的确发挥了一定的作用，但已远不能满足进一步开放市场的需要。尽管消耗量标准是依据施工规范、典型工程设计、社会平均水平等方面因素制定的，但最大的弊端是政府有关部门确定各种价格和管理费、基本利润率，

---

① 邱元拔：《工程造价概论》，经济科学出版社 2002 年版，第 355 页。

完全没有考虑企业的技术专长、劳动生产力水平、材料采购渠道和管理能力，这种计价模式既不能及时反映市场价格的变化，更不能反映企业的施工、技术、管理水平。为了适应市场经济发展的需要，国家已经颁布了《建设工程工程量清单计价规范》，于 2003 年 7 月 1 日开始实施。实行工程量清单计价是工程造价管理领域的一项重大变革，从本质上讲，工程量清单计价模式是一种与市场经济相适应的、允许施工单位自主报价的、通过市场竞争确定价格的，与国际惯例接轨的计价模式。工程量清单计价是目前国际上通行的做法，外国建筑商进入我国建筑市场，他们必然要求按国际惯例、常规做法来计算工程造价，而国内建筑公司到国外市场竞争，也需要按国际惯例进行运作，为了适应对外开放的建筑市场形势，也必须与国际通行的计价方法相适应。工程量清单指表现拟建工程的分部分项工程项目、措施项目、其他项目名称和相应数量的明细清单。推行工程量清单计价，是深化工程造价管理改革的重要内容，也是规范建筑市场经济秩序的重要措施。工程量清单计价是一种新的计价方法，有利于在公开、公正、公平的竞争环境中合理确定工程造价，提高投资效益。当然，有的地方还没有实施工程量清单计价方法，仍在按以前的定额标准执行，定额计价与工程量清单计价这两种计价模式都是工程造价的计价方法，从定额计价到工程量清单计价在目前改革转轨时期还需要一个平稳过渡。因设计变更工程量发生变化而当事人对工程价款无法达成协议时，签订原合同时当地建设行政主管部门采用什么样的计价方法或计价标准（定额计价或者工程量清单计价方法），就是当事人在结算工程价款时的参考依据。

承包方因项目调整要求增加工程造价的，如果要求调整的项目在原工程总报价说明范围以外而履约过程中确已发生的，对承包方的请求可以支持。对工程量的增减，由双方进行确认。一般情况下，工程量依据双方在履行合同中达成的签证等书面文件确认。当事人对工程量有争议的，应当就其主张承担举证责任。因设计变更引起工程量增减，增减幅度在合同约定范围内，按约定结算工程款。在约定幅度以外，承包方提出增加部分的工程量或者减少后剩余部分的工程量报价经发包方确认的，应作为结算工程款的依据。未达成一致的，参照原合同约定的计价方法和标准结算。因增减工程的性质、标准不宜适用原合同约定的计价方法和计价标准结算工程款或者原合同约定不明无法适用的，参照签订原合同时建设行政主管部门发布的工程定额标准或工程量清单计价方法结算工程款。

符合上述情形的，也可参照上述规定通过工程造价鉴定来确定工程款。工程造价鉴定机构通过对增减部分工程量的造价核定即可计算出工程款的，不宜对全部工程造价进行鉴定，以免造成不必要的浪费。工程造价鉴定机构对增减部分的工程量的造价进行核定后，在合同约定的价款中加上增加的工程款或减去减少的工程款，由此得出的价款数额就是发包人应给付承包人的工程款。

如增加工程涉及新材料、新工艺，对该新材料、新工艺在建设行政主管部门发布的市场价格信息及工程定额标准中没有规定的，可以考虑根据市场行情据实结算。

工程质量是工程建设的核心，本条司法解释第三款正是体现了一切以工程质量为出发点的原则。建设工程施工合同是有效的，但工程质量却不合格，工程价款结算参照本解释第三条规定处理，而本解释第三条规定的是合同无效、验收不合格的处理原则。也就是说，以工程质量是否合格作为严格的标准，即便合同有效，只要工程质量不合格，也按合同无效的规定结算工程价款。根据我国《合同法》的规定，建设工程合同没有规定的，适用承揽合同的有关规定。这是由于建设工程合同在性质上属于完成工作的合同，而完成工作的合同是在传统民法的承揽合同的基础上发展起来的一大类合同。承揽合同是承揽人按照定作人的要求完成工作，交付工作成果，定作人给付报酬的合同。建设工程合同原为承揽合同中的一种，属于承揽完成不动产工程项目的合同。由于承揽合同和建设工程合同都以完成一定工作为目的，标的都具有特定性，故《合同法》中建设工程一章中没有规定而承揽合同一章有规定，可以根据建设工程合同的性质适用承揽合同中的一些规定。《合同法》第十五章“承揽合同”第二百六十二条规定，承揽人交付的工作成果不符合质量要求的，定作人可以要求承揽人承担修理、重作、减少报酬、赔偿损失等违约责任。对工程质量不合格的有效合同按无效合同的处理原则结算工程款其实就是让承包方承担减少报酬的违约责任，从这个角度来讲也是合理的。

从国外的有关规定来看，目前国际上通用的工程造价管理模式主要有英国、美国、日本模式。英国没有计价定额和标准，只有统一的工程量计算规则，即：《建筑工程量标准计算方法 SMM》，它较详细地规定了工程项目划分、计量单位和工程量计算规则。工程造价的确定由业主和承包商依据《建筑工程量标准计算方法 SMM》，并参照政府和各类咨询机构发布的造价指数、价格信息指标等来进行。美国也没有统一标准的消耗定额，而是由行会组织根据本地区的实际和特点，按照工程结构、材料种类、装饰方式，制定出平方英尺建筑面积的人工、材料、机械消耗量和单价，依此作为工程计价基础。美国的工程造价管理通常也搞四算，即：毛估、估算、核定估算、详细设计估算，各阶段有一定的精度要求，即：分别为±25%、±15%、±10%、±5%。美国工程造价的组成内容包括设计费、环境评估费、地质土壤测试费、上下水、暖气电接管费、场地平整绿化费、税金、保险费、人工费、材料费和机械费等。在上述费用的基础上营造商收取15%～20%的利润，10%的管理费。而且在工程建设过程中，营造商可根据市场价格变化情况随时调整工程造价。日本的工程计价模式是，第一，日本建设省发布了一整套工程计价标准，如《建筑工程积算基准》《土木工程积算基准》；第二，量、价分开的定额制度，量是公开的，价是保密的。劳务单价通过银行调查取得。材料、设备价格由“建设物价调查会”和“经济调查会”负责定期采集、整理和编辑出版。建筑企业利用这些价格制定内部的工程复合单价，即我们所称的单位估价表；第三，政府投资的项目与私人投资的项目实施不同的管理。对政府投资的项目，分部门直接对工程造价从调查开始，直至交工实行全过程管理。为把造价严格控制在批准的投资额度内，各级政府都掌握有自己的劳务、材料、机械单价或利用出版的物价、指数编制内部掌握的工程复合单价，而对私人投资项目，政府通过市场管理，利用招标办法加以确认。综上所述，英、美、日三国的工程造价管理模式的主要特点是，它建立在高度发达的市场经济基础之上，工程造价是依据产品价值规律和市场供求关系决定的。“消耗定额”只作为估算投资和编制标价的依据，在建筑施工过程中实际发生的人工、材料、机械费用，可按市场价格变化随时进行调整，从而合理地确定了建筑工程造价。①

审判实践中应当注意的问题

按照本条司法解释的规定，因设计变更导致建设工程的工程量或质量标准发生变化时，如果当事人之间不能协商一致，则可以按照签订建设工程施工合同时当地建设行政主管部门发布的计价标准或计价方法结算工程价款。这里包含了两层含义，也就是说，当事人自己可以按照这个原则结算工程价款，也可以委托有审价资质的机构按照此原则审定最终工程造价。审价主要

① 温道云：《工程造价国内外情况介绍》，载武汉市建设工程造价信息网，2004年5月17日。

是根据建设工程施工合同、国家定额以及有关文件对施工过程中形成的工程量变化资料、技术变更、核定资料和施工图纸等资料进行全面、综合地核对、评估和计算，并最终审定工程造价的过程。审价结论应在庭审中出示并经过质证。当事人对审价结论有异议并有证据证明的，审价机构应对审价结论据实调整并重新出具补充审价结论，并再次进行庭审质证。经质证的审价结论，是确定工程造价的最主要的依据。

第十七条　当事人对欠付工程价款利息计付标准有约定的，按照约定处理；没有约定的，按照中国人民银行发布的同期同类贷款利率计息。

条文主旨

本条是关于计付欠付工程款利息支付标准的规定。利息属于法定孳息，发包人欠付承包人工程价款时就应当向债权人支付利息，这是民法债的一般原则。建设工程是一种特殊的商品，建设工程的交付也是一种交易行为，一方交付商品，对方就应当付款，该款就产生利息，欠付的价金利息与价金之间存在随附关系。利息的计付标准应当是国家法律规定的基准利率，因为利率法定是中央银行法和商业银行法规定的基本原则。

理解与适用

一、关于欠付工程款利息的性质

（一）支付工程价款及欠付工程价款利息是发包人的法定或合同义务

法律规定支付工程价款是发包人的义务，发包人不按照合同约定的时间和数额支付工程价款的行为属违约行为，发包人应承担违约责任。《合同法》第二百六十九条规定，建设工程合同是承包人进行工程建设，发包人支付工程价款的合同。建设工程合同包括工程勘查、设计、施工合同。第二百七十五条规定，施工合同的内容包括工程范围、建设工期、中间交工工程的开工和竣工时间、工程质量、工程造价、技术资料交付时间、材料和设备供应责任、拨款和结算、竣工验收、质量保修范围和质量保证期、双方协作等条款。第二百八十三条规定，发包人未按照约定的时间和要求提供原材料、设备、场地、资金、技术资料的，承包人可以顺延工程日期，并有权要求赔偿停工、窝工等损失。《建筑法》第十八条规定，发包单位应当按照合同约定，及时拨付工程款项。依照上述法律规定，支付工程款是发包人的法定义务，不履行义务时，应承担法律规定的相应民事责任。

建设部下发的建设工程施工制式合同分别对预付工程款、工程进度款、工程竣工结算款作出约定。[①] 实行工程预付款的，双方应当在专用条款内约定发包人向承包人预付工程款的时间和数额，开工后按合同约定的时间和比例逐次扣回。预付时间应不迟于约定的开工日期前七天。发包人不按约定预付，承包人在约定预付时间 7 天后向发包人发出要求预付的通知，发包人在收到预付通知后仍不能按要求预付的，承包人可以在发出通知后 7 天停止施工，发包人应从应付之日起向承包人支付应付款的贷款利息，并承担违约责任。有关工程款（进度款）支付部分约定：发包人超过约定的支付时间不支付工程款（进度款），承包人可向发包人发出要求付款的通知，发包人收到承包人要求付款的通知后仍不按要求付款，可与承包人协商签订延期付款协议，经承包人同意后可延期支付。协议应明确延期支付的时间和从计量结果确认后第十五天起应付款的贷款利息。有关竣工结算部分约定：发包人收到竣工结算报告及竣工结算资料后 28 天内无正当理由不支付工程竣工结算价款，从第二十九天起按承包人同期向银行贷款利率支付拖欠工程价款的利息，并承担违约责任。由此看出，在发包人欠付预付工程款、工程进度款、竣工结算的工程尾款时应当按照银行贷款利率向承包人支付利息。此外，支付工程欠款的利息也属于建设工程施工合同的索赔条款内容："合同中应有支付工程款的时间限制及拖欠付款计息的利率。承包人应据此规定，在每次中期付款单中将以前的拖欠款及利息单独列出，促请发包人支付。对于严重拖欠应付款可能导致承包人资金周转困难而影响工程进度的，应及时申明这属于发包人的违约行为，可能产生中止合同的严重后果，并严肃地提出索赔"。[②]

上述规定可以看出，建设部下发的制式合同文本进一步细化法律规定，不仅明确发包人足额支付工程价款是合同义务，同时还明确支付欠付工程价款利息也是发包人义务，除承担支付欠付工程价款义务之外，发包人还应承担欠付工程价款的违约责任。从实务情况看，绝大多数当事人都采用建设部

---

① 何伯洲等：《建设工程合同》，知识产权出版社 2003 年版，第 135～136 页、第 42～143 页。

② 何伯洲等：《建设工程合同》，知识产权出版社 2003 年版，第 248 页。

颁发的制式合同文本签订建设工程施工合同，也就是说，绝大多数的合同对支付欠付工程款的利息结算标准是有约定的。结合本条规定，制式合同对欠付工程价款的利息结算标准有约定的应当按照约定办理。

（二）发包人支付欠付工程款利息的性质是法定孳息

起草本解释过程中，有一种观点认为支付欠付工程款利息属于承担违约责任的方式。理由是：

第一，《合同法》第一百零七条规定，当事人一方不履行合同义务或者履行合同义务不符合约定的，应当继续履行、采取补救措施或者赔偿损失等违约责任。第二百八十三条对发包人欠付工程价款应承担的违约责任作出相应规定。支付欠付工程价款利息应当以发包人欠付工程款为前提，即以违约事实存在为前提，承担的欠付工程款利息应定性为违约责任，即违约方应当赔偿守约方的损失。

第二，建设部起草的《建筑法（修订征求意见稿）》第三十条规定，发包单位逾期支付工程价款的，除按照合同约定向承包单位支付违约金外，还应当按照当期的银行贷款利率支付双倍逾期工程价款利息并赔偿其他损失。发包单位未按照合同约定支付工程价款的，经承包单位催告，发包单位仍不支付的，勘察、设计、监理企业和中介服务机构可以滞留成果文件，暂停提供服务，直至终止合同，并有权要求发包单位支付已经完成工作的酬金、费用、延期利息、违约金及赔偿其他损失。上述规定中的“按照当期的银行贷款利率支付双倍逾期工程价款利息”显然不是法定孳息，也不是补偿或者填充损失性质的违约金，而是惩罚性的违约金性质。

第三，与房地产开发经营案件的比较。人民法院审理开发经营型房地产纠纷案件，像土地使用权出让合同、土地使用权转让合同、房地产项目转让合同、合作建房合同等纠纷案件，对投资方投资不到位的，一般不以欠付投资款利息作为计付违约金标准。最高人民法院《关于审理房地产管理法施行前房地产开发经营案件若干问题的解答》第九部分——违约责任部分，一般适用违约赔偿原则。在特殊情况下，以利息的倍数作为计付违约金的标准。第四十四条规定，违约方将对方的投资款挪作他用并获利的，如所获利润高于或等同于对方实际损失的，应将其所获利润作为对方的损失予以赔偿；如所获利润低于对方的实际损失，应当赔偿对方的实际损失；如违约方所获利润无法确定的，可按银行同类贷款利率的四倍赔偿对方的损失。本条是违约金结算标准的规定，“可按银行同类贷款利率的四倍赔偿对方的损失”，只是在损失无法确定时以投资款的利息的倍数作为支付违约赔偿金的标准，并不是有关孳息的规定。

房地产开发经营合同无效时，只有在特定情况下，才以返还本息作为处理原则，即资金尚未投入实际建设的，可由以土地使用权作为投资的一方将对方投入的资金予以返还，并支付同期同类银行贷款的利息。实务时，房地产开发经营合同无效，一般人民法院判决占有不动产的一方向投资方返还投资款时并不全额支付利息，而是将利息作为损失由双方按照过错责任比例分担，利息并不当然随附本金支付，而是按照导致合同无效的过错比例由双方当事人分担，以体现投资方应当承担投资的商业风险。由此可见，房地产开发经营合同纠纷案件中，在合同有效或者合同无效时，均不以支付利息作为欠付投资款或者返还投资款的孳息处理。本质上讲工程欠款利息也不是工程款孳息，应作为承担违约赔偿的一种方式更合适些，或称为因违约应赔偿的损失更确切。履行建设工程施工合同中，发包人欠付工程款的违约行为发生时应当按照合同约定向承包人支付违约金，而不是法定孳息。

讨论本解释过程中，还有另一种观点认为，发包人应当向承包人支付的欠付工程款利息的性质是法定孳息。何为法定孳息呢？孳息，称为母物所生之收益，在民法包括天然孳息与法定孳息而言。法定孳息谓因法律关系所得之收益也。关于法定孳息之定义，学说亦不一致。《德国民法典》第 99 条第 3 项规定，因法律关系（物或者权利）所生之收益为孳息，德国学者多称为拟制的孳息。日本民法则规定为物之使用对价之金钱及他物。我国台湾地区“民法”第 69 条第 2 项规定，称法定孳息者，唯利息、租金及其他因法律关系所得之收益，系仿德国民法之例。然其范围较德国民法为广。其应说明者，有以下四点：1. 母物不以物为限，即由权利所生之收益，亦为孳息。此点与泰国、日本法律所称母物必须为物者不同。2. 法定孳息为因法律关系之收益。所谓法律关系，指一切法律关系而言，其基于法律行为或基于法律之规定，在所不同。故因租赁关系所得之租金，故为孳息，即因履行迟延所得请求之迟延利息，亦不失为孳息。3. 因法律关系关系所得之收益。所谓收益，一般称以物或权利之使用之收益，委以他人所得之对价。收益多为定期，其非为定期者，以非可视为母物之代价者为限。4. 物之使用后，须有所受取之物或其同种同物之返还请求权。使用非消费物时，应当返还原物。消费使用时，应返还同种同量之物。[①] 台湾地区学者的观点是“即因履行迟延所得请求之迟延利息，亦不失为孳息”，发包人拖欠工程价款产生的利息亦属于“因履行迟延所得请求之迟延利息”，应属于法定孳息范畴。

认为拖欠工程价款利息为法定孳息的理由还有：

第一，建设工程施工合同与房地产开发经营合同相比较而言，前者属于加工承揽合同，后者多为引起物权变化的债权合同，在性质上存在一定的差异。定作人（建设工程施工合同中的发包人）欠付承揽人（建设工程施工合同中的承包人）加工费用（工程价款）时，欠付工程价款的利息与本金之间关系上看，更具有随附性；与房地产开发经营合同相比较而言，显得更为紧密。开发商欠付投资款的行为是违约行为，通常应向相对人支付约定违约金而不是欠付投资款利息，而工程结算后发包人仍然不向承包人支付工程价款，此时欠付的工程价款通常认为已经转化为类似借款合同的性质，只是一个简单的债权债务关系，在这种情形下发包人应当向承包人支付欠付工程价款的利息。

第二，国外的立法例对定作人欠付承揽人报酬时应当支付报酬及利息也有相应规定。国际通行的 FIDIC 土木工程施工条件规定，雇主未能在合同约定的付款期内支付工程款的，雇主应当按照投标书附件中规定的利率，从应付之日起向承包人支付全部未付款利息。《德国民法典》[②] 第 641 条规定：（1）1.（承揽契约）报酬应在工作验收时支付。2. 工作系分部分验收而报酬系各部分确定者，应于每部分验收时，给付该部分的报酬。（2）定作人对以金钱确定报酬者，自验收时起应支付利息，但准许延期支付报酬者，不在此限。由于建设工程施工合同属于特殊的加工承揽合同，在大多数国外立法例中，并不将承揽合同与建设工程合同划分为两种不同类型的合同，建设工程合同原则适用承揽合同的规定，不能适用的情形，作出特殊规定。我国《合同法》第十六章“建设工程合同”中的第二百八十七条也规定，本章没有规定的，适用承揽合同的有关规定。我国立法也是将建设工程合同作为一种特殊的承揽合同看待。由此看出，在发包人欠付工程款时，发包人应当向承包人支付欠付工程价款利息。国外立法例规定也表明利息与本金之间存在随附性，应当从欠付本金时支付利息。规定的本质在于利息属法定孳息，而不是违约金。

---

① 史尚宽：《民法总论》，中国政法大学出版社 2000 年版。

② ［德］《德意志联邦共和国民法典》，上海社会科学院法学研究所译，法律出版社 1989 年版，第 170 页。

第三，工程欠款利息与垫资利息的异同。本解释第六条第一款规定，当事人对垫资和垫资利息有约定，承包人请求按照约定返还的，应予支持；但是约定的利息计算标准高于中国人民银行发布的同期同类贷款利率的除外。第 3 款规定，当事人对垫资利息没有约定，承包人请求支付利息的，不予支持。由此规定可以看出，是否支付垫资利息服从于当事人的约定，只要约定在中央银行规定的基准利率的法定幅度范围内，就应认定约定有效。同样，承包人与发包人在垫资合同或者施工合同中未约定垫资利息的，承包人请求返还利息的，人民法院也不予支持。垫资是承包人先代发包人垫付的工程价款，其本质也是工程价款，只不过不是发包人支付的而已，这有买卖合同的赊销的意味。垫资款与工程价款在内涵上并无区别，区别在于垫资是承包人自愿的，而欠付工程价款则是发包人的违约行为。既然垫资是自愿行为，在承揽工程时承包人主动要求垫资，以达到承接建设工程的目的；如果在诉讼中人民法院支持承包人请求返还垫资款利息的请求，则显然与诚信原则相悖，故本解释作出了“当事人对垫资没有约定，承包人请求支付垫资利息的，不予支持”的规定。国外的立法例也多将垫资与工程欠款区分开来，如《德国民法典》[①] 第 645 条规定：（1）1. 工作在验收前因定作人供给的材料的瑕疵，或因定作人对工作进行所为的指示，致工作灭失或毁损，或不能完成，而无可归责于承揽人的事由参与其中时，承揽人得请求已服劳务的报酬以及偿还不包括在报酬之内的垫资。第 648 条规定：如工作尚未完成，承揽人得为了与给付的劳务相符的一部分报酬和在报酬中未计算在内的垫资，请求让与保全抵押权……。由此看出，《德国民法典》对“已付劳务的报酬”即加工承揽合同中的加工报酬与垫资款是区别对待的，适用不同的规定。

第四，工程欠款利息与借款合同的利息比较。借款合同是当事人约定一方将一定种类和数额的货币权移交给他方，他方于一定的期间返还同种类同数额的货币的合同，其中提供货币的一方为贷款人，受领货币的一方为借款人。[②] 借款合同的标的物是金钱，借款合同是转让货币所有权的合同，借款合同可以是有偿合同也可以是无偿合同，借款合同大多为诺成合同，借款合同多为要式合同。利息为本金的资金成本，除无偿借款合同外，借款人应当向贷款人支付利息。发包人和承包人根据已获批准的初步设计、技术设计、施

---

① ［德］《德意志联邦共和国民法典》，上海社会科学院法学研究所译，法律出版社 1989 年版，第 170 页。

② 《国家司法考试辅导用书》（第三卷），法律出版社出版 2003 年版，第 203 页。

工图和总预算等文件，就合同的内容协商一致时，即可签订建筑工程施工和安装工程承包合同。[①] 工程欠款本质是定作人欠付承揽人的加工报酬，报酬在建设工程施工合同中体现为工程价款，包括材料费、人工费、机械的消耗量及其相应的价格、管理费，利润和税金等。《合同法》第二百零四条规定，办理贷款业务的金融机构的贷款利率，应当按照中国人民银行规定的贷款利率的上下限确定。二百一十一条规定，自然人之间的借款合同对支付利息没有约定或者约定不明确的，视为不支付利息。《合同法》规定表明向金融机构借款没有约定利息或者约定不明的，应当支付利息；而自然人之间的借款合同则不然，没有约定或者约定不明的，不支付利息。建设工程施工合同中发包人欠付承包人工程价款，许多情况下特别是在建设工程已经完工发包人欠付工程价款数额确定的情况下，双方关系已经转化为简单债权债务关系，与借款合同的债权债务并无本质上的区别，故本条规定在发包人欠付工程价款情况下，即使合同没有欠付工程款利息的约定发包人也应当支付利息。

综上，我们认为，本条规定的利息性质为法定孳息。

二、条文解析

本条分为三层意思：

第一层意思，欠付工程价款的本金的数额应当是明确的，其中包括工程在施工过程中双方当事人解除合同的情形，也包括合同已经履行完毕的情形。但不论哪一种情形，发包人欠付承包人工程价款的数额都应当通过法院审理或者当事人自行达成协议明确欠付工程价款本金数额。只有本金数额确定的情况下，才谈得到支付利息问题，本金不确定，利息就无法计算。

第二层意思，当事人对欠付工程价款利息计付标准有约定的，按照约定处理。当事人对欠付工程款利息的起算时间、利率等事项有约定的，从其约定，充分遵照当事人在合同中作出的真实意思表示。

第三层意思，“利息支付标准”是指利率。如前所述，既然欠付工程价款的利息性质为法定孳息，合同约定的利率应当在国家法定利率上下限内才予以保护，当约定的利率违反国家规定时，则不予保护。当事人没有约定利息结算标准的，应当按照中国人民银行发布的同期同类贷款利率计息，本质上也是按照法定利率计息。为何在有约定和没有约定的情况下都不能超过法定

---

① 《国家司法考试辅导用书》（第三卷），法律出版社2003年版，第209页。

利率计息呢？法定利率也叫做基准利率，是由中国人民银行发布的。《中国人民银行法》第二十二条规定，中国人民银行为执行货币政策，可以运用确定中央银行基准利率的货币政策工具。《商业银行法》第三十八条规定，商业银行应当按照中国人民银行规定的贷款利率的上下限，确定贷款利率。《合同法》第二百零四条规定，办理贷款业务的金融机构贷款的利率，应当按照中国人民银行规定的贷款利率的上下限确定。按照上述法律规定，当事人对偿还欠付工程款利息没有约定时，应当按照商业银行确定的同期贷款利率计算利息。以往的审判实践中，有的法院在判决发包人偿还欠付工程款时，也附带判决发包人偿还欠付工程款的利息；有的则不判利息，作法不同，执法标准不统一。今后，各级人民法院应当严格按照本解释规定，对欠付工程款的，支持承包人请求发包人支付工程欠款利息的诉讼请求。

第十八条　利息从应付工程价款之日计付。当事人对付款时间没有约定或者约定不明的，下列时间视为应付款时间：

（一）建设工程已实际交付的，为交付之日；

（二）建设工程没有交付的，为提交竣工结算文件之日；

（三）建设工程未交付，工程价款也未结算的，为当事人起诉之日。

条文主旨

本条是关于发包人向承包人支付欠付工程价款利息起算时间的规定。从法理上讲，利息属于法定孳息，应当自工程欠款发生时起算，但是建设工程是按照形象进度付款的，许多案件难以确定工程欠款发生之日，因此，各级法院对拖欠工程价款的利息应当从何时计付，认识不统一，掌握的标准也不统一。有的从一审法庭辩论终结前起算，有的从一审举证期限届满前起算，还有的从终审判决确定工程价款给付之日起算。为了统一拖欠工程价款的利息计付时间，维护合同当事人的合法权益，《解释》第十八条规定了三种计息的方法。建设工程因结算不下来而未交付的，为了促进发包人积极履行给付工程价款的主要义务，把承包人提交结算报告的时间作为工程价款利息的起算时间具有一定的合理性。当事人因结算纠纷起诉到法院，承包人起诉之日就是以法律手段向发包人要求履行付款义务之时，人民法院对其合法权益应予保护。

理解与适用

一、条文解析

（一）利息从应付工程价款之日计付

合同有约定的，应当遵从当事人约定，尊重当事人的真实意思表示，也是体现合同应当全面实际履行的原则，这是合同履行的常态。如前所述，发包人向承包人支付欠付工程款利息，在法律性质上讲属于法定孳息，与借款合同有相类之处。《合同法》第二百零七条规定，借款人未按照合同约定的期限返还借款的，应当按照约定或者国家有关规定支付逾期利息。逾期利息在法律性质上讲是违约金，一般称为罚息。借款与欠付工程价款的情况有所不同，欠付工程款利息起算时间为合同约定的支付工程价款届满之日，即欠款发生时；借款合同则有所不同，贷款人自支付借款本金之日，即自借款行为发生之日，借款人就应当向贷款人支付借款利息，支付利息不以借款人逾期还款的违约行为为前提条件。利息在借款合同中具有随附性，利息为本金的成本，支付借款本金时，就应当支付利息；借款人未按照合同约定的期限偿还借款，应当支付罚息。

（二）合同对支付欠付工程价款没有约定或者约定不明的，按照本条规定处理

当事人对付款时间没有约定或者约定不明确的，下列时间视为应付款时间：1. 建设工程实际交付的，建设工程交付之日；2. 建设工程没有交付的，承包人提交竣工结算文件之日；3. 建设工程价款未结算，建设工程也未交付的，当事人起诉之日。上述时间是司法解释规定的支付工程欠款利息的起算时间，而不是当事人约定时间。如前所述，利息应当从应付工程价款之日计付。建设工程施工合同不同于买卖合同，买卖合同可以约定货到付款，付款时间十分明确。由于建设工程施工合同性质决定无法确定确切的付款时间点，此类合同大多约定按照建设工程施工的形象进度支付工程款，如合同约定施工到完成地基基础工程或者主体结构的时间点作为支付工程款的时间，由于施工资料不完善、施工中存在工期顺延、设计变更等多种原因造成合同约定的付款时间点很难确定，绝大多数合同在履行中难以按照原合同约定确定实

际付款时间。履行施工合同的变数很大，需要划分几种情况分别确定大体公平的时间点作为支付工程款利息的起算时间，这正是制定本条规定的背景。具体讲：第一，建设工程实际交付的，以建设工程交付之日为应付款时间。此时，发包人对讼争建设工程已经实际控制，有条件对讼争房屋行使占有、使用、收益的权利。在这种情况下，发包人已经受益了，仍然欠付承包人工程价款，双方的权利义务显然不对等，从此时开始发包人应当向承包人支付欠付的工程款利息；第二，建设工程没有交付，讼争建设工程仍由承包人掌管，但承包人已经在建设工程竣工验收合格后按照合同约定的时间提交了竣工结算文件，发包人如在合同约定的期限内不予答复的，应当认定此时为应付款时间。按照本解释第十九条规定，应当按照约定视为发包人认可了竣工结算文件，就按照承包人提交的竣工结算文件结算工程款。建设部发布的建设工程制式合同中约定，发包人应当在合同约定的时间内对支付工程款及应当支付的工程款数额予以答复，合同没有约定答复期限的，可认定审价期限为 28 天。在起草过程中，有观点认为应将合同约定发包人审核承包人提交的工程竣工结算报告期限届满时作为计付欠付工程价款利息的时间起算点，理由为：审核期限届满时，如发包人未予答复，次日应为应付工程价款时间，应从此时支付欠付工程价款。如发包人对承包人提交的工程价款提出修改意见，承包人提交的竣工结算报告还不能作为工程价款结算的依据。实务中，许多发包人故意推延审核承包人提交的竣工结算报告以达到推延支付工程价款的目的，以承包人提交竣工结算文件的时间作为工程价款结算的时间，有利于督促发包人行使权利，尽快审核工程竣工结算报告，及时支付工程价款。平衡利弊后，最终确定了现行条款内容；第三，建设工程价款未结算，建设工程也未交付的，大多为工程未完工或者完工后未经验收的情形。这种情况下，合同约定的工程价款结算条件尚未成就，无法确定应付工程价款之日，应当规定一个拟制的应付款时间，并以此时间点作为计息时间。之所以选择以起诉时间作为应付款时间，主要考虑起诉为权利人向司法机关正式主张权利的时间点，人民法院经过审理最终认定了发包人欠付承包人工程价款的事实，如诉讼期间不计息，实际上扩大了承包人的损失，降低了发包人的成本，这对承包人来讲是不公平的。由于合同约定的工程价款结算条件未成就，找不到起诉前的应付款时间点，平衡双方利益后最终确定以一审原告起诉时间作为应付款时间。

二、社会各界意见

在起草本条解释中，除上述观点外，社会各界还提出其他观点：

第一个观点认为，当事人对付款时间没有约定或者约定不明的，工程价款通过工程造价鉴定确定的，应当以工程造价鉴定结论作出时，为应付款时间。理由为：双方当事人对工程价款有争议，可能是合同约定不明确，还可能是合同约定明确但在履行合同过程中，当事人通过签证等形式变更原合同约定的工程价款支付标准或支付方式，进而变更合同约定的工程价款数额。在诉讼中由于原合同有关工程价款的约定不具备适用条件，工程价款只能通过工程造价鉴定确定，工程造价鉴定结论作出时，即为应付款时间，利息应当从此时计付。法院应当采信的鉴定结论一般是指诉前当事人双方委托鉴定机构作出的，或者一方委托，双方认可的；诉讼期间一方或者双方申请，或者人民法院依职权委托鉴定机构作出的。据此，人民法院对上述鉴定结论应当认可。如果诉前一方当事人单方委托作出的鉴定，一般不予认可。应当说，这一观点有一定的合理性，合同有关的工程价款结算约定不明或者没有约定时，造价鉴定作为一种拟制的工程决算方式有其存在的合理性，将鉴定结论作出的时间为应付款时间也是合理的。但实务中，存在一审、二审、再审对讼争的一个工程项目作出两个或者两个以上的工程造价鉴定，且鉴定结论不一致，应以哪个工程造价鉴定结论作为应付款时间，难以确定，不好适用，故在起草本解释时，这一观点没有采纳。

第二个观点认为，当事人对付款时间没有约定或者约定不明的，工程价款未结算，建设工程也未交付的，应当以判决确定的支付工程价款之日为应付款时间。理由为：当事人对应否给付以及给付多少工程价款有争议，诉请法院裁判，工程价款利息应自法院裁判文书确定的付款日期起算，因为法院裁判文书确定的工程价款给付时间即为工程价款的结算时间。上述说法是有一定的道理的。但也存在不足，主要体现在：诉讼期间的利息不计算在发包人应付工程价款履行范围内，对承包人而言似乎不公平。

第三个观点认为，当事人对付款时间没有约定或者约定不明的，建设工程经竣工验收合格的，应当以竣工验收合格之日为应付款时间，同时也就是欠付工程款利息起算时间。理由为：《合同法》第二百七十九条规定，建设工程验收合格的，发包人应当按照约定支付价款，并接收该建设工程。建设工程经竣工验收合格后，方可交付使用；未经验收或者验收不合格的，不得交付使用。《建筑法》第六十一条也对此作出类似规定。验收合格是建设工程交付使用的前提条件，在合同对支付工程价款没有约定或者约定不明的情况下，承包人承包建设的工程经验收合格本身说明承包人已经完成合同约定的建设义务，建设产品合格；发包人应当对等履行支付工程价款义务，故建设工程经验收合格时为发包人应当支付工程价款的时间，也是支付欠付工程价款利息的时间。采用这种方案缺点是：竣工验收合格的时间不好确定。法律和其他规范性文件没有对建设工程竣工验收合格的时间点和标准作出规定，如开工应以取得施工许可证为开工标志，竣工的建设工程经验收合格的，何时为竣工时间，缺少一个标志性文件确定竣工时间点。实务中，一般以建设工程质量监督管理站在竣工验收文件签章的时间为工程竣工时间。由于实务操作存在诸多不规范的情况，许多案件竣工时间很难确定。如以此时间作为应付款时间，一些案件审理中会给法院带来难度，故此方案也未采纳。

综上，在起草本解释中结合民事审判的实际情况，综合考虑社会各界提出的各种观点，在平衡双方当事人利益的基础上，制定了本条规定。客观讲，本条规定未必在审理所有的案件时都能够做到最公平，社会效果和法律效果最好，但这一规定，对大部分案件来讲是公平的，也就足够了。而且在起草司法解释的两年半时间内也就此条充分征求了社会各界的意见，制定司法解释的过程是民主、公开、透明的，所以说，本条规定是有民意基础的。

第十九条　当事人对工程量有争议的，按照施工过程中形成的签证等书面文件确认。承包人能够证明发包人同意其施工，但未能提供签证文件证明工程量发生的，可以按照当事人提供的其他证据确认实际发生的工程量。

条文主旨

本条是关于人民法院在当事人对工程量发生争议时以签证等书面文件或者其他能证明实际工程量发生的证据作为确认工程量的依据的规定。

长期以来，在人民法院审理建设工程施工合同纠纷案件中，工程量的计算是一个非常专业的专门性、技术性问题。以前，发包人与承包人根据《全国统一建筑工程预算工程量计算规则》中对工程量的分类，更多的是通过合同约定的范围和种类予以明确，自 2003 年以后，建设部通过制定工程量清单的方式，对工程量的分类及工程量计算规则进行了明确规定。为了在司法实践中体现行业规范，本条司法解释在确定基本以工程量清单作为确定工程量依据的前提下，对于当事人存在争议的工程量情况下，如何计算工程量问题作了进一步规定。主要涉及以下几个方面的内容：（1）对于工程量的种类、范围和计算方法，建设工程施工合同中有明确约定的，按照合同约定进行计算和确认。（2）在合同履行过程中，发生工程设计变更的，以双方当事人之间达成的补充协议、会议纪要、工程变更单、工程对账签证等书面文件形式作为载体的证据，都可以作为结算工程量并进而作为当事人结算工程款的依据。（3）如果当事人对工程量的多少存有争议，又没有签证等书面文件，在承包人能够证明发包人同意其施工时，其他非书面的试图证明工程量的证据，在经过举证、质证等程序后足以证明该证据所证明的实际工程量事实的真实性、合法性和关联性的情况下，在一定条件下也可以作为计算工程量的依据。

理解与适用

一、起草背景

在人民法院审理的建设工程施工合同纠纷案件中，当事人之间就工程量问题产生争议的占有相当大的比例。工程量计算是否准确，直接影响到承包人和发包人双方的切身利益，关系到案件的处理结果是否公正。发包人和承包人作为建设工程施工合同的双方当事人，属于独立的法人主体，具有各自的经济利益，为了自身的发展和业务需要，必然都要追求经济利益的最大化，这也是市场经济的必然要求，属于竞争中的合理现象。体现在工程量的计算和确认上，双方都往往容易强调有利于自己的方面，最终导致工程量计算和确认上出现争议。在多数情况下，是发包人已经根据建设施工合同的约定向承包人支付了一定的工程款，但对余下的工程款没有支付的理由是，对承包人已经完成的工程量存在或多或少的争议。有的当事人申请人民法院委托中介机构进行鉴定。实践中的做法是，有的法院准许了当事人提出的鉴定的申请，有的没有准许。如何处理这种情况，以什么证据作为认定双方争议工程量的依据，很有必要作出明确的规定。本条解释就是适应这种需要而制定出来的。

二、社会各界所提的修改意见及采纳与否的情况

在通过中国法院网和《人民法院报》向社会各界征求意见时，该条的内容被规定在司法解释稿的第十二条中，具体内容为："建设工程施工合同终止履行的，应根据承包方已完成的工程量，按有效合同约定的计价方法和计价标准结算工程款；约定不明的，按有效合同签订时适用的工程定额标准结算工程款。"该条所包含的工程量计算问题，在最后定稿时该条内容被分解，即规定在第十九条，明确了在承包人与发包人有争议的情况下工程量如何确定的问题，具体内容也作了比较大的补充和完善。

在征求意见过程中，本条的内容属于争议较大的问题之一。

（一）专家学者提的修改意见

多数专家学者认为，在建设工程施工合同履行过程中，工程量发生变更时，以实际发生的工程变更单等书面签证作为认定工程量的依据是合适的，体现了当事人的意思自治。

（二）网民提的修改意见

有的网民提出，过去实行多年的定额标准实际为计划经济产物，为了适应市场经济，国家已经颁布了《建设工程工程量清单计价规范》，这意味着今后的定额标准已被取消，应该以工程量清单计价的方法来确定工程量。

有的网民提出，为减少人民法院审理建设施工合同纠纷的难度和工作量，对发包人和承包人双方在工程量没有确认和结算，没经造价咨询单位审核，没经县以上人民政府建设行政主管部门调解，一方先向人民法院起诉的应不予受理或驳回起诉时，发包人和承包人双方对工程款结算问题有异议的，应先通过行政程序解决，即应根据建设部《建设工程施工发包与承包计价管理办法》第十五条、第十六条和第十七条的有关规定，先由发承包双方协商，协商不成的，委托工程造价咨询单位进行竣工结算审核，发包人和承包人双方对工程造价咨询单位出具的竣工结算审核意见仍有异议的，在接到审核意见后一个月内可以向县级以上地方人民政府建设行政主管部门申请调解，调解不成的可以依法申请仲裁或向人民法院提起诉讼。该办法同时规定工程结算审核和工程造价鉴定文件应当由造价工程师签字，并加盖造价工程师执业专用章。

尽管建设部《建设工程施工发包与承包计价管理办法》系国务院主管部门制定的部门规章，但它是我国进入市场经济后国家颁发的第一个具有规范

性文件性质的造价管理文件，应该成为人民法院审理建设工程施工合同工程款纠纷的依据。但是，由于此前最高人民法院对此没有明确的司法解释，一些地方法院对有关此类案件的处理结果大相径庭，由于很多当事人仅凭一份合同或单方做的工程造价表就贸然起诉，而一些地方法院草率受理，把本应由行政程序解决的发包人和承包人双方核对工程量、委托造价咨询单位进行造价审核、县级以上人民政府建设行政主管部门调解等行政程序纳入法院工作范围，不仅增加了人民法院的工作量和难度，同时也给当事人增加了不应有的费用和损失。因此，基于以上考虑，建议最高人民法院在本解释中增加有关“严格执行建设工程施工合同工程款结算应先通过法定行政程序调解，调解不成的才能向人民法院起诉”的条款。

（三）分析研究后确定的条文

最高人民法院民一庭在分析归纳社会各界对征求意见稿所提的修改意见过程中，曾经将该部分内容表述为：“当事人对工程量发生争议的，应当按履行合同双方达成的签证等书面文件确认。没有签证等书面文件的，应当就其主张承担举证责任。”后来，在征求意见研究讨论过程中，各方面意见普遍认为，强调一方当事人的举证责任，是举证证据分配的问题，属于证据规则等民事诉讼程序方面司法解释涉及的问题，不属于本司法解释有关条款所要明确的问题。在本条司法解释中，只需要规定合同履行过程中工程量发生变化，当事人对工程量发生争议时，在什么情况下可以确定工程量的情形。所以，在最后定稿时，便形成了目前的条文。

三、需要注意的几个问题

（一）确定工程量的基本依据。作为行业标准，在建设部制定的建设工程施工合同格式文本中，工程量清单作为合同组成部分的文件之一。实际施工中，工程量清单大多是以发包人和承包人双方工地代表形成的签证体现出来的。按照建设工程施工合同格式文本中通用条款关于工程量的规定，工程量的确认，是由承包人按专用条款约定的时间，向工程师提交已完工程量的报告。工程师接到报告后 7 天内按设计图纸核实已完工程量，并在计量前 24 小时通知承包人，承包人为计量提供便利条件并派人参加。承包人收到通知后不参加计量，计量结果有效，作为工程价款支付的依据。工程师收到承包人报告后 7 天内未进行计量，从第 8 天起，承包人报告中开列的工程量即视为被确认，作为工程价款支付的依据。工程师不按约定时间通知承包人，致使承包人未能参加计量，计量结果无效。对承包人超出设计图纸范围和因承包人原因造成返工的工程量，工程师不予计量。工程量的计量结果出来后，对合同约定的涉及工程进度款支付问题上有直接的联系，在确认计量结果后 14 天内，发包人应向承包人支付工程进度款。① 这些都是在发包人没有变更工程设计、承包人也没有超出涉及图纸范围施工的情况下，计算工程量的通常程序。在工程变更设计时，须有双方工地代表签字的书面工程变更单，才能作为计算工程量的依据。

（二）工程量清单的计取。工程量的计算，涉及 14 个大的方面，即土石方工程，桩基础工程，脚手架工程，砌筑工程，混凝土及钢筋混凝土工程，构件运输及安装工程，门窗及木结构工程，楼地面工程，屋面及防水工程，防腐、保温、隔热工程，装饰工程，金属结构制作工程，建筑工垂直运输定额，建筑物超高增加人工、机械定额。建设部在 1995 年 12 月曾发布了《全国统一建筑工程预算工程量计算规则》，目的在于统一工业与民用建筑工程量的计算。该规则既适用建筑物、构筑物施工图设计阶段编制工程预算及工程量清单，也适用于工程设计变更后的工程量计算。现在适用的是建设部制定的自 2003 年 7 月 1 日起施行的中华人民共和国国家标准《建设工程工程量清单计价规范》的规定。根据该规范的要求，工程量清单应采用统一格式，格式由下列内容组成：（1）封面；（2）填表须知；（3）总说明；（4）分部分项工程量清单；（5）措施项目清单；（6）其他项目清单；（7）零星工作项目表。工程量清单格式的填写应符合下列规定：（1）工程量清单应由招标人填写；（2）填表须知除本规范内容外，招标人可根据具体情况进行补充；（3）总说明应按下列内容填写：1）工程概括：建设规模、工程特征、计划工期、施工现场实际情况、交通运输情况、自然地理条件、环境保护要求等；2）工程招标和分包范围；3）工程量清单编制依据；4）工程质量、材料、施工等的特殊要求；5）招标人自行采购材料的名称、规格型号、数量等；6）预留金、自行采购材料的金额数量等；7）其他需说明的问题。工程量涉及的方面也如以前的大体相同。

合同中综合单价因工程量变更需调整时，除合同另有约定外，按照下列办法确定：（1）工程量清单漏项或涉及变更引起新的工程量清单项目，其相应综合单价由承包人提出，经发包人确认后作为结算的依据；（2）由于工程

① 孙林、于腾群等：《建设工程常用法律文书范本》，法律出版社 2002 年版，第 87～88 页。

量清单的工程数量有误或设计变更引起工程量增减，属合同约定幅度以内的，应执行原有的综合单价；属合同约定幅度以外的，其增加部分的工程量或减少后剩余部分的工程量的综合单价由承包人提出，经发包人确认后，作为结算的依据。

（三）作为计算工程量依据的书面文件的范围和种类。双方当事人在履行建设工程施工合同期间，根据合同发生的手写、打印、复写、印刷的各种通知、证明、证书、工程变更单、工程对账签证、签证、补充协议、备忘录、函件以及经过确认的会议纪要、电报、电传等书面文件形式作为载体的证据，都可以作为结算工程量并进而作为当事人结算工程款的依据。

在建设工程施工合同纠纷案件审理中，出现工程量的变化争议，绝大多数情况下是因为工程设计变更，虽然也有一部分是因为承包人超范围在设计图纸之外进行施工造成工程量发生变化，或者因为自己原因需要返工造成工程量增加，但这两部分所占的比例较小，而且只要发包人不予认可该部分，就不成为工程量争议的问题之列。按照建设工程施工合同规定，施工中发包人需对原工程设计进行变更，应提前 14 天以书面形式向承包人发出变更通知。变更超过原设计标准或批准的建设规模时，发包人应报规划管理部门和其他有关部门重新审查批准，并由原设计单位提供变更的相应图纸和说明。只有履行完这些手续的工程量变更，才产生法律后果。承包人按照发包人的变更通知和有关要求，可以进行下列变更：（1）更改工程有关部分的标高、基线、位置和尺寸；（2）增减合同中约定的工程量；（3）改变有关工程的施工时间和顺序；（4）其他有关工程变更需要的附加工作。因设计变更导致工程量变化，双方可以通过多种书面形式予以确认。经双方签字认可的证明工程量变化的书面文件，经过举证、质证和认证后，都可以作为认定工程量变化的证据。

能够反映工程量变化的载体还体现在很多方面，主要的还有以下几种：（1）会议纪要。双方商量工程量方面的会谈形成的纪要，都是对某些问题作出决定，可视为对合同有关内容的一种补充。只有经过双方签字认可的会议纪要才能作为直接证据使用，单方起草没有经过双方签字的会议纪要只有再经过对方认可后，才可以作为证据使用。（2）工程检验记录。如建筑定位放线验收单、基础验槽记录、钎探记录、轴线检查记录、设备开箱验收记录、水电消防实验、试压记录等，都能在一定程度上反映出工程量的变化。（3）来往电报、函件等。这些书面文件往往可以证明发生变化的时间、原因等情况。而且，这些文件还可以说明双方就一些问题的交流信息，可以评价双方当事人对事情的观点和看法。（4）工程洽商记录。工程洽商记录中记载了工程施工中地下障碍的处理、工程局部尺寸材料的改换、增加或者减少某项工程内容的情况。（5）工程通知资料。发包人提供的场地范围、水、电接通位置、水准点、施工作业时间限定、施工道路指定等，都是通过通知书的方式告诉承包人。

（四）没有书面文件的工程量的认定

在工程量发生争议时，如果承包人举不出实际发生工程量变化的证据，只是提出要求按增加工程量结算工程价款的，在诉讼中不会得到人民法院的支持。一般情况下，发包人和承包人都在合同中约定了工程量清单，列明了工程涉及的所有工程项目的名称、建筑材料的数量和规格等。发包人认为承包人实际施工的工程量少于合同或者合同附件中列明的工程量清单数量的，应当承担举证责任；反之，承包人认为其实际施工的工程量多于合同或者合同附件中列明的工程量清单数量的，也应当举出基于发包人变更设计导致工程量增加的证据。否则，就属于其自身超设计图纸范围施工或者质量未达到要求返工造成的工程量变化，不属于应当由发包人承担支付工程价款责任的基础。本条解释规定了一种情况，即在承包人能够证明其增加的施工行为得到发包人同意或者认可的，虽然没有工程量变更的签证等证明文件，但如果承包人能够提供如双方往来记录、函件等材料，证明工程量变化系出自于发包人的意思表示，对于这些证据材料也可以作为认定工程量变化的依据。

需要注意的是，在承包人提出工程量变化不以工程量清单中列明的工程量作为结算工程价款依据时，所举出的证据原则上应当是书面文件等书证，但在发包人自己认可比如在诉讼中自认的涉及工程量变化事实的情形，也可以作为认定工程量变化的依据之一。

工程量发生变化后的总量确定，是一个事实认定问题。当承包人与发包人双方发生争执时，根据承包人在施工中实际付出的人工费和原材料费用以及实际支出的其他费用，应当按照订立合同时履行地的市场价格确定。

第二十条　当事人约定，发包人收到竣工结算文件后，在约定期限内不予答复，视为认可竣工结算文件的，按照约定处理。承包人请求按照竣

工结算文件结算工程价款的，应予支持。

条文主旨

本条是关于建设工程施工合同的发包人违反合同约定逾期不结算工程价款的后果问题的规定。

本条规定实际上涉及以下几个方面的内容：（1）明确了结算文件成就的条件，即如果当事人在合同中约定了发包人一定的审核竣工结算文件期限，在该期限内没有答复视为认可该结算文件的，该约定对双方当事人具有约束力。发包人收到承包人递交的结算报告，是导致承包人提出的结算报告作为结算依据的基本条件；发包人接到承包人提出的结算报告后，在合同约定的期限内不予答复，是导致结算报告作为结算依据的必要条件。（2）结算文件递交的方式必须是书面的。递交结算报告的不适用留置递交的方式。如果承包人不能举出证据证明自己已经向发包人递交了结算报告，则不能产生将承包人作出的结算报告作为结算依据的法律后果。承包人在法院起诉时要求按照结算文件结算工程款的，可以作为认定工程款数额的依据。（3）这种责任是从承包人与发包人签订的建设工程施工合同中派生出来的，不是法律或者司法解释中新确定的责任。本条司法解释的内容与建设工程施工合同约定的内容侧重点不同，内容也有所区别，但意思是一致的，即对当事人的权利义务的确定。在这个问题上，对于人民法院来说，实际上更多的涉及对当事人一方举出的证据如何采信等相关问题。只要承包人举出的结算文件属于视为发包人认可的情形，人民法院就应当采信该证据，基于承包人的请求将该结算文件作为确定结算工程价款的依据。

理解与适用

一、起草背景

从司法实践中看，工程款的结算依据问题，是建设工程施工合同中承包人与发包人之间产生争议最多的问题，可以说有 90％以上的此类案件都不同程度地存在着工程款的争议问题。而之所以产生工程款争议，是因为承包人和发包人对结算文件发生争议。长期以来，对于拖欠工程款支付的依据问题，一直困扰着人民法院及时妥善地审结此类案件。在司法实践中，往往是当事人一方拿着合同约定的结算文件，请求人民法院按照结算文件中形成的工程款数额，判令对方当事人承担支付工程款的责任。而另一方当事人却提出异议认为，竣工结算文件是承包人单方作出的，没有经过中介机构的评估和鉴定，不能作为支付工程款的依据，需要对工程价款进行评估和鉴定。在不通过中介机构进行鉴定的情况下，按照合同约定的结算工程款的途径，主要就是指建设工程施工合同约定的结算文件。在建设部制定的建设工程施工合同格式文本中，对于工程竣工结算的条款约定了相应的期限和程序等条件，当这些条件具备时，就应当产生相应的法律后果。因结算报告的递交手续不完备、不规范，使得承包人与发包人之间经常为是否提出和收到结算报告争执不下，容易引起履行结算程序的事实认定的困难。不少建设工程施工合同纠纷案件，当事人双方争议最大的便是工程价款的结算问题，而其中多集中在结算依据的争执上，有不少此类案件因为结算依据的不确定而导致案件审理期限的拖延，既增加了当事人的讼累，也给人民法院审判工作造成了被动。为了增强当事人的诚信意识，严格按照合同约定的内容履行，通过这次司法解释的形式进一步予以明确，就是为了强化这种合同中规定的责任，既便于及时、公正地解决当事人之间的工程款纠纷，同时也便于人民法院在审理此类纠纷案件时一体遵照执行。

二、社会各界所提的修改意见及采纳与否的情况

在通过中国法院网和《人民法院报》向社会各界征求意见时，该条的内容被列在第十四条，具体内容为："发包方与承包方在起诉前已就全部或部分工程款结算达成协议，一方在诉讼中要求重新结算的，不予支持。"该条在最后定稿的文本中排在第二十条。

在征求意见过程中，本条的内容争议体现在如何确定当事人达成协议的情况。提出的修改意见虽然是多方面的，但主要体现在如何确定双方结算工程款的依据上。

（一）专家学者提的修改意见

在征求意见过程中，对于该条涉及的内容，专家学者表示赞同，普遍认为承包人与发包人在建设工程施工合同中约定的结算条件成就时，就应该按照结算文件进行结算。同时提出应该强调尊重当事人在合同中的约定的意思。结算依据的产生具有重要意义，通过司法解释的形式进一步强化当事人的合同意识，具有积极意义，有利于促进建筑市场的健康发育，必将产生良好的社会效果。

（二）网民提的修改意见

在征求意见过程中，有的网民认为，承包人提出的结算文件是单方计算出来的，不具有公平性和客观性，在任何情况下都不应该作为结算依据。有的网民提出，承包人单方提出的结算文件如果得到发包人认可的，可以直接作为结算依据，如果提出异议的就应该通过鉴定程序解决结算依据问题。还有的网民认为，最高人民法院在网上公布的征求意见稿中设计的确定结算文件的思路，与建设工程施工合同格式文本的内容是一致的，符合建筑市场实际情况，应该予以坚持，并在司法解释中予以重申、明确。

有的网民建议，增加一条关于拖延结算与逾期完工的价格问题的规定，内容为："工程合同价款有约定的按约定，约定不明的，按政府规定的工程定额标准结算；因发包人的原因导致工程不能及时结算的，遇定额取费标准上调时，则按新的定额标准结算，遇定额取费标准下调时，则按原约定的或合同签订时的定额标准结算；因承包人原因导致逾期完工的，遇定额标准上调时，则按原合同约定的或合同签订时的定额标准结算，遇定额标准下调时，则按新的定额标准结算。"提出这条修改建议的目的在于，制约工程合同履行中普遍存在的发包人拒绝或拖延结算的问题。在实务中，许多发包人为了达到拖欠工程款之目的，首先采取的对策就是不进行工程款结算。而从立法来看，对于逾期付款的违约责任有较为明确的规定，而对发包人拖延结算的行为没有规定具体的制约手段，因而许多发包人为了规避逾期付款的违约责任干脆不进行工程款结算，使双方的债权债务长期处于一个不确定的状态，从而达到拖欠工程款之目的。工程款结算决算和支付应按有效合同的约定执行，发包方不得以自己的有利地位借故拖延和拒付。例如不得以需要领导或上级批准为借口，不得以所谓廉政协议或廉政合同为理由，更不得以需要等待审计部门审计或以审计结论为借口否定原合同的约定。

（三）最高人民法院民一庭分析研究后整理确定的条文

最高人民法院民一庭在研究形成本条款内容的过程中，对于如何确定发包人的付款责任问题，曾有过比较大的争论，一度形成了几种不同意见：第一种意见认为，承包人提出的竣工结算文件只是单方统计并计算的工程价款凭证，不能作为工程款结算的依据，如果当事人有异议的，因涉及专门性、技术性问题，还是应当通过中介机构的鉴定结论作为确定工程款的依据；第二种意见认为，按照建设工程施工合同约定，承包人提出竣工结算文件通知发包人后，发包人在一定期限内没有提出异议的，就视为同意，应该以此结算文件作为确定讼争工程款项的依据，这是合同中约定的责任；第三种意见认为，在合同履行过程中，经常发生承包人坚持已经向发包人提出了工程竣工结算文件，发包人坚持没有收到承包人提出的工程竣工结算文件，在如何认定双方就工程竣工结算事项往来行为比较困难，在承包人提出竣工结算文件后是否还要发出催告等，需要明确规定。在本司法解释修改过程中，该条内容曾有过多种表述，有一稿表述为："建设工程已经验收合格，发包方收到竣工结算文件后，在合同约定的期限内经承包方书面催告无正当理由未予答复，承包方主张按照竣工结算文件结算工程款的，人民法院应予支持。"有一稿表述为："建设工程施工合同约定，发包人收到竣工结算文件后，在合同约定期限内不予答复，视为认可竣工结算条件，承包人主张按照竣工结算文件作为结算依据的，应予支持。"但最后在定稿时，考虑到催告程序既不是合同约定的程序，也不是法律规定的程序，在本条解释中如果强调催告程序，显然缺乏依据，所以最终没有采用这种写法，而是从正面明确了发包人逾期不答复也不结算的法律后果，对发包人拖延结算的行为规定具体的制约手段，这就是导致承包人提出的竣工结算文件作为结算工程款的依据。

三、需要注意的几个问题

（一）竣工结算文件的形成和提出。作为行业规范和标准，按照建设部制定的建设工程施工合同格式文本规定的有关条款，竣工结算的过程大体如下：(1) 工程竣工验收报告经发包人认可后 28 天内，承包人向发包人递交竣工结算报告及完整的结算资料，双方按照协议书约定的合同价款及专用条款约定的合同价款调整内容，进行工程竣工结算。(2) 发包人收到承包人递交的竣工结算报告及结算资料后 28 天内进行核实，给予确认或者提出修改意见。发包人确认竣工结算报告后通知经办银行向承包人支付工程竣工结算价款。承包人收到竣工结算价款后 14 天内将竣工工程交付发包人。(3) 发包人收到竣工结算报告及结算资料后 28 天内无正当理由不支付工程竣工结算价款，从第 29 天起按承包人同期向银行贷款利率支付拖欠工程价款的利息，并承担违约责任。(4) 发包人收到竣工结算报告及结算资料后 28 天内无正当理由不支付工程竣工结算价款，承包人可以催告发包人支付结算价款。发包人在收到竣工结算报告及结算资料后 56 天内仍不支付的，承包人可以与发包人协议将该工程折价，也可以由承包人申请人民法院将该工程依法拍卖，承包人就该工程折价或者拍卖的价款优先受偿。(5) 工程竣工验收报告经发包人认可后 28

天内，承包人未能向发包人递交竣工结算报告及完整的结算资料，造成工程竣工结算不能正常进行或工程竣工结算价款不能及时支付，发包人要求交付工程的，承包人应当交付；发包人不要求交付工程的，承包人承担保管责任。(6) 发包人与承包人对工程竣工结算价款发生争议时，按通用条款中有关争议的约定处理。①

（二）本条解释中予以明确的是建设工程施工合同中的合同责任，而不是新增加的责任。本条解释是涉及逾期不结算的法律后果，因出现了合同中约定的情形，导致结算报告作为工程款结算的依据。在建设部制定的建设工程施工合同格式文本中，有专门条款规定了逾期不结算的法律后果，只要出现了合同中规定的发包人逾期不答复或者不支付工程价款的情形，结算依据就随之产生。按照格式文本中通用条款的约定，发包人承担支付同期贷款的利息。实践中，双方当事人发生争议的工程款结算争执点基本上都集中在结算依据的确定上。需要注意的是，当事人在合同中选择了这种方式作为确定工程款的结算依据，是当事人意思自治的体现，不是外在的因素和力量加给双方当事人的。本条规定只是通过司法解释的形式将当事人的意思表示予以明确下来。

（三）履行催告是否属于需要承包人履行的义务问题。在建设工程施工合同格式文本中，在规定发包人收到竣工结算报告及结算资料后 28 天内无正当理由不支付工程竣工结算价款，从第 29 天起按承包人同期向银行贷款利率支付拖欠工程价款的利息，并承担违约责任的同时，还规定了发包人收到竣工结算报告及结算资料后 28 天内无正当理由不支付工程竣工结算价款，承包人可以催告发包人支付结算价款的内容。从民法理论尤其是《合同法》规定来看，催告往往是一种产生一定法律后果的前提，而且有一个合理期限。但需要注意的是，在建设工程施工合同格式条款中，催告行为是与产生付款并承担相应工程款利息，在建设工程施工合同中是被同时规定的，也就是说，承包人向发包人进行催告并不是产生结算依据的前置程序，不是一个必经程序，发包人不得以承包人没有进行催告而提出抗辩。因此，没有必要将催告作为承包人应当履行的义务和确定结算依据的一个环节。当然，本条司法解释中没有规定催告作为确定结算依据的前置程序，但并不影响承包人向发包人就工程款支付事宜进行催告。

① 孙林、于腾群等：《建设工程常用法律文书范本》，法律出版社 2002 年版，第 93 页。

（四）承包人递交竣工结算报告和发包人收到竣工结算报告行为的确认。按照建设工程施工合同约定，承包人递交结算报告的行为应当是书面的，发包人收到竣工结算报告也必须给承包人出具书面的凭证。承包人仅仅口头告知发包人有关结算报告的内容等，是不产生导致结算依据的后果。而且如果仅仅是口头的单方告知，也会导致在日后发生工程款结算纠纷时举证的困难。承包人向发包人递交结算报告时，接收结算报告的主体如果是法人或者其他组织的，应当是该法人的法定代表人、其他组织的主要负责人，或者法人或其他组织内部具有收发责任和义务的部门，如办公室、收发室、值班室等负责收件的人签收或者盖章。递交结算报告的不适用留置递交的方式。承包人以发包人不接收结算报告为由，主张按由其单方提出的结算报告作为结算工程价款的依据，理由不能成立，主张不应得到支持。如果承包人不能举出证据证明自己已经向发包人递交了结算报告，则不能产生将承包人提出的结算报告作为结算依据的法律后果。

第二十一条　当事人就同一建设工程另行订立的建设工程施工合同与经过备案的中标合同实质性内容不一致的，应当以备案的中标合同作为结算工程价款的根据。

条文主旨

本条是关于发包人与承包人之间就同一建设工程签订两份不同版本的合同，其中有一份是中标合同、另一份是内容与中标合同不一致的合同，应以哪一份合同作为结算工程价款依据的规定。

本条所涉及的内容也就是社会上人们通常所说的“黑白合同”或者“阴阳合同”的效力及其处理问题。这类合同之所以被称为“黑白合同”或者“阴阳合同”，是因为被称为“黑合同”“阴合同”见不得阳光，不能公开，不能拿到桌面上。如何处理这些建设工程施工合同纠纷，是经济生活和审判实践中长期困扰并且迫切需要解决的问题。正确理解本条司法解释的含义，需要从以下三个方面着重把握规定的内容：（1）被称为“黑白合同”或者“阴阳合同”的两个不同版本的合同，在签订时间上可以存在三种状态，即与中标合同内容不一致的合同在中标合同之前签订；与中标合同内容不一致的合同在中标合同之后签订；与中标合同内容不一致的合同与中标合同在同一天签订且难以确定先后顺序的。（2）两份合同不一致的地方必须是在工程价款、工程质量或者工程期限等三个合同实质性内容方面有所违背，而不是一般的合同内容变更或者其他条款的修改。需要注意的是，在中标合同签订后，任何一方当事人都有权依法通过协商变更合同部分条款。如何具体量化和区分“黑白合同”或者“阴阳合同”与依法变更合同的界线，在一定程度上存在着法官自由裁量的问题，需要法官正确掌握裁量的标准。（3）依法进行招标的项目，招标人在一定的期限内向有关行政监督部门提交招标投标情况的书面报告，是法律规定的对招标投标进行的备案制度，这是体现国家对强制招标项目这些民事活动的干预和监督。设立这种备案制度，并不是说中标结果和中标合同必须经行政部门审查批准后才能生效，而是确定以经过备案的中标合同作为承包人与发包人双方结算工程款的依据。

理解与适用

一、起草背景

长期以来，在我国建筑施工市场，按照法律规定实行强制招标投标的项目领域，在承包人与发包人之间存在签订两份合同的情况时常发生。其中，一份是招标人与中标人根据中标文件签订的合同，即中标合同，另一份则是内容与中标合同内容不一致的合同，社会上形象地称之为“黑白合同”或者“阴阳合同”。同时，在实践中，有的合同与中标合同内容相差不大，只是在工程的某些方面与中标合同的内容不一致，没有对合同进行实质性的修改；有的则是通过签订新的合同对中标合同从工程价款、工程质量和工程期限等方面进行了重大的实质性修改。当事人因履行合同发生纠纷诉至人民法院时，常常遇到双方当事人各持一份对自己有利的建设工程施工合同，对人民法院正确认定合同的真实性和合法性造成不小的困难，经常在不同程度上导致对案件的拖延审理。如何根据法律相关规定，结合当事人的真实意思表示，确定一份合同作为当事人之间结算工程价款的依据，一直是民事审判实践中需要解决的现实而紧迫的问题。多年的民事审判实践中，特别是近几年来，不少法院通过多种渠道不断向最高人民法院请示和反映，希望最高人民法院根据《合同法》和《建筑法》等法律和行政法规的规定，结合民事审判实践，提出明确的司法解释意见，以指导审判实践。本条的规定，就是为了适应审判实践中的现实问题解决的需要，根据有关法律规定的精神而作出的具体解释。

二、社会各界所提的修改意见及采纳与否的情况

自 2002 年 3 月起，最高人民法院民一庭就启动本司法解释的起草工作，先后在北京、广东、安徽、贵州等地召开各类座谈会十多次，反复听取了各级法院和人大法工委、建设部、施工单位、房地产开发企业、执业律师、专家学者和鉴定中介机构等各方面意见。本条规定的内容始终是重点研究的问题之一。在《人民法院报》和中国法院网上征询社会意见过程中，本条内容属于被提及以及提出修改意见最多的条款之一。对这一问题如何解决，受到社会各界的关注，特别是受到建筑施工企业的高度关注。在本司法解释起草过程中，建筑施工企业以各种形式不断地提出修改意见和建议。

在通过中国法院网和《人民法院报》向社会各界征求意见时，该条列为第六条，具体内容为："发包人以排挤其他投标人为目的，利用其在签约中所处的优势地位，就同一建设工程除与承包人公开签订的建设工程施工合同外，又强迫承包人签订另一份工程价款、工期等方面与中标签订的合同不一致且有利于发包人的建设工程施工合同，人民法院应认定招标投标时签订的合同有效。"该条在最后定稿的文本中排在第二十一条，具体内容也作了较大的改动。

在征求意见过程中，本条的内容属于备受关注且争议较大的问题之一。

（一）专家学者提的修改意见

在讨论该条文时，大部分专家学者强调的更多的是，既要甄别"黑白合同"和"阴阳合同"，也要注意保护建设工程施工合同双方当事人修改、变更合同的权利。关键是要把握好确认正常的合同变更行为与规避中标行为的界线。多数学者认为，应当坚持把在合同实质性内容的重大改变作为区分两类不同性质合同的界线。

（二）网民提的修改意见

1. 有的网民提出，应该强调有利于承包人的情形。在某一承包人与发包人串通的情形下，存在两份合同，而承包人显然也存在主观恶意，如果认定中标时订立的合同为有效，则实体处理显然对承包人有利，在承发包之间，双方均有过错的情形下，不利后果均由发包人承担。

2. 有的网民提出，征求意见稿中对发包人利用招标时的地位就同一建筑

工程公开招标签订一份合同，而后又私下签订一份施工合同问题“应认定招标时签订的合同有效”。但是，对于承包人在把该工程揽到手，开工并实际占有该工程后以停工或拖延工期等方式，强迫发包人再签订另一份在工程价款、延迟付款罚款、将工程折价或优先受偿等方面与中标签订的合同不一致且有利于承包人的建设工程施工合同，人民法院也应认定招标投标时签订的合同有效。对既签订有建设部、国家工商行政管理局制定的建设工程施工合同（示范文本），又签订有非示范文本合同的，应认定正规的示范合同文本有效。

3. 有的网民提出，根据《招标投标法》规定，有六种情况导致中标结果无效，根据无效的结果签订的合同效力如何？又如：中标后双方没有按照招标文件、投标文件签订合同，而是签订了背离招标文件、投标文件的合同，背离的合同条款效力又如何？

4. 有的网民提出建议，将相关内容修改为：“发包人与承包人就同一建设工程公开签订了建设工程施工合同外，又签订了另一份工程价款、工期等方面与中标签订的合同不一致且有利于发包人的建设工程合同，人民法院应认定招标投标时签订的合同有效。”否则，按原规定，则当事人无法举证证明。

5. 有的网民提出，本条为强调发包人利用优势地位与承包人签订另一份有利于自己的建设工程施工合同，设定了“发包人以排挤其他投标人为目的”且“强迫承包人签订”这样一个前提，这样的规定使得承包人的举证责任加大，致使承包人在主张与发包人另行签订合同无效的同时，必须搜集充分的证据以证实发包人的确出于“排挤其他投标人为目的”且有“强迫”行为。而在实践中，承包人很难有证据证实发包人的这一主观想法，司法实践中也很难认定承包人是否确为受“强迫”签订另一份合同。这样，即使制定这一条款的初衷是为保护承包人的弱势地位，也会因为缺乏实践操作的可能而流于形式，达不到保护承包人的目的。

根据《招标投标法》的规定，这种发包人与承包人签订一份与中标时公开签订的建设工程施工合同主要内容不一致的合同（俗称“阴阳合同”），无论是否有违承包人的意愿，其结果都是侵害了其他投标人的合法权益，不应得到法律的保护，更不能以承包人是否处于弱势地位来决定合同的效力。

根据《招标投标法》第四十五条、第四十六条、第五十九条的规定，招标人根据投标人的投标文件综合评比后确定中标人，并应同时将中标结果告知所有未中标的投标人。招标人和中标人应按招标文件和中标人的投标文件订立书面合同，不得再行订立背离合同实质性内容的其他协议。制定这些条款的目的是强调并监督招标人和中标人必须遵循公平、公正、公开的原则，严禁任何侵犯其他未中标投标人利益的行为，从而保证招投标各方的合法权益。

因此，从《招标投标法》制定的原则和调整的法律关系看，无论承包人是否受发包人的强迫，签订与中标时公开签订的建设工程施工合同主要内容不一致的合同，都是对其他未中标的投标人合法权益的侵犯，也是有悖于《招标投标法》主旨的。

因经济生活实践中出现“阴阳合同”的原因有可能是发包人利用优势地位强迫承包人签订的，也可能是发包人和承包人双方相互恶意串通自愿达成的，故建议将本条内容修改为：“发包人利用其在招标过程中的优势地位，就同一建设工程除与承包人公开签订的建设施工合同外，又与承包人签订另一份工程价款、工期等方面与中标时签订的合同不一致且有利于发包人的建设工程施工合同，人民法院应当认定中标时签订的合同有效。”“发包人与承包人相互串通，签订的与中标时公开签订合同的工程价款、工期等主要内容不一致的建设工程施工合同，即损害了其他未中标的投标人的合法权益，人民法院应当认定中标时签订的合同有效。”

6. 有的网民建议修改为：发包人与承包人根据招投标结果签订建设工程施工合同后，无正当理由又签订与招投标合同的工程价款、工期等内容不一致的合同，承包人要求认定无效的，人民法院应予支持。人民法院作出该合同无效的认定后，发包人与承包人权利义务适用招投标时签订的合同。作这样修改的理由是：（1）征求意见稿实际上确定了四个适用条件，实践中无法就目的、利用优势地位、强迫等事项进行举证；（2）司法实践中，虽然符合上述条件，承包人往往只是按照阴阳合同的“阴合同”起诉拖欠工程款，不一定诉请认定合同无效，双方可能对合同效力并不持异议，按照不告不理原则，人民法院不必主动认定招投标合同的有效性。

7. 有的网民建议修改为：“以排挤其他投标人为目的，承发包双方就同一建设工程除中标后公开签订的建设工程施工合同外，又签订另一份在工程价款的数额、支付期限、工期或质量等级等方面与中标签订的合同不一致，且有利于发包人的建设工程施工合同，或者承包人向发包人作出类似的书面承诺，人民法院应当认定该另一份合同或承包人的承诺无效。”主要理由：一是为排挤其他投标人而签订所谓“阴阳合同”往往是承包人和发包人双方在招投标阶段互相串通的结果，并不一定存在发包人对承包人的强迫，况且征求意见稿中限定的“强迫”在实践中很难举证证明。二是为达到排挤其他投标人的目的，有时，承包人和发包人双方并不签订“阴合同”，而是通过承包人向发包人作出类似的书面承诺的形式出现，比较隐蔽。三是直接规定承发包双方在招标投标时公开签订的合同有效似有不妥。因为公开签订的合同是否有效，不能仅因其系在招标投标时公开签订的而简单认定，还要审查其签订的程序和内容是否不违反法律和行政性法规的全部强制性规定。而“阴合同”或者承包人向发包人作出的类似书面承诺因违反《招标投标法》第三十二条第一款、第二款的强制性规定而当然无效。

发包人以排挤其他投标人为目的，利用其在签约中所处的优势地位，就同一建设工程除与承包人公开签订的建设工程施工合同外又强迫承包人签订另一份工程价款、工期等方面与中标签订的合同不一致且有利于发包人的建设工程施工合同（建议增加：“应当认定该合同为无效合同”）。人民法院应认定招标投标时签订的合同有效。

8. 有的网民建议该条内容修改为：“发包人就同一建设工程与承包人按中标条件签订建设工程施工合同后，又与承包人另行签订工程范围、工程价款、工期等方面与中标条件不一致且有利于发包人的建设工程施工合同，若承包人按中标条件提出主张，人民法院应支持承包人的主张。”建议作如此修改的理由是：“排挤”“利用优势”“强迫”等在实践中均难以认定。

9. 有的网民建议修改为：“以排挤其他投标人为目的，发包人与承包人签订和招标投标文件中标的、质量、价款、工期等实质性内容相背离的施工合同的，未中标的投标人可以在该施工合同签订后 6 个月内向人民法院申请撤销该施工合同，或同时申请将该工程施工合同授予最能适合评标条件的投标人。”

发包人利用自己在签订合同中的优势地位，胁迫承包人签订和招标投标文件中标的、质量、价款、工期等实质性内容相背离的施工合同的，承包人应当在合同签订后一年内申请人民法院撤销该合同，或同时申请人民法院按照招标投标文件规定重新确定合同双方的权利义务。

本条以“排挤”为前提，限制范围过窄。本条中的“强迫”不容易确定，实践中承包人为获得承包资格，往往是“自愿”变更合同。

10. 有的网民提出，第六条关于阴阳合同的规定与《招标投标法》第五十九条在逻辑上有矛盾，该条规定的法律责任是明确的。

（三）分析研究后确定的条文

最高人民法院民一庭在研究归纳社会各界提出的修改意见后，形成了目前的条文。该条文简明扼要，强调当有两个不同版本的合同时，以经过备案的中标合同作为结算工程款的依据，删去了原来向社会各界征求意见时所提的排挤为目的，利用优势地位，强迫签订有利于一方的建设工程施工合同等条件。考虑到不少网民提出，发包人与承包人根据招投标结果签订建设工程施工合同后，无正当理由又签订与招投标合同的工程价款、工期等内容不一致的合同，承包人要求认定无效的，人民法院应予支持。人民法院作出该合同无效的认定后，发包人与承包人权利义务适用招投标时签订的合同。因为司法实践中，承包人往往只是按照阴阳合同的“阴合同”或者“黑合同”起诉拖欠工程款，不一定诉请认定合同无效，双方可能对合同效力并不持异议。按照不告不理原则，人民法院不必主动认定招投标合同的效力，对涉及的合同效力问题均不涉及，可只确定哪一份合同作为双方结算工程价款的依据。应该说，这一条是吸收采纳社会各界意见比较多的条款，是集体智慧的结晶。

三、需要注意的几个问题

（一）“阴阳合同”或者“黑白合同”的表现形式。实践中的“阴阳合同”或者“黑白合同”表现形式各异，当事人为了规避法律规定和行政监管，经常在合同的变更和文本上下功夫，打擦边球。有的招投标中标前后分别签订一份合同，表面上符合招标投标规定的一份合同报给主管部门备案，而私下签订的一份合同却是双方真正履行的合同。还有的在投标前、中标时、中标后签订三份合同，目的仍是为了规避法律规定和行政监管。“阴阳合同”或者“黑白合同”往往容易造成与变更合同的界线相混淆，给司法实践造成复杂的情况，导致人民法院对案件难以及时审结。

（二）招标投标活动应当遵循的原则。按照《合同法》《建筑法》《招标投标法》等有关法律规定，招标投标活动应当遵循公开、公正、公平的原则。招标投标程序包括招标程序和投标程序。招标程序大致为：一是进行招标前的准备阶段，包括建立招标机构和制定招标规则；二是发布招标公告阶段；三是资格审查阶段；四是发售招标文件阶段；五是开标、评标、定标阶段。投标程序大致为：投标前的准备阶段，包括收集投标信息和资料，了解招标法律和法规，组成招标小组等；二是投标的询价阶段；三是投标定价阶段，包括核算投标各项成本和确定报价；四是进行投标书的制作阶段，包括投标书的编制和投送标书；五是竞标阶段。所谓公开原则，是指进行招标投标活动的有关信息要公开，招标方应当在新闻媒体上刊发广告或者其他适当方式，发布建设工程招标的信息，并在公开提供的招标文件中，载明招标工程的主要技术要求以及对招标人资格要求内容，使所有符合条件的建筑企业都有机会参与投标竞争；招标投标活动的程序要公开，包括领取招标文件的时间、地点，投标的截止日期，开标的时间、地点以及评标定标的标准、方法等，都予以公开，不允许"暗箱操作"。遵循公平原则，要求招标投标双方严格按照公开、公正的原则办事，以正当的手段开展招标投标活动；坚持公正原则，就是要求严格按照既定的评定标准评标和定标。在严格遵循上述原则确定的中标合同，无论是对招标人还是投标人，也无论是对其他参与竞标活动的主体，都是一个公平的结果。因此，必须以中标合同作为确定享有权利和履行义务的基础和依据。

（三）关于以中标合同作为结算依据的基本法律规定。实行招标投标，可以有效地提高经济效益，保证项目质量，保护国家利益、社会公共利益和招标投标活动当事人的合法权益。招标的最大特点是：让众多的投标人参与竞争，通过优择劣汰的筛选，以最低或者较低的价格获得最优的货物、工程或者服务。在西方国家，在政府及公共采购领域普遍推行招标投标制度。

在我国，对于不按招标文件和投标文件签订合同应当承担什么样的法律后果的问题，《招标投标法》的相关条款中有明确的规定。《招标投标法》第四十六条规定，招标人和中标人应当自中标通知书发出之日起三十日内，按照招标文件和中标人的投标文件订立书面合同。招标人和中标人不得再行订立背离合同实质性内容的其他协议。该法第五十九条规定，招标人与中标人不按照招标文件和招标人的投标文件订立合同的，或者招标人、中标人订立背离合同实质性内容的协议的，责令改正；可以处招标项目金额千分之五以上千分之十以下的罚款。

这些规定，涉及当事人不按照招标文件和投标文件签订合同以及订立背离合同实质性内容的协议，应承担什么样的法律责任问题。招标人与中标人通过更为隐蔽的方式，签订另外一份合同来规避招标的目的，双方在形式上按照招标文件和中标人的投标文件签订一份合同，但却在中标合同之外签订背离合同实质性内容的协议。从行业标准方面看，所谓合同的实质性内容是指投标人的报价、招标方式、技术规格等合同主要条款。按照《合同法》第十二条规定，合同的内容由当事人约定，一般包括以下条款：（一）当事人的名称或者姓名和住所；（二）标的；（三）数量；（四）质量；（五）价款或者报酬；（六）履行期限、地点和方式；（七）违约责任；（八）解决争议的方法。该条还规定，当事人可以参照各类合同的示范文本订立合同。关于合同内容的法律规定，1985 年制定的《经济合同法》第十二条规定，经济合同应具备以下主要条款：一、标的（指货物、劳务、工程项目等）；二、数量和质量；三、价款或者酬金；四、履行的期限、地点和方式；五、违约责任。该条还规定，根据法律规定的或按经济合同性质必须具备的条款，以及当事人一方要求必须规定的条款，也是经济合同的主要条款。可见，《合同法》规定的合同内容比较详细。但前后两部有关合同的法律中都没有规定实质性条款。实质性条款的概念首次出现在《招标投标法》中。按照学界通说，所谓合同实质性内容，是指影响或者决定当事人基本权利义务的条款，一般指合同约定的工程价款、工程质量和工程期限。如果当事人签订的与招标合同不一致的合同在实质性内容方面相背离的话，《招标投标法》一方面有“不得”的强制性规定，同时设立了责令改正制度。对于招标人和中标人订立背离合同实质性内容的协议的，有关行政监督部门应当责令双方在一定期限内予以改正，要求他们严格按照招标文件和中标人的投标文件订立合同。在已经签订中标合同之外再行订立背离合同实质性内容的协议的，所签协议予以废止，当事人应当严格按照招标文件和中标人的投标文件签订的合同行使权利和履行义务。这些规定，也是司法解释本条款确定以备案的中标合同作为结算工程价款依据的基本法律依据。

（四）关于签订在实质性内容方面不一致的两份合同的三个时间点问题。从实践中看，出现两份内容不同足以构成认定为“黑白合同”或者“阴阳合同”条件的合同，在签订的时间上呈现出多种情况。有一种观点认为，被称为“黑合同”或者“阴合同”的签订时间只能是出现在被称为“白合同”或者“阳合同”之后，在此之前签订的与中标合同内容有实质性改变的合同，或者与中标合同同时签订的内容有实质性改变的合同，都不能将在同一工程上并存的两份合同称之为“黑白合同”或者“阴阳合同”。实际上，从《招标投标法》的有关规定看，对于两份合同性质的认定，没有将合同签订时间作为一个标准，只要针对同一工程的两份合同在实质性内容方面不一致，其中有一份是中标合同或者根据中标文件签订的合同，就可以认定为“黑白合同”或者“阴阳合同”的情形。至于当事人之间是在中标之前还是在中标之后签订的目的在于规避中标合同的，都不影响对合同性质的认定。

（五）关于如何确定“实质性内容不一致”的问题。根据我国有关合同的法律规定，合同条款涉及的内容很多，而且不同行业领域的合同文本格式以及内容条款也不尽一致。到底哪些内容属于实质性内容，目前在我国法律上没有明确界定，在学界解释方面虽提法上不尽一致，但形成了主流观点，几近通说。当然，合同的实质性内容条款也因具体合同种类不同而有所不同。本条解释最终采用“合同实质性内容不一致”的提法，是从《招标投标法》中的提法借鉴而来，不将合同的全部内容变化作为区分“黑白合同”或者“阴阳合同”的界线。之所以将合同性内容列为影响合同性质的范围，是因为工程价款、工程质量和工程期限等三个方面内容对当事人之间的利益影响甚大。当事人经过协商在上述三个方面以外对合同内容进行修改、变更的行为，都不会涉及利益的重大调整，不对合同的性质产生影响。也就是说，不会涉及“黑白合同”或者“阴阳合同”问题的认定与处理。工程价款、工程质量和工程期限三个方面，涉及固定招标人和中标人的基本权利义务。所谓价款，是有偿合同的主要条款，是取得标的物应当支付的代价；而工程价款，则是指发包人按照合同约定应当支付给承办人为其施工建设的代价；所谓工程质量，是指建设工程施工合同约定的工程具体条件，也是这一工程区别其他同类工程的具体特征；所谓工程期限，是指建设工程施工合同中约定的工程完工并交付验收的时间。

（六）关于如何把握认定“黑白合同”或者“阴阳合同”的签订与合同变更情况的界线问题。从《合同法》理论上讲，合同的变更，是法律赋予合同双方当事人的一项基本权利，是指对合同相关内容进行修改的行为。我国《合同法》中也对合同的变更作了明确规定。合同变更权的行使存在于所有的合同履行过程中，中标合同的履行当然也不例外。因此，如何正确区分合同的变更与规避中标合同的界线，准确区分“黑白合同”或者“阴阳合同”，在建设工程施工合同方面就显得尤为重要。合同变更，有广义和狭义两种情况。广义的合同变更，是指合同的内容和主体都发生变化，主体的变更是指新的合同主体替代原合同关系的主体，因债权和债务变更的不同而分别属于债权转移或者债务转移的情形，归入合同的转让更为贴切。狭义的合同变更属于内容的变更，是指在合同成立以后，尚未履行或者尚未完全履行以前，双方当事人就合同的内容进行修改或者补充的行为。合同变更会导致原合同关系相对消灭，在保留原合同的实质内容的基础上产生一个新的合同关系，但仅仅是在变更的范围内使原债权债务关系消灭，变更范围之外的债权债务关系仍然继续存在。正常的合同变更受到法律保护。对于一些以变更合同之名行签订“阴阳合同”或者“黑白合同”之实的行为，要准确区分。在上述实质性内容之外修改、变更中标合同的，不属于签订“阴阳合同”或者“黑白合同”，但并不是说所有就上述实质性内容进行修改、变更的与中标合同内容不一致的合同都属于签订“阴阳合同”或者“黑白合同”情形，而是要根据具体合同的实际情况予以判定。比如只是在工程价款稍有调整、工程期限略有变化、工程质量有点不同的，就不宜一概认定为属于签订“阴阳合同”或者“黑白合同”的情况，必须是会导致双方当事人利益失衡的情况。根据《招标投标法》的有关规定，招标人和中标人不得再行订立背离合同实质性内容的其他协议。可见，如何确定背离中标合同实质性内容，是一个重要标准。将这个标准予以量化，虽然是一件比较困难的事情，但原则是明确的，即以中标合同作为结算工程价款的依据。在这一大原则下，如果在合同实际履行过程中存在设计变更导致工程量增加等影响中标合同的实际履行情况时，承包人与发包人经协商对中标合同的内容进行了修改，属于正常的合同变更情形，也可以按照当事人实际履行的合同作为结算工程价款的依据。另外，在确定区分界线时，还有一个幅度问题，达到背离合同实质性内容的程度，也需要正确界定。这里存在一个法官自由裁量权的行使问题。总之，在这个问题上，既要使当事人的合同变更权不受限制和排除，又要防止当事人通过签订“阴阳合同”或者“黑白合同”，作为不正当竞争的手段，达到损害国家、社会公共利益和他人利益的目的。

（七）关于招标后合同备案的性质问题。这个问题涉及招标合同备案是不是必经法定程序，也就是说，招标后合同备案属于一种什么样的法律行为。这里所指的招标后合同备案，都是按照规定必须进行招标项目的范围，即强制招标的范围。这些招标项目，都是国家投资、融资项目，关系到社会公共利益和公共安全的项目，或者使用国家统借外债的项目，因此法律规定必须采用招标投标方式是非常必要的，体现了国家对这类民事活动的干预和监督。而为了达到有效地监督这些项目的招标投标情况，及时发现实施过程中可能存在的问题，规定由招标人向国家有关行政监督部门提交招标投标情况的书面报告，是很有必要和有效的措施。需要注意的是，由招标人向行政监督部门将招标情况和中标合同提交书面报告备案，并不意味着合法的中标合同必须经行政部门审查批准才能生效。除法律另有明确规定的中标合同外，中标合同备案都不是合同生效的条件，但在有多个合同文本时，都是确定中标情况的依据。可见，尽管将中标合同备案不是合同生效条件，但属于政府有效监管手段，有利于维护交易规则和交易秩序，本司法解释明确规定以经过备案的中标合同作为结算工程款依据，就是基于以上考虑。

（八）关于“黑白合同”的工程款结算问题。当事人为达到逃避各级建筑主管部门监管、不缴或少缴税款、在建设工程招标投标中取得竞争优势等不正当目的，就同一建筑工程项目签订两份或两份以上工程价款、工程质量和工程期限等实质性内容不一致的合同，这种行为是一种违反《招标投标法》规定，严重干扰建筑市场秩序的不正当竞争行为。由于“白合同”是经过招投标法定形式确认的，未经法定形式不得修改变更，因此，即使“黑合同”签订在“白合同”之后，亦不能视为对“白合同”的变更，不能以此作为结算工程价款的依据。应当明确的是，中标合同也准许当事人变更合同内容，只要符合《合同法》第五章规定，就应当准许当事人双方变更中标合同的内容。《招标投标法》第四十五条第二款规定，中标通知书对招标人和投标人具有法律效力。据此，中标合同不应再行进行实质性内容变更，应当以中标合同作为结算工程价款的依据。本条司法解释确定的上述原则，其积极意义在于，并不涉及哪一份合同的效力，而是明确了以哪一份合同作为结算工程款的依据，便于及时解决当事人之间的建设工程施工合同纠纷。

第二十二条　当事人约定按照固定价结算工程价款，一方当事人请求对建设工程造价进行鉴定的，不予支持。

条文主旨

本条是关于建设工程施工合同约定按照固定价格结算工程款，当事人发生争议的，按照什么标准来确定工程款数额的规定。

在我国建筑实践中，因建设工程涉及的种类不同，双方当事人约定工程款结算方式也多种多样。当事人在建设工程施工合同中约定不同的结算方式，会导致不同的法律后果。合同中约定按照固定价结算工程款的，一般是指按施工图预算包干，即以经审查后的施工图总概算或者综合预算为准，有的是以固定总价格包干或者以平方米包干等方式。所有这些方式，都可以不通过中介机构的鉴定或者评估就可以确定一个总价款。承包人和发包人在履行建设工程施工合同过程中，如果没有发生合同修改或者变更等情况导致工程量发生变化时，就应该按照合同约定的包干总价格结算工程款。如果一方当事人提出对工程造价进行鉴定的申请，按照工程造价进行结算的，不管是基于什么样的理由，都不应予以支持。对于因设计变更等原因导致工程款数额发生增减变化的，在可以区分合同约定部分和设计变更部分的工程时，也不应导致对整个工程造价进行鉴定，只是根据公平原则对增减部分按合同约定的结算方法和结算标准计算工程款。

理解与适用

一、起草背景

在审判实践中，有不少建设工程施工合同纠纷案件当事人认为，合同中约定的固定的工程价款与工程量不符，需要委托中介机构对工程价款进行鉴定、评估、审计或者审价，另一方当事人认为合同中已经约定了固定的工程价款总额，不需要再进行鉴定、评估、审计或者审价等。如何处理这种情况，在我国民事审判实务中，曾经出现多种做法：有的审判人员根据当事人申请，撇开当事人在合同中的约定，委托中介机构对工程造价进行鉴定、评估、审计等；有的审判人员根据当事人在合同中的约定，按照约定的工程价款数额确定发包人应当支付的工程款；有的审判人员采取对未变动的部分按照合同约定进行处理，对变动的部分委托中介机构进行鉴定、评估、审计，区别对待。实践中的做法五花八门，极不统一。如何正确对待当事人在建设工程施工合同中约定的固定价款，需要统一认识，明确界线。本条规定就是在这种情况下起草的。

二、社会各界所提的修改意见及采纳与否的情况

在通过中国法院网和《人民法院报》向社会各界征求意见时，该条列为第十一条，具体内容为："建设工程施工合同约定工程款一次包定，一方向人民法院申请工程造价鉴定并请求依鉴定结论结算工程款的，不予支持。因设计变更等原因导致工程款数额增减的，对增减部分按合同约定的结算方法和结算标准计算工程款。"该条在最后定稿的文本中排在第二十二条，具体内容也作了比较大的调整，并在司法解释文本中首次采用了"固定价"的概念。在行业习惯中，把"固定价"俗称为"包死价""一口价"。

在征求意见过程中，本条的内容争议不是很大，提出的修改意见也不多，但对如何表述也曾经出现过不同的文本。

（一）专家学者提的修改意见

在征求意见过程中，绝大多数专家学者基本同意采用现行的写法，认为既然承包人与发包人双方通过合同约定了工程价款的确定形式为固定价格，表明双方对建设施工的风险是有预知，并考虑到合同履行中的引起价格变动的诸种因素，应当尊重当事人的意思自治。按照固定价结算工程款，体现了公平原则，有利于防止出现不正当竞争的行为。同时，有的学者提出，当承包人与发包人在履行合同过程中发生了工程设计变更的情况时，需要确定一个原则调整双方当事人的利益，不致双方当事人的利益失衡。对于如何解决这一问题，有的学者认为，因为双方当事人履行合同的条件与签订合同时的条件相比，已经发生了变化，如果仍然按照原合同约定的固定价进行工程价款结算，就显失公平，应当适用情势变更原则，对双方约定的固定价进行调整；有的学者认为，当承包人与发包人在履行合同过程中发生了工程设计变更的情况时，确实需要确定一个原则来调整双方当事人的利益，但适用情势变更原则显然与我国现行的法律规定不相一致，该原则在《合同法》起草过程中曾被提及，后来在最后通过时被删除，可见没有在立法上得到认可。通过司法解释来确定在立法上没有得到确认的重大法律原则，有悖法律规范性文件的制定规则。从目前的实际情况出发，还是适用公平原则来调整双方当事人的利益为宜。

（二）网民提的修改意见

一些网民提出，当事人双方在合同中约定了按照“一次性包死”“一次性包定”“平方米包干”等固定价格条款的，应当严格按照合同约定结算工程款，因为在承揽工程时承包人与发包人双方应当预见到工程建设过程中的各种风险。有的网民提出，虽然双方在合同中约定了“一次性包死”“一次性包定”“平方米包干”等固定价格条款，但在履行合同过程中，情况发生了变化，而这些变化是双方当事人意志以外的因素所致，此时如果继续按照原合同约定的价格履行合同，则显失公平，应该适用情势变更原则，允许当事人对工程款结算问题进行变更。

（三）分析研究后确定的条文

针对社会各界提出的修改意见和建议，最高人民法院民一庭在概括总结时，注意强调从正面突出合同约定按固定价格结算工程款的，当事人一方主张对工程价款进行鉴定的，人民法院不予支持。在修改过程中，曾有一种观点认为，如果双方当事人同意鉴定的可以作为“除外”条款。考虑到当事人约定的固定价结算工程款，属于合同的权利义务条款，对双方都具有法律约束力，在没有证据和事实推翻合同约定的情况下，应当按照合同约定执行，即使双方当事人同意通过鉴定的方式确定工程款，也不予以同意。还有一种观点认为，在合同约定固定价的情况下，当事人一方提出按照其他计价方法结算工程款的，人民法院不予支持。考虑到当事人要求鉴定是提出不按合同约定的固定价结算工程款的最基本、最具有代表性的方式，在本解释中点出不支持当事人提出通过鉴定方式确定结算工程款的意思，当然包括不支持当事人一方采取其他方式结算工程款的要求。一方当事人提出对建设工程价款进行鉴定、评估、审计、审价的，都属于要求不按固定价结算工程款的行为，当事人为此提出相应的申请的，人民法院一律都不予支持。关于专家学者提出是适用情势变更原则还是适用公平原则来调整双方当事人的利益问题，考虑到当承包人与发包人在履行合同过程中发生了工程设计变更的情况时，确实需要确定一个原则来调整双方当事人的利益，但适用情势变更原则确实与我国现行的法律规定不相一致，在司法解释中予以明确，不是很合适。从目前的实际情况出发，还是考虑适用公平原则来调整双方当事人的利益为宜。但这层意思也没有在本条解释中明确规定，只是没有排除这一原则，实际上包含了这层意思。最后，形成了目前的条文。

三、需要注意的几个问题

（一）关于工程造价构成和确定的问题。建设工程造价，是指进行某项工程建设所花费的费用，即从筹建到竣工验收交付使用的全部建设费用。它由建筑安装工程费，设备、工器具购置费、工程建设其他费和预备费以及税金组成。从另一个角度看，工程造价又可分为单位工程造价、单项工程综合造价和建设项目总造价；从阶段划分，工程造价又可分为可行性研究的投资估价、初步设计的概算造价、施工图设计的预算造价、合同实施的结算造价、竣工验收的决策造价。建设工程施工合同对于如何确定工程价款的方式的约定，表现为以下三种形式：1. 固定价格合同。双方在合同专用条款内约定合同价款包含的风险范围和风险费用的计算方法，在约定的风险范围内合同价款不再调整。风险范围以外的合同价款调整方法，应当在专用条款内约定。2. 可调价格合同。合同价款可根据双方的约定而调整，双方在专用条款内约定合同价款调整方法。3. 成本加酬金合同。合同价款包括成本和酬金两部分，双方在专用条款内约定成本构成和酬金的计算方法。在可调价格合同中合同价款的调整因素包括：1. 法律、行政法规和国家有关政策变化影响合同价款；2. 工程造价管理部门公布的价格调整；3. 一周内非承包人原因停水、停电、停气造成停工累计超过 8 小时；4. 双方约定的其他因素。双方在合同中需要对工程价款的计算问题作出明确约定。在不同的工程种类中，工程造价的计算方式是不一样的。如为招标工程，则应以中标时确定的中标金额作为工程造价，如按初步设计总概算投资包干的，应以经审批的概算投资中与承包内容相应部分的投资（包括相应的不可预见费）作为工程造价；如按施工图预算包干，则以经审查后的施工图总概算或者综合预算价作为工程价款；如果一时不能计算出工程价款，尤其是按照施工图预算加现场签证以及据实结算的工程，即使不能事先确定工程价款，也需要在合同中明确规定工程价款的计算原则，如执行哪一年的定额，适用什么样的计算标准，以及如何签证和审定工程款等。

（二）关于建设工程固定价表现的形式问题。承包人与发包人双方在合同中约定采用固定价结算的形式一般有两种：一种是价格固定，一种是面积固定单价包干。前者如就某一工程固定为 1000 万元，后者如每平方米 600 元、总面积 10000 平方米等。在实践中，约定合同包干的内容多样。但总的意思是清楚的，在约定的风险范围和风险费用内合同价款不再调整，或者是约定的工程总价款还是通过约定的单位面积平方米包干，都是可以通过当事人双方举证、质证、认证等过程计算出来，不需要专门委托中介机构鉴定确定结算的工程款。

（三）关于按固定价结算与分配利益风险关系的问题。实践中，经常有一方当事人在诉讼中提出，基于种种原因和情况，当初签订建设工程施工合同时约定的固定价格的条件已经发生了重大变化，如果继续按照合同约定的固定价格结算工程款，明显不公平。承包人认为这样不但不能赚得利润，而且在干完一个工程后还得赔本。大多数发包人认为，按照合同约定的固定价格已经足够了，而且合同约定的条款属于双方的真实意思表示。也有的发包人认为，原来合同约定的固定价格偏高，实际履行合同过程中工程量发生了变化，承包人所做的工程比合同约定的要少，故应该通过鉴定等方式确定据实结算工程价款。有的观点认为，当事人一方提出履行合同的价格基础条件方式了变化，应该允许当事人提出按照情势变更原则免除超过合同约定的固定价的付款责任。实际上，这种风险分配与情势变更是不同的。情势变更原则是由法律规定的，当事人一方请求人民法院根据情势变更原则主张变更或者解除合同的，须由人民法院具体判定当事人所提的请求是否符合情势变更的条件。情势变更适用于变更或者解除合同的事由。我国《合同法》起草过程中曾经提及情势变更原则，但在最后审议通过的《合同法》中没有规定。在英美法中，情势变更原则适用的条件是，在合同订立后，因发生情势变更导致合同目的受挫，应确定当事人之间所约定的条件不成就，从而使当事人的债务被免除。在大陆法中，一般承认情势变更原则，认为情势变更可导致变更或者解除合同的效力。在我国，虽然法律上没有规定情势变更，但在学理上通说认为，情势变更原则旨在消除合同履行过程中出现的显失公平现象，从而使合同得以在公平的基础上得到实际履行，或者依据诚实信用原则解除合同。[①] 可见，适用情势变更原则是有严格的条件限制的，在目前我国民事法律没有明确规定的情况下，显然一般不宜适用情势变更原则来调整承包人与发包人双方当事人的利益和风险分配的。如果出现了导致承包人与发包人之间利益的重大失衡，可以适用民法中的公平原则进行调整，使当事人的利益得到平衡，但也应当慎重适用公平原则。

从双方当事人提出改变合同约定的工程固定价格意思表示来看，都是认为利益发生了偏颇、产生了严重失衡，总是觉得对自己不利。当事人在建设工程施工合同中约定的固定价格条款，实际上是起着分配风险的作用，由此决定着谁在实际上防御风险和承担风险。如果不承认这类合同条款的法律效力，那么实际上建设工程施工合同约定的工程价款就很可能是另外一种状况，实际上的合同当事人也会发生变化。因此，对于当事人双方来说，利益和风险分配的结果是一样的。做这样规定，可以最大限度地防止和限制不正当竞争行为的发生和蔓延，有利于建立和发展健康的建筑市场秩序。

（四）关于一方当事人提出对建设工程价款进行鉴定、评估、审计、审价的，应当如何处理的问题。承包人或者发包人认为合同约定的固定价格结算不公平，提出通过其他方式确定工程价款的，有多种途径：有的是申请鉴定机构进行鉴定，有的是要去评估部门进行评估，有的是申请审计部门进行审计，有的地方还有审价方式等。上述情况，都是不同的价格确定部门采用不

---

① 王利明、崔建远：《合同法新论·总则》，中国政法大学出版社 2000 年修订版，第 327～328 页。

同的方法，确定同一事项，即工程价款。因此，不管是什么称谓，只要是当事人不同意按照合同约定的固定价结算工程价款的，都属于本条司法解释排除的情形。当然，对于因发包人方面提出设计变更等原因导致工程款数额发生增减变化的，需要对该增加的超出原合同约定的部分工程款进行确定，也是必要的，与整个合同约定的按固定价结算工程款的原则并不矛盾。在这里需要注意的是，不对整个工程造价进行鉴定、评估、审计，而只是对增减部分按合同约定的结算方法和结算标准计算工程款。

第二十三条　当事人对部分案件事实有争议的，仅对有争议的事实进行鉴定，但争议事实范围不能确定，或者双方当事人请求对全部事实鉴定的除外。

条文主旨

本条旨在规定人民法院审理建设工程施工合同纠纷案件时，能不通过鉴定即可结算工程价款的，则不作鉴定；必须通过鉴定时才能结算工程价款，尽可能减少鉴定次数；必须通过鉴定才能确定工程价款数额，则尽可能缩小鉴定范围。缩小鉴定范围，一般就可以缩短鉴定时间，进而缩短案件审理时间，达到节省诉讼成本，提高诉讼效率的目的。同时，缩小鉴定范围，也可以避免审判人员为图省事，把争议焦点全部通过鉴定方式解决，把法律赋予人民法院的审判权转移由鉴定机构行使，避免出现鉴定结论不公正，法官又难以纠正的情况发生。

理解与适用

一、制定本条解释的背景情况

（一）有关鉴定的法律规定

《民事诉讼法》第六十三条规定，证据有以下几种：（一）书证；（二）物证；（三）视听资料；（四）证人证言；（五）当事人的陈述；（六）鉴定结论；（七）勘查笔录。以上证据必须查证属实，才能作为认定事实的根据。第七十二条规定，人民法院对专门性问题认为需要鉴定的，应当交由法定鉴定部门鉴定；没有法定鉴定部门的，由人民法院指定的鉴定部门鉴定。鉴定部门及其指定的鉴定人有权了解进行鉴定所需要的案件材料，必要时可以询问当事人、证人。鉴定部门和鉴定人应当提出书面鉴定结论，在鉴定书上签名或者盖章。鉴定人鉴定的，应当由鉴定人所在单位加盖印章，证明鉴定人身份。上述规定表明，鉴定结论是七种法定证据中的一种，依法产生的鉴定结论具有证据效力。是否鉴定的决定权在人民法院，鉴定机构和鉴定人在接受法院委托进行鉴定时享有相应的诉讼权利。最高人民法院《关于民事诉讼证据的若干规定》第二十五条规定，当事人申请鉴定，应当在举证期限内提出。符合本规定第二十七条规定的情形，当事人申请重新鉴定的除外。对鉴定的事项负有举证责任的当事人，在人民法院指定的期限内无正当理由不提出鉴定申请或者不预交鉴定费用或者拒不提交相关材料，致使对案件争议的事实无法通过鉴定结论予以认定的，应当对该事实承担承担举证不能的法律后果。第二十六条规定，当事人申请鉴定经人民法院同意后，由双方当事人协商确定有鉴定资格的鉴定机构、鉴定人员，协商不成的，由人民法院指定。第二十七条规定，当事人对人民法院委托的鉴定部门作出的鉴定结论有异议申请重新鉴定，提出证据证明存在下列情形之一的，人民法院应予准许：（一）鉴定机构或者鉴定人员不具备相关的鉴定资格的；（二）鉴定程序严重非法的；（三）鉴定结论明显依据不足的；（四）经过质证认定不能作为证据使用的其他情形。对有缺陷的鉴定结论，可以通过补充鉴定、重新质证或者补偿质证等方法解决的，不予重新鉴定。第二十八条规定，一方当事人委托有关部门作出的鉴定结论，另一方当事人有证据足以反驳并申请重新鉴定的，人民法院应予准许。第二十九条规定，审判人员对鉴定人出具的鉴定书，应当审查是否具有下列内容：（一）委托人姓名或者名称、委托鉴定的内容；（二）委托鉴定的材料；（三）鉴定的依据及使用的科学技术手段；（四）对鉴定过程的说明；（五）明确的鉴定结论；（六）对鉴定人鉴定资格的说明；（七）鉴定人员及鉴定机构签名盖章。最高人民法院司法解释对《民事诉讼法》有关鉴定的规定作出相应详尽的解释。

长期以来，《民事诉讼法》未对司法鉴定作出可供遵循的具体规定，实践中司法鉴定的做法不尽统一，缺乏必要的诉讼程序保障、重复鉴定、多个鉴定结论相互矛盾、鉴定不规范、不公平的问题十分突出。证据规则针对这一情况作出相应的规定，对规范司法鉴定行为起到至关重要的作用，应当说功不可没。鉴定结论属于证据的一种，申请鉴定属于当事人举证责任的范畴，除个别情况下，人民法院一般不能依职权委托鉴定，在当事人申请的情况下才委托鉴定机构鉴定。鉴定应当适用举证责任的一般规则。启动鉴定应以当事人自行协商为主，只有在协商不成的情况下，法院才能够依职权指定鉴定。证据规则规定了重新鉴定的条件，只有在不具备鉴定资格或者鉴定程序违法或者鉴定结论明显依据不足或者经质证不能作为证据使用的情况下，才准许重新鉴定。证据规则还对鉴定书提出基本要求，审判实践中鉴定书常常存在各种各样的缺陷，造成鉴定结论没有意义或者质证困难。

上述法律和证据规则的规定，也是制定本条的依据，只有先了解上述法律和司法解释规定精神的前提下，才能充分、全面了解本条的含义。

（二）制定本条解释的考虑

在很长一段时间以来，建设工程施工合同纠纷案件的审判实践中，许多案件涉及鉴定问题，鉴定中存在许多不规范现象，最终导致判决结果不公。主要体现在：

第一，鉴定机构和鉴定人员等鉴定主体不规范。法院委托的鉴定机构或者鉴定人员不具有法定鉴定的主体资格。针对鉴定主体资格，建设部分别于2001年1月21日和1月25日颁布《造价工程师注册管理办法》和《工程造价咨询单位管理办法》两个部颁规章。《工程造价咨询单位管理办法》将工程造价咨询单位定义为：接受委托对建设项目工程造价的确定与控制提供专业服务，出具工程造价成果文件的中介组织和咨询服务单位。将工程造价咨询单位分为甲级、乙级两种，明确规定两级鉴定机构的条件。还明确规定，禁止超越资质等级和资质证书核定的范围承接工程造价咨询业务。《造价工程师注册管理办法》规定，造价工程师是指经全国造价工程师执业资格统一考试合格，并注册取得《造价工程师注册证》，从事建设工程造价活动的人员。未经注册的人员，不得以造价工程师的名义从事建设工程造价活动。造价工程师只能在一个单位执业。造价工程师的执业范围包括工程经济纠纷的鉴定。

司法实践中，许多工程造价或者工程质量鉴定在主体方面存在的缺陷主要体现在：鉴定机构或者鉴定人员不具备鉴定的主体资格、鉴定机构超越本鉴定机构的资质等级许可的经营范围、鉴定人员在两个以上的鉴定机构兼职、没有鉴定资格的鉴定机构或鉴定人员借用具有法定资质的鉴定机构或者鉴定人员的名义从事鉴定活动等。

第二，工程造价鉴定的程序不规范。一般来讲，工程造价鉴定中，对当事人一方或者双方送交鉴定机构鉴定的材料应当质证未质证，对一方或者双方当事人提出的疑问合议庭没有主持开庭请鉴定人出庭答疑，有足以否定全部或者部分鉴定结论的其他证据鉴定机构及法官未采信也未说明理由，鉴定结论上签章或者签字的鉴定单位或者鉴定人员没有参与鉴定活动等，都属于工程鉴定程序不规范行为。

鉴定机构主体存在的问题，本质上也是诉讼程序存在缺陷，严格按照程序法规定进行工程造价鉴定，既可以保障当事人的诉讼权利，也相应保障了当事人的实体权利。司法实务中，多数法官对建设工程施工合同中的专业技术方面知识的掌握有限，我们也不能要求每一个法官都成为建设工程方面的专业人才。工程造价鉴定本身是诉讼活动的组成部分，工程造价鉴定结论属于证据的一种。法律规定法官在诉讼活动中居于主导地位，在工程造价鉴定活动中也不应例外。法官的职责在于把握和保障鉴定程序合法，鉴定结论公正、合理，法官只有注意把握程序，充分体现诉讼的独立价值，通过程序公正才能够实体公正。具体来讲，法官在委托鉴定或者依职权指定鉴定时，应当注意以下问题：法官应当在一方或者双方当事人提出申请鉴定机构或者鉴定人员回避时，依法认真审查当事人提出的申请是否符合《民事诉讼法》第四十五条至第四十九条的规定。法官应当对当事人递交的送检材料进行质证，不应擅断。在当事人对鉴定结论提出异议时，法官应当邀请鉴定人员出庭答疑。鉴定机构在鉴定结论中应当对鉴定过程、鉴定依据、鉴定采用方法及鉴定适用的标准作出说明。法官应当对鉴定结论与人民法院委托书记载的委托事项是否一致进行程序审查。实践证明，不公正的鉴定结论往往是程序上的缺陷造成的，工程造价鉴定的程序公正是实体公正的前提和基础，所以，在工程造价鉴定中强调程序公正具有特殊的意义。

第三，鉴定机构作出鉴定结论的依据不足。主要是指：鉴定适用的方法或者标准与合同约定不符、鉴定适用的标准或者方法与法院委托鉴定书确定的标准或者方法不符、鉴定存在重大漏项、鉴定适用的标准违反国家规定的强制性标准等。司法实践中，建设工程施工合同纠纷案件鉴定主要是两种：一是工程造价鉴定，二是工程质量鉴定。实体上讲，容易出问题的方面主要是工程造价鉴定中出现重大漏项、对施工工程量计算错误、质量鉴定标准适用错误。

从实务上看，各级法院在审理建设工程纠纷案件中采用鉴定方式确定工程价款和工程质量缺陷的情况很多。一些鉴定结论不公平，当事人及社会各界对此反应十分强烈，应当引起各级法院足够重视。有些法官在司法鉴定过程中对鉴定过程缺乏控制，其实际是将国家赋予人民法院的审判权交由鉴定机构行使，将鉴定结论作为判决主文直接采信，这些做法直接违背了《民事诉讼法》和最高人民法院的有关司法解释规定，应当坚决予以纠正。此外，鉴定时间长、成本高，鉴定本身就会造成当事人损失扩大，故，鉴定应当慎用。不鉴定即可以查清事实的，不应进行鉴定；对部分事实进行鉴定即可查清事实，不应对全部事实鉴定。按照这一原则制定了本条规定。

二、条文解析

（一）鉴定和鉴定结论概念

最高人民法院于 2001 年 11 月 16 日颁布的《人民法院司法鉴定工作暂行规定》，将司法鉴定界定为：在诉讼过程中为查明案件事实，人民法院依据职权，或者应当事人及其他诉讼参与人的申请，指派或者委托具有专门知识的人，对专门性问题进行检验、鉴别和评定的活动。从民事诉讼的角度讲，“鉴定是人民法院对案件争议的某些专门性问题，指定具有专门知识和技能的人员，按照法律规定的条件和程序，运用一定的科学知识、技术手段对其进行鉴别和评定，并作出书面结论意见的活动。”[①] 著名学者王利明教授认为：“鉴定意见本身只是证据的一种形式，提出鉴定意见属于当事人举证责任的范围，而非完全是法院的职权活动的内容。既然法律规定当事人提出主张就负举证责任，当然容许当事人聘请鉴定人并提出鉴定意见。除非当事人因自身能力所限无法聘请，向法院聘请鉴定人，法院才可以依据职权聘请或指定鉴定人。剥夺当事人聘请鉴定人的权利在实践中也会造成许多危害后果，主要表现在此种做法无法使法官保持独立与中立。”

有关鉴定结论的概念。[②] 有学者认为“鉴定结论是由具有科学、技术、工艺等专门知识的人，根据司法机关的指派或者聘请，对诉讼案件中需要解决的某些专门性问题进行分析、鉴别后所提供的结论性意见。”[③] 还有学者认为：“鉴定结论是在诉讼前或诉讼中，鉴定人根据法定职能，经当事人的申请以及法院的指定，运用专业知识、经验、技能、工艺以及各种科学仪器、设备、

---

① 最高人民法院民事审判第一庭著：《民事诉讼证据司法解释的理解与适用》，中国法制出版社 2002 年版，第 148 页。

② 王利明：《关于工程款的鉴定问题》，载《判解研究》2001 年第 1 辑，人民法院出版社 2001 年版，第 67 页。

③ 江伟主编：《民事诉讼法学原理》，中国人民大学出版社 1999 年版，第 481 页。

技术和手段对专门性事项或问题进行鉴定后得出的结论。”①

（二）条文释义

本条第一层意思，即是当事人对建设工程质量或者应付工程价款数额等部分案件事实有争议的，只对争议事实进行鉴定。首先，本条属于倡导性条文，倡导的重心在于“只对争议事实进行鉴定”，不倡导对全部案件事实进行鉴定；其次，鉴定的内容为工程质量或者工程价款等部分争议事实，而不是全部案件事实。工程质量争议包括：工程质量竣工验收是否合格、施工过程中已完工程是否存在质量缺陷、是否存在将不合格的建设工程作为合格工程验收、已经验收合格的建设工程是否存在工程质量缺陷等。工程价款争议包括：发包人是否欠付承包人工程价款、欠付的数额等。一般情况而言，工程质量纠纷与工程价款纠纷是在一个案件的两个方面。承包人请求发包人支付欠付工程价款，发包人以建设工程存在质量缺陷为由请求承包人支付违约金，以期达到抵销、吞并承包人请求支付工程价款的诉讼请求。根据发包人就工程质量提出的诉讼请求内容的不同，有的构成反诉，有的构成答辩。第三，“只对争议事实进行鉴定”是本条的核心。制定本条旨在减少鉴定次数，缩小鉴定的范围，如当事人只对房屋屋顶、墙面是否存在渗漏存在争议，鉴定应当只针对这一争执焦点进行，而不应对其他质量方面如墙面是否存在开裂进行鉴定。第四，只有在具备条件时才能启动鉴定程序。对不具备鉴定条件的建设工程质量纠纷和工程价款纠纷，不应鉴定，而应当通过本解释的其他规定解决。如施工中在某一阶段工程存在质量问题，现工程已经完工，争议的质量缺陷已经不具备鉴定条件。在这种情形下，人民法院应当查清事实，如认定存在质量缺陷，可通过减少工程价款或者承包人承担合理修复费用的方式解决，不宜再委托鉴定机构鉴定。

综上，本条第一层的核心意思在于：人民法院在审理建设工程施工合同纠纷案件中，对工程质量和应付工程价款有争议的，能不鉴定的尽量不鉴定，能少鉴定的尽量少鉴定。

本条的第二层意思，如不对全部事实鉴定，争议事实不能确定，或者双方当事人同意对全部事实鉴定的除外。主要内容是对前一层倡导观点的但书部分。虽然大多数案件对争议事实鉴定即可查清案件争议事实，无需对案件的全部事实鉴定；但少数案件只对争议事实鉴定，还不能查清案件争议事实，

---

① 纪敏主编：《证据全书》（上卷），中国民主法制出版社 1999 年版，第 279 页。

需要对全案事实鉴定。如建设工程施工合同解除后，对已完工程未经验收，承包人请求发包人支付工程欠款，发包人对已完工程存在质量瑕疵为由进行抗辩。本解释第十条规定，建设工程施工合同解除后，已经完成的建设工程质量合格，发包人应当按照约定支付相应的工程价款。已完工程质量不合格的，参照本解释第三条规定处理。第三条规定，修复后的建设工程经竣工验收合格，发包人请求减少工程价款的，应予支持。修复后的建设工程经验收验收不合格的，承包人请求支付工程价款的，不予支持。由此规定看出，合同解除后，已完工程质量是否合格是发包人应否支付工程价款的前提条件；只对部分工程质量鉴定无法确定全部工程是否合格，应否支付工程价款。如没有其他证据证实已完工程质量合格，应对全部工程鉴定；如合格，按照约定支付相应工程价款；如不合格，按照修复后建设工程能否达到合格来决定发包人是否支付相应工程价款。据此，这种情况下，应当对全部工程质量是否合格进行鉴定。另一种情况是：双方当事人同意对全部案件进行鉴定的，应当尊重当事人的意思表示。如上所述，本条倡导的是“只对争议事实进行鉴定”，其目的在于降低诉讼成本，缩短诉讼时间，充分保护当事人权益，避免给当事人造成讼累；但如果当事人愿意对全部案件事实鉴定，愿意承担诉讼成本及诉讼风险，人民法院应当充分尊重当事人的意见，按照双方当事人的真实意思对全部案件事实鉴定。

第二十四条　建设工程施工合同纠纷以施工行为地为合同履行地。

条文主旨

本条是关于建设工程施工合同地域管辖的程序性规定。明确规定建设工程施工合同纠纷案件不适用专属管辖，而应当按照《民事诉讼法》第二十四条规定，适用合同纠纷的一般地域管辖原则管辖。按照一般地域管辖原则，建设工程施工合同纠纷案件应当以施工行为地为合同履行地的，由施工行为地或者被告所在地人民法院管辖。

理解与适用

一、建设工程施工合同的性质

（一）建设工程施工合同的概念

《合同法》第二百六十九条规定，建设工程合同是承包人进行工程建设，发包人支付工程价款的合同。建设工程合同包括工程勘查、设计、施工合同。第二百七十五条规定，施工合同的内容包括工程范围、建设工期、中间交工工程的开工和竣工时间、工程质量、工程造价、技术资料交付时间、材料和设备供应责任、拨款和结算、竣工验收、质量保修范围和质量保证期、双方相互协作等条款。第二百八十七条规定，本章没有规定的，适用承揽合同的有关规定。第二百五十一条规定，承揽合同是承揽人按照定作人的要求完成工作，交付工作成果，定作人给付报酬的合同。承揽合同的内容包括承揽的标的、数量、质量、报酬、承揽方式、材料的供应、履行期限、验收标准和方法等条款。由上述法律规定可以看出，建设工程施工合同是承包人进行工程建设，发包人支付工程价款的合同。

（二）建设工程施工合同的性质

根据上述法律规定能够看出，建设工程施工合同属于特殊的承揽合同。一般承揽合同的标的物为动产，建设工程施工合同作为特殊承揽合同，承揽标的为建设工程。在一些国家的立法例中，建设工程施工合同适用承揽合同规定，除个别条款外，不再另行作出规定，如《德国民法典》中“承揽契约”部分共 20 条，其中只有 2 条对建设工程施工合同作出特殊规定，其他均适用承揽合同规定。我国台湾地区的学者认为，“称承揽者，谓当事人约定，一方（承揽人）为他方（定作人）完成一定之工作，他方待工作完成，给付报酬的契约。承揽之标的，系以承揽人为定作人完成一定的工作，而达成一定的结果，包括建造房屋、修建漏水屋顶、粉刷油漆、冲洗照片、影印文件、雕刻图章等”。①

二、建设工程施工纠纷案件适用一般合同地域管辖，不适用专属管辖

有一种观点认为，建设工程施工合同纠纷案件属于因不动产纠纷提起的

① 王泽鉴：《民法概要》，中国政法大学出版社 2003 年版，第 385 页。

诉讼，应当适用专属管辖规定。理由是：建设工程施工合同纠纷案件属于房地产案件，是因不动产发生的纠纷。虽然具有承揽的特征，但加工承揽的标的物是建设工程，属于不动产。在《合同法》分则部分，建设工程合同与承揽合同是分别规定在独立的两章中，建设工程合同包括施工合同、勘察合同、设计合同三种，均属为建设房屋而订立的合同，因此发生的纠纷应属因不动产提起的纠纷，应当适用专属管辖规定。《民事诉讼法》第三十四条规定，下列案件由本条规定的人民法院管辖：（一）因不动产纠纷提起的诉讼，由不动产所在地人民法院管辖；（二）因港口作业中发生纠纷提起的诉讼，由港口所在地人民法院管辖；（三）因继承纠纷提起的诉讼，由被继承人死亡时住所地或者主要遗产所在地人民法院管辖。依照上述规定，建设工程施工合同应当由建设工程所在地人民法院管辖。

另一种观点认为，建设工程施工合同属于承揽合同，适用一般地域管辖原则，由被告所在地或者合同履行地人民法院管辖。《合同法》第二百八十七条规定，本章没有规定的，适用承揽合同的有关规定。法律规定表明，建设工程施工合同是特殊的承揽合同，除"建设工程合同"一章的特殊规定外，还应适用"承揽合同"一章规定，正因为二者属同一种性质的合同，才能够适用相同的法律规定，《合同法》将二者视为同一种性质的合同。建设工程合同属于承包合同，一般情况而言，履行合同时间长、内容复杂、不宜就某一内容单一计价而采用承包方式，承包合同实质是复合合同。哪种方式适合采用承包方式，一般是法律明文规定的，如农村土地承包合同、国有中小企业承包租赁经营等。承包合同作为复合合同是由多个合同组成的，如按照施工阶段可将建设工程施工合同划分为设计合同、勘察合同、施工合同；按照不同类型划分，可将建设工程施工合同划分为建设工程物资采购合同、建设工程保险合同、建设工程担保合同等；按照合同履行阶段划分为总承包合同、专业技术分包合同、劳务作业分包合同、转包合同、违法分包合同等。一般情况而言，建设工程施工合同并不涉及建筑物所有权，只对建筑物建设和安装作出约定，属承揽性质。承揽合同应当适用《民事诉讼法》第二十四条规定，即因合同纠纷提起的诉讼，由被告所在地或者合同履行地人民法院管辖。

三、建设工程施工合同纠纷案件应当以施工行为地为合同履行地

最高人民法院《关于适用〈中华人民共和国民事诉讼法〉若干问题的意见》第二十条规定，加工承揽合同，以加工行为地为合同履行地，但合同中

对履行地有约定的除外。如前所述，建设工程合同属于特殊的承揽合同。承揽合同的“加工行为”，在建设工程施工合同中体现为施工行为。承揽合同中的“加工行为所在地”，在建设工程施工合同中表现为建设工程所在地。本条规定“以施工行为所在地为合同履行地”的规定与最高人民法院司法解释加工承揽合同“以加工行为地为合同履行地”的规定是一致的。这样规定便于人民法院审理案件，查清事实。如受诉法院所在地与建设工程分离，必然会增加受诉法院的工作负担、给一方当事人造成讼累，不符合“两便原则”（即便于人民法院审理和便于人民群众诉讼）；以施工行为地为合同履行地，符合《民事诉讼法》规定，也符合“两便原则”。按照《民事诉讼法》第二十四条规定，除合同履行地为管辖地外，被告所在地也可能成为管辖地。此外，按照《民事诉讼法》第二十五条规定，建设工程施工合同的当事人在不违反《民事诉讼法》有关级别管辖和专属管辖的规定的情况下，可以在书面合同中协议选择被告所在地、合同履行地、合同订立地、原告所在地、标的物所在地人民法院管辖。

第二十五条　因建设工程质量发生争议的，发包人可以总承包人、分包人和实际施工人为共同被告提起诉讼。

条文主旨

本条是关于建设工程质量纠纷案件的程序性规定。因建设工程质量纠纷的涉诉案件，发包人可以总承包人、分包人、实际施工人为共同被告。法律规定总承包人、分包人、实际施工人就建设工程质量对发包人承担连带责任，在程序上应当表现为共同被告。总承包人、分包人、实际施工人相对发包人而言均是承包人，对业主而言均是施工方，应当按照《建筑法》第五十八条规定对工程的施工质量负责，出现质量缺陷时承担连带责任，在程序上表现为共同被告。

理解与适用

一、总承包人、分包人、实际施工人的概念和相互关系

《合同法》第二百六十九条规定，建设工程合同是承包人进行工程建设，

发包人支付价款的合同。建设工程合同包括工程勘察、设计、施工合同。本解释只调整建设工程施工合同纠纷案件，不调整建设工程总承包合同，本条所称的总承包合同是指建设工程施工合同总承包合同，而不是建设工程总承包合同。

为了便于掌握建设工程施工总承包合同的概念，先介绍一下建设工程总承包合同的概念。建设工程总承包合同是指“从事工程总承包的企业（以下简称工程总承包企业）受发包人委托，按照合同约定对工程项目的勘察、设计、采购、施工试运行等实行全过程或者若干阶段的承包。工程总承包企业按照合同约定对工程项目的质量、工期、造价等对发包人负责”。[①]《合同法》第二百七十二条规定，发包人可以总承包人订立建设工程合同，也可以分别与勘察人、设计人、施工人订立勘察、设计、施工承包合同。《建筑法》第二十四条规定，提倡对建设工程实行总承包，禁止将建设工程肢解发包。建设工程的发包单位可以将建设工程的勘察、设计、施工、设备采购一并发包给一个工程总承包单位，也可以将建设工程勘察、设计、施工、设备采购的一项或者多项发包给一个总承包单位；但是，不得将一个承包单位完成的建设工程肢解成若干部分发包给几个承包单位。建设部在《关于培育发展工程总承包和工程项目管理企业的指导意见》中指出，工程总承包和工程项目管理是国际通行的工程项目组织实施方式。积极推行工程项目总承包和工程项目管理，是深化我国工程建设项目组织实施方式改革，提高工程建设管理水平，保证工程质量和投资效益，规范建筑市场秩序的重要措施；是勘察、设计、施工、监理企业调整经营结构，增强综合实力，加快与国际工程承包和管理方式接轨，适应社会主义市场经济发展和加入世界贸易组织后新形势的必然要求……。建设部起草的《建筑法（修订征求意见稿）》第三十九条规定，国家推行建设工程总承包。发包单位可以根据工程性质将勘察、设计、施工、采购、试运行的多项或者全部发包给一个工程总承包单位。工程总承包单位依法进行分包的，由工程总承包单位自行确定发包方式。

建设工程施工合同是指“根据建设工程设计文件的要求，对建设工程进行新建、扩建、改建的活动”。[②] 承包人在取得建设工程施工合同承包权后，经发包人同意，常常会把项目中的某些工作发包给其他单位，通过订立分包

---

① 何伯洲等：《建设工程合同》，知识产权出版社 2003 年版，第 6 页。

② 何伯洲等：《建设工程合同》，知识产权出版社 2003 年版，第 5 页。

合同来实施。实施分包合同的承包人为分包人，而直接与发包人订立合同的承包人为施工总承包人。发包人与施工总承包人签订的合同为施工总承包合同，施工总承包人与分包人签订的合同为分包合同。本条所称的总承包人为施工总承包合同的承包人，简称为总承包人，与建设工程的总承包人不是一个概念，下文中简称为施工总承包人。施工分包是相对总承包而言的。所谓施工分包是施工总承包人将所承包的建设工程中的专业工程或者劳务作业发包给其他建筑施工企业完成的活动。分包分为专业工程分包和劳务作业分包。专业工程分包是指施工总承包企业将其承包工程中的专业工程发包给专业施工企业完成的活动。劳务作业分包是指施工总承包人或者专业承包企业将其承包或者分包工程的劳务作业发包给劳务作业分包企业完成的活动。《合同法》第二百七十二条规定，总承包人或者勘察人、设计人、施工承包人经发包人同意，可以将自己承包的部分工作交由第三人完成。《建筑法》第二十九条规定，建筑工程总承包单位可以将承包工程中的部分工程发包给具有相应资质条件的分包单位；但是，除总承包合同中约定的分包外，必须经建设单位认可。从上述法律规定可以看出，施工总承包人是可以将承包的工程分包给分包人完成。国务院行政法规《建设工程质量管理条例》第二十七条规定，总承包单位依法将建设工程分包给其他单位的，分包单位应当按照分包合同的约定对其分包工程的质量向总承包单位负责，总承包单位与分包单位对分包工程的质量承担连带责任。第二十五条第二款规定，施工单位不得转包或者违法分包工程。建设部颁布的《建筑业企业资质等级标准》规定，专业承包序列企业资质设两至三个等级，60 个资质类别；劳务分包序列企业资质设一至二个等级，13 个资质类别。建设部颁布的《建筑业企业资质管理规定》第五条规定，建筑业企业资质分为施工总承包、专业承包和劳务分包三个序列。建设部颁布的《房屋建筑和市政基础设施工程分包管理办法》对专业分包和劳务分包也进一步作出细化规定。由此看出，国务院行政法规和建设部部颁规章也对专业技术工程分包和劳务分包作出明确规定。本条规定中的分包人既包括专业工程分包的合法分包人，也包括劳务作业分包的合法分包人。

实际施工人的概念和内涵是什么呢？《合同法》在建设工程合同一章中有关主体的称谓有以下几种表述：发包人、总承包人、承包人、第三人、分包单位、施工人、监理人、勘察人、设计人。这些概念中与建设工程施工合同有关的概念为发包人、总承包人、承包人、第三人、分包单位、施工人。第二百七十二条规定，禁止分包单位将其承包的工程再分包。此时的“分包单位”应为合法的分包主体，在本条中表述为分包人。第二百七十二条规定，发包人可以与总承包人订立建设工程合同，也可以分别与勘察人、设计人、施工人订立勘察、设计、施工合同。第二百八十一条规定，因施工人的原因致使建设工程不符合约定的，发包人有权要求施工人在合理期限内无偿修理或者返工、改建。经过修理或者返工、改建后，造成逾期交付的，施工人应当承担违约责任。上述法律规定可以看出，“施工人”概括了建设工程施工合同的所有施工主体，包括总承包人、承包人、专业工程分包人、劳务作业的分包人。进一步还可以看出，《合同法》中的“施工人”是指有效建设工程合同主体，不应包括转包、违法分包合同的施工人，即“施工人”不应包括转承包人和违法分包的承包人。本条表述的“实际施工人”与总承包人、分包人并列的，在概念的内涵上不应当与总承包人、分包人概念重复，而是指转包和违法分包的承包人。为了区别《合同法》规定的合法的施工人，本条使用了“实际施工人”的表述方式。在本解释中有三条使用了“实际施工人”的概念，即第四条、第二十六条和本条，三处均是指无效合同的承包人，如转承包人、违法分包合同的承包人、没有资质借用有资质的建筑施工企业的名义与他人签订建设工程施工合同的承包人，各级法院办案时，应当注意区分本条的“实际施工人”与法条表述的“施工人”内涵是不一样的。

二、总承包人、分包人、实际施工人应当就建设工程质量对发包人承担连带责任

为何总承包人和分包人、实际施工人就建设工程质量对发包人承担连带责任呢？当事人的诉讼地位很大程度上是由当事人之间的实体法律关系决定的，如在程序上列共同被告的当事人常常是因为他们在实体法律关系上存在共同共有、连带责任保证、共同侵权等关系，总承包人与分包人在程序上列为被告也是由实体法律关系决定的。《合同法》第二百七十二条规定，总承包人或者勘察、设计、施工承包人经分包人同意，可已将自己承包的部分工作交由第三人完成。第三人就其完成的工作成果与总承包人或者勘查、设计、施工承包人向发包人承担连带责任。第二百六十七条规定，共同承揽人对定作人承担连带责任，但当事人另有约定的除外。《建筑法》第二十九条第二款规定，建筑工程总承包单位按照总承包合同约定对建设单位负责；分包单位按照分包合同的约定对总承包单位负责。总承包单位和分包单位就分包工程

对建设单位承担连带责任。第五十五条规定，建筑工程实行总承包的，工程质量由工程总承包单位负责，总承包单位将建筑工程分包给其他单位的，应当对分包工程的质量与分包单位承担连带责任。分包单位应当接受总承包单位的质量管理。《招标投标法》第四十八条规定，中标人按照合同约定或者经招标人同意，可以将中标项目的部分非主体，非关键性工作分包给他人完成。接受分包的人应当具备相应的资格条件，并不得再次分包。中标人应当就分包项目向招标人负责；接受分包的人就分包项目承担连带责任。《建设工程质量管理条例》第二十七条规定，总承包单位依法将建设工程发包给其他单位的，分包单位应当按照分包合同的约定对其分包工程的质量向总承包单位负责，总承包单位与分包单位对分包工程的质量承担连带责任。建设部颁布的《房屋建筑和市政基础设施工程分包管理办法》也规定专业工程的发包人和劳务分包人就建设工程质量对发包人承担连带责任。从上述法律、行政法规、部颁规定可以看出，分包人应当就建设工程质量对发包人承担连带责任。

实际施工人就建设工程质量对发包人承担连带赔偿责任如前所述，本条所称实际施工人为违法分包和转包的承包人。根据法律规定，总承包人和分包人就建设工程质量对发包人承担连带责任，对此我们很好理解。实际施工人为何就建设工程质量对发包人承担连带责任呢？违法分包、转包合同无效。《合同法》第五十八条规定，合同无效或者被撤销后，因该合同取得的财产，应当予以返还；不能返还的或者没有必要返还的，应当折价补偿。有过错的一方应当赔偿对方因此受到的损失，双方都有过错的，应当各自承担相应的责任。根据法律规定，合同无效应当按照过错承担赔偿责任。《建设工程质量管理条例》第七十八条规定，本条例所称违法分包，是指下列行为：（一）总承包单位将建设工程分包给不具有相应资质条件的单位的；（二）建设工程总承包合同中未有约定，又未经建设单位认可，承包单位将其承包的部分建设工程交由其他单位完成的；（三）施工总承包单位将建设工程主体结构的施工发包给其他单位的；（四）分包单位将其承包的建设工程再分包的。本条例所称转包，是指承包单位承包建设工程后，不履行合同约定的责任和义务，将其承包的全部建设工程转给他人或者将其承包的全部建设工程肢解以后以分包的名义分别转给其他单位承包的行为。按照法律规定，建筑施工企业应当对工程的施工质量负责。《建筑法》第六十七条规定，承包单位将承包的工程转包的，或者违反本法规定进行分包的，责令改正，没收违法所得，并处罚款，可以责令停业整顿，降低资质等级；情节严重的，吊销资质证书。承包单位有前款规定的违法行为的，对因转包工程或者违法分包的工程不符合规定的质量标准造成的损失，与接受转包或者分包的单位承担连带赔偿责任。违法分包和转包合同中，总承包人对签订转包和违法分包合同在主观上存在过错，转承包人（可能是一手也可能是几手的转承包人）和分包人明知违法而与总承包人订立合同，在主观上同样存在过错，故法律规定与总承包人共同对工程质量承担过错责任。故本条规定施工人应当与总承包人、发包人对工程质量承担连带责任是有法律依据的，也是符合法理的。应当注意的是，总承包人和分包人就分包工程对建设单位承担连带责任。承包人与转包人或者分包人对转包工程或者违法分包工程承担连带赔偿责任。由于前一种情况属于履行合法的合同，后一种情况属于无效合同，故在法条表述上区分为“连带责任”和“连带赔偿责任”，主要是因为履行无效合同造成的损失，应当按照过错原则承担赔偿责任。

总承包人与分包人承担连带责任的法律性质是什么呢？是侵权责任？还是违约责任？或者违约责任与侵权责任竞合？有观点认为“连带责任是指由法律规定的应当由共同侵权行为人向受害人承担的共同的和各自的责任。根据这种责任，受害人有权向共同侵权人的任何一人或者数人请求承担全部侵权的民事责任，任何一个共同侵权行为人承担全部侵权的民事责任。因此根据《建筑法》的规定，对于分包工程发生的质量问题以及违约责任，建设单位或者其他受害人既可向分包单位请求赔偿全部损失，也可向总包单位请求赔偿全部损失。总包单位进行赔偿后，有权依据分包合同的约定，对不属于自己责任的那部分赔偿向分包单位追偿。”① 依此观点，总承包人与分包人就工程质量承担的责任性质为侵权责任。按照法律规定分包人应当按照分包合同约定就其分包的工程质量对总承包人承担责任，然后才是分包人与总承包人就工程质量对业主承担连带责任。首先，业主与总承包人之间的连接点为双方签订的建设工程施工合同，总承包人与分包人之间亦是通过分包合同联系在一起。他们之间存在合同关系。其次，总承包人与分包人承担连带责任的前提条件为施工工程存在质量缺陷。在建设部部颁规章《房屋建筑工程质量保修办法》第三条第二款规定，本办法所称质量缺陷，是指房屋建筑工程的质量不符合工程建设强制性标准以及合同的约定。违反合同约定和强制性标准为质量缺陷的核心内容，合同约定的质量标准应当等于或者高于国家规

① 何伯洲等：《建设工程合同》，知识产权出版社 2003 年版，第 168 页。

定的强制性标准，故施工工程存在质量缺陷的核心也是违反合同有关建设工程质量部分的约定。作者认为，总承包人与分包人就工程质量对业主承担连带责任，主要是违约行为造成的。如果说总承包人与分包人之间对业主实施共同侵权行为似乎牵强。从法理上讲，构成共同侵权的条件之一是行为人共同实施了违法行为，总承包人与分包人履行总承包合同和分包合同的行为是履约行为，不是违法行为。故作者认为承担连带责任的法理依据定为违约责任更好一些。转包、违法分包合同为无效合同，转承包人与分包人承担的是无效合同造成损失的赔偿责任，是侵权责任。据此，本条总承包人、分包人就建设工程质量对业主承担连带责任，像担保责任一样是法律明文规定的，是法定责任，主要是由于违约行为引起的；而违法分包、转包的承包人与发包人承担连带责任的法律依据应为侵权责任。

三、在程序上讲，总承包人、发包人、施工人可以作为共同被告

由于总承包人、分包人、施工人就建设工程质量对业主承担连带责任，体现在程序上，分包人可以提起以总承包人、分包人、施工人为共同被告的诉讼。由于道理简单，不再赘述。

第二十六条　实际施工人以转包人、违法分包人为被告起诉的，人民法院应当依法受理。

实际施工人以发包人为被告主张权利的，人民法院可以追加转包人或者违法分包人为本案当事人。发包人只在欠付工程价款范围内对实际施工人承担责任。

条文主旨

本条是有关保护实际施工人利益的特殊规定。

《解释》第二十六条规定是为保护农民工的合法权益作出的规定。因为建筑业吸收了大量的农民工就业，但由于建设工程的非法转包和违法分包，造成许多农民工辛苦一年往往还拿不到工资。为了有力地保护农民工合法权益，《解释》第二十六条规定，实际施工人以发包人为被告主张权利的，人民法院

可以追加转包人或者违法分包人为本案当事人，发包人只在欠付工程价款的范围内对实际施工人承担责任。从该条的规定看：

一是实际施工人可以发包人为被告起诉。从建筑市场的情况看，承包人与发包人订立建设工程施工合同后，往往又将建设工程转包或者违法分包给第三人，第三人就是实际施工人。按照合同的相对性来讲，实际施工人应当向与其有合同关系的承包人主张权利，而不应当向发包人主张权利。但是从实际情况看，有的承包人将工程转包收取一定的管理费用后，没有进行工程结算或者对工程结算不主张权利，由于实际施工人与发包人没有合同关系，这样导致实际施工人没有办法取得工程款，而实际施工人不能得到工程款则直接影响到农民工工资的发放。因此，如果不允许实际施工人向发包人主张权利，不利于对农民工利益的保护。

二是承包人将建设工程非法转包、违法分包后，建设工程施工合同的义务都是由实际施工人履行的。实际施工人与发包人已经全面实际履行了发包人与承包人之间的合同并形成了事实上的权利义务关系。在这种情况下，如果不允许实际施工人向发包人主张权利，不利于对实际施工人利益的保护。基于此种考虑，《解释》第二十六条规定实际施工人可以向发包人主张权利，但发包人仅在欠付工程款的范围内对实际施工人承担责任，如果发包人已经将工程价款全部支付给承包人的，发包人就不应当再承担支付工程价款的责任。因此，发包人只在欠付工程价款范围内对实际施工人承担责任，并不会损害发包人的权益。

三是为了方便案件审理，《解释》第二十六条还规定，人民法院可以追加转包人或者违法分包人为本案当事人，考虑到案件的审理涉及两个合同法律关系，如果转包人或者违法分包人不参加到诉讼的过程中来，许多案件的事实没有办法查清，所以人民法院可以根据案件的实际情况追加转包人或者违法分包人为共同被告或者案件的第三人；实际施工人可以发包人、承包人为共同被告主张权利。这样规定，既能够方便查清案件的事实，分清当事人的责任，也便于实际施工人实现自己的权利。①

---

① 转引自《依法保护当事人权益　促进建筑市场健康发展——最高人民法院负责人就〈关于审理建设工程施工合同纠纷案件适用法律问题的解释〉答记者问》。

理解与适用

一、制定本条规定的背景情况

建筑业是我国国民经济的支柱产业，对促进社会进步和提高人民水平发挥着重要作用。建筑业属劳动密集型行业，技术含量低，并吸收大量农民工就业。近几年来，由于建筑行业能够带动诸多相关行业的发展，因而建筑业的快速发展已成为一些地区的经济增长点。建筑行业迅速发展的同时，由于投资的不足，以及长期以来建筑市场存在供大于求的现状，许多资质等级低、信誉较差的建筑施工企业难以应对市场的竞争现实。一些资质等级高、信誉好的企业承揽工程相对难度较小，甚至承揽工程多，难以在合同约定的工期内完工。为了生存，一些没有资质或者资质等级低的建筑施工企业依托大企业，以转包或者违法分包为主要形式承揽建设工程。建筑市场上，转包和违法分包的现象大量存在，有的工程几经转包，层层剥皮，实际施工人已经没有利润，只能依靠偷工减料、克扣农民工工资维系企业生存。不规范的市场秩序和供大于求的市场供需关系，造成拖欠工程款的问题相当突出，特别是大量拖欠农民工工资现象十分严重，不仅影响了建筑市场的正常的交易秩序，而且也影响了社会的稳定。转包、层层转包就是转包人收取转包利润后，将其承包的全部建设工程转由他人承包的行为。由于转包人未实际施工且已经收取了转承包人交纳的转包利润，发包人是否支付工程价款与自己的利益无关，对发包人是否支付或是否按期支付工程价款并不特别关注，也并不会向业主积极主张权利；而实际施工人由于与发包人没有合同关系，即使发包人欠付工程款，实际施工人也无法向发包人主张权利。在转包人资信状况恶化、破产、法人主体资格消灭、超过诉讼时效等情况下，可能永远无法主张权利，对于众多的农民工来说维系生存的血汗钱可能永远都难以要回。这种情况下，应当在一定条件下赋予实际施工人以诉权，在一定条件下可以向发包人（业主）主张权利，进一步扩展保护实际施工人权益的渠道，维护社会稳定。实际施工人常常是资质等级低的施工企业、甚至没有资质也没有企业建制，只是包工头带领一帮民工干活的临时组织的施工队伍，拖欠实际施工人的工程款也就是拖欠农民工工资。违法分包、转包合同无效，施工人也有过错，但按照本解释第二条及第三条第一款规定，在建设工程经竣工验收合格或者修复后经竣工经验收合格的，应当按照合同约定支付工程价款或者减价支付工程价款，合同无效也不应当分文不给，这样规定是符合实际情况的。本条是根据本解释实体规定，赋予实际施工人向发包人追索工程欠款的诉讼权利，其目的在于保护农民工利益。

二、条文解读

（一）转包人、违法分包人、实际施工人概念

《建设工程质量管理条例》第七十八条规定，本条例所称转包，是指承包单位承包建设工程后，不履行合同约定的责任和义务，将其承包的全部建设工程转给他人或者将其承包的全部建设工程肢解以后以分包的名义分别转给其他单位承包的行为。建设部规章《建筑安装工程总分包实施办法》对工程转包的定义为：建筑施工单位以营利为目的，将承包的工程转包给其他施工单位，不对工程承担任何技术、质量、经济法律责任的行为。“所谓工程转包，是指建筑安装工程承包合同的承包人不履行合同义务，将其承包的工程转给他人施工，不对工程承担技术、质量、经济等法律责任的行为。”① “转包的表现形式主要是两种：一是将全部工程转包；二是将全部工程肢解后以分包的名义转包。总承包人违反分包合同约定，将工程的主要部分或者群体工程中半数以上的单位工程转给其他单位施工的，或者分包单位违反分包的规定，将承包的工程再次包给其他施工单位施工的，均属转包行为。”② “从民法的角度讲，转包属于第三人代替债务人履行债务的行为，并构成违约，行为人应承担违约的民事责任。”③

《建设工程质量管理条例》第七十八条规定，本条例所称违法分包，是指下列行为：（一）总承包单位将建设工程分包给不具有相应资质条件的单位的；（二）建设工程总承包合同中未有约定，又未经建设单位认可，承包单位将其承包的部分建设工程交由其他单位完成的；（三）施工总承包单位将建设工程主体结构的施工发包给其他单位的；（四）分包单位将其承包的建设工程再分包的。

转包与分包极易混淆。如何区分呢？“转包实质上建筑工程的（总）承包人违反法律、法规规定，将其承包的工程变更合同主体或者虽不变更合同主

① 黄强光：《建设工程合同》，法律出版社 1999 年版，第 210 页～211 页。

②③ 黄强光：《建设工程合同》，法律出版社 1999 年版，第 211 页。

体，但以包代管，不参加现场管理的行为。查处转包行为，在施工过程中主要核查六个方面内容：（1）核实承包合同的主体是否变更或者实际上已变更。（2）检查现场管理人员的隶属关系，且与申报质量监督时是否一致；（3）检查其行为（包括组织机构、工作协调、技术措施、方案、质量、安全责任等）的落实情况；（4）核查其管理人员的到位情况；（5）核查工程项目的原材料是否由承包人供应；（6）核查用于工程施工的大型机具、设备、设施是否为总承包人所拥有。”① 实际施工人的内涵在本司法解释第二十四条的释义中已作出解析，不再重复。

（二）条文解析

本条为两款。第一款为程序性规定，第二款分别规定了程序和实体两部分内容。第一款规定，实际施工人以转包人、违法分包人为被告起诉的，人民法院应予受理。如前所述，实际施工人主要是指转承包人和违法分包的承包人。实际施工人与转包人、违法分包人是建设工程施工合同的承、发包当事人，是建设工程施工合同的两造，是合同的相对人。由于转包、违法分包合同违反法律的强制性规定而无效，作为无效合同的当事人，一方向另外一方起诉主张权利的，人民法院应当受理，对此毋庸置疑，不会产生歧义。本款在此出现主要是倡导性的，告诉各级人民法院实际施工人起诉索要工程款的，首先应当向其发包人主张权利，这是实际施工人主张权利的主渠道、主导方向，实际施工人应当首先应当向合同相对方主张权利，而不是向发包人（业主）主张权利。

第二款规定的是特殊情况，即在程序上，实际施工人以发包人为被告主张权利的，人民法院可以追加转包人或者违法分包人为当事人。在程序上讲，当事人包括共同被告和第三人，第三人有可分为有独立请求权第三人和无独立请求权的三人两种。第三人表明与本诉是两个法律关系，或有牵连，或对本诉当事人讼争法律关系有独立请求权；而共同被告则是与业主存在承担连带责任的情形。在实体上存在某些特殊关系，如债务人与担保人、共同侵权人、共同共有人、合伙人、挂靠集体组织的个体工商户、个人或者私营企业、集体组织等之间，由于存在紧密联系的特殊的实体法律关系，体现在程序上就是必要的共同诉讼。本款的含义首先是实际施工人以发包人为被告向人民法院起诉主张权利的，人民法院应当受理。其次是实际施工人为原告以发包

① 何伯洲等：《建设工程合同》，知识产权出版社2003年版，第169页。

人为被告的诉讼中，法院可以追加转包人或者违法分包人为共同被告或者第三人，追加为哪一种当事人应当视情况而定。

解析本款条文后人们不禁发问，实际施工人与发包人之间不存在合同关系，如何成为共同被告呢？发包人与转包人、违法分包人为何能够成为共同被告呢？

第一个问题，实际施工人与发包人之间不存在合同关系，发包人成为被告在实体上讲就是突破了合同相对性。什么是合同相对性呢？“合同相对性，在大陆法系中称为‘债的相对性’，该规则最早起源于罗马法。在罗马法中债被称为‘法锁’，意指‘当事人之间之羁束状态而言’，换言之，是指债能够且也只能对债权人和债务人产生拘束力。由于债本质上是当事人之间一方请求他方为一定行为或不为一定行为的法律关系，而物权是支配权，所以债权不能像物权那样具有排他性，而只能对特定人产生效力。尤其是对两种权利的侵权和司法保护之上，债权和物权是不一样的”。[①]“债权关系的主体都是特定的。因为债权关系发生在享有权利的债权人和承担义务的债务人之间，他们都是特定的人。例如，财产关系所生之债，一方是出租人，另一方是承租人，他们都是特定的人。所有权关系则不同，所有权关系是特定权利主体和不特定的义务主体之间的一种民事法律关系。……债权关系和所有权关系的权利主体虽然都是特定的，但义务主体则不同，前者是特定的，后者是不特定的。这是债权关系与所有权关系的重要区别之一。由于债权关系的义务主体是特定的，所以债权就称为相对权或者对人权；而所有权的义务主体不是特定的，所以，所有权就叫做绝对权或对世权”。[②]“债权人得向债务人请求给付，债务人之给付义务债权人之权利，乃同一法律关系上给付关系之两面。此种仅特定债权人得向特定义务人请求给付之法律关系，学说上称之为债权之相对性，与物权所具有得对抗一切不特定人之绝对性不同”。[③]

第二个问题是本条涉及的合同相对性问题。实际施工人以发包人为被告起诉的，人民法院可以追加转包人、违法分包人为当事人。实际施工人与转包人、违法分包人之间存在转包、违法分包的无效合同关系，他们之间是合同相对方，发生纠纷后互为被告向人民法院起诉不存在突破合同相对性问题。只有在实际施工人以发包人为被告提起诉讼时，才存在突破合同相对性问题。

---

① 王利明：《合同法研究（第一卷）》，中国人民大学出版社 2002 年版，第 91 页。

② 马原主编：《中国民法教程》，人民法院出版社 1990 年版，第 285 页。

③ 王泽鉴：《民法学说与判例研究》（第四册），中国政法大学出版社 1998 年版，第 109 页。

实际施工人与转包人和违法分包人之间具有合同关系，转包人与违法分包人与发包人（业主）具有合同关系，实质上讲，三方当事人之间存在承包与违法分包、转包两层法律关系，实际施工人以业主为被告提起诉讼存在突破合同相对性问题。学者认为，“转包关系中的第三人是指第二份承包合同中的承包人或称再承包人，他相当于第一份合同的当事人来讲乃是第三人，而不是第一份合同的当事人。从性质上看，转包行为实质上是承包人在订立第一个承包合同且不终止第一份合同效力的前提下，又与第三人订立转包合同，两份合同尽管在内容上有相同或者相似性，但二者的合同当事人是不一样的，他们将依照不同的合同分别承担不同的义务和责任。因此，如果第一个承包合同中的承包人不能履行合同义务，应由其承担合同责任，而不能由第二个合同中的当事人代其承担责任。如果第二个合同中当事人为第一个合同中当事人承担责任，显然违背了合同相对性的原理。”① 同样，依此推论，第一个合同中的发包人为第二个合同中的发包人承担责任同样存在违背合同相对性原则。作者亦认为，转包合同、违法分包合同关系中的承包人主张权利应当以不突破合同相对性为基本原则，只有特定情况下，以准许突破合同相对性作为补充。转承包人与发包人（业主）之间已经全面实际履行承包人与发包人（业主）签订的建设工程施工合同并形成事实上的权利义务关系时，转承包人事实上已经取代第一手的承包人与发包人形成合同关系，在这种情况下，应当准许转承包人以发包人为被告提起追索工程价款的诉讼，人民法院可以追加转包人为共同被告。其他情形下，即在违法分包合同和转包合同的承包人与发包人没有全面实际履行合同并未形成事实上的权利义务关系时，尽管上述两种合同无效，也应当受合同相对性的制约；违法分包和转包的承包人以其发包人即违法分包人、转包人为被告起诉时，人民法院可以视情况追加发包人为第三人。第三人的诉讼地位表明发包人（业主）与本案原被告为两个法律关系，或者对本案原被告讼争的标的具有全部独立或者部分独立的请求权，或者本案处理结果与其存在法律上利害关系。

第三个问题，为何可以追加发包人为本案当事人并由其在实体上对欠付工程款承担责任呢？首先，一些纠纷中，发包人对承包人转包或者违法分包的情况是清楚的，对施工人施工的事实予以默认，与实际施工人实际履行合同，违法分包合同或者转包合同无效，应当说发包人在主观上存在过错，也

① 王利明：《合同法研究（第一卷）》，中国人民大学出版社 2002 年版，第 102 页。

应承担过错责任。其次，在实务中由于转包人、违法分包人取得转包、违法分包利益后并不关心发包人是否按约定的数额和期限支付工程价款，在发包人欠付工程价款时并不积极主张权利，而实际施工人投诉无门，在程序上受合同相对性制约不能以发包人为被告提起追索工程价款的诉讼；实体上，即使发包人欠付工程价款，只要转包人或者违法分包人不向发包人主张权利，实际施工人就无法向发包人主张权利。此外，由于违法分包人或者转包人怠于主张权利，还有可能超过诉讼时效，导致实体权利丧失。应当讲，在合同无效的情况下，合同相对性应相对弱化，在程序上人民法院可以视不同情况追加发包人为第三人或者共同被告，在实体上发包人对欠付工程价款承担责任的规定有利于保护实际施工人权益。第三，本条规定有利于保护农民工利益。现阶段，清欠农民工工资是当前和今后一个阶段党中央和国务院的重点工作，也是一项紧迫的政治任务，在不违反现行法规定的原则基础上应当切实保护农民工利益。

第二十七条　因保修人未及时履行保修义务，导致建筑物毁损或者造成人身、财产损害的，保修人应当承担赔偿责任。

保修人与建筑物所有人或者发包人对建筑物毁损均有过错的，各自承担相应的责任。

条文主旨

本条是有关保修责任问题的规定。

本条重点在于强调保修人未及时履行保修义务导致建筑物毁损或者人身、财产损害时其应当承担的赔偿责任。在保修人与建筑物所有人或者发包人对建筑物毁损均有过错的情况下，应当按照各自的过错程度承担相应的责任。

理解与适用

建筑工程质量保修制度是指建筑工程直接办理交工验收手续后，在规定的保修期限内，因勘查设计、施工、材料等原因造成的质量缺陷，应当由施工单位负责维修的制度。建筑工程质量保修制度对于促进承包方加强质量管理，保护用户及消费者的合法权益起着相当重要的作用。①

我国《建筑法》第六十条规定，建筑物在合理使用寿命内，必须确保地基基础工程和主体结构的质量。建筑工程竣工时，屋顶、墙面不得留有渗漏、开裂等质量缺陷，对已发现的质量缺陷，建筑施工企业应当修复。建筑物的地基基础工程在建筑物整体构造中起着举足轻重的作用，主体结构更是建筑工程的重要组成部分，如果一项建筑工程在一定期限内，地基基础工程和主体结构出现质量问题，即使其他部分施工质量再好也恐怕难以保证整个建筑工程的质量，故建筑物的地基基础工程和主体结构工程的质量在合理使用寿命内必须得到确保。而建筑工程的质量问题在屋顶渗漏和墙面开裂方面表现得较为严重。故在建筑工程竣工时，建筑施工企业对已发现的质量缺陷应当修复。该法第六十二条还规定，建筑工程实行质量保修制度。建筑工程的保修范围应当包括地基基础工程、主体结构工程、屋面防水工程和其他土建工程，以及电气管线、上下水管线的安装工程，供热、供冷系统工程等项目；保修的期限应当按照保证建筑物合理寿命年限内正常使用，维护使用者合法权益的原则确定。具体的保修范围和最低保修期限由国务院规定。该法第八十条同时规定，在建筑物的合理使用寿命内，因建筑工程质量不合格受到损害的，有权向责任者要求赔偿。

建设部2000年6月30日发布的《房屋建筑工程质量保修办法》中对“房屋建筑工程质量保修”一词作了明确界定：“是指对房屋建筑工程竣工验收后在保修期限内出现的质量缺陷，予以修复。”什么叫“质量缺陷”呢？即“房屋建筑工程的质量不符合工程建设强制性标准以及合同的约定。”该办法第四条规定，房屋建筑工程在保修范围和保修期限内出现质量缺陷，施工单位应当履行保修义务。该办法第七条规定，在正常使用条件下，房屋建筑工程的最低保修期限为：（一）地基基础工程和主体结构工程，为设计文件规定的该工程的合理使用年限；（二）屋面防水工程、有防水要求的卫生间、房间和外墙面的防渗漏，为5年；（三）供热与供冷系统，为2个采暖期、供冷期；（四）电气管线、给排水管道、设备安装为2年；（五）装修工程为2年。其他项目的保修期限由建设单位和施工单位约定。也就是说，建设工程的质量按不同部位设定了不同年限的保修义务。2002年5月1日起施行的建设部《住宅室内装饰装修管理办法》第三十二条规定，在正常使用条件下，住宅室

① 孙镇平：《建设工程合同》，人民法院出版社2000年版，第135页。

内装饰装修工程的最低保修期限为二年。有防水要求的厨房、卫生间和外墙面的防渗漏为五年。《房屋建筑工程质量保修办法》第八条规定了保修期限的起算时间，房屋建筑工程保修期从工程竣工验收合格之日起计算。竣工验收合格之日的确定，是指建设单位收到建设工程竣工报告后，组织设计、施工、工程监理等有关单位进行竣工验收，验收合格并各方签署竣工验收之文本的日期。按照《建设工程质量管理条例》的规定，建设行政主管部门或者其他有关部门发现建设单位在竣工验收过程中有违反国家有关建设工程质量管理规定行为的，责任停止使用，重新组织竣工验收。那时的保修期为各方都认可的重新组织竣工验收的日期。但是，住宅工程售房单位对用户的保修期要从房屋交付之日起计算。①

保修期间的质量责任划分原则是：施工单位未按国家有关规范、标准和设计要求施工，造成的质量缺陷，由施工单位负责返修并承担经济责任；属于设计方面的原因造成的质量缺陷，由施工单位负责返修，其费用通过建设单位向设计单位索赔；因建筑材料、构配件和设备质量不合格引起的质量缺陷，属于施工单位负责采购的，施工单位承担经济责任。属于建设单位采购，但施工单位提出异议而建设单位坚持使用的，由建设单位承担经济责任；因建设单位或建筑物所有人使用不当造成的质量缺陷，由建设单位或建筑物所有人自行负责；因地震、洪水、台风等不可抗力或自然灾害造成的质量事故，施工单位、设计单位、监理单位不承担经济责任。② 对在保修期限和保修范围内发生质量问题的，一般是先由建设单位组织勘查、设计、施工等单位分析质量问题的原因，确定保修方案，由施工单位负责保修。赔偿损失既包括因工程质量造成的直接损失，即用于返修的费用，也包括间接损失，如给使用人或第三人造成的财产或非财产损失等。

瑕疵担保，是指有偿合同中的债务人，对其所提出的给付应担保其权利完整和物的质量合格。如果债务人违反此种担保义务，则应付瑕疵担保责任。瑕疵担保责任分为两种，即权利的瑕疵担保和物的瑕疵担保。施工单位承担的保修责任实际上是对建设工程质量的瑕疵担保责任，在工程质量保修期内，发包方或者使用人发现工程瑕疵的，有权直接请求承包人修理或者返工、改建。从当前的实际情况来看，为数不少的房屋建筑质量较差，留有较多的质量隐患。

---

① 回沪明主编：《建筑法及配套规定新释新解》，人民法院出版社 2003 年版，第 2059 页。

② 孙镇平：《建设工程承包合同》，中国政法大学出版社 1996 年版，第 96 页。

有些房屋在竣工验收时合格，而在居住一段时间后潜在的质量问题才逐渐显露出来，如果这时施工企业拖延履行义务，就可能导致建筑物毁损或人身的损害。施工单位是建设工程的直接加工、生产者，对工程质量负有直接的责任。而有些建筑施工企业在工程交付之后被关停并转，工程保修问题无法保证。建设工程涉及面广，使用期限长，直接涉及国家财产和公民人身财产安全问题，完全称得上是“百年大计”，故对其质量不合格造成损害的情况，必须规定严格的质量责任。我国《合同法》第二百八十二条明确规定，因承包人的原因致使建设工程在合理使用期限内造成人身和财产损害的，承包人应当承担损害赔偿责任。《房屋建筑工程质量保修办法》第十四条规定，在保修期内，因房屋建筑工程质量缺陷造成房屋所有人、使用人或者第三方人身、财产损害的，房屋所有人、使用人或者第三方可以向建设单位提出赔偿要求。建设单位向造成房屋建筑工程质量缺陷的责任方追偿。该办法第十五条还规定，因保修不及时造成新的人身、财产损害，由造成拖延的责任方承担赔偿责任。本条司法解释是根据上述规定的精神制定的，其包含两个方面的内容：一是规定了保修人未及时履行保修义务造成损害的赔偿责任；二是规定了混合责任情形下保修人与建筑物所有人或者发包人各自应承担的相应责任。

在起草本司法解释中有人提出，本条规定的内容不属于本司法解释调整的范围，从整体内容来看，本司法解释基本上是围绕建设工程施工合同的权利与义务进行规定的，而保修人的赔偿责任问题属于侵权责任范畴，故应当删去。考虑到本司法解释标题写的是适用法律若干问题的解释，而不是规定，大部分条款都能从现行法律条文中找到依据。保修人的赔偿责任虽然是侵权责任，但有其特殊性，有时可能是侵权责任和违约责任的竞合。《建筑法》第八十条也有相关内容的规定，从整个体例上来说，还是比较一致的，因此最后保留了本条规定的内容。

还有人提出，“保修人”的概念似乎从来没有在正式文件中出现过，显得有些突兀。不如采用“承担保修义务的单位”或“保修义务人”的提法更妥。为什么用“保修人”这个词？因为在一般情况下，建设工程在保修范围和保修期限内出现质量缺陷，施工单位应当履行保修义务。如果施工单位不按工程质量保修书约定保修的，建设单位可以另行委托其他单位保修，由原施工单位承担相应责任。而对于已经售出的商品房，建设部于 2001 年 6 月 1 日起施行的《商品房销售管理办法》第三十三条规定，房地产开发企业应当对所售商品房承担质量保修责任。当事人应当在合同中就保修范围、保修期限、保修责任等内容做出约定。保修期从交付之日起计算。商品房目前是我国百姓的最大消费品之一，当房屋出现质量问题时，如果房地产开发企业、施工单位、设计单位、监理单位互相推诿扯皮，购房者的权益就会受到损害，故与购房者具有直接合同关系的开发商当然应当首先承担保修责任。有的房地产开发商将自己对购房人承担的房屋保修义务委托给了房屋修缮公司或物业管理公司进行保修。鉴于以上种种情况，本条司法解释用了“保修人”这个词，其实也就是负有保修义务的人。当建设工程出现质量问题时，负有直接保修义务的人应当在第一时间履行其保修义务，绝不能故意拖延、怠于履行其应尽的职责。至于什么情况下可以认定保修人未及时履行保修义务，要结合相关规定和实际情况进行分析。建设部《房屋建筑工程质量保修办法》是这样规定的：“房屋建筑工程在保修期限内出现质量缺陷，建设单位或者房屋建筑所有人应当向施工单位发出保修通知。施工单位接到保修通知后，应当到现场核查情况，在保修书约定的时间内予以保修。发生涉及结构安全或者严重影响使用功能的紧急抢修事故，施工单位接到保修通知后，应当立即到达现场抢修。”“发生涉及结构安全的质量缺陷，建设单位或者房屋建筑所有人应当立即向当地建设行政主管部门报告，采取安全防范措施；由原设计单位或者具有相应资质等级的设计单位提出保修方案，施工单位实施保修，原工程质量监督机构负责监督。”《北京市建筑工程质量保修实施办法》具体规定了保修的时间要求，保修期内，施工单位在接到售房单位、房管部门的保修通知单后，必须在三日内到现场核查情况，确属工程保修范围内的，应与用户共同商定保修内容，并在十五日内予以保修。工程保修中，用户应当给予配合。《深圳市建设工程质量管理条例》则规定，施工单位应当自接到保修通知之日起五日之内到达现场核查情况，并予以保修。发生涉及结构安全或严重影响使用功能的紧急事故的，应当立即抢修。

如果在竣工结算后承包方已经拿到了全部工程款，承包方有可能在保修期内逃避保修责任，合同条款对此没有更好的制约手段。而在支付工程款或工程进度款时扣留5％～10％的保留金，在工程竣工时支付给承包方一半的保留金，缺陷责任期（及保修期）结束后再支付另一半的保留金，这样就可迫使其履行保修责任。

建设工程未经验收，发包人擅自使用的，承包方应在法定或者设计文件规定的期限内对工程地基基础、主体结构承担责任。对于该工程的其他部位的质量问题，自发包人提前使用之日未超过法定保修期限的，承包人仍应承担责任。另外，建设工程在保修期内，发包人将该工程转让给第三人的，承包人仍应向受让第三人承担工程的保修责任，不能因建设工程合同主体的变更而免除保修责任。

因保修人拖延履行保修义务，导致建筑物毁损或者造成人身、财产损害的，保修人应当承担赔偿责任。建筑物的所有人或发包人对损害的发生及扩大有过错的，也应承担相应的赔偿责任，比如建筑物的所有人或发包人使用不当或擅自改动结构、设备位置或不当装修等，而《建设工程质量管理条例》中针对这种情况有明文规定："房屋建筑使用者在装修过程中，不得擅自变动房屋建筑主体和承重结构。"如果建筑物的所有人或发包人有类似的过错行为，其对造成建筑物毁损也应根据实际情况承担相应的过错责任。如果建筑物的所有人或发包人没有在发现质量缺陷以后及时采取必要的措施减轻损失，则其应当对扩大的损失承担相应责任。当然，要求建筑物的所有人或发包人采取的措施必须是合理的，不能要求其作出特别的努力，去做其力所不及的不合理、不可能的事情；不能要求其为防止损失扩大而用自己的金钱去冒险，或者采取会危害自身商业信誉的措施；不能要求其对第三人提起一起既复杂又困难的诉讼；也不能要求其为减少损失而牺牲自己的财产或权利。①

在最初的解释草稿中有过这样的条款："建筑物毁损是建筑物所有人或者发包人通知不及时造成的，由建筑物所有人或者发包人承担赔偿责任。赔偿权利人请求建筑物所有人或者发包人承担损害赔偿责任的，人民法院应予支持，但是建筑物所有人或者发包人承担赔偿责任后，可以向责任人追偿。"许多人指出质疑，认为这样规定对于建筑物所有人或发包人而言过于绝对，通知不及时一般而言并非造成建筑物毁损的直接的、主要的原因，要求建筑物所有人或发包方承担全部责任有失公平，其只应在通知不及时这个过错范围内承担相应的责任。有鉴于此，后来的解释稿中没有再保留上述条款。

当保修义务人是建设工程的承包人时，由于其未及时履行保修义务，导致建筑物毁损或者人身、财产损害的，对发包人而言，承包人既违反了合同约定的保证工程质量的义务，其应承担违约责任，同时承包人还应当承担因此造成的侵权责任。发包人可以侵权责任要求赔偿发包人的人身和财产损失，对此部分的损失赔偿权，是侵权责任和违约责任的竞合，发包人可以选择其一来要求承包人承担赔偿责任。但是，对第三人造成的损失而言，因第三人

① 孔祥俊：《合同法教程》，中国人民公安大学出版社 1999 年版，第 488～495 页。

与承包人并无合同关系，而在侵权行为发生之前，当事人之间存在一种合同关系，是违约责任与侵权责任竞合的主要原因，所以第三人只能以侵权责任请求予以赔偿。也就是说，承包方不仅要对发包方承担侵权责任，而且要对经转手后的未来建筑物的主人负责，即使承包方同未来建筑物的主人没有任何关系，甚至在承建过程中，承包方根本不知道未来的主人是谁，他们也必须对其所承建的建筑物的缺陷承担责任。一言以蔽之，侵权责任是不受合同关系的限制的。在发生损害赔偿责任时，第三人作为受害人可以基于两种理由提出赔偿请求：一是承包人建设工程不合格的侵权责任，不过，作为受害人对此举证比较困难，不利于维护自己的权益。二是建筑物的特殊侵权责任，这种侵权责任对受害人来说，不负有举证责任，只要证明自己有损害的事实即可。[①] 对此我国《民法通则》第一百二十六条有明确规定，建筑物或者其他设施以及建筑物上的搁置物、悬挂物发生倒塌、脱落、坠落造成他人损害的，它的所有人或者管理人应当承担民事责任，但能够证明自己没有过错的除外。建筑物在施工中的质量缺陷不能作为所有人或者管理人的免责条件，所有人或者管理人应当先承担赔偿责任，然后再向有过错的施工单位追偿。一般而言，侵权责任和违约责任的区别在于：（一）侵权责任一般是由法律直接规定的；（二）侵权责任不能自行排除；（三）在履行一个承诺过程中的不当和疏忽行为将导致行为者对受害者的有形损失和身体伤害，既可能承担侵权责任，也可能承担违约责任；（四）对无形的经济损失的赔偿一般应由合同约定；（五）如果除了约定的要履行行为之外没有其他义务，则违反该义务不能构成侵权；（六）作为的义务一般是由法律规定而不是由承诺确定的；（七）如果被承诺方由于信赖承诺方的承诺而作出的相应行为导致了损失，则该损失可以通过追究侵权责任得到赔偿。[②] 合同责任和侵权责任各有利弊。根据合同起诉，当事人非常明确，权利义务关系在合同中有明确的约定。但根据合同起诉也有一些弊端：建设工程施工合同中通常包括的合同条款往往限制合同当事人的潜在赔偿责任，间接损失可能更不容易获得赔偿。原告为了避免这些不利的合同条款，经常根据侵权责任来进行诉讼。

从国外的有关规定来看，在法国，称“质量保修期”为“正式完工期限”（1978 年民法典），期限为自交付工程之日起一年。比利时和瑞典则称之为

---

① 王红亮：《承揽合同·建设工程合同》，中国法制出版社 2000 年版，第 195 页。

② 王天翊：《建筑合同与索赔法律实务》，人民法院出版社 2003 年版，第 237 页。

“保证期”，通常为一年，结束时即为最终交付。荷兰的保修期为3～12个月，澳大利亚、新加坡、英国通常为六个月，瑞典为两年，加拿大的魁北克、葡萄牙则更长，为五年，但公用建筑的保修期为2年。英国的JCT合同把从工程实际交付至最后完工的期限称为“缺陷责任期”。FIDIC文本也是如此。所谓“缺陷责任期”，实际上仅指从工程实际交付至最后完工之间的期限，由承包方对列入“实际完工证书”上的缺陷进行修复，并对在此期间显现的瑕疵进行免费维修。但是取名为“缺陷责任期”，往往引起很多人误解，以为一旦该期限届满，承包商即不对工程缺陷承担责任，其实不然。质量保修期届满后，意味着另一种责任期间的开始，即进入损害赔偿责任期间。在有些国家这种责任为零，如葡萄牙规定在政府作为业主的情况下，质量保证期后不存在损害赔偿责任。但是在大多数国家，业主都可以在一段时期内向有关责任者要求损害赔偿。

保修期后的损害赔偿责任的期限因法律或合同规定的不同而不同，很多国家的制度本身也在不断变化。以荷兰、法国和加拿大的魁北克为例：荷兰民法典规定了二十年责任期；而法国规定了十年责任期。法国的十年责任期的责任范围为以下缺陷引起的损害：1. 影响道路、主要管道、基础、承重结构的坚固，隐蔽工程、与建筑物不可分的设备（其他设计要求有不少于2年的合同保证期）2. 工程不符合使用目的。另外，在加拿大的魁北克，非居住房屋和商业建筑的保修期后责任期为5年，而公用建筑则为30年。与保修期内的责任形式不同，保修期内只要发现任何瑕疵，不管有无损害承包商均有义务修复，不修复将承担一定的后果；但在保修期后的损害赔偿责任期内，出现的质量问题要有损害才可主张赔偿，而且并不是所有的损害都可以获得赔偿。在大多数国家和地区，如意大利、魁北克、西班牙、瑞典和英国，将损害分为微小损害和重大损害，只有重大损害才可追究责任。当然，至于孰是“微小”孰是“重大”，这些国家的法律和实践都没有一个确定的标准，可以说因事而异。比如在英国，对砖房裂缝程度的分类是根据这些裂缝对结构的影响程度来确定的，从而判断哪些是严重裂缝，哪些是微小裂缝。尽管没有确切的标准，但各国建筑法律的要求，以及建筑物所在地特殊文化的需求，都是判断损害大小的一般依据。①

---

① 朱树英、王盈盈：《工程竣工交付后的质量责任与保险》，载《建筑时报》2003年7月21日、2003年8月24日。

第二十八条　本解释自2005年1月1日起施行。

施行后受理的第一审案件适用本解释。

施行前最高人民法院发布的司法解释与本解释相抵触的，以本解释为准。

理解与适用

本条是对《解释》的生效日期、是否具有溯及力以及与此前最高人民法院相关司法解释之间关系问题的具体规定。

一、本条的含义

本司法解释的颁布，对人民法院正确、及时审理建设工程施工合同纠纷案件将产生较大的影响。为了充分保障当事人权利的行使，并考虑到诉讼程序的衔接，本条规定将司法解释生效施行的时间确定在2005年1月1日。2005年1月1日以后人民法院新受理的建设工程施工合同纠纷一审案件都要适用本司法解释进行审理。2005年1月1日之前已经受理但尚未作出裁判，并在2005年1月1日之后继续诉讼的案件，不适用本司法解释进行审理；对1005年1月1日前已经审理终结的案件，采取不溯及既往的原则，当事人不得在本司法解释生效施行以后，以违反本规定为由申请再审。本解释施行后，此前最高人民作出的相关司法解释与本解释抵触的，以本解释为准。

二、对本解释生效时间的理解

法律的公布和法律施行都是属于实施法律的程序，但是不能把法律公布与法律施行混同起来。任何法律都有生效日期，法律的生效日期即法律的时间效力，是指法律执行或者实施的时间，关系到公民、法人从何时起按法律的规定享有自己的权利并履行自己的义务，也关系到司法机关从何时开始适用法律的规定开展司法活动。因此，正确理解法律生效日期的意义对正确适用法律而言非常重要。一部法律的生效日期，没有一个固定不变的硬性标准，通常来讲是根据该法律的具体性质和实际需要来决定的。我国关于法律、司法解释生效日期的规定，主要有以下三类：第一类是从法律、司法解释公布之日起立即生效。如“本法自公布之日起施行”的规定。这种生效方式多适用于急需要尽快出台且马上施行时机比较成熟的情况，为了使法律尽早发挥应有的作用，而采取此类一经公布立即生效的做法。例如，在《婚姻法》修改后，最高人民法院制定的《关于适用中华人民共和国婚姻法若干问题的解释（一）》（以下简称《婚姻法司法解释（一）》）的第三十四条规定，本解释自公布之日起施行，其生效施行的时间问题就是采取的这种做法。原因主要基于以下两点考虑：一是《婚姻法》修改后一经公布立即适用，审判实践面临如何适用新修改的《婚姻法》审理案件的问题，迫切需要尽快出台相关的可操作性强的司法解释来指导审判实践活动。二是经过较长时间的面向社会各界的征求意见、宣传准备工作，该部司法解释具备了公布后马上实施的条件。事实证明，这种根据实际情况作出的选择是正确的，《婚姻法司法解释（一）》的适时出台与适用，收到了良好的社会效果与法律效果。此外，公布后立即生效的方式亦常适用于行政法规的生效时间。第二类是特殊的规定，即规定法律、司法解释公布后到达一定期限后开始生效。第三类是法律、司法解释公布后并不立即生效，而是由该法律或者专门的决定来明文规定具体生效时间。这种方式一般基于预留一段准备期以利于顺利施行的考虑。本解释即属于第二类情形，采取了明确规定实施日期的做法。其第二十七条第一款规定，本解释自 1005 年 1 月 1 日起施行，此生效时间意指从 2005 年 1 月 1 日起，人民法院审理建设工程施工合同纠纷案件时，涉及解释有规定的问题，都应适用本解释。之所以采取公布时间与生效时间相分离的做法，是考虑到《解释》的公布和施行是我国房地产管理法制建设中的一件大事，它会对人民法院审理相关类型的案件产生深远的影响。本部司法解释的重点内容不仅对建设工程施工合同的效力、处理原则及解除权的行使、工程质量问题作出了规定，而且还涉及工程期限的违约责任、工程结算标准和工程量的确定等问题。上述这些问题均是现阶段建设工程施工合同纠纷案件审理中的难点、热点问题，最高人民法院亦是在大量调查研究的基础上予以研究出台，其中的许多规定有待理解和消化，同时适用中的新情况、新问题也可能随着司法实践的展开而逐渐产生。因此，为保证《解释》的全面、正确实施，尤其在此前有些地方对此类案件的认识探索尚存欠缺的情况下，充分利用该司法解释从公布到生效实施的 3 个月时间，通过广泛、深入地学习和宣传，力求使大家对《解释》规定的原则精神有所理解和掌握。一方面使当事人能够充分知晓自己在建设工程施工合同纠纷案件中的哪些权益和主张可以得到更好的保护，另一方面也让广大法官明确立法本意，使各级人民法院做好审理此类案件的必要的准备工作和衔接工作。这对于规范诉讼参与人的行为，促进人民法院有关建设工程施工合同纠纷案件审判工作的规范、有序、顺利地开展，公正高效地维护当事人的合法权益，具有非常重要的意义，换言之，在司法解释的公布与实施之间留出一定的时间，既便于法院司法亦便于当事人遵行，具有必要性。需要说明的是，本解释生效时间的规定亦与最高人民法院审判委员关于对不同类型司法解释生效时间的统一规定相符合。即本解释与其他同类型司法解释的生效时间在界定及表述方式上是一致的。

三、关于《解释》的溯及力问题

法的溯及力，又称法的溯及既往的效力，是指新的法律颁布后，对其生效前的事件和行为是否适用的问题。如果适用，则具有溯及力；如果不适用，则不具有溯及力。实体规范通常不具有溯及力。因为人们不可能按照尚未制定的法律、法规或者已经制定但没有生效的法律、法规来规范和调整自己的行为。否则，对于行为人而言，既不现实，亦在法律上有失公正。法律的可预期性是支撑法治价值的一个较为关键的要素。溯及既往的条款往往会破坏人民生活的安定性和可预期性，也容易破坏法律体系应有的稳定和权威，行为人在行为之初，只能用现有的法律框架体系内的现有规范来衡量约束自身的行为，使之不违反强行法律法规的规定。也就是说人们只有在法律、法规生效之后，才能自觉地利用法律、法规来约束自己的行为。不能让人们在做现在的每一件事情时都有惴惴不安之感，担心自己今天本来合理合法的行为，在将来的哪一天会变成违法的并得不到法律的保护，因而变得不知如何正常行事。

关于溯及力的问题，法学基本理论通常认为，法律一般没有溯及力，除非法律有特别规定。例如，在某些个别、特殊的情况下，法律规定也会采取不同的原则，诸如从旧兼从轻、从新兼从重等。继而有的观点认为，尽管法治的原则之一是立法不溯及既往，但事实上任何立法必定为在某种程度上改变现状而立，而且只要它不停留在纸面上，就总是具有溯及既往的效果。因此，绝对的不溯及既往是不存在的，也是不应当的。法律是内生于社会生活的普遍规则，往往是对自发秩序的承认和认可，法律只要有发展、变化，也必定具有某种溯及既往的效力，并且事实上在某种程度上改变现有格局。

法律溯及力与法律生效时间相关。由于法律是指导人们行为的标准，只有公布的法律才有可能成为约束人们行为的准则，所以法律不溯及既往原则是绝大多数国家所遵循的法律程序技术原则。其基本含意是，一部新法实施后，对新法实施之前人们的行为判断不得适用新法，而只能延用旧法。该原则的出发点在于维护法的稳定性和可预期性。我国法律于一般情况下采用“法不溯及既往”原则。按照《中华人民共和国立法法》的规定，如果法律中没有特别规定，法律不具有溯及既往的效力，即新的法律规定不能调整法律生效前已经发生的事实和行为。司法解释也应坚持同样的原则，遇有特殊例外的情形，才可以规定承认其溯及力。

此外，关于司法解释在适用的时候是否有向前追溯的法律效力，一直存在不同的认识。一种观点认为，司法解释是对现行立法的解释，故应当从公布之日起，对于人民法院尚未审结的一、二审相关案件，均应适用。这种对司法解释施行前人民法院已经受理、司法解释施行时仍未审结的案件加以适用司法解释的主张，实际上是赋予了司法解释一定的溯及力。另一种观点认为，司法解释虽然理论上是对既有法律的解释，但我国的司法解释在一定程度上起着补充立法空白，甚至创设新规则的作用。按照法律不溯及既往的原则，司法解释只能适用于公布施行后起诉到人民法院的案件。只要案件的一审程序受理于司法解释生效施行之前的，都不能适用该司法解释。因为这一问题带有一定的普遍性且认识又不一，经最高人民法院审判委员会决定，本解释最终采纳的基本上是后一种做法，即规定了一个明确的实施日期，自施行后起诉到人民法院的建设工程施工合同纠纷案件才能适用。

关于对“施行后受理的第一审案件适用本解释”中“受理”的理解是准确把握立法本意，正确理解本解释有关实施问题的一个重要内容。“受理”的含义，是指本解释施行后开始启动的诉讼程序，即解释施行后人民法院开始受理的当事人的起诉。起诉程序是一个完整的过程，包括从启动开始至案件审理结束。当一个案件一审作出裁决时，该案的诉讼程序尚未完成，因为有可能当事人在上诉期间内提出上诉，上诉至二审法院，二审人民法院的审理活动也都是整个诉讼活动的一部分。因此，人们通常在提到“受理”一词，习惯上都是指的诉讼程序启动之初的起诉，即受理一审而言。上诉进入二审阶段，二审人民法院接受上诉并进行审理的，虽然二审人民法院有时也表述为受理，但这并不是严格意义上的“受理”。对于这一点，有时候有些人理解的不是很到位，所以为了避免可能造成的理解上的出入，本条解释用了“受理的第一审案件”字样加以强调。具体可指：(1) 2005 年 1 月 1 日之前已经受理但尚未作出裁判，并在 2005 年 1 月 1 日之后继续诉讼的案件，不适用本司法解释的规定。其中包括解释施行后，案件处于二审正在审理阶段的，也包括解释施行后案件还处于一审审理阶段的。无论哪种情形，都不得适用本解释审理案件。而且对于这些案件，即使今后进入审判监督程序，如果法律没有特别规定，也不应该适用本解释对案件重新审理。（2）2005 年 1 月 1 日以后，人民法院开始受理的一审案件，适用本解释。包括这些案件进入二审、审判监督程序，都可以依法适用本解释的相关规定。

四、关于本解释与其他相关司法解释等规范相冲突时如何处理的问题

依特别法优于普通法、新法优于旧法等解决法律适用及效力问题的法理依据可知，由同一部门就相同的问题，在不同时期先后作出规定的，应该以最新规定为准。最高人民法院对审理建设工程施工合同纠纷案件有关问题作出的司法解释，前后不一致或者有变化的，应该以后出台的司法解释为准。有鉴于此，本条第三款规定，施行前最高人民法院发布的司法解释与本解释相抵触的，以本解释为准。而对此前作出的司法解释所规定的内容，如与本司法解释并不冲突，又未被明文废止的，仍然有效，人民法院在审理相关案件中可以继续适用。

最高人民法院审理的建设工程施工合同纠纷案例

1. 不需招标的建设工程项目，未招标并不导致合同无效

一、案件基本事实

上诉人（原审被告、反诉原告）：金海马。

上诉人（原审原告、反诉被告）：宝源公司。

1997 年 6 月 1 日，宝源公司与金海马公司签订《装饰工程施工合同》，约定：由金海马公司以包工包料的方式承包宝源餐饮娱乐城的室内装饰工程以及锅炉、餐桌餐椅、音响设备、客房家具、健身器材等设备的采购，总造价为7 866 000元，1997 年 6 月 10 日开工，同年 11 月底交工，宝源公司在开工 50 日内按进度付款。合同签订后，金海马公司按时进入现场施工，并开始为宝源公司订购设备。1997 年 10 月 17 日，宝源公司支付工程款 350 万元，11 月 6 日支付 50 万元，12 月 6 日支付 10 万元，共计 410 万元。金海马公司在施工中于 1997 年 10 月 28 日向外地电汇资金 200 万元，宝源公司得知后对金海马公司装饰该工程失去信任，未再支付工程款，导致工程于 1997 年底停工。1998 年 4 月宝源公司向甘肃省高级人民法院起诉，请求解除双方签订的装饰工程施工合同，对已装修工程进行鉴定，由金海马公司承担违约责任，偿付违约金 39 万元，并承担诉讼费用。金海马公司提起反诉，请求判令宝源公司赔偿违约造成的经济损失 120.4 万元，承担全部诉讼费用。

在一审诉讼中，宝源公司提供一份双方于 1997 年 7 月 14 日签订的《协议书》。该协议书约定：金海马公司应在每个项目动工的三日前向宝源公司提供详细的施工图纸，并要得到认定方可施工；在施工、装饰过程中，所有涉及表面装饰的材料及饰品必须事先提供小样给宝源公司的驻工地代表；大厦所有需购买的设备、音响、灯具、洁具、家具等，金海马公司应作出采购计划并在 15 日前通知宝源公司，由宝源公司指派专人对所购设备、器材进行认定，否则因此造成的一切损失宝源公司不予承担。

在一审诉讼中，一审法院还根据双方当事人的要求，委托兰州市第二审计事务所对已装修工程量和购置设备进行了评估审计，结论为：金海马公司已完工程总造价3 900 392元（该款包括已安装的设备622 063元，对已到现场但未安装和已订购但未到货的设备均未计算）；金海马公司另行支付土建设计费65 000元、装潢设计费75 000元、消防配套费16 944元、建管费10 000元；金海马公司为宝源公司订购设备合同总价款为2 295 625.19元，已实际付款1 309 980元。双方当事人对订购霓虹灯合同价款395 949.19元，已付款220 000元，因为没有书面合同的约定，有争议。金海马公司举证认为，一审法院委托的鉴定单位兰州市第二审计事务所蒋维嘉证明在审计过程中见到了该霓虹灯的设计图，设计图上有姓“续”的签名，霓虹灯的制作商兰州甬港霓虹装饰工程有限公司的江志华证明在设计过程中与宝源公司的经理陈文生有过协商修改，上面有宝源公司驻工地代表续俊枫的签字，因此，金海马公司设计制作霓虹灯是受宝源公司委托的，该项目应予以认定。宝源公司则认为，金海马公司提供的证据不是直接证据，不能予以认定。

金海马公司的资质等级为三级，只能承包 600 万元以下的建筑和装饰工程。1998 年 11 月 6 日，甘肃省建筑管理站作出《关于承揽工程项目情况说明》，证明：“甘肃金海马家具装饰有限公司承揽的兰州宝源餐饮娱乐中心装饰工程，双方所定合同价款为 768.6 万元，根据资质管理标准规定和建筑业产值指标计算范围，工程中的有关设备款 286 万元（包括音响、电视机、家具、餐桌餐椅、干湿蒸设备、冲浪浴盆、工艺灯具、锅炉等）不应计入建筑业产值内，该装饰工程项目未超越本公司资质承包范围。”

二、一审法院认定与判决

一审法院再审认为：本案装饰工程系国有企业投资的工程，根据《甘肃省建筑市场管理条例》、建设部《建筑装饰装修管理规定》，该工程应公开招标。宝源公司未公开招标，违反了上述规定，应确认合同无效；根据建筑业资质管理有关规定和建筑业产值计算标准，本案代购设备所涉及的锅炉、电器、家具等不应计入建筑业产值中，装饰工程与设备款应分别计算，金海马公司是以包工包料方式承包工程，宝源公司支付工程款后，资金所有权已合法转移，且金海马公司完成的工作量及订购设备付款已超出宝源公司付款额，不存在抽逃资金的事实。宝源公司未按规定公开招标，导致合同无效，应承担主要责任；金海马公司未通过正当方式承揽工程，也应承担相应责任。金海马公司根据合同约定，并经宝源公司参与，为宝源公司代购了多种设备物品，因合同无效，导致金海马公司与第三方签订的购销合同不能履行，宝源公司应赔偿金海马公司因此所受的损失。金海马公司为宝源公司代购设备，为此而支付的银行利息及订购设备不能履行向第三方支付的违约金等，应作为无效合同的实际损失，由宝源公司承担主要赔偿责任。金海马公司申请再审的理由成立，应予支持。原判确认合同无效是正确的，但对金海马公司的损失没有予以赔偿，不符合《中华人民共和国经济合同法》第十六条过错方应赔偿对方损失的规定和民法保护当事人合法权益的原则精神，判处不当，应予纠正。金海马公司为宝源公司制作霓虹灯之事，金海马公司未能提供该项目经宝源公司同意的直接证据，不予认定，制作费用395 949.19元及其他损失，由金海马公司自行承担。据此判决：一、撤销甘肃省高级人民法院〔1998〕甘民初字第15号民事判决；二、宝源公司向金海马公司支付工程款3 900 392元，支付设计费、消防配套费等166 944元。已到现场尚未安装的设备由宝源公司接收，宝源公司向金海马公司支付货款268 753元，承担利息87 919元；三、未到施工现场的货物，宝源公司与金海马公司不再履行，因此给金海马公司造成的经济损失309 361元由宝源公司向金海马公司赔偿70％，即216 552.70元；金海马公司自行承担30％，即92 808.30元。宝源公司已付款410万元，与上述款项相抵，宝源公司向金海马公司付款540 560.70元。上述款项应于本判决生效之日起10日内付清。一审、再审案件受理费、反诉费、审计费、鉴定费等共计174 762元，由宝源公司负担70％，计122 333.40元；金海马公司负担30％，计52 428.60元。

三、上诉及答辩情况

金海马公司和宝源公司均不服一审判决，向最高人民法院提起上诉。金海马公司上诉称：（一）原审判决对金海马公司为宝源公司订购设备的货款1 394 809.19元，以没有到货为由，不作认定不当，该部分货物均是定做的专用物品，制作厂家已经完成制作任务，不可能退货，有的厂家已向法院申请了支付令，故应予改判。（二）金海马公司为宝源公司定做霓虹灯一项，金海马公司在一审中已详述了事实经过，并提供了宝源公司驻工地代表续俊枫签字认可的施工图，以及给霓虹灯厂家的付款凭据，原审法院委托的鉴定单位兰州市第二审计事务所出具书面证据证明“审计是以霓虹灯施工图为依据做的评估报告”，但一审法院的法官遗失了霓虹灯施工图，未对此项予以判决，是不当的。（三）原审判决认定合同无效，不符合最高人民法院《关于适用〈中华人民共和国合同法〉若干问题的解释（一）》第四条的精神，系适用法律不当，应予以改判。请求判决本案合同为有效合同，宝源公司违约，支付拖欠的工程设备款723 253元，逾期付款违约金317 074.11元，赔偿损失1 228 245.19元，并承担全部诉讼费用。

宝源公司上诉称：（一）原审法院的再审程序违反法律规定，在上诉期内接受申诉，再审过程中未向宝源公司送达鉴定结论，对宝源公司的异议和重新鉴定请求不予理睬，定案依据未经质证。（二）金海马公司认可了 1997 年 7 月 14 日《协议书》上合同章的真实性，即表明该协议书具有法律约束力，合同的落款日期和盖章日期不一致是常有现象，一审法院以落款和盖章日期不一致否定协议书的真实性，属于偏袒金海马公司。（三）再审判决认定根据建筑业资质管理有关规定和建筑业产值标准，装饰工程与设备应分别计算，金海马公司不属于超资质承揽工程，并未列举相应的法律法规依据，不能令人信服。（四）再审判决认定的已到货未安装设备268 735元与事实不符，实际上该设备并未进入施工现场，双方事后也未移交。（五）再审判决对金海马公司未经宝源公司同意而与第三人签订的购销合同一概认定，判决宝源公司承担利息和违约金，赔偿金海马公司的309 361元损失缺乏证据，没有道理。（六）本案纠纷是由于金海马公司隐瞒资质等级、违反协议单方购置设备、抽逃工程款导致停工而引起的，主要过错应在金海马公司，原审判决由宝源公司承担 70％的过错责任有失公平。请求撤销〔1998〕甘民再字第 32 号民事判决，维持〔1998〕甘民初字第 15 号民事判决。在二审开庭审理过程中，宝源公司申请对双方当事人 1997 年 7 月 14 日签订的《协议书》重新进行司法鉴定，并于庭后递交了书面的《鉴定结论复议申请书》。

四、最高人民法院认定与判决

最高人民法院认为：本案的施工项目的发包单位宝源公司是中外合资企业，建设项目不属于国有企业的大中型建设工程项目，本案合同虽然是在《中华人民共和国合同法》生效实施之前签订的，但未违反法律和国务院颁布的行政法规，根据《中华人民共和国合同法》和最高人民法院《关于适用〈中华人民共和国合同法〉若干问题的解释（一）》第四条的精神，原审判决认定本案合同必须经过公开招标才能有效，既不符合实际情况，也没有法律法规的依据。鉴于本案所涉工程已停工多年，继续履行已无可能，装修合同应终止履行。双方当事人 1997 年 7 月 14 日签订的《协议书》，经司法部司法鉴定科学技术研究所鉴定，确认该协议书的印章不是在署期“1997 年 7 月 14 日”盖印形成，而是 1998 年 3 月 10 日以后盖印，故该协议书应当在双方盖印之后才能发生法律效力，因双方的装修合同已经于 1997 年底中止履行，在此之前金海马公司为履行双方装修合同而实施的民事行为主观上并无过错，应由宝源公司承担不能履行的责任。宝源公司在二审中提出再审鉴定的程序不合法，但是原审鉴定结论在再审开庭时已经向双方当事人出示，宝源公司没有举证反驳一审鉴定的错误，故其请求重新鉴定的理由不成立。本案经审计，金海马公司已完成工程的造价是3 900 392元（包含已安装的部分设备），支出设计费、消防设计费166 944元，订购设备付款1 309 980元，宝源公司实际付款 410 万元，按照合同约定，宝源公司的付款与金海马公司的施工进度是协调一致的，宝源公司指责金海马公司抽逃工程资金，缺乏事实根据，其停止付款，造成工程停工，应负违约责任。本案一审审计确认的已完工程款3 900 392元及其中包括已安装的设备款622 063元，金海马公司订购设备的合同价款1 899 676元，已付款1 089 980元，双方均没有异议。双方争议的霓虹灯设计安装项目，根据一审法院委托的鉴定单位兰州市第二审计事务所蒋维嘉和霓虹灯制作商兰州甬港霓虹装饰工程有限公司的江志华等提供的证明，可以确认金海马公司设计制作霓虹灯是受宝源公司委托的，该项目应予以认定。综上，金海马公司为履行装修合同而支出的款项为4 745 253元，该款项减去宝源公司已付款4 100 000元等于645 253元，即是宝源公司应支付的工程欠款数额，该款应自 1998 年 7 月 20 日金海马公司提起反诉时开始计算利息。金海马公司为履行装修合同另有985 645.19元订购设备的未付货款，因双方当事人的装修合同已终止履行，势必造成金海马公司向订货厂家退货，按照《工矿产品购销合同条例》的规定，其应当承担 30％的违约金，即295 693.56元，并已经过法律程序的确认，故该款应由宝源公司作为损失赔偿给金海马公司。金海马公司反诉主张的其他损失，因没有提供相应的证据，不予支持。宝源公司上诉主张原审法院在上诉期内接受金海马公司的申诉，再审中未对鉴定结论进行质证，证据不足，不予支持。原审判决依据甘肃省建筑管理站 1998 年 11 月 6 日的证明意见认定装饰工程与设备应分别计算，金海马公司不属于超资质承揽工程是恰当的，宝源公司的上诉理由不能成立。综上，依照《中华人民共和国民事诉讼法》第一百五十三条第一款第（二）、（三）项的规定，最高人民法院于 2001 年 2 月 20 日，以〔2000〕民终字第 95 号民事判决判决如下：

一、撤销一审法院判决。

二、宝源公司与金海马公司签订的《装饰工程施工合同》合法有效，终止履行。

三、宝源公司于本判决生效后三十日内向金海马公司支付工程欠款645 253元，并支付该款自1998年7月20日起的银行同期同类贷款利息。

四、宝源公司赔偿金海马公司经济损失295 693.56元。

五、驳回双方当事人的其他诉讼请求。

一审、再审案件受理费、反诉费、审计鉴定费等共计174 762元，由宝源公司负担122 333.40元，金海马公司负担52 428.60元。二审案件受理费77 750元，由金海马公司负担30%，即23 325元，宝源公司负担70%，即54 425元。

本判决为终审判决。

2. 建设工程转包或者违法分包的认定

一、案件基本事实

上诉人（原审被告）：永州建委。

被上诉人（原审原告）：陕建公司。

1998年4月13日，永州建委与陕建一公司签订《潇湘广场工程建设合同书》，约定：陕建一公司（乙方）承包建设永州建委（甲方）发包的潇湘广场土石方工程，土石方总砌方约120万方，投资总概算约2000万元。工期自1998年5月1日至1999年1月底，若遇开山放炮，则按实际工作日顺延。工程造价根据实际工作量按1995年《湖南省市政工程单位估价表》和《永州市九八年市政公用基础设施工程决算取费标准》由市建委总工室及有关单位据实决算。乙方施工税金，由甲方代扣代交税务部门，乙方结算以收款收据为凭证。关于工程款的拨付，合同约定由甲方向乙方拨付启动资金80万元，其中30万元在乙方机械设备进场后10日内给付，其余50万元在进场后50天内给付；开工后每月20日按乙方工程进度实际完成量以每立方米2.5元给付油料人工费，工程竣工验收合格后甲方在10个月内付清其余工程款，负责按银行同期贷款利率加计利息。若欠款时间超过6个月，甲方须按银行规定支付本息外，应付给乙方滞纳金直至欠款付清为止。关于违约责任，双方约定乙方不得转包工程，如因甲方原因造成工程停建、缓建，由甲方赔偿乙方有关经济损失。甲、乙双方不论哪一方违约则由违约方付给对方违约金80万元。同日，双方当事人又签订《潇湘广场工程建设合同补充协议》，约定：工程开工之日，乙方必须有两台挖土机、一台推土机、八台翻斗车进场，甲方才支付启动资金，甲方若拖欠工程款，不再计取滞纳金，甲方给乙方计取16%的综合管理费，其中8%归乙方，另外8%归甲方所有。上述合同和补充协议签订后，陕建一公司即按约组织机械进场，于1998年5月11日正式开工。为加快施工进度，永州建委对此未表示异议。

在陕建一公司施工过程中，因永州建委未能及时解决倒土场地以及村民阻工等原因，工程多次被迫停工，又因工程中遇大量石方需要开山放炮，工期顺延至1999年7月31日，永州建委根据城市规划的调整，决定停建该项工程，并向陕建一公司下达了停工通知。同年9月10日开始对工程进行验收决算，9月21日永州建委召集陕建一公司与永州市财政局、规划设计院等有关单位召开潇湘广场工程验收决算会议并形成会议纪要，双方同意以1998年12月20日为界，以前完成的土石方单价仍按原合同执行，在此以后则按土方每立方米12元，石方每立方米25元执行，双方确认陕建公司完成总工程量为821 944.74立方米，并对1998年12月20日以前和以后所完成的土方量、石方量分别予以了确认。会议将竣工验收合格日期定为1999年8月15日。关于停工、停滞损失费，确定永州建委向陕建公司补偿损失费总额为187 774元。2001年1月5日，永州建委与潇湘广场各土方施工单位就爆破损坏房屋和恢复原有通车道路及建筑物理赔问题召开"潇湘广场施工单位共同分摊费用协调会"，确定陕建一公司分摊损失费76 600元。

潇湘广场土石方工程各施工单位的决算经永州建委报请永州市永信达有限责任会计师事务所审核，该所于2000年10月26日作出审计鉴定报告，核定陕建一公司所承建的潇湘广场土石方工程造价为23 343 245.28元。该审计报告中注明，审计核定造价包含16%的综合管理费，根据补充协议"甲方给乙方计取16%的综合管理费，其中8%归乙方，另外8%归甲方"的规定，在财务结算时，应予抵付8%的管理费，其中陕建一公司1 471 533.63元。

永州建委给付潇湘广场土石方工程款情况是：在陕建一公司开工后50日内未按约给付启动资金80万元，从工程开工至今给付15 775 895.6元，此款含在施工期间建设方以事业性收费和服务费名义从陕建一公司返回的53万元，剔除此项，陕建一公司实收工程款15 245 895.6元。

另查明：陕建一公司系陕建公司设立的不具有独立法人资格的分支机构，未领取营业执照，陕建一公司与永州建委签订合同时向永州建委出具了陕建公司授权史育汉代表公司全权负责联系工程项目任务及招标投标有关事宜的法人委托书。双方当事人在诉讼中对此事实均予以承认，但永州建委认为，史育汉没有以被代理人陕建公司的名义签订合同，而是以不存在的陕建一公司的名义承揽工程，因此陕建公司与永州建委的潇湘广场工程毫无关系，陕建公司不能作为本案的当事人。陕建公司认为，承揽潇湘广场工程是永州市领导1998年初对陕建公司实地考察后主动招商的结果，合同虽然是以陕建一公司的名义签订，但陕建公司出具了法人委托书，行为的后果由陕建公司承担，陕建公司是本案合法的当事人。

2000 年 9 月，陕建公司和肖放时作为共同原告，以永州建委拖欠巨额工程款为由，向湖南省高级人民法院起诉，请求判令永州建委支付工程款及利息，支付违约金，赔偿停工损失，给付远程施工费、管理费、分摊爆破震坏民房赔偿费、马路清扫冲洗费、公共便道开辟费、决算审计费等，并由永州建委继续履行合同，将潇湘广场余下的石方工程约 40 万方交由陕建公司和肖放时继续施工。一审法院受理两原告起诉后，查明陕建公司与肖放时实为两个独立原告分别提出的独立诉讼请求，遂决定分别立案处理。

二、一审法院认定与判决

一审法院经审理认为：陕建公司委托其下属的一分公司与永州建委就永州市潇湘广场土石方工程所签订的施工合同及补充协议，双方意思表示真实一致，不违反法律强制性规定，系有效合同。该工程应被告要求停工后，双方就停工损失及土石方结算单价调整问题召开结算会议并达成了一致意见，双方均应遵循诚实信用原则予以履行。陕建一公司将部分工程分包，永州建委在施工中未提异议，该分包行为不违反国家《建筑法》的规定。永州建委未按约给付陕建公司工程款负有过错责任，其应支付所欠的工程款，并支付违约金。永州建委关于合同无效的答辩理由不能成立。陕建公司承接永州建委的建设工程，已按约履行了相应的义务，其要求永州建委给付工程款并承担拖欠工程款的相应过错责任的主张应予支持。但其请求同时支付欠款利息和违约金的赔偿数额过高，亦不符合法律的规定，只采纳其中一项赔偿请求。工程造价的数额，永州建委委托有关审计机构核定的数据，已经双方当事人认可，予以采信。陕建公司要求永州建委给付垫资利息，违反了建设部、国家计委、财政部关于严格禁止在工程建设中带资承包的规定，不予支持。支付欠款滞纳金及给付远程施工费、赔偿机械停滞台班费及管理费以及分摊爆破震坏民房赔偿费、马路清扫冲洗费、公共便道开辟费、决算审计费等公共费用的主张，因无合同约定和其他相关签证证实，不予支持。鉴于潇湘广场工程已按城市规划的调整而停建，故陕建公司要求永州建委将广场剩余土石方工程交其继续施工的主张亦不能支持。根据《中华人民共和国民法通则》第八十五条、第一百一十二条的规定，判决：一、由永州建委给付陕建公司潇湘广场土石方广场欠款6 625 816.05元，并支付违约金 80 万元；二、驳回陕建公司的其他诉讼请求。上述款项限本判决生效之日起 15 日内履行完毕。案件受理费146 960元，诉讼保全费28 853元，共计175 813元，由永州建委负担140 650元，由陕建公司负担35 163元。

三、上诉及答辩情况

永州建委对一审判决不服，向最高人民法院上诉称：1. 本案一审过程中，一审法院受理的是陕建公司和肖放时共同作为原告的起诉，现判决书确认肖放时一案属于独立的诉讼请求，另行立案审理，本案的争议标的不到 3000 万元，就不应由湖南省高级人民法院一审管辖，一审法院违反级别管辖的规定。2. 一审程序违法，对永州建委提交的转包工程的证据没有质证。3. 本案的合同应为无效合同。本案合同是由陕建一公司与永州建委签订的，陕建一公司未经工商登记便从事建筑经营活动，违反了行政法规的强制性规定，陕建公司不具有市政施工资质，承建潇湘广场亦违反了法律的强制性规定。另外，陕建一公司转包工程，并非是永州建委没有提出异议，而是不知道工程被转包或违法分包，陕建一公司的行为违反了《建筑法》第二十八条的规定。4. 一审判决认定永州建委已支付给陕建公司工程款15 245 895.6元与事实不符，陕建公司应交永州建委下水道恢复费 6.54 万元、乱倒土二次转运费 10 万元、劳保基金 78.3 万元、税金 73.83 万元，永州建委实际已付工程款 16 932 764.27万元。5. 双方核定的工程款为23 343 245.28元，按照陕建公司完成的工程量计算则每立方米为 28.4 元，单位价格显失公平，应予撤销。据此请求撤销一审判决，确认合同无效，工程量及价款重新核算，指定永州市中级人民法院重新审理本案。

陕建公司答辩称：陕建公司与肖放时为共同原告起诉永州建委，诉讼标的已达 3600 万元，一审法院受理本案经合并审理后分别判决，符合《民事诉讼法》第三十九条和第五十三条的规定。上诉人永州建委在一审庭审中并未提出陕建一公司转包工程的主张和证据，一审程序合法，陕建一公司是陕建公司的内部机构，受陕建公司的授权，与永州建委签订施工合同，法律后果由陕建公司承担，合同应当合法有效，陕建公司具有工业与民用建筑工程二级资质，潇湘广场虽然在规划上属于市政工程，但是合同的实际内容是挖运土石方工程，并不需要特别的资质，永州建委作为建设行政主管部门对此是很清楚的。被上诉人通过永州市政府的招商进入永州施工，在合同签订之前，永州建委对陕建公司作了充分的了解和考察，现在的工程完全符合质量标准，通过了上诉人的验收，属于合格工程。被上诉人承包潇湘广场工程后分包的部分工程只是整体工程的一部分，目的是为了加快施工进度，上诉人和被上诉人在同一栋楼内办公，被上诉人索要工程款时，多次提出分包工程的情况，上诉人从未提出过异议。一审认定的工程款数额依据的审计结论是双方当事人共同认可的，取费的标准是1995年《湖南省市政工程单位估价表》和《永州市九八年市政公用基础设施工程决算取费标准》，上诉人主张显失公平没有任何依据。请求驳回上诉，维持原判。

四、最高人民法院认定与判决

最高人民法院二审过程中，永州建委就工程的违法转包和分包问题请求新的证人到庭作证。经最高人民法院审查同意，证人尚继红、蒋贻功、周进枢到庭作证。证人尚继红证明：1998年5月8日，晋城公司（法定代表人尚继红）与陕建一公司签订《潇湘广场工地平整工程合同》，约定陕建一公司将承接的潇湘广场工地地面平整工程包给乙方，工程量约120万立方米，山西省晋城市中安实业有限公司从5月11日至7月23日累计完成工程量8.4万立方米，7月26日双方对工程进行了结算。证人蒋贻功证明：1998年6月19日，其与陕建一公司签订《土石方工程施工承包合同》，约定陕建一公司将潇湘广场3号山头的土石方共约28万立方米分包给蒋贻功，因陕建一公司未能及时拨付工程款，1998年9月6日双方协商终止合同履行，蒋贻功实际完成工程量约9万立方米。证人周进枢证明：1998年10月31日，其与陕建一公司签订《潇湘广场土石方工程联营合同》，约定将潇湘广场3号山头东坡部分约10余万立方米土石方工程交周进枢施工，周进枢实际完成工程量约7万立方米，经双方结算，陕建一公司至今仍欠工程款3万余元。永州建委认为，证人尚继红的证言证明了陕建一公司是在违法转包工程，证人蒋贻功和周进枢的证言证明了陕建一公司将部分工程分包给没有施工资质的个人，属于违法分包，因此永州建委与陕建一公司的承包合同是无效的。陕建公司认为，双方合同中已约定潇湘广场的工程可以分包，证人的证言只是证明分包合同的欠款情况。陕建公司为搞好潇湘广场的工程建设，成立了专门的工程处，有管理人员40多人，全面负责工程的技术、安全、财务、保卫以及施工人员、机械、爆破物的管理等，支出管理费用243万元，永州建委从未与证人发生直接的合同和管理关系，因而工程根本就不存在转包，分包工程是永州建委同意和明知的，只是永州建委拖欠工程款才导致一系列的纠纷。

最高人民法院认为：一审法院对陕建公司和肖放时共同诉讼永州建委的案件立案后合并审理、分别判决，并不违反《民事诉讼法》的规定。永州建委上诉认为一审法院违反级别管辖的规定，本案应由永州市中级人民法院审理，理由不成立。本案一审过程中，永州建委在庭审辩论结束前，并没有提出陕建公司违法转包的证据并要求再次开庭质证，因此一审判决不存在程序违法的情况，永州建委的上诉主张缺乏证据，不予支持。陕建一公司是陕建公司设立的不具有独立法人资格的分支机构，双方当事人签订合同时，陕建公司向永州建委出具了授权陕建一公司负责人史育汉代表公司全权负责联系工程项目任务及招标投标有关事宜的法人委托书，陕建公司具有工业与民用建筑二级资质，承揽的潇湘广场市政基础工程主要是土石方的爆破、挖运、场地平整工作，并不需要特殊的市政工程的施工资质，因此，一审法院认为陕建公司委托其下属的一公司与永州建委就永州市潇湘广场土石方工程所签订的施工合同及补充协议，双方意思表示真实一致，不违反法律强制性规定，系有效合同，是正确的。本院二审过程中，证人尚继红等人陈述的内容不能证明陕建公司是违法转包和分包工程，上诉人永州建委主张陕建公司违法转包和分包工程，导致双方的工程施工合同无效，与事实不符，缺乏依据，上诉主张不成立。关于工程款的数额和工程单位价格是否显失公平的问题，该工程应永州建委的要求停工后，双方就停工损失及土石方结算单价调整问题召开结算会议并达成了一致意见，并且工程造价的数额，系永州建委委托有关审计机构核定，已经双方当事人认可，足以采信。永州建委已付陕建公司工程款的数额15 775 895.6万元，系双方当事人 2001 年 3 月 8 日在一审法院开庭时当庭达成的对账记录，永州建委反悔没有依据。永州建委称应当扣除劳保基金、税金等折抵工程款，因双方当事人已在施工合同中约定由永州建委交纳后以收款收据为凭证据实结算，而永州建委并未实际交纳该款，上诉主张不成立。上诉人永州建委主张该工程单位造价显失公平，证据不足，本院不予支持。综上，一审判决认定事实清楚，适用法律正确。依据《中华人民共和国民事诉讼法》第一百五十三条第一款第（一）项的规定，最高人民法院于 2001 年 12 月 31 日，以〔2001〕民一终字第 101 号民事判决判决如下：

驳回上诉，维持原判。

二审案件受理费146 960元，由上诉人永州建委负担。

3. 合同书自双方当事人签字或者盖章时成立

一、案件基本事实

上诉人（再审申请人）：利德公司。

被上诉人（再审被申请人）：天龙公司。

被上诉人（再审被申请人）：棉麻公司。

被上诉人（再审被申请人）：众立公司。

利德公司系中港合资企业，具有房地产开发职能。1992年9月22日，利德公司从湖南省岳阳市花鼓戏剧团有偿取得湖南省岳阳市炮台山路花鼓戏剧团大院地段房地产。1995年2月26日，利德公司与花果建筑公司签订《建筑安装工程承包合同》约定，利德公司将利德综合大楼交花果建筑公司施工。由于利德公司没有资金开发，1995年8月23日，利德公司与岳阳市供销社总公司农副产品分公司（以下简称农副公司）签订承包合同约定，利德公司将利德综合大楼项目发包给农副公司。利德公司将已办好征地转让和包办一切基建手续的市场住宅综合大楼大包干给农副公司承建销售经营（征地用地费和一切基建办理手续费全部由利德公司负担）；农副公司承包期为九个月，负责大包干交利德公司本利485万元，八个月内开始支付，不超过九个月。如农副公司到期确有困难，以所建的房屋按已销售平均价，并按结构比例抵给利德公司；利德公司向农副公司提供营业执照和印章一套；债务划分为：接交执照和印章之日起，以前由利德公司负责，以后由农副公司负责，土地只能作基建；农副公司在此项工程建设中，如遇到未办或应续办的基建手续，其补办手续的费用均由利德公司负责，农副公司垫付后在应付利德公司485万元内扣除；利德公司原征地的土地及承建的综合楼前期工程（共53万元由农副公司付给利德公司）和农副公司出资承建的综合楼，在农副公司完全支付给利德公司485万元后，土地、房产所有权全部属于农副公司所有，利德公司不得以任何借口争议；合同签订后，利德公司应将土地证、红线图、设计图纸、基建许可证、基建计划、纳税审批表和征地、用地、基建过程中等一切基建报审批手续原始件全部交予农副公司，附资料移交汇总表。同年8月25日，利德公司将移交表上所列21项内容交付给了农副公司，还交付了利德公司财务专用章、公司章、报关印章、合同章各一枚、税务登记证正本、法人营业执照正本、批准证书正本各一本。同年8年24日，农副公司与黄克前签订承包合同约定，将利德综合大楼项目承包给黄克前，由黄克前负责对利德综合大楼承建销售经营。合同签订后，农副公司及黄克前要求利德公司聘请的施工方花果建筑公司退出利德综合大楼项目的施工建设，利德公司同意花果建筑公司退出，并同意支付花果建筑公司前期工程款53万元，赔偿退场费40万元及佣金104 500元、垫资费5396.6元，合计1 039 896.6元，该款由黄克前支付给了花果建筑公司。利德公司、农副公司均予认可。此后，黄克前将利德综合大楼的建设工程发包给天龙公司但未见书面合同，并聘请了利德公司会计隋秀兰和职员姜南生负责办理报建审批手续和销房工作，直至大楼完工为止。1995年9月，天龙公司进场施工。同年11月14日，黄克前代利德公司向岳阳市花鼓戏剧团付房地产转让费129 701元，该付款行为亦取得农副公司及利德公司的认可。1996年5月，黄克前给刘光辉出具了一份《委托书》称，委托刘光辉全权代表利德公司对利德综合大楼工程签订合同结算等有效权。该权委托书加盖了利德公司的公章，委托书填写的时间为1995年8月30日。

1996年10月6日，刘光辉与天龙公司签订《建设工程施工合同》，约定：天龙公司承包施工建设利德综合大楼工程，包括土建和水电、框架七层，面积约10 000平方米，预算价格约700万元，承包价格以结算为准。工程开工日期为1995年9月18日，竣工日期为1996年11月30日等。该合同建设方上加盖了利德公司公章。1997年6月利德综合大楼竣工，但工程未经验收和结算。1997年8月10日，天龙公司出具工程决算书，工程总造价为8 630 762元。天龙公司在承建过程中陆续收取工程款4 764 606.48元。1999年4月，天龙公司以利德公司为被告向湖南省高级人民法院提起诉讼，要求支付工程欠款12 130 763元。湖南省高级人民法院依法追加棉麻公司、众立公司为第三人，并委托湖南天平有限责任会计师事务所对利德综合大楼工程造价进行了审计鉴定，鉴定结论是工程总造价为7 314 688.71元。

另，1996年5月，农副公司经理虢得富调任棉麻公司工作，虢得富向利德公司提出，农副公司于 1995 年 8 月 23 日与利德公司签订的承包合同，转让给棉麻公司，利德公司同意转让，并于同日棉麻公司与利德公司签订了一份与利德公司、农副公司 1995 年 8 月 23 日合同内容一致的合同，从而使棉麻公司取代农副公司在利德综合大楼项目开发合同上的地位。1996 年 10 月 8 日，棉麻公司因不便管理原因与众立公司签订承包合同，棉麻公司将其与利德公司签订的《关于炮台山路综合大楼开发项目的协议书》全部交由众立公司履行。后该合同没有实际履行。

湖南省高级人民法院原一审认为：本案属于建设工程拖欠工程款纠纷。利德公司与棉麻公司签订的承包合同、农副公司及棉麻公司与他人签订的承包合同、农副公司及棉麻公司与他人签订的转承包合同均系名为承包实为项目转让的合同。因棉麻公司、农副公司均不具有房地产开发经营的资格，承包合同内容规避法律规定，所以，上述项目转让合同均属于无效合同。黄克前以利德公司提供的印章委托刘光辉与天龙公司签订的建设工程承包合同，因前面的项目转让合同无效亦应确认为无效。利德综合大楼工程项目由利德公司申请开发建设，产权属于利德公司所有。该工程项目由天龙公司承包建设，且合同是以利德公司名义签订的，故可确认天龙公司与利德公司之间存在事实上的建筑工程承包关系。天龙公司与棉麻公司、众立公司之间不存在建筑工程承包关系。利德公司与棉麻公司及棉麻公司与众立公司之间的项目承包、转包关系属于另一法律关系，应另案处理。利德公司应当承担向天龙公司支付工程款的责任，利德公司辩称其工程项目已转让给棉麻公司，不应由其支付天龙公司工程款的理由不能成立。天龙公司已收取的工程款 4 764 606.48元，应视为利德公司支付，棉麻公司及其他承包人要求向利德公司追偿代付工程款，应在利德公司与棉麻公司及其他承包人的另一案中处理。余欠的工程款2 550 082.23元，应由利德公司支付给天龙公司。利德公司向无权经营房地产开发的单位转让项目开发权，造成合同无效以致拖欠工程款，是导致本案纠纷的根本原因。利德公司应向天龙公司支付拖欠工程款的利息，天龙公司盲目承接工程项目，也存在一定的过错责任。据此判决：利德公司向天龙公司支付工程2 550 082.23元及利息（利息自 1997 年 8 月 10 日起至给付之日止，比照中国人民银行同期法定贷款利率计算）。案件受理费70 664元，鉴定费20 000元，由利德公司负担72 531.2元，天龙公司负担18 132.8元。诉讼保全费10 000元，由利德公司负担。

利德公司不服湖南省高级人民法院已发生法律效力的判决，以原判“认定利德公司与棉麻公司之间的合同名为承包合同实为项目转让，且承包合同内容规避法律法规的规定，因而属无效合同”适用法律有误；法院委托湖南天平有限责任会计师事务所对综合大楼工程造价进行审计鉴定，其鉴定结论不具有证据效力；原已支付的基础工程款 53 万元，应从天龙公司的工程总造价中扣除；1996 年 10 月 6 日的合同利德公司的公章是被盗盖的；诉讼费负担既不合理又不合法等为由，向湖南省高级人民法院申请再审。

二、一审法院认定与判决

一审法院再审认为：利德公司与农副公司签订的协议名为承包，实为附条件的项目转让，即农副公司付利德公司 485 万元之后，承建并享有利德综合大楼项目。在该条件未成就前，由于利德公司将其所有资料及办好的土地证、红线图等基建过程中一切基建报批手续原件及利德公司公章、财务专用章、法人营业执照等有关文件全部移交给农副公司，故农副公司的真正身份应是利德公司的全权代理人。刘光辉与天龙公司于 1996 年 10 月 8 日签订的建设工程承包合同，尽管合同是刘光辉签订的，但由于该合同加盖了利德公司公章，刘光辉系黄克前委托的，黄克前又与农副公司签订了承包合同（实际上是附条件项目转让），且天龙公司承建的利德综合大楼工程项目是由利德公司申请开发，现权属仍属利德公司，故天龙公司依据建筑承包合同向利德公司主张权利，要求利德公司给付所欠工程款并无不当。本案依法委托湖南天平有限责任会计师事务所对利德综合大楼作出的鉴定结论，虽然在一审时没与利德公司见面，但此系利德公司自己的过错，法院已通知其进行质证，而利德公司放弃了该权利。对于利德公司申请再审提出该鉴定在程序上存在的诸如数据是用铅笔改动的、案卷中没有建筑施工合同、原花果建筑公司所做 53 万元工程重复计算及执行 614 号文的依据不充分等问题，再审时组织原鉴定机构召集各方当事人进行了质证，确认鉴定是根据天龙公司与利德公司 1996 年 10 月 6 日合同及 1996 年 10 月 8 日补充协议进行的；用铅笔改动数据的是底稿，不是正式报告，核对后的正式报告并没有改动；工程造价未包括花果建筑公司原做好的基础部分；执行 614 号文件是根据 1996 年 10 月 8 日签订的补充协议。因此，利德公司所提问题均不能成立，原鉴定结论应予采纳。关于 1996 年 10 月 8 日刘光辉与天龙公司就执行 614 号文的补充协议，虽然没加盖利德公司公章，但刘光辉具有代理权，且该合同是在 614 号文颁布实行后签订的，适用 614 号文并无不当。至于利德公司申请再审提出 1996 年 10

月的合同上利德公司的公章是盗盖的，由于其不能提供证据证明，故不予采纳。原判决认定事实和适用法律均无不当，但其案件受理费负担比例不合理，天龙公司超额 900 余万元标的起诉，其超过部分的案件受理费应由其自行负担。根据《中华人民共和国民事诉讼法》第一百八十四条之规定，判决：维持湖南省高级人民法院〔1998〕湘法经一初字第 10 号民事判决实体部分。一审案件受理费70 664元，由利德公司负担22 760元，天龙公司负担47 904元；鉴定费20 000元、诉讼保全费10 000元，由利德公司负担。再审案件受理费70 664元，由利德公司负担。

三、上诉及答辩情况

利德公司不服再审判决，向最高人民法院提起上诉称：（一）再审认定农副公司的真正身份是利德公司的全权代理人是错误的。其一，利德公司与农副公司有承包合同，利德公司将利德综合大楼的所有资料移交给农副公司，目的是为了方便农副公司承建销售房产。其二，如果说农副公司是利德公司的代理人，那么农副公司应在合同中有收取代理费的条款，而合同中并无这样的条款。其三，如果说农副公司是利德公司的代理人，则代理人必须以被代理人的意志为转移。而农副公司取得了利德综合大楼的承建销售权后，有权决定是否聘施工队伍。其四，农副公司不是以利德公司的名义从事民事法律行为，农副公司与利德公司签订承包协议后的次日，农副公司以自已的名义与黄克前签订了转包协议，而这份协议并未征求利德公司的意见。（二）利德公司与天龙公司之间没有建筑工程施工合同关系，天龙公司直接起诉利德公司拖欠工程款属主体错误。因利德公司只与农副公司签订了利德综合大楼大包干承建销售的承包协议，农副公司将利德综合大楼转包给了黄克前，而天龙公司是黄克前聘请的施工队伍，天龙公司与黄克前之间有建筑施工合同关系。1996 年 10 月 8 日，众立公司与棉麻公司签订了继续承包的协议书后，天龙公司与众立公司之间产生了建筑施工合同关系。如果说众立公司拖欠天龙公司的工程款，天龙公司只应当向众立公司主张权利。（三）1996 年 10 月 6 日签订的建设工程施工合同，利德公司的公章是被人盗盖的。其一，从法律上讲，这是一份单一证据，在没有相关证据证明其真实性的情况下，是不能认定的。其二，利德公司与天龙公司之间没有财务往来关系。476 万元的工程款，不是利德公司支付的，天龙公司也承认利德公司没有向其付过工程款，利德公司也就不可能与天龙公司有施工合同关系。其三，1996 年 10 月 6 日合同中，委托代表人由“黄克前”改为“刘光辉”，而黄克前和刘光辉均不是利德公司的代表，无权代表利德公司。其四，合同的签订日期为1996年10月6日，而合同的生效日期则为1995年9月18日，这明显的不符合常理。其五，这份合同上的签订日期为1996年10月6日，而这时利德公司与棉麻公司违约纠纷一案还在湖南省岳阳市中级人民法院审理中，利德公司不可能与天龙公司签订施工合同。其六，如利德公司与天龙公司签订工程施工合同，也只可能在580万元价款之内签订，因为利德公司与花果建筑公司所签合同是580万元包死，不可能将工程总金额提高到700余万元。其七，1996年10月6日合同与黄克前和天龙公司签订的合同，实际上是同一份合同，只不过是在合同上作了一些有利于天龙公司的涂改。如果利德公司同意与天龙公司签订合同，双方也应有一个商谈过程，达成意向后也会重新起草合同。其八，棉麻公司与众立公司1996年10月8日签订的协议约定，天龙公司以众立公司对账和签订的承包合同为依据，因而1996年10月8日前与基建队的所有合同均应无效，只能以众立公司与天龙公司签订的合同为依据，故天龙公司与利德公司于1996年10月6日签订的合同也就自然失效。其九，天龙公司曾伪造利德公司的公章，于1995年9月20日与利德公司签订所谓“建筑安装工程承包合同”，这份伪造的合同在湖南省岳阳市中级人民法院庭审中即给予了否定。这说明天龙公司在进场施工后，曾采用伪造公章的方式来达到自己的目的。（四）刘光辉的代表人资格应分两个时间段，分别代表黄克前和众立公司，不代表利德公司。（五）再审认定，棉麻公司与众立公司于1996年10月8日签订的《关于承包炮台山路综合大楼开发项目的协议书》没有实际履行，与事实不符。众立公司接手工程后，一直在主持利德综合大楼的施工建设。（六）再审认定，天龙公司收到的工程款4 764 606.48元，仅是刘仲云以天龙公司的名义于1999年5月26日出具的一张“证明”，天龙公司并未加盖公章。刘仲云于1998年1月6日曾证明，收到工程款约500万元，并盖有天龙公司的公章。这充分证明了天龙公司的刘仲云在不同的场合，根据需要将工程款变大或变小。（七）由于利德公司与天龙公司之间没有直接的施工合同关系，利德公司对鉴定结论发表意见是没有法律依据的，故只根据再审判决及质证时的事实谈如下看法：其一，这份鉴定报告是无效的。在这份鉴定报告上签名的，负责对鉴定报告进行复核的执行总工程师张学海承认，不知道鉴定报告是怎么作出的，他只是在征求意见稿上签了名，按规定在出具正式鉴定结论前，还应有一份报告审批单，有关领导签字同意后才能对外出具鉴定结论，而案卷材料中没有这一份正式报告的审批单。其二，张学海承认，鉴定结论是对整个工程造价进行的，当然含地下基础工程。其三，再审依据1996年10月8日刘光辉与天龙公司的刘仲云签订的《补充协议》而认定执行614号文是错误的。在该补充协议中，利德公司和天龙公司均未加盖公章，不能认定为利德公司的行为，因而鉴定报告不应对利德公司发生法律效力。（八）案件受理费的负担不合理。再审既然认定天龙公司超标的900余万元起诉，应承担超过部分的案件受理费，并判决一审案件受理费由利德公司与天龙公司按比例负担，那么再审案件受理费也应按比例负担。综上，请求撤销再审判决，驳回天龙公司的起诉。

天龙公司答辩称：本案是工程款纠纷，天龙公司在利德公司的土地上建成房屋后，利德公司取得该房屋。利德公司应支付相应的工程款。因为，项目是利德公司的，房屋产权亦为利德公司所有。利德公司称，工程款应由利德公司的合伙人或者受让人或者承包人支付，没有法律依据。无论上述单位之间是什么法律关系，他们都是以利德公司的名义实施的法律行为。合同上的公章不是盗盖的，该事实既有文字证明，又有法院的调查材料。利德公司的上诉主张不应支持。

众立公司答辩称：其与利德公司及天龙公司没有法律关系，不是本案的诉讼主体。虽然众立公司与棉麻公司之间存在承包合同，但只是与棉麻公司之间存在法律关系，与本案工程款结算纠纷没有联系。本案是由于利德公司非法转包所引起的纠纷，其间诸公司参与了转包，均是以利德公司的名义作为发包方签订的合同，也是以利德公司名义进行开发和销售的。一审判决认定事实清楚，适用法律正确，请求驳回上诉，维持原判。

棉麻公司虽提交答辩状，但未在答辩状中针对利德公司的上诉请求提出明确的答辩意见。

最高人民法院二审查明事实与一审法院再审查明事实相同。

四、最高人民法院认定与判决

最高人民法院经审理认为：1995年8月23日，利德公司与农副公司签订承包合同约定，利德公司将利德综合大楼项目大包干给农副公司承建销售经营，农副公司支付利德公司485万元，利德综合大楼的土地使用权及房屋所有权由农副公司享有。此后，农副公司与黄克前、利德公司与棉麻公司、棉麻公司与众立公司签订与利德公司和农副公司所签合同性质相同的合同。上述合同均系名为承包实为项目转让性质的合同。因该项目的转让未取得主管部门的批准，未办理相关审批手续和土地使用权转让手续，且农副公司及棉麻公司不具有房地产开发经营资格，上述合同应认定为无效。利德公司与农副公司签订合同的内容是利德公司将讼争项目转让给农副公司，农副公司向利德公司支付转让费，故农副公司不是以收取代理费为合同受益方式的。农副公司在取得项目后，即可进行独立的承建销售，而且也是以自己的名义而不是以利德公司的名义从事的民事活动，因此，一审法院认定农副公司的真正身份是利德公司的全权代理人，依据不足。利德公司与农副公司签订承包合同后，将讼争项目的土地证、红线图、设计图纸、基建许可手续等一切关于项目开发建设的相关手续原始资料全部交予农副公司，同时利德公司还将其公章、财务专用章、报关印章、合同章各一枚、税务登记证正本、企业法人营业执照正本交给农副公司，说明利德公司赋予农副公司有关项目的全部权利，农副公司可以以利德公司的名义进行开发建设。1995 年 8 月 24 日，农副公司又与黄克前签订《承包合同》，将讼争项目的承建销售经营权让渡给了黄克前，利德公司对此亦表示认可。1995 年 8 月 30 日的委托书，虽系黄克前出具给刘光辉的，但该委托书加盖了利德公司的公章，且委托事项也表明刘光辉对讼争项目有权签订建设工程合同及进行结算，利德公司对其在委托书中公章的真实性没有提出异议。1996 年 10 月 6 日，刘光辉与天龙公司签订《建设工程施工合同》，将讼争项目发包给天龙公司施工建设。该合同加盖了利德公司的公章，一审法院由此确认，利德公司与天龙公司之间已形成建设工程施工的法律关系，适用法律正确。利德公司对合同上加盖的利德公司公章的真实性没有异议，只是称其公章系被人盗盖，但没有提出证据予以证明，该理由不应采信。利德公司主张其与天龙公司没有财务往来，工程款 476 万余元不是利德公司支付的，并不能证明利德公司与天龙公司之间没有签订施工合同及否定双方具有实际工程承包关系的事实。利德公司以建设施工合同与黄克前和天龙公司签订的合同相同，只是作了部分修改为由，否认利德公司与天龙公司签订合同的真实性，理据不足，不予支持。因当事人有自由约定合同价款的权利，故利德公司对建设施工合同价款的异议，亦不能成立。利德公司主张天龙公司有伪造利德公司公章的历史，据此否认建设施工合同的合法性，亦不予采信。虽然利德公司对已付工程款数额提出异议，但其既未举证证明没有付款事实，也未举证证明已付工程款应为多少，利德公司的主张并不明确，不予支持。一审鉴定结论系由湖南天平有限责任会计师事务所作出的，加盖了该事务所的印章。利德公司提出该事务所工作人员张学海认为，鉴定报告不知是怎么作出的，其只是在征求意见稿上签了名，且鉴定是针对整个工程进行的，包括了地下基础工程。经查，一审期间该鉴定结论已经双方当事人质证，且在出具正式鉴定报告前，鉴定机构对当事人提出的质疑作出了相应的答复。利德公司对鉴定机构及其鉴定人员的资质没有提出异议。鉴定机构对地下基础工程部分已明确说明，基鉴定内容没有包括该部分工程。关于执行614号文，是刘光辉与天龙公司在1996年10月8日签订的补充协议中约定的，刘光辉持有利德公司的委托书，故该补充协议对利德公司应具有约束力，执行该文件是双方当事人共同的意思表示，在利德公司没有提出其他鉴定依据的情况下，鉴定机构根据双方合同的约定进行鉴定是正确的。利德公司提出有关鉴定结论的异议，均不能成立。综上，一审判决认定事实清楚，适用法律正确。2003年6月20日，最高人民法院依据《中华人民共和国民事诉讼法》第一百五十三条第一款第（一）项之规定，以〔2003〕民一终字第15号民事判决判决如下：

驳回上诉，维持原判。

二审案件受理费70 664元，由利德公司负担。

4. 超过法定期限请求变更或者撤销合同的不予保护

一、案件基本事实

上诉人（原审被告）：华普国际。

上诉人（原审被告）：华普科技。

被上诉人（原审原告）：住总公司。

1992 年 9 月 9 日，住总公司将其依据与北京市朝阳区人民政府订立的《朝外大街破旧危房改造协议书》取得的朝外大街危改项目授权其所属的综合开发部（后更名为住总公司房地产开发部，以下简称住总公司开发部）与华普科技签订《合作合同》，双方约定：共同投资建设北京市朝外吉市口小区 14 号楼华普商业发展大厦，该项目工程由住总公司开发部包干承建，建筑面积暂定为 6 万平方米，以最后竣工面积为准，工程造价为每建筑平方米 5800 元，总投资为 3.48 亿元，住总公司开发部占投资总额的 18%计 6264 万元，华普科技占投资总额的 82%计28 536万元；1993 年 6 月底前，华普科技应分期向住总公司开发部支付工程款，尾款在大厦竣工后，随华普科技应增减的投资额与住总开发部一次结清；华普科技不能按期付款，从拖欠之日起按建行贷款利息的两倍计息偿付住总公司开发部等。住总公司在合作合同上加盖了公章。

1993 年 2 月 20 日，住总公司开发部与华普科技签订《补充〈合作合同〉》（以下简称补充合同），双方对华普科技分期支付资金重新作了约定，华普科技保证按期履行，若违约每日按逾期金额的 1%支付罚金。其中第三条还约定，因房价上涨、设计变更、层高增加、建材价格调增等情况，致使成本增加，华普科技理解费用增加，原则上同意合理调增投资（额度双方另议）。

1993 年 6 月 21 日，住总公司与华普科技、吉安公司三方签订《北京华普国际大厦有限公司合同》（以下简称《合资合同》），共同投资成立中外合资经营企业华普国际，确定公司的经营目的和范围为投资建设北京华普国际大厦（即华普商业发展大厦，以下简称华普大厦），大厦建筑面积为 6 万平方米。三方约定，合资公司投资总额为 6200 万美元，注册资本为 2067 万美元，住总公司以人民币折合 372 万美元出资，占注册资本的 18%；华普科技以人民币折合 1075 万美元出资，占 52%；吉安公司以 620 万美元出资，占 30%。该合同第二十六条还约定，三方同意将国际大厦项目总承包给住总公司建设。华普国际于 1993 年 10 月取得了企业法人营业执照。住总公司于 1993 年第四季度开始施工。1994 年 1 月 8 日，华普国际与原北京市房地产管理局签订了城镇国有土地使用权出让合同，约定缴纳土地出让金36 946 800元。随后华普国际取得了国有土地使用证，并正式领取了华普大厦建设工程开工证。

1994 年 1 月 15 日，住总公司开发部与华普国际签订了《关于〈华普国际大厦项目合同〉》（以下简称项目合同），明确约定：根据住总公司开发部与华普科技 1992 年 9 月 9 日签订的合作合同和 1993 年 2 月 20 日签订的补充合同及有关文件，双方达成一致意见，主要内容为：1. 在项目建设期间，合资合同执行过程中，住总公司开发部与华普科技签订的上述合作合同及补充合同和有关文件，华普国际确认有效。2. 合作合同中确定的住总公司开发部占有该项目的 18%股权，此投资额已在拆迁、征地、前期开发费中全部投入，华普国际同意作为合作条件入资，并将该投资作为住总公司在合资公司中的注册资本及投资额，不再向合资公司出资。3. 华普大厦工程项目已由住总公司开发部项目转为合资项目，该项目土地出让金的交纳由华普科技和吉安公司负责。

华普大厦项目工程自 1993 年底开工，1996 年 6 月竣工，根据北京市朝阳区建设工程质量监督站 1996 年 9 月 20 日作出的《工程质量竣工核定证书》，大厦建成后的实际建筑面积为 72375 平方米。自 1992 年 9 月至 1995 年 11 月，华普科技共向住总公司支付工程款 23 818 万元；自 1996 年 3 月至同年 7 月，由华普国际向住总公司支付工程款 2150 万元。

1996 年 7 月 31 日，住总公司开发部与华普科技签订《“华普国际大厦”结算协议书》（以下简称结算协议），该协议书约定的主要内容为：华普科技应在华普大厦竣工时支付给住总公司开发部合同尾款 4536 万元；华普大厦增加的建筑面积暂按一万平方米计算，由华普科技按每平方米 7052 元支付；华普大厦现建筑标准与合同约定建筑标准的差异部分，经双方核定，华普科技应支付 3909 万元；根据合作合同及补充合同，由于国家政策调整，华普科技应向住总公司开发部支付政策性费用调增 2291 万元，其中设计费调增 564 万元，电贴费调增 537 万元，电权费调增 1190 万元。以上各项合计，华普科技应向住总公司开发部支付华普大厦工程结算总额为17 788万元；华普科技对上述款项应自本协议签订同时开始付款，分六期至 1997 年 7 月 31 日前结清。结算协议签订后，华普国际自 1996 年 8 月至同年 11 月向住总公司开发部支付了工程款 2770 万元，另有案外人北京华普产业集团代为向住总公司开发部支付工程及材料款 1730 万元，共计 4500 万元。

1996 年 10 月 10 日，华普国际召开董事会通过决议，要求公司各股东迅速执行各股东方之间签订的结算协议，加速办理协议要求的有关事宜。同年 11 月 13 日，华普科技与住总公司开发部签订《保证还款合同》，双方确认，华普科技尚欠付住总公司开发部13 288万元，华普科技以其购买的华普大厦中的部分外销商品房作为还款的保证。由于华普大厦尚未交付使用，华普科技尚未取得上述外销商品房的所有权，该项财产未在北京市房管局登记备案。

1996 年 12 月 16 日，华普国际与住总公司开发部签订《北京华普国际大厦交接工作交换协议书》（以下简称交接协议），该协议载明，根据 1992 年 9 月 9 日华普科技与住总公司开发部签订的合作合同及 1993 年 6 月 21 日的合资合同，并在完成 1996 年 7 月 31 日签订的结算协议书的前提下，住总公司开发部将大厦交付华普国际使用；同时，双方对华普国际接管大厦等事项进行了约定，住总公司开发部将所建大厦交付给了华普国际。但此后华普国际未按有关协议结清尚欠的13 288万元工程款，住总公司遂于 1998 年 11 月 11 日向法院起诉，请求普科技与华普国际连带支付所欠工程款及利息。华普国际则于 2000 年 5 月 8 日提起反诉称，该公司与住总公司虽未签订具体的工程承包合同，但双方事实上已形成项目承发包关系，住总公司在工程竣工后应与华普国际决算，但住总公司始终未向其提交决算依据；根据 1993 年 7 月 9 日住总公司就大厦项目所作的概算，华普大厦建筑安装费应为21 501.97万元，要求住总公司返还多付出的 8766.03 万元。

二、一审法院认定与判决

一审法院经审理认为：依法成立的合同受法律保护。为建设北京华普大厦，住总公司授权其所属的开发部与华普科技签订了合作合同及补充合同，该合同对大厦工程建设的具体事项作了约定，当事人意思表示真实，不违反法律并已实际履行，应确认为有效。住总公司作为大厦工程的总承包方，履行了施工建设的义务，工程亦经质检验收合格并交付使用，华普科技应按合同约定如期足额向住总公司支付工程款，全面履行付款义务。华普科技在住总公司施工期间，未如数付款，应对此承担责任。华普国际依法成立后，大厦的建设工程项目变归华普国际所有。住总公司与华普国际签订的关于华普国际大厦项目合同中，双方均确认了住总公司开发部与华普科技所签合作合同及补充合同的效力，此后华普国际向住总公司有过多次付款，表明华普国际实际上承继了给付工程款的义务，但华普大厦工程方面的具体事务仍由华普科技实际运作。1996 年 7 月，住总公司开发部与华普科技经协商自愿达成的结算协议，是双方真实意思表示，且不违反法律规定，应确认该协议有效。因华普国际由华普科技控股，华普国际董事会要求按各股东方签订的结算协议执行，且华普国际在结算协议签订后未对该协议提出过异议，并多次向住总公司实际付款，应视为华普国际对该结算协议的认同。由于华普大厦工程项目已属华普国际所有，华普国际已接收并使用了华普大厦，并表示由其进行结算，故华普国际应按结算协议确定的结算标准向住总公司支付尚欠的工程款，并应支付相应的利息，利息的计算由法院确定。华普科技签署了与工程有关的合同及结算协议，是协议约定的付款义务人，且该公司为华普国际的控股公司，其应承担给付的连带责任。华普国际及华普科技主张该结算协议无效及合作合同等在合资公司成立后自动失效，缺乏事实及法律依据，不予支持。华普国际以住总公司单方的早期工程设计概算标准为依据反诉，称其已多付给住总公司工程款，要求退还多付的款项，理由不成立，对其反诉主张，亦不予支持。综上所述，依照《中华人民共和国民法通则》第八十四条第二款、第八十五条、第八十七条、第八十八条第一款之规定，判决：（一）华普国际于本判决生效后 30 日内给付住总公司工程款13 288万元，由华普科技承担给付的连带责任。（二）华普国际于本判决生效后 30 日内给付住总公司以13 288万元为本金计算的自 1997 年 8 月 1 日起至付清之日止的利息，上述利息按照中国人民银行同期固定资产贷款利率计算，华普科技承担给付的连带责任。（三）驳回住总公司的其他诉讼请求。（四）驳回华普国际的反诉请求。案件受理费869 645元，由华普国际和华普科技各负担 40 万元，由住总公司负担69 645元；反诉费448 311.5元，由华普国际负担。

三、上诉及答辩情况

华普国际与华普科技均不服一审判决，向最高人民法院提起上诉。华普国际上诉称：住总公司与华普科技间的合作合同因合资合同的签订而失效；一审判决认定住总公司与华普国际签订的项目合同确认了住总公司与华普科技合作合同的效力，有悖于法律的规定，认定华普国际对住总公司与华普科技结算协议予以认同，是导致判决错误的根本原因；一审判决因华普科技是华普国际的控股公司，其应承担给负的连带责任违反了《公司法》的规定；华普大厦工程款应据实结算；请求住总公司退还华普国际多付的工程款。

华普科技上诉称：本案是追索工程款纠纷，华普科技与住总公司不存在建设工程承包的法律关系，不应是本案的被告；一审判决认定住总公司是华普大厦工程的总承包人无明确的依据；华普科技与住总公司签订的结算协议是在住总公司胁迫下被迫签订的，因华普大厦迟延交付，购房户要求退房，已使华普国际蒙受了巨额经济损失，作为华普国际的股东，面临不签该协议，住总公司即不交付大厦的威胁；一审判决华普科技承担连带责任缺乏事实和法律依据。

2000 年 12 月 1 日，华普国际提交了一份“补充反诉状”，第一次提出每平方米 5800 元的综合造价中应包括其已缴纳的土地使用费 3772 万元，新增加的建筑面积10 000平方米以每平方米 7052 元由华普国际负担，显失公平，合作合同和合资合同有重复计算等问题。同时提出结算协议约定的是整个华普大厦项目包括前期开发、土地出让、建筑安装等综合费用，本案是追索工程款纠纷，根据住总与住总三公司签订的建筑安装协议，工程款应为15 000万元，华普国际应按此支付工程款，住总应返还华普国际多付的工程款20 656万元。后又提出，结算协议中因建筑标准提高，华普国际应向住总公司支付 3909 万元的约定，违反国家的定额标准，属无效条款；电贴、电权调增费的余款应由华普国际直接支付给电力部门，华普国际代住总公司交付了300 万元的电贴费；华普国际自付设备款21 926 002.02元（其中包括结算协议前和结算协议后发生的）购买国产电梯、空调、洁具等，未计入结算范围，应包含在综合造价中，由住总公司负担。

住总公司答辩称：住总公司与华普科技、华普国际前后订立的六份合同或协议合法有效，住总公司总承包建设华普国际大厦有明确、合法有效的合同依据；合资合同订立后，华普大厦项目由住总公司与华普科技间的合作项目转为华普国际的开发项目，但仍由住总公司按合作合同、补充合同中约定的条件总承包建设，所谓合资合同签订后合作合同和补充合同已失效的主张不能成立；合资合同约定的是三方如何出资，而不是确定华普大厦工程如何承包建设；华普大厦项目虽已转为华普国际开发建设，但由于华普科技是控股公司，华普科技完全代表华普国际行使项目业主的权利，此证明华普大厦工程建设实际执行的仍是合作合同与补充合同；结算协议的签订是双方真实意思表示，没有证据表明存在欺诈、胁迫的情况；华普科技在华普大厦项目转给华普国际开发后全面负责和主持大厦工程方面的具体事务，其承担工程款支付的连带责任不违反《公司法》或《合资企业法》的有关规定；华普科技作为本案的被告有事实和法律依据。

关于华普国际在 2000 年 12 月 1 日后提出的各项请求，住总公司称，这些请求均是在二审中新增加的独立的反请求，二审法院不应审理；结算协议是在补充合同第三条约定的基础上、双方经过反复协商、互相让步的基础上订立的，是真实有效的，且结算协议订立后华普国际实际支付了 4500 万元，华普国际应按约定付款；4536 万元尾款是扣除了住总公司 18%份额后的剩余款项，不存在重复计算的情况；由于华普大厦开始是危改项目、无需缴纳土地费，转为合资公司的项目后，应履行向国家缴纳土地费义务是华普国际；3909 万元的调增款和新增10 000平方米的调整价是双方互相让步的结果，应遵守协议的约定，如要调整单价，请求按实增面积12 375平方米计算；住总公司已向电力部门缴纳了全部的电贴、电权费，华普国际应负担的部分超出结算协议约定的不再主张。华普国际主张的自付设备款发生在结算协议签订前的，结算协议订立时已予考虑，在结算协议订立五年后，华普国际提出设备款的问题，不但超出了诉讼时效，而且违反双方的约定；结算协议订立后发生的款项，均与住总公司无关。

四、最高人民法院认定与判决

最高人民法院认为：住总公司授权其开发部与华普科技签订的合作合同及补充合同，对华普大厦工程建设的具体事项作了约定，为当事人双方真实意思表示，应认定为有效。合作合同和补充合同虽然是华普科技与住总公司签订的，但华普国际成立后，华普大厦项目转为华普国际的开发项目，在华普国际与住总公司开发部签订的项目合同中，明确约定根据住总公司与华普科技签订的合作合同、补充合同及有关文件，在项目建设期间以及合资合同执行过程中，华普国际对上述合作合同及补充合同和有关文件确认有效，由此说明华普国际作为华普大厦项目的所有人确认了合作合同中关于华普大厦工程具体建设条款的效力，并承接了合作合同中华普大厦工程建设中的权利义务，华普国际由此与住总公司形成了建筑工程发承包关系，住总公司成为华普大厦工程的承包人，而华普国际成为华普大厦工程的发包人，进而应是华普大厦工程的付款人，华普国际主张住总公司开发部与华普科技间的合作合同因合资合同的签订而失效，没有依据。

结算协议是住总公司与华普科技就华普大厦工程进行的结算，此时华普大厦项目已由住总公司与华普科技的合作项目改为华普国际的项目，华普科技仍与住总公司签订工程款的结算协议，本应无效，但由于结算协议签订后，华普国际明知而未提出任何异议，并多次向住总公司实际付款，董事会也要求各股东方按签订的结算协议执行，特别是在交接协议中明确载明在完成1996年7月3日签订结算协议的前提下，住总公司将华普大厦交付华普国际使用，此应视为华普国际对结算协议的认可，结算协议因华普国际的确认而有效，华普国际应按结算协议的约定向住总公司支付尚欠的工程款，并支付相应的利息；华普科技与华普国际主张结算协议是在受胁迫的情况下签订的，应当无效，没有证据，不予支持。华普国际上诉主张华普大厦工程应据实结算，不符合结算协议的约定；一审判决对其反诉主张予以驳回，是适当的。

华普科技与住总公司签订的相关协议均事后经华普国际确认，作为合同约定权利义务的承接者及华普大厦项目的所有人，华普国际应是完全的付款义务人；一审判决以华普科技签署了与工程有关的合同及结算协议，是协议约定的付款人，且该公司是华普国际的控股公司为由，判决对华普国际支付工程款的义务承担连带责任，没有事实和法律依据，应予改正。但华普科技与本案存在着密切的联系，是本案适格的被告。

华普国际关于结算协议的约定显失公平，有关条款应予调整或撤销的请求是在2000年12月1日二审期间提出的，即使认定其一审反诉已包含此意思表示，该请求也早已超出法律规定的期限；根据最高人民法院《关于贯彻执行〈中华人民共和国民法通则〉若干问题的意见（试行）》第73条“可变更或者可撤销的民事行为，自行为超过一年当事人才请求变更或撤销的，人民法院不予保护”的规定，对华普国际的请求不予支持。

结算协议中约定华普国际应支付工程尾款4536万元，是扣除了住总公司应支付的18%投资和华普国际已付工程款后得出的，住总公司在华普大厦的18%投资额与住总公司入股华普国际18%的股份是两个完全不同的概念，本案不存在重复计算的问题。依据合资合同，住总公司在华普国际占有18%的股份，住总公司据此应投入多少股本金，是合资合同涉及的问题，不属本案审理范围。

华普大厦项目最初是由北京市朝阳区人民政府作为危改项目交由住总公司开发建设的，改为华普国际的项目后，华普国际与政府签订了土地出让合同，由其向政府缴纳土地出让金。由此应该认定应履行向国家缴纳土地出让金义务的是华普国际。华普国际缴纳的土地出让金，合资公司内各股东间如何负担，是合资公司内部的事情，与本案无关。

华普大厦与相邻的祥业大厦共用一个配电室，其设计和申请用电量是8000KVA。住总公司称该公司于1996年和1997年各报装了4000KVA，缴纳了全部电权费1920万元、电贴费760万元，并向法院提供了住总公司与北京市供电局签订的两份供电协议和住总公司的缴费票据为证；住总公司还提供了祥业大厦的配电竣工图，该图显示祥业大厦的设备容量为2048.4KVA，占25.6%，扣减后，华普大厦的设备容量应为74.4%，按此比例计算，电权费、电贴费多出结算协议的部分，住总公司表示放弃。华普国际对住总公司缴纳电权费、电贴费的凭证不予认可，认为华普大厦的实际用电量是5000KVA，仅占62.5%，但均没有提供证据。华普国际向法院提交的付款明细表明其支付的300万元电贴费，已经在华普国际支付的工程款中冲抵。

关于华普国际提出自付设备款应包含在综合造价中的主张，结算协议签订前发生的设备款，属于变更结算协议的内容，本院不予支持；结算协议签订后发生的设备款，不属本案审理范围，华普国际可依法另寻途径解决。

双方根据合作合同所确定的投资比例，在结算协议中对各自应承担的工程款进行了结算，其中包括了工程总款、差额补偿、政府税费等整个华普大厦的费用，而非仅指建筑安装费用，住总公司依据结算协议起诉追索工程款，也是针对整个华普大厦工程而言；华普国际与住总公司之间是建筑承包关系，住总公司与住总三公司之间是工程分包关系，两者是两个不同的法律关系，应依据各自间的合同进行认定和处理。华普国际依据住总公司与住宅三公司间的合同，主张华普国际多付工程款，住总公司应予退还，本院不予支持。

据此，依据《中华人民共和国民事诉讼法》第一百五十三条第一款第（二）项之规定，最高人民法院于2001年12月10日以〔2000〕民终字第83号民事判决判决如下：

一、维持一审法院〔1999〕高民初字第187号民事判决第三项、第四项；

二、变更一审法院判决第一项、第二项为：华普国际于本判决生效之日起三十日内给付住总公司工程款13 288万元及按中国人民银行同期固定资产贷款利率自 1997 年 8 月 1 日起计算的利息。

一审、二审案件受理费共计1 739 290元，由华普国际承担1 217 503元，住总公司承担521 787元；反诉案件受理费共计896 623元由华普国际负担。

5. 建设工程施工合同的终止履行

一、案件基本事实

上诉人（原审被告、反诉原告）：白兰公司。

被上诉人（原审原告、反诉被告）：冶建公司。

1995 年 10 月 9 日，白兰公司与冶建公司签订《建设工程施工合同协议条款》，由冶建公司承包兰州比科新商厦工程。工程承包范围为土建、水暖电、一般通风、安装工程及一般装饰工程等。工期 28 个月，计划 1995 年 10 月 9 日开工。质量等级为优良，力争省优。合同价 5800 万元，承包方式为包工包料。价款结算方式是经审定的施工图预算加签证。除工程量变化、不可抗力、白兰公司未按合同规定和工程进度支付工程款等情况外，工程不能按期竣工，均视为冶建公司违约，白兰公司可没收冶建公司交纳的合同保证金，另按工作量的 1%作为经济处罚。工程款结算按二类建筑工程取费标准计费。正负零以下工程部分先由冶建公司垫资施工。白兰公司若不能按时支付工程进度款和正负零以下已完工程的价款，违反合同规定，向冶建公司承担该部分价款的延期银行计划外贷款利息，并按冶建公司实际完成的工作量的 1%支付罚金。施工过程中如发生工程停建或缓建和由于设计变更、设计错误造成的停建、缓建，双方应当采取措施弥补或减少损失，同时赔偿冶建公司由此造成的停工、窝工、返工、倒运、人员和机械设备调迁、材料和构件积压的实际损失。同日，白兰公司与冶建公司又签订《建设工程施工补充合同》，载明工程的建筑总面积约75 000平方米，最终以施工图设计核准。8 层以下为大空间框架结构，8 层以上为框剪结构。原《建设工程施工合同协议条款》签订生效三日内，冶建公司向白兰公司交纳合同保证金 500 万元。工程竣工验收时，确认冶建公司全面完成规定的质量和工期要求，白兰公司一次返还不计利息。工程如遇停工或缓建，白兰公司应即时归还保证金。同年 10 月 31 日，白兰房地产公司函告冶建公司，白兰房地产公司成立，比科新商厦工程建设指挥部开始使用“兰州白兰房地产开发有限责任公司”的印鉴。1997 年 1 月 20 日，冶建公司向建业公司出具《授权委托书》，授权建业公司的法定代表人代表冶建公司与白兰公司就比科新商厦工程及其装饰工程订立和履行合同。4 月 3 日，白兰房地产公司致函冶建公司，请其就比科新商厦室内回填工程质量问题立即停止施工并处理纠正。

1997 年 4 月 30 日，白兰公司与冶建公司西北工程指挥部签订《协议书》，为兰州交易会的召开“展开施工作业大会战”，由白兰公司提供 2 700 万元的建设资金，其中 1700 万元用于土建工程，500 万元用于设备设施的订货和安装，500 万元用于外立面装修。冶建公司确保完成工程量内容。白兰公司若未按协议书规定的责任和义务执行，相关的经济损失和法律责任由白兰公司独自承担。

1997 年 5 月，白兰房地产公司与建业公司又签订了《装饰工程合同协议条款》及《兰州“比科新商厦”装饰工程施工意向书》，约定比科新商厦室内外装饰工程由建业公司总承包，承包范围是全部室内外装饰工程内容的施工图设计和施工。开工日期 1997 年 5 月 25 日，竣工日期 1997 年 8 月 10 日。质量等级优良。合同价 1800 万元。由建业公司分包的装饰施工单位应出具有关营业执照、施工资质证书、施工简历、业绩等文件报白兰房地产公司审定、考核、认可。工程结算为白兰房地产公司授权建业公司向分包单位收取分包工作量 10%以上的工期和质量合同保证金。装饰工程的备料款、进度款由建业公司自行筹措，工程竣工验收后 30 日内，白兰房地产公司除工程保修款外将工程款一次结清。合同签订后，建业公司将装饰工程分包给广州珠江建筑装饰集团公司并于 1997 年底交付白兰公司投入使用。一审法院审理过程中，经甘肃信诺房地产咨询估价中心评定，装饰工程评估价为12 519 210元（不含运输费693 321.33元和剩余石材款381 134.88元）。甘肃信诺房地产咨询估价中心具有甘肃省建设委员会颁发的《房地产中介机构资质证书》，资质等级为“房地产评估甲级”。

另查明：在白兰房地产公司与建业公司签订的《兰州“比科新商厦”装饰工程施工意向书》中载明，由白兰房地产公司代建、冶建公司西北工程指挥部（建业公司）承建的比科新商厦工程，至 1996 年底土建工程已完成至结构三层顶，计划于 1997 年 10 月 1 日前裙楼部分的全部建安工程、室外配套工程和室内外装饰工程具备交工验收条件，交付使用。白兰房地产公司于 1997 年 12 月 30 日、1998 年 6 月 8 日、1999 年 5 月 28 日分别致函冶建公司，就裙楼外装饰工程、外立面装潢大理石的施工等提出质量问题。比科新商厦工程于1997年8月30日停工。2000年11月16日，经白兰公司和冶建公司结算，双方认可《建设工程施工合同协议条款》及《建设工程施工补充合同》所涉的土建工程实际发生额为49 411 641元，白兰公司和白兰房地产公司以工程款名义已付款5185万元。

1999年12月7日，冶建公司向甘肃省高级人民法院起诉白兰公司，请求判令白兰公司支付建设工程施工合同、装饰施工合同的工程款本金、保证金和利息损失3712.85万元，赔偿损失717.35万元，由白兰公司承担全部诉讼费和律师费。白兰公司提起反诉，请求判令冶建公司承担因其承建的主体工程质量不合格造成的经济损失293 047元和中国工商银行甘肃省分行营业部预购房违约金、贷款利息等其他经济损失19 053 349.11元。

二、一审法院认定与判决

一审法院经审理认为：白兰公司与白兰房地产公司是两块牌子，但是原法定代表人均为邱维兴。付给冶建公司的5185万元均以工程款名义支付，无法分清土建工程款和装修工程款。建业公司虽系冶建公司下属独立的法人单位，但冶建公司承诺承担建业公司与白兰房地产公司所签装饰工程合同的法律责任。白兰房地产公司与建业公司签订的《装饰工程合同协议条款》因建业公司没有取得法定装修资质证书，所签合同无效。白兰房地产公司明知建业公司没有资质而与其签订装饰合同，应承担造成合同无效的主要过错责任。冶建公司明知建业公司没有装修资质而承揽装修工程，亦有一定过错。关于白兰公司提出追加兰州比科新房地产开发有限公司为本案的共同被告，因白兰公司与兰州比科新房地产开发有限公司签订的是联建合同，不属于本案审理范围，且冶建公司又尚未主张，应属另外一个法律关系，故不予支持。冶建公司与白兰公司签订的《建设工程施工合同协议条款》及其《补充协议》是双方当事人的真实意思表示，内容合法，应认定有效，但由冶建公司垫资施工的条款违反了建设部347号通知的规定而无效。2000年11月16日，经白兰公司和冶建公司结算，双方认可土建工程实际发生额为49 411 641元。装修工程款经一审法院委托据实评估，实际核定为12 519 210元，运输费依据冶建公司提供的证据据实认定为110 239元，剩余石材款为381 134.88元，白兰公司尚欠冶建公司工程款10 572 224.88元。工程停工的原因是白兰公司未能如期支付工程款，因此白兰公司应承担主要过错责任。除评估单位据实认可的塔式起重机、人货电梯、砼搅拌机、卷扬机、人工费5项费用为601 719.3元之外，冶建公司主张的其余损失无相关证据佐证，不予认可。工程保证金320万元应由白兰公司返还给冶建公司。白兰公司反诉称工程楼板有质量问题，因工程没有经过验收且未完全竣工，白兰公司即于1997年底接收并作为展馆使用，双方也提出了整改方案，因此白兰公司的反诉请求不能成立。依据《中华人民共和国民法通则》第一百一十一条、第一百一十四条，《中华人民共和国经济合同法》第三十四条第二款第二项、第四项和《中华人民共和国建设部建筑装饰装修管理规定》第十一条的规定，判决：一、冶建公司与白兰公司签订的《建设工程施工合同协议条款》及其《补充协议》有效，双方继续履行；二、白兰公司在判决生效后十日内支付拖欠冶建公司的工程款10 572 224.88元及其利息按中国人民银行固定资产利率计算，自1997年8月30日起至付清之日止)；三、白兰公司于判决生效后10日内返还冶建公司保证金320万元；四、白兰公司承担冶建公司机械设备停置费601 719.3元并于判决生效后10日内付清；五、驳回白兰公司的反诉请求。案件受理费289 400元，由冶建公司负担57 880元，白兰公司承担231 520元；反诉费8632元，由白兰公司负担；鉴定费65 000元由冶建公司负担32 500元，白兰公司负担32 500元。

三、上诉及答辩情况

白兰公司不服一审判决向最高人民法院提起上诉称：一审判决查明的事实不清。冶建公司与白兰公司签订《建设工程施工合同协议条款》后将工程交由建业公司承建，建业公司仅为城市民用建筑三级企业，不具备高层建筑施工能力，导致工程出现严重的质量问题，认为合同无效，要求终止履行合同；冶建公司完成土建工程量为49 411 641元，而白兰公司实际支付的工程款为5 185万元，因此不存在建设资金不到位的情形，判决白兰公司支付机械设备停置费也就没有事实依据；工程停工不是建设资金问题，停工原因是建业公司施工的工程出现质量问题，双方没有达成解决方案；建业公司将装饰工程转包给广州珠江建筑装饰集团公司，从中渔利，是违约行为；白兰公司提供的甘肃省建设工程造价管理总站和甘肃省建设厅出具的证据，证明“甘肃信诺房地产咨询中心不具备工程造价咨询及鉴定资格”。白兰公司的前法定代表人兼任白兰房地产公司的法定代表人，不违反我国《公司法》的规定，两个公司具备独立的法人资格，不能认为仅是两块牌子；装饰工程合同是白兰房地产公司与建业公司签订的，白兰公司没有义务代替白兰房地产公司清偿工程欠款。一审法院以“建业公司虽系冶建公司下属独立的法人单位，但冶建公司承诺承担建业公司与白兰房地产公司所签装饰工程合同的法律责任”为判决理由，违反了《民法通则》有关“债的主体是特定的”规定；装饰工程合同无效的原因是冶建公司没有装饰工程资质，因此建业公司应对合同无效承担主要过错责任；白兰公司与比科新公司有联建合同，比科新公司是甘肃国际贸易大厦的受益者，应追加为共同被告，白兰公司选择冶建公司为施工单位也是根据《联建合同》中比科新公司的授权。一审法院审理程序违法。一审法院将四个诉讼主体的两个不同的法律关系和两个独立的诉讼合并审理，违反了法律规定的合并审理的原则；冶建公司起诉没有涉及建设工程施工合同的履行问题，仅要求支付工程欠款，一审法院却判决继续履行合同，违反了程序法的规定。同时，如合同继续履行，在没有履行完毕时就不存在一审判决的退还工程质量保证金的问题。冶建公司答辩称：一审法院对于本案有关主体的认定是正确的，白兰公司拖欠冶建公司工程款是事实，由于白兰公司于 1997 年 7 月已接近该工程使用，根据《建筑安装工程承包合同条例》的规定，冶建公司对于工程质量问题不应承担责任。

四、最高人民法院认定与判决

最高人民法院认为：白兰公司和冶建公司是本案所涉比科新商厦工程土建和装饰施工合同的履行主体。比科新商厦工程建设指挥部使用的印鉴是“兰州白兰房地产开发有限责任公司”的印鉴，《兰州“比科新商厦”装饰工程施工意向书》中已载明，比科新商厦工程系由白兰房地产公司代建、冶建公司西北工程指挥部承建。冶建公司向建业公司出具《授权委托书》，授权建业公司的法定代表人代表冶建公司与白兰公司就比科新商厦工程及其装饰工程订立和履行合同。白兰房地产公司就比科新商厦工程的土建、装饰施工合同的履行多次致函冶建公司。白兰公司与冶建公司西北工程指挥部签订有关施工作业大会战的《协议书》中，涉及的内容也并不局限于土建工程，而是包括了土建、设备设施的订货和安装，外立面装修等多项工程内容。双方还约定，白兰公司若未按协议书规定的责任和义务执行，相关的经济损失和法律责任由白兰公司独自承担。本院二审期间，上诉人白兰公司也表示，本案中白兰房地产公司支付的工程款都是白兰房地产公司代白兰公司支付的，白兰房地产公司没有就其签订的《装饰工程合同协议条款》支付过工程款。关于一审法院委托的鉴定单位的资质问题。甘肃信诺房地产咨询估价中心领有甘肃省建设委员会颁发的《房地产中介机构资质证书》，资质等级为“房地产评估甲级”。根据国家质量技术监督局、建设部联合发布的《房地产估价规范》的规定，房地产估价包括对争议房地产造价的鉴定。《甘肃省工程建设咨询单位资质认定暂行规定》第三条亦规定，工程造价类咨询，包括投资估算、设计概算、施工图预算、工程标底及评标、年终工程结算、竣工结算的编制或复查和房地产评估、工程保险评估以及工程合同的咨询等，因此白兰公司不能否定该房地产中介机构的资质，一审法院委托该中心进行房地产评估并无不当。鉴于《装饰工程合同协议条款》因建业公司没有取得法定装修资质证书而被确认无效，双方当事人对此均无异议，白兰公司应当按鉴定结论支付相应的价款。比科新公司不是比科新商厦工程施工合同的签订者和履行者，一审法院认定其非本案当事人是正确的。由于白兰公司建设资金不能按时到位造成工程停工，因此白兰公司应当向冶建公司支付相应的机械设备停置费。白兰公司以工程质量问题提出反诉，要求冶建公司赔偿经济损失，由于白兰公司在工程竣工验收前使用了该建筑物，双方也提出了整改方案，白兰公司主张的经济损失证据不足。鉴于比科新商厦工程已于 1997 年 8 月 30 日停工，白兰公司现已无力投资续建，白兰公司与冶建公司签订的《建设工程施工合同协议条款》和《建设工程施工补充合同》应当终止履行。依照《中华人民共和国民事诉讼法》第一百五十三条第一款第（二）项的规定，最高人民法院于 2001 年 12 月 23 日以〔2001〕民一终字第 35 号民事判决判决如下：

一、变更一审法院判决第一项为：白兰公司与冶建公司签订的《建设工程施工合同协议条款》和《建设工程施工补充合同》合法有效，终止履行。

二、维持一审法院判决第二、三、四、五项；

二审案件受理费289 400元，由白兰公司负担。

6. 法院判决解除无法继续履行的建设工程施工合同

一、案件基本事实

上诉人（原审被告、反诉原告）：华康公司。

被上诉人（原审原告、反诉被告）：伊都锦公司。

1996 年 1 月 18 日，伊都锦公司与华康公司签订《综合开发建设哈尔滨伊都锦商厦工程合同》，约定：华康公司同意受伊都锦公司委托，全权负责哈尔滨伊都锦商厦综合开发建设的全部工作。建设地址在哈尔滨市道里区中央大街 68-86 号、霞曼街 1-5 号地段，综合开发建设的工作范围为前期开发、开工前准备、商厦主体工程、配套工程、装饰工程；伊都锦公司独资兴建哈尔滨伊都锦商厦，综合开发建设的资金全部由伊都锦公司投资。投资总额为 2500 万美元，注册资金为 1250 万美元；伊都锦公司负责保证商厦综合开发建设资金，并在哈尔滨有关银行正式开户，按规定要求将注册资金及时到位。对所选定的商厦建设地址，在经哈尔滨市规划主管部门审批后，以书面形式提出商厦的设计委托书及使用功能以便委托设计，并对全套设计图纸进行最后审查认定。审查认定建设工程施工组织方案，选定建设工程的电气、锅炉、扶梯、电梯、空调、通讯、防火安全等主要设备和装饰材料。审查认定综合开发建设项目的概算、预算和决算，审查认定资金使用计划和工程形象进度结算，并按合同规定和需要支付各项费用等；华康公司应按照伊都锦公司的委托，全权负责组织实施商厦综合开发建设全过程的各项工作，主动协助伊都锦公司成立独资企业，提供各种资料，办理各项手续。按《哈尔滨市城市建设综合开发项目审批程序》，结合实际全面负责办理申报审批手续，并按规定与伊都锦公司共同进行详细测算，交纳各项费用。对商服企业及居民负责进行动迁、拆迁和安置工作，编制其补偿资金的专项预算。组织施工队伍，审查施工方案，负责监督检查施工和管理工作。及时协调处理施工过程中的各项具体问题，以保证质量、保证进度和保证安全；在哈尔滨市规划主管部门正式行文批准建设项目后，从1996年2月1日至1996年5月31日，争取用4个月的时间，进行前期开发、动迁安置和拆迁工作，同被动迁的商服企业签订合同协议，作好开工前准备工作。商厦的主体工程和配套设施从1996年6月1日至1997年3月31日，用10个月的时间完成。如果合同的一方由于不可预见和不可抗力的原因（如自然灾害，动迁当地的公企、个体、商服业达不成协议拖延时间）外，因华康公司组织管理不善或劳动效率低而影响工期，伊都锦公司有权从1997年8月1日起每日罚款人民币2000元。从1997年4月1日至1997年7月31日，用4个月的时间完成内部装饰工程；按双方认定综合开发建设项目的预算，由伊都锦公司根据前期开发动迁安置、被动迁的商服企业补偿和工程进度，分阶段进行掌握资金的支付。按黑龙江省及哈尔滨市政府的有关文件规定，由伊都锦公司按工程进度支付施工款和结算；伊都锦公司同意按商厦开发建设总造价的10%付给华康公司服务费。双方还就其他事项进行了约定。同年3月1日，双方又签订《综合开发建设哈尔滨伊都锦商厦工程补充合同书》约定：双方对有偿服务费部分进行调整，调整的总造价为5984.47万元，实行承包，有偿服务费为598.447万元。有偿服务费的支付方式为：第一次付30%，时间为1996年3月初，款额为179.5万元。第二次付20%，时间为1996年8月，款额为119.6万元。第三次付20%，时间为1996年11月，款额为119.6万元。第四次付25%，时间为验收以后（1996年6月），款额为149.6万元。第五次付5%，时间为1998年7月，款额为30.147万元。

双方签订合同后，华康公司为伊都锦公司办理了建设用地规划许可证、国有土地使用证等有关建设伊都锦商厦的审批手续。1996年6月21日，伊都锦公司取得《房屋拆迁许可证》和《房屋拆迁批复》。房屋拆迁政策为：超面积安置费执行《哈建发〔1994〕40号》文件，停产停业损失补助按哈拆房发〔1996〕11号文件执行。被拆迁居民易地经纬十一道街安置，每户免费增加八平方米使用面积。院内非住宅房屋易地经纬十一道街安置，每户免费增加30%安置面积，临街一层、半地下室非住宅房屋，根据其经营的行业性质就地进厅安置、就近安置或易地经纬十一道街安置，属易地安置的每户免费增加30%安置面积。伊都锦商厦的被拆迁地段房屋系哈尔滨市房地产管理局公房管理处所有，其中有承租居民49户、公企8户及个体22户。1996年6月3日，华康公司、伊都锦公司与哈尔滨市房地产管理局公房管理处签订《拆除市直管公房还建协议书》，约定：根据规划的安排，市房地局同意建房单位（即华康公司和伊都锦公司）在中央大街、霞曼街和经纬十一道街两处范围内拆除市直管公房共8栋，合计建筑面积为3688.73平方米；建房单位应根据拆迁法的有关规定，做好被拆迁住户的新房安置；根据国家的有关规定经市房地局与建房单位商定，建房单位将在经纬十一道街地段新建的拆迁安置房屋建筑面积8000平方米产权（包括中央大街84-94号、霞曼街1-7号的拆迁安置房屋）无偿还给市房地局，其中住宅房屋6500平方米，非住宅房屋（为公企用房）1500平方米。另外，在经纬十一道街给市房地局建筑面积人100平方米的门市房（产权和使用权均归市房地局）。1996年9月1日，华康公司与哈尔滨市房地产管理局道里房地产管理处第五房产管理所（甲方）签订《补充协议书》约定："对100平方米的门市房作价40万元，一次性给予甲方作为补偿。"伊都锦商厦的拆迁工作开始后，易地安置到经纬十一道街8户被拆迁户，安置建筑面积共计510.38平方米，其余被拆迁户均不同意易地安置，要求就地进厅和就地安置。华康公司经伊都锦公司同意支出27 939 084.04元动迁补偿费买断了被拆迁户的使用权，至1997年9月伊都锦商厦工程的形象进度为"三通一平"。

哈尔滨市道里区经纬十一道街工程的用地单位系华康公司，用途是伊都锦商厦动迁安置工程。审批建筑面积为11 278.48平方米，实建面积16 500.47平方米。华康公司将就地安置的被拆迁户全部安置到还建哈尔滨市房地局的8000平方米剩余的房屋中。该8000平方米房屋中剩余未安置中央大街动迁户的平米数为建筑面积7 333.62平方米（8000平方米－双方认可的已安置中央大街动迁户510.38平方米－应安置经纬十一道街市房地局公房动迁户104平方米×1.5）。经伊都锦公司申请，一审法院委托哈尔滨市房地产交易中心对上述7333.62平方米房屋使用权有偿安置费用评估作价，结论为：委托房地产于估价时点1999年9月21日的市场使用权价值总额为19 875 700元。

在一审期间，一审法院委托黑龙江省司法审计事务所对讼争工程建设资金使用情况进行审计鉴定，结论为：华康公司在经纬十一道街开发建设16 500.47平方米，工程开发成本为24 862 964.73元，即每平方米1506.80元。按还建协议还建哈尔滨市房地局8000平方米，核造价为12 054 400元，应计算在伊都锦商厦前期费用中。伊都锦公司共拨付给华康公司建设伊都锦商厦工程款47 575 000元，经伊都锦公司批准报账35 353 118.48元，尚有12 221 881.52元剩余款在华康公司手中。在往来剩余款中，扣除应计算在伊都锦商厦工程前期费用中的还建 8000 平方米的成本12 054 400元和华康公司不应该支付的还建费 134 万元，华康公司应欠伊都锦公司1 507 481.52元。后期华康公司为伊都锦商厦工程垫付款、伊都锦公司应向华康公司支付的有偿服务费共计为3 637 875.78元，伊都锦公司还应付给华康公司2 130 394.27元。黑龙江省司法审计事务所在“几个具体问题的说明”中指出：“关于伊都锦商厦工程动迁安置补偿费支出有重复支出和存在浪费问题。建设伊都锦商厦动迁安置居民、公企及个体经营户共支付动迁安置及补偿费27 939 084.04元，自行解决住房和营业用房。但是，因拆除了房地局的公产房必须还建，根据协议还建 8000 平方米，共支付12 054 400元。”

1998 年 6 月，伊都锦公司起诉至一审法院，请求解除合同，依法判令华康公司返还占用款9 515 752.39元及利息 50 万元。1999 年 10 日，伊都锦公司又变更诉讼请求为：请求华康公司返还经纬十一道街还建工程的使用权或将使用权作价19 875 700元返还给伊都锦公司。华康公司反诉请求法院判令伊都锦公司立即给付欠款8 226 410.90元。

二、一审法院认定与判决

一审法院认为：双方当事人之间及双方当事人与哈尔滨市房地局之间签订的合同、补充合同及还建协议系各方当事人的真实意思表示，内容合法且已实际履行，应认定为有效，双方当事人应依据合同及协议履行各自的义务。华康公司未按合同约定完成前期开发、动迁安置和拆迁工作，更未按合同约定完成主体工程、配套设施及内部装饰工程，拖延工期一年零四个月；未按合同约定合理合法使用建设资金，致使重复支出和浪费巨额动迁建设资金，华康公司对此应负主要责任。由于华康公司未尽代理职责保护被代理人伊都锦公司的合法权益，使伊都锦公司受到较大损失，也使代理人与被代理人之间没有了信任感，失去了代理的基础和意义，更使合同与补充合同无法继续履行，因此合同及补充合同应予解除。由于经纬十一道街工程的土地使用权归华康公司，工程用途为伊都锦商厦动迁安置工程，该工程实建面积16 500.47平方米，应安置当地动迁户面积为7977.05平方米。经咨询哈尔滨市拆迁管理办公室，认为伊都锦公司为安置中央大街动迁户还建哈尔滨市房地局的 8000 平方米，应按动迁比例分摊的动迁面积为3867.66平方米。由于华康公司已将经纬十一道街就地安置的大部分动迁户全部安置到上述 8000 平方米中，经纬十一道街剩余房产9826.15平方米，作为商品房进行销售获取利润。因此，伊都锦公司应按经纬十一道街工程的建设成本价即每平方米1506.80元，承担3867.66平方米的动迁安置补偿费5 827 790.09元。根据审计鉴定及房屋使用权评估鉴定，可以认定华康公司占用伊都锦公司工程款21 383 181.52元。扣除华康公司支付的工程款2 441 875.79元、伊都锦公司应承担的经纬十一道街工程动迁补偿费5 827 790.09元及伊都锦公司应支付华康公司的有偿服务费1 196 000元，华康公司应返还伊都锦公司工程款为11 917 515.65元。华康公司反诉主张伊都锦公司给付应付的未付款问题，因证据不足，不予支持。据此判决：一、解除双方当事人签订的《综合开发建设哈尔滨伊都锦商厦工程合同》及其补充合同；二、华康公司于判决生效后十日内返还伊都锦公司工程款11 917 515.65元并承担此款利息（按中国人民银行同期同类贷款利率，从占用此款的 1997 年 11 月 1 日起至此款付清时止）；三、驳回华康公司的反诉请求；四、驳回双方当事人的其他诉讼请求。案件受理费109 390元，由华康公司承担65 955元，伊都锦公司承担43 435元；反诉费51 142元，由华康公司承担；审计鉴定费100 000元，由伊都锦公司与华康公司各承担50 000元；评估鉴定费42 314元及咨询费 5000 元由华康公司承担。

三、上诉及答辩情况

华康公司不服一审判决提起上诉称：华康公司依约履行了应尽的义务，因在实施动迁时，出现了合同约定的："动迁当地的公企、个体商服业达不成协议拖延时间"的顺延情况，虽经华康公司多方努力，工期仍然拖延了 14 个月，双方对此均无需承担任何责任。原判对 7333.62 平方米令上诉人按每平方米 2710 元的价格自伊都锦公司处购入，再令华康公司按每平方米 1506.8 元的低价卖给伊都锦公司以便安置动迁户，一来一往使伊都锦公司非法获利。一审判决将不合理评估价值认定为占用工程款也显属错误，故请求二审法院查明事实依法改判。

伊都锦公司答辩称：华康公司故意设置合同陷阱，滥用不可抗力条款，对动迁工作的严重拖延应负有不可推卸的责任。伊都锦公司为了在哈尔滨市中央大街地块上建商厦等于花了双份的动迁费，其中一份花在动迁户身上但其代价远远超过了政府规定的标准。而另一份则是由花康公司打着伊都锦商厦动迁基地的旗号，变相建设商品房，被用作炒卖房地产。用伊都锦公司的投资建造了经纬十一道街的动迁房，而中央大街的动迁户又没有搬进去，这批动迁房的权属应当十分清楚。故请求驳回上诉，维持原判。

四、最高人民法院认定与判决

最高人民法院认为：伊都锦公司与华康公司签订的《综合开发建设哈尔滨伊都锦商厦工程合同》及《综合开发建设哈尔滨伊都锦商厦工程补充合同书》系双方真实意思表示，内容合法，故一审法院认定为有效是正确的。当事人在签订合同时，可以对履行合同过程中的免责情形进行约定，双方在合同中将“运迁当地的公企、个体、商服业达不成协议拖延时间”约定为免除华康公司违约责任的情形，并不违反法律的规定，且没有证据表明订立此条款非双方当事人真实意思表示。华康公司未能按约定时间完成前期开发及动迁安置等工作，是因与当地动迁户不能达成协议所致，符合双方合同约定的情况。但由于伊都锦公司已对华康公司失去了信任，双方之间已没有继续合作、继续履行合同的基础，一审法院判决解除合同并无不当。根据黑龙江省司法审计事务所的鉴定结论，华康公司尚占有伊都锦公司拨付工程建设剩余款12 221 881.52元。因伊都锦公司已支付动迁安置及补偿费27 939 084.04元，经纬十一道街原定需安置的中央大街动迁户 8000 平方米房屋中剩余未安置的面积为 7333.62 平方米，伊都锦公司应承担 666.38 平方米房屋的建设成本费用即1 004 101.38元，故华康公司应付给伊都锦公司8 919 904.36元并承担相应的利息。一审判决按商品房评估价认定华康公司占用伊都锦公司工程款21 383 181.52元不妥，本院予以纠正。最高人民法院依据《中华人民共和国民事诉讼法》第一百五十三条第一款第（二）项之规定，于 2001 年 3 月 23 日，以〔2000〕民终字第 99 号民事判决判决如下：

一、维持一审法院判决第一、三、四项；

二、变更一审法院判决第二项为：华康公司于判决生效后十日内返还伊都锦公司工程款8 919 904.36元并承担此款的利息（按中国人民银行同期同类贷款利率计算，从 1997 年 11 月 1 日起至还款之日止）。

一审案件受理费等按一审判决执行，二审案件受理费160 532元，由华康公司负担112 372.4元，伊都锦公司负担48 159.6元。

本判决为终审判决。

7. 当事人双方都违反合同各自承担相应责任的认定

一、案件基本事实

上诉人（原审被告）：三建公司。

被上诉人（原审原告）：通宝公司。

1995 年 4 月，通宝公司与三建公司签订通宝大厦《建设工程施工合同》约定，三建公司承建通宝公司位于新疆维吾尔自治区乌鲁木齐市人民路的通宝大厦工程；工程第 3 段竣工日期是 1995 年 12 月 31 日；工程质量等级定为优良；若工期提前，每提前一日通宝公司按工程造价的 0.02％给予三建公司奖励，若因三建公司原因造成工期延误，则每延误一日三建公司按工程造价的 0.02％向通宝公司支付违约金；工程质量若达到优良，通宝公司给予三建公司 50 万元奖励，若没有达到优良，三建公司给通宝公司支付 50 万元违约金；工程质量达到合格，通宝公司按工程质量达到优良时工程价款的 90％给三建公司支付工程款；工程质量达到可用时，通宝公司按工程质量达到优良时工程价款的 50％给三建公司支付工程款；若消防工程由其他施工单位施工，则消防工程价款从合同价款中扣除；工程具备竣工验收条件，三建公司应将竣工图和完整竣工资料交给通宝公司；保修期间，三建公司应在接到修理通知之日起 10 日内派人修理，否则，通宝公司委托其他单位或人员修理；工程保修期内，通宝公司按合同价款的 3％预留保修金，如果保修期内三建公司按合同约定履行了工程的保修责任，保修期满，保修金付给三建公司；如果保修期内三建公司没有履行工程保修责任，因三建公司原因造成返修的费用，在保修金内扣除，不足部分，由三建公司交付。本案中，通宝大厦实际完成建筑面积47 836.86平方米，比约定施工的总面积23 746.29平方米增加了24 090.57平方米。其中，第 1 段建筑面积为16 741.93平方米，第 2 段建筑面积为25 092.03平方米，第 3 段建筑面积为6 002.9平方米。通宝大厦第 1 段和第 3 段的工程质量为合格，依据合同约定，工程质量达到优良时，该段的工程单价是 1450 元/平方米。在一审诉讼过程中通宝大厦第 2 段的工程单价经双方当事人确认为 1400 元/平方米。通宝大厦消防工程的施工单位不是三建公司，在一审诉讼过程中消防工程价款经双方当事人确认为 250 万元。根据《通宝三段工程移交记录》记载，通宝大厦第 3 段的实际竣工日期是 1998 年 6 月 4 日，比约定竣工日期晚 884 日。通宝大厦竣工交付后，通宝公司未提出证据证明其通知三建公司对工程进行维修，保修期内三建公司没有对工程进行维修。

1996 年 8 月，通宝公司与三建公司签订南门商厦《建设工程施工合同》约定，三建公司承建通宝公司位于新疆维吾尔自治区乌鲁木齐市人民路口至解放北路 1—4 号地段的南门商厦工程；裙楼竣工日期是 1997 年 8 月 8 日；工程质量达到优良时工程单价是 1200 元/平方米；合同其他条款与通宝大厦建设工程施工合同条款基本相同。南门商厦（含地下室）建筑面积约定为 29 000平方米，实际施工面积为34 282平方米，比约定施工面积增加 5282 平方米。双方当事人在《工程结算汇总》中确认，南门商厦工程变更增加的工程量为1 288 742.37元。由通宝公司供应的材料设备价款是3 981 217.06元。收尾工程和消防工程的施工单位不是三建公司，在诉讼过程中，双方当事人确认收尾工程价款为 30 万元，消防工程价款为 76 万元，应从工程造价中扣除。该工程最后由江苏通州建筑公司施工完毕。裙楼实际竣工日期是 1999 年 12 月 3 日，比约定竣工日期晚 845 日。该工程未经质量验收。南门商厦工程竣工交付后，通宝公司未提出证据证明其通知三建公司对工程进行维修，保修期内三建公司没有对工程进行维修。

1996 年 9 月，通宝公司与三建公司签订《北中工程施工合同》约定，三建公司承建通宝公司位于新疆维吾尔自治区乌鲁木齐县九家湾村的北中工程；开工日期为 1996 年 9 月 28 日，竣工日期为 1997 年 8 月 6 日。合同其他条款与通宝大厦建设工程施工合同条款基本相同。北中工程价款经双方当事人确认为12 560 912.56元。北中工程实际竣工日期是 1997 年 12 月 10 日，比约定竣工日期晚 126 日。通宝大厦工程竣工交付后，通宝公司未提出证据证明其通知三建公司对工程进行维修，保修期内三建公司没有对工程进行维修。

另查明：上述三项工程通宝公司已支付三建公司工程款合计 109 181 957.47元。本案中的三项施工工程，双方当事人均没有进行工程竣工结算。在新疆维吾尔自治区高级人民法院主持下，双方当事人在不考虑违约的情况下就本案所涉三项工程进行了结算。

又查明：通宝大厦工程中，因变更工程量而增加的经济支出为1 607 802元，一审法院未予认定。经二审庭审确认，通宝公司对三建公司的该项施工支出表示认可，同意支付三建公司该部分增加的工程款。

2001 年 5 月 10 日，通宝公司向新疆维吾尔自治区高级人民法院提起诉讼称，在三个工程施工合同履行过程中，三建公司没有按规定将竣工图和完整竣工资料交给通宝公司，没有按规定办理竣工结算，没有按规定履行保修责任，工期延误，工程质量没有达到约定的优良条件，请求判令：（一）三建公司立即将工程资料交给通宝公司，办理工程结算并开具发票；（二）将多付的6 597 813.39元工程款退还通宝公司；（三）支付通宝公司延误工期违约金6 119 769.61元；（四）支付通宝公司工程质量违约金 100 万元。三建公司答辩称：工程没有验收结算，是由于通宝公司原因造成的。通宝公司要求返还多付的工程款没有事实依据。造成工程迟延竣工的责任不应由三建公司承担。

二、一审法院认定与判决

一审法院经审理认为：通宝公司与三建公司签订的建设工程施工合同，当事人意思表示真实，内容不违反法律法规的强制性规定，合法有效。三建公司履行合同不符合约定条件，应当承担相应的违约责任。工程具备竣工验收条件时，三建公司应按工程竣工有关规定，向通宝公司提交竣工图和完整竣工资料。通宝公司要求三建公司交付完整竣工资料的诉讼请求符合法律规定，应予支持。北中工程的工程价款经当事人双方确认为12 560 912.56元，予以确认。在通宝大厦及南门商厦施工合同中约定，若工程质量达到优良，通宝公司给予三建公司 50 万元奖励；若工程质量为合格时，通宝公司应给三建公司支付的工程价款是在工程质量为优良时的工程价款的 90%。双方当事人在该院主持下，经对账所确认的结算价是在未考虑工程质量因素情况下作出的。鉴于该两项工程质量为合格，故应根据合同约定，按工程质量为优良时的工程价款的 90%计算通宝大厦第 1 段和第 3 段以及南门商厦的工程价款。通宝大厦第 1 段的工程价款的计算公式为：通宝大厦第 1 段建筑面积16 741.93平方米×第 1 段工程单价 1450 元/平方米×90%＝21 848 218.65元。通宝大厦第 3 段的工程价款的计算公式为：通宝大厦第 3 段建筑面积6002.9 平方米×第 3 段工程单价 1450 元/平方米×90%＝7 833 784.5元。通宝大厦第 2 段的工程价款计算公式为：通宝大厦第 2 段的建筑面积25 092.03

平方米×第 2 段的工程单价 1400 元/平方米=35 128 842元。通宝大厦的工程总价款应确认为64 810 845.15元。南门商厦的工程价款计算公式为：南门商厦建筑面积34 282平方米×工程单价 1200 元/平方米×90%+南门商厦变更导致的经济支出1 288 742.37元=38 313 302.37元。由于通宝大厦和南门商厦的消防工程以及南门商厦收尾工程的施工单位不是三建公司，通宝大厦 250 万元及南门商厦 76 万元消防工程价款应由通宝公司支付给消防工程的施工单位。南门商厦 30 万元收尾工程价款应由通宝公司付给收尾工程的施工单位。南门商厦建设中有3 981 217.06元的材料设备是通宝公司供应的，此款应由通宝公司付给材料设备的供应商。三建公司应在合同约定的保修期内，对属于自己责任的工程质量问题负责修理。根据合同约定，北中工程保修金计算公式为：北中工程的工程价款12 560 912.56元×3%=376 827.38元；通宝大厦第 1 段和第 3 段保修金计算公式为：（通宝大厦第 1 段的工程价款21 848 218.65元+通宝大厦第 3 段的工程价款7 833 784.5元）×3%=890 460.09元；南门商厦保修金计算为：南门商厦的工程价款38 313 302.37元×3%=1 149 399.07元。由于保修期内三建公司没有履行工程保修责任，保修金应从工程款中扣除。综上所述，通宝公司应给三建公司支付的工程款合计为105 727 156.50元，通宝公司已给三建公司支付工程款109 181 957.47元，三建公司应将通宝公司多付的工程款3 454 800.90元退还通宝公司。通宝公司要求三建公司退还多付工程款的诉讼请求符合法律规定，予以支持。北中工程实际竣工日期比约定竣工日期晚 126 日。根据合同约定，工期延误违约金的计算公式为：北中工程的工程价款12 560 912.56元×0.02%×126（日）=316 535元。三建公司应支付通宝公司违约金316 535元。通宝大厦第 3 段实际竣工日期比约定竣工日期晚 884 日。根据合同约定，工期延误违约金的计算公式为：通宝大厦第 3 段的工程价款7 833 784.5元×0.02%×884（日）=1 385 013.10元。三建公司应支付通宝公司违约金1 385 013.10元。南门商厦裙楼实际竣工日期比约定日期晚 845 日。根据合同约定，工期延误违约责任金的计算公式为：裙楼的建筑面积21 000平方米×裙楼的工程单价1200 元/平方米×845（日）×0.02%=4 258 800元。三建公司应支付通宝公司违约金4 258 800元。通宝大厦第 1 段和第 3 段工程及南门商厦工程质量没有达到约定的优良条件，根据合同约定，三建公司应支付通宝公司共计 100 万元违约金。据此判决：（一）三建公司将竣工资料交给通宝公司，三建公司给通宝公司开具发票；（二）三建公司给通宝公司退还工程款3 454 800.90元；

（三）三建公司给通宝公司支付工期违约金59 603 486.10元；（四）三建公司给通宝公司支付工程质量违约金 100 万元。上述款项三建公司应于判决生效后十日内付清，逾期则加倍支付迟延履行期间的利息。案件受理费785 979.92元，由通宝公司负担18 942.10元，由三建公司负担59 655.82元。

三、上诉及答辩情况

三建公司不服一审判决，向最高人民法院提起上诉称：（一）一审判决扣除三个工程保修金2 416 686.54元没有依据。按建筑行业惯例和双方合同约定，三建公司只有在接到通宝公司的维修通知后，才履行维修义务。通宝公司没有通知三建公司对工程进行保修的证据。（二）一审判决认定工程逾期违约的事实错误：1. 北中工程逾期交工有正当的顺延理由。开工日期推迟的原因是因为通宝公司未能及时完成拆迁安置工作，未能按合同约定提供施工场地，致使三建公司无法进入现场按时开工，工期应当相应顺延。事实上三建公司不仅没有延误工期，而且还提前将工程竣工。2. 通宝大厦第 3 段并未逾期交工。通宝大厦第 3 段并未单独进行工程报检，而是将该部分的建筑面积分解到第 1、2 段中，将整个大厦作为两个单项报质检站进行工程竣工验收的。而这两个单项均已按照合同约定的期限竣工，因此通宝大厦第 3 段并未逾期交工。3. 南门商厦裙楼工程有正当的延期理由。从该楼设计图纸看，裙楼和主楼在水、电、暖、消防、空调等单项工程都是一个整体。主楼的上述施工项目如未完成，裙楼也无法交付使用。此外，裙楼有大量的单项工程由通宝公司单独分包给其他施工单位施工，三建公司无法对工程进行监督管理，整个工程的工期进度实际无法由三建公司控制。在双方承包合同未终止的情况下，通宝公司单方违反合同，另行将工程发包他人施工，由此造成工期延误，三建公司不应该承担责任。而且，裙楼在开工时，通宝公司未按时提供施工图，导致三建公司无法按时施工，工期理应顺延。（三）一审判决对通宝大厦变更增加的工程价款没有认定。通宝大厦工程中，通宝公司应给三建公司增加工程量支付价款1 607 802元，通宝公司对此亦表示认可，但一审判决既没有予以否认，也未计入应付的工程款中，属于漏判。（四）一审判决判令三建公司给付南门商厦工程 50 万质量违约金，认定事实错误。通宝公司对工程剩余部分另分包他人施工，三建公司对通宝公司的工程质量无法控制。且通宝公司擅自接收使用，并将大部分房屋卖给新疆维吾尔自治区地税局、中国移动新疆分公司等单位。一审判决三建公司承担工程质量未验收为优良的违约责任，支付 50 万元违约金给通宝公司，属认定事实错误。（五）一审判决对三个工程的工程款下浮的计算方式有误，应当在扣除三建公司未施工工程量的基础上下浮 10%，不应先下浮总工程量的 10%再扣除三建公司未施工的工程量。综上，请求二审法院予以改判。

通宝公司未作书面答辩，在二审庭审时口头答辩，请求驳回上诉，维持原判。

四、最高人民法院认定与判决

最高人民法院经审理认为：三建公司与通宝公司签订的通宝大厦、南门商厦及北中工程三个性质相同的建设工程施工合同，系双方当事人真实意思表示，合同内容不违反法律法规的规定，一审法院认定为有效是正确的。关于通宝大厦工程，一审判决认定三建公司对通宝大厦第 3 段工程拖延工期 884 天，并依此计算三建公司应承担违约金1 385 013.10元。因合同履行中，承包工程的总面积由约定的23 746.29平方米，增加到47 836.86平方米，增加了24 090.57平方米，施工面积增加一倍多，因设计变更增加了工程量，工期应相应顺延。通宝大厦第 1、2 段工程是按期完工，第 3 段工程虽未按期完工，但由于该工程施工面积大量增加，导致三建公司在 1998 年 6 月 4 日才将第 3 段工程竣工资料交付通宝公司。一审判决认定工程逾期交工应由三建公司承担违约责任，与客观实际情况不符，三建公司认为其不应承担该工程逾期交工的违约责任，理由充分，应予支持。此外，通宝大厦工程增加的工程量1 607 802元，一审法院已确认了双方对账的事实，但在一审判决中未予处理。对此，通宝公司在本院二审庭审中已对三建公司该项增加的工程量表示认可。三建公司请求通宝公司支付该1 607 802元工程款，证据充分，本院予以支持。一审判决认定通宝大厦第 1 段及第 3 段工程质量未达到约定的标准，判决三建公司承担 50 万元质量违约金，且判令将工程款下浮 10%，适用法律正确。关于南门商厦工程，一审法院认为该工程三建公司逾期交工 845 日，应由三建公司承担4 258 800元的违约金，且该工程未达到合同约定的质量标准，应由三建公司承担 50 万元违约金，并应将工程款下浮 10%。合同履行中，通宝公司多次对工程进行设计变更，且工程约定施工面积为29 000平方米，实际施工面积为34 282平方米，施工面积增加了 5282 平方米。因变更增加的工程量价款为1 288 742.37元。南门商厦的部分单项工程，通宝公司另行发包给其他单位施工。在工程未竣工验收之前，通宝公司将收尾工程又发包给江苏通州建筑公司施工完毕。南门商厦工程至今未经质量等级核定验收。因此，造成工期延误及工程未经质量验收的原因是多方面的，既有工程施工面积的变化导致工程量增加的原因，又有双方在合作中没有充分进行协调配合的原因，双方应对工程逾期完工及工程质量问题均承担一定的责任。故可比照双方约定的违约金承担方式，由三建公司承担逾期交工违约金4 258 800元的一半，且一审判决三建公司承担 50 万元工程质量违约金依据不足，三建公司请求免除 50 万元质量违约金的理由充分，予以支持。关于北中工程，一审法院认为北中工程实际竣工日期比约定竣工日期延误 126 日，依约三建公司应承担316 535元违约金。通宝公司于 1996 年 7 月 9 日即取得该工程建设用地规划许可证，且新疆维吾尔自治区乌鲁木齐市土地管理局亦证明通宝公司于 1996 年 7 月即进行房地产开发。三建公司所提出的因通宝公司未完善土地征用及出让手续而影响工程开工时间的理由，不能成立，且没有证据证明北中工程因设计变更而影响施工进度。故三建公司免除逾期交工违约责任的上诉请求，不予支持。关于三个工程保修金的处理问题，一审判决认定三建公司未履行工程保修义务，在通宝公司应支付的工程款中扣除工程保修金2 416 686.54元。根据双方合同的约定，保修期间三建公司应在接到修理通知之日起 10 日内派人修理，否则通宝公司可委托其他单位或人员修理；因三建公司原因造成返修的费用，通宝公司在保修金内扣除，不足部分由三建公司支付；因三建公司之外原因造成返修的经济支出，由通宝公司承担。通宝公司并未举出证据证明其在保修期内通知三建公司对工程进行维修。通宝公司未履行合同约定的通知义务，三建公司不是基于自身的原因未对工程进行修理，故不应在应付工程款中扣除三个工程的保修金。三建公司认为不应扣除工程保修金的请求，理由充分，应予支持。关于通宝大厦工程及南门商厦工程价款下浮的计算方法问题，三建公司认为应先将总工程款计算出来，再减去三建公司未做工程的款项，而后乘以 90%得出通宝公司应支付三建公司的工程款数额。但一审判决将总工程款先乘以 90%，再减去三建公司未做部分的工程款，得出通宝公司应付三建公司的工程款数额，这种计算方法与合同约定不符。根据合同约定，在工程质量达到合格时，工程款按工程达到优良时的 90%计算，因此，在工程未达到优良时，工程款应按三建公司所做部分的工程量进行下浮，故一审判决关于工程款下浮的计算方法有误，应予纠正。根据合同约定和履行情况计算，通宝公司并未多支付工程款。一审判决三建公司退还通宝公司多支付的工程款3 454 800.90元，没有事实依据，计算方法错误，应予撤销。三建公司在二审庭审时增加上诉请求，提出通宝公司对上述三项工程的逾期交工及质量违约问题提出诉讼请求，因超过诉讼时效而丧失胜诉权。因本案一审审理期间三建公司并未就诉讼时效问题提出主张，故一审法院未就诉讼时效问题予以审查处理。三建公司在二审期间作为新的请求提出，不予支持。一审判决三建公司应将工程竣工资料交付通宝公司，三建公司给通宝公司开具发票，适用法律正确。2002 年 7 月 31 日，最高人民法院依据《中华人民共和国民事诉讼法》第一百五十三条第一款第（二）项、第（三）项之规定，以〔2002〕民一终字第 21 号民事判决判决如下：

（一）维持一审法院判决第一项；

（二）撤销一审法院判决第二项；

（三）变更一审法院判决第三项为，三建公司支付通宝公司延误工期违约金2 445 935元；

（四）变更一审法院判决第四项，三建公司支付通宝公司工程质量违约金 50 万元。

一审、二审案件受理费共计157 195.84元，由通宝公司负担117 896.88元，由三建公司负担39 298.96元。

8. 委托人在建设工程施工合同中权利义务关系的确定

一、案件基本事实

上诉人（原审被告）：安业公司。

被上诉人（原审原告）：铁三局。

原审第三人：市政府。

原审第三人：筹委会。

原审第三人：团市委。

1993年8月24日，铁三局为承包方、安业公司为发包方，签订《太原市建设工程施工合同》，约定：工程名称：省城少年科技城。工程地点：太原市青年宫院内。框架结构：七层。承包范围：土建工程及建筑安装工程。开工日期：1993年8月25日。竣工日期：1995年4月30日。工程质量等级：优良。承包方式：施工图预算＋设计变更＋政策性调整。安业公司驻施工现场全权代表闫金标、周玉昆，铁三局代表为王明耀。双方对竣工结算作了约定：竣工报告批准后，铁三局应在30天内将竣工结算报告提交安业公司代表审查，安业公司代表在收到结算报告后15天内给予审批。安业公司收到竣工结算报告30天内，无正当理由不办理结算手续，可视为铁三局竣工结算报告已被批准，从第31天起，按银行同期贷款利率支付拖欠工程款的利息。合同签订后，铁三局履行了施工义务，该工程于1995年12月19日通过竣工验收，并被评为优良工程，已投入使用。1996年11月19日，山西省太原市审计局对少科城工程建设情况进行了审计，认定建设安装投资已经完成46 767 329.99元。同年筹委会委托太原市建筑经济管理站对铁三局工程款的结算数额进行审核，参加审核的有安业公司驻施工现场全权代表闫金标、周玉昆、孙保全、孟立平等，铁三局代表王彬、贾继瑞，筹委会邢正身等。三方对各个分项结算达成一致，在结算单上一一签字，结算数额为

46 445 005.17元。1997 年 5 月 24 日，太原市建筑经济管理站在此基础上作出了《关于对少科城工程结算资料审核说明》和《关于对太原市少年科技城工程结算审核说明》，予以确认。上述结算数额比山西省太原市审计局确认的结算数额少322 624.17元。铁三局同意按照三方会签的结算数额结算，同时提出其中1 811 133.68元属于其他单位施工，应予扣除。扣除之后，安业公司应结算给铁三局工程款44 633 871.49元。

一审庭审中铁三局和安业公司进行了查账、核对账目，并对核对结果进行了质证。安业公司主张已付铁三局41 545 038.49元。铁三局认可安业公司已付工程款为34 590 446.07元，相差6 954 592.42元，相差部分双方争议的是：1. 有1 324 000元安业公司主张已付款，举证为铁三局已开出发票，但铁三局称该部分虽已开了发票，但安业公司没付款，安业公司应举出付款凭证（如转账支票等）。2. 有2 783 889.44元安业公司主张应认定代付款，并举证是代付材料、工程款的凭证，铁三局称其没有委托安业公司付款委托，且安业公司工程项目多、工程队更多，何以证明是我方的材料款等。3. 有1 809 954.85元安业公司实为依铁三局委托超付部分，安业公司仍主张是代付款，铁三局对超付部分不予认可。

1997 年 8 月 15 日，铁三局下属机械工程总队写给筹委会和安业公司一份请示报告称："仅少科城拖欠我方资金就达 500 万之多。"安业公司以此抗辩，认为欠铁三局款项的数额为 500 多万元。铁三局称下属工程队报告所称欠款数额未经对账，不是财务数据，具体数据应以对账结果为准。安业公司对于铁三局提交的工程款结算资料和已付款对账结果有异议，但安业公司及铁三局、市政府均未提出鉴定申请。为慎重起见，一审法院口头裁定依职权进行司法鉴定，在规定时间内，各方应递交工程结算资料、付款账单和 50 万元鉴定费，逾期则视为放弃异议，认可对方提交的证据。铁三局在规定时间内送来有关资料和鉴定费。安业公司仅送来部分工程结算资料。市政府没有送来鉴定资料。安业公司及市政府均未提出减免缓交鉴定费申请。

1992 年 12 月，中共山西省太原市委员会、市政府正式成立了少年科技城筹委会，下设办公室具体负责工程建设工作。1993 年 7 月 23 日，筹委会签发委托书，将该工程委托安业公司代建，1993 年 12 月 17 日双方订立协议书约定：筹委会同意将少年科技城的建设管理工作（不包括该工程的工艺部分）委托安业公司进行，包括设计、勘探、施工管理、供水、供电、配套工程以及施工前期准备。安业公司在每个季度的最后一个月下旬提出下一季度工程进度和用款计划报筹委会，筹委会审核后根据资金到位情况在下一季度第一个月的中旬将工程款拨付安业公司。代建管理费按照投资3000万元的3%提取，超过3000万元部分不再提取。筹委会委托太原市建筑经济管理站对该工程进行审核，并与铁三局、安业公司的工程负责人一道对审核资料进行会签、予以确认。1998年5月8日，筹委会向太原市计委写出《关于调整工程概算的报告》，该报告认可太原市建筑经济管理站对工程结算款的审核，确认少科城工程全部完成需资金5403万元，已经到位4845万元，尚未履行完付款义务，存在缺口资金558万元，要求太原市计委解决。安业公司主张此558万元和自己算的不一致，太原市政府是少科城的投资主体，应付5553万元，已付4485万元，还欠其1068万元，但没有提供证据。

二、一审法院认定与判决

铁三局于2001年11月10日向山西省高级人民法院起诉称：1993年8月24日我方与安业公司签订少年科技城《建筑安装施工合同》一份，我方按照合同约定履行了施工义务，并于1999年12月19日办理了竣工验收手续，工程质量达到优良等级。安业公司应付工程款44 633 871.49元，已经支付34 590 446.07元，尚欠10 043 425.42元，请求给付欠款并从竣工之日起到付清之日止按照银行同期贷款利率支付逾期付款违约金，安业公司代铁三局付款部分应向铁三局交付该单位收款凭据及安业公司的支付凭证；同时请求市政府将欠安业公司的558万元工程费用和150万元代建费直接付给铁三局。

安业公司辩称：我方受筹委会委托代建少科城工程，作为代理人不承担实体义务，不应成为结算主体，依据《合同法》有关规定，施工合同对委托代建方筹委会有约束力，筹委会应承担实体义务。我方与铁三局未办理工程款结算，应付款数额不明。安业公司已经付给铁三局工程款41 545 038.49元，由于未办理结算，不存在违约问题。

市政府述称：我方仅是少科城建设项目的行政投资主体，不是建设主体，与铁三局之间没有民事法律关系，与安业公司之间的债权债务关系与本案无关，不是本案第三人。

筹委会、团市委未作答辩。

三、上诉及答辩情况

一审法院经审理认为：铁三局与安业公司签订的施工合同和安业公司与

筹委会签订的代建合同，意思表示真实，符合法律规定，已大部分履行，均为有效合同。铁三局依约完成了少年科技城的施工，少年科技城已投入使用，安业公司应按照合同约定支付铁三局全部工程款及未支付工程款部分的利息。首先，关于工程款的结算数额，本案当事人双方对工程结算数额各持己见，又不申请司法鉴定，也不配合法庭进行司法鉴定，根据本案的实际情况，筹委会委托太原市建筑经济管理站对三方当事人会签工程量进行审核，并予以确认工程款为44 633 871.49元的审核说明，应作为该工程的结算依据。其次，对于已付款和欠款数，铁三局和安业公司经过七个月的账目核对，双方认可已付工程款34 559 046.07元。争议的付款部分，其中（一）1 324 000元，安业公司仅举出铁三局给其出具的收据，但没有如同其他支付工程款的转账支票或铁三局的委托支付凭证，认定支付证据不及认定未支付证据之效力大，故不宜认定为已支付款。（二）2 783 889.44元安业公司代付材料款等费用，安业公司未能举证铁三局的委托书，考虑安业公司工程项目及工程队甚多，确实无法证明代为铁三局支付。（三）1 808 954.85元是安业公司超委托书付出的费用，就超付部分安业公司举不出委托手续，仍不能认定安业公司为铁三局代付。其余，安业公司未能举证支付，应承担举证不能责任。综述，安业公司应支付铁三局工程款44 633 871.49元，已付工程款34 559 046.07元，还应支付铁三局工程款10 074 824.42元，但铁三局诉请支付10 043 425.42元，予以支持。再其次是利息问题：铁三局和安业公司双方签订的施工合同约定安业公司收到竣工结算报告 30 天内，无正当理由不办理结算手续，可视为铁三局竣工结算报告已被批准，从第 31 天起按银行同期贷款利率支付拖欠工程款的利息。本案三方会签工程款分项结算单，并由筹委会委托太原市建筑经济管理站审核确认，该行为应认定为双方当事人对工程结算形式的变更，所欠工程款利息应从该审计确认之日起计算。铁三局诉请安业公司代付材料款等的收据凭证及安业公司付款凭证，考虑安业公司已代铁三局支付材料款等费用的事实存在，遵循诚实信用原则，根据本案性质，安业公司负有协助铁三局的义务，对铁三局该项诉讼请求予以支持。关于市政府、团市委、筹委会是否承担建设少年科技城债务的问题：筹委会与安业公司签订的代建合同，证明双方形成了代理与被代理法律关系，筹委会为被代理人、安业公司是代理人，安业公司虽不是以筹委会的名义与铁三局签订建设合同，但在建设施工中，铁三局、安业公司、筹委会三方签署确认审核资料，并由筹委会委托太原市建筑经济管理站对该工程进行审核，另一方面筹委会也承认本工程存在资金缺口558万元，该行为应视为对安业公司代理其建设少年科技城行为的追认，筹委会应承担该工程的民事责任。随着少年科技城的交付使用，筹委会已完成该工程建设，少科城已交付团市委管理使用，该债务应由牵头成立筹委会的市政府承担，且市政府既是该工程的建设单位，又是该工程建设的出资人。鉴于铁三局仅诉请市政府承担558万元，应予支持。铁三局诉请市政府支付其给安业公司的代建费，应由安业公司主张权利，属另一法律关系，不予支持。团市委系少科城的管理、使用人，不应承担该工程建设的债务。依照《中华人民共和国民事诉讼法》第一百三十条，《中华人民共和国民法通则》第八十五条、第八十八条第一款、第六十六条，《中华人民共和国合同法》第六十条的规定，判决：（一）铁三局与安业公司订立的《太原市建设工程施工合同》及安业公司与筹委会签订的《协议书》有效；（二）安业公司判决生效一个月内向铁三局支付工程款10 043 425.42元，从1997年5月25日起到付清之日止按照中国人民银行同期贷款利率支付逾期付款利息；同时对代付款部分向铁三局交付收款单位收款凭据及其支付凭证复印件；（三）市政府对安业公司支付铁三局10 043 425.42元中的558万元承担连带责任；（四）驳回铁三局的其他请求。案件受理费66855元，财产保全费60 000元，共计126 855元，安业公司承担100 000元，市政府承担26 855元。

四、最高人民法院认定与判决

安业公司不服一审判决，向最高人民法院提起上诉称：一审判决认定事实错误，证据采信不当，适用法律错误，违反法定程序，请求撤销一审判决，驳回铁三局对安业公司的诉讼请求。理由是：1. 工程付款义务主体及建设单位认定错误，属于适用法律错误。认定筹委会与安业公司签订代建合同，证明双方形成了代理法律关系，筹委会为被代理人，安业公司为代理人，还认定筹委会对安业公司代理其少年科技城项目的代建管理行为予以追认，筹委会应承担该工程建设的民事责任。但一审判决却没有判令筹委会承担支付工程款的实体义务，而是判令安业公司承担。这种判决结果与上述认定事实相互矛盾，违背了《合同法》第402条的有关规定。少年科技城项目的建设单位是团市委，一审判决却认定工程建设单位是市政府。安业公司受筹委会委托，签订的合同直接约束的双方主体应为筹委会与铁三局，一审判决认定了安业公司的代理人地位，却未判决要求被代理人承担民事责任，而要求安业公司承担支付全部工程款及利息的责任，有悖事实和法律。2. 对工程未结算的事实认定错误。安业公司受筹委会委托与铁三局签订的《建设工程施工合同》对工程的竣工结算作了明确约定。铁三局在工程具备竣工验收条件后，始终没有按照合同约定提交竣工验收报告和相应竣工验收资料，工程未能结算，一审法院却认定该工程已经结算与事实不符。3. 对工程款支付情况认定错误，安业公司与铁三局经过对账已查明：安业公司已支付工程款41 545 038.49元，铁三局认可已支付34 590 446.07元，相差6 954 592.42元。相差部分均为安业公司已实际支付的工程款，一审法院对此未予认定，且判决认定的已付款部分也前后矛盾，与事实不符。1997 年 8 月 15 日，铁三局给筹委会和安业公司的报告称工程欠款 500 万之多，是铁三局盖章认可的。而一审法院对安业公司据此证据所反映的事实和主张没有采纳，也是不妥的。4. 对铁三局完成的工程量认定错误。铁三局向一审法院提交的“太原市建筑经济管理站审核说明附件”是提供给太原市建筑经济管理站对整个工程进行审核的。而铁三局及其分包单位完成的工程量却未进行结算，其应得的工程价款也未确定。一审法院在没有对铁三局及其分包单位完成工程量进行认定的情况下，将结算书作为铁三局完成的工程已经结算的依据，与事实不符。5. 一审法院违反法定程序，铁三局应当对其诉讼请求向法庭举证，在其举证不能情况下，法庭没有依法驳回其诉讼请求，而是口头裁定要求安业公司承担鉴定费用，否则就视为对铁三局主张放弃异议，该口头裁定举证责任分配不当，违背了“谁主张，谁举证”的举证责任原则。一审法院在未对工程价款进行鉴定的情况下就判决认定铁三局诉讼请求，违背民事诉讼证据适用原则。

铁三局答辩称：一审法院认定工程款计算数额有充分依据；安业公司作为签约合同主体应当承担付款义务；安业公司取得收据的票额大，实际付款数额小，要求按照实际付款金额计算合理；本案不需要进行司法鉴定。一审判决认定事实清楚，适用法律正确，审判程序合法，请求驳回上诉，维持原判。

市政府陈述了意见。筹委会和团市委未参加二审诉讼，也未提交书面意见。

五、最高人民法院二审审理与认定

最高人民法院在二审中查明的事实与一审查明的事实相同。

最高人民法院经审理认为：安业公司与铁三局签订的建设工程施工合同

和安业公司与筹委会签订的代建合同，意思表示真实，不违反法律和行政法规的强制性规定，且大部分已履行，一审法院认定为有效是正确的。铁三局按照合同约定完成了少年科技城的施工，太原市建筑工程质量监督站于1995年12月19日在有安业公司、铁三局代表参加的情况下，对少年科技城进行了验收，评定为优良工程，该少年科技城已投入使用。安业公司应按照合同约定向铁三局支付工程款及未付工程款的利息。关于支付工程款义务主体问题，安业公司不是以筹委会名义而是以自己名义与铁三局签订合同，不符合代理的法律特征。根据《合同法》第402条规定，受托人以自己的名义，在委托人的授权范围内与第三人订立合同，第三人在订立合同时知道受托人与委托人之间的代理关系的，该合同直接约束委托人和第三人，但有确切证据证明该合同只约束受托人和第三人的除外。安业公司没有举出证据表明安业公司受筹委会委托，作为受托人于1993年8月24日与铁三局签订建设工程施工合同时，铁三局知道筹委会是委托人，因此安业公司和铁三局订立建设工程施工合同直接约束的主体不应是筹委会和铁三局。因此，安业公司主张其不是付款义务主体，应由筹委会支付工程款的上诉请求缺乏法律依据和事实依据，不予支持；一审判决确定安业公司为支付工程款的义务主体是正确的。关于工程款的结算数额，一审法院以筹委会委托太原市建筑经济管理站对三方当事人会签工程量进行审核予以确认工程款为44 633 871.49元，作为该工程的结算依据，认定为双方工程款数额，具备客观基础，符合本案的实际情况，并无不妥。关于已支付工程款和尚欠工程款数额，铁三局和安业公司经过七个月的账目核对，双方认可已付工程款34 559 046.07元，争议的付款部分为6 954 592.42元。其中1 324 000元，铁三局作为原审原告要求安业公司支付尚欠工程款，在安业公司举出铁三局给其出具的收据中包括该笔款额后，即负有证明其没有收到该笔款的责任；安业公司举出铁三局给其出具的收据中包括该笔款额，尽管没有提供诸如转账支票或铁三局委托支付凭证等其他支付工程款的证据，但铁三局没有提出相反证据否认其出具的收据作为本案书证的真实性、合法性和关联性，也没有发生证明付款责任转移的情形，应认定安业公司已支付给铁三局1 324 000元。一审法院认定安业公司仅举出铁三局给其出具的收据，没有如同其他支付工程款的转账支票或铁三局委托支付凭证，以认定支付证据不及认定未支付证据效力大为由，不宜认定为已付款，不符合适用优势证据的原则，依据不足，应予纠正。此外，安业公司主张代铁三局支付2 783 889.44元材料款等费用，因有关票据上没有铁三局代表签字盖章认可，安业公司未能举出铁三局的委托书，鉴于安业公司工程项目及工程队甚多，不能证明该笔款项系代为铁三局支付；安业公司超委托书付出的1 808 954.85元，不能列出委托手续，故不能认定安业公司为铁三局代付。1997年8月15日，铁三局下属机械工程总队写给筹委会和安业公司的报告中所称工程欠款500万之多，是铁三局下属单位的行为，不是法人行为也不是财务部门行为，不具有法律效力。安业公司认为一审法院以筹委会委托太原市建筑经济管理站对三方当事人会签工程量进行审核予以确认工程款为44 633 871.49元，作为该工程的结算依据，确定工程款数额，没有进行鉴定，违反民事诉讼程序的上诉请求，缺乏事实和法律依据，不予支持。综上，安业公司应支付铁三局工程款44 633 871.49元，其已支付的工程款包括双方认可的34 590 446.07元以及认定收据记明的1 324 000元，共计35 914 446.07元，尚需支付8 719 425.42元，一审判决相关判项应予变更。2003年4月9日，最高人民法院依照《中华人民共和国民事诉讼法》第一百五十三条第一款第（三）项之规定，以〔2003〕民一终字第1号民事判决判决如下：

（一）维持一审法院判决第一项和第四项；

（二）变更一审法院判决第二项为：安业公司于本判决生效一个月内向铁三局支付工程款8 719 425.42元，从1997年5月25日起到付清之日止按照中国人民银行同期贷款利率支付逾期付款利息；同时对代付款部分向铁三局交付收款单位收款凭据及其支付凭证复印件；

（三）变更一审法院判决第三项为：市政府对安业公司支付铁三局8 719 425.42元中的558万元承担连带责任。

一审案件受理费和财产保全费126 855元，按一审判决执行；二审案件受理费66 855元，由安业公司负担53 484元，铁三局负担13 371元。

9. 工程擅自停工应承担违约责任

一、案件基本事实

上诉人（原审原告、反诉被告）：立云公司。

上诉人（原审被告、反诉原告）：铁五局建总公司。

被上诉人（原审原告、反诉被告）：鼎盛公司。

1995年4月25日立云公司与铁五局建总公司签订《补充协议条款》约定：铁五局建总公司承建立云大厦项目。立云公司前期购买的钢材、机具等移交给铁五局建总公司，铁五局建总公司支付70万元。铁五局建总公司垫资施工至200万元时，立云公司支付第一期进度款200万元，以后均以200万元验工支付进度款。工程进度达到＋12.6米时，立云公司付该次进度款200万元的一半，另一半作为质保金到工程竣工验收后五日内支付并附加利息。＋12.6米以上工程以100万元验工支付一次进度款。另约定：铁五局建总公司在《合同协议条款》（即《建设工程施工合同》）优惠的基础上，再按工程总价扣除料差、税金后下浮4%。协议明确约定："该协议与《合同协议条款》同等有效。"1995年4月28日立云公司与铁五局建总公司签订《建设工程施工合同》，约定了立云大厦工程的位置、建筑面积和高度，并约定开工日期为1995年5月18日，竣工日期为1997年5月18日。其中＋12.6米以下八个月内达到使用要求。工程质量要求达到合格，力争优良。暂定工程造价为1000万元。价款执行《省九三定额》及相应的调整文件。采取预决算制，扣除料差、税金、设备后下浮2%。立云公司按实际进度的95%支付工程款，如不及时支付进度款，铁五局建总公司可再施工半个月，即使立云公司仍不付款，铁五局建总公司有权停工、工期顺延，立云公司承担相应的违约责任。如工程质量合格，＋12.6米以下按期交付使用，立云公司退还总价的1%，另奖1%。合同约定违约金的计算方法均为总造价的1%，损失为实际发生的直接经济损失。

1995年6月8日，立云公司与铁五局建总公司达成《关于立云大厦土地拆迁问题会议纪要》，约定：立云公司于1995年8月1日前拆迁完所有旧房，否则自1995年8月2日起至拆迁完毕之日止按每天2000元赔偿铁五局建总公司损失。1996年4月12日，立云公司与铁五局建总公司达成《关于“立云大厦”动工会议纪要》，约定铁五局建总公司于1996年4月15日进场，立云公司须在1996年5月5日完成管线移位，并于同年6月15日前拆除旧房。工期自1996年6月20日起计算，共600天。如未在约定时间内完成拆迁、管线移位，工期相应顺延。立云公司在1996年4月30日前付前期进度款30万元。立云公司依此会议纪要，于1996年5月6日支付铁五局建总公司30万元。

1996年6月20日，立云公司与外商合资成立鼎盛公司，并于1996年8月28日函告铁五局：“今后一切业务均由鼎盛公司签章认定授理”。1997年5月10日鼎盛公司与铁五局建总公司签订《补充协议》，约定立云大厦＋12.6米以下部分，工程款再下浮30万元。＋12.6米以上部分，主体工程于1997年11月30日前断水完工。鼎盛公司拆迁工作于1997年6月30日完成，否则工期顺延。工程进度款按原合同办理。铁五局建总公司开始升塔吊、七层支模基本完成后，鼎盛公司先支付50万元，并进行一期工程决算，扣除前期支付的50万元后，一次付清一期工程款。决算于1997年5月25日前审完。一期工程竣工验收于1997年5月30日前完成。1997年8月20日，鼎盛公司与铁五局建总公司签订《补充协议》，约定铁五局建总公司于1998年1月10日前完成主体工程（正16层断水），否则承担鼎盛公司的损失，并无条件清场。并约定1997年8月25日，鼎盛公司支付铁五局建总公司50万元工程款，以后付款方式为＋0.00以上七层板浇完次日付50万元，十层板浇完次日付50万元。主体工程验收后，付足二期工程款的80％。决算成立后，鼎盛公司付铁五局建总公司除工程质保金以外的全部尾款。双方进行一期工程的决算，执行原合同，铁五局建总公司完成正六层的工程量，鼎盛公司于次日付清一期工程款。协议签订后，立云公司、鼎盛公司依约于1997年8月25日支付铁五局建总公司50万元工程款。铁五局建总公司于1997年10月13日完成正六层工程量，同日，立云公司、鼎盛公司支付铁五局建总公司工程款50万元。铁五局建总公司于1997年10月20日停工。立云公司遂向贵州省高级人民法院提起诉讼，请求解除双方合同关系，由铁五局建总公司赔偿投资款1000万元的利息损失和因工程质量不合格造成的经济损失30万元。铁五局建总公司提起反诉，请求立云公司、鼎盛公司支付一期工程款2 069 806.32元，并承担逾期付款和逾期拆迁违约金，赔偿停工损失1 239 624.04元。

另查明：1996 年 8 月 22 日和 1996 年 11 月 28 日，质量监督站分别对“立云大厦”基础项目和主体工程 1～5 层项目质量评定为合格，设计、建设、施工及评定单位人员均签字认可。铁五局建总公司于 1997 年 4 月将“立云大厦”＋12.6 米以下部分交付立云公司、鼎盛公司使用。立云公司、鼎盛公司累计付款共2 105 855元，代铁五局建总公司垫付材料款358 762.39元，铁五局建总公司支付立云公司鼎盛公司质保金 5 万元，1995 年 4 月 25 日《补充协议条款》约定的钢材机具折价款 70 万元已清结。

又查明：一审法院于 1998 年 9 月 3 日裁定终止双方签订的《建设工程施工合同》及相关协议的履行。由于双方当事人对已完工程的结算达不成一致意见，一审法院委托定额站对“立云大厦”已完工程部分进行鉴定。定额站于 1999 年 4 月 18 日出具《建设工程造价鉴定书》，认定工程造价为 4 918 175.71元。

二、一审法院认定与判决

一审法院审理认为：双方当事人签订的《建设工程施工合同》及补充协议是当事人真实意思表示，不违反法律规定。该工程经评定质量为合格，且＋12.6 米以下部分已交付使用，立云公司、鼎盛公司请求赔偿因工程质量不合格造成的损失不予支持。立云公司、鼎盛公司依约有付款义务，铁五局建总公司已完工程量已超过所接受的工程款，故立云公司、鼎盛公司请求赔偿投资的利息损失亦不支持。铁五局建总公司擅自停工、构成违约，违约金为已完工程量的 1%，即49 181.75元。依据 1995 年 6 月 8 日《会议纪要》的约定，铁五局建总公司应给付立云公司前期设备款 14 万元，铁五局建总公司没有证据证明该款已给付，故应从工程款中扣减。依双方约定，＋12.6 米以下部分工程造价下浮 30 万元，故该款亦应从工程款中扣减。《补充协议条款》是对《建设工程施工合同》的补充，应是在优惠下浮 2%的基础上再优惠下浮 4%，即177 805.07元，因＋12.6 米以下部分已交付使用，合同约定工程款下浮 2% 与退还 1%、奖 1% 相抵销。扣除料差、税金外，工程造价为 4 445 126.77元。因双方已终止合同关系，立云公司、鼎盛公司应退还铁五局建总公司 5 万元质保金。各款额相抵后，立云公司、鼎盛公司实欠工程款为 1 885 753.25元。因双方对＋12.6 米以下工程未进行结算，铁五局建总公司请求立云公司、鼎盛公司承担逾期付款违约金无事实依据，不予支持。双方对付款方式及拆迁问题多次协商变更，依最终约定的履行情况看，铁五局建总公司并未因拆迁问题影响施工，立云公司、鼎盛公司也未逾期支付进度款，故铁五局建总公司请求立云公司、鼎盛公司支付逾期拆迁和逾期付款的违约金不能成立。铁五局建总公司擅自停工的损失应自行承担。综上所述，依据《中华人民共和国民法通则》第八十四条第二款、第一百一十二条第二款的规定，判决：一、立云公司、鼎盛公司于本判决生效后 15 日内支付铁五局建总公司工程款1 885 753.25元。二、铁五局建总公司于本判决生效后 15 日内支付立云公司、鼎盛公司违约金49 181.75元。三、驳回立云公司、鼎盛公司的其他本诉请求。四、驳回铁五局建总公司的其他反诉请求。本诉案件受理费27 010元，反诉案件受理费31 962.9元，诉前财产保全费12 500元，共计71 472.9元，由立云公司、鼎盛公司负担21 441.87元，铁五局建总公司负担50 031.03元。

三、上诉及答辩情况

立云公司、鼎盛公司、铁五局建总公司均不服一审判决，向最高人民法院提起上诉。立云公司上诉称：铁五局建总公司擅自停工，已构成违约应按工程总造价的 1% 支付违约金并赔偿损失841 500元。因工程存在质量问题，请求二审法院进行鉴定，并不应按原来约定退 1% 奖 1%。铁五局建总公司上诉称：立云公司、鼎盛公司应支付工程欠款2 353 558.32元。因立云公司、鼎盛公司逾期付款及逾期拆迁，构成违约，应承担逾期付款违约金，并按每天 2000 元支付逾期拆迁违约金。依双方约定，铁五局建总公司有权停工，要求立云公司、鼎盛公司赔偿停工损失1 239 624.04元。合同解除，不同意工程款下浮 30 万元。因前期施工队伍没有将设备等物交付铁五局建总公司，故 14 万元设备款不应在工程款中扣减。鼎盛公司同意立云公司的上诉意见，但未在本院指定的期限内交纳二审案件受理费。

四、最高人民法院认定与判决

本院认为：双方当事人签订的《建筑工程施工合同》及相关的补充协议，系双方真实的意思表示，不违反法律规定，应认定有效。立云公司、鼎盛公司依约对项目有投资义务，应支付其所欠铁五局建总公司的工程款。铁五局建总公司已完成的工程量超过了立云公司、鼎盛公司的实际投资额，+12.6

米以下工程已交付立云公司、鼎盛公司使用，立云公司主张其投资的利息损失及实际损失没有法律依据。贵阳市建筑工程质量监督站对已完工程质量评定为合格，立云公司主张工程有质量问题，证据不足，不予采信。立云公司主张工程款下浮 2%，不应与退还 1%奖 1%相抵，有悖双方约定，不予支持。铁五局建总公司擅自停工，应承担违约责任。违约金的计算应以该工程鉴定造价作为基准。根据双方约定，工程款是在《建设施工合同》优惠下浮的基础上再下浮 4%，且+12.6 米以下部分，工程造价下浮 30 万元，故该 30 万元不应计算在工程款中。铁五局建总公司依据 1995 年 6 月 8 日拆迁会议纪要的约定，应给付立云公司、鼎盛公司前期施工队伍的设备款 14 万元，因其没有证据证明该款已经给付，所以应在工程款中予以扣除。双方约定+12.6 米以上按工程按进度付款，立云公司、鼎盛公司支付工程款没有违反约定；+12.6 米以下工程结算后付款，因未进行决算，故立云公司、鼎盛公司不应承担逾期付款的利息。双方当事人就拆迁问题多次协商变更，立云公司、鼎盛公司已实际为铁五局建总公司提供了施工场地，铁五局建总公司亦完成了预定的工程量，因此铁五局建总公司请求立云公司、鼎盛公司支付逾期拆迁违约金依据不足，本院不予支持。铁五局建总公司擅自停工造成的损失应自行承担。一审法院对本案事实认定清楚，适用法律正确。根据《中华人民共和国民事诉讼法》第一百五十三条第一款第（一）项的规定，最高人民法院于 2000 年 6 月 9 日，以〔2000〕民终字第 20 号民事判决判决如下：

驳回上诉，维持原判。

二审案件受理费5 897 290元，由立云公司负担29 486.45元，由铁五局建总公司负担29 486.45元。

10. 合同约定违约条款互相矛盾如何适用

一、案件基本事实

上诉人（原审原告、反诉被告）：宝源公司。

上诉人（原审被告、反诉原告）：华宝公司。

1997年8月14日和10月17日，北京新世纪宝源装饰工程有限公司（以下简称宝源公司）与大连华宝房地产开发有限公司（以下简称会华宝公司）分别签订华宝大厦公寓楼和写字楼的装修工程合同意向书，两份协议约定：宝源公司为宏孚公司垫付30%的工程款，工程进行到30%形象时，宝源公司按施工计划、进度拨付工程款，工程竣工时，拨到70%，余下30%工程款，宝源公司购买宏孚公司的华宝大厦房产。

1997年9月29日，宝源公司向华宝公司交付了公寓楼装修工程设计资料和工程概算书。1997年11月13日，华宝公司与宝源公司就华宝大厦公寓楼室内装饰、装修工程签订了《建设工程施工合同》，约定：承包范围包括华宝大厦公寓楼6～23层工程内容为除公寓走廊、地面、室内地面、楼梯间以外图纸所含的全部内容（不含家具）。初步定开工日期为1998年3月10日，初步定竣工日期为1998年9月10日。工程总日历天数为180天。工程质量等级为优良。承包方式为包工包料、一次包死。合同价款为2060万元，协议条款约定的增减范围应控制在100万元内，即该工程结算款受中途变更的影响而应不超过正负100万元。工程进度完成30%，华宝公司付30%工程款；完成60%，华宝公司再付30%的工程款；完成70%，华宝公司付10%的工程款；其余30%工程款视为购房款。华宝公司提供的材料应有有关部门确认的合格证明及检测报告，宝源公司若提供不出报告及合格证，材料检测费用由宝源公司承担。华宝公司额外提出的材料检测（包括消防部门）所发生的费用由华宝公司承担。工程造价中的50万元作为工程质量及工期保证金待双方验收合格后一次付清，该工程3%营业税由华宝公司代扣代缴。达到四星级装修工艺标准（包括选用的装修材料及相关配件）。关于违约责任，华宝公司不按合同约定，及时发出指令、确认、批准，以及提供场地、材料等其他义务，致使施工无法进行，给宝源公司造成窝工、停工，除工期顺延外，每停工一天支付违约金 3 万元。华宝公司不按合同约定支付款项或履行其他义务及其他使合同无法履行的行为，应承担违约责任，华宝公司应支付（包括因违约造成宝源公司的费用）违约金及工程款相应利息。违约金的计算最高不超过工程总造价的 10％。支付利息标准为 10％。宝源公司施工质量达不到设计和规范的要求，应负责返工，并支付相应费用及违约金，宝源公司应支付违约金最高不超过工程价款的 10％。

签约当日，辽宁省第一建筑工程公司大连公司第一工程处（以下简称工程一处）以发包方名义与宝源公司就公寓楼装修工程也签订一份与上述合同内容相同的建设工程施工合同。代表工程一处在合同上签名的是华宝公司的法定代李人李宴清。当日，华宝公司与宝源公司又签订了《关于华宝大厦商住公寓装饰装修合同的说明》，双方确认，上述两份装修工程施工合同内容相同。在具体实施中，以工程一处与宝源公司签订的合同为准。

1997 年 12 月 12 日，华宝公司与宝源公司又就写字楼装修工程签订了《建设工程施工合同》。双方约定，宝源公司的施工范围为华宝大厦写字楼室内装修工程，不包括公共走廊、七层以上办公室地面。开工日期初步定为 1998 年 3 月 20 日，竣工日期初步定为 1998 年 8 月 20 日，工期总天数为 150 天。包工包料（卫生间瓷砖、地砖、洁具由上华宝公司提供，数量由宝源公司提供。六层会议室、多功能厅、商务中心花岗岩由华宝公司提供）工程款为 1700 万元，除合同及合同补充条款以及华宝公司审定的图纸以外，施工过程中因设计和材料变更调整合同价款，调整幅度不超过 100 万元。工程 3％营业税由华宝公司在支付工程款时代扣代缴。工程质量等级为优良。工程款按施工进度拨付。按工程施工进度付款，工程完成 30％，华宝公司付款 30％；完成 60％，再付款 30％；完成 70％，付款 10％，扣除 50 万元质量、工期保证金，待双方验收合格后一次付清，其余 30％视为购房款。合同约定，如华宝公司未按约定履行义务，宝源公司可以书面方式索赔。如华宝公司接到索赔通知 10 天内未予答复，视为该项索赔已经批准。双方还对具体的施工范围和材料供应办法作出约定。

关于华宝大厦写字楼的装修工程，工程一处与宝源公司也签订了一份内容相同的《建设工程施工合同》，由华宝公司的法定代表人李宴清代表工程一处在合同上签字。但该合同书未注明签约时间。

公寓和写字楼工程为何分别签订内容相同的两份合同。宝源公司解释为，华宝公司之所以要求宝源公司与工程一处签订同样的施工合同，是为了少缴投资方向调节税。而华宝公司解释为，华宝公司在土建工程发包合同中，已将装修工程一并发包给了工程一处，故要求宝源公司与工程一处再签订一份同样的施工合同。虽然双方当事人对同一工程出现两份合同的原因作出了不同解释，但双方对本案争议工程的发包方是华宝公司、承包方是宝源公司的事实均无异议。

签订上述合同后，因现场不具备施工条件，两项装修工程均未能按初步约定的时间开工。1998 年 9 月 10 日，写字楼装修工程正式开工；1999 年 2 月，公寓楼装修工程开工。期间，华宝大厦改名为宏孚大厦。由于华宝公司资金不足及其他因素的影响，两项工程均未能按照约定的施工日历天数完工。实际施工中，在双方确认的前提下，写字楼装修工程在原设计基础上局部施工面发生部分变更。至 1999 年 8 月，写字楼装修工程期基本完工，公寓楼装修工程因华宝公司资金困难而停工。

1999 年 8 月 12 日，宝源公司与华宝公司共同签署了《大连宏孚大厦竣工概况》。双方确认，工程自 1998 年 9 月开始正式进入施工，由于各种因素及华宝公司资金因素影响，到现在大厦内各工种仍不能全部竣工验收，影响最终的装修验收。至 1999 年 8 月，本工程才由华宝公司及监理单位进行了部分竣工及验收，并交付使用。工程总施工面积50 000平方米左右，现已竣工验收交付使用的面积约12 000平方米，本月底准备再交付使用17 000余平方米。剩余20 000多平方米工程已完成了三分之一工作量，但由于华宝公司资金问题，现已暂时停工。

1999 年 9 月 6 日，华宝大厦写字楼装修工程竣工。1999 年 9 月 20 日宝源公司、华宝公司和监理单位共同签署了写字楼《工程竣工验收证明》。经三方共同确认，写字楼工程于 1998 年 9 月 10 日开工，1999 年 9 月 6 日竣工，总装饰面积27 000平方米。该工程按照相应规范和技术标准及设计图纸要求施工，经监理单位和华宝公司检查，工程质量可达优质标准。写字楼装修工程竣工、公寓楼装修工程停工后，因双方未能及时办理写字楼工程款结算，且公寓楼不能及时复工，宝源公司多次致函华宝公司，要求结算写字楼工程款并赔偿写字楼误工损失 84.4 万元。同时要求恢复公寓楼施工，按约支付公寓楼工程进度款并赔偿公寓楼停工、误工损失 2299.45 万元。为此，宝源公司将写字楼决算资料、写字楼和公寓楼的索赔资料送达华宝公司。华宝公司认为，已付工程款数额已经超出了宝源公司施工完成的工程量，要求宝源公司恢复公寓楼的装修工程施工。对宝源公司的索赔要求，华宝公司未予答复。双方由此发生纠纷。上述合同履行期间，自1998年9月11日至2000年11月10日，华宝公司分36笔共向宝源公司支付工程款15 506 508.10元。2000年11月12日，因双方争议未能协商解决，公寓楼装修工程停工后不能及时复工，宝源公司的施工队伍撤出现场。宝源公司称，是华宝公司将其施工队伍赶出现场。华宝公司称，是宝源公司拒不复工，主动撤离现场。双方观点不一，但均未提供确实充分的证据。撤离时，宝源公司现场遗留了部分施工工具和材料，为此双方人员签署了遗留物品清单。

2001年1月19日，宝源公司起诉称，其依据施工合同为华宝公司施工，完成华宝大厦公寓楼和写字楼的室内装修工程。工程施工期间，华宝公司违约，未能及时提供相应的施工条件，拖欠应支付工程款，并中途扣留机械设备，将宝源公司施工人员赶出现场，请求解除双方签订的施工合同，判令华宝公司立即支付拖欠的工程款、赔偿误工损失、承担违约金及银行利息合计58 572 200元。同时要求判令华宝公司返还扣留的机械设备并承担本案全部的诉讼费用。华宝公司提起反诉。华宝公司反诉认为，其拨付的工程款已经超出了宝源公司实际完成的工程量，为宝源公司贷款500万元提供了担保，也应视为工程付款。宝源公司以工程拨款不足为由多次停工并擅自撤出工地属违约。请求解除双方签订的施工合同，并要求宝源公司退还超额拨付的工程款10 297 340元。同时要求宝源公司赔偿因工程质量问题和逾期完工造成的经济损失3 345 960元，并承担本案全部的诉讼费用。

诉讼期间，一审法院根据华宝公司提出的鉴定申请，委托中国建设银行辽宁省分行造价咨询中心（以下简称咨询中心）对本案争议的装修工程造价进行了鉴定。鉴定机构按照实际发生的工程内容和工程量做出鉴定结论：写字楼装修工程造价为14 144 422元，其中变更增加部分的工程价款为1 925 536元。公寓楼已完装修工程造价为2 420 302元。关于装饰工程设计费问题，鉴定机构按照双方当事人提供的两种不同的计费标准，分别以写字楼和公寓楼工程造价的合同金额和鉴定金额为计费基数，计算出了四组共八项鉴定数据。其中，宝源公司提供的设计费标准是国家物价局、原轻工业部1992年9月10日颁布的《全国室内装饰设计取费办法》。按照该文件规定，本案争议工程的设计制图收费为工程概算造价的8%，施工监督指导收费为

2%～4%。如工程总造价在1000万元至2000万元，降低1%取费，2000万元至3000万元，降低1.5%取费。华宝公司提供了建筑工程设计收费标准说明，该说明第四项规定，对现有建筑物进行专门装饰设计时，根据装饰设计的复杂程度，按装饰费用的3%～5%收费。一审法院对公寓楼和写字楼均进行鉴定，采信公寓楼造价鉴定结论而未采信写字楼造价鉴定结论。2001年7月16日，华宝公司向一审法院提交《鉴定申请》，称：庭审中，双方对应付工程款争议较大，我方请求对华宝大厦写字楼应付装修工程款和华宝大厦公寓楼部分宝源公司施工的已完工程量及应付工程款进行鉴定。2002年7月2日，鉴定机构咨询中心针对宝源公司对鉴定提出的异议，作了《关于对"大连宏孚大厦"写字楼和公寓楼装饰工程鉴定结论提出异议的答复意见》，称：合同是否有效应当由法庭认定，不属于鉴定范畴。咨询中心对"大连宏孚大厦"写字楼和公寓楼的鉴定完全是按照工程实际完成的内容进行的。其中的工程量是双方认可的，其基价是按照以方约定的单位估价表及有关定额确定的，材料价格主要是以市场的实际价格为准。关于设计费我们在鉴定中提供了八组数据，选择哪组数据应由法庭决定。关于违约金的证据是由宝源公司提供的，没有经过质证和法庭认定，故违约金没有计算。在鉴定中有质证和答疑的过程。

讼争工程于1994年11月4日取得《建设用地规划许可证》。2001年12月25日，取得《建设工程规划许可证》。宝源公司注册资金200万美元，企业类别为中外合资经营，经营范围包括：生产装饰材料、工艺品、家具；室内外装饰、装修等。经营期限自1992年8月15日至2007年8月14日，成立日期为1992年8月15日。1997年8月1日，宝源公司取得建筑装饰装修工程施工一级企业资质证书。2002年6月29日，宝源公司的资质等级降为二级。1999年3月3日，经大连市工商行政管理局批准，宝源公司成立非法人组织宝源公司大连分公司，经营范围包括：装饰装修工程设计施工。华宝公司成立日期为1994年9月2日。经营期限自1994年9月2日至2014年9月1日。注册资本1800万元。企业类别合作经营（台、港、澳资）。经营范围：房地产开发、出租、出售开发的楼盘。宝源公司于1996年10月28日取得房地产开发企业资质证书。宏孚大厦写字楼、公寓楼装修工程设计由宝源公司大连分公司完成。

1999年12月27日，华宝公司董事会做出决议，因华宝公司欠付宝源公司装修工程款1000万元，同意用华宝大厦写字楼1000平方米面积为宝源公司从银行贷款提供担保。1999 年 12 月 29 日，宝源公司与民生银行阜成门支行（以下简称民生银行）签订了金额为 500 万元人民币的借款合同，期限为 4 个月。华宝公司为此项借款提供了抵押担保。该合同到期后，宝源公司未能偿还借款本息，华宝公司亦未履行担保责任，民生银行诉至北京市第一中级人民法院。2000 年 9 月 27 日，宝源公司和华宝公司签订协议，约定如华宝公司因担保责任而损失华宝大厦房产，宝源公司应给予赔偿。华宝公司派员出庭，住宿及差旅费由宝源公司负责。2000 年 11 月 10 日，北京市第一中级人民法院作出〔2000〕一中经初字第 1499 号民事判决，判决宝源公司偿还民生银行借款本金 500 万元及相应的利息、罚息、复利。同时判令华宝公司以其抵押的房产所实现的价款抵偿上述债务。该判决执行期间，北京市第一中级人民法院强制拍卖了查封的华宝公司 7 套房屋。该房产由大连宏孚实业有限公司以 650 万元买受成交。

2002 年 12 月 20 日，华宝公司向一审法院提交了《房屋预购协议》和《工程决算书》的复印件。2002 年 12 月 30 日，华宝公司又向一审法院提交了《室内装饰工程施工合同》及补充协议复印件。因其提交上述四份证据超出法院指定的举证期限，宝源公司拒绝对此进行质证。

最高人民法院二审查明：2000 年 11 月 14 日，宝源公司以《关于华宝大厦（现名宏孚大厦）写字楼拨付工程结算款的催办函，即索赔通知》为题向华宝公司发函，称：华宝大厦（宏孚大厦）写字楼装修工程已于 1999 年 9 月 20 日经贵我双方及大连市理工工程建设监理公司共同认可通过了工程竣工验收，我司并于 9 月 29 日将竣工结算报告及完整的结算资料送达贵公司，但贵公司未能及时给出结算意见。1999 年 12 月在北京第二次将完整的结算报告及资料给了贵公司李总，均未见任何答复。该工程已交付使用一年零两个月，保修期业已结束，请贵公司收到此函 10 日内将工程结算款及余额及自 1999 年 11 月 1 日起至给付之日的利息并相应的违约赔偿金，包括但不限于《宏孚大厦 A 区公办楼成本结算明细表》的结算金额扣除已付款后的余额给付我司，其余索赔事项我司在 60 天内另行通知。明细表共计25 948 485元为实际成本报价。购房款为：实际成本×30%—7 784 546元。同日，宝源公司又给华宝公司发出《关于宏孚大厦公寓楼（暨华宝大厦公寓楼）给付工程款及复工的要求函》，要求华宝公司于 2000 年 11 月 17 日前给付公寓楼装修工程款及由于华宝公司原因造成的停工、窝工、利息等相应损失并于 2000 年 11 月 17 日前复工。11 月 16 日，宝源公司又向华宝公司发出《索赔通知》，要求华宝公司支付公寓楼延期付款违约金 2391 万元。如不能立即给付工程款及违约金并复工，造成合同无法履行，华宝公司还应再支付 206 万元违约金及利息。11 月 16 日，宝源公司再次致函华宝公司要求在 11 月 17 日前回函。同日，华宝公司回函称：因我公司董事长兼总经理李宴清先生出国考察，需 11 月 29 日才能回国，故请贵司所提有关事宜需李总回国后再协商，请谅解。12 月 7 日，华宝公司致函宝源公司称，1999 年应宝源公司要求华宝公司以宏孚大厦写字楼 1011.22 平方米房产为宝源公司向银行借款提供担保，后被北京市第一中级人民法院判决承担连带偿还责任，时至今日判决已送达 20 余天，宝源公司仍未提出偿还贷款的解决方案。根据法律规定，我公司提供的贷款担保实际上已是我公司支付宝源公司的工程款。经工程实际核算，我公司支付的工程款已超出总的工程造价。鉴于此，我公司要求宝源公司立即筹集资金安排未完装修工程的施工，并在一周内进入现场。如在一周内未安排施工，我公司将提请大连市有关终裁部门进行审计终裁，并解除施工合同。12 月 8 日，宝源公司再次致函华宝公司，重申以往函件的内容并要求华宝公司在 7 日内支付索赔金额。

二、一审法院认定与判决

一审法院认为：宝源公司和华宝公司针对华宝大厦公寓楼和写字楼装修工程而签订的两份《建设工程施工合同》是双方当事人真实的意思表示。两份合同形式要件完备，内容合法，应当认定为有效合同。虽然宝源公司与工程一处也分别就华宝大厦公寓楼和写字楼装修工程签订了两份内容相同的合同，但该两份合同并非合同当事人的真实意思表示，应当认定为无效。因宝源公司已经完成了写字楼装修工程的施工任务，工程验收交接完毕，故华宝公司应当按照双方合同约定的内容履行结算义务。因公寓楼装修工程中途停工，且双方当事人均要求终止合同的履行。故华宝公司和宝源公司应在现有基础上就公寓楼装修工程价款进行结算。依据双方合同的约定，宝源公司完成了华宝大厦写字楼的装修工程施工。双方已于 1999 年 9 月 20 日验收完毕。故华宝公司应当按照合同约定于 1999 年 9 月 21 日给付宝源公司约定工程款 1700 万元。因双方约定合同外增减项目的工程价款以 100 万元为限，虽然该工程的设计变更导致工程款增加部分超过 100 万元，但仍应以 100 万元进行结算。华宝公司应付宝源公司写字楼装修工程价款 1800 万元，扣除约定由华宝公司代扣代缴的营业税 3%，华宝公司应付工程款 1746 万元。虽然双方签订的合同约定，工程价款的30%作为购房款。但因双方未能就具体的购房标的物和交易价格作出约定，且房屋未能实际交付，故华宝公司应当向宝源公司支付全额工程款1746万元。华宝公司已支付工程款15 506 508.10元，尚欠工程款1 953 491.90元，应当给付。并应自1999年9月21日起至欠款付清之日止，按中国人民银行规定的同期金融机构计收逾期贷款利息的标准承担其逾期付款的违约金。因华宝大厦的公寓楼装修工程未能全部完成施工，双方合同约定的整体包死价款不具备计付条件，故华宝公司应当按照鉴定结论确认的已完工程造价2 420 302元承担付款义务。扣除约定由华宝公司代扣代缴的3%营业税，华宝公司应向宝源公司支付公寓楼已完工程价款2 347 692.94元。1999年8月16日，该工程停工后，华宝公司应当按约支付宝源公司已完工程造价。因其拖欠未付，应自1999年8月17日起至价款给付完毕之日止，按中国人民银行规定的金融机构计收逾期贷款利息的标准承担逾期付款的违约金。因工程形象进度的三分之一不能等同于工程造价的三分之一，故宝源公司主张华宝公司应按公寓楼施工合同约定包死价2060万元的三分之一给付已完工程价款，缺乏事实依据，不能支持。造成华宝大厦写字楼装修工程误工以及公寓楼装修工程误工、中途停工并解除施工合同的直接原因在于华宝公司资金准备不足，未能按约支付工程进度款。故华宝公司应当承担相应的违约责任。写字楼工程竣工验收后，宝源公司向华宝公司提交了索赔误工损失84.4万元的书面索赔通知。华宝公司收到索赔通知后10日内未予答复。按照双方合同的约定，该项索赔视为批准，故华宝公司应向宝源公司支付写字楼误工损失赔偿金84.4万元。按照公寓楼装修工程施工合同的约定，华宝公司因逾期支付工程款造成工程误工、停工并导致合同解除，应当按照合同总价款2060万元的10%向宝源公司支付违约金206万元。宝源公司主张由于华宝公司未能提供现场施工条件，造成工程延期开工，应当赔偿经济损失14 119 680元。因双方约定的开工时间为初定日期而非确定日期，且宝源公司提出的损失赔偿数额计算依据不足，故对宝源公司此项主张，不予支持。

关于工程设计费问题。因双方在施工合同中没有单独约定设计费计付条款，应当认定合同约定的包死价款中已包含设计费内容。因写字楼工程价款已按合同约定的包死价内容计算，故写字楼装修工程设计费不应另行计付。因公寓楼工程价款按实际发生额计付，不包含设计费内容，故公寓楼装修工程设计费应另行计付。公寓楼装修工程原设计概算额2060万元，按照国家物价局、原轻工业部《全国室内装饰设计取费办法》规定的计费标准8%降低

1.5%计算，华宝公司应付设计制图费133.9万元。因该工程由宝源公司自行设计并施工，故设计收费部分的施工监督指导费宝源公司不应收取。宝源公司收取设计制图费后，应将该工程的全部设计图纸交付华宝公司。公寓楼施工合同解除后，宝源公司遗留在施工现场的工具、材料等物品，华宝公司应按双方确认的清单予以返还。如返还不能，应当折价赔偿。

关于华宝公司为宝源公司借款提供担保，华宝公司主张500万元借款应视为对宝源公司的工程付款已结。因500万元系由宝源公司向银行借贷而得，借款后，宝源公司对相关银行负有还款付息的合同义务，故不应将其视为华宝公司向宝源公司支付的工程款。针对该笔借款，华宝公司所承担的是担保人的担保责任。华宝公司承担担保责任后，有权向债务人宝源公司追偿。但因担保人承担担保责任后的追偿问题与本案审理的建设工程施工合同纠纷分属不同的民事法律关系，且宝源公司坚持不同意在本案中合并审理，故本案不应一并处理。华宝公司可另行主张权利。因华宝公司已付工程款并未超出其应付工程价款的总额，造成工期延误的责任在华宝公司。且华宝公司未能举证证明已完工程序在质量问题，故华宝公司的反诉请求没有事实依据和法律依据，不予支持。综上，依据《中华人民共和国民法通则》第一百一十二条、第一百一十五条，《中华人民共和国经济合同法》第二十六条、第二十九条之规定，判决如下：一、解除华宝公司与宝源公司签订的华宝大厦公寓楼《建设工程施工合同》。华宝公司返还宝源公司遗留在施工现场的物品（以双方签署的遗留物品清单为准）。二、华宝公司给付宝源公司华宝大厦写字楼装修工程欠款1 953 491.90元，并自1999年9月21日起至欠款付清之日止，按中国人民银行规定的同期金融机构计收逾期贷款利息的标准承担逾期付款的违约金。三、华宝公司给付宝源公司会宝大厦公寓楼装修工程欠款2 347 692.94元，并于1999年8月17日起至欠款付清之日止，按中国人民银行规定的同期金融机构计收逾期贷款利息的标准承担逾期付款的违约金。四、华宝公司给付宝源公司华宝大厦写字楼工程误工损失赔偿金84.4万元，公寓楼工程违约多206万元。五、华宝公司给付宝源公司华宝大厦公寓楼装修工程设计费133.9万元。宝源公司将华宝大厦公寓楼装修工程的全部设计图纸交付华宝公司。六、驳回华宝公司的反诉请求。判决确定的给付义务，应于判决生效后15日内履行完毕。一审案件受理费300 010元，鉴定费30万元，由宝源公司负担40万元，由华宝公司负担200 010元。反诉费78 010元，由华宝公司负担。

三、上诉及答辩情况

双方当事人均不服一审判决，向最高人民法院提起上诉。宝源公司于2003年1月29日向最高人民法院提交的上诉状中提出的上诉请求为：撤销原判，依法改判。一、二审诉讼费由华宝公司承担。同年7月9日提交的上诉状将上诉请求明确为：撤销一审判决，华宝公司向宝源公司支付华宝大厦写字楼装修工程欠款及增加装修款、违约金共计686.67万元及利息；公寓楼停工违约金2391万元及利息、迟付工程款的违约金206万元及利息、迟延支付工程款利息损失206万元。由华宝公司承担一、二审诉讼费。二审庭审时，宝源公司再次确认了这一上诉请求。事实和理由为：一、一审判决认定事实有误。一审判决认定“宝源公司多次致函华宝公司，要求结算写字楼工程款并赔偿写字楼误工损失84.4万元”。宝源公司多次致函华宝公司索赔的数额为25 948 485元扣除已付工程款的余额，而不是84.4万元。二、一审判决认定“合同约定的包死价款中已包括设计费内容”，有悖建设施工惯例，缺乏合同和法律依据，应予改判。三、写字楼施工合同约定“施工过程中因设计及材料变更合同价款的，调整幅度不超过正负一百万元”是以“除合同补充条款以及甲方审定的施工图纸以外”为前提的。一审法院以此约定作为依据作出判决，缺乏事实基础。四、双方于1999年8月12日签署的《大连宏孚大厦竣工概况》中已明确公寓楼工程已完成三分之一的工作量，依据公寓楼施工合同约定“工程进度每完成30%，甲方付30%的工程款”。此时，华宝公司应依合同约定支付686.67万元，实际未付，已构成违约，应承担违约责任。在华宝公司违约的情况下，宝源公司向其发出的索赔函已发生效力，索赔数额包括华宝公司欠付的工程款。在华宝公司未付工程款违约的情况下，一审法院同意华宝公司申请对已完工程量和工程造价评估，违背了当事人意思自治的原则，且鉴定结论存在许多错误，二审法院不应采信。五、一审判决认定“造成华宝大厦写字楼装修工程误工以及公寓楼装修工程误工、中途停工并解除施工合同的直接原因，在于华宝公司资金准备不足，未有按约定支付工程进度款，故华宝公司应当承担相应的违约责任。”又认定对宝源公司请求华宝公司按合同约定支付“公寓楼2391万元的停工违约金、206万元工程款迟延支付违约金、工程款迟延支付利息损失206万元”却不予支持，令人难以理解。据此，请求二审法院改判。

2003年1月21日，华宝公司向最高人民法院提交的上诉状上提出的请求为：撤销一审判决，二审法院将本案发回一审法院重审。当庭变更诉讼请求为：请求二审法院改判，按一审法院委托的鉴定机构作出的鉴定结论计算工程款。华宝公司已按合同约定付足工程款，没有违约事实，一审认定其迟付工程款与事实不符。一审认定设计费数额偏高，应以工程款总额的3%～5%为标准。庭审中，双方表示对对方变更后的请求同意当庭答辩

华宝公司未书面答辩，庭审答辩要点为：一、双方当事人以书面意思将合同约定的工程价款包死约定变更为据实结算。有下列证据为据：1. 宝源公司向一审法院提交的关于写字楼装饰工程的结算书中包含工程变更价款为3 619 655元，已超出合同关于“变更增建不超过100万元”的约定。2. 宝源公司向一审法院提交的《宏孚大厦A区办公楼成本结算明细表》第一部分记明，标准层装修成本为13 428 660元，第二至十三部分均记载为据实结算，而不是以100万元为上下限，以包死方式样结算。3. 一审法院委托的鉴定机构作出的鉴定结论，认定“写字楼工程内容未完全按照合同约定施工，而是发生变化，故甲乙双方在1999年中期对写字楼工程造价的量、价计算进行重新约定”。4. 双方在施工过程中共同签字的84页签证单几乎在每一页下端都注明“工程量以实际发生为准进行核算，请甲方批准”。5. 上诉时宝源公司向二审法院提交的上诉状中请求华宝公司支付9 441 977元，数字来源于《成本价算明细表》，可见二审期间宝源公司仍坚持据实结算。6. 双方在涉及写字楼工程款结算往来函件中也明确了据实结算的意思。

关于华宝公司是否存在支付工程款不足问题。写字楼施工合同约定，华宝公司只需付70%的工程款，余30%视为购房款。华宝公司已付足70%的购房款，不存在违约问题。双方在1997年12月12日签订的购房协议约定：“购房款不足部分，从最后两期房款中扣除”。讼争写字楼未实际交付给买房人宝源公司责任不在华宝公司，而是由于宝源公司在工程竣工后拒绝交付工程造成的，是宝源公司违约而不是华宝公司违约。一审法院认定房屋未实际交付，故华宝公司在写字楼竣工时未支付全款构成违约，实质是混淆了装修合同与购房合同两个法律关系。宝源公司要求华宝公司在工程竣工时支付10%的工程款没有合同上的依据。

关于索赔问题。索赔函主张的损失，停工、窝工损失统计表是宝源公司单方提供的，没有其他证据佐证。没有证据证明统计表上所列的人员在讼争工地上处于停工待料状态。宝源公司不能证明向商业银行贷款用于讼争项目。索赔没有合同依据。合同约定的开工日期为“初定”，不能作为实际开工日

期，进而不能以此作为计算延期付款的起算时间。合同约定“索赔方必须在索赔事件发生后 20 天内提出索赔”。本案的事实是宝源公司在索赔事实发生后一、二年才提出索赔要求。

关于设计费问题。合同未对哪一方应当支付设计费作出明确约定。一审判决采信的公寓设计费标准过高。一审判决采信原轻工部 1992 年颁布的设计费标准，概算的 8%（下浮 1.5%）的计费标准过高。同一时期建设部和国家物价局关于民用建筑的装饰设计取费颁布专门文件，即按概算的 3%～5%取费。一审判决确认的设计取费基数应当按照方案设计（10%）、初步设计（30%）和施工图设计（60%）分段收取。2060 万元（概算）×4%（费率）×40%（初步设计）＝32.96 万元。

宝源公司亦未作出书面答辩。庭审答辩要点为：一、关于违约问题。合同明确约定了开工日期和按进度付款的期限，但由于华宝公司资金困难未按时开工和付款。华宝公司推迟开工未履行通知义务。合同约定开工时，宝源公司工人已到施工现场。二、合同对工程结算有约定，无需进行鉴定。鉴定结论缺乏客观性，有些数字计算与实际发生的费用相差 100 倍。三、关于索赔函的效力问题。写字楼施工合同第 32 条约定：“甲方在接到索赔函通知后 10 日内给予批准，或要求乙方进一步补充索赔理由和证据，甲方在 10 日内未予答复，应视为该项索赔已经批准。”宝源公司于 2000 年 11 月 11 日被迫将讼争工程交付华宝公司后，即于 11 月 14 日发出索赔通知，华宝公司在 10 日内未予答复，索赔条件已成就。同样，公寓楼的索赔于 2000 年 11 月 24 日生效，公寓楼施工合同约定甲方的答复期限为 7 日，宝源公司于 2000 年 11 月 16 日发出索赔函，华宝公司在 7 日内未予答复，索赔条件已成就。四、履行合同中双方签署的“签证单”和“技术联系单”大体分以下几种情况：第一，应甲方指令追加工程量。第二，因土建施工造成漏水漏电等其他施工质量问题导致工程款变动。第三，因应消防等部门的要求追加工程量。第四，因工作变动追加工作量。第五，写字楼和公寓楼是正常的设计变更。五、设计费应当由华宝公司支付。合同本意是“包工包料，一次包死”，不应包括设计费，设计费理应由甲方支付。《合同法》第二百六十九条规定，建设工程合同包括建设工程设计、施工合同。由此看出，建设工程施工合同和建设工程设计合同是独立的两类合同，在施工合同中不应包括设计费用。华宝公司法定代表人李宴清曾在双方协商时明确承诺向宝源公司支付设计费。华宝公司是否已按合同约定付足工程款。30%的工程余款是否应当视为购房款。华宝公司未取得《商品房预售许可证》，双方签订的预售合同无效。约定出售给宝源公司的房屋实际已出售给第三人，华宝公司未履行预售合同义务。华宝公司在诉讼前从未承认自己已付足70%的工程款。写字楼工程款数额为2500万元，70%为1750万元，华宝公司实际支付12 102 581元，远未达到70%比例。六、因华宝公司违约给宝源公司造成重大经济损失。包括贷款利息、个人工资等数额巨大，已经造成宝源公司经营困难，请求二审法院依法改判。

四、最高人民法院认定与判决

最高人民法院认为：宝源公司与华宝公司就华宝大厦公寓楼和写字楼签订的两份独立的《建设工程施工合同》，形式完备，内容合法，当事人意思表示真实、自愿，宝源公司具备建筑装饰装修工程施工企业的法定资质，应认定两份合同有效。华宝公司未办理公寓楼和写字楼装修工程的开工手续，未取得施工许可证，应当参照行业主管部门的规范性文件规定，由主管部门作行政处理，并不导致民事合同无效。宝源公司与工程一处签订了两份与上述合同内容相同的合同，但本案双方当事人在诉讼中均明确表示，签约时即没有受合同内容约束的意思，合同未成立。写字楼装修工程已竣工并验收合格，华宝公司应当按照合同约定向宝源公司支付工程款。公寓楼工程因双方发生纠纷而中途停工，现双方对解除公寓楼装修合同无异议，一审法院判决解除公寓楼装修合同是正确的，应予维持，双方应在已完工程基础上对装修工程结算。

写字楼装修施工合同第1.4条约定：开工日期（双方约定的符合开工报告规定的具体日期，以单位工程为准；群体工程以第一个开工的工程为准）：本合同工程初定于1998年3月20日开工。第7.1条约定：施工现场达到具备施工条件和完成的时间初定于1998年3月10日。公寓楼装修合同第1.7条约定：开工日期初步定为1998年3月10日。1999年8月12日，宝源公司以《大连宏孚大厦竣工概况》为题致函华宝公司称“宏孚大厦装修工程，从1998年9月开始，正式进入施工……”华宝公司签署了“此事属实”的意见并加盖印章。1999年9月20日，双方签章的宏孚大厦写字楼工程《工程竣工验收证明》，记载开工日期为1998年9月10日。1999年11月3日，宝源公司以《关于宏孚大厦公寓装修工程说明》为题致函华宝公司称：“我公司依据甲方（华宝公司）要求，经过大半年大量的人力、物力的前期准备工作，于1998年9月10日正式进驻工地装修写字楼。”依据以上证据，应当认定实际开工日期为1998年9月10日。由于华宝公司未办理公寓楼和写字楼的开工审批手续，未取得施工许可证，无从认定合同约定开工日期与开工报告规定的开工日期是否相符；且合同约定的开工日期为初定日期，非正式开工日期，宝源公司不能以此约定作为追究华宝公司拖延开工日期构成违约的依据，依此提出的违约责任请求，因缺乏合同依据而不予支持。

写字楼装修施工合同第1.3条约定：定额工程总天数150天。公寓楼装修合同第1.7条约定：工程总日历天数180天。依据《工程竣工验收证明》写字楼的竣工时间为1999年9月6日，实际工期362天，比合同约定拖延210天。公寓楼于1999年2月开工，8月停工，根据鉴定结论只完成不到工程总造价20%的工程量基础上停工，实际工期在6个月左右。写字楼和公寓楼均存在拖延工期问题。《大连宏孚大厦竣工概况》记载宏孚大厦内各工地仍不能全部竣工验收以及剩余工程暂时停工的原因是由于华宝公司资金困难。《关于宏孚大厦公寓装修工程说明》记载："因甲方资金不到位，没有履行合同，造成目前这种局面（指停窝工），从我公司的本意来讲，也是不愿意的。写字楼于1999年9月末才完工。"1999年11月21日，华宝公司董事会决议记载："宝源公司已先期垫付工程款500万元，且我公司目前累计欠该装修费（含材料费）1000万元。"《合同法》第二百八十三条规定，发包人未按约定的时间和要求提供原材料、设备、场地、资金、技术资料的，承包人可以顺延工期，并有权要求赔偿停工、窝工等损失。第二百八十四条规定，因发包人的原因致使工程中途停建、缓建的，发包人应当采取措施弥补或减少损失，赔偿承包人因此造成的停工、窝工、倒运、机械设备调迁、材料和构件积压等损失和实际费用。据此，依据上述证据，可以认定写字楼和公寓楼拖延工期的主要原因是华宝公司未按合同约定及时支付工程款，其行为已构成违约，应承担违约责任。

写字楼施工合同第22.3条约定：甲方（华宝公司）不按时支付工程款（进度款），乙方（宝源公司）在约定支付时间10天后向甲方发出要求付款的通知，甲方收到乙方通知后仍不能按要求付款，经乙方同意并签署协议，甲方可延期支付工程款。协议须明确约定付款日期和从甲方计量签字后第11天起计算应付工程款的利息。甲方收到乙方通知后无支付能力，导致施工无法进行，乙方可认为已部分或全部解除合同，由甲方承担违约责任，并按本协议条款第39条工程停建或缓建规定执行。由上述约定可以看出，华宝公司不按约定支付工程款，宝源公司应首先在约定付款期间届满后10天后向甲方发函催款，甲方收到催款通知后双方协商，并达成约定由甲方从原合同付款期间届满第 11 日起算延期付款利息的有关新的付款约定。如甲方无力付款，乙方可认为已全部或部分解除合同，由甲方承担违约责任。该合同条款实质是约定合同解除条件，条件成就时乙方可行使合同解除权。合同第 39.1 条约定：由于政策变化、不可抗力及甲乙双方之外原因导致工程停建或缓建，使合同不能继续履行，乙方应妥善做好已完工程和已购材料、设备的保护和移交工作；按甲方要求将自有机械设备和人员撤出施工现场。甲方应为乙方撤出提供必要条件，支付以上的经济支出，并按合同约定支付已完工程价款和赔偿乙方有有关损失。已经订货的材料、设备由订购方负责退货，不能退还的货款和退货发生的费用，由甲方承担，但未及时退货发生的损失由责任方承担。第 39.2 条约定：由于甲乙任何一方不能按所签合同履约，导致工程停建或缓建，造成的损失由责任方承担。第一款是有关双方当事人以外的原因导致合同不能继续履行所造成损失承担的约定，并不涉及甲方延期付款的违约责任及由于违约导致合同解除问题。第二款约定的是在一方违约导致工程停、缓建的前提下，只是笼统讲损失由责任方承担，未约定违约金和损失计算标准，明显与第 22.3 条约定不协调。合同第 31 条约定：甲方代表不能给出必要指令、确认、批准，不按合同约定履行自己的各项义务、支付款项及发生其他使合同无法履行的行为，应承担违约责任（包括支付因其违约导致乙方增加的经济支出和从应支付之日起计算的应支付款项利息等），相应顺延工期；按协议条款约定支付违约金和赔偿因其违约给乙方造成的窝工等损失。该条第三款约定：除非双方将合同终止，或因一方违约使合同无法履行，违约方承担上述违约责任后仍应继续履行合同。从上述约定看出，甲方违约的后果是承担违约责任并赔偿损失、工期顺延。合同第 32 条约定：甲方未能按合同约定履行自己的义务、支付各种费用、顺延工期、赔偿损失，乙方可以书面形式按以下规定向甲方索赔：1. 有正当索赔理由，且有索赔实际发生的有关证据；2. 索赔事件发生后 20 天内，向甲方发出索赔的通知；3. 甲方在接到索赔通知后 10 天内给予批准，或要求乙方进一步补充索赔理由和证据，甲方在 10 天内未予答复，应视为该项索赔已经批准。索赔的本质是甲方承担违约责任的条件，该条约定与第 22.3 条约定的适用条件明显不一致。从上述约定看出，双方有关违约责任适用条件、违约金计算方法和损失赔偿标准等诸多方面存在着约定不协调、相矛盾的情况，但华宝公司违约应承担延期付款利息并赔偿损失的意思表示是明确的。据此，由于写字楼装修合同中有关索赔的条款约定不明确，索赔条款不具备单独适用条件，一审判决依据索赔条款判令由华宝公司承担违约金的判项应予撤销。拖延工期的主要原因在于甲方资金准备不足，支付不及时，次要原因在于乙方按甲方要求变更设计后施工，导致工期推延。未按约定支付工程款给宝源公司造成了窝工损失，变更设计拖工增大了宝源公司的施工成本，由此造成的损失，华宝公司应承担主要责任。本院认为，由于合同中有关违约条款约定相矛盾、不协调而难以适用，一审判决以华宝公司欠付写字楼工程款数额为基数，按中国人民银行公布的计收逾期贷款利率标准承担逾期支付工程款的违约金，符合法律规定，应予维持。此外，华宝公司还应按照写字楼工程总价款承担合同约定工期以外延长的 210 天的利息损失，视为对宝源公司窝工损失和因变更设计增大成本的补偿。宝源公司主张的其他违约金和损失赔偿，因合同中有关违约责任条款约定不明和上诉请求不具体、不明确而不予支持。

同样，在公寓楼装修施工合同中也存在违约条款约定不协调问题。公寓楼装修施工合同第 23.3 条有关工程款支付的条款约定：甲方在计量结果签字后 7 天不付工程款，乙方可向甲方发出要求付款通知，甲方在收到乙方通知后仍不按要求支付，乙方可在发出通知 7 天后停止施工，甲方承担违约责任。第 23.4 条约定：经乙方同意并签署协议，甲方可延期付款。协议需要明确约定付款日期，并由甲方支付给乙方从计量结果签字后第 8 天起计算应付工程款利息。经 36.1.1 条约定：甲方不按合同约定，及时发出指令、确认、批准，以及提供场地、材料等其他义务，致使施工无法进行，给乙方造成窝工、停工，除工期顺延外，每停工一天支付乙方违约金 3 万元。第 36.1.2 条约定：甲方不按合同约定支付款项或履行其他义务及发生其他使合同无法履行的行为，应承担违约责任，甲方应支付（包括违约造成乙方增加的费用）违约金及工程款相应利息。其违约金的计算最高不超过工程总价款的 10%，支付利息标准为 10%。第 36.3 条约定：除非双方协议将合同终止或一方违约使合同无法履行，违约方承担上述违约责任后仍应继续履行合同。因一方违约致使合同不能履行，另一方欲终止或解除合同，应以书面形式通知违约方，违约方必须在收到通知之日起 7 日内作出答复，超出 7 天不答复视为同意中止或解除合同，由违约责任。第 37 条约定：甲方未能按协议条款约定提供条件，支付各种费用、顺延工期、赔偿损失，乙方可按以下规定向甲方索赔：1. 有正当索赔理由，且有索赔事件发生时的有关证据；2. 索赔事件发生后 14 天内，向甲方代表发出要求索赔意向；3：在发生索赔意向后 14 天内，向甲方代表提交全部和详细的索赔资料和金额；4. 甲方在收到索赔资料后 7 天内给予批准，或要求乙方进一步补偿索赔理由和证据，甲方在 7 天内未予答复，视为该项索赔已经批准。5. 双方协议施行一揽子索赔，索赔意向不得迟于工程竣工日期前 14 天提出。与写字楼装修施工合同一样，公寓楼装修施工合同在违约适用的条件、违约金和损失赔偿标准、合同解除、合同中止等诸多方面的约定存在适用标准不统一、不一致、不协调等问题，导致合同中的违约条款难以适用；但如甲方不按合同约定支付工程款、及时发出指令、确认、批准、提供场地、材料等合同义务，致使施工无法正常进行，应承担违约责任的意思表示是明确的。《关于宏孚大厦公寓装修工程说明》记载："对公寓楼甲方下达文件，要求我们春节不准放人，做好一切准备工作，务必于 1999 年 5 月初公寓楼装修完毕。我方依要求，投入人力、物力，依据工程的特殊性和甲方要求，墙和地砖在恒威公司签订合同，要求务必于 3 月 15 日货到大连工地。因甲方资金不到位，没有履行合同，造成目前这种局面……。"由此可见，确实存在因发包方华宝公司原因致使施工方宝源公司停工、窝工的事实并确已造成一定损失，华宝公司应就此承担违约责任。由于宝源公司在公寓楼工程中已完工程占全部工程比例较小，一审判决参照合同约定判令华宝公司按照合同总价款的 10%承担违约责任，已经体现出对违约方的惩罚和对守约方损失的合理适当补偿，不应再计付延期支付工程款期间的利息损失，但对欠付的工程款应当按照国家法定利率支付利息，对一审判决中的相关判项应予变更。因华宝公司拖延支付工程款和奖金准备不足，一审法院已参照合同约定判令其承担合同总价 10%的违约金；又基于同一违约事实又重复判令其承担公寓楼工程欠款2 347 692.94元工程欠款的违约金，属适用法律不当，应予纠正。合同中有关因违约造成的损失赔偿的约定相矛盾、不协调而难以适用，故对宝源公司主张的其他损失赔偿的上诉请求不予支持。

双方签订的写字楼装修施工合同未对设计费作出约定，华宝公司也未与设计人签订设计合同。《合同法》第二百六十九条规定，建设工程合同是承包人进行工程建设，发包人支付价款的合同。建设工程合同包括工程勘查、设计、施工合同。第二百七十二条规定，发包人可以与总承包人订立建设工程合同，也可以分别与勘查人、设计人、施工人订立勘查、设计、施工承包合同。按照法律规定和施工惯例应当由发包人与设计人签订设计合同，由发包人支付设计费用。一审判决认为合同包死价款中已包含设计内容，写字楼工程设计费不应另行计付不当。写字楼工程的设计费也应按公寓楼工程的设计费的同一标准由华宝公司承担。一审法院采用国家物价局、原轻工部颁布的《全国室内装饰设计取费办法》规定的计费标准8%基础上，下调1.5%计算公寓楼工程设计费，并无不当，应予维持。本院认为，国家主管部门颁布的设计费计费标准其法律性质为任意性规范而非强制性规范，不具有强制适用的法律效力，一审法院结合案件实际情况确定适用哪一份规范性文件，属法院自由裁量权范畴，并无不妥。华宝公司上诉主张按照国家物价局、建设部颁布的《关于发布工程勘查和工程设计收费标准的通知》及其他规范性文件规定的标准收取设计费，缺乏法律依据，不予支持。

写字楼和公寓楼装修施工合同均约定工程款30%尾款作为购房款，此外，双方为落实装修合同中的购房条款，还于1997年12月12日另行签订了《房屋预购协议》，对购买房屋的位置、单价、总价及相关内容均作出约定，还约定购房款不足部分，从最后两期工程款中扣除。写字楼和公寓楼合同均约定“其余30%（工程款）视为购房款”。与写字楼装修施工合同其他条款相比较，可以看出此项约定不明确，合同的相关条款约定发包方从应付工程款中扣除50万元作为工程质量及工期保证金待验收合格后一次付清，还约定代扣代缴工程总造价3%的营业税；但对30%购房款是由发包方从应付工程款中扣除还是由购房人员另行支付未作特别约定，应当认为对工程款转化为购房款未作特别约定的情况下，仍应由发包方向承包人支付。由于合同约定不明，也不宜认定华宝公司未付30%工程尾款构成，一审法院据此认定华宝公司构成违约并判令其承担违约责任不当。本院认为，华宝公司的违约行为体现在未按合同约定的工程形象进度付款，存在延付工程款事实。华宝公司向宝源公司支付工程欠款利息属于欠付工程款的资金成本，应予支持。

写字楼装修施工合同第19条约定：出现下列情况之一的，工程承包造价可作调整：除本合同及合同补充条款以及甲方审定的施工图纸以外，施工过程中因设计及材料变更合同价款的，调整幅度不超过正负100万元。公寓楼装修施工合同第20.3条约定：采用可调价款形式的，发生下列情况之一的可作调整。第20.3.5条约定：协议条款约定的增减范围应控制在100万元内。即该工程结算款受中途变更的影响而造价数应不超过正负100万元。华宝公司上诉认为，工程承包发生已经由包工包料转化为据实结算，应采信鉴定机构就写字楼工程款作出的鉴定结论。宝源公司上诉认为，施工中根据甲方要求对工程设计作出诸多修改，甚至拆除后重新装修，属合同约定的“甲方审定的施工图”范围，对因此增加的费用应当由甲方承担。宝源公司提供59张工程量签证单、技术联系单用以证明增加工程支出。华宝公司提供了98页工程量签证单、技术联系单、鉴定机构答疑等书证用以证明讼争装修工程已由一次包定工程转化为据实结算工程，同时证明工程量存在增加和减少两个方面，应以鉴定结论为结算依据。2002年5月16日，宝源公司向鉴定机构提交的《关于对鉴定结论的异议》，称：原告认为双方签订的合同是一次包死价，合同权利义务条款规定非常详尽。就双方签订的合同看，两个工程属于一次包死价，并可以在此基础上予以调整。11月18日，华宝公司代理人以《甲供材证据的说明》阐明："宝源公司改前自行制定的预决算及诉讼请求均按实际发生工程量进行的，鉴定中双方也是按实际发生量鉴定的。双方未曾就甲供材问题展开质证。但现在，宝源公司提出坚持按合同价款结算，如果贵院对宝源公司的这一请求予以考虑，就应在大包中扣除甲供材和甲方施工的部分。"本院认为，分析双方提供的施工过程中由双方签署的《工程签证单》和《技术联系单》内容多为按甲方要求变更设计施工，记载内容以变更设计增加工作量为主，一审法院委托的鉴定机构作出的写字楼工程造价鉴定结论大幅度少于合同约定的工程价款，与事实不符，华宝公司上诉主张按鉴定结论据实结算，因缺乏事实依据而不予支持。宝源公司上诉提出的因设计变更导致成本增大应当据实结算，与其在庭审中已作出的意思表示不一致，本院对其真实意思难以确认而对其请求不予支持。由于公寓楼未完工，一审判决已判令华宝公司承担公寓楼10%的违约金，足以弥补拖欠工程款造成的损失和成本增大的开支，且鉴定机构和鉴定人员在主体资格、鉴定程序等方面没有明显缺陷，一审判决依据鉴定结论据实结算是正确的，应予维持。

宝源公司向民生银行借款500万元，借款后，宝源公司对借款银行承担偿还借款本息的义务，华宝公司承担保证人责任后，应当向借款人追偿。借款合同与本案的建设工程施工合同是两个不同的法律关系，与借款合同有关的权利人有权另行提起诉讼。华宝公司主张该笔借款已经转化为向宝源公司支付的工程款，因缺乏法律依据而不予支持。据此，依据《中华人民共和国民事诉讼法》第一百五十三条第一款第（二）项之规定，最高人民法院于2003年10月29日，以〔2003〕民终字第32号民事判决判决如下：

一、维持一审法院判决一、二、五、六项；

二、变更一审法院判决第三项为：会宝公司给付宝源公司公寓楼装修工程欠款2 347 692.94元，并自1999年8月17日起至欠款付清之日止，按中国人民银行公布的同期固定资产贷款利率支付利息；

三、变更一审法院判决第四项为：华宝公司给付宝源公司迟延支付公寓楼工程款违约金 206 万元；

四、华宝公司按中国人民银行公布的 1999 年适用的固定资产贷款利率向宝源公司支付 1700 万元的 210 天利息；

五、华宝公司向宝源公司支付写字楼装修工程设计费1 105 000元，宝源公司将华宝大厦写字楼装修工程全部设计图交付华宝公司。

本判决确定的给付义务，应于判决生效后 15 日内履行完毕。

一审诉讼费按一审判决执行。二审案件受理费378 020元，由华宝公司和宝源公司各半负担。

本判决为终审判决。

11. 工程逾期与顺期的认定

一、案件基本事实

上诉人（原审被告、反诉原告）：中行山东分行。

被上诉人（原审原告、反诉被告）：天马公司。

1996年12月6日，中国银行青岛市分行（以下简称中行青岛分行）与天马公司签订《委托代建协议书》，约定：天马公司为中行青岛分行在青岛市东部燕儿岛代建6栋宿舍楼，总建筑面积为20 500平方米，建设高度20米，局部不超过22米，容积率为1.5，总户数240户。工程总造价为5825.56万元（包括中行青岛分行支付的征地款3360万元，投资方向调节税115万元）平均每平方米为2841.73元，一次性包死，天马公司不再另收代建费，在施工过程中也不再增、减。自验线开工至全部工程的竣工验收完毕为10个月（必须在1997年12月31日前全部竣工验收交付给中行青岛分行）。哪栋楼延误工期一天，按该项工程土建费用的千分之一罚款；配套工程哪项延误一天，按该项工程总造价的千分之一罚款（天数和罚款数按超期天数累计追加）。该工程保修一年，自工程竣工验收交给中行青岛分行之日起算。中行青岛分行预留土建工程造价的5%作为保修金。结算面积以施工图纸建筑面积为准。经天马公司努力，在不影响住宅正常使用功能情况下，经中行青岛分行同意，工程如超出原设计面积（单元平面组合、户型不变，以增加套数的建筑面积为准，但最多不超过1000平方米），其超出部分按5：5比例分成，天马公司分得的部分中行青岛分行按每平方米3100元的价格收回，超原面积部分所需费用由天马公司全部承担。如经双方的努力和政策影响，向市内所交的费用有所降低，下降的费用双方各受益50%，投资方向调节税下降的费用全部归中行青岛分行。中行青岛分行在一周内为天马公司在该行办理开户手续并拨入第一笔建设资金500万元，在验线开工时拨付600万元，在主体工程结束时拨付800万元，在竣工验收达到质量要求，中行青岛分行扣除预留的5%保修金后拨付 378.81 万元。地款和投资方向调节税由中行青岛分行支付，并从工程总造价中扣除，其余所有的工程费用均由天马公司支付。在协议签字后一个月之内，天马公司将 3000 万元的资金及时存入中行青岛分行，并办理定期一年存款手续，不得提前支取。该合同有两份附件：附件一为《中国银行青岛市分行职工宿舍楼建设要求》，附件二为《中国银行青岛市分行委托山东天马房地产开发总公司代建银行职工宿舍项目分析书》。附件二载明：基建费每平方米 700 元，以20 500平方米计算，基建费共计 1435 万元；绿化环保金 20.5 万元、档案储蓄金 10 万元、物业管理基金 38.95 万元、工程项目代建费 71.75 万元。

签订合同后，中行青岛分行于 1997 年 1 月 9 日向天马公司支付代建费 475 万元，同年 3 月 28 日支付 600 万元。自 1997 年 6 月 19 日至 8 月 11 日，先后付款 800 万元，至天马公司起诉时中行青岛分行共向天马公司支付代建费 2152 万元。1998 年 8 月 12 日、13 日、14 日，天马公司分别将工程的 4 号楼、6 号楼和 5 号楼的钥匙交给中行青岛分行。同年 9 月 17 日，中行青岛分行从施工队处取得 1、2、3 号楼钥匙。自天马公司向一审法院起诉至本案在一审审结前，中行青岛分行又向天马公司支付代建费5 910 003.15元，代天马公司向施工队支付工程款994 187.48元。

在履行委托代建合同中双方还就预算超支、设计变更签订了一系列协议。1998 年 3 月 7 日双方签署的《会议纪要》载明：关于经费超支问题，以协议为准，由双方共同审定超支经费后再报权威机构审计。4 月 14 日的《会议纪要》载明：力争在 1998 年 6 月底前完工，超支预算以审计部门审计为准。1998 年 8 月 11 日，双方还签订了《协谈纪要》，约定：中行青岛分行按代建协议已将全部工程款付齐并超付 100 余万元，目前后期配套工程仍未完工，宿舍钥匙没交给中行青岛分行。为尽快完工，由于当前天马公司暂时没有经济能力支付欠各施工队工程款，暂由中行青岛分行垫付天马公司欠施工队部分工程款 215 万元（如天马公司不交钥匙，此款一概不能支付）和电配套款 180 万元、物业管理基金 40 万元、道路钢窗垫款 1.36 万元以及其他工程款 3 096 933.23元。中行青岛分行上述行为不意味着放弃、延缓及延长对天马公司的任何权利。1998 年 7 月 13 日，天马公司向一审法院起诉，请求中行青岛分行给付工程欠款 1351.52 万元，支付违约金 1066.19 万元。中行青岛分行反诉请求，根据委托代建协议的约定，天马公司应支付逾期交房违约金 4 981 937元，超付工程款 455 万元。

一审审理期间，双方于 1999 年 7 月 16 日达成了以会审设计图纸、确认设计变更内容和价款变更数额为内容的《青岛会议纪要》，除增加封闭阳台的内容外其余设计变更均属施工材料、工艺的细微变化。在纪要中双方达成三点共识：图纸会审增减变更内容不调整，纪要与图纸有同等作用，所有的卫生间、厨房、北阳台、外墙的墙面砖、瓷砖、地砖均不找差价。另外，双方还分别在 1997 年 3 月 26 日 5 月 30 日签订了图纸会审记录。一审法院委托山东省建设监理服务中心（以下简称服务中心）对讼争工程造价进行评估，评估结论为工程造价为28 704 676.92元，中行青岛分行代天马公司支付的工程款数额994 187.48元。在造价评估中，中行青岛分行向一审法院提出了书面的《鉴定异议书》，载明：鉴定机构以实际建筑面积作为结算面积违反了合同约定，以每平方米 2841.73 元的单价作为结算工程款的依据不符合交易惯例和公平原则。2000 年 11 月 18 日，服务中心出具了《对"鉴定异议书"的答复》，该答复就建筑面积的解答为：根据建筑面积计算规则，凡封闭阳台其阳台面积按全面积列入建筑面积，因此该工程的建筑面积应为为21 722.6平方米。当前工程价款计算有两种方法：一是按建筑安装等有关定额计算工程价款；二是按建筑面积单位平方米造价计算工程价款。根据合同约定是按后一种方法计算工程价款。因封闭阳台而形成的建筑面积应作为计算工程价款的依据。就每平方米的单价解答为：根据《委托代建议书》第 6 条约定每平方米单价为 2841.73 元是按工程总造价 5825.56 万元计算的，中行青岛分行必须对工程总造价，其中包括征地款、投资方向调节税 3475 万元的全部价款承担经济责任。服务中心是具有甲级资质的工程造价咨询单位，鉴定人具有山东省工程造价专业人员高级资格。

中行青岛分行向一审法院提交的《建设工程物业管理基金收缴情况通知书》备注栏记明：该单位（中行青岛分行）及项目系东部新区开发建设内的项目。目前，已按规定在我部办理了免缴物业管理基金手续。物业基金管理部门同意物业费暂自行管理并加盖了印鉴。中行青岛分行向本院提交的国家计委、财政部《关于取消部分建设项目收费进一步加强建设项目收费管理的通知》中将绿化保证金列入明显不合理的 14 个部门的 48 项收费予以公布取消。青岛市人民政府《青岛市人民政府批转市城乡建委关于实行建设工程竣工档案储蓄金制度的报告的通知》中记明：建设单位必须在建设工程竣工验收后 6 个月，向市城建档案馆报送竣工档案，经审查验收合格后，由市城建档案馆将收存的建设工程竣工档案储蓄金如数退还建设单位。青岛市建设工程质量监督站证明，该工程的1、2、3、5、6号楼为优良工程。根据委托代建合同的附件项目分析书第3条第2款约定，4号楼的优良奖为700元/平方米×4518.31平方米×5%，即158 140.85元；因面积增加，优良奖应增加41 287.05元。1997年1月9日，天马公司从其他单位拉储户存入中行青岛分行3000万元，存期1年，期满后取出。青岛市气象局出具书证证明，1997年9月13日第13号台风在青岛市登陆，造成该工程停工3天。天马公司提出因设计变更拖延工期167天，其观点和计算公式为：合同签订工程造价为1435万元，合同工期为300天，由于变更而增加的工程费用为800万元，按照建筑工程管理条例规定，由于变更增加的费用，工期相应顺延。计算公式为：167天=800万元×（300天÷1435万元）。

经中国人民银行济南分行批准，从1999年7月1日起，中行青岛分行与中行山东分行合并，原中行青岛分行本部的各项业务和债权债务由中行山东分行承接。

二、一审法院认定与判决

一审法院经审理认为：双方当事人签订的委托代建协议除3000万元存款不得提前支付的约定不符合有关规定而无效外，其他约定应有效。双方关于建设要求和项目分析及双方签字认可的设计变更内容亦有效。委托代建协议中虽未约定封闭阳台，但在建设要求和设计变更中均有封闭阳台的内容，应认为是对委托代建协议的补充。中行山东分行第一笔建设资金中有25万元迟付157天，第二笔600万元迟付10天。因设计变更拖延工期100余天，因台风导致停工3天，故该工程工期应予顺延。中行山东分行应向天马公司支付迟延付款的违约金。因面积增加应增加优良奖41 287.05元，4号楼未达优良标准，应将该楼的优良奖158 140.85元从总代建费中扣除。中行山东分行共向天马公司支付代建费28 424 190.63元，尚欠163 632.49元。中行山东分行应对一审法院受理此案后，拨付的款项自天马公司起诉之日起至付款之日止，分段向天马公司支付违约金，对尚欠163 632.49元，应向天马公司支付自起诉之日至付清之日的违约金。绿化环保金和档案储蓄金在工程竣工后，有关部门应退还中行山东分行后再退还天马公司。中行山东分行关于返还超付工程款的反诉请求没有事实依据，关于天马公司承担逾期交工的违约责任的反诉请求亦不符合有关规定，一审法院均不支持。中行山东分行要求天马公司退还50%的物业管理基金的反诉请求证据不足，不予支持。据此判决：一、中行山东分行于判决生效之日起10日内向天马公司支付代建费163 632.49元；二、中行山东分行于判决生效之日起10日内向天马公司支付所欠代建费163 632.49元每日万分之四的违约金（自1998年7月13日至付清之日止）；三、中行山东分行于判决生效之日起10日向天马公司支付原审原告起诉后所付代建费6 904 190.63元的违约金（自天马公司起诉之日至中行山东分行付款之日按日万分之四分段计算）；四、中行山东分行于判决生效之日起10日内向天马公司支付第一笔和第二笔代建费迟延支付的违约金39 700元；五、中行山东分行于判决生效之日起10日内向天马公司返还绿化环保金20.7万元；六、中行山东分行于判决生效之日起10日内向天马公司返还档案储蓄金10万元；七、驳回中行山东分行的反诉请求。一审案件受理费130 896元，天马公司负担43 632元，中行山东分行负担87 264元；反诉费57 670元，由中行山东分行负担；鉴定费172 228元，由天马公司负担57 409元，中行山东分行负担114 819元。

三、上诉及答辩情况

中行山东分行不服一审判决向最高人民法院提起上诉称：一、一审判决认定工程总造价为28 704 676.92元与事实不符，第一，中行山东分行认为一审法院委托的评估机构作出的《工程造价鉴定书》确认工程施工图纸建筑面积（未封闭阳台）20 542.97平方米，实际竣工建筑面积（封闭阳台）21 722.60平方米。依《委托代建协议书》第8条约定，结算面积以施工图纸建筑面积为准，一审判决将实际竣工面积认定为结算面积改变了合同当事人以施工图纸建筑面积为结算面积的合同约定。第二，《委托代建协议书》第6条约定：工程总造价为5825.56万元，每平方米平均2841.73元，一次性包死，不再另收代建费，在施工中也不再增、减。工程总造价5825.56万元中包括中行山东分行支付的征地款3360万元、投资方向调节税115万元，向天马公司支付代建费2350.56万元三部分。合同当事人的真实意思是代建费为每平方米1146.61元，计算公式为：2350.56万元÷房屋总面积＝1146.61元/每平方米。一审判决将中行山东分行向政府直接支付的征地款、投资方向调节税一并计入代建费中，作为单价结算标准，不符合合同原意且违反了诚信原则。第三，一审审理期间双方当事人就图纸会审的设计变更达成了协议，鉴定人不平等地适用该协议，给中行山东分行增加工程造价61.27万元，请求二审法院予以变更。二、一审判决确定的违约责任，适用法律错误应予撤销。第一，一审判决加重了中行山东分行违约责任。上诉人支付代建费时除25万元逾期100余天，600万元逾期10天外，其他付款不存在违约问题。对于设计变更增加的价款，双方于1998年8月11日签订的《协谈纪要》中约定由上诉人先垫付代建的工程款待工程全部结束后按代建合同最后决算、多退少补，上诉人依约垫付了工程款。造价评估结论于1999年12月12日最终确定，一审法院于2000年3月15日以判决书方式对该结论予以确认，判决主文让上诉人自1998年7月13日立案之日起承担设计变更增加价款的逾期付款违约责任，与《协谈纪要》约定不符，请求二审法院予以撤销。第二，依《委托代建协议书》约定，本工程最迟于1997年12月31日前交付，天马公司实际交付时间为：4、5、6号楼于1998年8月12日、13日、14日交付，1、2、3号楼于1997年9月17日交付，已逾期261天，且部分配套工程至今未完工。一审判决认定因设计变更天马公司逾期100余天交房，免除违约责任缺乏事实依据。三、关于物业管理基金、绿化环保金、档案储蓄金问题。物业管理基金收缴情况通知单已载明：已按规定办理了免缴物业管理基金手续。应按代建合同及附件约定从应向天马公司支付的代建费中扣除50%的工程物业管理基金。绿化环保金、档案储蓄金也应不再向天马公司返还。上诉人中行山东分行同时向我院申请重新评估工程造价。天马公司同意一审判决，向本院请求驳回上诉、维持原判。

四、最高人民法院认定与判决

最高人民法院认为：双方当事人签订的《委托代建协议书》除天马公司揽储，3000万元存入上诉人单位一年内不得提前支取的约定违反法律规定而无效外，其他约定有效。《委托代建协议书》的附件：宿舍楼建设要求、项目分析书及履行合同中双方签订的会议纪要、协议纪要、图纸会审记录，是对原合同的补充和修改，应认定有效。一审法院委托的工程造价评估机构具有法定评估资质，评估人员主体资格合格，评估中有辩论、质证、答疑的过程、评估程序合法，对评估结论予以采信。对设计变更封闭阳台后增加建筑面积及如何确定代建费单价的计算标准，评估机构在书面答疑中作出了适当的解释，对此本院予以确认；上诉人主张按《委托代建协议书》中约定的设计图纸面积和扣除征地款、投资方向调节税后确定代建费单价标准，缺乏事实依据，对该请求及申请重新评估的请求不予支持。在《协谈纪要》中双方当事人约定工程款先由上诉人垫付，待工程全部结束后按代建合同最后决算、多退少补，上诉人依约履行了垫付工程款义务；一审判决上诉人依据评估结算结论承担代建费尾款违约金、诉讼期间支付的工程垫款的违约金，违反了合同约定且缺乏事实依据，应予撤销。天马公司迟延交房长达200余天，除台风影响延期3天属不可抗力免责外，天马公司应对因设计变更导致延期交房应免除其违约责任负举证责任；天马公司在二审期间向本院所作的延期交房书面陈述和计算公式与本案的实际情况不相符而不予认定；一审判决认定因设计变更天马公司延期100余天交房免除违约责任，缺乏相应的证据支持，本院不予认定，虽然上诉人设计变更也是造成延期交房的原因之一，但天马公司迟延交房时间已超出了设计变更可以适当延期的合理期限，已构成违约应承担违约责任；上诉人迟延支付第一、二期代建费亦构成违约，由于双方对增加工程量造成延工期限未作约定，中行山东分行也未举证故对双方的违约行为互不追究。根据政府主管部门的规范性文件规定：绿化环保金、档案储蓄金应退还上诉人，一审判决将二笔款返还给天马公司缺乏依据，应予撤销。上诉人委托代建的房屋为本单位自用宿舍楼，有关部门根据房产性质已明示免缴物业管理基金，应按代建合同约定从向天马公司支付的代建费中扣除50%的费用，该项上诉请求有理，应予支持。据此，依据《中华人民共和国民事诉讼法》第一百五十三条第一款第（二）项之规定，最高人民法院于2001年1月20日，以〔2000〕民终字第70号民事判决判决如下：

一、维持一审法院判决第一项；

二、撤销一审法院判决第二、三、四、五、六、七项；

三、在本判决生效后10日内天马公司向中行山东分行支付物业管理基金20万元。

一审诉讼费按一审判决执行；二审案件受理费188 566元由天马公司负担94 283元，由中行山东分行负担94 283元。

本判决为终审判决。

12. 发包方未及时提供施工图纸，竣工日期应否相应顺延

一、案件基本事实

上诉人（原审原告）：丽城公司。

被上诉人（原审被告）：海曙一建。

1994 年 12 月 17 日丽城公司与海曙一建签订《西湾路住宅小区施工合同书》，约定：由海曙一建承建西湾路住宅小区共 13 幢房屋，承包建设范围为桩基础、土建、水电安装工程；工程为 6～7 层为砖混结构，建筑面积 35020 平方米，工程造价待建行预算审定后确定。丽城公司在 1994 年 12 月 10 日前做好施工场地三通一平工作，合同签订后的五天内提交建筑许可证，并提供完整的施工图纸（包括水电）4 套，地质勘探资料 2 套，水准点 1 份，坐标控制点以规划局勘测队现场放样控制点为准，组织双方、设计单位等参加图纸会审，做好三方会审签署的交底纪要，并分送有关单位。海曙一建负责做好施工区域的临时道路、临时设施、施工用水、用电管线的铺设、管理、使用和维修工作：组织施工管理人员和材料，施工机械进场，编制施工组织设计和施工方案，施工总进度计划的材料设备、用水、用电计划送交丽城公司。该住宅小区中第一期 1、2、5、6、7、8、12、13 号楼计 8 幢约 2.3 万平方米工程量中标工期为 270 天，即自 1994 年 12 月底开工到 1995 年 9 月 30 日竣工验收。整个小区主体工程至 1996 年 5 月底交付使用。海曙一建经丽城公司同意后方可开工。在施工期中如因停水、停电 8 小时以上或连续性间歇停水、停电三天以上，或下大雨和不可抗拒因素造成的工期延误，经丽城公司驻工地代表认可签证后工期可以顺延。工程质量以《建筑安装工程质量检验评定标准》为依据，由市工程质量监督站监督和验收。海曙一建必须严格按照施工图纸、说明文件和国家颁布的建筑工程规范、规程和标准进行施工，并接

受丽城公司派驻工地代表的监督管理，工程材料必须有出厂合格证明书和检验合格证书方可使用，如发生质量事故，一切费用由海曙一建负责，质量标准为优良率25%，合格率75%，优良工程按市规定补贴。工程所需材料由海曙一建采购，如丽城公司提供材料，该材料款由工程进度款中扣回。材料不合格，属海曙一建原因，一切损失由其自负；属丽城公司原因，工期可顺延。工程材料按市规定可调整价款的材料按市建设工程造价信息表中价格下浮0.8%（钢材不计内），钢材由丽城公司负责供应。工程费率：中标费率、桩基础、土建按乡镇三级土建取费标准下浮1.5%计取，水电安装按乡镇四级取费标准计取。海曙一建应向丽城公司支付人民币140万元作为工期、质量、安全保证金。工程款支付按市建设银行规定拨付，付款基数按建设银行审核的预算总造价作为拨款依据。丽城公司如未按时拨款，工期顺延。海曙一建应在工程竣工验收后15天内提交竣工结算书，同时附工程量计算过程表、钢筋分析表、材料含量汇总表，由丽城公司送建行审查确定后15天内结清余款。在合同工期时间内，如遇市有关部门下发费率调整文件可予以调整。如超过合同工期，所发文件，一律不予调整。施工期提前10%以上部分，夜间施工补贴按市有关规定执行，工期定额套12 000平方米计算工期。工程保修按国家规定，土建一年，屋面三年，水、电半年，保修金比例为工程总造价的1%，保修期满，保修金按有关规定结算后退回海曙一建。按合同工期完成不奖不罚，第一期工程如提前一天完成，丽城公司奖给海曙一建工程总造价的万分之三，工期延后一天完成，丽城公司罚海曙一建工程总造价的万分之三，如工期超过两个月完成，每一天罚海曙公司42 000元；第二期工程奖罚条件同第一期工程。1994年12月19日，双方到浙江省宁波市公证处对该合同进行了公证。合同签订后，丽城公司未能及时提供施工图纸，直到1995年3月才陆续对图纸进行会审，时间分别是：1、2、5、6、7、8号楼为1995年3月，12、13号楼为同年5月18日，3、4、9、10、11号楼为同年11月11日。第一期工程海曙一建的开工时间分别是5号楼为1995年3月8日，7号楼为同年3月10日，6号楼为同年3月12日，8号楼为同年4月12日，1号楼为同年4月15日，12号楼为同年6月1日，2号楼为同年6月8日，13号楼为同年6月15日；第二期工程开工时间分别是：3号楼为1995年11月22日，11号楼为同年12月1日，4号楼为同年12月22日，9号楼为1996年1月8日，10号楼为同年1月12日。第1期工程各幢房屋竣工的时间分别是：6号楼为1995年12月10日，7号楼为同年12月25日，5号楼为同年12月

29 日，8 号楼为 1996 年 1 月 15 日，1 号楼为同年 1 月 16 日，12、13 号楼为同年 2 月 10 日，2 号楼为同年 5 月 10 日；第二期工程的竣工时间分别是：3 号楼为 1996 年 10 月 8 日，4 号楼为同年 10 月 10 日，11 号楼为同年 11 月 20 日，10 号楼为同年 12 月 25 日，9 号楼为 1997 年 1 月 15 日。由于图纸未能按期会审和变更等原因，导致工程未能按时开工，使工期相继顺延。经双方确认实际工程量为42 697.79平方米，比合同约定多建了 7677.79 平方米。自开工到 1996 年 11 月 20 日，丽城公司支付给海曙一建工程款 2332 万元。原审庭审中，海曙一建提供高压线移位，影响施工 76 天，有丽城公司的施工人员徐勇华签署同意延期意见的证据一份，虽丽城公司对该证据提出异议，但宁波电业局用电管理所亦提供了相应证据。

原审法院审理期间，经征得双方当事人同意，委托浙江省价格事务所对工程造价进行鉴定，并组织双方进行质证、确认，鉴定结论为人民币25 956 364元。

二、一审法院认定与判决

原审法院认为：本案工程造价经省价格事务所鉴定，并经庭审质证，双方确认为25 956 364元，丽城公司已付 2332 万元，尚欠2 636 364元，故丽城公司要求海曙一建退还多收工程款3 608 384元的诉请，不能成立。由于丽城公司在签约后未及时提供施工图纸，致工程开工日期顺延，故竣工日期也相应予以顺延，据此，第一期工程中的 2 号、5 号、7 号三幢楼延误时间分别为 62 天、21 天、15 天；又由于整个工程的工程量增加了 7677.79 平方米，平分摊到每幢楼上、每幢楼工程量增加 590.60 平方米，分别按第一期、第二期工程合同约定的每天工作量推算，第一期工程的每幢楼可顺延工期 6.9 天，第二期工程的每幢楼可顺延工期 7.4 天，其中 2 号楼由于高压线移位致工期延误，虽然丽城公司对该证据有异议，但电力部门提供了相应证据，本院予以确认，可以抵扣 2 号楼的工期延误。这样第一期工程中只有 5 号、7 号楼延误工期，以最长延误工期的 5 号楼计算，第一期工程延误时间为 14 天，海曙一建应支付违约金59 049.8元；第二期工程延误时间最长为 110 天，海曙一建应支付违约金2 314 144.2元，两项合计为2 373 194元。据此，判决：一、驳回丽城公司要求海曙一建退还多收工程款3 608 384元及律师费的诉讼请求；二、海曙一建在本判决生效之日起 10 日内支付给丽城公司违约金2 373 194元。案件受理费70 990元，由丽城公司负担53 000元，海曙一建负担 1799 元；鉴定费150 000元，由丽城公司负担75 000元，海曙一建负担75 000元。

三、上诉及答辩情况

丽城公司不服一审法院判决上诉称：鉴定结论不公平，未按实际工程量计价，其结果比同一时间、同一地点、同一类型建筑价格高，将工程增加量小，造价低按同居室价格计算显失公平；海曙一建预先将人和打桩机械进入场地，故高压线移位并不影响海曙一建施工，徐勇华的签字系越权行为，没有法律效力，电力部门出具的证据有虚假，故其不应承担责任；同时，违约金的计算没有依据。海曙一建答辩称：一审认定事实清楚，适用法律恰当，请求二审法院依法驳回其上诉，维持原判。

四、最高人民法院认定与判决

最高人民法院认为：双方签订的《西湾路住宅小区施工合同书》，主体合格，内容合法，系当事人的真实意思表示，一审法院认定有效，本院予以确认。丽城公司对一审法院委托浙江省价格事务所作出的鉴定结论有异议，并提出重新鉴定的申请，但未提供证据证明该鉴定程序违法和价款计算有错误，故本院不予支持。一审法院依据有关事实和证据认定高压线移位，影响施工，致工程迟延，并无不当。一审法院认定上诉人丽城公司签约后，未及时提供施工图纸，组织三方会审，致工期顺延是正确的。丽城公司主张海曙一建退还其多支付的工程款，理由不充分，本院不予采信。一审法院对海曙一建延误工程竣工时间的计算和支付相应的违约金并无不妥。综上，丽城公司的上诉理由和主张，理据不足，本院不予支持。根据《中华人民共和国民事诉讼法》第一百五十三条第一款第（一）项之规定，最高人民法院于2000年8月30日，以〔2000〕民终字第40号民事判决判决如下：

驳回上诉，维持原判。

二审案件受理费70 990元由丽城公司负担。

本判决为终审判决。

13. 工程未经竣工验收，发包方提前擅自使用的法律后果

一、案件基本事实

上诉人（原审被告）：福海公司。

被上诉人（原审原告）：五建公司。

1995年12月，福海公司与五建公司签订《上海福海商业中心工程施工合同》约定，以1994年3月18日五建公司与上海新世纪文化用品公司达成的《福海商业中心工程施工合同协议条款》为基础，经协商，由五建公司对上海福海商业中心进行施工总承包，地下基础和一层地库工程（即正负零以下部分）、正负零以上建筑工程总价为人民币114 028 758元（税后价）；五建公司必须在每月28日向福海公司申报当月完成的工程量，福海公司核实工作量后，在隔月10日付给五建公司完成工作量所需工程费的90%，当竣工后福海公司付给五建公司的工程费达到总工程费用的90%，通过验收后再付给5%，福海公司将总工程费的5%作为保修抵押，在保修期（保修期为一年）结束后付给五建公司。工程工期自1994年4月6日至1996年12月12日，总工期为33个月，如工程在1997年1月12日竣工，则福海公司付给五建公司工期奖220万元，如提前在1996年12月12日竣工则再奖给80万元。如五建公司未能在工期内完工，每拖延一天罚款2万元。同月，双方又签订了《上海福海商业中心大楼电气工程闭口价协议》约定，电气工程闭口价为人民币8 993 016元；签订《上海福海商业大楼给排水工程协议》约定，给排水工程闭口价为人民币3 099 865元，作为对《上海福海商业中心工程施工合同》的补充。

1994年4月，工程正式开工。1995年7月28日，上海市虹口区建设工程质量监督站出具《上海市建设工程单位工程分部工程检验单》，对福海商业中心大厦主体分部核验为优良。1996年2月12日和同年8月22日，五建公司分两次

收到福海公司支付的工程款共计 200 万元。福海公司在付款凭证上注明为工程款，五建公司在收据上注明为结构封顶奖款。福海公司共支付工程款项102 390 425元。在五建公司对福海商业中心大厦 1～16 层装修过程中，福海公司多次出具工程变更单，对装修项目进行调整，且各阶段的装潢装饰工程费用表都经由福海公司工程部负责人核对后签字认可。1996 年 12 月 5 日，福海公司致函五建公司称，福海商业中心土建工程已于 1996 年 11 月基本完工，楼层装潢为配合销售形势，暂缓施工，待条件成熟后再商施工进度，装修工程因此一度停工。1997 年 9 月，福海商业中心大厦 1～16 层装修完工并交由福海公司使用，福海公司实际接收了装修工程。1998 年 1 月 25 日，五建公司以要求福海公司支付工程余款、利息等 4718 万元为由，诉至上海市高级人民法院。

一审法院在审理期间，委托上海光华会计师事务所有限公司对上述工程闭口合同以外工程总价、闭口合同中未完成部分造价、福海公司已付工程款等进行了审计，结论为：五建公司收取福海公司支付款项102 390 425元（其中包括封顶奖 200 万元），福海商业中心大厦 1～16 层装饰及变电所、总体等零星项目造价为13 676 980元，闭口合同中未完成部分造价为1 611 084元。

另查明：1995 年 9 月 18 日，福海公司与五建公司签署福海商业中心正负零以下结账会议纪要，记明在 1995 年底结构封顶时福海公司一次性奖励 200 万元。

二、一审法院认定与判决

一审法院认为：依法成立的合同，应受法律保护。五建公司与福海公司于 1995 年 12 月签订的《上海福海商业中心工程施工合同》《上海福海商业中心大楼电气工程闭口价协议》《上海福海商业大楼给排水工程协议》是双方真实意思表示，与法不悖，应为有效，双方均应按约履行。上述三份闭口合同总价为126 121 639元，扣除福海公司已付工程款96 158 000元及福海公司供料款1 540 425元、未完成工程造价1 611 084元，福海公司还应支付五建公司三份闭口合同的工程余款26 812 130元。对于三份闭口合同以外的装修等工程，双方虽没有书面合同约定，但事实上五建公司已施工完毕，且福海公司已实际使用，故该部分工程款应按实结算，以审计确定的13 676 980元为准。鉴于五建公司于 1997 年 9 月已将上述工程移交福海公司使用，故上述工程余款利息应自 1997 年 10 月起计算，现五建公司主张利息金额低于通过上述方法计算所得的利息数额，因此五建公司对利息的诉讼请求应予支持。据此判决：（一）福海公司应在判决生效后10日内支付五建公司工程余款40 489 110元；（二）福海公司应在判决生效后10日内支付五建公司工程余款利息6 697 490元。案件受理费245 943元，由福海公司负担；审计费61 044元，由双方各半负担；诉前财产保全费236 264.5元，由福海公司负担。

三、上诉及答辩情况

福海公司不服一审判决，向最高人民法院提起上诉，请求撤销一审判决、判令五建公司继续履行合同、以五建公司应承担的违约金折抵部分工程款以及由五建公司承担全部诉讼费用、审计费用和财产保全费用。主要理由是：1. 三份合同均约定每月28日申报当月工程量，经核实后作为取得工程款的依据，这是双方对付款方式的唯一约定，一审判决无视福海公司支付的工程款已超出五建公司所报工程量的基本事实，错误地将依约付款认定为拖欠工程款，从而掩盖了五建公司故意延误工期，使该工程至今尚未竣工的事实。双方确认的审计结论中也有161万元工程未竣工，实际上所建房屋从未办理过移交。2. 按照合同约定的付款比例，即使在工程全部竣工时，也只需支付90%，且工程并未全部竣工，而一审判决却要求福海公司按100%的比例支付，与合同约定不符。3. 双方对装修工程，没有合同、没有图纸、没有登记、没有质检、没有竣工验收，甚至没有委托的情况下，五建公司自行施工，一审判决认定为“已交付使用”，并判令支付全部工程款，损害了福海公司的合法权益。4. 双方约定的工期奖条件没有实现，审价报告中对封顶奖的认定没有依据，还有不少项目只是按五建公司的报价予以认可，价格反常，不应采信。5. 五建公司违约停工，致使大厦至今尚未竣工，应按合同约定延误工期一天支付2万元的约定，以违约金折抵余下工程款。五建公司答辩称：一审判决认定事实清楚，适用法律正确，请求二审法院依法驳回上诉，维持原判。

四、最高人民法院认定与判决

最高人民法院认为：五建公司与福海公司于1995年12月签订的《上海福海商业中心工程施工合同》《上海福海商业中心大楼电气工程闭口价协议》《上海福海商业大楼给排水工程协议》是双方真实意思表示，不违反法律、行政法规的强制性和禁止性规定，一审判决认定上述合同、协议为有效，是正确的。对于三份闭口价合同以外的装修等工程，福海公司与五建公司虽然没有达成书面协议，但在施工过程中双方对此项工程进行过协商，福海公司多次出具工程变更单，五建公司已施工完毕，福海公司已实际使用，一审判决确定该部分工程款按实结算，以委托鉴定机构审计确定的工程款13 676 980元为准，由福海公司支付给五建公司，应予维持。根据有关法律和行政法规规定，工程未经验收，发包方提前使用的，发生质量或者其他问题，由发包方自行承担。福海公司在本案所涉工程未经验收的情况下，于 1997 年 9 月开始使用上述工程，由此发生的质量或其他问题，应由其自行承担；一审判决判令福海公司在合同约定的一年工程保修期届满时，向五建公司支付尚欠的工程款，不违反合同的约定，福海公司主张不按已经完成工程量全额支付尚欠工程款，理由不成立，本院不予支持；关于 200 万元封顶奖问题，在合同履行过程中，五建公司分两次向福海公司出具收据收到 200 万元封顶奖，福海公司在支付上述款项的凭证上注明为工程款，双方在后签订的合同中已用工期奖 220 万元替代了封顶奖 200 万元的结算方式，由于五建公司未按期竣工，福海公司主张五建公司既不应收取 220 万元工期奖也不应收取 200 万元封顶奖，符合双方在合同中的约定，理由正当，故应从鉴定结论中将该笔款项予以扣减。福海公司对鉴定结论中的其他部分项目价格提出异议，一审法院在鉴定结论作出后，曾组织双方进行了质证，福海公司没有提出有证据支持的异议。在二审对有关异议和相关证据质核过程中，福海公司提出的证据不充分，本院不予采信。福海公司提出以五建公司应承担的违约金折抵部分工程款，因一审中五建公司起诉时未提及违约责任承担问题、福海公司未就此提出反诉，一审判决中也未涉及违约责任承担问题，故对福海公司的该项上诉请求，本院不予审理。关于工程余款利息问题，因五建公司在一审起诉时主张的利息为6 697 490元，低于自 1997 年 10 月起计算利息的数额，一审判决支持五建公司有关利息部分的请求是正确的，应予维持。依照《中华人民共和国民事诉讼法》第一百五十三条第一款第（三）项之规定，最高人民法院于 2001 年 5 月 8 日，以〔2000〕民终字第 125 号民事判决判决如下：

一、维持一审法院判决第二项。

二、变更一审法院判决第一项为：福海公司在本判决生效后 10 日内支付五建公司工程余款38 489 110元。

一审、二审案件受理费491 886元，由福海公司负担442 697元，五建公司负担49 189元。

14. 擅自提前使用的工程未经验收，发包方自行承担责任

一、案件基本事实

上诉人（原审被告、反诉原告）：兰州二建。

被上诉人（原审原告、反诉被告）：民族公司（以下简称民族公司）。

1994年11月5日，甘肃省兰州市人民政府将兰州食品厂以南、兰州市第43中学和兰州市京剧团以北的居民宅基地2886.5平方米划拨给规划院作为办公、住宅楼建设用地。1994年7月14日，甘肃省兰州市计划委员会批准规划院《关于申请修建办公、住宅楼的计划报告》。该报告注明：总建筑面积8000平方米，投资400万元，由其自筹解决。1995年3月24日，规划院与民族公司签订《联建协议》约定，联建范围系政府划拨土地2886.5平方米，用其联建“居民住宅楼”，规划院向民族公司提供该范围的政府拨地文、拆迁、施工等前期文件，民族公司承担全部建设投资和拆迁补偿等前期费用；民族公司承担联建项目的全部建设投资并主建A1、A2号楼，A1号楼建筑面积为5300平方米，A2号楼建筑面积为5200平方米，均用于安置拆迁户；A1号楼第三单元计24套住宅，建筑面积1923.9平方米产权归规划院，A1号楼其余部分和A2号楼全部房产产权归民族公司所有。1995年4月，规划院和民族公司就《联建协议》进行了公证。1995年10月14日，规划院给民族公司出具委托书载明，根据规划院与民族公司签订的《联建协议》规定，A2号楼的施工合同由规划院全权委托民族公司签订，并全权处理工程施工管理、质量监督、验收、竣工、投资等事宜，前期手续仍由规划院办理，委托期限至A1、A2号楼交付使用。规划院于1996年12月8日取得了该项目的规划许可证，2000年6月7日补办了施工许可证。

1995年11月10日，古典公司根据公证后的兰州二建法人授权委托书，与民族公司签订《建设工程施工合同》约定，由古典公司承建民族公司下沟

A2楼，框架为八层五个单元，建筑面积7000平方米（以图为准），包括施工图内全部土建、上下水电安装及采暖；开工日期为1995年12月5日，竣工日期为1996年11月25日前，总日历期350天（含越冬时间）；质量等级为合格，力争优良；工程为包工包料，实行包干每平方米（含阳台）按630元计，工程总造价630元/平方米×平方总面积（以实际面积核准），暂定为450万元；承包按施工图纸范围，图纸以外的工程、图纸变更及签证均按集体三类标准结算取费。图纸提供日期为1995年12月4日；民族公司应在1995年12月10日前保证场地三通一平；开工先预付工程款30至50万元，A2楼施工至楼上三层后民族公司一次结清前面所做工程款，三层后按进度付款，当工程款支付到总造价的95%时停止付款，待工程验收后除预留的2%保修款外一次性支付工程尾款；设计变更，确定变更价款、竣工验收、竣工结算等均按国家工商行政管理局、建设部《建设工程施工合同GF—91—0201》示范文本执行。约定违约责任按建设工程施工合同条件执行。1996年3月23日，双方在甘肃省兰州市公证处对《建设工程施工合同》办理了公证。

合同签订后，民族公司自1995年12月16日至1998年3月18日分20次共向兰州二建支付工程款515.5万元，垫付电费51 053.78元、水费16 640.9元。施工过程中，民族公司多次变更设计，其中包括口头提出将下沟A2楼由原设计的八层框架变更为九层，使该楼建筑面积达到8041.26平方米，内部墙体及便池安装等变更签证475 531元，工程款总计5 541 399元。因拆迁影响，双方协商将交工时间延至1997年9月30日前。1998年4月5日，双方作出“关于下沟A2楼工程全部交工的决定”，决定A2楼4月5日全部交工，交工后古典公司抓紧工程决算，决算方式按双方合同约定办理，兰州二建未在此期间届满前将承建的A2楼交工。

1998年9月3日交工后，市建设工程质量监督站先后组织五次核验认为，基础、主体分部达到合格标准，但门窗安装、装饰、屋面、地面等分部工程中有部分的分项未能达到合格标准规定，需要进行整改维修，才能符合要求，因此该工程未通过验收，至今没有建设工程质量合格证书。兰州二建先行交付了一个单元的楼房，根据民族公司的申请，一审法院裁定先予执行交付A2楼一个单元，另外三个单元1998年5月3日被一审法院执行给民族公司。A2楼建有拆迁安置还建房32套，实际安排拆迁户30套，民族公司自用2套。在A2楼未交工的情况下，民族公司给A2楼拆迁户逾期增发过渡费95 090.56元。民族公司接收A2楼后，根据甘肃省兰州市建设工程质量监督站验收时对该楼提出的整改意见，委托中国建筑第八工程局第二建筑公司进行了返工维修，合计费用263 076元。

1998年4月9日，民族公司向一审法院起诉，要求判令兰州二建立即交付下沟A2拆迁住宅楼、赔偿因兰州二建违约造成的经济损失150余万元及承担全部诉讼费用。1998年6月1日，兰州二建提出反诉，请求一审法院委托有关部门对下沟A2商品楼工程进行决算审计并确定工程款、支付拖欠工程款、判令民族公司赔偿因其拆迁滞后造成的经济损失1 887 644.62元。

二、一审法院认定与判决

一审法院经审理认为：民族公司与兰州二建签订《建设工程施工合同》后，民族公司向该工程投入5 155 000元，民族公司与兰州二建在合同履行中，因建筑物的交付及工程决算等问题发生争议诉法院，本案系建筑工程施工合同纠纷。古典公司根据公证后的兰州二建授权委托书，在代理权限内就A2楼工程签订并履行合同的行为是民事法律行为，代理行为产生的权利义务应由被代理人兰州二建承担。古典公司与作为联建一方的民族公司签订并经公证的《建设工程施工合同》，系兰州二建与民族公司真实意思表示，不违反法律规定，属有效合同。双方因拆迁影响对交工日期的顺延及1998年4月5日“交工决定”，应视为对合同交工条款的变更。双方当事人均应按合同的约定全部履行自己的义务。本案合同约定的工程款决算系合同加签证形式，应按合同约定及变更签证确定工程造价。A2楼合同价款为5 065 868元，变更签证计价475 531元，工程总造价应为5 541 399元。民族公司已向兰州二建支付工程款5 155 000元，垫付电费51 051.78元，水费16 640.9元，民族公司尚欠兰州二建工程款318 704.32元。A2楼工程质量经兰州市建设工程质量监督站多次核验认为，基础、主体分部达到合格标准，但门窗安装、装饰、屋面、地面等分部工程中有部分分项未能达到合格标准，民族公司进行了维修、返工，费用应从民族公司尚欠工程款中扣除，多退少补。兰州二建不按约交工构成违约，应承担相应的违约责任或赔偿迟延交工给民族公司造成的损失。民族公司逾期增发的过渡费95 090.56元应由兰州二建赔偿；民族公司已付款5 222 694.68元，兰州二建逾期不予交工，应承担迟延履行滞纳金，按中国人民银行公布的同期同类贷款利率计算，自1998年4月5日起至楼房交付之日即1998年9月3日止。民族公司要求兰州二建赔偿的2 250 000元损失中，底楼铺面房经营利润损失660 000元，该利润系可期待性利益，并未实际发生，

370 000元联建罚款亦未实际发生，对此两项请求不予支持。兰州二建反诉对A2楼工程进行决算审计的请求有悖双方合同约定，于法无据，不予支持；因其迟延交工造成的窝工等损失应自行承担；对兰州二建要求民族公司支付拖欠工程款的请求应予支持，但数额应以该院认定的为准。据此判决：（一）兰州二建承建的下沟A2楼工程总造价为5541399元。（二）民族公司支付兰州二建工程款318704.32元。（三）兰州二建赔偿延期交工致民族公司逾期增发的拆迁过渡费95 090.56元；支付民族公司返工维修费263 076元。（四）兰州二建承担因迟延交工给民族公司造成的损失，数额以民族公司已付工程款515.5万元及垫付的水、电费67 694.68元计，按中国人民银行公布的同期同类贷款利率计算，自1998年4月5日起至1998年9月3日止。上述二、三、四项给付义务在判决生效后10日内履行完毕。本诉案件受理费53 412元，民族公司负担10 682.4元，兰州二建负担42 729.6元；反诉案件受理费19 450元，由兰州二建负担。

三、上诉及答辩情况

兰州二建不服甘肃省高级人民法院〔2001〕甘民初字第12号民事判决，向最高人民法院提起上诉称：一审判决认定事实和适用法律均有错误，请求撤销一审判决，驳回民族公司的诉讼请求，判令民族公司支付拖欠2 487 644.26元工程款，负担本案全部诉讼费用。主要事实和理由是：1. 一审判决认定民族公司与兰州二建签订的合同为有效，属于适用法律错误，民族公司在没有取得所建楼土地使用权即以自己名义与兰州二建签订开发修建合同，违反了《土地管理法》和《房地产管理法》的规定；没有取得规划许可证、修建许可证就与兰州二建签订施工合同，违反了《建筑法》和《经济合同法》等法律的规定；民族公司与土地权属单位的联建合同也未办理手续，违反了法律规定，应认定为无效。即使合同有效，关于包干价的约定也无效，后来数十次变更证明每平方米630元显失公正。2. 以无效合同且显失公平的包干条款认定工程造价为5 065 868元与事实不符，将合同以外的加层建筑也以包干计价，仅凭民族公司一方决算认定变更签证为475 531元，不足为凭，一审法院采信民族公司支付67 694.68元水电费的证据是无效证据，认定民族公司已付5 222 694.68元缺乏证据支持，认定增发的95 090.56元拆迁过渡费是虚假的，即使发生该笔费用也应由民族公司自行承担。3. 尚未验收交工的房屋提前使用，其质量问题由使用人负责，这是《经济合同法》和《建筑安装工程承包合同条例》等法律行政法规的明确规定。4. 影响工期的责任在民族公司，一审法院判令兰州二建承担逾期交工的损失及工程维修费，与事实不符，于法无据。民族公司答辩称：请求判令兰州二建赔偿因违约造成的经济损失2 283 110元，承担本案全部诉讼费用。

四、最高人民法院认定与判决

最高人民法院经审理认为：民族公司与规划院之间形成的联建法律关系，当事人未因此发生纠纷诉至法院，一审法院未对该联建合同的法律效力问题进行审查并作出判定，在适用法律方面并无不当。规划院在履行施工合同过程中，根据其与民族公司签订的《联建协议》规定，委托民族公司全权签订A2 楼施工合同并全权处理工程施工管理、质量监督、验收、竣工、投资等事宜，前期手续仍由规划院办理，委托期限至 A1、A2 楼交付使用；古典公司经兰州二建授权与民族公司签订并经公证的《建设工程施工合同》，系双方真实意思表示，已实际履行，内容不违反法律规定，应为有效合同；规划院于 1996 年 12 月 8 日取得了该项目的规划许可证，2000 年 6 月 7 日补办了施工许可证，故兰州二建以作为联建合同中投资方的民族公司在签订施工合同时未取得规划许可证和施工许可证为由，主张民族公司与兰州二建签订的施工合同为无效合同的理由不成立，本院不予支持，一审判决认定本案合同为有效，适用法律并无不当，应予维持。民族公司在履行施工合同过程中，未与兰州二建签订书面协议，提出将下沟 A2 楼由原设计的八层框架变更为九层，兰州二建也实际完成了该加层部分工程量，使下沟 A2 楼建筑面积由原来合同约定的 7000 平方米增加到 8041.26 平方方米，但双方未另行约定上述增加工程量价款及其计算标准，一审判决以双方在施工合同中约定的包干价每平方米 630 元以及变更签证确定工程总造价，没有违反双方当事人在合同中约定的工程款决算为合同包干加签证的原则，亦无不妥，应予维持；兰州二建提出应按每平方米 780 元计价，缺乏合同依据和事实依据，本院不予支持。本案所涉工程施工行为发生在 1995 年，应适用当时的法律和行政法规，即《经济合同法》和《建筑安装工程承包合同条例》。根据上述法律行政法规关于工程未经验收，提前使用或擅自动用，发现质量问题，由此而发生的质量或其他问题，由发包方自己承担责任的规定，民族公司申请先予执行尚未验收交工的房屋并将该部分房屋出售使用，属于上述法律行政法规所列情形，下沟 A2 楼出现的质量返工维修以及其他问题应由民族公司自行承担。民族公司对下沟 A2 楼出现的质量问题委托中国建筑第八工程局第二建筑公司进行返工维修所花费用263 076元，兰州二建主张应由民族公司自行承担的法律依据充分，本院予以支持；民族公司在履行合同中提出工程变更量达到总工程量的40%，在合同到期后的一年中仍多次提出变更工程，双方对导致工期延误均有责任，由此产生的逾期增发拆迁过渡费95 090.56元以及自1998年4月5日至1998年9月3日间民族公司已付工程款5 155 000元和垫付水电费67 694.68元的利息损失，亦应由民族公司自行承担，兰州二建的窝工损失由其自行承担；一审相关判项缺乏法律依据和事实依据，应予撤销。综上，依照《中华人民共和国民事诉讼法》第一百五十三条第一款第（二）项、第（三）项之规定，最高人民法院于2002年2月8日，以〔2001〕民一终字第105号民事判决判决如下：

一、维持一审法院判决第一项、第二项。

二、撤销一审法院判决第三项、第四项。

上述给付义务在判决生效后10日内履行完毕。

一审本诉案件受理费、反诉案件受理费，按一审判决执行；二审案件受理费53 412元，由兰州二建负担32 047.2元，民族公司负担21 364.8元。

15. 擅自使用未经验收房屋，其房屋质量问题由使用人承担

一、案件基本事实

上诉人（原审原告、反诉被告）：正和公司。

被上诉人（原审被告、反诉原告）；城中区建筑公司。

2000年8月21日，正和公司与城中区建筑公司签订《建设工程施工合同》（以下简称《施工合同》），《施工合同》包括协议书、通用条款、专用条款三部分组成。协议书约定：正和公司为发包方，城中区建筑公司为承包方，由城中区建筑公司承建位于青海省西宁市法院街36号小区住宅楼，承建工程包括：1号、2号、3号楼图纸上的所有内容。总建筑面积16 000平方米，砖混结构。基础为井桩、条形两种。设地下室、主体为砖墙、构造柱、圈梁、现浇板、预制板、内外墙一般抹灰，设有排水、采暖、照明、电话等。开工时间为2000年8月28日，竣工时间为2001年8月31日，工期为386天。质量标准为优良。合同价款约为1200万元，1号、2号楼工程造价每平方米770元，3号楼工程造价每平方米690元。合同中的专用条款约定：1号、2号、3号楼主体工程在2000年年底完成，2001年8月31日竣工验收。承包人每延误一天发包方扣罚承包方1000元违约金，至竣工交房之日止。关于工程款结算双方约定：发包方在收到承包方的验收报告和竣工结算报告及竣工结算资料后，经审核确认后28天内通知经办银行向承包方结算，承付1号、2号、3号楼全部工程总造价的88%的工程款，同时承包方向发包方交付三栋楼的全部钥匙。发包方在工程项目被评为“优良工程”后，60天内通知经办银行向承包方结清承付1号、2号、3号楼造价剩余的9%的工程款。发包方按规定在工程总造价中扣除3%的质量保修金。如发生质量保修费用，发包方从保修金中扣除。过保修期后，发包方将剩余的质量保修金（不计银行利息）退还承包方。如承包方对承包的1号、2号、3号楼一次交验未达到优良工程标

准，在承包方的工程扣罚20万元违约金。如属劣质工程，承包方应承担全部法律责任，并赔偿发包方的经济损失。1号、2号、3号楼基础施工至二层封顶前所用资金全由施工方垫付，中途不能索要。二层封顶后，正和公司把基础部分工程款付清。三层以后每月28日前按施工方报的工程进度表，在5日内审核后付清形象进度款。二层封项前城中区建筑公司不能向正和公司要工程进度款。《单位工程开工报告》记载：申请开工日期为2000年8月28日，实际开工日期为9月15日，计划竣工日期为2001年8月31日。1号、3号楼基础为人工灌注桩，2号、3号B楼基础为条形基础。双方当事人及监理单位、施工代表李国荣在报告上签字或盖章。在履行施工合同过程中，双方为工程质量、支付工程款等问题发生争议。2002年1月，正和公司向一审法院起诉，请求：解除双方签订的《施工合同》。城中区建筑公司返还多付工程款130 000元。立即清场将工程交还正和公司。由城中区建筑公司承担诉讼费。城中区建筑公司提出反诉请求：正和公司支付拖欠工程款400余万元、利息30.89万元。正和公司赔偿因延期支付工程款违约而给城中区建筑公司造成的损失58.72万元。将讼争工程拍卖，城中区建筑公司从拍卖价款中优先受偿。由正和公司承担诉讼费。以后，城中区建筑公司增加反诉请求，要求正和公司增加赔偿延期支付工程款违约而给城中区建筑公司造成的损失和拖欠的工程款。

（一）讼争工程是否存在违法转包的问题

城中区建筑公司与西宁市法院街小区综合住宅楼项目经理部项目经理李国荣签订《西宁市城中区建筑工程公司工程内部承包责任协议书》（以下简称《内部承包协议书》），约定：城中区建筑公司在拨付工程款时按所拨工程款金额的8%转入城中区建筑公司账户（8%内含各种税金、管理费及其他手续费），剩余92%直接拨入项目部账户。城中区建筑公司派驻工地代表两名，对施工现场进行技术管理，对工程进度、质量、安全检查监督，并对项目部填报的各种工程报表，竣工验收资料进行审核。工程质量、进度、工期按《施工合同》履行。城中区建筑公司第六工程处和李国荣在合同上加盖单位印鉴和个人名章。此外，城中区建筑公司第六工程处与金昌市三星建筑安装总公司第一工程公司（以下简称三星公司）签订《联营协议书》，约定：三星公司全面负责法院街小区综合住宅楼工程施工，为该工程的直接经济责任者和法律责任者，造成的一切损失由三星公司承担。本联营协议的详细内容见《内部承包协议书》，《内部承包协议书》与该协议有同等法律效力。《联营协议书》是由正和公司法定代表人周里起草。2000年9月13日，城中区建筑公司给西宁市招标办出具《法定代表授权签订经济合同证明书》，记明“兹授权我单位竺福康、李国荣同志（处长、项目经理职务），为我方签订参加正和公司住宅楼议标的代表人。其权限为全权范围内与你方达成协议，由我方履行，承担责任”。此外，城中区建筑公司于同日还给竺福康、李国荣二人出具参加议标的介绍信。2000年9月18日，城中区建筑公司任命三星公司法定代表人李国荣为正和项目经理部经理。正和项目经理部实际完成讼争工程的主体工程施工。正和公司对城中区建筑公司正和项目经理部由三星公司人员组成的事实是明知的，至起诉前未提出异议。

（二）城中区建筑公司是否存在擅自变更设计图纸问题

正和公司上诉主张城中区建筑公司擅自改变讼争房屋楼梯的台阶数、改变砂浆的混合化、将井桩基础改变为条形基础，请求二审法院认定城中区建筑公司擅自改变图纸，并判令由城中区建筑公司承担赔偿责任。依据城中区建筑公司提供的设计单位设计图纸、正和公司盖章的开工报告，井桩基础变更为条形基础是经正和公司同意的。讼争工程一、二层楼梯混合砂浆变更为水泥砂浆问题，在诉讼中城中区建筑公司提供《建筑工程冬期施工规程》《砌体工程施工及验收规范》《砂浆强度试验报告》等证据，证明冬季施工应优先采用水泥砂浆，可以提高墙体强度，保证砌体质量。经一审法院现场勘察证实，2号楼、3号B楼五个单元一层上二层楼梯台阶数为8个，其余台阶数均为9个。确实存在部分楼梯台阶数与设计图不符的情况。

（三）关于如何计算工程款问题

为确定已完工程量的工程价款，在清场前，一审法院经征得双方当事人同意后，由双方对已完工程的工程量进行确认，正和公司派职员余军参加，并向一审法院出具记有特别授权内容的委托书。2001年9月30日前，双方核对绝大部分已完工程工程量后，在核对清单上签字。双方对少部分工程存在争议。2001年9月29日，正和公司向一审法院递交了《对已建工程量进行鉴定和确认的申请书》，并称“有部分工程量双方已确认，尚有一部分存在争议，需对双方有争议的工程量进行鉴定（附详细表格）”，并对存在争议的工程量逐条列明。同日，城中区建筑公司向一审法院递交《关于同意进行工程量鉴定的函》，并称：“我公司同意有资质的认证机构进行鉴定，但应在确认双方已核对并签字认可的工程量的前提下，由委托鉴定部门对存在争议部分的工程量进行鉴定”。根据双方当事人的一致意见，一审法院委托青海省计划发展委员会价格认证中心（以下简称价格认证中心）对双方有争议部分工程价款进行价格认证。2001 年 11 月 15 日，价格认证中心作出《关于对西宁市法院街小区住宅楼有争议部分工程量的鉴定结论书》，确认双方争议部分的工程量。2001 年 12 月 4 日，价格认证中心作出《关于对西宁市法院街 1 号、2 号、3 号 A、3 号 B 住宅楼在建主体工程及合同内（外）项目变更、经济鉴证等工程量价格鉴定结论书》，确认讼争工程总价款7 053 654.36元，其中无争议部分6 240 672.90元，有争议部分为812 981.46元。根据双方提出新的异议，价格认证中心又于2001 年12 月 27 日作出《关于对西宁市法院街 1 号、2 号、3 号 A、3 号 B 住宅楼在建主体工程及合同内（外）项目变更、经济签证等工程量价格补充鉴定结论书》，确认双方无争议补充鉴定漏项（增减）部分项目价值6 484 837.36元，不符合经济签证程序，且双方争议较大的工程项目为591 381.19元。原结论书鉴定总价格为7 053 654.36元，现补充鉴定总造价为7 076 218.55元。2002 年 1 月 9 日，根据双方提出的异议，价格认证中心再次作出《关于对西宁市法院街 1 号、2 号、3 号 A、3 号 B 住宅楼在建主体工程及合同内（外）项目变更、经济签证等工程量价格补充鉴定结论书》，确认鉴定标的总价值为7 072 081.22元。价格认证中心具有国家计委颁发的《价格鉴证机构资质证》。

经双方核对，正和公司付给城中区建筑公司工程款2 529 605.90元（包括材料款），在一审质证中城中区建筑公司又认可接受工程款77 390元，双方无争议的付款数额为2 606 995.9元。双方有争议的付款情况为：正和公司于2001 年 8 月 18 日发给城中区建筑公司职工工资124 500元，以城中区建筑公司名义交纳监督费 7560 元，清场时交给李国荣 5 万元，汽车运费 6000 元，正和公司支出清场费 8500 元，上述款项，正和公司认为应当计算在已付工程款中，并向一审法院提交了工资表、监督费发票、运费收据，正和项目经理部李国荣、曹延庆出具的收条等证据。城中区建筑公司不同意将上述款项计入工程款，认为正和公司未经其授权或同意即给工人发工资，部分工人没干几天活就领走工资，去向不明，无法追回这笔工资。监督费 7650 元，双方并未约定由城中区建筑公司承担，最多由双方各半分担。清场行为的发生是由正和公司申请先予执行造成的，应由正和公司承担，不应计入已付工程款中。一审法院认为：2001 年 8 月 18 日，正和公司派员到讼争工地给工人发工资124 500元，有工资表可以证实。正和公司直接向城中区建筑公司施工工人发工资，意图达到非法清场的目的，属无权代理行为，已支付的工资由双方各半分担。监督费 7560 元，城中区建筑公司自愿承担一半，予以认可。清场时正和公司付给城中区建筑公司李国荣现金 5 万元，有李国荣书写的收款收条为据，由于该款是为了启动清场工作支付的，而非清场工作中实际发生的费用，故应折抵工程款。正和公司雇车等花费 8500 元和给曹延庆运费 6000 元，以及城中区建筑公司运输机械设备所产生的费用理应由自己承担，正和公司自愿出资帮助城中区建筑公司运输机械、设备等，所支出的费用，不应折抵工程款，上述费用双方自行承担。综上，正和公司已付工程款2 723 025.9元，正和公司实际拖欠工程款4 349 055.32元。正和公司上诉未对一审法院认定的上述事实提出异议，也未就此提出明确具体的诉讼请求及相关证据，本院对一审法院认定的上述事实予以确认。

（四）该工程主体工程是否存在质量问题

城中区建筑公司是否应当支付 20 万元违约金问题。正和公司分别于 2000 年 8 月 18 日、8 月 20 日、12 月 17 日、12 月 29 日就工程质量、工程现场管理致函城中区建筑公司，提出异议，并要求尽快改正。正和公司于 2001 年 9 月 11 日，向一审法院提出先予执行申请，要求城中区建筑公司撤场，由其接管施工工地，并提供了担保。一审法院于 2001 年 10 月 11 日作出〔2001〕青民初字第 2 号民事裁定书，裁定：城中区建筑公司自裁定书送达之日起三日内从讼争工程工地清理出场。在先予执行过程中，一审法院要求双方当事人对已完主体工程申请有关部门进行质量验收。2001 年 10 月 19 日上午，质检站、惠正监理所、省土木设计院、正和公司、城中区建筑公司派员对工程质量进行复验，并针对验收过程中提出的问题进行整改，正和公司、城中区建筑公司、惠正监理所均在处理结果上盖章，19 日下午，正和公司、城中区建筑公司、惠正监理所等单位在结构验收记录上签字、盖章，由正和公司的张淑萍工程师负责将机构验收记录交设计院、质检站签字。10 月 20 日，双方清场、移交主体工程等工作完成时，签订清场移交协议，约定：主体工程质量以 10 月 19 日上午的验收为准，正和公司在 24 日前负责将报告（结构验收记录）交给城中区建筑公司。但至开庭时，正和公司未向一审法院提交结构验收记录。为查明城中区建筑公司已完工程的工程质量，一审法院在开庭前委托市质检站对讼争工程主体工程质量进行鉴定，市质检站要求先提供结构验收记录，但正和公司未能提供。为此，市质检站向一审法院提交 10 月 19 日上午该站工作人员的监督记录，上面有参加验收各方的意见，即同意验收，而且正和公司工程师陆惠初在上面签字。市质检站同时提供建设工程质量监督书，上面载明："该工程主体部分由城中区建筑公司承建，已交验合格，后期工程由青海四建承建。"设计院参加验收的铁富海工程师称："该工程如资料补全的话，就通过验收了，"惠正监理所向一审法院出具证明称："1、2、3号楼主体工程验收合格，正和公司、城中区建筑公司、惠正监理所均在结构验收记录上签字盖章。"基于以上原因，讼争工程的主体工程未取得验收合格证书。另查明：正和公司是具有四级资质的专业房地产开发公司。城中区建筑公司是具有三级资质的建筑施工企业。2000 年 9 月，城中区建筑公司在讼争项目招投标中中标。

二、一审法院认定与判决

一审法院经审理认为：双方当事人签订的《施工合同》系双方当事人的真实意思表示，不违反法律、行政法规的强制性规定，合同合法有效。合同签订后双方当事人应当诚实地履行合同义务，以实现合同目的，但正和公司不按合同约定支付工程进度款，致使工程不能在合同约定的时间竣工，特别是在 2001 年 8 月 18 日，正和公司组织人员强行清场，双方发生冲突，致使工程全面停工，关系恶化，从而失去继续合作的基础，造成合同无法继续履行，合同的目的无法实现。根据双方签订的《施工合同》第 44 条第 1 款约定："有下列情形之一的，发包人和承包人可以解除合同，因一方违约（包括因发包人原因造成工程停工、缓建）致使合同无法履行"的约定，双方签订的《施工合同》应当予以解除。城中区建筑公司正和项目经理部是城中区建筑公司为履行合同成立的下属单位，项目经理李国荣参与合同的谈判、签订、履行，在合同的履行过程中，城中区建筑公司对该项目部进行监督、管理，正和公司未提出异议，正和公司诉请法院认定城中区建筑公司转包工程并承担相应违约责任，工程款只应计算直接费，其请求与事实不符，应予驳回。关于城中区建筑公司是否擅自变更设计图纸的问题，依据已查明的案件事实，井桩改为条形基础经正和公司同意并有设计院的图纸，不存在擅自变更设计图纸问题，城中区建筑公司的诉讼请求与事实不符，不予支持。城中区建筑公司将 1 号楼、2 楼楼梯改为水泥砂浆，2 号楼、3 号 B 楼五个单元从一层上二层处的楼梯改为 8 个虽然与原设计图纸不符，但正和公司在 2001 年 10 月 19 日质检会上及主体工程移交时，均未提出异议，且正和公司未提出具体的赔偿数额，该项诉讼请求不予支持。合同约定工程的竣工时间为 2001 年 8 月 31 日，但在履行过程中，正和公司不按约定给付工程进度款，根据合同通用条款第 26 条第 4 款约定“发包人不按合同约定支付工程款，双方未达成延期付款协议，导致施工无法进行，承包人可停止施工，由发包人承担违约责任”的约定，城中区建筑公司有权停工。另外，由于正和公司未及时提供施工许可证，旧楼拆除，基础工程量加大等原因，也造成工期顺延，不能按期竣工的责任不在城中区建筑公司，正和公司要求城中区建筑公司承担逾期竣工交付的违约责任，并赔偿损失的诉讼请求与事实不符，不予支持。关于工程质量问题，该工程主体工程在 2001 年 10 月 19 日上午已通过由西宁市质检站等五家单位组成的验收单位验收，并达到合格，现正和公司提出阳台圈梁裂缝，却不能证明该裂缝与讼争工程主体工程质量有关，且该裂缝是城中区建筑公司离开施工现场后出现的，故对正和公司要求城中区建筑公司承担质量责任的诉讼请求不予支持。建设部已取消建设工程评优活动，而城中区建筑公司撤场时讼争工程只完成主体工程，不具备评优条件，故正和公司请求城中区建筑公司支付承建工程未达到一次交验优良的违约金 20 万元的诉讼请求应予驳回。合同明确约定应从工程款中扣 3%的质保金212 162.44元，在保修期届满后，正和公司应将该款退还城中区建筑公司，正和公司的该项上诉请求符合合同约定，应予支持。关于正和公司要求重新确认工程量、结算工程款的诉讼请求，一审法院在组织双方清场时，征得双方同意，对主体工程的工程量进行核对，双方委托的具有特别授权内容的代理人均在清单上签字认可，现正和公司反悔，请求重新鉴定已不可能，认证中心具备价格认证资格，所作出的价格认证合法有效，应予认定。该工程的主体工程造价为7 072 081.22元，扣除已付工程款2 723 025.9元和质保金212 162.44元，正和公司应付给城中区建筑公司4 136 892.88元。关于逾期付款的利息是否应当给付问题。从查明的事实可以看出，正和公司确实存在拖欠工程款的情况，应承担逾期付款利息，但分段计息又无法确认每一段欠款数额，故应从城中区建筑公司委托青海省公证处发出要求付款的通知之日后，主体工程第一次验收的时间为基准日计息较为适宜，即从 2001 年 7 月 6 日至付清本金之日止，利率按中国人民银行同期贷款利率计算，城中区建筑公司就此提出的反诉请求，应予部分支持。关于城中区建筑公司反诉请求正和公司赔偿违约造成的 100.2 万元损失的问题，依据《合同法》第二百八十四条“因发包人原因致使工程中途停建、缓建的，发包人应当采取措施弥补或减少损失，赔偿承包人因此造成的停工、窝工、倒运、机械设备调迁，材料和构件积压等损失和实际费用”的规定，正和公司应当赔偿因其旧楼拆除等原因造成城中区建筑公司窝工的损失152 440元。窝工损失只限于窝工的实际损失，反诉原告有关赔偿窝工期间的利润损失的主张不应支持。反诉原告有关因合同不能履行造成的逾期利润损失 25.2 万元和因清场造成的损失 16.18 万元，因不能提供相应的证据，不予支持。反诉原告主张以拍卖优先受偿的反诉请求，由于优先受偿是以发包方无力支付工程款为前提，而本案尚未进入执行阶段，该项反诉请求不宜在本案中直接判决。依据《合同法》第九十三条、第二百八十四条规定，判决如下：一、正和公司与城中区建筑公司签订的《施工合同》终止履行；二、正和公司于判决生效后 30 日内给付城中区建筑公司工程款4 136 892.88元及逾期付款利息（自 2001 年 7 月 6 日起至付清之日止，按中国人民银行同期同类贷款利率计息）；三、正和公司从工程款中暂扣的质保金212 162.44元，在保修期届满后退回城中区建筑公司；四、正和公司赔偿城中区建筑公司窝工损失152 440元；五、驳回正和公司的其他诉讼请求。一审案件受理费70 010元，反诉费41 214.5元，财产保全费25 000元，以上共计136 224.5元，由正和公司承担108 979.6元，城中区建筑公司承担27 244.9元；鉴定费20 000元，双方各半分担。

三、上诉及答辩情况

正和公司不服一审判决向最高人民法院提起上诉，请求：1. 城中区建筑公司违反《建筑法》《合同法》规定和《施工合同》约定，在收取 8%管理费后，将工程整体转包给三星公司，因此造成的损失应由承包方城中区建筑公司承担。2. 请求按图纸和实际工作量结算工程款。3. 请求二审法院判令城中区建筑公司支付工程未一次交验、质量未达到优良标准应承担的违约金 20 万元。4. 追究城中区建筑公司不按设计图纸施工而造成的经济损和法律责任。二审庭审中，正和公司增加诉讼请求，提出追加三星公司和惠正监理所为本案当事人。事实和理由为：2000 年 8 月 21 日，正和公司与城中区建筑公司签订建设工程合同后，8 月 28 日，城中区建筑公司即与三星公司、李国荣签订《联营协议书》《内部承包协议书》，交工程转包，造成工期延误、出现质量问题。一审法院未按施工图纸和实际工作量计算工程款，请求二审法院改判。

城中区建筑公司答辩称：一、讼争项目是自己签约、自己管理、自己施工、自己履行合同。正和公司与三星公司签订的《联营协议书》《内部承包协议书》均是按正和公司提出的要求办理的，这两份协议未生效，也未实际履行，正和公司始终承认城中区建筑公司为施工方。二、讼争工程主体结构工程施工质量合格，于2001年10月19日，通过西宁市质量监督站验收。正和公司提出建设工程存在质量问题，由被上诉人承担20万元违约金没有依据。正和公司在上诉状中主张被上诉人承担违约金而引用的《国家优质工程评选与管理办法》已被建设部明令废止。城中区建筑公司在已实际接收工程数月后，未与正和公司解除《施工合同》的情况下将讼争工程的后续工程分包给几家不具备资质的施工企业，由此造成的工程质量问题应由正和公司自负。价格认证中心作出的价格认证结论书应作为工程结算的依据，正和公司尚欠城中区建筑公司400余万元，应尽快归还。正和公司已实际使用该工程近一年，城中区建筑公司的保修责任应免除，不应再扣除保修金。请求二审法院驳回正和公司的上诉请求，维持原判。

四、最高人民法院认定与判决

最高人民法院认为：双方当事人签订《施工合同》时，意思表示真实、自愿，合同内容合法，且双方当事人均是具备法定资质的建设单位和施工企业，具备签约的主体资格。讼争建设项目先后取得《建设用地规划许可证》《固定资产投资项目投资许可证》《西宁地区建设工程施工许可证》，符合开工条件，应认定《施工合同》有效。

《建筑法》第二十八条规定，禁止承包人将其承包的全部建筑工程转包给他人，禁止承包人将其承包的全部建筑工程肢解后以分包的名义分别转包给他人。从城中区建筑公司与三星公司签订的《联营协议书》《内部承包协议书》的内容上看，城中区建筑公司从三星公司收取8%的管理费后将自己承包建设的全部建设工程转包给三星公司，是典型的转包行为。《联营协议书》约定："三星公司全面负责法院街综合住宅楼工程的施工，为该工程的直接责任者和法律责任者。施工中必须严格履行合同条款，严格按照国家施工规范操作施工，安全管理，否则造成的一切损失由三星公司承担责任。"从合同的履行情况看，城中区建筑公司正和项目经理部由三星公司人员组成，三星公司法定代表人李国荣被任命为项目经理，正和项目经理部实际完成了讼争建设项目的施工，该行为是履行《联营协议书》《内部承包协议书》的履约行为，转包人已按转包合同的约定实际完成了转包建设工程的主体建设。发包人正和公司法定代表人周里亲自起草转包合同并在建设中对转包建设讼争工程持放任、配合态度，在主观上存在过错，承包人城中区建筑公司擅自转包讼争工程，坐收渔利，在主观上亦存在过错。《建筑法》第六十条第一款规定，建筑物在合理使用寿命内，必须确保地基基础工程和主体结构的质量。第六十一条第二款规定，建筑工程竣工验收合格后，方可交付使用；未经验收或者验收不合格的，不得交付使用。本案讼争工程主体结构未经验收即交付使用，既有违法转包导致工程质量存在缺陷一次验收未通过的原因，也有发包人怠于配合参加验收各方的验收活动，急于解除《施工合同》收回讼争工程导致讼争工程主体结构未经验收，对此双方均有过错。参照《建筑安装工程承包合同条例》第 13 条第 2 款第 3 项规定，工程未经验收，发包方提前使用或擅自动用，由此而发生的质量问题或其他问题，由发包方承担。据此，由此造成的损失由正和公司承担。一、二审诉讼中，正和公司提出的起诉请求、上诉请求均与三星公司、惠正监理所无关，且也未针对上述二单位提出具体请求，三星公司、惠正监理所与本案双方当事人讼争的焦点无关，不是必要的共同诉讼，对其在二审中提出的追加当事人的诉讼请求不予支持。

《施工合同》（专用条款）第 4 条约定：如承包人对所承包的 1 号、2 号、3 号楼一次交验未达到优良工程标准，在承包人的工程款中扣罚 20 万元违约金。在诉讼中依照一审法院作出的先予执行裁定书移交讼争工程已完工部分（主体结构完工）时，一次交验未合格更谈不上达到优良标准。《施工合同》约定一次交验达到优良标准是指全部工程竣工达到优良标准，本案先予执行移交的是半截子工程，合同约定的违约条件未成就。转包全部建设工程是建设方正和公司同意的，且正和公司急于接收半截子工程和不积极配合工程验收是导致讼争工程主体结构未验收的主要原因，依据《建筑安装工程承包合同条例》第 13 条第 2 款第 3 项规定，工程未经验收，发包方提前使用或擅自动用，由此而发生的质量问题或其他问题，应由正和公司自己承担，故对正和公司追究城中区建筑公司质量不合格违约责任的诉讼请求不予支持。

根据合同约定，讼争工程基础为井桩、条形桩两种，经正和公司签章的《单位工程开工报告》注明：2 号楼、3 号楼基础为条形基础，城中区建筑公司将井桩基础改变为条形基础是符合合同约定的，也是经正和公司同意的。讼争工程一、二层楼梯混合砂浆变更为水泥砂浆问题，城中区建筑公司提供《建筑工程冬期施工规程》《砌体工程施工及验收规范》《砂浆强度试验报告》等证据，证明冬季施工应优先采用水泥砂浆，可以提高墙体强度，保证砌体质量，符合施工规范。经一审法院现场勘察证实，2 号楼、3 号 B 楼五个单元一层上二层楼梯台阶数为 8 个，其余台阶数均为 9 个。上述事实表明讼争工程墙体材料与楼梯台阶数虽然与设计图纸不符，正和公司上诉未就此提出明确具体的诉讼请求，本院对其提出该项上诉请求，不予支持。

为确定已完工程量的工程价款，在清场前，一审法院经征求双方当事人同意后，由双方对已完工程的工程量进行确认，正和公司派公司职员余军参加，并向一审法院出具记有特别授权内容的授权委托书。双方核对大部分已完工程工程量后，在核对清单上签字。这表明双方对核对清单上记载的已完工作量已达成一致。双方对少部分存在争议部分工程量已通过申请鉴定和同意鉴定的方式，由一审法院委托价格认证中心进行价格认证，价格认证中一审法院组织双方当事人进行质证、答疑，根据双方提出的异议，价格认证中心曾对认证结论多次修正，在价格认证中双方当事人充分发表了意见，价格认证程序合法，就此作出的已完工程费价格认证应予认定。一审法院对正和公司于 2001 年 8 月 11 日发给城中区建筑公司职工工资、监督费、先予执行所支出的清场费等费用的数额认定及承担方式是正确的，且正和公司上诉未对一审法院认定的上述事实提出明确具体的诉讼请求，也未提出相关证据，据此本院对上述事实予以确认。据此，依据《中华人民共和国民事诉讼法》第一百五十一条规定，第二审人民法院应当对上诉请求的有关事实和适用法律进行审查。正和公司所提出的有关工程款结算和追究城中区建筑公司违约责任的上诉请求不明确、不具体，本院无法支持。综上，上诉人提出的上诉请求不成立，应予驳回。最高人民法院依据《中华人民共和国民事诉讼法》第一百五十三条第一款第（一）项之规定，于 2002 年 12 月 16 日，以〔2002〕民一终字第 45 号民事判决判决如下：

驳回上诉，维持原判。

一审案件诉讼费按一审判决执行。二审案件受理费70 010元，由正和公司负担。

本判决为终审判决。

16. 未经验收即实际使用建设工程，由此产生的质量问题应如何处理

一、案件基本事实

上诉人（原审原告）：伟业公司。

上诉人（原审被告）：建筑公司。

1994年4月20日，伟业公司与建筑公司签订《建筑安装工程承包合同》，约定：建筑公司承建位于义乌市城北良种场内的伟业大厦，工程建筑面积为5680.90平方米，工程造价为239万元，工程质量达到国家标准合格以上，工期自1994年5月至1995年1月10日，每延误一天由承包方按合同总造价的0.5%向发包方支付违约金，合格工程不奖不罚，经修补后合格工程，包括加固处理经鉴定可投入使用工程按1%罚承包方，发包方如需设计变更，必须由原设计单位作出正式修改通知书和修改图纸，承包方才予以实施。合同签订后，建筑公司即开始施工。在大楼桩基工程施工期间，浙江省煤田地质测试中心桩基动态测试室分别于1994年5月7日、5月20日、6月22日作出工程桩基检测报告，指出伟业大厦桩基中部分桩存在夹泥、软泥物、砼强度不均段、偏低等质量问题。义乌市建筑工程质量监督站向建筑公司发出《质量问题通知书》，指出桩基施工存在质量问题，要求暂停施工，请设计单位提出处理意见。1994年7月6日，东阳市建筑设计院变更了设计图纸，义乌市建筑工程质量监督站向伟业公司发出《复工通知书》，同意复工。因伟业大厦增加建筑面积，伟业公司与建筑公司又签订《建筑施工补充协议》，约定：建筑公司垫资40万元，伟业大厦工程竣工验收合格后一个月归还，不计息。伟业大厦工程预算300万元，本工程按四级企业等级收取管理费，工程竣工时间为1995年3月30日（按验收报告为准）。以后伟业公司向有关部门办理了建筑工程规划许可证及有关审批手续并领取了《商品房预售证》。在施工过程中，伟业公司未按经会审图纸的要求，经东阳市建筑设计院变更了部分图纸后，

又将审批建筑层数六层（局部七层）改建为七层（局部八层），伟业大厦实际建筑面积达到 9043.09 平方米，违法超建 1311.95 平方米。1995 年 2 月 28 日，义乌市城乡建设委员会向伟业公司发出《限期拆除违法建筑物通知书》，责令伟业公司在同年 3 月 10 日前将违法建筑物自行拆除。同年 8 月 10 日，该委员会又作出《城市规划违法案件行政处罚决定书》，认为伟业公司未取得建设工程规划许可证的情况下进行建设，且不按会审图纸施工，擅自加层，其行为违法，决定处以罚款并补办建设工程规划许可证。1995 年 8 月 18 日，伟业公司按处罚决定缴纳罚款后，义乌市城建监察大队通知伟业公司取得建设用地许可证和建设工程规划许可证后，同意工程扫尾施工。1995 年 8 月 25 日，伟业公司重新补办了《建设工程规划许可证》（建设规模层次七层局部八层，占地 1222 平方米）。1996 年 2 月，伟业大厦竣工。同年 5 月，伟业公司搬入伟业大厦八楼办公并出卖了部分房屋。同年 9 月 16 日，义乌市建筑工程质量监督站向双方当事人发出通知指出：伟业大厦不少梁及墙体有裂缝，该工程经多次图纸变更、增加间数及层数，且未正式验收即交付使用。通知要求立即停止使用伟业大厦，请法定检测机构提出加固方案。1996 年 12 月 18 日，浙江省建筑科学设计院（以下简称省建科院）根据伟业公司、建筑公司、东阳市建筑设计院、义乌市建筑工程质量监督站的要求对伟业大厦作出《结构检测及结构复算》，认为由于加层和增加较大吨位水箱和电梯，致使第三层框架承受的荷载比原设计增加较多，房屋装修后超出的荷载是可观的。升层后超载是梁上出现裂缝的基本原因，砼没有达到设计强度等级对裂缝的产生也有一定的影响。1997 年 1 月 6 日，义乌市建筑工程质量监督站向双方发出《工程质量问题通知书》。同年 2 月 27 日，义乌市建设局向伟业公司发出《关于要求立即腾空伟业大厦的通知》。同年 5 月 18 日，省建科院受伟业公司委托又提出伟业大厦结构复算与结构处理的具体方案。同年 6 月 23 日，义乌市建筑工程质量监督站向建筑公司发出了《质量问题通知书》，指出鉴于该工程保证资料严重不足，无法证明工程合格，不准交付使用。1997 年 7 月 22 日，义乌市建设局发出通知责令伟业公司停止使用伟业大厦。7 月 23 日，义乌市建筑工程质量监督站向伟业公司发出《关于建筑工程未经验收不得交付使用的通知》。9 月 22 日，义乌市建筑工程质量监督站作出《伟业大厦工程质量等级核定通知书》核定讼争工程为不合格工程。9 月 29 日，义乌市建设局对伟业公司作出《义乌市建设局行政处罚决定书》，决定限伟业公司在接到处罚决定之日起十日内把擅自投入使用的房屋腾空拆除加层建筑物并对其他建筑物返修加固。伟业公司对处罚决定不服向义乌市人民法院提起行政诉讼，金华市中级人民法院于1998年2月6日作出终审判决认为：1996年5月伟业公司搬入伟业大厦办公，伟业大厦出现的第三层框架梁裂缝，基本原因是升层和增设较大吨位水箱及电梯，加固可否保障质量，尚无定论，义乌市建设局行政处罚决定并无不当，维持义乌市建设局处罚决定。以后，双方当事人对造成不合格工程的原因、拆除及加固责任和费用、工程造价等一系列问题发出争议。1998年9月4日，伟业公司向一审法院起诉，请求解除双方签订的伟业大厦建筑工程承包合同，由建筑公司支付工程款及利息、因施工过程中存在质量问题而增加支付的各种费用，向伟业大厦商品房预购方支付赔偿金共计1027.5159万元。以后伟业公司又变更了诉讼请求，要求建筑公司拆除升层部分1312平方米、对伟业大厦立即返修加固、支付违约金、罚金、维修费、检测费、多收工程款、赔偿损失共计1002.1946万元。

另查明：一审审理期间，经伟业公司申请，一审法院委托中国建设银行浙江省分行对伟业大厦工程（包括七层、局部八层）造价进行鉴定，结论为3 717 070元。伟业公司未经检验使用伟业大厦后至今未按金华市中级人民法院行政判决书内容履行拆除伟业大厦七层、局部八层的处罚决定。自1994年1月7日至1996年7月18日，伟业公司先后向建筑公司支付工程款3 443 645.30元。在伟业大厦施工期间城建部门因工程质量问题责令1995年2月28日至1995年8月18日期间停工，停工时间计171天。1993年12月3日，吴昕生给伟业公司出具了收据，载明收到伟业公司钢筋共403吨，计人民币141万元，以上钢筋抵伟业大厦工程款，义乌市稠城城西建筑工程队加盖了印鉴。吴昕生在伟业公司与建筑公司与建筑公司订立建筑工程承包合同时为建筑公司的签约代表。1999年5月3日，吴昕生向一审法院出具书证证明：其向伟业公司写收据时不代表建筑公司。1998年11月24日，义乌市人民政府发文决定对建筑公司改制，建筑公司更名为义乌市建筑工程有限公司，原公司的债权、债务由改制后的有限公司承担。1999年2月12日，改制后的有限公司领取了营业执照。

二、一审法院认定与判决

一审法院认为：伟业公司与建筑公司签订的《建筑安装工程承包合同》和《建筑施工补充协议书》为有效合同。建筑公司按约定完成伟业大厦工程后，伟业公司未经验收即实际使用伟业大厦，应视为工程已竣工交付，由此产生的质量问题或其他问题，应由伟业公司承担责任。伟业公司主张其入住伟业大厦后自行对工程进行了维修、检测，所支出的费用由建筑公司承担，其主张缺乏事实和法律依据，不予支持。依合同约定的工程期限，扣除合同未约定的伟业大厦升层的施工时间和有关部门责令补办手续的时间，建筑实际完工时间比合同约定的工期逾期 105 天，建筑公司应向伟业公司支付违约金。根据金华市中级人民法院终审的行政判决书认定的事实，伟业公司应对伟业大厦工程存在的质量问题承担主要责任，建筑公司承担次要责任。按一审法院委托的中国建设银行浙江省分行对伟业大厦工程造价鉴定的结论，伟业公司未多付工程款，伟业公司提交的向建筑公司交付价值 141 万元钢筋折抵工程款的证据，经庭审质证不能认定这批钢筋已交付给建筑公司。伟业公司请求建筑公司退还多收 100 万元工程款的理由不充分，不予支持。据此判决：一、建筑公司应在伟业公司按金华市中级人民法院〔1998〕金中法行终字第 1 号行政判决履行拆除伟业大厦七层局部八层建筑物，第二天起三个月内，履行修复、加固伟业大厦其余工程，交付合格工程，所需费用由伟业公司负担 70%，建筑公司负担 30%；二、建筑公司应向伟业公司支付延期交付承建工程的违约金1 575 000元（于判决生效后十日内付清）；三、驳回伟业公司的其他诉讼请求。一审案件受理费61 385元、鉴定费15 000元，合计76 385元，由伟业公司负担53 469元，建筑公司负担22 916元。

三、上诉及答辩情况

伟业公司和建筑公司均不服一审判决，向最高人民法院提起上诉。伟业公司上诉称：伟业大厦工程质量问题是由于建筑公司违规施工造成的，应由建筑公司承担拆除加层的责任，承担修复、加固的费用并依合同约定承担合同总标的造价 1%的罚金。建筑公司应退还多收的工程款并承担退款利息。一审判决对建筑公司延期交工的违约时间计算有误，应延长至 1996 年 5 月。同时，申请追加东阳市设计院为本案共同被告。伟业公司向建筑公司交付的价值为 141 元的钢筋应折抵工程款。由建筑公司承担一审、二审的诉讼费。建筑公司上诉称：其在约定的工期内完工，不存在延期交工。伟业公司应向其返还垫资款 40 万元。合同约定建筑公司延期交房的违约责任为总造价的 0.5%，违约金比例过高且权利义务不对等，为此请求二审法院予以撤销或变更。由伟业公司承担一审、二审诉讼费。

四、最高人民法院认定与判决

最高人民法院认为：伟业公司与建筑公司签订的《建筑安装工程承包合同》有效，《建筑施工补充协议书》中由建筑公司垫资40万元的约定违反了反不正当竞争的法律规定而无效，补充协议的其他部分有效。以浙江省金华市中级人民法院生效法律文书确认的事实、浙江省建科院《义乌伟业大厦结构检测与结构复算》、浙江省义乌市质检站《伟业大厦等级核定通知书》作为一审判决认定伟业大厦工程质量责任分担的依据是正确的，伟业公司应对伟业大厦工程不合格承担主要责任，建筑公司也应承担一定的责任。伟业公司上诉主张讼争工程不合格是建筑公司违规施工造成缺乏事实依据，本院不予支持。伟业公司使用伟业大厦的时间应以浙江省金华市中级人民法院生效的法律文书确认的时间为准，一审判决认定伟业公司使用伟业大厦的时间应予变更，对建筑公司延期交房的违约金数额亦作相应调整。根据合同总价款等本案实际情况，按双方在合同中约定违约金标准计算的违约金数额过高，依据民法的公平原则予以调整，一审判决确定的建筑公司向伟业公司支付的违约金数额是合适的，对伟业公司要求建筑公司增加支付违约金数额的上诉请求不予支持。建筑公司上诉主张其在合同约定工期内完工，未违约缺乏事实依据，本院不予支持。案外人吴昕生给伟业公司出具的收据所载的内容不能认定价值141万元的钢筋已由建筑公司接收并折抵工程款，故收货收据所产生的法律关系的权利人有权另行提起诉讼。一审法院委托鉴定机构对伟业大厦工程造价鉴定的数额与伟业公司向建筑公司支付工程款数额间的差额，应视为建筑公司垫资款由伟业公司返还亦支付50%利息。伟业公司申请追加案外人东阳市建筑设计院为本案被告，因伟业公司与设计单位间的委托设计关系与本案的建筑工程承包合同纠纷不是一个法律关系，其提出的追加申请缺乏法律依据，本院不予支持。据此，依据《中华人民共和国民法通则》第四条、第五十七条、第五十八条第一款第（五）项、第六十条、第六十一条第一款，《中华人民共和国民事诉讼法》第一百五十三条第一款第（二）项之规定，最高人民法院于2000年9月19日，以〔2000〕民终字第25号民事判决判决如下：

一、维持一审法院判决第一、二、三项；

二、在本判决生效之日起10日内伟业公司返还建筑公司垫资款273 424.7元及该款50%利息（自1994年7月14日起算至还款之日止，按中国人民银行公布的同期储蓄存款利率计算)。

一审案件受理费61 385元，鉴定费15 000元，合计76 385元，由伟业公司负担53 469元，建筑公司负担22 916元；二审案件受理费61 385元，由伟业公司、建筑公司各半分担。

本判决为终审判决。

17. 工程竣工交付使用多年后，发包方提出质量异议

一、案件基本事实

上诉人（原审被告）：桐柏金矿。

被上诉人（原审原告）：中建七局四公司。

1989年8月1日，中建七局四公司与桐柏金矿签订《桐柏银洞坡金矿（350）扩建工程施工承包合同》，约定工程保修期为一年，桐柏金矿不按规定结算及拨款或中建七局四公司不及时退回多收工程款者，每拖欠一天，按对方所欠款总额的万分之三罚款。1990年6月9日，双方签订《桐柏银洞坡金矿体育场工程承包合同》，约定工程保修期为一年，桐柏金矿不按时支付工程进度款每拖延一天按工程总造价万分之三计取罚款。同年6月14日，双方签订《冶金工业部桐柏金矿给水工程施工承包合同》，约定工程保修期为半年。1991年7月14日，双方签订《桐柏银洞坡金矿70吨日氰化厂工程施工承包合同》，约定不及时拨款或不及时退回多收工程款者，每拖欠一天，按对方所拖欠总额的万分之五罚款。1991年8月9日，双方签订《桐柏县银洞坡金矿尾矿库区工程施工承包合同》，约定不按时付给工程进度款每拖延一天按所欠款万分之三计取罚款。1991年11月17日，双方签订《桐柏县银洞坡金矿家属楼工程施工承包合同》。1992年7月30日，双方签订《桐柏县银洞坡金矿供水工程输水管路施工承包合同书》。在上述施工合同履行过程中和施工竣工交付给桐柏金矿使用后，桐柏金矿向中建七局四公司共计支付工程款14 026 346.76元，双方认可的第一期桐柏金矿相关工程审定决算造价为10 767 963.46元。1998年10月，中建七局四公司起诉至一审法院，请求桐柏金矿支付拖欠的工程款315万元及利息189万元。后又增加诉讼请求为：请求桐柏金矿支付拖欠的工程款440余万元及利息264余万元。因一审期间桐柏金矿对工程价款有异议，双方申请对工程造价进行鉴定。一审法院委托

郑州市建设工程投资咨询公司进行工程决算鉴定，鉴定结论为：第二期、第三期和工程变更增加的审定决算工程的价款为6 709 813.99元。加上第一期工程决算造价10 767 963.46元，所有建筑工程决算价为17 477 777.45元，扣除桐柏金矿已向中建七局四公司支付的工程款14 026 346.76元，尚欠3 451 430.69元没有支付。

二、一审法院认定与判决

一审法院审理认为：中建七局四公司与桐柏金矿所签上述一系列的施工承包合同，是双方当事人在平等协商基础上签订的，意思表示真实，内容合法，应为有效合同。中建七局四公司按照合同所约定的内容履行了义务，并将所有建设工程项目交付给桐柏金矿投入使用。期间，桐柏金矿没有向中建七局四公司提出工程质量异议。之后，桐柏金矿一直不与中建七局四公司进行工程决算及时支付工程款，桐柏金矿已构成违约，应承担相应的违约责任。在诉讼中桐柏金矿以中建七局四公司所建工程项目存在质量缺陷为抗辩理由，根据双方所签订的施工承包合同中的约定和有关法律规定，已超过应提出质量异议的期限。故桐柏金矿的抗辩理由不能成立，不予采信。据此判决：一、桐柏金矿支付中建七局四公司工程款3 451 430.69元，并自1997年6月1日至判决生效之日止，按日万分之三计付违约金，逾期加倍支付迟延履行期间的债务利息。上述给付内容于判决生效后30日内履行完毕；二、驳回中建七局四公司其他诉讼请求。一审案件受理费35 210元，由桐柏金矿负担；鉴定费38 000元由桐柏金矿负担。

三、上诉及答辩情况

桐柏金矿不服一审判决提起上诉称：一审判决认定“第二期、第三期和工程变更增加的审定决算工程的价款为6 709 813.99元”明显错误，鉴定单位不是依法成立的工程造价鉴定机构，对外不具备从事工程造价纠纷鉴定的业务资格，应当重新进行鉴定；一审判令桐柏金矿自1997年6月1日起按日万分之三计付违约金没有根据；一审判决对中建七局四公司承建的工程项目存在的质量缺陷不予认定明显不当；一审判决桐柏金矿承担本案全部诉讼费用明显有误，故请求二审法院依法撤销一审判决，发回重审或者查清事实后另行改判，本案诉讼费由中建七局四公司承担。中建七局四公司答辩称：我公司承建的工程项目由于工程量是由若干个合同组成，时间跨度大，故双方将工程结算分阶段进行。一审过程中，就双方争议的工程造价，合议庭征得双方当事人同意而委托了合法的鉴定机构并由具备鉴定资格的专业人员进行了鉴定，其鉴定结论经当事人质证后作为定案依据完全正确。我公司承建的工程项目最后一项交付的时间是 1994 年 1 月，按理桐柏金矿所拖欠的工程款应从此时起计付违约金。桐柏金矿在工程验收使用六至十一年之久后提出工程质量缺陷的问题显然是为达到拒付工程款的目的。一审判决既然判令桐柏金矿支付拖欠工程款及违约金，当然其作为败诉一方应负担诉讼费。故一审法院认定事实清楚，证据充分，其判决应予维持。

四、最高人民法院认定与判决

最高人民法院认为：中建七局四公司与桐柏金矿签订的一系列施工承包合同，系当事人真实意思表示，内容不违反法律禁止性规定，且已得到实际履行，应认定合同有效。一审期间双方都申请对讼争工程的造价进行鉴定，一审法院委托的郑州市建设工程投资咨询公司具有工程造价鉴定的资格，其鉴定程序合法，出具的鉴定结论应当作为定案的依据。桐柏金矿主张重新鉴定缺乏事实和法律依据，本院不予采信。桐柏金矿在工程竣工交付使用时并未提出过质量异议，在使用多年后又认为工程质量存在缺陷，且未就其主张提供充分的证据，故对此不予支持。中建七局四公司按照合同约定进行施工，工程竣工后交付给桐柏金矿投入使用。而桐柏金矿拖欠工程款构成违约，应支付所欠工程款并承担相应的违约责任。依照双方签订的一系列工程施工承包合同的约定，如不及时拨付工程款按日万分之三或日万分之五计付违约金。一审根据本案的实际情况酌定按日万分之三计付违约金，并从 1997 年 6 月 1 日起计算亦无不妥。一审判决桐柏金矿支付拖欠的工程款及违约金，桐柏金矿作为败诉的一方当事人负担诉讼费并无不当，桐柏金矿上诉认为一审判决其承担本案的诉讼费用明显有误不能成立。综上，一审判决认定事实清楚，适用法律正确。依照《中华人民共和国民事诉讼法》第一百五十三条第一款第（一）项之规定，最高人民法院于 2002 年 7 月 31 日，以〔2002〕民终字第 33 号民事判决判决如下：

驳回上诉，维持原判。

二审案件受理费35 210元，由桐柏金矿负担。

本判决为终审判决。

18. 承包人承担地基基础工程和主体结构的修复责任

一、案件基本事实

上诉人（原审被告）：三建公司。

被上诉人（原审原告）：宏运公司。

1995 年 1 月，宏运公司与三建公司签订了《建设工程施工合同》，约定由三建公司承包建设宏运大厦工程。工程内容是地下 2 层，地上 23 层，建筑面积共 20 200平方米。承包范围是补充合同之外的工程土建、采暖、给排水、电照等工程项目的施工与安装。工期自 1995 年 6 月 26 日至 1996 年 8 月 30 日。工程质量等级为优良。工程由新疆三建包工包料，工程结算时按照施工图预算加宏运公司认可的变更、签证，执行自治区颁发的预算单位估价表，按全民一级企业取费，并按自治区规定的结算价格指数计算出总造价后下浮 4%，工程款按工程进度支付。主体结构和竣工日期每提前一天，宏运公司按主体造价和总投资万分之二奖励三建公司，每拖延一天罚万分之一交宏运公司。按照新疆建筑勘察设计院的设计方案，该工程要求箱基内防水防漏防渗防潮。合同签订后，三建公司于 1995 年 1 月即开始进场施工。1995 年 4 月 22 日，宏运公司与三建公司签订了《补充合同（二）》，约定从 1995 年 4 月 26 日到主体封顶，工程所需钢材、水泥均由三建公司按工程进度向宏运公司提供用料计划，经宏运公司核准后负责采购供应；由三建公司按每月完成的工作量向宏运公司提供人工工资用款计划，经宏运公司核准后支付给三建公司；其他材料由三建公司垫付。1996 年 3 月 22 日，三建公司向宏运公司出具《委托书》，三建公司委托宏运公司代缴宏运大厦工程中应由三建公司缴纳的费用，在结算中扣除。《补充合同（二）》和《委托书》签订后，合同双方均已按此履行。

1996 年 5 月 16 日，宏运公司向三建公司发出《关于宏运大厦施工重点转移的通知》，要求三建公司将施工重点转移到八层以下封闭装修，迎接当年九月贸易洽谈会的召开。主体框架施工到八层后，视八层以下装修工程的进展情况再定主体框架向上复工的时间和计划。1996 年 6 月 18 日，在宏运大厦工程施工至地上八层时，质检站对一至八层进行检验，评定为合格。其后，宏运公司认为宏运大厦存在箱基渗漏和混凝土质量问题并与三建公司产生争执，工程闲置停工。

1997 年 3 月 22 日，三建公司致函宏运公司，称宏运大厦地下水位升高，地下室渗水，必须进行防水堵漏处理，并就箱基渗漏问题制订了一个防渗堵漏方案。宏运公司意见是“拟同意，但因公司财力物力不及，在适当的时候施工”。宏运公司就宏运大厦存在的质量问题向建设行政主管部门投诉后，1999 年 8 月 10 日，新疆维吾尔自治区建筑工程质量检测中心对宏运大厦工程存在的质量问题出具了检测鉴定报告，认为存在的主要问题是箱基混凝土浇筑质量较差，钢筋裸露，蜂窝、孔洞现象较为严重，混凝土外观质量不能满足施工验评标准要求，需对剪力墙、柱、现浇板的混凝土缺陷进行补强加固处理等。鉴定报告还认为所检项目存在的问题不能满足施工验评标准的要求，必须经返工处理后方可进行二期工程建设。1999 年 10 月 8 日，三建公司在其《关于宏运大厦箱形基础现浇混凝土质量缺陷处理》中载明：箱形基础施工，因操作不当、管理不严，造成现浇混凝土墙及部分顶板多处有蜂窝（积石）、麻面、露筋和漏筋等质量缺陷，又未及时进行处理，长期受渗漏的地下水浸泡，使部分外露钢筋产生锈蚀，于 1999 年 6 月 28 日宏运公司在组织自行装修抽水后发现上述问题，现已委托科研所做了结构鉴定检测。针对箱基部分混凝土质量缺陷，经有关技术专家人员认真研究，决定采取一定的加固补强措施进行处理。2000 年 3 月 15 日，建筑工程质量检测中心对宏运大厦工程箱形基础的混凝土强度及钢筋的锈蚀情况进行了检测并出具了鉴定报告。认为箱基根部混凝土浇筑质量较差，酥松面积较大，个别地方贯通墙基厚，应按规范要求进行加固补强处理。箱基钢筋锈蚀较严重。因箱型基础内有大量积水，室外无法开挖，渗漏原因无法检测。检测项目是否影响大厦的使用功能和二期工程建设，请委托设计单位进行核算后提出处理意见。同年 3 月 31 日，建设工程质量安全监督总站致函三建公司，称三建公司承建的宏运大厦工程，因基础混凝土局部存在混凝土蜂窝、麻面、钢筋外露、锈蚀等质量问题一直未能处理。要求三建公司尽快解决工程质量问题。同年 4 月 14 日，三建公司将《关于宏运大厦箱形基础现浇混凝土质量缺陷处理方案》报给建筑设计研究院。4 月 17 日，新疆建筑设计研究院回复，同意该处理方案，但

“在处理工程质量缺陷之前，最要紧的是首先处理好基础防渗漏问题，此问题不彻底解决将影响整个大厅的使用安全和使用寿命”。三建公司按该方案对工程存在的渗水问题之外的质量问题进行了修补。

2000 年 4 月 25 日，市建筑设计院、宏运公司、三建公司和第一建筑工程公司达成《宏运大厦九层平面现场检查交接记录》，将宏运大厦工程移交给第一建筑工程公司继续施工。同时对现场发现的仍然存在的一些工程质量问题（如剪力墙、部分竖向钢筋移位、中央电梯剪力墙上洞口位置及宽度与图纸设计不符等），约定由市建筑设计院根据实际情况出具补强修正图纸方案，由第一建筑工程公司进行施工。三建公司保存的九层以下各类资料于三建公司将宏运大厦箱基混凝土缺陷加固补强处理完毕后移交给第一建筑工程公司。2000 年 8 月，宏运公司委托隆达永翔化工建材有限公司对宏运大厦的箱基防水进行了修补工作，费用计468 000元。

另查明：1995 年 3 月，宏运公司与三建公司还签订了一份商住楼施工合同，由三建公司同时施工，双方已经结算完毕，确认工程造价为1 964 006.23元，双方在合同中也有下浮 3%的约定。商住楼的工程款包括在宏运公司支付的工程款之内。

又查明：2000 年 6 月 20 日，宏运公司与三建公司就宏运大厦中三建公司施工的部分进行结算，双方确认工程结算“定案总金额”为14 263 587元。2000 年 4 月，宏运大厦工程移交第一建筑工程公司后，三建公司向宏运公司退还建筑材料折价197 176.06元。

2000 年 10 月 25 日，宏运公司起诉至一审法院，请求判令三建公司返还超领的工程款 230 万元、利息1 117 800元，承担违约金2 899 710元，赔偿未按期竣工给宏运公司造成的投资损失7 776 000元、管理人员工资损失462 000元、宏运大厦质量保证金713 179.35元，承担宏运大厦鉴定费和公证费12 000元，向宏运公司移交宏运大厦全部施工资料并承担诉讼费用。

2000 年 12 月 24 日，经一审法院组织双方对账，确认宏运公司支付工程款10 729 963.05元，为三建公司代购钢材、水泥2 465 438.67元，代购各类建村619 633.90元。另有3 389 659.79元的代购材料和代垫费用，在宏运公司提供了购货合同、发票、收条等证据后，三建公司在一审法院规定的举证时限内未表明质证意见，也不能提供相反的证据，一审法院确认以上费用总计17 204 695.41元。

二、一审法院认定与判决

一审法院认为：宏运公司与三建公司签订的《建设工程施工合同》《补充合同（二)》以及《委托书》是双方的真实意思表示，符合法律规定，是有效合同。三建公司未严格按照施工规范和设计图纸进行施工，导致工程出现箱基漏水等严重的质量问题。在宏运公司发现问题并提出后，三建公司没有及时返工维修，致宏运大厦工程长期搁置。根据建筑工程质量检测中心的鉴定报告，宏运大厦工程不能满足施工验评标准的要求，必须返工处理后方可进行二期工程建设，因此三建公司对工程不能如期竣工负有直接的过错责任，应赔偿宏运公司的损失。由于三建公司施工质量不合格、不及时修复工程质量缺陷，使宏运大厦工程延误工期三年零六个月，使宏运公司投入的13 693 043.52元资金长期闲置，造成直接投资利息损失6 654 818.8元。宏运公司与三建公司对商住楼施工合同已经结算完毕，确认工程造价为1 964 006.23元，根据双方合同约定下浮3%后为1 905 086.04元。宏运公司支付工程款及为三建公司代购材料、代垫费用合计17 204 695.41元，扣除商住楼造价1 905 086.04元后，宏运公司就宏运大厦工程支付给三建公司的工程款为15 299 609.37元。2000 年 6 月 20 日宏运公司与三建公司就宏运大厦工程中三建公司施工的部分进行结算，双方确认工程总造价为14 263 587元，根据双方合同约定下浮 4%后为13 693 043.52元，由于宏运公司已付工程款15 299 609.37元，因此宏运公司超付工程款1 606 565.85元。三建公司称工程停工是由于宏运公司资金不足，而由于宏运公司已超付工程款，三建公司的理由不能成立。宏运公司超付的工程款扣除三建公司已经退还给宏运公司价值197 176.06元的材料款后，应由三建公司返还给宏运公司并承担银行贷款利息。对于工程质量问题，三建公司有无偿修复的责任。宏运公司对宏运大厦箱基防水进行修补的费用应从合同约定的质保金中扣除。三建公司持有的宏运大厦的施工资料应全部移交给宏运公司。宏运公司起诉请求的违约金及其他损失因属重复计算，不予支持。依照《中华人民共和国合同法》第一百零七条、第一百一十三条的规定，判决：一、三建公司退还宏运公司超付的工程款1 409 389.79元，同时支付利息684 963.44元（1996 年 8 月 30 日至 2000 年 4 月 5 日，按年利率 13.5%计算)；二、三建公司赔偿宏运公司投资利息损失6 654 818.8元；三、三建公司支付宏运公司防水工程维修费468 000元；四、三建公司将宏运大厦全部施工资料移交给宏运公司；五、驳回宏运公司的其他诉讼请求。

三、上诉及答辩情况

三建公司不服一审判决向最高人民法院提起上诉称：（一）一审法院对宏运公司代购材料和代垫费用的数额认定错误。对于3 389 659.79元票据，宏运公司没有提供交付给三建公司的直接证据，上诉人因没有收到代购的材料而未予认可。一审法院以三建公司不能提供反证为由加以认定，违反基本的证据规则。（二）一审法院认定宏运大厦基础渗水系三建公司的工程质量问题，缺乏相应的事实和证据。宏运公司提供的工程质量鉴定报告没有明确渗漏积水的原因和责任，建筑设计研究院出具的意见中也已将三建公司的施工质量缺陷与基础渗漏问题予以区分。三建公司 1997 年已经发现宏运大厦的基础渗漏问题并提出了处理方案，宏运公司表示同意但不让三建公司施工，导致混凝土工程的修复补强工程无法进行。因此工程质量缺陷的修复工作被拖延的责任完全在于宏运公司。同时，根据《图纸会审记录》，双方约定地下室是防潮，不防水。1997 年，当事人双方已就防水工程的费用问题达成所需费用由宏运公司承担的一致意见，此后宏运公司另行委托第三人进行维修，费用应由宏运公司自负。（三）工期延误三年六个月的真正原因是宏运公司欠付工程款，书面通知三建公司停工所致。一审法院判决三建公司赔偿宏运公司投资利息损失6 654 818.8元没有事实依据。（四）按照双方合同第 15 条的约定，工程质量评定部门是质量监督站，工程质量是否合格，应以质量监督站的质检报告为准。（五）本案涉及的建筑工程施工合同签订于 1995 年 1 月，履行期限截至于 1996 年 8 月，一审法院直接引用《合同法》的条款，违背了法律适用的基本原则。（六）宏运公司和三建公司已完成工程结算，结算价格不应再下浮 4%，应据实结算。（七）对钢材、电缆等合计金额1 066 763元的材料，在结算时三建公司只计取了人工安装费，没有计算材料款。（八）宏运公司欠付工程款 28 万多元，不存在宏运公司超付三建公司工程款的问题。（九）根据宏运大厦移交给宏运公司的材料盘点表，三建公司尚有404 044.55元的材料退还了宏运公司，一审法院没有认定。请求依法改判。

宏运公司答辩称：一审期间，对于宏运公司3 389 659.79元代垫代购费用的证据，三建公司拒不提供相反的质证意见，一再超过一审法院指定的质证期限，一审法院依法对该部分证据予以认定符合法律程序。三建公司提交的材料盘点表没有交接记录，时间上还有涂改。混凝土浇筑质量关系到防水、渗漏等问题，地下箱基混凝土浇筑引起的露筋、蜂窝、孔洞必然会使地下水渗入。据一审法院向工程设计人员查证，原设计已经充分考虑了施工现场的地质状况，设计了最高的防水处理等级S8，如规范施工不可能出现渗水现象。三建公司也认为箱基渗水问题不解决，工程不应继续施工。三建公司于1999年6月6日、10月8日和2000年4月19日提出了现浇混凝土缺陷处理方案并在2000年4月3日给设计院的委托书中称其费用由三建公司支付，一审判决一切费用由三建公司承担是正确的。建筑工程质量检测中心的检测结论是在自治区建设行政主管部门责成自治区建筑工程质量总站与三建公司、宏运公司共同参与下作出的，其结论的取得不违反法律规定，不需要另行鉴定。

本院庭审过程中，当事人双方认可一审法院认定的宏运公司给付三建公司的工程款中有468 000元属重复计算。宏运公司称，因该公司统计人员误将402 000元的“维护人员工资”写成了“地下防水”，造成一审判决重复计算地下防水费用却漏算维护人员工资，请求二审法院依据具体事实予以增减。

四、最高人民法院认定与判决

最高人民法院经审理认为：宏运公司与三建公司在本案中签订的有关合同，是双方当事人的真实意思表示，内容合法。一审法院依法确认其为有效合同正确。在本案一审期间，在宏运公司提交了有关3 389 659.79元的代购材料和代垫费用的证据后，三建公司在一审法院规定的举证期限内以找不到人为由不配合法庭质证，不提出质证意见，同时也不能提供相反的证据，应视为其对该项事实的承认，一审法院对该部分款项予以确认并无不当。根据工程质量检测中心的鉴定报告、建设工程质量安全监督总站致三建公司的函、三建公司报送建筑设计研究院的《关于宏运大厦箱形基础现浇混凝土质量缺陷处理方案》以及建筑设计院、宏运公司、三建公司和新疆第一建筑工程公司达成《宏运大厦九层平面现场检查交接记录》等证据，三建公司在宏运大厦的施工中存在各种不同程度的质量问题是客观存在的事实。对于工程基础渗水的问题，三建公司表示不是其施工质量缺陷所致，但没有提供证据加以证明，本院对其该项上诉主张不予支持。三建公司称，1997年3月22日当事人双方已就防水工程的费用问题达成所需费用由宏运公司承担的一致意见，因此宏运公司另行委托第三人进行维修，费用应由宏运公司自负。根据双方当事人之间函件的内容，可知其达成的是意向性方案，双方并未最终确定防水工程的施工时间、方法和费用负担。鉴于地下室的施工原属三建公司的施工范围，在三建公司工程质量存在缺陷的情况下，一审法院判令三建公司承担防水工程维修费是正确的。本案事实表明，宏运公司所付的工程款和代购代垫款项超出了三建公司已实际完成的工程所需的费用，因此三建公司所有的有关宏运公司欠付工程款的主张本院概予驳回。三建公司施工的宏运大厦工程没有施工完毕，合同双方已协议解除施工合同，因此本案所涉宏运大厦工程尚不具备进行工程质量等级评定的条件。三建公司要求按照双方合同第15条的约定由质量监督站检验工程质量的主张不能成立。三建公司还称其与宏运公司已完成工程结算，工程款应据实结算，不应再下浮。因该项主张与双方当事人之间的合同约定不符，本院亦不采纳。三建公司再称，对钢材、电缆等材料在结算时三建公司只计取了人工安装费，三建公司尚有404 044.55元的材料退还了宏运公司。经审查，宏运公司与三建公司的合同履行过程中，约定由宏运公司付工程款或供应材料，因此材料款自应计算在工程款之中。而材料盘点表中并无材料交接的记载，不能表明建筑材料的退还，三建公司此两项主张证据不足。关于一审法院适用《中华人民共和国合同法》第一百零七条和第一百一十三条裁决本案的问题。根据最高人民法院《关于适用〈中华人民共和国合同法〉若干问题的解释（一）》第一条的规定，《合同法》实施以前成立的合同发生纠纷起诉到人民法院，当时没有法律规定的，可以适用《合同法》的有关规定。经查《中华人民共和国经济合同法》有关违约和赔偿责任的规定，并无与一审法院引用的法律条款适用情形相同者。宏运公司答辩中称，该公司统计人员误将402 000元的“维护人员工资”写成了“地下防水”，造成一审判决重复计算地下防水费用却漏算维护人员工资。因两笔款项名目不同，数额相异，不宜将其理解为合理的失误。况当事人自身举证如有失误，自应承担相应的后果。因此本院依据二审过程中当事人双方一致认可的一审判决重复计算的468 000元之数额，在三建公司应退还的工程款中予以扣减。依照《中华人民共和国民事诉讼法》第一百五十三条第一款第（一）项和第（三）项的规定，最高人民法院于2002年2月21日，以〔2001〕民一终字第85号民事判决判决如下：

一、维持一审法院判决第二项、第三项、第四项和第五项；

二、变更一审人民法院判决第一项为：三建公司退还宏运公司超付的工程款941 389.79元并按中国人民银行同期同类贷款利率支付自1996年8月30日至2004年4月5日的利息。

一审案件受理费按一审判决执行，二审案件受理费86 413.45元，由三建公司负担。

19. 建设工程质量瑕疵和质量保修问题的处理

一、案件基本事实

上诉人（原审原告、反诉被告）：新扶桑公司。

被上诉人（原审被告、反诉原告）：新疆四建。

1993年5月，经新疆维吾尔自治区人民政府对外经济贸易委员会批准，乌鲁木齐市机械电子工业局供销公司（以下简称供销公司）与香港宝冠物业投资有限公司共同出资设立宝冠公司。1994年1月，宝冠公司与新疆四建签订《建设工程施工合同》及《补充协议》约定，由新疆四建承建宝冠大酒店工程。工程内容包括宝冠大酒店主楼21层、副楼15层、餐厅2层。承包方式为包工包料，含土建、采暖、上下水、消防及报警、电气（包括弱电系统）。开工日期为1994年2月，1994年12月25日裙楼竣工并交付使用，1994年12月25日主楼完工，1995年8月底竣工。质量等级为优良。工程造价暂按每平方米1300元，共计3000万元，作为拨付工程款的依据，待施工图纸出齐后，由新疆四建按新疆维吾尔自治区、乌鲁木齐市有关规定编制施工预算，经宝冠公司及造价部门审定后，确定工程造价。合同签订后，新疆四建于1994年2月进入工地先行施工裙楼工程。1994年11月裙楼主体结构封顶。此时，因宝冠公司与新扶桑公司之间的购房合同纠纷仍未得到解决，1994年11月18日，新疆四建接宝冠公司停工通知后，停止了施工。1995年5月24日，供销公司与新扶桑公司签订股权转让协议，将其持有的宝冠公司75%的全部股权转让给新扶桑公司（包括宝冠大酒店工程），该协议后经香港股东同意，董事会决定，并于1996年4月1日经乌鲁木齐市计划委员会批准，该委同时将批文抄报乌鲁木齐市人民政府，并抄送乌鲁木齐市对外经济贸易委员会。1996年4月5日，经乌鲁木齐市工商行政管理局核定宝冠公司的法定代表人变更为潘苏灵。自此新扶桑公司成为宝冠公司股东、潘苏灵以宝冠公司法定代表人的身份对外开展活动。1995年6月12日，宝冠公司与新疆四建签订协议书，明确宝冠公司尚欠新疆四建工程款5 305 184.50元，贷款180万元，欠款利息和停工损失等50万元，并对还款期限作了约定。此后工程继续开工，宝冠公司将裙楼由原来设计的15层增加到18层。1995年12月11日，为使裙楼第1层、第5～18层装修于1996年1月15日交工，双方曾就支付工程款项签订协议书。1996年3月10日，宝冠公司与新疆四建签订《宝冠裙楼工程收尾交工协议书》明确：裙楼工程自开工以来，资金严重不足，影响施工，被迫于1994年11月停工；宝冠公司投资者变更后，于1995年6月继续施工宝冠裙楼工程，并归还投资者变更前的欠款432万元，基本做到了按进度支付工程款。同时约定，新疆四建于1996年3月20日开工，同年5月25日前全楼达到竣工部位（不含第2、3、4层的二次装修，但包括门头、供水层和机房），交付有关部门验收。1996年8月，双方签订交工验收证明书，工程交工。1996年8月21日，因香港方股东违约，无资金投入，宝冠公司被乌鲁木齐市工商行政管理局注销，此后，新扶桑公司成为裙楼工程的实际业主。1996年11月7日，经新扶桑公司委托，新疆审计事务所对裙楼工程进行审计，结论为价值31 606 818.35元。因新扶桑公司未能按审计结果支付工程欠款，新疆四建留置部分楼层。经协商，1997年2月25日，新扶桑公司与新疆四建达成还款协议书，明确工程已竣工，依据决算，新扶桑公司尚欠新疆四建工程款5 376 167.23元（含预留保修金953 289元，按合同规定时间保修金连带息一次付给新疆四建），新扶桑公司还应付给新疆四建4 422 878.23元，并约定：1. 协议签字后，新扶桑公司付给新疆四建200万元（已付100万元），新疆四建将全部楼层交付新扶桑公司使用；2. 新扶桑公司尚欠新疆四建的2 422 878.23元，在同年3月30日一次付清；3. 经双方协商，工程结算后，新扶桑公司欠新疆四建贷款利息等项共2 085 469.61元，新扶桑公司于1997年4月30日一次性付清；4. 新扶桑公司按协议条件按期付款，如延期还款，将按月息16‰计算，并执行中国人民银行规定的日万分之五罚息；5. 新扶桑公司提出的拖延交工等索赔数额，双方尚未达成共识，如能达成协议另行计算；6. 新疆四建提出的停工损失、加罚利息等，双方尚未达成共识，如能达成协议，另行计算。协议签订后，新扶桑公司支付新疆四建200万元，新疆四建将裙楼全部交付给新扶桑公司。此后，新扶桑公司未再支付1997年2月25日还款协议中约定的其他款项。1997年3月14日，新扶桑公司以请求判令新疆四建赔偿因工程质量不符合要求造成的损失744万元、支付延期交工违约金等损失 273.5 万元等为由，向新疆维吾尔自治区高级人民法院提起诉讼。1997 年 5 月 26 日，新疆四建以请求判令新扶桑公司依约偿还工程款、借款利息5 461 636.84元以及违约期间的罚息等为由，提出反诉。在一审庭审中，新疆四建和新扶桑公司均表示，对延期交工停工损失问题互不再追究。

另查明：1996 年 10 月 28 日，讼争裙楼主体结构经新疆乌鲁木齐市建设工程质量监督站评定为优良，同年同月 31 日，裙楼工程又经该站核定质量等级为合格。新扶桑公司和新疆四建双方盖章的建筑工程交工验收证明书载明：本工程地基及基础工程，主体工程经市质检站鉴定为优良，地面工程、屋面工程、装饰工程、门窗工程、暖卫工程、电气工程、自检均为合格。1996 年 10 月 31 日，乌鲁木齐市质检站在核定裙楼工程为合格的同时，在《建设工程质量认证遗留问题处理通知书》中开列包括室外、室内、水暖卫和电气等方面存在的工程质量瑕疵，要求在同年 11 月 7 日前处理完毕。后新疆四建未在指定期限内将上述项目全部返修处理，双方发生纠纷后一审诉讼期间，未对上述质量瑕疵问题进行返修处理协商一致，新疆四建未将上述工程返修问题处理完毕。新扶桑公司诉讼中提出的质量索赔内容是：外墙面砖、外墙花岗岩、外墙通长窗、水池防水层、和平渠底、现浇楼板局部、一层花岗岩地面、墙柱大理石、电梯前厅墙柱花岗岩、二层加抹地面、18～20 层地面、石膏板墙、CRC 墙、屋面以及雨棚装修返工，采暖系统二遍刷曲、电管薄壁代厚壁、玻璃幕墙换蓝玻、水淹电梯修理费等。

又查明：1994 年 5 月 23 日和 8 月 24 日，宝冠公司与新疆四建签订工程资金贷款协议书和贷款协议书，宝冠公司分别从新疆四建处借款 50 万元和 130 万元，共计 180 万元，宝冠公司出具收款收据。1996 年 6 月 12 日，乌鲁木齐地区建筑市场管理站以宝冠大酒店工程未办理施工许可证擅自开工为由，作出乌建站字〔1996〕04 号处理决定书，对宝冠大酒店和新疆四建各罚款 10 000元，并要求立即补办手续，后双方未补办手续。

二、一审法院认定与判决

一审法院经审理认为：宝冠公司与新疆四建签订的建设工程施工合同及补充协议是平等自愿签订的，系双方当事人的真实意思表示，合同中无违法内容，且裙楼工程已实际履行，故应认定为有效。在裙楼施工过程中，宝冠公司的股东发生变化，不影响其对外的债权债务关系，宝冠公司被注销后，新扶桑公司又继受了裙楼的全部权利，其理应承担相应义务，故本案的诉讼主体并不存在问题。新扶桑公司主张应由宝冠公司原股东承担责任的理由不能成立。裙楼工程经质量监督部门检验、评定均符合施工合同或规范要求，在交工验收及交付使用中亦无质量瑕疵的记载。新扶桑公司无充分证据证实工程存在其所提及的质量问题，更不能证实其提及的工程质量问题是由新疆四建违反合同或违规施工造成的，其所提出的 744 万元的损失亦无有效的证据证实，故新扶桑公司所主张的工程质量赔偿的请求不能成立，应予驳回。裙楼工程经审定后已确定新扶桑公司拖欠新疆四建工程款的事实，在新扶桑公司又不能及时清偿的情况下，新疆四建为避免自己的损失进一步扩大，参照建设施工合同条件第 28 条的规定留置部分楼层并无不妥。180 万元贷款的事实，有宝冠公司与新疆四建签订的协议及宝冠公司的收款收据为证，是实际发生的，1995 年 6 月 21 日，股东变更后，宝冠公司与新疆四建签订的协议对此也予以认可。新扶桑公司诉请确认 1997 年 2 月 25 日双方签订的还款协议书无效的诉讼请求，不能支持。双方在还款协议书中确认的新扶桑公司欠付新疆四建款额及偿付期限是明确的，应予确认。新扶桑公司提出的质量问题均在质检范围内，现质保期已过，953 289元保修金不再预留。还款协议书第三条确认的2 085 469.61元，构成的主要部分是利息，不应再计息，第四条的约定系重复计息，应按日万分之五计算。关于第五条、第六条所涉及的问题，双方均表示不再主张。新扶桑公司在起诉中提出延期交工违约金等损失亦包括在其中。据此判决：（一）驳回新扶桑公司的诉讼请求；（二）新扶桑公司偿还新疆四建工程欠款2 422 878.23元及利息（自 1997 年 3 月 30 日至给付之日，按日万分之五计）；（三）新扶桑公司偿付新疆四建贷款利息等款项2 085 469.61元及预留保修金 953 289 元，案件受理费 60 885 元，反诉费37 318.18元，诉讼保全费27 828.18元，均由新扶桑公司负担。上述款项自判决生效后 30 日内付清。

三、上诉及答辩情况

新扶桑公司不服一审判决，向最高人民法院提起上诉，请求撤销一审判决、依法改判，判令新疆四建赔偿新扶桑公司 744 万元工程质量损失，驳回新疆四建5 461 636.84元的反诉，由新疆四建承担本案全部诉讼及保全费用。主要理由是：1. 一审判决认定的主体资格有误。宝冠公司为中港合资企业，中方股东为供销公司出资 1350 万美金，占 75%，港方为香港宝冠物业管理公司出资 450 万美金，占 25%。宝冠公司由新疆维吾尔自治区人民政府对外经济贸易委员会批准设立。一审判决将宝冠公司以（在建）裙楼抵偿新扶桑公司债务错误地认定为新扶桑公司通过股权转让取得裙楼。新扶桑公司通过股权转让取得的是宝冠公司 1700 万元债权，而裙楼是通过抵债取得的。宝冠公司除在建工程外，当时尚有 1700 万元的债权。1995 年 5 月 24 日，新扶桑公司与供销公司签订股权转让协议，新扶桑公司接收宝冠公司中方股东 75%股权，接收全部债权、承担相应债务。当新扶桑公司以宝冠公司中方股东身份提起仲裁时，仲裁机构以股权转让未经原设立机构批准，系无效行为，新扶桑公司不具备宝冠公司中方股东身份为由而不予立案。当新扶桑公司以宝冠公司中方股东身份向乌鲁木齐市中级法院主张宝冠公司债权时，该院以宝冠公司股东转让股份，未经原设立批准机关新疆维吾尔自治区人民政府对外经济贸易委员会批准，违反中外合资企业法为由，驳回起诉。根据法律规定，政府部门的计委系统无权批准合资企业的股权转让。新扶桑公司误认为股权转让有效，可以享有宝冠公司 1700 万元债权，因此为宝冠公司偿还了一批债务。根据《中华人民共和国中外合资经营企业法》和《中华人民共和国中外合资经营企业法实施条例》规定，合营一方向第三方转让其全部或部分出资额，须经合营方同意，并经审批机关批准。对外贸易经济合作部、国家工商行政管理局联合发出《关于外商投资企业投资者股权变更若干规定》重申，未经审批机构批准的股权变更无效，股权变更的审批机构为批准设立该企业的审批机关。审批宝冠公司设立的是新疆维吾尔自治区对外经济贸易委员会，因此宝冠公司的股权转让，违法违规，应属无效。2. 宝冠大酒店裙楼是没有施工许可证，没有工程施工合同的违章建筑。新扶桑公司有权依据国家有关房产质量法规和《消费者权益保护法》规定，对裙楼质量瑕疵提出异议，请求索赔，一审判决驳回新扶桑公司的诉讼请求，对裙楼工程质量问题的认定与事实不符。本案讼争标的物裙楼位置在和平渠上，建设面积21 000平方米（共 18 层）系无合同施工建成的。新疆四建违反施工规范，不按设计施工。和平渠从裙楼地下室一层和二层中间穿过，每逢放水季节，大量渗露，影响裙楼使用寿命，危及用户生命安全。1996 年 10 月 31 日，乌鲁木齐市质检站核定裙楼工程为合格的同时，在《遗留问题处理通知书》中开列 18 项瑕疵，使用裙楼后又发现 39 项影响使用的质量瑕疵问题，在保修期内每次要求新疆四建对工程质量遗留问题及出现的质量瑕疵问题进行及时保修，新疆四建均置之不理。3. 由于一审法院未采纳新扶桑公司请求对裙楼质量问题进行重新认证，请求二审法院委托国家级质检部门对裙楼进行认证，如果新扶桑公司举证的质量问题不存在，新扶桑公司愿以索赔744万元的双倍赔偿新疆四建。4. 新疆四建与宝冠公司的债务是1993年、1994年形成的。新扶桑公司1995年抵债买断宝冠工程时，新疆四建与宝冠公司对此前发生的债务进行了结算，签订了还款协议，新疆四建在反诉中要求新扶桑公司偿还的这笔债务，由于新扶桑公司不具备宝冠中方股东资格，无权享有宝冠公司1700万元债权，没有义务偿还新疆四建的债务。5. 一审法院没有按中外合资企业法的有关规定审查主体资格问题，适用法律不当。请求二审法院以事实为根据，以法律为准绳，撤销一审判决，依法改判。新疆四建答辩称：一审判决认定事实清楚，适用法律正确，请求驳回上诉，维持原判。

四、最高人民法院认定与判决

二审期间，最高人民法院组织新扶桑公司、新疆四建双方共同到现场就裙楼工程质量状况进行了查看。宝冠公司在设计裙楼时，将宽4.5米的和平渠自东向西靠近裙楼南侧横穿地下室一层和二层之间，跨度长达32米，因当时施工防水层和结构板粘接不牢，形成剥离，造成后来每逢放水季节（每年5～11月间）地下室箱形基础的顶板（即二层底部）出现多处面积不等的渗水、滴漏，个别地方比较严重，出现钢筋锈蚀；地下室一层靠近和平渠帮处有1处渗水现象；一层顶部多处出现长短不一的龟裂；一至十八层电梯和门厅处所贴大理石面有大面积空洞；十八层顶部出现渗漏现象，墙面有水渍痕迹；裙楼外墙有贴砖脱落现象。对上述工程质量问题，双方均予认可。新疆四建称，上述质量问题可以采取措施补救解决。

最高人民法院经审理认为：宝冠公司与新疆四建签订的《建设工程施工合同》及《补充协议》是在平等自愿的基础上签订的，系双方当事人的真实意思表示，内容不违反国家法律和行政法规的强制性规定，且施工的裙楼工程已实际履行完毕，故一审判决认定上述合同为有效，并无不当。新扶桑公司与供销公司之间的股权转让协议经乌鲁木齐市计划委员会批准时，该委将批文抄报了乌鲁木齐市政府，并抄送了乌鲁木齐市对外经济贸易委员会，该委未提异议。新扶桑公司在其与供销公司签订的股权转让协议经当地有关部门批准的情况下，潘苏灵即以宝冠公司法定代表人的身份对外开展活动，在行使权力的同时即应承担相应的义务。因此在裙楼施工过程中，因宝冠公司的股东发生变化，宝冠公司被注销后，新扶桑公司又继受了裙楼的全部权利，应依法承担相应的义务，新扶桑公司提出其不是本案所涉合同的主体，应由宝冠公司原股东承担责任的理由不成立，本院不予支持。本案讼争裙楼工程经乌鲁木齐市建设工程质量监督站检验、评定，主体工程为优良，整个裙楼工程属于合格，该质检站在《遗留问题处理通知书》中开列的质量瑕疵，属于合格工程中存在的需要整改的质量保修范围。新扶桑公司提出的大楼使用过程中发现的质量问题，不能推翻当地质检部门对工程质量等级的认定，难以否定有关部门核发的工程合格证书的效力。并且建设行政主管部门对建设工程核发合格证书，是法律和行政法规规定的房地产作为商品进入市场的一道必经程序，属于一种确认性质的具体行政行为，不是人民法院委托中介机构对建筑工程造价进行的鉴定或者评估，新扶桑公司认为该工程合格证书核发行为不符合法定要求和程序，应通过行政诉讼途径解决。鉴于核发该讼争裙楼工程合格证书的行为发生在 1996 年，自此至今新扶桑公司始终未提起行政诉讼，因此乌鲁木齐市建设工程质量监督站所核发的宝冠公司裙楼工程的合格证书具有法律效力，在审理民事案件时应作为认定工程质量是否合格的依据。新扶桑公司提出请求二审法院委托国家级质检部门对讼争裙楼重新进行质量认证，理由不充分，不予采纳。新扶桑公司提出因工程质量存在问题，属于工程返修和质量保证问题，应按合同约定的质量保修问题对待，故其请求判令新疆四建赔偿 744 万元的证据不充分，本院不予支持；但新扶桑公司提出的质量问题均在质检范围内，自 1997 年 3 月 14 日双方发生纠纷诉至一审法院，直到 2000 年 11 月 22 日该院作出一审判决，诉讼期间一直持续，双方又未就有关部分返修及保修工程问题协商一致，故这段期间应予扣除，新扶桑公司提出在裙楼使用过程中发现工程存在质量问题，新疆四建对其中部分问题予以认可，应由新疆四建承担相应的返修和保修责任。新疆四建应对乌鲁木齐市建设工程质量监督站在《遗留问题处理通知书》中开列的质量瑕疵以及二审期间双方当事人现场查看所确认的相关工程质量问题进行返修和保修，所需费用由新疆四建负担，经质检部门验收合格后，新扶桑公司将 953 289元预留保修金退给新疆四建。一审判决认定新扶桑公司提出的质量问题均在质检范围内，现质保期已过，保修金不再预留不当，应予纠正。将讼争裙楼设计建造在乌鲁木齐市的和平渠之上，是原建设单位宝冠公司选址确定，为日后箱涵基础工程施工增加难度并产生质量问题留下一定隐患，但这与作为建筑承包单位的新疆四建无关。关于新扶桑公司应付款项数额问题，新扶桑公司拖欠新疆四建款项的数额是经双方协议确认的，其主张 1997 年 2

月 25 日双方达成的还款协议书是受新疆四建胁迫以及存有重大误解所致，属于无效，证据不足，本院不予支持；还款协议书确认尚欠新疆四建2 422 878.23元，新扶桑公司应于 1997 年 3 月 30 日一次付清；欠新疆四建贷款利息等项2 085 469.61元，新扶桑公司应于同年 4 月 30 日一次性付清，上述两笔款项的数额及偿付期限明确具体，其中 180 万元贷款系由宝冠公司与新疆四建签订协议产生，有宝冠公司的收款收据为凭，1995 年 6 月 21 日股东变更后，宝冠公司与新疆四建签订的协议也予以认可，新扶桑公司继受宝冠公司权利义务后，亦应对该笔贷款及利息承担偿还义务，其在 1997 年 2 月 25 日的协议中也予认可，一审法院判令新扶桑公司偿付该笔款项是正确的，应予维持。据此，2001 年 9 月 4 日，最高人民法院依照《中华人民共和国民事诉讼法》第一百五十三条第一款第（三）项之规定，以〔2001〕民一终字第 31 号民事判决判决如下：

（一）维持一审法院判决第一项、第二项。

（二）变更一审法院判决第三项为：新扶桑公司偿付新疆四建贷款利息等款项2 085 469.61元。

上述款项自本判决生效后三十日内付清。

三、新疆四建对质检部门确定以及双方认可的工程质量瑕疵范围进行返修和保修；在上述返修和保修工程经验收合格后三十日内，新扶桑公司将953 289元预留保修金退给新疆四建。

一审本诉案件受理费60 885元、反诉案件受理费37 318.18元、诉讼保全费27 828.18元，按一审判决执行；二审案件受理费98 204.18元，由新扶桑公司负担80 000元，新疆四建负担18 204.18元。

20. 增加工程量，工期顺延

一、案件基本事实

上诉人（原审被告、反诉原告）：龙祥大酒店公司。

上诉人（原审原告、反诉被告）：萧二建公司。

1994 年 6 月 17 日，龙祥大酒店公司与萧二建公司签订《中外合资龙祥大酒店土建及预埋管线预埋件工程承包合同》约定，将中外合资龙祥大酒店土建及预埋管线预埋件工程承包给萧二建公事。承包范围包括：L 群楼的所有土建及预埋管线预埋件工程，商住楼地面 19 层，局部 22 层，地下 1 层，宾馆地面 9 层，地下 1 层，商场 3 层，地下局部 1 层以及室外储水池。承包方式采用总价一次包干方式承包，所有取费标准一次确定，其依据为龙祥大酒店公司提供标单内的工程。工程造价一次包死，全部造价为 2000 万元人民币，任何文件均不作调整依据。因设计变更引起工程量增减，经双方核准后按 2000 万元（标底报价单）的组价计算办法进行增减工程量的补充调整。因龙祥大酒店公司要求设计变更引起工程量较大变化，人力不可抗拒的自然灾害，以及龙祥大酒店公司同意顺延的其他情况，工期可相应延长。1994 年 7 月 9 日开工，工程总工期为 550（日历天）。如总工期延期，每天按合同总造价 2000 万元的千分之一点五即30 000元罚款。双方还对其他有关事项作了约定。

1995 年 11 月 28 日，龙祥大酒店公司与萧二建公司安装分公司（无独立法人资格）签订电气安装工程承包合同约定，承包施工整个建筑结构群中除商场已完成部分外的电气照明、动力控制；其中灯具龙祥大酒店公司提供，不包括设备配套控制箱以及弱电安装。本工程承包方式为包工包料，工程造价为 128 万元，该工程造价一次包死，任何文件不作调整依据，如施工中龙祥大酒店公司需变更设计，引起的工程量增减，则按实调整，其增减工程量单价需经双方协商后确定价格作为调整依据。该工程于 1995 年 11 月 28 日开工，1996 年 8 月 25 日竣工。双方还约定，除本合同特别要求外，其余均以萧二建公司与龙祥大酒店公司1994年6月17日签订的主合同为准。

上述合同签订后，萧二建公司于1994年7月9日开始施工，1995年9月11日将商场交付使用，1996年9月25日将宾馆交付使用，1997年5月29日将全部工程交付使用，比《中外合资龙祥大酒店土建及预埋管线预埋件工程承包合同》约定交付期间逾期494天。施工期间，龙祥大酒店公司于1995年5月29日出具工程变更联系单，将商场1～3层的管线和通风安装工程交给萧二建水电安装公司施工，工程量按实结算，经双方共同协商，报有关部门审核认可后结算。经一审庭审质证，双方对该项变更认定增加工程量847 157元无异议。一审比照双方签订的电气安装工程承包合同中约定的每天完成工程量为4740元，需要工期179天。双方签订的建筑安装工程承包合同，全部工程竣工日期1996年1月20日，而双方签订的电气安装工程承包合同约定竣工日期为1996年8月25日，两个合同竣工日期相差工期215天。施工期间，萧二建公司于1994年9月8日出具施工联系单，双方原定1994年8月19日前调换变压器，但直到同年9月12日才开始调换，影响工期23天。1994年10月15日，龙祥大酒店公司对三层商场半地下室内部分设备未选型，要求萧二建公司对土建在半地下室内砖砌体暂缓施工，影响工期15天。1995年8月26日，龙祥大酒店公司另行发包的隔墙未联系好生产厂家，影响工期7天。1996年10月28日，龙祥大酒店公司另行发包的轻钢龙骨TK板吊顶改用铝合金T型兴塔板安装龙骨质量不合格，1996年11月29日龙祥大酒店公司才通知马桥轻型建材厂12月1日前来返工，影响工期33天。1997年5月20日，龙祥大酒店公司出具工程变更联系单，变更主楼四—五层部分使用性质，涉及标单内土建工程停止施工，需要工期9天。该工程全部交付使用后，双方为工程款结算产生异议。一审法院根据萧二建公司申请于1999年3月19日委托中国建设银行浙江省分行，对讼争的工程总造价进行鉴定，结论为，工程总造价为人民币21 979 430元（其中建设工程造价为18 684 741元，安装工程造价为3 294 716元）。一审庭审中，除萧二建公司对工程造价有多扣、漏算361 888元外，双方对其他事项无异议。1998年12月16日，萧二建公司以请求判令龙祥大酒店公司偿付工程欠款8 594 692元、利息及违约金2 975 005元以及承担本案诉讼费用为由，向浙江省高级人民法院提起诉讼。1999年1月29日，龙祥大酒店公司以要求萧二建公司承担工期延期494天的14 820 000元违约金为由，提出反诉。

二、一审法院认定与判决

一审法院经审理认为：龙祥大酒店公司与萧二建公司签订的《建筑安装工程承包合同》《电气安装工程承包合同》，符合法律规定，应认定有效。龙祥大酒店公司与第二建公司海宁工区龙祥工地负责人平锦林签订的《补充协议》，平锦林的签字系代理萧二建公司的，属表见代理，协议应确认有效。双方当事人讼争的工程总造价，应以中国建设银行浙江省分行鉴定的工程总价款21 979 430元为准。萧二建公司认为该报告多扣或漏算361 888元，但未能提供有效证据，故该理由不能成立。萧二建公司称，龙祥大酒店公司未按上报工程量拨付工程款应支付未付款的违约金的请求，经质证龙祥大酒店按核准的工程量按时支付进度款，故萧二建公司的该项诉讼请求，没有事实依据，不予支持。龙祥大酒店公司请求判令反诉被告萧二建公司支付延期总工期 494 天共计14 820 000元的违约金的诉讼请求，经庭审质证，萧二建公司提供了工程联系单、工程变更联系单、施工联系单、电气安装承包工程合同等证据证明，延期总工期中有 481 天应为顺延工期，实际延期总工期为 13 天。反诉被告萧二建公司应支付给反诉原告龙祥大酒店公司的违约金390 000元，反诉请求部分成立。对于龙祥大酒店公司未付部分工程款，从工程（房屋）全部交付使用的 1997 年 5 月 29 日起按每日万分之四计算利息（保修金 2000 年 5 月 29 日开始计算）。据此判决：（一）龙祥大酒店公司于本判决生效之日起 15 日内支付给萧二建公司工程款2 837 173.62元，自 1997 年 5 月 29 日起按每日万分之四计算利息至履行完毕（其中保修金140 000元从 2000 年 5 月 29 日起开始计算利息）；（二）萧二建公司于本判决生效之日起 15 日内付给龙祥大酒店公司延期交付工程违约金390 000元；（三）驳回萧二建公司的其他诉讼请求。案件受理费67 858元，由萧二建公司负担50 000元，龙祥大酒店公司负担17 858元。工程鉴定费80 000元由萧二建公司负担20 000元，龙祥大酒店公司负担60 000元。工程质量鉴定费64 461元，由龙祥大酒店公司负担50 000元，萧二建公司负担14 461元。诉讼保全费25 420元，由萧二建公司负担12 710元，龙祥大酒店公司负担12 710元。反诉案件受理费84 110元，由龙祥大酒店公司负担80 000元，萧二建公司负担 4110 元。

三、上诉及答辩情况

龙祥大酒店公司和萧二建公司均不服一审法院判决，向最高人民法院提起上诉。

龙祥大酒店公司上诉称：请求依法改判一审法院判决第二项判决事项。主要理由是：（一）萧二建公司确有延期交付工程的事实存在。龙祥大酒店公司与萧二建公司于 1994 年 6 月 17 日签订的《龙祥大酒店土建及预埋管线预埋件工程承包合同》中，约定的一期工程自 1994 年 7 月 9 日开工，工程总工期为 550（日历天），萧二建公司依约应于 1996 年 1 月 9 日交付工程，而萧二建公司实际交付工程时间为 1997 年 5 月 29 日，所以萧二建公司延期交付工程时间应为 494 天。按照双方约定，萧二建公司总工期延期的每天罚款为合同总造价 2000 万元的千分之一点五，即每天30 000元，按此计算方式萧二建公司应承担延期交付的违约金。（二）龙祥大酒店公司无延期支付工程款的事实存在。根据龙祥大酒店公司与萧二建公事所签订的合同第 21 条约定，萧二建公司在每月 25 日上报当月完成的工程量，经龙祥大酒店公司核准后在次月 5 号前拨付该月完成的工程量的 80％工程款。龙祥大酒店公司在每月核准工程量后，按月足额支付工程款，并提前支付工程款达 200 多万元。一审已查明确认龙祥大酒店公司按核准的工程量按时支付了工程进度款。（三）一审法院在工期顺延的事实认定上确有错误。一审法院认为整个工程交付时间应以后一个合同竣工日期为竣工日期，从而判定顺延工期 215 天，与事实不符，因该电气安装合同是独立于双方签订的《龙祥大酒店土建及预埋管线预埋件工程承包合同》，该合同承包范围仅指整个建筑群中除商场已完成部分外的电气照明、动力控制，是土建及预埋管线预埋件工程合同承包范围外的工程合同。因而不能认定为是双方所签土建合同的继续，不能以该合同所约定的竣工日期即 1996 年 8 月 25 日为土建预埋合同的竣工日期。要根据龙祥大酒店公司与萧二建公司签订的土建及预埋管线预埋件工程承包合同的工期进度，才可确认电气合同的施工时间。在土建合同履行过程中，萧二建公司延误工期也造成了电气安装合同延期竣工。而一审法院据此认定萧二建公司应顺延工期 215 天与事实不符。1995 年 5 月 9 日龙祥大酒店公司出具工程联系单所列工程施工范围，应属土建及预埋管线预埋件合同的工程范围，按照该合同所确认的每天工程量即20 000 000元÷550 天＝36 364元，联系单所列的增加工程为847 157元，应当顺延的时间为847 157元÷36 364元＝23 天，而不是 179 天。

萧二建公司向最高人民法院提起上诉称：请求撤销一审法院判决有关部分，依法改判，并由海宁龙祥大酒店公司承担诉讼费用。主要理由是：一审判决认定事实有较大出入。海宁龙祥大酒店工程总造价为 2 660.0635 万元，一审判决认定为2 197.9430万元，所依据的中国建设银行浙江省分行的审计鉴定结论失实，未按新老计价依据规定结算，多项工程款少算、漏算，而且没有将龙祥大酒店公司投标时提供标单外实际完成的工程量审计进去，请求由二审法院主持对工程造价重新鉴定；龙祥大酒店公司未按时支付工程款，追加和变更工程量，造成工期延误，责任在龙祥大酒店公司一方，请求免除一审判令由萧二建公司承担的 39 万元违约金；工地的水电系双方共同使用，应该分立合理负担费用，不应全由萧二建公司负担。

四、最高人民法院认定与判决

最高人民法院认为：龙祥大酒店公司与萧二建公司于 1994 年 6 月 17 日签订《中外合资龙祥大酒店土建及预埋管线预埋件工程承包合同》约定工程总工期为 550 天，应在 1996 年 1 月 20 日前完成全部土建及预埋管线预埋件工程；双方于 1995 年 11 月 28 日签订的《电气安装工程承包合同》约定的竣工日期为 1996 年 8 月 25 日，上述两份合同中约定的工程虽是两个工程，但都属于龙祥大酒店建筑安装项目，都是双方的真实意思表示，并且《电气安装工程承包合同》约定的工程不竣工，《龙祥大酒店土建及预埋管线预埋件工程承包合同》的目的就无法实现，影响到该工程的施工进度，因此一审判决将《电气安装工程承包合同》约定的竣工日期认定为该工程的竣工日期，在计算工期时顺延 215 天，符合双方当事人的意思表示，并无不当，应予维持。龙祥大酒店公司于 1995 年 5 月 29 日出具工程变更联系单所涉及的商场 1～3 层管线安装工程，经鉴定增加工程量为847 157元，这部分工程施工虽先于双方 1995 年 11 月 28 日签订的《电气安装工程承包合同》，但从工程性质看，属于通风和电气管线安装范围，双方约定该部分工程按实结算，但没有单独约定管线安装的日工程量单价；龙祥大酒店公司认为应按《土建及预埋管线预埋件工程承包合同》的总造价除以总工期 550 天得出的每天36 300多元计算，顺延 23 天；萧二建公司提出应按该份合同中的电气安装部分的日工程量 2400 多元计算，顺延 352 天，二者相差甚远。因此，采用其中任何一种计算方法，都与本案的实际情况不符，而且显失公平。一审法院根据这部分工程的性质，参照双方随后签订的《电气安装工程承包合同》中约定的工程量单价 4740 元计算，折算出相应顺延 179 天工期，符合工程的实际状况，也不违反《民法通则》规定的公平原则，可予维持。龙祥大酒店公司对一审判决认定的其他

87天顺延工期没有提起上诉，应予确认。萧二建公司主张工期延误是龙祥大酒店公司追加和变更工程量以及不按时支付工程款所造成，但其对龙祥大酒店公司按核准的工程量进度支付的工程款项总额不持异议，并且其提出的除一审判决已认定部分外的其他工程变更单等，尚不能证明必然需要顺延相应工期，故请求免除一审判决其因延误13天工期应支付给龙祥大酒店公司39万元违约金，证据不足，理由不充分，本院不予支持。关于鉴定结论问题，一审中双方当事人已经对鉴定结论质证，萧二建公司提出漏算、少算36万多元工程款，以及未将龙祥大酒店公司提供标单外实际完成的工程量予以审计，因萧二建公司提供的证据不能证明属于鉴定结论中漏算、少算部分，不能推翻一审法院委托中国建设银行浙江省分行作出的工程总造价鉴定结论，因此申请重新鉴定的理由不充分，本院不予支持；至于一些标单以外的工程，双方约定取费标准一次确定，依据为标单内的工程，因此对于萧二建公司要求将鉴定结论中没有体现的部分也计入工程总造价的请求，本院不予支持。因双方所签合同未涉及水电费用问题，萧二建公司在一审诉讼请求中没有提出水电费用的负担，该项请求不属于本案法律关系的内容，一审判决也未判令双方承担该工程所用水电费，故萧二建公司请求二审法院判令由双方共同负担水电费用，缺乏事实依据，本院不予支持。综上，根据《中华人民共和国民事诉讼法》第一百五十三条第一款第（一）项之规定，最高人民法院于2000年12月29日，以〔2000〕民终字第123号民事判决判决如下：

驳回上诉，维持原判。

二审案件受理费151 968元，由龙祥大酒店公司负担75 984元，萧二建公司负担75 984元。

本判决为终审判决。

21. 合同对停工条件有明确约定，能否认定承包方违约

一、案件基本事实

上诉人（原审原告）：建工公司。

上诉人（原审被告）：朝阳公司。

1994年3月10日，建工公司与朝阳公司签订了朝阳国际商贸中心大厦施工合同，约定：开工日期1994年3月10日，竣工日期1995年9月10日，后双方经协商增加建筑面积7000平方米，工期顺延至1995年12月31日。1995年6月6日，建工公司发出《关于朝阳商贸中心工程欠款的通知》，认为建工公司已为朝阳公司垫付工程款11 373 200元，要求朝阳公司补付，6月15日，朝阳公司发出《关于对第二建筑工程公司"国贸中心工程欠款的通知"的答复》，认为该公司不仅没有欠款，反而已多付3 134 000元，拒绝补付，为此双方发生纠纷。纠纷发生后，双方于1996年4月1日签订了《关于二建退场与甲方协商的交接程序》，对退场事宜作了善后处理。退场前，朝阳公司已付工程款16 647 711元，供材料9 387 389元，代购材料304 990元，共计26 340 090元。建工公司向一审法院起诉，请求判令朝阳公司支付工程款9 382 395.33元及利息、由朝阳公司返还其水泥款66 750元并由朝阳公司负担全部诉讼费用及鉴定费用。朝阳公司答辩并提起反诉称，建工公司逾期交工91天，请求判令建工公司支付182万元违约金、支付朝阳公司的贷款利息中超过违约金的部分计1 381 344元并由建工公司返还857 300元的奖金、临建设施费398 143元。

二、一审法院认定与判决

一审法院认为：《石家庄"国贸中心"大厦工程造价鉴定报告》是中国人

民建设银行委托代理部出具的，中国建设工程造价管理协会建行委员会、中国投资咨询公司参与了鉴定，但后两个鉴定机构没有经过法院委托，其参与工程造价鉴定没有合法的授权，也没有告知或经过朝阳公司同意，使朝阳公司无法行使对鉴定人员提出异议和申请回避的权利。因此，该鉴定缺乏合法的形式要件，不能作为定案依据。石家庄审计事务所是石家庄审计局下属的全民事业单位，在工商行政管理部门核准的营业范围之内，允许其进行工程造价的审计。该所在河北省核准的第一批工程造价审计单位中获得了乙级资质，参加审计的人员当时均具有合法的概预算资格。对工程款进行验证时，当事人双方的审核人员均参与其中，当事人对审计人员均未提出任何异议。庭审时，虽然建工公司对审计人员的资质提出疑问，但朝阳公司出具了证据，审计人员在审计时获有河北省下发的概预算资格。石家庄审计事务所〔1997〕21号《关于国贸中心工程结算的审计验证报告》和《补充报告》具备合法的形式要件。《关于国贸中心工程结算的审计验证报告》作出后，建工公司提出异议，请求法院进一步核实。经咨询河北省定额站，河北省定额站答复后，石家庄审计事务所又作出《补充报告》，所以其验证结论是客观公正的，工程款数额3043.2897万元的结论应当予以确认。依据《建设工程施工合同》第1—4条的约定，合同价暂定2400万元，合同价款仅作为预付款的计算基数，预付款暂定为600万元，以材料或资金形式拨付。该约定没有预付款支付的具体时间。从实际履行情况看，朝阳公司均在合同签订的当月支付，建工公司当时没有提出异议，因此在工程预付款问题上，朝阳公司不存在违约事实。在工程形象进度款的支付问题上，双方当事人在《国际商贸中心施工、拨款及奖惩办法》中注明：整体工程先付25%，施工中，先干活、后给钱，每月干几层给几层的钱，不足一层放到下月。如某阶段未按期完成形象，下阶段或工期末延续，朝阳公司应全款奖建工公司。从建工公司提交的付款申请及朝阳公司的付款时间看，付款一般不超过10天。建工公司对此没有及时提出异议，所以不能认为朝阳公司在支付形象进度款方面违约。《建设工程施工合同》第6—4条约定，朝阳公司不按时付款，每延误一天应支付一天应付款利息，同时顺延一天工期，超过一个月，建工公司有权停工。1994年8月26日《国际商贸中心施工计划及拨款办法》中注明，工期顺延到1995年12月31日，除不可抗力因素，不再顺延工期。1995年6月6日，建工公司发出《关于朝阳商贸中心工程欠款的通知》，认为被告朝阳公司欠款1000余万元并退场，违反了合同约定。在工程款尚未结算的情况下，建工公司单方面停工退场，没有有力证据的支持。建设施工合同履行期限内，朝阳公司违约逾期支付工程进度款，建工公司有权停工，但建工公司的《关于朝阳商贸中心工程欠款的通知》并没有提供朝阳公司欠款的依据。因此，建工公司擅自退场理由不足，在合同约定的期间内不能完工，构成违约。《建设工程施工合同》中有逾期一天罚 2 万元的明确约定，不违反法律。朝阳公司反诉请求建工公司承担 182 万元的延期交工违约金，应当予以支持。朝阳公司还反诉要求建工公司赔偿贷款利息超过违约金部分的损失 138.1344 万元，因其提供的证据不能充分证明贷款利息损失与建工公司停工退场之间的因果性、关联性，对该项请求不予支持。建工公司代购水泥款，朝阳公司认可。该款在审计时已按“九三定额”核算 5 万元，尚欠的材料差价12 295.35元，朝阳公司应给付建工公司。临建费用在审计时已经列入，建工公司亦认可占用朝阳公司提供的房屋作为临时办公室使用的事实。因双方没有约定租赁事宜，而临建费用并非仅指临时建筑费，故朝阳公司反诉全部返还临建费用的请求没有法律依据。依据公平原则衡平双方利益，判定建工公司返还三分之一的临建费132 714.33元给朝阳公司。建工公司对其主张的安全防护网设施费问题没有举出事实上的证据加以佐证，对建工公司此项主张无法支持。朝阳公司主张的 285 箱瓷砖，在材料交接收条上有建工公司驻地收料员签字，所以该材料价款 8877.75 元应从工程款中扣除。关于朝阳公司直接拨付给唐县长城建筑公司的 15 万元工程款，由于建工公司提供的证人李俊波不能出庭作证并接受朝阳公司的质证，因此李俊波在发票上的备注部分不具有证据效力。朝阳公司提供的发票上的钱数与温玉珍的申请相符，建工公司主张此笔款系另一法律关系证据不足。朝阳公司支付给唐县长城建筑公司的 15 万元，应认定为朝阳公司支付给建工公司。双方当事人在《建设工程施工合同》第 5—4 条中约定，建工公司未按合同工期完工，由朝阳公司扣回 108 万元奖金。虽然双方在 5—5 条中又约定，奖金和罚款可分期随工程进度奖罚，在《国际商贸中心施工、拨款及奖惩办法》中也注明：按层考核、按层兑现，但这只是对奖金履行方式的变更，没有改变奖金扣回的约定。在建工公司单方面违约停工退场、未及时交付工程的情况下，其所获奖金 85.73 万元应扣回给朝阳公司。依据《中华人民共和国民法通则》第一百一十一条、第一百一十二条、《中华人民共和国民事诉讼法》第一百三十四条的规定判决，一、朝阳公司给付建工公司剩余工程款 394.2807 万元（已扣除朝阳公司付给唐县长城建筑公司的 15 万元），水泥差价 1.2295 万元；二、建工公司给付朝阳公司临建费用

13.2714 万元，瓷砖款 0.8878 万元，奖金 85.73 万元，延期罚款 182 万元；三、两项相抵，朝阳公司给付建工公司 113.621 万元，判决生效后一个月内付清。如逾期给付，按照《中华人民共和国民事诉讼法》第二百三十二条执行。鉴定费246 048元，一审案件受理费20 345元，建工公司承担199 794.75元，朝阳公司承担66 598.26元；反诉费31 897元，建工公司承担15 948.5元，朝阳公司承担15 948.5元。

三、上诉及答辩情况

建工公司不服一审判决向最高人民法院提起上诉称：一、石家庄审计事务所在 1997 年 9 月 26 日出具《关于国贸中心工程结算的审计验证报告》（以下简称《验证报告》）时没有建设部门认定的工程造价咨询资格，其工商档案所记载的经营范围是“财务、审计咨询服务”。石家庄审计局不能超越职权证明工商局核准的经营范围是否包括工程预决算审计。石家庄审计事务所出具的《验证报告》上没有审计人员的签字，违反《中华人民共和国民事诉讼法》第七十二条和《中华人民共和国审计法》的相关规定。参与审计的王进学等人均在 1998 年以后才取得资质，其中王进学所在单位是“核工业第四研究设计院”，不是石家庄审计事务所。石家庄市工程建设造价管理站也无权证明王进学是否在 1996 年 12 月 31 日取得了本应由河北省建设委员会颁发的土建二级概预算人员资格证书。因此，石家庄审计事务所出具的《验证报告》主体资格不合法，一审判决回避建工公司的质证意见内容，不能令人信服。验证报告依据的《工程造价审计定案通知书》注明，该通知书加盖石家庄审计事务所章方能生效，但通知书没有加盖公章。《验证报告》审计范围不全面，有严重漏项、错套定额、不合理扣减等情况，审计范围仅限于主合同规定的土建、给排水、电气工程，不能涵盖本案工程结算的全部内容。朝阳公司曾分别与多家公司签订分项承包合同及装修装饰协议，这些公司与建工公司共用同一水电表，建工公司没有签字认可承担全部水电费用，《验证报告》认定水电费用全部由建工公司负担是错误的。建工公司 1996 年与朝阳公司达成协议退场，朝阳公司未按规定进行验收，现大厦已经投入使用并已超过保修期，根据国务院《建筑安装工程承包合同条例》第十三条的规定，工程未验收即投入使用的，质量问题由发包人自行承担。《验证报告》扣除保修金是错误的。二、本案工程造价应以中国建设银行委托代理部、中国建设工程造价管理协会建行委员会、中国投资咨询公司三家机构共同作出的《石家庄“国贸中心”大厦工程造价鉴定报告》（以下简称《鉴定报告》）的结论为准。中国投资咨询公司具有甲级资质，参与鉴定的人员均具有专业职称或资格。朝阳公司在鉴定过程中从未对鉴定单位提出异议。经最高人民法院六次开庭审理，反复质证，鉴定单位先后作出三次《鉴定报告》草案，由双方当事人提出书面质疑、鉴定单位答疑，最终定稿，内容合法有效，应作为本案依据。《鉴定报告》包括了主合同之外的主体包死价、经济签证、超百米2%增高管理费等《验证报告》遗漏的内容。三、朝阳公司在支付预付款和形象进度款方面有违约行为，建工公司被迫终止合同，不应承担182万元的逾期罚款。同时，《关于朝阳商贸中心工程欠款的通知》的目的仅在于追索欠款，建工公司是在1996年4月1日与朝阳公司签订《关于二建退场与甲方协商的交接程序》，协议解除合同后陆续退场的，并非一审法院认定的违约擅自退场。四、建工公司一层至二十九层土建工程均提前完工并通过验收，根据双方当事人按层考核、按层兑现的约定，经朝阳公司签字认可后发给奖金共85.73万元，朝阳公司无权收回建工公司合法劳动获得的奖金。工程未按时完工是朝阳公司违约付款、分包工程拖延工期所致，朝阳公司应当承担违约责任。五、朝阳公司支付给唐县长城建筑公司的15万元，没有充分证据证明是支付给建工公司的。六、建工公司为朝阳公司代垫267吨水泥价值66 750元，双方对此均无异议。在双方没有过料手续的情况下，朝阳公司主张此款已在决算定额中抵顶，没有任何依据。一审法院确认临建费用不仅指临时建筑费，双方当事人也没有约定租赁关系。按照“九三定额”的规定，临建费用应由施工单位包干使用，因此建工公司不应向朝阳公司返还临时设施费。285箱瓷砖系朝阳公司购买并由其工作人员签收，建工公司的仓库管理员在收条上签字证明瓷砖存放于双方共用的仓库中，收条不是双方的过料手续，不能证明瓷砖是朝阳公司向建工公司供料。本案工程地处城市中心地带，按照国家强制性规定，建工公司确实修建了安全护网设施，朝阳公司应当支付8.6万元的费用。七、《验证报告》认定材料差价款共2 229 098.34元并提交一审法院“确定归属，进行裁决”，《鉴定报告》也认定材料差价为2 172 422元，但一审法院却遗漏了对此事实的认定，应予纠正。建工公司请求撤销一审判决，按照《鉴定报告》进行工程结算，判令朝阳公司向建工公司支付拖欠的工程款9 382 395.33元及利息、水泥款66 750元，护网费用86 000元；建工公司不承担182万元的延期罚款、不退还已经领取的85.73万元奖金、从工程款中扣除朝阳公司向唐县长城建筑公司支付的15万元、不退还瓷砖款8878元；由朝阳公司承担一、二审诉讼费用及鉴定费用。

朝阳公司答辩称：一、一审法院委托审计事务所审计是经双方当事人同意的。河北省建设厅已向一审法院复函，称石家庄审计事务所是河北省第一批批准的工程造价咨询单位，在此之前，河北省没有对从事造价咨询业务单位的资质实施管理。这说明，河北省建设管理部门在实施资质管理之前并不禁止并认可审计咨询部门进行造价审计。石家庄市工商局核准石家庄审计事务所有“审计咨询服务”业务。石家庄市审计局也向法院出具证明，证明当时审计事务所的审计咨询服务包括基建工程预决算审计。审计人员王进学等在1997年首次考试前是概预算人员，考试后是造价工程师，具有审计资质。《验证报告》合法公开，内容完整，结论客观公正。建工公司从未对一审时的审计单位和人员资质提出过异议。二、《鉴定报告》不能作为定案依据。该报告分别盖有不同的单位章。三、朝阳公司按时支付了形象进度款和预付款，工程决算后，一审法院对决算价大于合同价的部分判令朝阳公司给付，与认定朝阳公司不违约并不矛盾。因为合同约定，工程在竣工决算之前是以合同暂定价为付款依据的。四、建工公司未按合同工期完工，理应按合同规定扣回已发的奖金。唐县长城建筑公司是建工公司雇佣的施工队，其施工的部分已包括在工程总造价之中，一审法院认定为朝阳公司付款是正确的。建工公司代垫的267吨水泥的定额价已经包含在工程造价之中，朝阳公司只需支付差价款。285箱瓷砖是朝阳公司购料，货到后由建工公司收料员田志敏签收，款项应抵顶工程款。建工公司没有证据证明其购买并使用了防护网，无权要求朝阳公司承担此项费用。请求二审法院驳回建工公司的上诉。

朝阳公司亦不服一审判决向本院提起上诉，请求判令建工公司支付超出违约金部分的损失138万元，从工程款中扣除全部临建费用，朝阳公司不应承担建工公司没有实际购买的302万元调价材料，以及由建工公司承担上诉费用。理由是：一、朝阳公司因工程逾期完工多向银行支付贷款利息320万元，该损失与建工公司的违约行为有因果性和关联性。建工公司应支付朝阳公司超出违约金部分的损失138万元。二、朝阳公司为建工公司提供了临建房屋及设施，因此临建费用应从工程款中全额扣除。三、工程款中的302万元调价材料，建工公司没有实际购买，判令朝阳公司全部给付没有依据。

建工公司对此答辩称：朝阳公司存在违约支付预付款和形象进度款的行为，建工公司有权顺延工期，无需承担138万元的违约赔偿责任；按照“九三定额”的规定，建筑工程的临时设施包括宿舍、文化设施、公用事业房屋与构筑物、仓库、办公室、加工厂及规定范围内的道路、水电、管线等，临时设施费由施工单位统一包干使用。朝阳公司提供的几间临时办公室远不能满足施工需要，建工公司为新建临建设施支出了大量费用，有权对全部临时设施费用包干使用，朝阳公司无权将其从工程款中扣除；建工公司购买并使用的302万元调价材料，《鉴定报告》和《验证报告》都予以认可，朝阳公司应当支付。

四、最高人民法院认定与判决

最高人民法院二审查明：1994年3月10日，石家庄市朝阳工贸公司（朝阳公司前身）与石家庄市第二建筑工程公司（以下简称二建公司）签订《建设工程施工合同》，约定由二建公司承建石家庄国际商贸中心大厦工程，工程地点位于河北省石家庄市中山东路北段，28层框架结构，建筑面积3万余平方米（含地下三层）。工程范围包括土建、水、暖、电（不包括总配室），其余项目负责做好配合工作。承包工程从挖好基坑、基础桩施工开始至整个工程结束。工期从1994年3月10日至1995年9月10日。合同价款暂定为2400万元并仅作为预付款的计算基数，确切承包造价以河北省“九三定额”及国家有关文件规定为准，无定额标准的造价由二建公司征得朝阳公司同意后采购或作业，由双方协商决定。预付款按合同暂定价款25%计，为600万元，合同签订后以材料或资金形式拨付二建公司。工程需边设计边施工，朝阳公司提供图纸以不耽误二建公司施工进度为原则。二建公司如按合同工期完工，朝阳公司奖励二建公司108万元，如提前完成，每提前一天，奖2万元。二建公司如未按合同工期完工，由朝阳公司扣回108万元奖金，延误一天罚款2万元。朝阳公司对二建公司的奖金和罚款可分期随工程进度奖罚，具体办法双方另订补充协议。因设计变更造成工程量增减，其造价据实随之调整。工程项目实行分层结算的办法，将工程暂定价分到大楼每一个层次，使每个层次有了相对合理的价格后，二建公司干完一层由朝阳公司支付一层款，工程竣工时，工程款应付至95%，工程验收合格后，留下千分之五的保修款，其余一次付清。朝阳公司不按时付款，凡属朝阳公司责任每延误一天应支付一天应付款的利息，同时顺延一天工期。超过一个月后，二建公司有权停止施工，所造成的经济损失一律由朝阳公司负担。工程开工后，朝阳公司根据双方事先制定的各层次价格和二建公司实际完成的层数，逐层付款。月进度款以双方确认的二建公司实际层数和每个层次的暂定价为准。凡属调价材料，二建公司 15 天前报采购计划给朝阳公司，朝阳公司一周内给予确认与否，确认后二建公司持朝阳公司支票采购或朝阳公司自购。凡属内、外装材料，二建公司应提供采购样品方可采购，朝阳公司按样品接收，验收合格后方可使用。设计变更的项目一律以朝阳公司法人代表签字的文字通知为准。变更造价调整预算（含规定据实调价及材料差价调整）的提交与审定时间，由双方代表在签发变更时予以明确。二建公司不能按期竣工或按工期提交结算报告超过合同规定期后，朝阳公司有权无条件使用该工程。朝阳公司不能及时按合同约定履行自己的义务、支付款项及发生其他合同无法履行的行为，应承担违约责任，包括支付因违约导致二建公司增加的经济支出和应付之日起计算的应支付款的利息等，相应顺延工期，按约定支付违约金并赔偿二建公司的窝工等损失。二建公司不能按合同工期竣工及其他使合同无法履行的行为，二建公司要按约定支付违约金和其他处罚措施。

同日，朝阳公司通过中国工商银行汇付二建公司工程预付款 100 万元。3 月 9 日，二建公司已对此款提前出具了发票。

二建公司与朝阳公司签订的《国际商贸中心施工、拨款及奖惩办法》中约定付款办法：整体工程先付 25%，施工中先干活、后给钱，每月干几层给几层钱，不足一层算到下月。如某阶段未按期完成形象，而下阶段或总工期未延误，甲方（朝阳公司）仍全额奖乙方（二建公司）。奖惩办法，按层考核、按层兑现，累计完成算总账。该表合计建筑面积35 550平方米，预完产值 1985 万元，奖工费 108 万元。

1994 年 3 月 12 日，朝阳公司曾出具《委托书》，委托河北长城房地产开发有限公司负责建设石家庄国际商贸中心工程事宜，由此所产生的一切行为由朝阳公司承担。

同年 4 月 11 日，朝阳公司、二建公司与核工业部第四勘察院签订《国际商贸中心工程桩基合同》，竣工日期 1994 年 5 月 15 日，总造价 88 万元。

同年 6 月 10 日，河北长城房地产开发有限公司与二建公司签订《国贸中心材料采购细则》，对《建设工程施工合同》中关于乙方包工包料和调价材料的采购达成协议，约定二建公司须在 15 天前向朝阳公司报送材料报单，注明材料规格、数量、市场价、二建公司报价。朝阳公司接到材料报单后，于一周内给予确认或否决，确认则由朝阳公司加盖公章、负责人签字，否决则由朝阳公司指定价格、厂家，由二建公司采购。按照该采购细则，二建公司为国贸中心工程购买了部分建筑材料，在施工过程中形成的 14 份材料报价表上，载明了二建公司购料的品种、规格、单位、数量、市场价、二建公司报价和朝阳公司认可价，并注明市场价、二建公司报价和朝阳公司认可价的单位为“元”，价格包括运费、搬倒费、装卸费。二建公司和朝阳公司双方的工地代表在材料报价表上签字并加盖了单位公章。

1994年6月20日，石家庄市经济贸易委员会以市经贸企〔94〕179号文件，批复石家庄市朝阳工贸公司组建成立石家庄朝阳企业集团公司。同年6月28日，朝阳公司取得营业执照。

1994年7月28日，二建公司与朝阳公司签订《协议书》一份，载明：经协商，据实结算材料按所列单位市场差价进行结算，其材差并于双方签订协议，5日内支付施工单位，确保工程正常进行。

1994年8月17日，朝阳公司、二建公司签订《朝阳工贸国际商贸中心工程会议纪要》，经协商增加建筑面积7000平方米，单价仍暂按800元计算，共增加560万元。基础地下室主体完工，朝阳公司再给二建公司付款234万元。工期顺延至1995年底。

1994年8月26日，二建公司与朝阳公司又签订一份《国际商贸中心施工计划及拨款办法》，约定基础部分暂作价每平方米不超过1500元，预算出来后，据实调整，完成基础部分付款金额不变。工期顺延至1995年12月31日，包括以下影响进度内容：工程桩、图纸、面积增加、人防工事处理。此表签订后，除不可抗力因素，不再顺延工期。注明该表以双方1994年8月17日会议纪要内容整理，造价为暂估价，待工程预算书编制审定后，其价格另行调整。付款办法、施工进度以此表为准。该表合计建筑面积37 000平方米，预完产值2960万元，奖工费112.41万元。

1995年3月16日，朝阳公司职员牛勋向二建公司出具函件，内容是“贵方为我方代垫425＃水泥267吨，价格每吨250元，合计66 750元，待基础部分预结算搞清时一次结算。”

1995年7月19日，石家庄市经济贸易委员会批复石家庄市建筑工程局，同意以二建公司为核心企业组建石家庄建工集团公司。2001年2月16日，石家庄市经济体制改革委员会批复石家庄市建筑工程局，同意石家庄建工集团公司改制，设立建工公司。

1995年10月9日，建工公司朝阳工地收料员田志敏曾写下收到广东裕华陶瓷厂285箱瓷砖的收条，瓷砖系朝阳公司购买。

1995年11月14日，建工公司职员温玉珍向朝阳公司去函，称因国贸工程已到收尾阶段，建工公司一部分劳力需退场，急需工资款 15 万元，请朝阳公司给予解决。11 月 27 日，朝阳公司拨付河北省唐县长城建筑工程公司（以下简称唐县建筑公司）工程款 15 万元，唐县建筑公司出具了发票。

1997 年 4 月 21 日，建工公司起诉法院，请求判令朝阳公司支付工程欠款及利息并承担全部诉讼费用。根据一审法院的委托，1997 年 9 月 26 日，石家庄审计事务所向河北省高级人民法院提交《关于国贸中心工程结算的审计验证报告》，称该工程 1994 年 3 月 10 日开工，1996 年 4 月至 6 月二建公司陆续撤出施工现场。审计验证的内容包括：二建公司承建的国贸中心工程的土建、给排水、电气工程的结算。（一）审定工程结算造价30 841 219元；（二）调价材料款，有双方验收手续的9 387 389元，已含在工程结算造价内，应从结算造价中扣除。没有双方过料手续的调价材料的预算价格为3 071 765元，已含在预算造价内。市场价为5 300 863.34元，差价为2 229 098.34元，因涉及施工合同纠纷，请一审法院依法确定归属，进行裁决。另列待一审法院解决的几个问题：1. 关于20 000元凿毛费用，二建公司没有提供证据材料，无法审查。2. 工程定额及取费标准是按工程完工考虑，不考虑中途退场情况，结算中包括已完工程的垃圾清理费、管道试压费、通水费、施工用水电费及由于撤场造成的其他经济损失。建设单位提出的应由施工方承担的损失费属合同纠纷内容。3. 工程结算款中包括工程直接费 2%的临时设施费398 143元。工程施工中施工单位确实占用过建设单位的房子，因双方当时未签订协议，此项费用由一审法院确定。4. 施工过程中，建设单位共付奖工费 85.73 万元。施工单位实际离开施工现场的时间是：水电工程队为 1996 年 4 月初，土建工程队为 1996 年 6 月。施工单位没有提供工程延期的说明材料，此问题属施工合同纠纷，请一审法院裁决。5. 建设单位付唐县建筑公司工程款 15 万元，施工单位对此没有记载。唐县建筑公司是施工单位的分包队伍，也直接承包过建设单位的其他工程，情况复杂，不属于工程技术性问题，请一审法院“查踪”。6. 工程结算材料款第二部分，请法院裁决。7. 其他问题。工程施工管理费是否增加 2 个百分点，经向河北省造价管理总站咨询，未得到明确的书面批复。施工单位提出的前五个问题，经向河北省造价管理总站咨询，未得到明确的书面批复。施工单位提出的后三个问题，属对审计验证结果的异议，理由不够充分，不予修正。最后，该审计事务所建议一审法院在其审定的30 841 219元扣减有过料手续的材料结算造价9 387 389元的基础上，综合“待高院解决的几个问题”进行修正和调整后，依法裁决。

石家庄审计事务所《国贸中心工程定案结算价说明》称：国贸中心工程定案结算价为30 841 219元，在此结算价基础上，再按审计报告所列调整待高院解决的几个问题后，再作为国贸中心对二建公司最终的结算数。

1997 年 12 月 5 日，石家庄审计事务所取得乙级工程造价咨询单位资质证书，业务范围为：可在本省各地承担各类中型及以下建设项目的可行性研究投资估算、项目经济评价、工程概预算、工程结算、工程招标标底、投标报价的编制和审核，以及提供有关工程造价信息资料等咨询业务工作。1992 年该审计事务所《企业法人申请开业登记注册书》记载了，主营财务、审计咨询服务，主管部门是石家庄市审计局。

1997 年 12 月 9 日，石家庄审计事务所又向一审法院提供《对国贸中心工程几个问题的补充意见》并备附表，请一审法院核查后依法裁决。该意见共调减金额590 403元（包括施工水电费、电话费、煤费、赔偿费、垃圾清理费、未预埋水卫套管损失费、管道调试费、保修款等），调增金额182 081元（包括筏基梁换墙、105 米以上综合脚手架、粉煤灰空心砖抹灰和满堂脚手架增加垂运费）。调整后审定金额由30 841 219元调整为30 432 897元。

1998 年 5 月 22 日，建工公司向最高人民法院申请对石家庄国际商贸中心大厦工程决算进行重新鉴定。理由是一审法院委托石家庄审计事务所进行的审计比实际价款少计 500 万元，不能作为定案依据。朝阳公司则不同意重新鉴定。根据建工公司的申请，1998 年 7 月 14 日，最高人民法院在本案二审期间出具《委托鉴定函》，委托中国人民建设银行委托代理部对本案全部工程造价进行核算。

1999 年 2 月 3 日，中国建设银行委托代理部、中国建设工程造价管理协会建行委员会作出《鉴定报告书》，鉴定结论为土建工程造价27 899 508元、水卫工程造价1 957 502元、电气工程造价2 327 480元、经济签证429 141元、材料据实调整明细表合计2 172 422元，合计34 786 053元。朝阳公司提供材料预算价明细表合计 8 755 947.15 元，主体工程以外合同包死价合计3 464 000元。鉴定人员组成：景丕林、胡朝葵、安琪。

1999 年 2 月，中国建设银行以《石家庄“国贸中心”鉴定有关情况的说明》致函最高人民法院，称：“根据建行总行内部工作规程，委托代理部与中国投资咨询公司共同承担工程造价咨询、评估等业务工作。按照职责公工，委托代理部对外签订委托协议，对内实行组织管理。按照行业管理要求，中国投资咨询公司是中国建设银行总行对外从事工程咨询的中介实体，是获得国家计委及建设部批准的甲级资质咨询单位，因此，建设银行总行具备从事工程造价鉴定的资格。委托代理部接受你院委托就石家庄国贸中心大厦工程造价的鉴定工作，符合建总发字〔1994〕第 158 号文的规定”。“鉴定报告初稿、二稿向你院和双方当事人提供两次，征求意见并答疑”。“经复核，按照规范化要求，该报告落款应加上中国投资咨询公司名称及印章。现将更正报告呈送三份，特此说明”。该函附送了中国建设银行向各省、自治区、直辖市及计划单列市分行的《关于下发总行委托代理部主要职责及业务分工的通知》，载明：委托代理部负责接受部门和企业委托，办理委托代理协议；负责中国建设工程造价管理协会建行委员会的组织管理工作；其中介业务处负责协调、管理建设银行现有的工程造价咨询公司。

中国建设银行委托代理部、中国建设工程造价管理协会建行委员会、中国投资咨询公司共同作出的正式的《鉴定报告书》之鉴定结论为：工程土建部分造价27 899 508元，水卫部分造价1 957 502元，电气部分造价2 327 480元，经济签证429 141元，材料据实调整明细表合计2 172 422元，合计34 786 053元。主体工程以外合同包死价3 464 000元。工程总造价38 250 053元，甲方（朝阳公司）提供材料预算价款明细表合计8 755 947.15元。主要鉴定人员组成：景丕林、胡朝葵、安凤顺、吴立珍、田玉兰、朱宏洁。封面落款日期为 1999 年 2 月 3 日，内附的《石家庄“国贸中心”大厦工程造价鉴定报告》作出的日期为 1999 年 1 月 25 日。该鉴定报告作出后，朝阳公司认为中国建设工程造价管理协会建行委员会、中国投资咨询公司并非最高人民法院委托的鉴定机构，对鉴定程序和鉴定结论提出异议。

本案重审期间，2002 年 3 月 26 日，石家庄市工程建设造价管理站向一审法院书面证明，王进学 1996 年取得河北省建设委员会颁发的土建二级概预算人员资格证书。4 月 9 日，该管理站还答复一审法院，称土建二级预算师可以编审土建工程总造价 5000 万元以下的工程预决算。2002 年 4 月 15 日，河北省建设厅给一审法院的《关于石家庄审计事务所造价咨询资质问题的复函》中称，石家庄审计事务所是河北省 1997 年第一批批准的 34 个造价咨询机构之一，在公布第一批造价咨询单位以前，河北省还没有对从事造价咨询业务单位的资质实施管理。2002 年 4 月 23 日，石家庄市审计局出具书面证明，称石家庄市工商局 1992 年核定石家庄审计事务所的经营范围，其中审计咨询服务包括基建工程预决算审计。

最高人民法院认为：石家庄审计事务所 1997 年 12 月 5 日取得乙级工程

造价咨询单位资质证书之前，河北省政府有关主管部门尚未对从事造价咨询业务单位的资质实施管理，一审法院委托该单位对本案工程造价进行审计不违反法律规定。中国建设银行委托代理部、中国建设工程造价管理协会建行委员会、中国投资咨询公司共同作出的《鉴定报告》，因鉴定程序存在瑕疵，本院仍参照石家庄审计事务所作出的《验证报告》确定本案工程造价。本案事实表明，朝阳公司确实欠付建工公司工程款，一审法院以建工公司停工时没有提供朝阳公司欠款的依据为由，认定建工公司擅自退场并构成违约，判决建工公司向朝阳公司支付延期罚款 182 万元，没有事实依据和法律依据。按照《建设工程施工合同》第 6－4 条的约定，朝阳公司不按时付款超过一个月时，建工公司有权停工。同时，当事人并没有约定建工公司停工需以工程款结算为前提条件。《国际商贸中心施工计划及拨款办法》中注明的，除不可抗力因素不再顺延工期的约定，亦不能理解为建工公司此后不能停工退场。朝阳公司直接拨付给唐县建设公司 15 万元工程款，虽然发票上的人民币数额与建工公司温玉珍申请拨付的款额相符，但并不能直接得出建工公司收取了该 15 万元的结论。本案中没有证据能够证明建工公司收到了朝阳公司拨付给唐县建筑公司的 15 万元工程款，一审法院对证据的认定是错误的。双方当事人在履行《建设工程施工合同》过程中，对进度奖惩实际履行的是合同第 5－5 条和《国际商贸中心施工、拨款及奖惩办法》中按工程进度奖罚、按层考核、按层兑现的约定。该约定并不以《建设工程施工合同》第 5－4 条为前提。同时，建工公司停工退场系朝阳公司违约欠付工程款所致，符合合同约定。故一审法院判决建工公司将已获奖金 85.73 万元扣回给朝阳公司不当。建工公司为朝阳公司代垫 267 吨水泥价值66 750元，朝阳公司应予返还。建工公司在施工过程中虽使用了朝阳公司部分房屋作为临建，但双方没有租赁协议或其他有偿使用的约定，且按照《河北省建筑安装工程间接费及其他费用定额》的规定，临时建设费是由建工公司包干使用的，因此建工公司不必向朝阳公司返还临建费用。价值 8878 元的 285 箱瓷砖是朝阳公司订货，从供货合同关系考虑应认定为朝阳公司供料，对工程造价没有影响。建工公司主张的工程防护棚、封闭篱笆费用，因其没有提供有关实际支出该笔费用的证据，不予计算。《验证报告》确认，建工公司在施工过程中确实购买了部分调价材料。因双方当事人针对二建公司采购调价材料签订了《国贸中心材料采购细则》并据此形成了 14 价双方共同签字盖章的材料报价单，表明朝阳公司认可由二建公司购买调价材料。原审期间，双方当事人对《国贸中心材料采购细则》及相关的材料报价单的真实性均未提出异议，且材料报价单中反映的朝阳公司对二建公司购买调价材料的认可价数额之和大于《验证报告》所认定的二建公司购买调价材料的总价款。因此，二建公司购买调价材料符合双方的约定，朝阳公司应当向建工公司支付该部分调价材料差价款2 229 098.34元。综上，朝阳公司应向建工公司支付工程欠款并自建工公司起诉之日起计付该款的利息。依据《中华人民共和国民法通则》第一百零八条、《中华人民共和国民事诉讼法》第一百五十三条第一款第（三）项的规定，最高人民法院于 2003 年 8 月 17 日，以〔2002〕民一终字第 60 号民事判决判决如下：

一、变更一审法院判决第一项为：本判决生效之日起一个月内，朝阳公司向建工公司支付工程款欠款6 321 905.34元并按中国人民银行同期同类贷款利率支付自 1997 年 4 月 21 日起至还款之日止的利息；

二、本判决生效之日起一个月内，朝阳公司向建工公司支付水泥欠款66 750元并按中国人民银行同期同类贷款利率支付自 1995 年 3 月 16 日起至还款之日止的利息；

三、撤销一审法院判决第二项和第三项；

四、驳回建工公司、朝阳公司的其他诉讼请求。

一审案件受理费20 345元，由建工公司负担 5000 元，朝阳公司负担15 345元；一审鉴定费用246 048元，由建工公司负担60 000元，朝阳公司负担186 048元；二审案件受理费70 524.5元，由建工公司负担20 000元，朝阳公司负担50 524.5元；二审鉴定费用195 000元，由建工公司负担50 000元，朝阳公司负担145 000元。

22. 对合同约定的不是包死价，如何适用定额结算工程款

一、案件基本事实

上诉人（原审被告）：绿岛公司。

被上诉人（原审原告）：大洼公司。

1996年2月28日，绿岛公司与大洼建筑公司签订《建筑工程施工合同协议条款》，约定：绿岛公司为发包方，大洼建筑公司为承包方；工程范围及内容包括体育中心、动力中心、物业管理、辅助用房、小住宅25幢约20 000平方米；工程交工验收结算后，于1996年年底前付清全部工程款（保修费除外）；大洼建筑公司于工程竣工后10天提交结算报告，绿岛公司收到验收竣工报告30日内无正当理由不办理结算，从第31天起按施工企业向银行贷款的利率支付拖欠工程款的利息；工程造价暂定2000万元，待图纸出全后，大洼建筑公司按国家92.94工程定额编制施工图预算，并报绿岛公司批准；取费标准按工程所在地95年度结算费率，乙级取费（不计取跨市区所发生的费用）。双方还约定：工程造价管理部门公布的价格调整及政策性调整为合同价款调整条件。订立合同后，大洼建筑公司即进场施工。1996年12月30日，讼争工程经沈阳市工程质量监督站苏家屯分站核定工程质量为优良。绿岛公司已对工程进住使用。根据大洼建筑公司提供的工程项目支出票据，绿岛公司委托辽宁工会审计事务所对工程造价进行鉴定以便结算。1996年11月30日，辽宁工会审计事务所出具的审计结论为：编制依据定额为1992年辽宁省建筑工程预算定额辽宁省单位估价表，1994年全国统一装饰工程预算定额辽宁省单位估价表；工程价值为32 407 890.29元，审计工程款为28 300 552元；1998年3月，大洼建筑公司法定代表人李国才在辽宁工会审计事务所作出的《工程预（结）算审计验证认定书》上签字并加盖了印鉴，绿岛公司职员在认定书上签字。

1999年2月11日，绿岛公司与大洼建筑公司就扣款问题达成协议，内容为：大洼建筑公司施工的工程项目中，经检查发现工程质量问题和施工遗留问题。经双方共同认定属实，双方对工程出现的质量问题商定绿岛公司扣除大洼建筑公司工程施工款150万元。大洼建筑公司的法定代表人李国才，绿岛公司驻工地代表方远在协议上签字，未加盖印鉴。1998年7月31日，双方当事人与本溪钢铁公司第三建筑公司（以下简称本钢三建）签订《代付料款协议》，约定：经绿岛公司调解，大洼建筑公司向本钢三建借施工材料总款价值817 258元，绿岛公司欠大洼建筑公司工程款，经三方协商由绿岛公司代大洼建筑公司向本钢三建支付上述款项。

1999年4月20日，大洼建筑公司向一审法院递交的起诉状称：1996年12月15日大洼建筑公司将工程决算报告书（包括管网报告）交于绿岛公司，但绿岛公司并未依合同约定在接到决算报告15天内审查批准拨款。绿岛公司应按《工程预（结）算审计验证认定书》确定的工程款、96定额与92定额之间的差价款给付大洼建筑公司。

一审审理期间，一审法院委托中国建设银行辽宁省分行对工程造价进行鉴定，该行1999年9月13日出具的《建筑工程造价鉴定书》结论为按96定额工程总造价为32 737 624.72元（包括图纸误工等损失20万元）。一审法院还委托辽宁审计师事务所对双方当事人在施工期间（1996年4月19日至1999年9月23日）往来账、材料账进行审计，审计机构分别于1999年9月23日、12月21日作出《专项审计报告》和《补充审计意见》，结论为：绿岛公司共付给大洼建筑公司工程款19 992 602.71元（其中包括绿岛公司以承兑汇票方式付给大洼建筑公司的工程款500万元），绿岛公司为大洼建筑公司垫付电费173 191.2元，绿岛公司给付大洼建筑公司材料折款5 149 165.94元，绿岛公司代大洼建筑公司偿还大洼建筑公司借用本钢三建的材料折款817 258元。扣除上述款项，绿岛公司尚欠大洼建筑公司工程款本金6 675 406.87元，尚欠工程款利息3 284 094.18元（计息时间为1997年3月14日至1999年9月23日）。绿岛公司以承兑汇票方式分四次给付大洼建筑公司工程款500万元，该承兑汇票为远期汇票，大洼建筑公司持承兑汇票去银行贴现，共发生贴现利息201 433.75元（四张承兑汇票出票日、到期日、金额及贴现日期分别为：1996年7月29日至1996年12月6日，50万元提前贴现日期为1996年9月20日；1996年9月3日至1997年3月1日，200万元提前贴现日期为1996年9月4日；1996年9月27日至1997年3月25日，150万元提前贴现日期为1996年10月4日；1998年10月3日至1999年3月20日，100万元提前贴现日期为1998年10月31日）。

1993年1月29日，建设部颁发的《建设工程施工合同管理办法》第12条规定，工程价款应以定额和相应取费标准作为指导价格，通过招标投标和双方协商合理确定合同价款，并按合同约定对价款进行适时的调整。1995年11月6日，辽宁省建设厅与中国建设银行辽宁省分行联合颁发的《关于颁发〈辽宁省建筑工程预算定额〉、〈全国统一安装工程预算定额辽宁省单位估价汇总表〉等的通知》中称，凡1995年12月31日以前签订合同造价包死的工程及竣工决算的工程不再调整，其余在建工程按1996年1月1日以后完成的工作量作相应调整。

二、一审法院认定与判决

辽宁省高级人民法院认为：双方当事人签订的《建筑工程施工合同》及双方与本钢三建签订的《代付材料款协议》为有效合同。绿岛公司未按合同约定的时间拨付工程款、工程验收后未结算，应承担违约责任。依据一审法院委托的鉴定、审计机构作出的工程造价鉴定及往来账目审计的结论，扣除绿岛公司已付工程款及材料款，绿岛公司尚欠大洼建筑公司工程款6 675 406.87元。自1997年2月7日绿岛公司收到工程结算报告的第31日起向大洼建筑公司支付拖欠的工程款利息。依据合同中“工程造价管理部门公布的价格调整及政策性调整”时，可对工程价款进行调整的约定，将合同约定的92定额调整为96定额。因票据贴现发生的利息201 433.75元由绿岛公司承担。关于150万元扣款因双方单位未加盖公章，绿岛公司的法定代表人未在协议上签字而不成立。据此判决：一、绿岛公司在发生法律效力之日起15日内给付尚欠大洼建筑公司的工程款6 675 406.87元；二、绿岛公司在判决发生法律效力之日起15日内给付1997年3月14日至1999年9月23日期间所欠大洼建筑公司工程款利息3 284 094.18元；三、绿岛公司自判决发生法律效力之日起15日内给付尚欠大洼建筑公司工程款6 675 406.87元的利息（1999年9月24日至本判决确定给付之日止，按中国人民银行公布的同期贷款利率计息）；四、绿岛公司于判决发生法律效力之日起15日内，给付大洼建筑公司承兑汇票贴现利息201 433.75元；五、驳回双方当事人的其他诉讼请求。一审案件受理费110 857元，由大洼建筑公司负担55 847.55元，由绿岛公司负担55 009.7元；鉴定费40 000元，由绿岛公司负担；审计费50 000元由绿岛公司负担。

三、上诉及答辩情况

绿岛公司不服一审法院判决，向最高人民法院提起上诉称：工程决算应按合同约定的92定额履行，一审法院委托的审计、鉴定机构按96定额结算违反合同约定；大洼建筑公司在辽宁工会审计事务所作出的92定额工程决算书上签字盖章行为具有法律效力，请求二审法院予以认可。一审判决让绿岛公司支付拖欠工程款利息，缺乏法律依据，应予撤销。双方关于扣减150万元工程款的协议为有效合同，应予认定。一审判决让绿岛公司承担500万元工程款贴现利息缺乏事实和法律依据，应予撤销。大洼建筑公司承建的绿岛工程存在质量问题，其向一审法院出具的质检合格证明书来源不合法。一、二审诉讼费用由大洼建筑公司承担。大洼建筑公司答辩请求驳回上诉、维持原判。

四、最高人民法院认定与判决

最高人民法院认为：绿岛公司与大洼建筑公司签订的《建筑工程施工合同协议条款》及双方当事人与本钢三建签订的《代付材料款协议》内容合法，合同当事人意思表示真实，应认定有效。绿岛公司与大洼建筑公司在合同中约定工程造价管理部门公布的价格调整及政策性调整时可对合同价款调整，表明本合同不属于造价包死的工程承包合同。1995年11月6日，辽宁省建设厅与中国建设银行辽宁省分行联合颁发的《关于颁发〈辽宁省建筑工程预算定额〉、〈全国统一安装工程预算定额辽宁省单位估价汇总表〉等的通知》规定，凡1995年12月31日以前签订合同造价包死的工程及竣工决算的工程不再调整，其余在建工程按1996年1月1日以后完成的工作量作相应调整。绿岛森林公园项目的大部分工程是在1996年1月1日以后完成的，根据上述规范性文件的规定以及合同的约定，应对工程价格作相应的调整。诉讼前双方当事人就工程造价委托辽宁工会审计事务所对工程决算进行审计，但因绿岛公司对工程质量等方面存在异议，未按审计结论付给大洼建筑公司结算工程款，因双方当事人对该审计结论存在争议，本院无法采信，而应按一审法院委托的造价鉴定机构和审计机构作出的鉴定、审计结论决算工程款。绿岛公司向大洼建筑公司支付工程款的利息按合同约定的自审计结论作出的第31天起算，一审判决认定利息起算时间缺乏事实依据，应予变更。大洼建筑公司法定代表人李国才在 150 万元扣款协议上签字，应认定该协议有效；一审判决以绿岛公司法定代表人未在协议上签字、双方当事人未在协议上加盖印鉴为由否定协议效力，缺乏法律依据，本院不予认可。大洼建筑公司承建的工程已经有关部门验收合格，有验收合格证明文件为据，绿岛公司以验收证明来源不合法为由否认验收合格文件的效力，缺乏依据，本院不予支持。绿岛公司向大洼建筑公司支付工程款时，应按行业通行的可即时兑付的付款方式支付，由于绿岛公司向大洼建筑公司支付的工程款不能即时兑付，贴现所发生的利息应由绿岛公司承担。最高人民法院依据《中华人民共和国民法通则》第五十七条、《中华人民共和国民事诉讼法》第一百五十三条第一款第（二）项之规定，于 2001 年 4 月 10 日，以〔2000〕民终字第 38 号民事判决判决如下：

一、维持一审法院判决第一、三、四、五项；

二、撤销一审法院判决第二项；

三、大洼建筑公司在本判决发生法律效力之日起 15 日内，向绿岛公司支付 150 万元。

一审诉讼费按一审判决执行，二审案件受理费110 857.25元由绿岛公司、大洼建筑公司各半分担。

本判决为终审判决。

23. 包干风险费、赶工费的认定及税费的处理

一、案件基本事实

上诉人（原审被告、反诉原告）：江南公司。

被上诉人（原审原告、反诉被告）：清水会社。

1996年5月29日，清水会社与江南公司签订《利丰番禺批发集散中心第1A期土建工程项目分包合同意向书》（以下简称《意向书》），约定：江南公司承包利丰番禺批发集散中心（以下简称利丰中心）第1A期土建工程项目，工程总价为人民币173 194 300元，另加赶工费人民币250万元（即由原工期280日历天缩短为240日历天），合同总价为175 694 300元；本工程为大包干，即包工、包料、包工具机械、包工期和包质量，除因设计修改外，工程造价不作调整，工程价格或单价亦不因人工成本、材料成本、机械成本或汇率的变动而有所调整；开工日期为1996年5月30日，完成日为1997年1月24日。《意向书》附件戊还订明：工程进度款按每月实际完成工程量按月支付，承包方须在每月的30日前将当月完成的实际工程量报表交发包方，经双方审核同意后的款额，由发包方在下月10日前支付。该《意向书》约定的工程总价款是依据三级资质企业取费标准确定的。《意向书》订立后，江南公司即行施工。

1996年12月2日，本案工程发生火灾（以下称12.2火灾）。番禺市公安局1996年12月8日作出的火灾原因认定书载明：经综合分析，12.2火灾排除遗留火种、人为火种、自然等起火原因，认定是锯板机的倒顺开关电源入线端受机械磨损而发生短路，熔珠引燃周围的锯末而发生。1997年1月9日、4月7日、5月9日，清水会社分别以PY－L－SC/JN－024、PY－L－SC/JN－1426、PY－L－SC/JN－1694文号向江南公司作出《关于12.2火灾损失偿付问题》及相关的复函，对江南公司提出的请求补偿火灾损失6 024 952.69

元问题进行答复，承诺待保险公司确认火灾损失、审核赔偿金额后，即支付有关款项。1998 年 8 月 3 日，中保财产保险公司深圳市分公司营业部向清水会社出具《保险出险通知书》，其上载明保险险别是建筑工程一切险，出险地点利丰集散馆，保险金额为港币243 744 292元，保险期限 1996 年 6 月 3 日至 1998 年 4 月 3 日，投保人清水会社，损失估计人民币 450 万元。同日，清水会社与该营业部签订协议，接受该营业部人民币 430 万元（按 1998 年 7 月 17 日汇率 1.06855∶1 折成港币4 024 144.87元）作为 12.2 火灾所有保险损失的赔付金额。

1996 年 12 月 23 日，清水会社致番禺市人民政府《利丰番禺批发集散中心第 1A 期工程关于分包工程总造价复函》（以下简称《复函》），内容为：为加快利丰中心的工程进度，清水会社同意对工程总造价进行调整，其他条款仍按照《意向书》不变：1. 额外增加2000万元给江南公司作工程总造价的调整款项；2. 额外增加1200万元为包干（一脚踢）风险费；本工程包干总造价由17 300万元加 250 万元（注："加 250 万元"为手写）增至20 750万元；此包干总造价为不得再进行调整的工程总造价，除设计图纸更改后所引致的需要增加的工程费外，而此增加的工程费用应按照《意向书》已定的单价进行计算，且须经清水会社核准后始另行支付；若有工程项目选择由其他施工单位施工，其费用应按照《意向书》定的单价进行计算，并在工程总造价内扣除；本工程应在下列日期按质竣工（以颁发正式竣工验收证明书为准）：第 1 区 1997 年 4 月 30 日，第 2 区 1997 年 6 月 30 日，第 3 区 1997 年 8 月 31 日。清水会社在此《复函》上签字、盖章，江南公司也签字同意。1997 年 4 月 10 日，清水会社法定代表人高桥贤治致函江南公司经理钟敬良，进一步明确《复函》中20 750万元乃"包干总造价"，对于江南公司追讨 250 万元赶工费，不予接受。

1997 年 1 月 22 日，清水会社向江南公司作出 PY－L－SC/JN－027《铝合金工程另行分包的补偿费》函，同意以议标文件中的铝合金工程造价的 20%给予江南公司作为价差损失补偿、管理及配合费；江南公司无偿提供铝合金工程安装所需的用水、用电及其费用。同年 3 月 7 日，清水会社向江南公司作出 PY－L－SC/JN－038《金属结构趟门工程》函，金属结构趟门工程甩项同意按照 PY－L－SC/JN－027 函件有关铝合金工程甩项的同样方法处理。同年 3 月 6 日，清水会社向江南公司作出 PY－L－SC/JN－037《关于 BHP 板安装价的复函》，承诺因清水会社自行采购 BHP 板材料，给江南公司造成一定的损失，决定按照广州市建委穗建字施〔1987〕398 号文的规定，给予江南公司 BHP 板材料价的 4%作为补偿。清水会社已于同年 3 月支付江南公司铝合金工程补偿费2 355 753.51元，趟门工程补偿费382 707.08元，BHP 板材料补偿款255 811.75元未予支付。

1997 年 8 月 18 日，在番禺市市政府、市建设局的主持和协调下，清水会社和江南公司达成协议（以下简称 8.18 协议）：清水会社要求终止江南公司承建利丰中心分包工程施工任务，解除双方的施工关系，江南公司同意；清水会社于同年 8 月 20 日前暂预付 850 万元给江南公司，该款项并入工程款结算；1997 年 8 月 25 日至 31 日前，江南公司退出施工现场；本协议签订之日起 7 日内，江南公司应将依照双方约定为本工程已购进或订购的材料及其齐全有效的证明文件交清水会社确认；双方在履行完本协议上述义务后，于一个月内完成结算工作；完成现场核实工作次日起两日内，双方会同番禺市建设工程质量监督站对江南公司已完成的工程进行质量认定。双方又于同年 8 月 20 日订立《8.18 协议补充文件》，8 月 26 日订立《补充协议》，对江南公司已做工程量及撤场后的相关问题进行了约定。同年 8 月 31 日，清水会社和江南公司签订了《利丰中心第 1A 期工地交收签证》，约定：1. 江南公司已于当日晚上九点前全部退出本工程现场施工范围，自本签证双方签署生效之日起本工程施工现场范围内的全部责任由清水会社负责；2. 江南公司尚存放于现场的全部物料均交予清水会社接收、处理。

1996 年 5 月至 1997 年 1 月，清水会社分别汇付江南公司第一期工程预付款8 659 715 元、第二期工程预付款8 659 715 元、第三期工程预付款35 013 860元、赶工费 40 万元，共计52 733 290元。1996 年 7 月 10 日至 1997 年 8 月 19 日，清水会社分别汇付 22 笔工程款予江南公司，共计93 375 139.04元，其中包括铝合金和趟门工程补偿款2 738 460.59元。扣除赶工费、铝合金和趟门工程补偿款，清水会社共付江南公司工程款、备料款142 969 968.45元。1997 年 8 月 31 日和 9 月 22 日，清水会社以暂付工程款的名义分别汇付了5 000 000元、3 541 417.28元合计8 541 417.28元作为执行 8.18 协议剩余材料的补偿款。至此，清水会社共向江南公司支付款项154 649 846.32元。

1996 年 8 月 23 日至 1997 年 10 月 13 日，清水会社代江南公司支付 BRC 铁网（远东）有限公司钢网材料费港币 8 643 355.83 元（折合人民币9 060 829.92元）；1996 年 9 月 20 日至 1997 年 3 月 4 日，清水会社代江南公司付供货商搪瓷钢板货款港币12 798 208.80元（折合人民币13 416 362.28元）。

1996年8月7日至1997年8月20日，清水会社以江南公司的名义、按3.36%的税率向广东省番禺市税务局交纳了工程款146 108 428.12元的税款4 909 243.18元。

1996年8月13日、10月17日和18日，清水会社分别向江南公司支付工程进度款4 739 821.23元、4 000 000元、2 388 545.29元，超出了《意向书》附件戊“每月10日前支付”的约定，共逾期18天，按当时中国人民银行同期同类贷款利率10.96%计，共18 415元。

因清水会社认为多向江南公司支付了工程款，遂向法院起诉，请求江南公司返还多收的款项50 260 856.71元，并赔偿损失。江南公司则反诉，请求清水会社支付工程款1245万元，并赔偿损失。

本案一审期间，法院委托咨询公司对本案的工程予以审核。咨询公司按照江南公司的二级企业资质，于1999年7月30日作出的最终结果是：江南公司已完成的工程造价分别为：(1) 集散场馆124 087 316.58元，(2) 商业中心5 527 112.90元，(3) 道路1 183 836.67元，(4) 机械土方3 600 213.39元，(5) 小区排水工程4 745 424.59元，共计工程造价139 143 904.13元。该审核报告还对造价鉴定等问题作了补充说明：1. 本工程造价的计算方式是执行《广州市1991年建筑工程预算价格表》等定额，此定额是经番禺市建委、番禺市建设银行批准适用于番禺市地区建筑工程项目的，在此基础上只对其主要材料和间接费按当地建委、建设银行颁布的文件计算；2. 原3450万元工程额外增加额的说明：由于工程是在未完成的情况下结算的，本造价是按实际施工的工程量多少，且按国家规定的预算定额计算出其实际造价，而3450万元是清水会社、江南公司前工程协议的计价方式的补充，由于计价方式不同，因此不能含糊地加入现在的工程造价之中；3. 在《铝合金工程另行分包的补偿费》协议中，补偿费包含了价差损失补偿、管理及配合费、铝合金工程安装所需的水电费、废料清运费等项目，但因双方工程协议时铝合金工程尚未完成，因此很难确定此项目的计算依据；4. 工程火灾损失补偿费首先要分清责任，才可以确定哪一方承担。清水会社和江南公司对咨询公司所审核的工程实际完成量和包干费率均予认可。但清水会社对江南公司的二级资质提出质疑，认为其只有三级的资质。江南公司对《工程造价鉴定书》的主要异议是：清水会社和江南公司约定的计价方式为工程造价＝已完成工程量×约定单价＋约定费用＋工程款额外调增额，而咨询公司拒绝将双方约定的、不得调整的3450万元工程款额外调增款编制在工程造价内，使江南公司的合法权益严重受侵犯；此3450万元实际上是清水会社要求江南公司超法定规范施工和拖延提交施工图、协调不善等违约行为致使施工成本增加的补偿款；本案工程虽未完工，但根据双方的约定以及事实上此补偿款是补偿江南公司在签订此补偿款之前的成本增加，故3450万元工程款额外调增款应全额支付江南公司。

另查，清水会社于1994年12月26日取得了中国建设部核发的《外国企业承包工程资质证书》（有效期五年），并经广东省番禺市工商局核发了在中国承包工程的营业执照，番禺市外经委也批准了此承包行为。江南公司是中华人民共和国的注册企业法人，具备建筑企业的二级资质。

二、一审法院认定与判决

一审法院经审理认为：清水会社取得了中国建设部核发的《外国企业承包工程资质证书》，并经广东省番禺市工商局核发了在中国承包工程的营业执照，根据中国建设部《在中国境内承包工程的外国企业资质管理办法》的规定，清水会社具备了承包本案工程的合法资格。江南公司和清水会社订立的《意向书》是清水会社将利丰中心土建工程分包给江南公司承建的合同关系，江南公司是具有二级资质的中国建筑企业，具备了承包的合法资格。该《意向书》及其附件经双方自愿协商，且内容合法，故具有法律约束力。

经法院委托咨询公司审计，咨询公司执行《广州市1991年建筑工程预算价格表》等定额标准，以江南公司已完成的工程量计算本案工程实际造价。双方对咨询公司核定的工程量未有异议，均同意咨询公司的定额标准。清水会社对江南公司的二级资质提出质疑，认为其只有三级的资质。但江南公司经核发的资质证书是建筑企业二级，此为中华人民共和国建设管理部门核定的，应按此资质的相应标准计算本案的工程造价。

清水会社与江南公司订立的《意向书》和《复函》系双方当事人自愿协商的结果，未规避我国有关法律，也不损害他人利益，该约定具有法律约束力。《意向书》约定的工程承包方式是包工、包料、包工具机械、包工期和包质量的大包干，规定了另加赶工费250万元，后在《复函》中确定增加2000万元为工程总造价的调整款项、增加1200万元为包干风险费，这也是与本案工程的承包方式相吻合的，故以《复函》约定的工程调增价3450万元与江南公司已实施施工的工程量相加计算本案工程实际完工的工程总造价是不合理的。咨询公司对 3450 万元工程额外增加款的说明符合我国规定的定额标准，不违背双方当事人所订立协议的精神，也是符合客观事实的。但由于《意向书》《复函》均有效，且根据《工程造价鉴定书》的审核，江南公司已完成的工程量为139 143 904.13元，即江南公司已实际实施了施工行为。在双方当事人自愿协商终止本案施工关系的情况下，《意向书》和《复函》约定的赶工费 250 万元、包干风险费 1200 万元（合计 1450 万元）应适用于该已实际实施的施工行为，按江南公司已完成的工程量为139 143 904.13元占《意向书》和《复函》中约定的工程造价173 194 300元、2000 万元合计193 194 300元的比例 72.02%计算，清水会社须补偿江南公司已完工的工程赶工费和风险费，即 1450 万元×72.02%＝10 442 900元。

本案的甩项工程有铝合金工程、趟门工程和 BHP 工程。根据清水会社向江南公司作出的《铝合金工程另行分包的补偿费》和《金属结构趟门工程》函，该两项补偿费江南公司计得2 738 460.59元，清水会社已在支付工程款时付给了江南公司。根据清水会社向江南公司作出的《关于 BHP 板安装价的复函》，清水会社决定按照广州市建委穗建字施〔1987〕398 号文的规定，给予江南公司 BHP 板材料价的 4%作为补偿。江南公司在反诉时向法院请求的其已完成工程的结算中以 4%计得该项补偿款为255 811.75元，符合双方的约定，应予确定。

以上三项为甩项工程，即由清水会社另行分包给其他施工单位承建，按《意向书》的规定，清水会社给予江南公司补偿款即可，故不存在将甩项工程的造价计在本案工程造价内，更不应将该补偿款编制在本案工程造价内。

番禺市公安局的火灾原因认定书载明，12.2 火灾是锯板机的倒顺开关电源入线端受机械磨损而发生短路，熔珠引燃周围的钻末而发生。根据中保财产保险公司深圳市分公司营业部与清水会社签订的《保险出险通知书》，清水会社接受该营业部 430 万元作为 12.2 火灾所有保险损失的最终赔偿付金额，因此本案的火灾损失额应为 430 万元。这属于损害赔偿款，不应编制在工程造价内。

据上，清水会社共付江南公司工程款、备料款154 649 846.23元，扣减江南公司已完成的工程造价139 143 904.13元和江南公司已完工的工程赶工费和风险费的补偿10 442 900元，清水会社多支付了工程款、备料款5 063 042.10元，故江南公司须将此多收的工程款、备料款5 063 042.10元退还清水会社。

清水会社代江南公司支付的BRC钢网材料费9 060 829.92元、搪瓷钢板货款13 416 362.28元，合计22 477 192.2元，为双方约定应由江南公司支付的款项，江南公司应偿还该款项。该款项与上述江南公司多收的工程款、备料款相加，再扣减清水会社须给予江南公司的BHP板材料补偿款255 811.75元，江南公司应退还清水会社27 284 422.55元及其利息。

至于清水会社的其他诉讼请求：(1) 火灾损失：因保险公司已赔付了430万元给清水会社，清水会社无权再要求江南公司赔偿。(2) 工程逾期竣工的经济损失11 740 000元：因清水会社未提供证据证明其已赔付利丰集团公司，属于未发生的经济损失，不予处理。(3) 江南公司多收工程款的滞纳金：因《意向书》《复函》和8.18协议均未约定，多收的款项应按中国人民银行同期贷款利率计付。(4) 因质量问题造成的集散馆地台修补费用1 909 423.47元：因清水会社未提供有效证据证明，不予处理。(5) 江南公司多收工程款的税款及其银行利息：依照有关规定，支付工程款须缴纳税款，税务部门已予征收，清水会社已缴纳146 108 428.12元工程款的税款4 909 243.18元，而江南公司实际完成的工程造价是139 143 904.13元，多缴税款234 008元，江南公司应将该款及其相应的银行利息退还清水会社。

江南公司的反诉请求：第一，清水会社拖欠工程款问题，经审核，清水会社已多付江南公司工程款，该项请求不成立。第二，江南公司的损失17 795 953.63元问题，其中：(1) 窝工、机械台班损失10 472 818.50元；江南公司提供的证据难以认定是施工人员、机械台班窝工；至于清水会社变更设计图纸会产生施工期限延长的情形，未有证据证明江南公司主张过该权利，且江南公司亦未提供经双方签订确认的有效证据证明，该项请求不予支持。(2) 火灾材料损失6 024 952.69元；清水会社向江南公司所作的《关于12.2火灾损失偿付问题》及关复函，承诺待保险公司确认火灾材料损失后计付有关款项；保险公司已向清水会社支付了保险赔偿金额430万元，清水会社应按上述承诺赔付江南公司430万元，并从1998年8月4日起计付该款的利息。(3) 对保土地使用权评估费31 389元，8.18协议约定为保证本案工程的结算，双方用财产或土地对保，但实际上双方均未实施。江南公司虽已进行了土地的评估工作，但因该土地使用权属番禺市江南房地产综合开发公司，未能办理该土地的抵押登记手续，因而是江南公司的责任使其自己的抵押行为未予履行，故其所支出的评估费用应予自负。(4) 人行道砖订金30 000元、路模费41 308.4元，此均属江南公司支付的工程材料款，而《意向书》约定本案工程是大包干，即工程款也是包干，《工程造价书》中已将江南公司所作的工程计算在内，江南公司已多收工程款、材料款，该项费用的支付不应再列为其经济损失。(5) 8.18 协议之材料的二类与三类企业差价755 558.87元；1997 年 8 月 31 日的工地交收签证明确尚存材料移交清水会社，清水会社已按三类企业甲的资质补偿了江南公司8 560 000元；同年 9 月 15 日，江南公司以 GB—2587 号函及其附页向清水会社确认该材料款的核价；本案按江南公司的二级企业标准计费，但该项材料款的计价在诉讼前已由双方按照三级企业甲标准计价，属双方的单项约定，且为双方的真实意思表示，现江南公司予以否定，理由不充分，不应再予补偿。(6) 清水会社延期、拖欠进度款的利息439 926.17元：根据《意向书》附件戊的约定，工程进度款应由发包方在下月 10 日前支付；本案工程进度款的支付，经双方确认的数额累计逾期 18 天，清水会社应按中国人民银行同期贷款利率10.96%计付逾期期间的利息18 415元予江南公司。至于江南公司该项反诉请求的其余逾期支付金额，由于江南公司没有提供经双方审核同意的证据证明，不予支持。

一审法院据此判决：（一）《意向书》和《复函》、8.18 协议具有法律效力；（二）江南公司应返还清水会社工程款人民币27 284 422.55元和利息（从1997 年 9 月 19 日起计至本判决规定的清付日止，按中国人民银行同期人民币贷款利率计）；（三）江南公司应清退清水会社多付的工程款税金人民币234 008元及其利息（从 1997 年 8 月 21 日起计至本判决规定的清付日止，按中国人民银行同期人民币贷款利率计）；（四）清水会社应偿付江南公司火灾材料损失人民币 430 万元和相应利息（从 1998 年 8 月 4 日起计至本判决规定的清付日止，按中国人民银行同期人民币贷款利率计）；（五）清水会社应偿付江南公司其迟付工程进度款的逾期利息人民币18 415元。以上判项清水会社、江南公司须于本判决发生法律效力之日起 30 天内清付；逾期，则双倍支付迟延履行期间的债务利息。

三、上诉及答辩情况

江南公司不服一审判决，向最高人民法院上诉称：一审判决认定清水会社已付工程款、备料款154 649 846.23元与事实不符，其中铝合金工程甩项补偿款2 355 753.51元、趟门工程甩项补偿款382 707.08元、剩余材料款8 541 417.28元、赶工费 40 万元应予扣除，清水会社实际支付江南公司工程款、备料款为142 969 968.35元；清水会社应向江南公司支付 BHP 板材料补偿款255 811.75元及利息；《复函》约定的3450万元是清水会社对江南公司前期因超标准施工与延期交付图纸给江南公司造成重大损失的补偿，《复函》中约定20 750万元包干总造价为不得再进行调整的工程总造价，若有工程项目选择由其他单位施工，其费用应按照《意向书》约定的单价进行计算，并在工程总价内扣除，故未完工程款项的扣除与3450万元无关，清水会社应全额支付，一审判决仅判令清水会社支付赶工费和风险费10 442 900元没有合法依据；清水会社作为总承包人，已将江南公司当期应付税费代为扣除，一审判决判令江南公司退还清水会社多付的税款234 008元及利息，适用法律不当；一审判决以1997年9月19日作为江南公司应返还清水会社工程款利息的起算日，没有事实和法律依据；一审判决漏算江南公司已预交的诉讼费60 261.94元。

清水会社答辩称：在双方合同解除前，趟门工程、BHP工程尚未做，铝合金工程只做了一部分，因江南公司未履行其提供用水、用电及其费用的对应义务，不应取得此三项工程的补偿款；3450万元由2000万元的总造价调整款、1200万元的风险包干费和250万元的赶工费组成。意向书及双方的有关文件往来，都是建立在建筑企业三类取费标准的大包干原则上的，既然一审法院在工程结算时已经采用二类取费标准据实结算，自然就不存在造价调整和包干风险问题，江南公司没有理由获取2000万元的总价调整款和1200万元的包干风险费；250万元的性质是赶工费，由于江南公司不但没有完成其赶工的任务，而且由于其一再延误工期最终导致合同的解除，江南公司无权再收取赶工费；江南公司多收取清水会社的工程款，造成清水会社为其多付了不必要的税款，江南公司理应返还，一审法院对此判决合理合法；江南公司多收工程款，实际上是一种不当得利。

四、最高人民法院认定与判决

最高人民法院经审理认为：清水会社具有在中国境内承包工程的资质证书和营业执照，其与江南公司于1996年5月29日签订的《意向书》符合我国的法律规定，应认定有效。同年12月23日，清水会社和江南公司在致番禺市人民政府的《复函》上签字、盖章，此《复函》应视为双方对于工程总价款和工期的重新约定。据此约定，工程总造价增加2000万元，另增加1200万元的包干风险费。《复函》上手写体的“加250万元”没有写明是何名目，江南公司主张是在《意向书》约定的工程包干总造价173 194 300万元加赶工费 250 万元的基础上再加的 250 万元工程款；清水会社主张是《意向书》中约定的赶工费 250 万，均无道理。因为《复函》中约定的工程总造价20 750万元是《意向书》中约定的工程包干总造价173 194 300元与《复函》中增加的2000 万元工程调增款、1200 万元包干风险费及 250 万元的总和，其中不存在两个 250 万元；而且根据《复函》的约定，包含 250 万元的20 750万元为不得再进行调整的工程总造价，说明《意向书》中的赶工费 250 万元已转化为工程总造价的一部分。对此，清水会社工事长高桥贤治于 1997 年 4 月 10 日给江南公司经理钟敬良的函件中亦予以明确；因此，本院对双方的主张均不予支持。一审判决认定 250 万元为赶工费不当，但清水会社已支付江南公司的 40 万元赶工费因已实际履行，且清水会社未对此提出上诉，江南公司可不予退还。

双方在《复函》中约定增加款 3450 万元包括 2250 万元的工程款和 1200 万元的包干风险费两部分。咨询公司的鉴定结论中说明，《复函》中增加的 3450 万元是双方前工程协议的计价方式的补充，由于计价方式不同，未将其加入计算的工程实际造价中，但由于《意向书》约定的工程总价173 194 300元是以三级企业取费标准为基础确定的，《复函》中约定的增加工程款 2250 万元系对《意向书》按三级企业收费标准确定的工程价款的补充，因此讼争工程的工程总价款应为173 194 300元＋2250 万元＝195 694 300元。鉴定结论中的工程造价139 143 904.13元是以二级企业取费标准作出的，该鉴定结论是对江南公司实际付出工程量的确认，清水会社按鉴定结论支付江南公司工程款，已对江南公司的实际付出给予了完全的补偿，江南公司不应再主张按照《复函》的约定收取工程款 2250 万元，因此，本院对于江南公司关于按照《复函》的约定，清水会社应再支付工程款 2250 万元的请求不予支持。《复函》中约定增加的包干风险费 1200 万元虽然包含在《复函》约定的20 750万元的工程包干总造价中，但由于《复函》明确写明是“包干（一脚踢）风险费”，分包工程合同由双方协议解除后，清水会社应向江南公司全额支付该笔费用。一审判决由清水会社按照 72.02％的比例支付，没有依据。

根据清水会社向江南公司 1997 年 1 月 22 日作出的《铝合金工程另行分包的补偿费》和 3 月 7 日作出的《金属结构趟门工程》函的约定，清水会社应给予江南公司的补偿款2 355 753.51元和382 707.08元已支付。此两笔款是清水会社将铝合金和趟门工程交由他人施工而对江南公司的补偿，不应计算在工程款中。一审判决认定此两笔款双方已于诉前清结，但又未从清水会社已付工程款总额中扣除，属于计算有误。清水会社答辩称：按照约定，江南公司应无偿提供铝合金、趟门工程交由他人施工所需的用水、用电及其费用，清理工程余下的废料和垃圾，由于江南公司没有提供对应的义务，清水会社应将此两笔款收回。在双方分包工程合同终止前，江南公司对第三人承接的铝合金工程提供了相应的义务，但由于双方后来协商终止合同，江南公司撤场，其无法再履行约定的义务，且清水会社在一审中未对其主张赔偿，二审亦未上诉，故其应全额向江南公司支付铝合金和趟门工程的补偿款。

清水会社将 BHP 板材料自行采购，为此致函江南公司，因此引致的经济损失由清水会社给予江南公司 BHP 板材料价 4%作为补偿。清水会社对此款项已作承诺，应予履行，并支付相应的利息；由于此笔款系补偿款，应单独给付，一审判决将其与工程款一并计算不当。

根据 8.18 协议的约定，因双方提前终止分包施工合同，由清水会社将江南公司为工程已购进的剩余材料经双方确认后支付江南公司。后经双方清点确认，剩余材料的价值为8 541 417.28元（一审判决认定为8 560 000元，系错误），清水会社于 1997 年 8 月 21 日和 9 月 22 日如数汇付。但一审判决未将此款从江南公司应退还的工程款中扣除，二审时清水会社对此亦予以认可。

江南公司共计收取清水会社款项154 649 846.32元，一审判决认定为154 649 846.23元，属计算有误。该款项中，包括铝合金工程补偿款2 355 753.51元、趟门工程补偿款382 707.08元、剩余材料补偿款8 541 417.28元、赶工费 40 万元，扣除上述江南公司应得的款项，清水会社实际支付江南公司工程款142 969 968.45元。清水会社向供货商代付的钢网材料费和搪瓷钢板货款共计22 477 192.20元为双方约定应由江南公司支付的款项，江南公司应偿还清水会社；该款项与上述清水会社实际支付的工程款相加，再与江南公司实际完成的工程造价139 143 904.13元和根据《复函》约定应收取的包干风险费 1200 万元折抵后，江南公司应退还清水会社多付的款项14 303 256.52元。关于江南公司应退还款项利息的计算，一审判决依据 8.18 协议中“双方于一个月内完成结算工作”的约定，判决江南公司自 1997 年 9 月 19 日起计算利息是适当的，应予维持。

根据合同的约定，清水会社为江南公司代扣代缴了146 108 428.12元工程款的税款4 909 243.18元，根据咨询公司的鉴定结论，江南公司实际完成的工程造价是139 143 904.13元，相应税款应为4 675 235.18元，清水会社多付工程款，因此多付税款234 008元。经向番禺市税务部门了解，由于此笔款项的纳税义务人是江南公司，多付的税款能否退还，应由纳税义务人江南公司与税务部门交涉，因此一审判决多缴税款由江南公司负担并向清水会社支付相应的利息并无不当。

江南公司于 1998 年 3 月 9 日向一审法院预交案件受理费60261.94元，一审判决漏计，但此不属于二审审理范围，应由一审法院解决。

综上，根据《中华人民共和国民事诉讼法》第一百五十三条第一款第（二）项之规定，最高人民法院于 2001 年 10 月 22 日，以〔2000〕民终字第 105 号民事判决判决如下：

一、维持一审法院民事判决第一项、第三项、第四项、第五项；

二、变更一审法院民事判决第二项为：江南公司返还清水会社款项人民币14 303 256.52元及利息（按照中国人民银行同期同类贷款利率自 1997 年 9 月 19 日起计算）；

三、清水会社向江南公司支付 BHP 板材料补偿款255 811.75元及利息（按照中国人民银行同期同类贷款利率自 1997 年 3 月 6 日起计算）；

以上判项，清水会社、江南公司须于本判决发生法律效力之日起 30 日内支付。

一审本诉案件受理费466 584.77元、反诉案件受理费175 289.94元，由江南公司负担385 124.83元，清水会社负担256 749.88元；审计费546 380元，由江南公司、清水会社各负担273 190元；二审案件受理费641 874.71元，由江南公司负担256 749.88元，清水会社负担385 124.83元。

24. 逾期付款违约金计算方式的变化

一、案件基本事实

上诉人（原审原告、反诉被告）：三建公司。

上诉人（原审被告、反诉原告）：宏大公司。

1994 年 7 月，三建公司与宏大公司签订《幸福花园新城商店建设工程施工合同》（以下简称《新城商店施工合同》），约定：宏大公司以包工包料形式将新城商店工程以暂定价 200 万元包给三建公司承建，承包范围包括工程土建、上下水暖、电及装修；1994 年 7 月 11 日开工，1994 年 11 月 20 日竣工；三建公司按国家有关规定对工程进行维修；如未按合同履行，应承担违约责任，违约金暂定为合同价款的千分之一。之后，双方又签订《补充协议》约定：新城商店工程造价 300 万元，三建公司垫资 200 万元施工，并约定了垫资施工期间的利息。1995 年 4 月新城商店工程竣工，交付使用。

1994 年 8 月，三建公司与宏大公司签订《幸福花园小区二期建设工程施工合同》（以下简称《8 栋住宅楼及组团中心施工合同》），约定：住宅楼 2 号、6—1 号、6—2 号、14 号、15 号、16 号、17 号、18 号及组团中心工程均于 1994 年 9 月 20 日开工，1995 年 8 月 20 日竣工，工程造价暂定为19 964 660 元；三建公司任命宋建中为驻工地总代表；三建公司按国家有关规定对工程进行维修，并约定了违约责任的承担。同年 8 月 22 日，双方就《8 栋住宅楼及组团中心施工合同》签订《补充协议》，约定：宏大公司不支付预付款，待全部工程建到正负零盖板后，开始按工程进度付款，进度款的 40％由三建公司垫付，工程竣工三个月内宏大公司支付工程垫付款的二分之一，其余垫付款本息在 6 个月内付清。之后，因宏大公司的原因，上述工程开工日期推迟，未能按时竣工。为此，三建公司驻工地总代表与宏大公司在 1995 年 9 月 15 日至 19 日期间，就上述九项工程分别签订了相互独立的《保证协议书》，宏大公司保证及时拨付工程款；三建公司保证于 1995 年 10 月 20 日前，将上述工程全部交付使用，如质监站不验收或验收不合格按没交工处理，如不能按新约定的时间交工，三建公司承担按原合同竣工期限至交付时，每日6000元的罚款。三建公司未能按《保证协议书》约定的时间交付工程，17号楼于1995年11月28日经乌鲁木齐市建设工程质量监督站（以下简称质监站）验收合格，交付使用。1996年3月26日，三建公司驻工地总代表向宏大公司出具书面保证：1996年4月30日，将2号楼、16号楼、18号楼、6—1号楼交付宏大公司使用；1996年5月30日将14号楼、15号楼、6—2号楼交付宏大公司使用，如拖延工期按罚款条款执行，三建公司法定代表人在该保证上签字认可。经查，2号楼于1996年9月16日、16号楼于1996年5月13日、18号楼于1996年6月11日、6—1号楼于1996年6月11日、14号楼于1996年9月3日、15号楼于1996年7月24日、6—2号楼于1996年7月26日分别经质监站验收后，交付使用。组团中心工程建设时未办理报建审批手续，也未经质监站竣工验收，宏大公司从1996年11月8日使用至今。

1996年4月25日，宏大公司与三建公司签订《幸福花园游泳馆工程施工合同》，约定：工程暂定价300万元，1996年6月30日前交付使用，宏大公司一次性预付工程款120万元，以后按工程进度的80%给付，逾期按日违约金5000元计算损失。该工程未办理报建审批手续，也未经质监站竣工验收，宏大公司于1996年11月8日使用至今。

1995年4月至11月，三建公司下属的十四分公司（三建公司的内设机构，非法人单位）与宏大公司分别签订了《幸福花园公寓工程承包协议书》《组团中心改建工程承包协议书》以及《幸福花园小区二期附属工程协议书》，约定了工程造价、开工及竣工日期、违约责任的承担。这些工程已完工，现由宏大公司使用，但没有验收和交工时间的证据，双方对是否存在逾期竣工争议较大。另外，三建公司在承建宏大公司施工项目期间，还承建了乌鲁木齐经济技术开发公司惠康有限责任公司惠康家私城装饰工程及贾伟个人家庭的装修工程。

另查明：1996年6月10日，宏大公司与宏大物业管理公司（以下简称物业公司）签订《协议书》约定：宏大公司将三建公司承建各项工程的维修工作，全部发包给物业公司进行，并将工程造价3%的保修金转给物业公司作为维修费用，由物业公司支配。一审诉讼中，宏大公司以拨给物业公司1 250 000元收据和零星维修费用票据为证据，要求三建公司承担以上维修费用，但未提供通知三建公司维修和物业公司自行实际维修的工程项目清单，以及实际支付维修费的有关证据。三建公司提供了其进行维修的证据，证明其履行了维修义务。

三建公司交付以上工程后，向宏大公司送交工程结算报告，提出工程总造为57 167 966元，尚欠工程款11 218 316元，要求宏大公司支付欠款。宏大公司认为工程造价应为49 159 870元，不同意按三建公司提出的数额支付工程欠款。三建公司遂向新疆维吾尔自治区高级人民法院提起诉讼，请求法院判令宏大公司支付工程欠款及赔偿经济损失。宏大公司以三建公司逾期交工为由提出反诉，请求法院判令三建公司承担逾期交工违约金、交付工程维修费等。

一审法院于 2000 年 3 月 29 日委托新疆国际工程造价事务所（以下简称国远事务所）对本案涉及的工程造价进行审计。在审计过程中，宏大公司提出惠康家私城和贾伟个人家庭的装饰装修工程与宏大公司无关，要求从总的工程量中剔除，三建公司表示同意。2000 年 7 月 25 日，国远事务所作出审计结论：本案涉及的各项工程总造价为48 170 499.94元，双方当事人对该结论均予认可。之后，三建公司提出一份双方确定的合同之外的零星工程造价503 511.29元，要求计入工程总造价中，审计部门予以确认。该笔款项加入后，总的工程造价为48 674 011.23元。宏大公司已给付工程款问题，双方当事人没有争议的工程付款为37 741 545.59元，从中减去惠康家私城装修等工程款 21 万元，没有争议的实际付款为37 531 545.59元。对有争议的工程付款2 417 903.08元，经组织双方当事人质证，除三建公司工地代表向宏大公司借款、借物合计88 800元，应由宏大公司向其个人主张权利外，宏大公司为三建公司施工垫付暖气费、水电费、劳保统筹费以及部分拉运工地垃圾费等合计1 155 036.05元，应计入宏大公司已付工程款中，故宏大公司给付工程款应为38 686 581.64元。工程总造价与给付款冲减后，宏大公司尚欠三建公司工程款9 987 429.59元。三建公司依据补充协议和宏大公司承诺的垫资计息标准，参照垫资时间和垫资额计算，施工期间的垫资利息损失为2 197 547元，宏大公司同意按此计算予以补偿。

二、一审法院认定与判决

一审法院认为：三建公司与宏大公司订立的各项工程承包合同以及补充协议，是双方真实意思表示，不违反法律规定，属有效合同，双方应按合同约定履行各自的义务。双方当事人对审计部门审计的工程造价结论均予认可。宏大公司实际支付工程款中，除三建公司驻工地代表个人向宏大公司借钱、物折合88 800元不应计入实际给付三建公司工程款，宏大公司可另向其主张权利外，已得到确认。工程造价与实际付款冲减后，宏大公司尚欠三建公司工程款9 987 429.59元，应由宏大公司承担给付责任。三建公司要求宏大公司支付根据补充协议约定其为工程垫付进度款和宏大公司承诺承担垫付进度款期间的利息损失2 197 547元，应予支持，由宏大公司予以补偿。关于工程总造价和实际给付工程款之间的差额问题，该差额的实质是三建公司的垫资款，因未及时返还而转化为工程欠款。由于三建公司的垫资行为已在施工期间发生，累计垫资额在工程竣工时已基本确定，且施工期间的垫资损失根据双方协议已得到补偿，但垫资本金在工程竣工后没有清偿，应从工程竣工结算后，始算逾期付款的违约金，由宏大公司承担逾期给付垫资本金的违约责任。在宏大公司已承担了施工期间垫资利息损失和逾期给付垫资本金的违约责任后，三建公司再向宏大公司主张逾期给付工程款的利息损失缺乏事实根据和法律依据，不予支持。

关于宏大公司的反诉部分，双方订立工程承包合同后，由于宏大公司的原因，工程未按约定时间开工，不能按期交付，后双方在保证协议中顺延了工期，约定了新的竣工时间和逾期交工违约金的计算办法。之后，三建公司未按顺延后的时间竣工，造成宏大公司的经济损失，三建公司应承担逾期交工的违约责任，赔偿宏大公司的经济损失。预留工程保证金是宏大公司保证三建公司履行维修义务的一种权利，同时也存在三建公司履行维修义务后，向宏大公司索回预留保修金的权利。宏大公司未征得三建公司的同意，将三建公司应承担的义务和享有的权利转移给其所属的物业公司，是越权行为，且宏大公司没有提供通知三建公司维修而三建公司不予维修的证据。同时，也没有提供物业公司自行维修和支付维修费的有关证据，其主张由三建公司承担维修费用没有根据，予以驳回。据此判决：（一）宏大公司给付三建公司工程欠款9 987 429.59元；宏大公司承担逾期给付工程欠款违约金5 832 658.98元（1997年1月1日至2000年12月30日×日万分之四×987 429.59元）；（二）宏大公司承担三建公司垫资施工期间的利息损失2 197 547元；（三）三建公司承担逾期交工违约金19 132 000元；（四）以上给付义务在本判决生效之日起一个月内结清，逾期给付部分按银行同期贷款利率加倍支付。一审案件受理费114 770元，宏大公司负担98 696.25元，三建公司负担16 073.75元。反诉案件受理费113 530元，三建公司负担104 909.97元，宏大公司负担8 620.03元。鉴定费200 000元，双方各自负担100 000元。

三、上诉及答辩情况

三建公司与宏大公司均不服一审判决，向最高人民法院提起上诉。

三建公司上诉称：一审判决认定事实不清，适用法律不当，请求依法改判。主要理由是：(1)《补充协议》违反建设部、国家计委、财政部1996年颁发的《关于严禁带资承包工程和垫资施工的通知》的规定，签订的垫资施工的合同及补充协议应为无效。(2)一审判决认定宏大公司已付工程款有误，其将宏大公司支付的暖气费、水电费、劳保金款及垃圾清运费1 155 036.05元抵扣工程款没有事实依据，应予纠正。(3)根据合同约定，宏大公司应于工程竣工验收后，三建公司递交工程造价审核表一个月内付清工程余款，三建公司1996年9月初已交付全部工程，宏大公司应于10月1日前付清所有工程欠款，宏大公司未按约定履行义务，构成违约，逾期付款违约金应从1996年10月1日起计算，一审判决宏大公司从1997年1月1日起支付逾期付款违约金是错误的。(4)一审判决认定《保证协议书》有效不当，因为施工合同系三建公司与宏大公司签订的，而《保证协议书》却是三建公司十四分公司的负责人与宏大公司签订的，这9份《保证协议书》既没有三建公司的委托，也没有事后追认，对三建公司没有约束力，不能作为三建公司逾期交工日罚款6000元的依据，经过三建公司认可的只有1996年3月26日的交工保证，这份保证与《保证协议书》没有承接关系，且《保证协议书》约定的罚款过高，应为无效。(5)一审判决以有关部门竣工验收日期为工程竣工交付日期不妥，按施工合同约定，竣工日期为三建公司送交请求验收报告的日期，一审判决违背合同约定，应予改判。(6)组团中心、游泳馆工程系违法工程，没有报建手续，至今未经质监站竣工验收，为此一审开庭时，宏大公司已放弃追究该两项工程的逾期交工违约金，但一审法院仍判决三建公司支付该部分工程逾期交工违约金显属不当。17号楼已于1995年11月28日竣工，不存在违约问题，不应支付逾期交工违约金。

宏大公司上诉称：一审判决宏大公司按日万分之四支付逾期付款违约金5 832 658.98元是错误的，应按照最高人民法院有关计算逾期付款违约金的司法解释执行；宏大公司曾给三建公司200万元钢材，如扣除该笔钢材款，垫资利息应为60万元；工程维修系三建公司与宏大公司约定的，一审判决驳回宏大公司关于要求三建公司给付维修费的请求没有法律依据。

四、最高人民法院认定与判决

最高人民法院认为：三建公司与宏大公司签订的各项工程承包合同及补充协议系当事人的真实意思表示，未违反合同签订时国家禁止性的法律规定，应为有效。三建公司关于工程承包合同及补充协议无效的上诉理由不能成立，本院不予支持。一审期间，法院委托审计部门审计鉴定本案工程总造价为48 674 011.23元，对此双方均无异议。但三建公司上诉认为一审判决认定宏大公司已付工程款数额有误，不应将宏大公司支付的暖气费、水电费及部分拉运工地垃圾费等1 155 036.05元抵为工程付款，请求从宏大公司已付工程款中扣除该部分款项。根据工程承包合同关于三建公司承包范围包括工程土建、上下水、暖、电及装修等的约定及有关施工条例规定，该部分费用应由三建公司承担，宏大公司为其垫付的这一部分费用应抵为工程付款，三建公司该项上诉请求没有依据，本院不予支持。一审判决认定宏大公司已付工程款38 686 581.64元，尚欠工程款9 987 429.59元正确。三建公司关于宏大公司逾期付款违约金应从 1996 年 10 月 1 日起支付的主张，不符合双方的约定，因为工程承包合同第 28 条约定，三建公司在工程竣工验收后 30 日内向宏大公司提交工程造价结算报告，宏大公司收到结算报告 15 日内审查并批准，5 日内将拨款通知送达经办银行。本案三建公司是在 1996 年 11 月之后才向宏大公司提交全部工程结算报告，一审判决依据双方约定，从 1997 年 1 月 1 日起计算宏大公司逾期付款违约金并无不当。关于《保证协议书》的效力问题，三建公司上诉提出《保证协议书》系三建公司十四分公司的负责人与宏大公司签订的，没有三建公司的委托和事后追认，应为无效。经查，《保证协议书》是三建公司在承包合同中明确指定的三建公司驻工地总代表与宏大公司签订的，根据合同约定，该工地总代表有权签订与施工合同有关的协议，而且，三建公司 1996 年 3 月 26 日向宏大公司出具的经三建公司法定代表人签字认可的书面保证中，亦认可了《保证协议书》中承担违约责任的条款，因此三建公司该项上诉理由不能成立。关于逾期交工违约金计算问题，一审法院根据当事人双方约定和有关施工条例规定，以质监部门竣工验收日期为工程竣工交付使用日期并无不当。本案施工合同签订后，由于宏大公司的原因，未能按时开工，后双方经过协商，在《保证协议书》和三建公司出具的书面保证中顺延了工期，约定了新的竣工交付使用时间和逾期交工违约金的计算方法，使开工延误的时间得到弥补。但在工期顺延、资金到位的情况下，三建公司仍未按顺延后的日期交工，造成宏大公司的经济损失，三建公司应按《保证协议书》和 1996 年 3 月 26 日书面保证的约定承担逾期交工的违约责任。组团中心与游泳馆工程未办理工程报建审批手续，也未经质监站竣工验收，违反了国家有关法律规定，属违法工程，对宏大公司要求三建公司支付逾期交工违约金的请求不应保护。三建公司上诉提出不应支付上述两项工程逾期交工违约金的请求有理，本院予以支持。一审法院认定16号楼、17号楼竣工交付时间有误，应依据质监站竣工验收时间确定该两栋楼的竣工交付时间。三建公司应按照《新城商店施工合同》的约定，支付新城商店工程逾期交工违约金2万元，按照《保证协议书》及1996年3月26日的书面保证约定的逾期交工违约金的计算方法，支付17号楼、2号楼、6－1号楼、6－2号楼、14号楼、15号楼、16号楼、18号楼逾期交工违约金14 400 000元，合计支付违约金14 420 000元。

宏大公司承认尚欠三建公司9 987 429.59元工程款未支付，但上诉提出一审判决按日万分之四计算该笔欠款的逾期付款违约金不妥，应按最高人民法院有关司法解释执行。最高人民法院2000年11月15日公布了法释〔2000〕34号《关于修改〈最高人民法院关于逾期付款违约金应当按照何种标准计算问题的批复〉的批复》，将最高人民法院法释〔1999〕8号批复中关于“逾期付款违约金标准可以按每日万分之四计算”的内容删除，一审判决仍按每日万分之四计算逾期付款违约金不当，应予改判。宏大公司的该项上诉理由成立，本院予以支持，本案应依据最高人民法院法释〔1999〕8号批复的有关规定，按照中国人民银行计收逾期贷款利息的标准计算宏大公司逾期付款违约金。关于宏大公司上诉提出曾给三建公司200万元钢材应抵付工程款和要求三建公司支付承包工程维修费的请求，因其未提供相关证据，本院不予支持。据此，依照《中华人民共和国民事诉讼法》第一百五十三条第一款第（三）项之规定，最高人民法院于2001年10月12日，以〔2001〕民一终字第45号民事判决判决如下：

一、维持一审法院判决第二项、第四项；

二、变更一审法院判决第一项为：宏大公司给付三建公司工程欠款9 987 429.59元及该款逾期付款违约金，逾期付款违约金按中国人民银行同期计收逾期贷款利息标准计算，自1997年1月1日起计至支付完毕之日止；

三、变更一审法院判决第三项为：三建公司给付宏大公司逾期交工违约金14 420 000元。

一审案件受理费、鉴定费按一审判决执行。二审案件受理费228 300元，由三建公司负担91 320元，宏大公司负担136 980元。

25. 确定建设工程合同价款结算依据的原则

一、案件基本事实

上诉人（原审原告）：中建二局。

被上诉人（原审被告）：裕达公司。

1995年10月12日，裕达公司与中建二局签订了《郑州裕达国际贸易中心大厦建设工程施工合同》。该合同由《建设工程施工合同协议条款》《补充条款》《建设工程施工合同条件》三部分组成，主要内容包括：中建二局为裕达公司建造位于河南省郑州市中原西路220号的"郑州裕达国际贸易中心大厦门建设工程"，承建工程范围为全部土建和配套工程，具体包括：地基处理、主体结构工程、配套工程、设备安装工程及部分装修工程；工期为1995年9月1日至1997年5月30日，总日历天数为638天；工程造价预算为39 000万元，实际造价以竣工结算为准；中建二局对裕达公司实行如下优惠：不计取调迁费，按短途取费，按全民二级企业取费，中建二局垫资施工主体结构地下三层、地上两层（钢筋、水泥和木材由裕达公司供应），完成地面工程两层后按月支付进度款，主体工程完工后，裕达公司支付垫资总额的50%，余下的50%在工程竣工时，一次性全额支付给中建二局。由于本工程工期要求较紧，为确保中建二局按质按期完成该工程，裕达公司向中建二局支付860万元工期奖，由其包干使用，采取分段支付的方法：1995年11月30日桩基工程完成后，支付款额40万元；1996年5月25日工程达到地上两层后，支付数额130万元；1996年12月31日主体工程完工后，支付款额260万元；1997年5月25日装饰工程完工后，支付数额130万元；1997年5月30日工程全部竣工后支付款额300万元。本工程被评为优良工程，裕达公司奖励中建二局300万元。承包方式和结算办法：承包方式为包工包料，按审定的施工图预算加现场签证执行（单项变更增减不超过1000元，不予计算），执行河南省及郑州市的有关工程造价管理规定，如有争议，请郑州市定额站协调，必要时报河南省定额站裁决。中建二局在工程竣工后30日内提出竣工结算，裕达公司在接到中建二局竣工结算30日内提出审核意见，逾期不答复，视为认可。工程款结算方式为，按裕达公司核实后的工程量和工作量于次月5日以支票形式支付，并扣除裕达公司供应的主材定额价，工程款支付按照核定价款的95%，余款待本工程竣工结算后清算。违约责任：裕达公司代表不能及时给出必要指令、确认、批准，不按合同约定履行自己的各项义务、支付款项及发生其他使合同无法履行的行为，应承担违约责任，相应顺延工期；按协议条款约定支付违约金和赔偿因其违约给中建二局造成的窝工等损失。中建二局不能按合同工期竣工，施工质量达不到设计和规范的要求，或发生其他使合同无法履行的行为，裕达公司代表可通知中建二局，按协议条款约定支付违约金，赔偿因其违约给裕达公司造成的损失。除非双方协议将合同终止，或因一方违约使合同无法履行，违约方承担上述责任后仍应继续履行合同。因一方违约使合同不能履行，另一方欲终止或解除全部合同，应提前10天通知违约方后方可终止或解除合同，由违约方承担违约责任。

1995年7月28日，中建二局入场开始工程桩的施工。1996年8月25日，中建二局致函裕达公司及监理公司，申报预算外签证用工及业主借工单价为每工日50元，并在函件中注明应在3日内予以答复，逾期即视为收文单位予以确认。裕达公司及监理公司当日签收该函，在3日内未作答复。1996年3月8日，中建二局收到裕达公司转来的40万元，在有关转账支票存根上注明为“转款”。1996年12月4日，裕达公司转中建二局100万元款，在有关转账支票存根上注明用途为“工程款”，中建二局在转账支票存根上签了字。在双方于2000年3月就工程款拨付情况进行核对时，双方已确认该笔款项为工程款，中建二局当时未提出异议。1997年6月3日，主体（即土建）工程完工。施工期间，中建二局已向裕达公司交纳各种罚款277 800元，另有90 700元罚款虽未实际交纳但驻工地代表已签字同意从应付的工程款中扣除。1997年8月15日，发生电梯井火灾事故所造成的经济损失，中建二局驻工地代表同意赔偿100 000元。中建二局退还给裕达公司的材料折款为1 557 676元。在施工中，中建二局与有关分包单位进行过配合交叉施工，由裕达公司签收的预算外签证土建工程费用为922 290.36元及施工交叉配合费1 728 905.50元。1999年5月25日以后，中建二局对已完工程进行了整修、完善。中建二局另收到的裕达公司所供钢材342.415吨，合计款项1 077 589.75元。裕达公司代中建二局向有关部门缴纳施工管理费、竣工评估押金及其他费用394 165元。裕达公司共垫付应由中建二局支付的水电费1 359 925.25元。1998 年 4 月 17 日，中建二局分别向裕达公司和有关监理单位提交了《郑州裕达国贸大厦工程土建部分结算书》，该《结算书》中确定的土建工程总造价为24 612万元；同月 27 日，中建二局向裕达公司发出《工程款催付通知》，要求裕达公司全额支付拖欠工程进度款；同月 29 日，监理公司召集中建二局、裕达公司及监理单位——鑫城建设监理公司三方，在裕达工程部会议室召开主体工程经济工作会议，研究中建二局承包主体工程部分的结算问题。经与会人员认真讨论，最后决定为："三方依据施工合同、图纸、定额，并尊重事实的原则，抱着积极的态度，尽力使结算工作提前完成。对于工作中存在的分歧不定期召开协调会议，尽力通过协商达成共识，确不能达成一致意见的，谁有问题，谁向定额站打报告，最后以定额站批复为准。5 月 6 日工程盘点和审核结算同时开始，分头进行。"之后，三方即按照此次会议所确定的原则和方法开始工程结算的核对工作。后由于多种原因，导致工程结算的核对工作没有继续进行。1998 年 8～9 月份施工的空调、水及通风安装工程系由中建二局组织洋浦公司施工，由洋浦公司单独报验，裕达公司已将该部分工程价款1 001 245元直接单独与洋浦公司结算完毕。1998 年 6 月，裕达公司取得裕达国贸中心 A 座《房屋所有权证》，裕达国贸大厦自 1999 年 6 月投入使用至今。中建二局未完成的合同约定的其他工程项目，裕达公司后来陆续分别委托他人施工完毕。截至 1999 年 6 月 1 日，裕达公司共支付给中建二局工程款为89 760 478.23元，其中土建工程部分已付工程款77 886 109.23元，安装工程部分已付工程款11 874 369.00元。

1999 年 5 月 18 日，中建二局向一审法院提起诉讼时的具体诉讼请求是：1. 判令裕达公司支付拖欠工程款 9550 万元；2. 偿付垫支工程材料款 400 万元；3. 负担本案全部诉讼费用等三项；同年 7 月 25 日追加的具体诉讼请求为，1. 判令因裕达公司违约解除 1995 年 10 月 12 日双方签订的《建设工程施工合同》；2. 判令裕达公司支付下欠双方合同项下安装部分工程款 2209.83 万元及其利息。中建二局始终未将要求裕达公司承担违约责任作为一项诉讼请求，只是在起诉书的事实和理由部分提及违约问题，没有提出请求裕达公司承担 1957.3392 万元违约金的具体请求，也未就该部分标的向一审法院预交相应的诉讼费用。一审判决在叙述中建二局诉讼请求时，也没有涉及违约责任问题。一审期间，裕达公司以中建二局工期延误和存在工程质量问题为由，向一审法院提出反诉，该院未将裕达公司提出的中建二局工期违约和质量违约问题纳入审理范围，但告知裕达公司另行起诉。

2001 年 8 月 21 日，裕达公司就工期违约和质量违约问题向郑州市中级人民法院提起诉讼，请求判令中建二局支付工程延期违约金 2100 万元、赔偿直接经济损失费用8 721 455.34元。因该案与本案最终处理结果有一定关联，目前该案尚未开庭。

一审期间，一审法院依法委托河南省建筑工程标准定额站对中建二局施工的裕达国贸主体工程及安装工程造价进行了鉴定。2000 年 12 月 15 日，该定额站作出鉴定结论：土建工程造价174 096 439.67元，扣除裕达公司所供材料费 69 137 017.02 元和超供材料费 5 331 815.27 元，财务结算价为 99 627 607.38元；安装工程造价45 350 563.10元，扣除裕达公司所供材料费 28 189 129.41元、超供材料费3 595 675.71元及拆除的裕达公司所供未计价材料费787 870.30元，财务结算价为12 777 887.68元。在鉴定结论外有三项单列的费用：1. 土建中因裕达公司签收的预算外签证而暂估的费用 922 290.36元；2. 土建中因裕达公司分包而发生的暂估施工交叉配合费用 1 646 033.85元；3. 1998 年 8～9 月，洋浦公司施工的空调、水及通风安装造价1 001 245.08元。2001 年 9 月 24 日，经过该鉴定结论多次质证，省建筑工程标准定额站做出“关于裕达国贸大厦工程中由二局二公司施工的已完工程决算造价鉴定的审核意见”，确定该工程最终造价为219 866 659.32元，扣除裕达公司所供材料价格，下余工程款为112 825 151.62元，原来鉴定结论外单列的三项费用中土建部分因裕达公司分包而发生的暂估施工交叉配合费用为 1 728 905.50元，其他两项费用不变。1999 年 9 月 29 日，一审法院根据中建二局申请在裕达国贸大厦施工现场查封了部分建筑工程材料，经估价其总价值为1 515 117.66元。一审法院就裕达公司对本案工程的发包是否存在肢解工程行为问题，向郑州市建设委员会造价办公室进行过咨询，该办公室于 2001 年 4 月 24 日答复称，中建二局不是总包单位，只是承包了裕达公司肢解工程的一部分。根据有关行业规定，裕达公司和中建二局之间不存在肢解工程关系，至于中建二局与其他施工单位发生的施工配合费用，可以根据双方的约定和现场签证等情况，据实计算此项费用。

二审期间，中建二局提交了因裕达公司图纸不到位、设计变更提供不及时、业主设计环境、业主分包和不可抗力等因素造成应顺延工期 396 天的证据目录和清单，但在庭审质证中始终没有提交证据原件或者复印件。

二、一审法院认定与判决

河南省高级人民法院一审经审理认为：中建二局与裕达公司于 1995 年 10 月 12 日签订的《郑州裕达国际贸易中心大厦建设工程施工合同》及其他施工协议是双方当事人真实意思表示，不违反国家法律、法规，应为有效，双方均应按合同约定行使相应的权利，履行相应的义务。对于主体工程结算的核对工作无法正常进行，各方均有责任。关于本案工程造价是否应以中建二局提供的结算书为准问题，双方合同虽对裕达公司审核结算书的期限作了约定，但在中建二局提供土建部分工程竣工结算后，中建二局、裕达公司及监理公司三方召开了工作会议，并决定共同进行工程价款核对，故不能再以中建二局向裕达公司提交的结算书为准。一审法院依法委托有关鉴定单位所作的鉴定结论已经双方多次质证，鉴定单位也就有关情况作出了说明，并根据质证情况对鉴定结论做出了相应的调整，有关鉴定结论可以作为定案的依据。裕达公司签收的预算外土建签证费用 92 万余元及施工交叉配合费 170 万余元，因中建二局实际进行了施工，裕达公司提供不出相应的反证，故应予认定。洋浦公司 1998 年 8～9 月份施工的空调、水及通风安装工程造价 100 余万元系重复收费，鉴于中建二局同意洋浦公司与裕达公司直接结算，故中建二局重复支付给洋浦公司的工程款可另行解决。双方签订的合同中约定涉案工程按二级取费，这一约定不违反国家法律、行政法规的强制性规定，应属有效约定，故本案工程造价应按二级取费。2001 年 4 月 24 日，河南省郑州市建委造价办答复，中建二局不是总包单位，只是承包了裕达公司肢解工程的一部分，因此裕达公司和中建二局之间不存在肢解工程关系，所以中建二局不应提取肢解工程管理费。关于预算外签证用工是否应按每工日 50 元计算问题，中建二局虽在有关函件中注明“应在 3 日内予以答复，逾期即视为收文单位予以确认”，但单方设置的条件不具约束力，此部分款项的计算应以鉴定结论为准。关于裕达公司应否支付 400 万元工期奖问题，从事实看，中建二局并未完全按照 1996 年 12 月 6 日裕达公司与中建二局签订的《协议书》按进度完成施工，裕达公司也未对此提出异议，应当视为双方在实际履行中已对有关约定做了变更，故中建二局依照原《协议书》主张 400 万元奖励，不予支持。中建二局垫支的 400 万元工程材料款，裕达公司没有证据证明其已经还给了中建二局，也无证据证明鉴定中所列明的裕达公司供材料费和裕达公司超供材料费中包括该 400 万元，故裕达公司应当予以返还，并应支付相应的利息。关于中建二局1996年3月8日收到的40万元是否为裕达花园17、18号楼补偿款问题，因缺乏证据，不能认定此款为支付裕达花园17、18号楼款。关于1996年12月4日中建二局收到的100万元款应否认定为工期奖问题，鉴于裕达公司在支付该款时注明为“工程款”，中建二局签收后并未就此提出异议，其事后出具了注明此款为工期奖的“收据”，但没有证据证明裕达公司收到此据，故中建二局主张缺乏证据，不能认定此笔款项为工期奖。在鉴定结论外中建二局另收到的裕达公司所供钢材342.415吨，合计款项1 077 589.75元，及裕达公司代中建二局向有关部门缴纳的施工管理费、竣工评估押金及其他费用应从应付的工程款中扣除的应从裕达公司应付的工程款中扣除。中建二局对部分罚款已实际交纳，另有部分罚款虽未实际交纳但已签字同意从应付的工程款中扣除，可以认为中建二局对这些罚款予以认可，其已实际交纳的罚款不再返还，已签字同意从应付的工程款中扣除。有关火灾损失中建二局驻工地代表陆林福已签字同意赔偿10万元，此10万元应从应付工程款中扣除。中建二局已退还裕达公司材料款的具体金额双方虽有争议，但有争议的这部分材料中建二局也是按照裕达公司要求调给有关参建单位的，所以这部分退料也应从裕达公司已付工程款中扣除。关于中建二局垫资施工裕达大厦地下三层、地上两层垫资款利息问题，按照双方所签的施工合同约定，垫资施工属于中建二局的义务，在有关合同中双方也没有就是否应当支付利息问题进行约定，且垫资款的具体数额是在诉讼过程中通过造价鉴定才最终确认的，故中建二局的该项主张不予支持。裕达公司已就裕达国贸大厦施工质量等问题另行提起诉讼，故有关保修金问题本案不再涉及。从现有证据看，双方均未完全按照所签合同内容履行自己的义务，互有违约行为，所以中建二局要求裕达公司支付应付工程款的滞纳金主张不予支持。根据双方的实际情况，一审法院查封的滞留在裕达国贸施工现场价值1 515 117.65元工程材料，判归中建二局所有。本案工程，中建二局已履行完毕的应据实结算，未履行部分不再履行，中建二局应向裕达公司移交按照国家有关规定应当移交的有关施工资料，配合裕达公司办理竣工验收手续。裕达公司应将中建二局交纳的10万元消防安全工程保证金予以退还。据此判决：（一）裕达公司于判决生效后15日内向中建二局支付工程欠款21 293 489.25元，并按规定支付相应的利息（利息起算期间自1999年5月27日始，至判决确定的履行期限届满止，利率按同期银行贷款利率计算）；（二）裕达公司于判决生效后15日内向中建二局返还其垫支的工程材料款400万元，并支付相应的利息（其中 300 万元的利息起算期间自 1995 年 12 月 27 日始，至判决确定的履行期限届满止，利率按同期银行贷款利率计算；100 万元的利息起算期间自 1996 年 1 月 10 日始，至判决确定的履行期限届满止，利率按同期银行贷款利率计算）；（三）裕达公司于判决生效后 15 日内支付给中建二局退料款1 557 676元；（四）一审法院查封的滞留在裕达国贸施工现场价值1 515 117.66元工程材料于判决生效后 15 日内，由中建二局按查封清单接收，不足部分裕达公司支付相应款项；（五）裕达公司于判决生效后 15 日内退还中建二局 10 万元消防安全工程保证金；（六）中建二局与裕达公司 1995 年 10 月 12 日签订的《郑州裕达国际贸易大厦建设工程施工合同》及其他相关协议未履行部分不再履行，中建二局应于判决生效后 15 日内向裕达公司移交按照国家有关规定应当移交的有关施工资料，配合裕达公司办理竣工验收手续；（七）驳回中建二局的其他诉讼请求。案件受理费623 000元，中建二局负担415 333元，裕达公司负担207 667元；鉴定费750 000元，中建二局、裕达公司各负担325 000元；诉前财产保全费483 020元，中建二局负担322 013元，裕达公司负担161 007元；诉讼财产保全费 8096 元由裕达公司负担。

三、上诉及答辩情况

中建二局和裕达公司均不服一审判决，分别向最高人民法院提起上诉。裕达公司虽提起上诉，但其未在本院指定的期限内预交二审案件受理费，以被上诉人身份参加本案二审诉讼活动。

中建二局上诉称：一审判决对主要事实认定不清，适用法律不当，请求予以撤销，依法改判，并判令裕达公司负担一审、二审全部诉讼费用。主要事实和理由是：1. 鉴于裕达公司在合同规定的期间内对中建二局的结算书未予答复，本案工程各项价款应以中建二局向裕达公司提交的结算书为准，一审判决认定中建二局所报结算只是单方报价，未得到裕达公司认可的说法不成立。因工程工期顺延较长，三方于 1998 年 4 月达成就主体工程先行结算的一致意见，中建二局于 1998 年 4 月 17 日向裕达公司提交了《郑州裕达国贸大厦工程土建部分结算书》，但裕达公司对结算报告不予实质性答复。根据《协议条款》第 28 条规定，裕达公司提出审核意见的时间为接到中建二局竣工结算 30 日之内，逾期不答复，视为裕达公司认可。三方于 1998 年 4 月 29 日形成的《主体工程经济工作会议纪要》也明确规定，确不能达成一致意见的，谁有问题，谁向定额站打报告，最后以定额站批复意见为准。裕达公司在接到中建二局结算书之后，未在30日内予以确认，也未在30日内提出修正意见，更未在30日内向定额站打报告，这只能依《协议条款》第28条规定认定为逾期不答复，视为认可。本案工程价款的确定应以结算书为准，对工程造价及其具体构成无需鉴定。河南省建筑工程标准定额站所作《鉴定书》存在许多问题，严重影响鉴定结论的准确性和公正性，造成少算、漏计工程款达约4000万元，一审判决对鉴定结论存在的问题未作认真审查。2. 在未经中建二局同意的情况下，裕达公司将由中建二局承包的配套工程肢解发包给了其他单位施工，由此导致的配套工程、装修工程未能按时完工，中建二局当然不应承担任何责任。为确保裕达国贸大厦工程质量，中建二局采取多种先进工艺和施工措施，并顺利通过了裕达公司、中建二局和监理方三方共同组织的基础工程验收和主体工程验收，整体质量达到优良，裕达公司专门为此出具了大厦主体工程质量优良的证明。3. 工程取费标准应按法律的强制性规定执行，而不应按违法的合同约定执行。根据《民法通则》和《合同法》的规定，违反法律强制性规定的合同条款一律无效。建设部、国家工商行政管理局《建筑市场管理规定》第二十二条更是明确规定，承发包合同的签订，必须严格执行国家和地方的价格政策、计价方法和取费标准。任何单位和个人都不得随意扩大计价的各项标准，不得任意压价、抬价或附加不合理条件。在签订合同时，裕达公司利用业主优势违反法律规定将工程取费标准自一类降为二类，相差740万元左右。4. 工程造价中应当计取裕达公司肢解工程管理费和配合费3 459 849元。1996年4月22日建设部和国家工商局就联合发出过《关于禁止在工程建设中垄断市场和肢解发包的通知》，严禁建设单位肢解分包工程。郑州市建设委员会［郑建价字〔1997〕16号］《关于处理肢解工程费问题的若干规定》第二条规定，建设单位在发包工程时若将单位工程中的某一项或者某几项分项工程，直接发包给其他施工企业或专业厂家承建，主体承包单位应按单位工程原施工图纸全部设计项目的定额直接费和规定费率标准计取费用，然后再退减肢解发包部分的工程直接费。此外，主体承包单位还应以肢解部分的定额直接费为基数，计取3%的配合费。中建二局承包范围为地基、主体、部分初装修及部分设备安装工程，其余均由裕达公司强行肢解分包给十几家施工单位，在监理例会时，裕达公司及监理公司再三要求中建二局起到总承包的作用。中建二局在工程施工中也应要求负担了大量管理和配合工作，各参建单位不仅仅是机械配合，而是全方位的管理、协调及配合。所以中建二局有权要求按照［郑建价字〔1997〕16 号］文件的规定计取肢解分包工程管理费3 459 849元。5. 在确定超高费等有关费用计取系数时，应在准确理解定额文字表述的基础上严格按照定额规定执行而不能随意确定。《河南省建筑装饰定额（99 版）》说明对主体工程超高费规定，单独装饰及再次装饰工程按建筑工程预算定额第十五分部相应子目中人工及其他材料费乘以系数 0.2，机械费乘以系数 0.1。单位主体与装饰由两家施工单位分别施工时，装饰施工单位按上述标准计取超高费，余下部分应为主体施工单位计取超高费。鉴定单位关于凡主体与装饰由两家施工时，计取超高费应一律先扣除装饰部分的 20％的理解是错误的。主体与装饰由两家施工时，计取超高费应扣除装饰部分的比例不是 20％，而是 13％，主体施工单位应计取的超高费比例应为 87％，累计应增调 262 万元。6. 预算外签证用工及业主借工单价应按每工日 50 元而不是每工日 19 元计取。鉴定机构对裕达公司提交一审法院的结算书中认可的预算外签证（包括每工日 50 元）均按裕达公司意见进行鉴定，对其未认可的预算外签证部分进行了鉴定，但预算外签证用工及业主借工单价仅按照定额计取。考虑到市场行情，中建二局于 1996 年 8 月 25 日致函裕达公司及监理公司，申报预算外签证用工及业主借工每工日 50 元，并在函件中注明应在 3 日内予以答复，逾期即视为确认。裕达公司和监理公司当日签收该函，但在 3 日内未作任何答复，据此应认为当事人已就此问题达成一致，应按该标准计取，累计增调1 012 500元。7. 1998 年 8 月份暖通工程造价1 001 245元应全额支付中建二局，即使该月的工程价款已由裕达公司与洋浦公司单独结算，也不应转嫁到中建二局身上，应由裕达公司与洋浦公司另行解决。8. 一审法院将查封的1 511 765元工程材料直接判给中建二局不当，应将该部分工程材料退还给裕达公司，由其另行支付相应款项。9. 一审法院还错误地将裕达公司已经支付并且在一审诉讼中自认的 100 万元工期奖认定为工程款。10. 将裕达公司已经支付的 40 万元裕达花园 17、18 号楼工程款认定为本案裕达大厦工程款。11. 裕达公司作为工程的发包方，不具有行政执法部门的职能，无权对承包方进行罚款，双方所签合同中也没有专门约定，中建二局提出这部分罚款属于裕达公司滥用业主优势进行的非法罚款以及强行要求支付火灾赔偿等款项累计410 800元，不应将上述款项从工程款中扣除。12. 鉴定结论中漏计了 1999 年 5 月 25 日以后进行电缆安装造价为629 300元的工程量，应予增调。13. 一审判决认定双方均有违约行为是错误的，裕达公司拒不按期足额支付工程进度款、拒不及时返还中建二局垫资工程款和材料款、擅自将承包范围工程肢解分包、拒不办理结算等行为严重违反合同约定，中建二局严格按照合同履行了义务，应按有关司法解释规定每日万分之四的标准承担逾期付款违约金 1957.3392 万元。

裕达公司答辩称：1.1998 年 4 月 29 日三方形成的《主体工程经济工作会议纪要》证明裕达公司对中建二局提出的结算书在 30 日内已经有明确不予认可的答复。2. 一审法院依职权委托的鉴定事实清楚，依据准确，结论应予确认。3. 取费标准是双方当事人协商一致的合意表示，是中建二局为追求自身企业利益而签订的，中建二局单方承诺给予优惠条件，证明裕达公司没有利用业主优势压价，有关取费标准的约定没有违背任何法律强制性规定。4. 工程质量问题裕达公司已另案起诉，一审法院已明确不属于本案讼争范围。5. 中建二局要求按照合同签订后的行政规章向裕达公司主张肢解工程管理费、配合费等，没有法律依据。6. 没有证据证明双方已就计取预算外签证用工及借工达成一致，一审法院依照定额计取，没有违反法律规定。7. 裕达公司对洋浦公司工程款只能有一次支付义务。8. 一审法院将工程材料判给中建二局符合公平合理、物尽其用的民事行为习惯。9. 中建二局没有依照合同约定完成义务，没有合法证据证明工期延误近 400 天属于裕达公司过错，更不能证明系不可抗力造成，一审判决认定中建二局有违约行为是正确的。故一审判决认定事实清楚，适用法律正确，诉讼程序合法，请求二审法院依法驳回上诉，维持原判。

四、最高人民法院认定与判决

最高人民法院经审理认为：中建二局与裕达公司于 1995 年 10 月 12 日签订的《郑州裕达国际贸易中心大厦建设工程施工合同》系由《建设工程施工合同协议条款》《补充条款》《建设工程施工合同条件》三份合同组成，上述合同是双方当事人真实意思表示，不违反法律、行政法规的强制性规定，对双方均具有约束力，一审法院认定为有效是正确的。关于本案工程造价是以中建二局提供的结算书还是以一审法院委托鉴定机构所作鉴定结论作为依据的问题，双方在合同中虽对裕达公司审核结算书的期限作了约定，但在中建二局于 1998 年 4 月 17 日提交《郑州裕达国贸大厦工程土建部分结算书》的 12 天后，即同月 29 日中建二局、裕达公司及监理公司三方召开了经济工作会议，研究本案讼争工程并决定共同进行工程盘点和工程款审核结算的核对工作，虽因种种原因该工程结算的核对工作没有进行下去，但这已表明裕达公司没有认可结算书，双方在合同中约定的认可结算书的条件尚未成就。故一审法院没有以中建二局向裕达公司提交的土建部分结算书作为认定该部分工程造价的依据，依职权委托鉴定机构对有关工程造价进行鉴定，并无不妥。一审期间，该院已组织双方当事人多次质证，由鉴定机构就有关情况作了说明，并根据质证情况对鉴定结论作了相应调整；二审中，中建二局没有对一审法院委托的鉴定机构资质和程序提出异议，亦未请求对所涉工程造价进行重新鉴定，只是提出以其向裕达公司提交的土建部分结算书作为认定该部分工程造价依据的同时，对该鉴定结论中的部分内容提出异议并提交了相关证据。经二审法院合议庭组织双方当事人对有关证据进行质证，对相关事实进行核对，在对有证据证明的属于计算方法涉及的相关内容进行相应调整后，有关鉴定结论可以作为认定本案讼争工程造价的基本依据。关于本案工程款取费标准是按一级取费还是按二级取费问题，中建二局提出其属一级企业应按一级取费，合同约定按二级取费属于违法条款，按两级标准取费相差 740 万元应予补齐；经查 1991 年 11 月 21 日建设部发布的《建筑市场管理规定》属于部门规章，本案双方当事人就工程取费标准的约定虽与上述规章中有关不得任意压价、抬价或附加不合理条件的规定不符，但没有违反法律和行政法规的强制性或者禁止性规定，而且有关约定属于双方在平等自愿的基础上达成的优惠条件，鉴定机构在鉴定结论中以双方合同约定取费标准计价，并无不妥，中建二局主张所签合同中有关取费标准的约定条款无效的请求，于法无据，本院不予支持。关于中建二局应否收取裕达公司肢解工程管理费问题，一审期间，河南省郑州市建设委员会造价管理办公室在答复一审法院咨询时称，中建二局不是总包单位，只是承包了裕达公司肢解工程的一部分，裕达公司和中建二局之间不存在肢解工程关系，中建二局不应提取肢解工程管理费，故中建二局要求计取 346 万元肢解分包工程管理费的请求，缺乏事实依据，不予支持。关于超高费应否增调的问题，中建二局提出一审法院委托的鉴定机构曲解了定额规定，错误地将分包和剩余的超高费按该部分工作量全部扣除，只应扣除此部分超高费中的人工费；单位主体与装饰由两家施工单位分别施工时，装饰施工单位按上述标准计取超高费，余下部分应为主体施工单位计取超高费。但一审法院委托的鉴定机构经复核已对该部分费用进行了调整，中建二局上诉请求提出应增加 262 万元超高费，但在二审质证中没有提出新的有证明力的证据，依据不充分，不予支持。关于应否计取配合费问题，因中建二局和裕达公司均没有提交有关分包工程图纸和结算资料以及分包工程费的证据，一审法院委托的鉴定机构无法计算；二审期间，中建二局提出总体承包单位均应按单位工程施工图全部设计项目的定额直接费和规定费率标准计取3%配合费用，因市建设委员会造价管理办公室在答复一审法院咨询时称，裕达公司和中建二局之间不存在肢解工程关系，且中建二局提供的其与其他施工单位之间的配合工作量及费用情况证据不充分，故中建二局请求调增3 643 535元配合费，证据不足，不予支持。关于洋浦公司1998年8～9月份施工的空调、水及通风安装工程造价1 001 245元支付问题，该部分费用系重复核算，中建二局已将应付该部分劳务费等款项支付给洋浦公司，裕达公司又与洋浦公司直接结算，属于裕达公司自身工作中的问题，与中建二局无关，故中建二局提出裕达公司重复支付给洋浦公司的工程款项应由裕达公司自行解决，并应在支付工程款中增调1 001 245元的理由成立，予以支持。关于预算外签证用工及业主借工每工日是按50元还是19元计算问题，中建二局在有关函件中注明应在3日内答复，逾期即视为收文单位予以确认，裕达公司和监理公司于当日签收该函后3日内未做答复；裕达公司在一审期间提交的由其自行编制的《结算书》中对此也已自认；鉴定结论中也列举了50元和19元两种计算标准供法院采用，故中建二局提出不应按每工日19元的定额计取而应按每工日50元计算，累计应增调工程款1 012 500元的理由成立，本院予以支持。关于中建二局1996年3月8日收到的40万元是否为裕达花园17、18号楼补偿款问题，因双方没有就该项工程签订书面合同，有关款项支付问题证据不足，无法认定裕达公司是否支付该笔款项，但鉴于双方对裕达花园17、18号楼工程施工事实不持异议，在裕达公司不能证明已经支付上述工程款项的情况下，即有义务支付该笔款项，中建二局提出一审判决不应在工程款中减去40万元的理由成立，应予支持。关于1996年12月4日中建二局收到100万元应否认定为工期奖问题，虽然1996年12月4日裕达公司向中建二局支付了100万元，中建二局为此出具的“收据”上也注明此款为工期奖，裕达公司在一审期间提交的已付工程款证据材料中亦注明该100万元属于工期奖，但双方于2000年3月就工程款拨付情况进行核对时，已确认该笔款项为工程款，中建二局当时没有提出异议，因此中建二局又提出一审法院不应将该笔款项认定为已付工程款，应调增工程款100万元的理由不成立，不予支持。关于罚款和火灾赔偿款问题，裕达公司作为工程的发包方，不具有行政执法部门的职能，无权对承包方进行罚款，双方所签合同中对此又没有专门约定，故中建二局提出这部分罚款属于裕达公司滥用业主优势进行的非法罚款以及强行要求支付火灾赔偿等款项，不应从工程款中扣除上述410 800元款项的理由成立，予以支持。一审法院查封的滞留在裕达国贸施工现场价值1 515 117.65元工程材料属于裕达公司所有，当双方发生纠纷未再施工时，该部分材料应归裕达公司，在中建二局未同意以该部分材料折抵相应工程款的情况下，一审法院将该部分材料直接判归中建二局所有并扣减相应工程款不当，应予纠正。关于鉴定结论中是否漏计 1999 年 5 月 25 日以后的工程量造价为629 300元问题，一审法院委托的鉴定机构经复核认为中建二局在 1999 年 5 月 25 日之后完成的安装工程量为电缆安装方面的电缆绝缘强度测试记录，与工程量计算无直接联系，不能作为量化计算的依据；二审中，中建二局虽对该部分提出异议，但在质证中未提供新的有证明力的证据推翻一审法院委托鉴定机构所作的说明和认定，故对该请求部分不予支持。关于违约责任问题，中建二局虽在二审期间提交了裕达公司图纸不到位、设计变更提供不及时、业主设计环境、业主分包和不可抗力等因素造成应顺延工期 396 天的证据目录和清单，但在庭审质证中未提出证据原件或者复印件。中建二局在一审中未就其主张裕达公司承担违约责任问题提起诉讼请求，也没有预交相应的诉讼费用，一审法院没有对裕达公司提出的工期违约和质量违约反诉予以审理，并告知其另诉解决，表明一审法院对双方的违约责任问题没有进行实体审理。双方提出的涉及合同履行中的违约责任问题是一个整体，应一并审理。裕达公司在被一审法院告知有关工期违约和质量违约问题不在本案审理范围后，已经另行起诉。为便于查清双方的违约行为、过错程度以及违约责任的承担等，中建二局应在该案中通过明确提出反诉的途径予以解决。将双方当事人都提及的违约责任问题另案解决，便于查清事实，分清责任，公平合理，符合本案的实际情况，亦不违反民事诉讼法的有关规定。综上，2002 年 8 月 23 日，最高人民法院根据《中华人民共和国民事诉讼法》第一百五十三条第一款第（三）项之规定，以〔2002〕民一终字第 10 号民事判决判决如下：

（一）维持一审法院判决第二项、第三项、第五项、第六项和第七项。

（二）变更一审法院判决第一项为：裕达公司于本判决生效后 15 日内向中建二局支付工程欠款25 233 151.90元，并支付相应的利息（自 1999 年 5 月 27 日起至本判决确定的履行期限届满止，利率按中国人民银行同期同类贷款利率计算）。

（三）撤销一审法院判决第四项。

一审案件受理费、鉴定费、诉前财产保全费、诉讼财产保全费，按一审判决执行；二审案件受理费623 000元，由中建二局负担498 400元，裕达公司负担124 600元。

26. 拖欠工程款利息起算时间的确定原则

一、案件基本事实

上诉人（原审被告）：三晋国际饭店。

上诉人（原审被告、反诉原告）：三晋大厦。

被上诉人（原审原告、反诉被告）：省六建公司。

1992年8月，省六建公司与原万豪国际酒店筹建处就“三晋大厦改扩建工程”签订了《工程合同》。省六建公司于1992年10月开工。1993年5月，双方又分别签订了《补充合同》及《万豪国际酒店A、C区粗装修，旧主楼改造、配套工程承包合同》，就工程内容、施工期限、质量保证、付款方式等方面作了进一步明确约定。施工期间，由于原万豪国际酒店中方投资不能完全到位，从1993年开始就不断发生局部性的停窝工现象，发展到1994年底全部停工，一直持续到1996年3月才复工。全面持续停工时间为一年零三个月。停工期间虽然省六建公司施工人员大部分撤出，只留有一部分看场人员，但大部分三钢机具继续留场，人员窝工、机具闲置给省六建公司造成较大的停窝工损失。但是在能够正常施工期间，由于省六建公司组织管理问题，发生了多次返工和质量整改，也造成了一定的停窝工和工期延误。在施工过程中，三晋大厦将应由省六建公司总包工程中的一部分工程分包给强风公司和汾阳德力公司及晋中地建公司，此三家公司分包工程量总计4 097 500元。另外，1993年11月14日，强风公司将其从三晋大厦分包工程中的玻璃幕墙钢架部分又转分包给省六建公司，此部分工程总包价为130 000元。此项工程款已由三晋大厦受强风公司委托代强风公司向省六建公司支付78 000元，尚欠52 000元（含协调费3000元）。1996年，原万豪国际酒店港方投资人香港南方国际酒店有限公司撤出投资后，由三晋大厦全面接管了续建工程，三晋大厦在继承原万豪国际酒店筹建处的权利义务基础上，与省六建公司就中水机房、B区15、16层土建等项工程项目续签了施工协议书，继续由省六建公司承包施工。但是，仍然主要由于资金不能按时到位以及施工中多次发生质量整改等原因，导致工程不断停工，到 1998 年 6 月基本完工。

此后，省六建公司编制了《工程结算表》递交三晋大厦工程指挥部，要求结算工程款并组织验收。三晋大厦对省六建公司送的结算表委托监理公司进行了部分审核，审核后将结算表返给省六建公司，但尚有一部分结算表没有返回，形成工程款不能结算。现三晋大厦在未组织竣工验收的情况下，已将工程投入使用。A 区、C 区已营业四五年，B 区虽未营业，但已装潢。剩余工程款一直未付。

一审法院审理期间，曾因双方的申请，中止过审理。恢复审理后，一审法院委托司法鉴定中心对工程进行了评估鉴定。其结论为，该工程总造价41 789 241元。鉴定遗留了三个问题，即：①1993 年 11 月 14 日，强风公司与省六建公司签订了《关于玻璃幕墙钢架的协议》。该协议中，强风公司将其承包的三晋大厦玻璃幕墙钢架部分分包给省六建公司，省六建公司所包部分价款为130 000元。在施工过程中，三晋大厦代强风公司付给省六建公司78 000元，尚欠52 000元。因该项协议事项并非本案双方当事人之间工程结算范围，故没有包括在鉴定价款中。②在施工过程中，三晋大厦将省六建公司承包工程中的一部分工程分包给了其他施工单位。按照《山西省建设工程费用定额》中的有关规定，省六建公司应向三晋大厦计取分包总价的 2%～5%的现场配合、交叉影响费。三晋大厦分包情况为：强风公司工程结算2 586 296元、汾阳德力公司网架工程结算831 004元、晋中地建公司加固工程款为680 200元，总计4 097 500元。此部分未包括在鉴定结论中。③关于停、窝工损失，省六建公司提出三晋大厦工程在原万豪国际酒店筹建处管理期间，由于设计、资金等原因，造成其停工、窝工损失，要求补偿6 009 115元，以上损失所提补偿数因没有对方认可的依据，故未包括在鉴定结论中。之后，关于停、窝工问题，省六建公司又补充了 19 份有关证据，并重新做了停、窝工结算表，请求补偿数由原来的6 009 115元变更为6 641 675元。省六建公司补充提供的主要证据有山西省太原市人民政府有关文件以证明停、窝工的原因和时间，原万豪国际酒店筹建处、行政例会、工程例会、工程形势研讨会、全体员工会议等会议纪要，原万豪国际酒店工程指挥部总指挥李雍文的证明等，证明1993 年度停、窝工损失1 708 133.70元，1994 年度1 464 114.60元，1995 年度2 928 229.20元，1996 年度541 201.50元，共计6 641 675元。三晋大厦补充质证和补充答辩意见是：省六建公司所提的停、窝工损失的请求已超过诉讼时效，应当予以驳回。因为从所提 19 份补充证据来看，所述损失均为 1993 至 1996 年期间，最近的也有四年之久，显然超过诉讼时效。在庭审中，一审法院向三晋大厦说明，《会议纪要》中承诺，“停、窝工损失以后综合考虑”，以后所指何时，现在结算尚未搞完，诉讼时效亦待定，在这种情况下，对停、窝工损失部分的结算是否质证？三晋大厦仍然坚持时效已过，不予质证。

经山西省高级人民法院司法鉴定中心鉴定，应付工程款为41 789 241元，已付款为33 525 800元，尚欠8 263 441元。三晋大厦主张另外还付过 200 万元，但没有付款和收款凭证，省六建公司不承认收到该 200 万元。

二、一审法院认定与判决

1999 年 11 月 9 日，省六建公司以要求判令三晋国际饭店给付拖欠15 479 716元及利息，停工、窝工损失6 009 115元，工程配合费及利息 300 万元为由，诉至山西省高级人民法院，2000 年 9 月 15 日，又以三晋大厦与三晋国际饭店系两块牌子、一套人马为由，追加为共同被告。省六建公司诉称，省六建公司于 1998 年 8 月与原万豪国际酒店筹建处就三晋大厦改扩建为原万豪国际酒店的工程内容签订了总承包性质的《工程合同》，以后双方又对该合同作了两次补充。1992 年 10 月省六建公司开始施工，但由于三晋国际饭店和三晋大厦不能按照合同约定按期拨付工程款，到 1993 年开始局部停工，1994 年 12 月由于港方合作人撤走、投资主体变更等原因，导致工程全部停工，直至 1996 年 3 月山西省太原市人民政府组织三晋大厦接管工程后才复工，持续停工期间长达一年零三个月之久。停工期间一直要求等待拨付资金，不准撤走施工人员和三钢机具，致使由于长期停窝工给省六建公司造成巨大经济损失。此外施工期间，三晋国际饭店和三晋大厦未经同意还将应由省六建公司总承包工程中的部分工程分包给其他单位施工，使省六建公司在工程交叉配合方面也造成一定损失。省六建公司作为主承包人为了保证工程质量和进度，不得不到处贷款赊料以筹垫付资金，并积极组织施工。1998 年 6 月工程基本完工，具备竣工验收条件，虽经多次催促，三晋国际饭店和三晋大厦却拒不组织竣工验收，也不支付工程欠款，反而要求退场，提前投入使用。现三晋国际饭店和三晋大厦拖欠工程款共计15 479 716元，为此特提起诉讼，请求判令三晋国际饭店和三晋大厦支付上述工程欠款，并依法给付相应分包工程交叉配合费，同时赔偿停窝工损失6 009 115元及承担相应的利息和本案诉讼费用，并判令三晋国际饭店和三晋大厦代强风公司给付所欠剩余工程款

52 000元。

三晋大厦辩称，省六建公司虚构诉讼标的，谎报工程量，在工程存在严重质量缺陷且尚未竣工验收的情况下要求支付工程款于法无据、于理不通。其对于工程停工及工期延误负有不可推卸的责任，资金问题并非是导致停窝工的主要原因，省六建公司组织管理松散、劳动力投入不足才是真正原因。将停窝工的原因全部归责于三晋大厦并要求偿付巨额损失的诉讼请求有悖事实情理。鉴于省六建公司虚构工程数量和价款，申请对工程量进行鉴定，并在适当时就工程质量缺陷等问题对省六建公司提出反诉。省六建公司主张的所谓“工程配合费及利息”应由分包工程的第三人承担，强加于三晋大厦实属无理。与此同时，省六建公司要求三晋大厦代强风公司支付剩余工程款的主张也没有任何依据，是滥用诉权，应当承担相应的法律后果。

三晋国际饭店辩称，省六建公司与原万豪国际酒店和三晋大厦签订建筑工程合同，三晋国际饭店与省六建公司没有任何合同关系，不应列为被告。三晋大厦是独立法人，完全可以独立承担民事责任，与三晋国际饭店并非同一主体，请求驳回省六建公司的起诉。

2002 年 2 月 18 日，三晋大厦反诉称，省六建公司在“三晋大厦改扩建”工程施工期间，由于工程管理组织松散，自身工程质量监督体系不健全，经常出现不按标准设计施工，使用不合格建材等，致使施工工程存在诸多质量缺陷及安全隐患。三晋大厦曾多次要求省六建公司对施工中的质量问题进行整改，但该公司始终采取回避态度，拒不履行返修义务，使我方后期工程施工受到严重阻碍，同时也在经济上蒙受近千万元的重大损失。为了保证大厦后期工程能够顺利进行，三晋大厦不得已对现存部分质量问题进行了整改，但仍无法完全杜绝工程中存在的质量缺陷和安全隐患。由此，根据民事诉讼法及有关规定提出反诉，要求省六建公司承担法定质量返修义务，并赔偿三晋大厦所造成的经济损失 210 万元，负担本案全部诉讼费用。

省六建公司辩称，省六建公司承建的三晋大厦改扩建工程没有质量问题，而且三晋大厦已经丧失提出质量问题的资格，超过了时效，反诉本身作为诉讼中的一个程序也过了时效。省六建公司作为国家一级建筑工程施工企业，施工管理严格规范，同时，还有正规监理公司全过程跟踪监理，严格监督检查，发现问题及时处理，使工程质量得到完全可靠的保证。从工程开工到 2000 年 1 月诉至法院，三晋大厦从未提出工程有质量问题，从未接到过三晋大厦所谓要求修补质量缺陷的任何函件。只是在起诉后，三晋大厦出于不愿给付我方工程款的动机，为了把案件拖住，才提出所谓工程质量问题，发函要求返修，并以此为由提出反诉。事实上三晋大厦提出存在所谓质量缺陷的主体工程在未经验收的情况下，早已被三晋大厦投入巨资进行了豪华装修，并提前投入使用，到目前A区和C区提前投入使用已达五年之久，并已获得丰厚收益。即使是在反诉中提出所谓质量缺陷比较多的B区，三晋大厦也已在搁置了三年以后进行了全面装潢。根据我国有关建筑工程法规规定，工程未经验收，建设单位提前使用或擅自动用，发现质量问题自己承担责任。另外，建设部建筑工程质量管理办法规定，民用与公共建筑工程保修期限为一年。所以三晋大厦提出质量问题已过时效。此外，本案诉讼已历时两年多，前后开庭四五次，法庭调查、双方举证、质证已经完成，法庭辩论也已结束，三晋大厦突然提出反诉，应当说已过时效期间。综上，请求依法驳回三晋大厦的反诉请求。

三、上诉及答辩情况

一审法院经审理认为：省六建公司和原万豪国际酒店、三晋大厦的一系列施工合同及协议和会议纪要均为有效。省六建公司按照约定基本完成了施工任务，三晋大厦已支付工程款33 525 800元，尚欠8 263 441元未付，三晋大厦应当依约按期支付工程款，拖欠不付，应承担违约责任。强风公司的工程款，系1993年11月14日强风公司与省六建公司签订了《关于玻璃幕墙钢架的协议》，并非本案当事人双方之间的工程结算范围，非同一法律关系，省六建公司应向强风公司主张权利。关于配合费的问题，是在施工过程中，三晋大厦将省六建公司总包工程中的一部分工程分包给了强风公司为2 586 296元、汾阳德力公司网架工程为831 004元、晋中地建公司加固工程为680 200元，三家共计4 097 500元。按照《山西省建设工程费用定额》中的有关规定，省六建公司应取现场配合费3%，计费122 925元，此款项按规定应由建设单位三晋大厦支付。关于停工、窝工损失省六建公司诉请提出在1993至1996年施工期间，因设计、资金等原因，造成多次停、窝工，损失达600余万元。一审法院司法鉴定中心鉴定因省六建公司所提损失补偿数没有对方认可的依据，故未包括在鉴定结论中。此后，一审期间，省六建公司针对以上缺陷又提供了19份证据，其中有：工程会议纪要、三晋大厦的行政会议纪要、山西省太原市人民政府文件、三晋大厦工程总指挥的证人证言等，说明停、窝工事实确实存在。在补充诉讼中，三晋大厦以所提请求已过诉讼时效为由，对省六建公司陈述的停工、窝工事实及证据，既未表示承认，也未表示否认。但会议纪要中曾讲明停窝工的损失以后一并解决，双方结算尚未完成，因此未超过诉讼时效，该损失应当认定。三晋大厦再三不予质证，又不提出相应证据，视为对该事实的承认。停、窝工损失费依省六建公司结算数6 611 675元计。施工过程中也有省六建公司组织管理问题，发生了多次返工和质量整改，也造成了一定的窝工和工期延误，给三晋大厦造成一定损失，该损失应与省六建公司的损失相抵，将原确定的6 611 675元按三、七分担。折算之后，三晋大厦补给省六建公司款项变为4 628 172.5元。三晋大厦于 2002 年 2 月反诉省六建公司施工工程质量问题，请求赔偿 210 万元。经查，省六建公司施工的工程，虽未办理竣工验收，但其 A 区、C 区早已投入使用，B 区已装修。已完工程未经验收即投入使用，应视为合格，若再出现质量问题，责任应由建设方自负。故此反诉请求予以驳回。三晋国际饭店无偿使用三晋大厦的场所、设施进行营业活动，收取利益，故应与三晋大厦共同承担建筑其场所的债务。依照《中华人民共和国民法通则》第八十四条、第一百零六条和《建筑工程承包合同条例》第十三条第二款、第四十五条及《山西省工程费用定额》第七条第三款、第九款之规定，判决：（一）三晋大厦与省六建公司建筑工程合同、协议及会议纪要有效；（二）三晋国际饭店和三晋大厦共同支付省六建公司工程款8 263 441元及利息（利率按照中国人民银行规定的同期贷款利率计算，从 1998 年 6 月三晋大厦使用工程之日起计算至判决生效之日止）；（三）三晋国际饭店和三晋大厦付省六建公司停窝工损失费4 628 172.5元及利息（利率和利息起算时间同第二项）；（四）三晋国际饭店和三晋大厦应支付省六建公司工程配合费122 925元；（五）驳回省六建公司的其他诉讼请求；（六）驳回三晋大厦的反诉请求。案件受理费164 847.50 元，鉴定费150 000元，反诉费20 510元，共计335 357.50元，由省六建公司负担105 357.50元，由三晋国际饭店和三晋大厦负担230 000元。

四、最高人民法院认定与判决

三晋国际饭店和三晋大厦不服一审判决，向最高人民法院提起上诉。

三晋国际饭店上诉称：一审判决认定事实不清，适用法律错误，其不欠省六建公司工程款，请求撤销一审判决，驳回省六建公司的诉讼请求，由省六建公司负担本案诉讼费用。主要事实和理由是：1. 一审判决三晋国际饭店和三晋大厦共同支付省六建公司工程款及窝工损失、工程配合费没有事实和法律依据，三晋国际饭店和三晋大厦分别为独立法人，对此建设工程合同纠纷不存在连带责任问题，判决三晋国际饭店承担三晋大厦的连带责任，适用法律错误。2. 一审法院在无任何事实依据的情况下判决三晋国际饭店付给省六建公司停工损失费4 628 172.5元及利息，严重侵犯了三晋国际饭店的合法权益。本案并非省六建公司起诉中称的是三晋国际饭店工程资金不能按期拨付，导致停工，事实上三晋国际饭店在 1992 年至 1994 年间已支付了绝大部分工程款，这在工程鉴定书中亦予以认定，而省六建公司却管理混乱，无施工许可证，造成工期延误，以至不能在合同约定的期限内完成工程，给三晋国际饭店造成了近 1000 万元的直接损失，间接损失更是无法估计，已完工的工程又存在严重质量问题，直接影响到下一步的工程，是省六建公司违约在先，才导致停工，如有损失，也应该是省六建公司向三晋国际饭店支付，而且本工程省六建公司没有施工许可证，根本不具备开工条件，属于不应开工的工程，何谈停工损失？一审判决有违公平、公正的民法基本原则。而且根据证据规则，是否有停工损失、损失具体金额应是省六建公司负有举证责任，省六建公司所举的 19 份证据并不是合法有效的证据，所举的会议纪要上既无参会人员的签字，又无发文单位的公章，这种打印的会议纪要可以按举证人的意图随便打出，根本不能作为有效证据；其向法院提交的停窝工损失计算表是其在诉讼后单方作出的，从中可以看出两个问题，一是此为单方行为，三晋国际饭店对此不予认可，二是可证明省六建公司在本案诉讼前并未向三晋国际饭店主张过停工损失，现在主张已过诉讼时效。一审法院在三晋国际饭店对这些证据不予认可的情况下，本应判决省六建公司承担举证不利的后果，但却对这些不是合法有效的证据予以认定，明显违反了《民事诉讼法》的规定，本案的事实是省六建公司延误工期和质量存在严重问题，请求二审法院予以纠正。3. 一审判决三晋国际饭店给付工程款及利息计算方法适用法律错误，本案不能按工程价款鉴定数额确定是否欠付工程款。按照法理，逾期付款的本息应从双方权利义务明确时计算，本工程既未最后完工，省六建公司作为一级施工企业，其主要预算 B 区主体施工预算未按要求申报，所有施工的工程至今未交付工程验收的有关资料及竣工图，整个土建工程根本不具备工程竣工验收的基本条件，因此本工程根本不能进行验收，是否欠付工程款，欠付多少均不清楚，如要进行工程价款鉴定，必须先进行工程质量验收，竣工验收是前置程序，如不进行这个程序即使鉴定出工程价款也不是确定欠付工程款的依据。省六建公司在没有施工许可证的情况下进行施工，双方的合同根本不具备履行条件，省六建公司对不能结算应负全部责任。因此本案从 1998 年 6 月开始计算本息明显不妥，应从双方权利义务明确时才开始计算，本案截至一审判决双方权利义务仍不明确。三晋大厦曾代付省六建公司工程材料款 200 余万元的证据充分，应从未付工程款中扣除。本案不是一审法院认定的那样，已完工程未经验收即投入使用，一审法院视使用和装修明显区别而不见，简单认定工程已投入使用是错误的，事实上本工程主要建设均在 B 区，而 B 区至今并未投入使用，省六建公司管理不善，野蛮施工，给原万豪国际酒店工程造成了长时间的延误工期和众多的质量缺陷，给原万豪国际酒店造成了近千万元的直接损失，这些损失省六建公司应承担赔偿责任，在权利义务明确时还应退还多付的工程款，因此该工程并不欠付工程款。应从鉴定确定之日或者终审判决之日起开始计算利息。4. 山西省有关定额中关于配合费的规定不是强制性规定，当事人在合同中有配合费负担的约定，一审判决三晋国际饭店支付工程配合费122 925元于法无据。

三晋大厦上诉称：一审判决认定事实不清，适用法律错误，请求撤销一审判决，驳回省六建公司的诉讼请求。主要事实和理由与三晋国际饭店相同：1. 省六建公司对三晋大厦不享有诉权。2. 一审判决三晋大厦给付省六建公司停工损失费4 628 172.50元及利息，无事实依据和法律依据。省六建公司所举的 19 份证据不是合法有效的证据。3. 一审判决三晋大厦给付工程款及利息计算方法适用法律错误，本案不能按工程价款鉴定数额确定是否欠付工程款，三晋大厦还以其他方式向省六建公司合并支付2 134 173.71元，即在 1996 年至 1997 年间为省六建公司提供了涉及价值1 827 959.52元的钢材、水泥，在共计 40 份省六建公司《材料（工用具）调拨单》的材料员栏目中有兰百花、张合水和邵会康等该公司职员的签字；向省六建公司支付了100 000元工程款；代付了231 964.19元水、电、电话费等，上述总计2 134 173.71元，应包括在已付工程款内。已付工程款不是一审判决认定的33 525 800元，而是35 659 973.71元。4. 一审判决三晋大厦支付工程配合费122 925元于法无据。

省六建公司答辩称：一审期间对工程价款进行了司法鉴定，鉴定结论已经一审法院组织质证，鉴定结论客观真实，得到工程款和利息是省六建公司依据合同应当取得的利益；根据相关法律和山西省有关工程取费定额的规定，三晋大厦应当支付停工、窝工损失；该工程是总包性质，三晋大厦又将部分工程分包给他人，应当就分包部分支付 2%～5%的配合费；1992 年三晋大厦与港方合资决定对三晋大厦改造，名称暂定为万豪国际酒店，1994 年底，港方撤走后，山西省太原市人民政府决定由三晋大厦独立完成改造又定名为三晋国际饭店，因此从法律关系上讲，三晋国际饭店和三晋大厦之间负有连带责任。由于资金、设计等原因，停工、窝工损失是客观存在的，主要责任在建设方，三晋国际饭店和三晋大厦理应承担该笔损失的主要责任；一审判决按3%下判配合费，已经考虑了三晋国际饭店和三晋大厦的利益，不能说不公正；一审判决从使用工程开始支付利息，比较公平。一审判决认定事实清楚，适用法律正确，请求二审法院依法驳回上诉，维持原判。

五、最高人民法院二审审理与认定

最高人民法院二审中查明：根据当事人申请，一审法院委托的山西省高级人民法院司法鉴定中心于2001年9月7日对讼争工程造价作出了《鉴定书》。1993年5月15日，省六建公司与原万豪国际酒店筹建处签订《万豪国际酒店A、C区粗装修，旧主楼改造、配套工程承包合同》第八条约定，省六建公司要负责和装潢队伍、安装单位的配合，所发生的配合费由省六建公司和装潢队伍及安装单位商定。1993年8月7日，省六建公司与强风公司签订《施工管理协议书》第7条约定，施工管理和配合费用按直接费的5%计取。1993年9月17日，省六建公司与晋中地区建筑经济技术开发中心签订《施工管理配合协议书》约定，晋中地区建筑经济技术开发中心以旧主楼粘钢补强工程总造价乘以70%的5%，作为付给省六建公司的管理配合费。省六建公司在二审庭审中认可50 000元水电费尚未结清。据1994年7月15日《太原万豪国际酒店工程会议纪要》中载明，原万豪国际酒店筹建处黄华总经理表示，窝工损失以后会综合考虑。三晋大厦与三晋国际饭店系两块牌子、一套人马，三晋国际饭店是对外营业的称谓，与三晋大厦系同一住所地、同一法定代表人、使用同一财务报表和账户，管理层和基本职能机构相同。三晋国际饭店是从原万豪国际酒店筹建处演变发展而成，三晋国际饭店和三晋大厦承接了原万豪国际酒店筹建处的全部权利和义务。

二审中查明的其他事实与一审中查明的事实相同。

最高人民法院经审理认为：省六建公司与原万豪国际酒店筹建处签订的建设工程合同一直得到履行，三晋国际饭店系原万豪国际酒店筹建处在港方资金撤走后的企业法人的更名，依法应享有原万豪国际酒店筹建处的权利并承担义务，三晋大厦始终是该工程项目的投资人之一，也是后来与省六建公司签订的一些分项合同的当事人。三晋国际饭店是对外营业的称谓，与三晋大厦系同一住所地、同一法定代表人、使用同一财务报表和账户，管理层和基本职能机构相同，三晋国际饭店和三晋大厦承接了原万豪国际酒店筹建处的全部权利和义务。因此一审判决三晋国际饭店和三晋大厦共同承担支付拖欠工程款的责任，并无不当。三晋国际饭店和三晋大厦主张其分别为独立的企业法人，应各自承担责任的理由不成立，不予支持。三晋国际饭店和三晋大厦主张省六建公司提出的证据证明因停工、窝工造成6 611 675元的损失，已过诉讼时效，在一审中不予质证。在履行合同期间，原万豪国际酒店筹建处负责人曾经表示，窝工损失以后会综合考虑，是对承担这部分损失的同意，三晋国际饭店和三晋大厦承接了原万豪国际酒店筹建处的权利和义务，即有义务对该部分损失承担责任，其主张已过诉讼时效的理由不成立，不予支持。一审法院根据双方在合同履行中的过错程度以及各自所受损失的情况，确定按三、七比例，由三晋国际饭店和三晋大厦负担省六建公司停工、窝工损失费4 628 172.50元及利息，由省六建公司自行负担余下的停工、窝工损失费。从有关证据看，省六建公司停工、窝工损失是存在的，只是对省六建公司单方提出的损失数额以及导致损失的过错责任程度，争议较大。实际上造成停工、窝工损失原因是多方面的，主要受1993年宏观调控政策影响，资金、设计等发生变化，施工管理也造成一定影响，既有双方原因，也有非双方的原因，难以证明双方在造成停工、窝工方面责任的大小，一审判决双方承担损失费的责任比例，与本案当事人在导致停工、窝工损失的责任不尽相符，依据不充分，应予调整。根据双方在造成停工、窝工损失方面的过错程度，由双方各承担该项损失的一半，既符合公平原则，也符合本案双方当事人履行合同的实际情况。据此应将一审判决确定的由三晋国际饭店和三晋大厦承担的停工、窝工损失4 628 172.50元及利息调整为3 305 837.50元及利息。一审法院委托鉴定机构对讼争工程造价进行了鉴定，鉴定结论为应付工程款为41 789 241元，三晋国际饭店和三晋大厦已付款为33 525 800元，尚欠8 263 441元。三晋国际饭店和三晋大厦对应付工程款没有异议，只是除对已付的上述款项认可外，还主张在1996年至1997年间为省六建公司提供了价值1 827 959.52元的钢材、水泥，支付了100 000元工程款，代付了231 964.19元水、电、电话费等，总计2 134 173.71元。在共计40份省六建公司《材料调拨单》中，确有该公司职员的签字，涉及价值1 827 959.52元的钢材、水泥等建筑材料。但这些建筑材料代买以及款项的垫付，属于工程造价鉴定的内容。一审法院根据当事人申请委托鉴定机构对双方讼争工程造价进行鉴定并作出鉴定结论后，三晋国际饭店和三晋大厦在对鉴定结论涉及的有关问题所提异议中，没有包含上述内容，并且在上诉请求中也没有对鉴定机构资质和鉴定程序提出异议，也没有申请重新鉴定，只是提出应认定上述款项为已付款项并从尚欠款额中扣除。这就表明三晋国际饭店和三晋大厦对鉴定结论是认可的。在鉴定机构作出鉴定结论后，一审法院经组织质证并由鉴定机构作出说明后，将此作为工程款结算的依据，并无不当。鉴定结论确认已付工程款为33 525 800元，尚欠8 263 441元，但省六建公司在二审庭审中认可50 000元水电费尚未结清，属于诉讼中的自认，该笔款项应予扣除，三晋国际饭店和三晋大厦尚欠工程款应为8 213 441元。三晋国际饭店和三晋大厦主张未付工程款的利息应随付工程款本金确定之日起支付，不应判决从工程使用之日开始计息。三晋国际饭店和三晋大厦未经竣工验收就开始使用工程，既表明对工程质量责任的自行承担，同时也是对自开始使用工程时支付尚欠工程款本金和利息的事实认可。造成未付工程款的原因在三晋国际饭店和三晋大厦，其主张从判决确定之日起计算利息，缺乏法律依据和事实依据，不予支持；一审判决确定自 1998 年 6 月三晋国际饭店和三晋大厦开始使用工程之日起计算利息，并无不妥。《山西省建设工程费用定额》是山西省的地方性部门规章，鉴定结论中提及按照上述规定，省六建公司可向三晋国际饭店和三晋大厦计取分包工程造价4 097 500元的 2%～5%的现场配合、交叉影响费，但未计算在工程造价中。一审法院参照上述幅度，判令三晋国际饭店和三晋大厦按 3%向省六建公司支付122 925元。由建设单位向施工单位支付配合费，不是法律、行政法规的强制性规定，当事人对有关配合费承担的约定不违反法律和行政法规的强制性规定，对当事人应具有约束力。本案所涉工程承包合同约定，由省六建公司与装潢队伍和安装单位商定发生的配合费。省六建公司与有关分包单位签订的协议中，已明确约定由各分包商自行承担有关施工管理配合费，作为建设方的三晋国际饭店和三晋大厦没有承担施工配合费的合同义务。三晋国际饭店和三晋大厦主张，一审法院委托的鉴定机构作出的鉴定结论中没有包括该部分施工配合费，一审判决按三晋国际饭店和三晋大厦对外分包工程造价的 3%判令其向省六建公司支付122 925元施工配合费，没有合同依据和法律依据，该判项应予撤销的理由成立，予以支持。综上，2003 年 8 月 17 日，最高人民法院根据《中华人民共和国民事诉讼法》第一百五十三条第一款第（三）项之规定，以〔2003〕民一终字第 29 号民事判决判决如下：

（一）维持一审法院判决第一项、第五项和第六项；

（二）撤销一审法院判决第四项；

（三）变更一审法院判决第二项为：三晋国际饭店和三晋大厦共同支付省六建公司工程款8 213 441元及利息（利息从1998年6月三晋大厦使用工程之日起，按中国人民银行同期同类贷款利率计算）；

（四）变更一审法院判决第三项为：三晋国际饭店和三晋大厦支付省六建公司停工、窝工损失费3 305 837.50元及利息（利息从1998年6月三晋大厦使用工程之日起，按中国人民银行同期同类贷款利率计算）。

一审案件受理费、反诉费和鉴定费按一审判决执行；二审案件受理费185 357.50元，由三晋国际饭店和三晋大厦负担148 286元，省六建公司负担37 071.50元。

27. 工程未竣工，不应按合同约定计算利息、罚息

一、案件基本事实

上诉人（原审被告）：永跃恒公司。

被上诉人（原审原告）：华西公司。

1994 年 10 月 8 日，华西公司与永跃恒公司（前称物跃发展（深圳）有限公司）签订《深圳民航大厦 A 段±0.00 以下工程施工合同》，约定：由华西公司承建深圳民航大厦（后更名为子悦台）A 段±0.00 以下工程 A 幢 4 层，建筑面积10 442.65平方米；合同工期为 86 日历天，开工日期为 1994 年 11 月 20 日，竣工日期为 1995 年 2 月 20 日；合同总价款为19 617 596元（包括工程建造费、施工技术措施费、建筑安装工程保险费、风险费在内，其中土建工程19 337 157元，安装工程280 439元）；承包方式：按合同价内容规定包人工、包材料、包工期、包质量、包安全，按国家规定由承建方交纳的各种税收已包含在合同价款内，由华西公司向税务部门支付；合同生效后 15 日内，永跃恒公司付给华西公司合同总价款 10%的预付款计 196 万元；华西公司于每月 25 日后 4 天内向永跃恒公司代表报送当月完成工程量报表及付款申请单各 4 份，永跃恒公司接报表后 7 日内审核完毕，并根据审核确认的工程量，按构成合同价款相应项目的单价计算工程进度款，于审核后 5 日支付华西公司，否则工期相应顺延；工程款支付达合同总价款的 95%时，不再按进度付款，待竣工验收办理竣工结算后扣留 2%保修金后支付余款；华西公司向永跃恒公司提交竣工验收报告后半个月内，向永跃恒公司提交竣工结算报告及符合市有关审计部门规定之竣工结算材料。永跃恒公司自签收之日起 20 日内审核完毕，审定后的结算书作为双方结算工程款的依据。如华西公司提供之结算资料完整无缺，永跃恒公司未按合同约定将结算审核完毕，审定后 15 日内不支付工程结算款，则永跃恒公司应按施工企业计划外贷款利率向华西公司

支付拖欠款额的利息；在本合同施工期内无事故者，发给总结算价 0.5%的奖金。工程质量经验收评定为优良，并按合同工期竣工，发给总结算价款 1%的奖金。如评定为合格，则按合同总结算价款的 1%予以扣罚。双方还就设计变更、合同价款调整、竣工验收等事项进行了约定。1995 年 2 月 16 日，华西公司开始进场施工，同年 7 月 6 日竣工。1996 年 8 月 6 日，双方对子悦台工程 A 段±0.00 以下工程进行结算，确认造价为20 301 338.54元。同年 12 月 9 日，子悦台 A 段±0.00 以下工程质量经深圳市工程质量监督检验总站核定为优良。1998 年 12 月 1 日，永跃恒公司同意依约支付子悦台 A 段±0.00 以下工程安全、优良奖304 520.07元。

1994 年 10 月 8 日，华西公司与永跃恒公司还签订了《深圳民航大厦 B、C 段±0.00 以下工程施工合同》，约定：由华西公司承建±0.00 以下 B 幢 3 层、C 幢 4 层，建筑面积16 653.63平方米；合同工期为 145 日历天，开工日期 1994 年 11 月 20 日（以实际签证为准），竣工日期 1995 年 5 月 8 日；包括工程建造费、施工技术措施费、建筑安装工程保险费、风险费在内，合同总价款为32 646 105元；合同生效后 15 日内，永跃恒公司付给华西公司合同总价款 10%的预付款计 326 万元。关于承包方式、进度款支付方式及竣工结算、安全质量奖等方面的约定与《深圳民航大厦 A 段±0.00 以下工程施工合同》的内容相同。1995 年 4 月 12 日，华西公司开始施工。1996 年 1 月 15 日，B、C 段基础工程竣工。同年 12 月 9 日，经深圳市工程质量监督检验总站核定质量为优良。1997 年 6 月 19 日，双方对子悦台工程 B、C 段±0.00 以下工程进行结算，确认造价为32 145 913.45元。1998 年 12 月 1 日，永跃恒公司同意依约支付 B、C 段±0.00 以下工程安全、优良奖482 188.70元。

1997 年 9 月 18 日，华西公司与永跃恒公司就子悦台工程 B、C 段±0.00 以上签订《深圳市建设工程施工合同》，约定：由华西公司承建子悦台工程 B、C 段，建筑面积70 077平方米；按定标（或议标）规定总工期为 510 日历天，开工日期 1997 年 9 月 18 日，竣工日期 1999 年 1 月 18 日；第十九条约定了“工程进度款的核实及支付”；乙方（华西公司）每月 25 日后 4 天内向甲方（永跃恒公司）报送月度施工计划和已完工程月报（包括形象进度、工作量和工程量），如不按时报送，永跃恒公司不予支付工程进度款；永跃恒公司根据审核确认的工程量并按构成合同价款相应项目的综合价款或单价、取费标准计算的款额，于接到报表后 6 日内向华西公司支付工程进度款；华西公司按合同向永跃恒公司递交已完工程量报表后，永跃恒公司未按合同约定审核完毕或未按约定支付工程进度款，由此导致华西公司经济损失永跃恒公司承担，工期相应顺延；工程款支付达工程总造价的95%时，不再按进度付款，其余工程款待竣工验收后办理竣工结算时支会；第二十四条“竣工结算”约定：甲方（永跃恒公司）未按合同约定将结算审核完毕并报送造价管理部门审定，或在签收审定书后5天内不支付工程结算款，则从永跃恒公司签收审定书后第16日起，按施工企业向银行计划外贷款利率向乙方（华西公司）支付拖欠款额的利息，并承担每日按拖欠总额的万分之三的罚金。1997年10月28日，华西公司开始施工。因永跃恒公司未依约支付工程进度款，华西公司多次停工。当施工至B段26层、C段27层时，因永跃恒公司拖欠工程款而停工至今。2000年3月10日，双方对子悦台B、C段±0.00以上工程已付工程款付账，确认永跃恒公司付款47 251 318.87元。在二审庭审中，永跃恒公司根据同年4月18日的核对单主张实际付款为47 751 313.87元，华西公司予以认可。同年3月13日，双方对子悦台A、B、C段±0.00以下已付工程款对账，确认永跃恒公司付款29 666 006元。在子悦台工程施工中，永跃恒公司代付A、B、C段±0.00以下工程水电费1 108 113.31元，代付B、C段±0.00以上工程水电费770 572.54元。2000年5月31日，永跃恒公司向华西公司出具《还款计划》，暂定应付欠款数额为6000万元，但未实际履行。2001年4月19日，华西公司起诉至一审法院，请求判令永跃恒公司支付工程款10 002.07万元。同年8月26日，华西公司增加诉讼请求，请求确认华西公司对子悦台工程享有折价和拍卖价款的优先受偿权。

一审法院在审理期间，委托广东诚安信会计师事务所有限公司（以下简称诚安信公司）对子悦台B、C段±0.00以上工程进行造价鉴定。2001年11月12日诚安信公司出具《报告》（交换意见稿），子悦台B、C段±0.00以上工程造价为94 087 400.66元。经对《报告》（交换意见稿）质证后，诚安信公司于2002年1月24日出具粤诚基计字〔2001〕087号《报告》，确认子悦台B、C段±0.00以上工程造价91 111 341.14元。

1995年6月28日，华西公司与深圳机场实业发展公司（以下简称机场公司）签订《施工合同》，约定由华西公司承建机场公司发包的子悦台A段±0.00以上工程。华西公司于同年6月18日、7月14日给机场公司出具两张各100万元的收据，收款内容写明系A段主体工程预付款。永跃恒公司现持有该两张收据，并据此主张该200万元应属其所付工程款。

二、一审法院认定与判决

一审法院认为：华西公司与永跃恒公司于1994年10月8日、1997年9月18日先后签订的三份《施工合同》，意思表示真实，内容合法，且永跃恒公司子悦台工程业经有关部门批准和许可，华西公司具有承建该工程的施工资质，上述三份《施工合同》依法具有法律约束力，双方均应依约履行。华西公司依约承建了子悦台工程A、B、C段±0.00以下工程，并经有关部门鉴定为质量优良，双方为此于1996年8月6日、1997年6月19日分别对子悦台A段±0.00以下及B、C段±0.00以下进行了工程款结算，永跃恒公司应向华西公司支付A段±0.00以下工程款20 301 338.54元，B、C段±0.00以下工程款32 145 913.45元，A、B、C段±0.00以下工程款共计52 447 252元。2000年3月13日双方对账确认，永跃恒公司已支付A、B、C段±0.00以下工程款为29 666 066元。永跃恒公司尚欠A、B、C段±0.00以下工程款22 781 246元，应当承担违约责任。在±0.00以下工程施工中，永跃恒公司代付水电费1 108 113.31元，故永跃恒公司实欠A、B、C段±0.00以下工程款为21 673 132.69元。依施工合同的约定，永跃恒公司应支付尚欠A、B、C段±0.00以下工程款21 673 132.69元，并应自结算之日十六日起即1996年8月22日、1997年7月6日起，各以尚欠工程款21 673 132.69元的二分之一即10 836 566.35元分别作为A段±0.00以下B、C段±0.00以下尚欠的工程款，按施工企业向银行同期计划外贷款利率支付利息。

在进行B、C段±0.00以下工程施工中，因永跃恒公司拖欠巨额进度款，华西公司被迫多次停工，永跃恒公司亦应对此承担违约责任。华西公司据此申请对B、C段±0.00以上工程款进行鉴定，以查明永跃恒公司拖欠金额，理由充分。永跃恒公司辩称B、C段±0.00以下工程尚未竣工、不具备结算条件，因与施工合同关于其应按月支付工程进度款的约定不符，故不予采纳。经诚安信公司鉴定，B、C段±0.00以上工程款为91 111 341.14元。2000年3月10日，双方对账确认，永跃恒公司已支付B、C段±0.00以上工程款为47 251 318.87元。永跃恒公司以华西公司出具的两张收款收据为由，辩称另有200万元已付工程款在双方对账中遗漏，经查该两张收据系机场公司依其与华西公司所签子悦台A段±0.00以上施工合同的约定，向华西公司支付子悦台工程A段±0.00以上预付款后由华西公司所出具的，与永跃恒公司无关。故永跃恒公司关于应扣减两张收据所载金额200万元的抗辩显属无理，不予采纳。永跃恒公司尚欠华西公司 B、C 段 ±0.00 以上工程款43 860 022.27元应予支付。在 B、C 段±0.00 以上施工中，永跃恒公司代付水电费770 572.54元，并提供了部分钢筋，亦应予扣减。永跃恒公司关于工程款应冲销其代付水电和代供钢材款的抗辩有理，应予采纳。诚实信公司在审核确认 B、C 段±0.00 以上工程款时已经扣减了永跃恒公司提供的钢筋款，故上述尚欠工程款43 860 022.27元再扣减代付水电费770 572.54元后，永跃恒公司实欠工程款为43 089 449.73元。因 B、C 段±0.00 以上工程未竣工系永跃恒公司拖欠巨额工程款造成，故永跃恒公司对上述实欠工程款应自华西公司主张之日（即起诉日 2001 年 4 月 19 日）按约定以施工企业计划外贷款利率计付利息，并按每日万分之三计付罚息。

永跃恒公司于 1998 年 12 月 1 日同意支付 A 段±0.00 以下及 B、C 段±0.00 以下安全、质量奖共计786 708.77元。对此项安全、质量奖，因符合 A 段±0.00 以下及 B、C 段±0.00 以下两份施工合同的约定，永跃恒公司亦应向华西公司支付。上述两份施工合同对支付此项奖金并无期限的约定，且工程奖金不同于工程款，故永跃恒公司应自华西公司主张之日（即起诉日 2001 年 4 月 19 日）按中国人民银行同期贷款利率计付利息。华西公司关于上述奖金视同工程款从欠付时起计付利息的请求，因无事实依据不予支持。综上，永跃恒公司拖欠 A、B、C 段±0.00 以下及 B、C 段±0.00 以上工程款，应当承担违约责任。华西公司虽因施工合同签订当时没有法律规定承包人对工程价款的优先受偿权，但依照《中华人民共和国合同法》第二百八十六条之规定，主张对其承建的子悦台 A 段±0.00 以下及 B、C 段工程折价或者拍卖价款行使优先受偿权，有事实和法律依据，应予以支持。因工程奖金不属于工程款价，故华西公司诉请安全、优良奖视同工程款一并主张优先受偿权不予采纳。据此判决：一、永跃恒公司应自判决生效之日起 10 日内向华西公司支付子悦台 A、B、C 段 ±0.00 以下工程款21 673 132.69元及利息（其中10 836 566.35元自 1996 年 8 月 22 日起，10 836 566.34元自 1997 年 7 月 5 日起，按同期施工企业计划外贷款利率计付利息）。逾期则加倍支付迟延期间的债务利息。二、永跃恒公司应自判决生效之日起十日内向华西公司支付子悦台 B、C 段±0.00 以上工程款43 089 449.73元及利息、罚息（自 2001 年 4 月 19 日起按同期施工企业计划外贷款利率计付利息，并按每日万分之三计付罚息）。逾期则加倍支付迟延期间的债务利息。三、永跃恒公司应自判决生效之日起十日内向华西公司支付安全、优良奖786 708.77元及利息（自 2001 年 4

月 19 日起按中国人民银行同期贷款利率计算）。逾期则加倍支付迟延期间的债务利息。四、华西公司对子悦台 A 段±0.00 以下及 B、C 段工程折价或拍卖价款在上述判项一、二的债权范围内享有优先受偿权。一审案件受理费 510 113.50元、鉴定费455 000元，共计965 113.50元，由华西公司负担289 534.05元，永跃恒公司负担675 579.45元。

三、上诉及答辩情况

永跃恒公司不服一审判决提起上诉称：一审法院指定的诚安信公司对子悦台 B、C 段±0.00 以上工程所作的造价鉴定存在明显的错误，诚安信公司土建专业方面人员未进入地盘现场实地对照点查，只是简单地按照原图纸和华西公司提供的资料进行估算，很多实际上并未施工或图纸上都不存在的工程也估算在内，对建材有多报和估价偏高的情况，对不存在的 B 段加层却算出加层费用，混凝土价格偏高等等。一审法院对诚安信公司所作鉴定轻信采纳，严重损害了我公司的利益。子悦台 B、C 段±0.00 以上工程，我公司已付工程款应为47 751 318.87元，一审法院少认定了 50 万元。A、B、C 三段±0.00 以下工程虽已结算，但工程量明显与事实不符，我公司要求对其重新鉴定。子悦台 A、B、C 三段±0.00 以下工程，我公司已付款应为 3166.6 万元，一审法院对我公司已付的其中 200 万元不予认定是错误的。华西公司出具收据时误写成“机场公司”及“A 段主体工程”，请二审法院依法予以认定，在应付工程款中扣除已付的 200 万元。一审判决对工程款的利息计算方法存在错误，实际上 A 段与 B、C 段工程款的比例为 38%：62%，两段款项计息应以欠款总数按比例分别按年度起分别计息，同时利息应按中国银行同期贷款利率计算，不应以计划外非正常利率计取。子悦台 B、C 段±0.00 以上工程未竣工，不应按合同约定的竣工结算前提下的利息、罚息计算。虽然子悦台 A、B、C 三段±0.00 以下工程被评为优良，但地下室部分至今仍存在严重渗水，故请求取消质量优良奖金。综上，请求对一审判决第一项、第二项依法进行改判；对一审判决第三项依法进行改判，驳回华西公司要求支付优良奖的请求；一审诉讼费、鉴定费及上诉费由华西公司负担。

华西公司答辩称：诚安信公司委派的两名工程师是在永跃恒公司的地盘管理工程师、华西公司的工程师、律师三方共同参与的情况下，按楼层逐层一点一点共同确定实际已经完成的工作量。永跃恒公司称诚安信公司未进入施工现场实地对照点查的说法纯属不负责任的说法，有双方对现场勘查的确认记录的签字在案。B段在签订施工合同前的原设计图纸为23层，后经市国土规划部门批准为B、C段各27层，因此在签订施工合同时就有了B段加层的合同附件的约定，诚安信公司的审计报告是在经过核实对照华西公司实际完成工作量后，仍采用了施工合同中的B段加层的计算方法，这种方法是遵守双方所签合同的约定和实际工程量的计算方法。永跃恒公司提出的混凝土的价格比泵送商品混凝土的市场信息价格高的说法，是因为泵送商品混凝土的市场信息价格仅是购买混凝土至工地的材料价格，而不包括指挥混凝土运输车将混凝土倒入混凝土输送泵内、由混凝土泵将混凝土送至相应的部位、然后进行浇灌、捣固、养护等由此发生的工程费用。子悦台A、B、C三段±0.00以下土建结构工程结算，双方已在工程决算书上签字盖章确认，永跃恒公司从决算之日起到本案一审之前，从未对此决算有任何异议，现又要求重新审核结算，实属无理缠讼。永跃恒公司称由机场公司支付的两笔工程预付款共计200万元是华西公司开具收据时的错误，这明显与事实不符。华西公司在与机场公司的工程款收取对账单上对该款项的支付有明确的体现，财务凭证清楚，有华西公司和商业银行1998年1月7日的工程款收取和对单在卷。子悦台A、B、C段±0.00以下工程被评定为优良工程，同时在施工过程中没有发生安全事故，永跃恒公司理应按施工合同约定支付工程质量安全奖，其所称地下室部分存在渗水是不实的。综上，请求二审法院驳回上诉，维持原判。

四、最高人民法院认定与判决

最高人民法院认为：华西公司与永跃恒公司先后签订的三份施工合同，系双方当事人真实意思表示，内容不违反法律、法规的强制性规定，对双方均具有约束力，一审法院认定为有效是正确的。关于子悦台B、C段±0.00以上工程造价的鉴定问题，一审法院委托的诚安信公司具有工程造价鉴定资质，鉴定人员也具有注册造价工程师资格。一审期间，该院已组织双方当事人进行质证，鉴定机构人员也到庭就有关情况作了说明，并根据质证情况对鉴定结论作了相应调整。永跃恒公司上诉所提出的问题一审时已向鉴定机构提过，诚安信公司针对所提问题再次到现场勘查后对工程造价进行了核减。因永跃恒公司上诉没有提供新的充分证据对其主张予以佐证，本院不予采信，诚安信公司所作的工程造价鉴定结论应作为本案认定事实的依据。永跃恒公司拖欠子悦台工程A、B、C段±0.00以下工程款应为21 673 072.69元，一审判决计算有误。因无法确认分别拖欠 A 段±0.00 以下和 B、C 段±0.00 以下各欠多少工程款，一审法院根据双方合同约定的付款期限按二分之一比例计算拖欠工程款的利息并无不妥。一审判决按同期拖工企业计划外贷款利率计付利息是根据双方合同条款的约定，永跃恒公司上诉主张按中国银行同期贷款利率计息缺乏事实依据。对于永跃恒公司拖欠子悦台 B、C 段±0.00 以上工程款的利息、罚息计算问题，因双方合同约定的“按施工企业向银行计划外贷款利率向乙方支付拖欠款额的利息，并承担每日按拖欠总额的万分之三的罚金”是在竣工结算以后，而事实上 B、C 段±0.00 以上工程尚未完工，不具备合同约定的利息加罚息的适用条件，故应按中国人民银行同期同类贷款利率计息，并从华西公司主张之日开始起算。永跃恒公司上诉主张子悦台 B、C 段±0.00 以上工程已付工程款为47 751 318.87元，而一审判决认定的数额比实际付款少算了 50 万元，华西公司在二审庭审中对此予以认可，故永跃恒公司的主张成立。永跃恒公司认为一审判决对其在子悦台 A、B、C 三段±0.00 以下已付的 200 万元工程款不予认定是错误的，但从本案的证据情况来看，其所持有的收据上付款人是机场公司，付款用途是 A 段主体工程预付款，永跃恒公司与华西公司 2000 年 3 月 13 日对账时也确认已付工程款是29 666 006元，并非永跃恒公司上诉所称的 3166.60 万元，现永跃恒公司又没有提供 200 万元是其付款的其他证据，对其主张本院不予支持。永跃恒公司上诉要求对子悦台 A、B、C 三段±0.00 以下工程造价进行鉴定依据不足，因双方早于 1996 年 8 月 6 日和 1997 年 6 月 19 日在工程造价决算书上签字盖章确认，这是对自己权利的一种处分行为，应当具有合同的效力，永跃恒公司否认已做工程决算而主张进行鉴定不应予以支持。永跃恒公司上诉要求驳回华西公司支付优良奖的请求，因支付优良奖是双方合同的明确约定，且有深圳市工程质量监督检验总站核定子悦台±0.00 以下工程质量优良的证明，永跃恒公司又于 1998 年 12 月 1 日对支付安全优良奖的具体数额表示同意，现永跃恒公司未提供工程质量存在问题的有关证据，故永跃恒公司的此项上诉请求不予支持。综上，依据《中华人民共和国民事诉讼法》第一百五十三条第一款第（三）项之规定，最高人民法院于 2002 年 10 月 15 日，以〔2002〕民终字第 50 号民事判决判决如下：

一、维持一审法院判决第三、四项；

二、变更一审法院判决第一项为：永跃恒公司自本判决生效之日起 10 日内向华西公司支付子悦台 A、B、C 段±0.00 以下工程款21 673 072.69元及利息（其中10 836 536.35元自1996年8月22日起，10 836 536.34元自1997年7月5日起，按同期拖工企业计划外贷款利率计付利息）。逾期则加倍支付迟延期间的债务利息。

三、变更一审法院判决第二项为：永跃恒公司应自本判决生效之日起10日内向华西公司支付子悦台B、C段±0.00以上工程款42 589 449.73元及利息（自2001年4月19日起按中国人民银行同期同类贷款利率计付利息）。逾期则加倍支付迟延期间的债务利息。

一审案件受理费等按一审判决执行；二审案件受理费510 113.50元，由永跃恒公司负担357 079.45元，华西公司负担153 034.05元。

本判决为终审判决。

28. 拖欠工程款利息时间应从建设工程交付之日起算

一、案件基本事实

上诉人（原审被告、反诉原告）：蔬菜公司。

被上诉人（原审原告、反诉被告）：建安公司。

1996 年 5 月 8 日，蔬菜公司与建安公司签订《施工协议书》，约定：工程名称为永富商场，开工日期为 1996 年 5 月 15 日，竣工日期为同年 10 月 15 日；承包方式为包工包料、平方米包干，每平方米 730 元，一次包死，不再计取任何费用。总平方面积约为 1000 平方米左右，工程竣工后按实际面积结算，玻璃幕墙每平方米 900 元，结算时按实际面积结算；付款方式为：蔬菜公司在工程开工前，必须付给建安公司 30 万元工程材料预付款，然后 7～8 两月之内付给建安公司 20 万元工程材料款。建安公司垫付工程款 20 万元，蔬菜公司必须在 1997～1998 年之间付清垫付款。超过 1998 年如还付不清工程款者，蔬菜公司承担欠款利息，其余工程款待竣工交付使用时全部付清；工程质量按照国家规定的施工规范进行施工，质量标准达到合格工程。建安公司采购的材料必须符合图纸要求和国家规定的质量标准，主要材料要附有关质量证书。隐蔽工程在隐蔽前 24 小时内，建安公司要书面通知蔬菜公司到现场检查验收，合格签字后方可隐蔽。蔬菜公司在接到通知后 24 小时后如不到现场检查验收，建安公司自行检查后隐蔽，并填写隐蔽记录，蔬菜公司应予以承认。工程竣工后，建安公司应在 15 日内向蔬菜公司提供书面交工验收通知书，同时提交竣工图和全部施工技术资料，蔬菜公司要及时组织有关部门进行验收；本工程保修期限为一年，采暖期为一个冬季使用期，保修期外出现的问题由蔬菜公司负责。

1996 年 12 月 14 日，该工程交工验收，12 月 16 日经兰州市质检部门核验评为合格工程。该工程 1997 年 12 月 16 日经永登审计事务所审计，实际总建筑面积为1498.56平方米，共投资1 665 076.39元。蔬菜公司尚拖欠建安公司工程款434 550.64元。1998年6月10日，蔬菜公司又与建安公司签订《关于联建蔬菜公司仓库、住宅楼的合同书》，约定：蔬菜公司提供院内原旧仓库地皮，改造仓库和住宅楼，占地约600平方米，库房建筑面积约为440平方米，住宅楼约3000平方米；该项工程总投资约为206万元，由建安公司全部垫付修建，蔬菜公司负责办理各种修建手续，前期费用由建安公司承付；蔬菜公司在1996年修建永富商场工程后，拖欠建安公司工程款44万元，至今无法偿还，这次联建仓库、住宅楼时，将原拖欠工程款44万元一次折抵扣还建安公司。拖欠款扣还后，一层框架400平方米权属蔬菜公司，其所占一楼面积比例的款项资金尚缺20万元，蔬菜公司应再补建安公司20万元，此款于1999年6月底前拨付，如不按时拨付资金，蔬菜公司按比例将一层折抵建安公司，待钱拨给建安公司后归还蔬菜公司使用；二层至七层房屋出售和转让后的产权手续由蔬菜公司办理，费用由建安公司和住房单位或个人承担；如有一方不履行责任，可按总投资额的一倍加以罚款。合同签订后，建安公司支付了合同打印费82元、合同公证费2300元。后来该合同因故未能履行，蔬菜公司以建安公司修建的永富商场存在严重质量问题为由拒付工程款并将仓库、住宅楼工程另包他人修建。

1999年4月25日，兰州市工程质量监督站和兰州市建设工程质量检测中心对永富商场工程质量进行实地检测，作出了“关于永登县蔬菜公司副食商场工程质量问题的处理意见”：1. 该工程尚未发现明显的不安全因素，可以正常使用；2. 楼梯梁距地面高度不够问题，应会同设计单位进行设计变更处理；3. 墙面裂缝属填充墙体材料干燥收缩引起，影响观感质量，可进行表面修补；4. 对Ⓒ—④—⑤段梁存在微小裂缝，缝宽仅为0.2mm，在规范允许范围内可进行封闭处理，对四层楼地面裂缝应揭露检查并予以处理，对其他砼缺陷按规范要求进行修补。1999年5月18日，建安公司起诉至一审法院，要求判令蔬菜公司继续履行《关于联建蔬菜公司仓库、住宅楼的合同书》；判令蔬菜公司赔偿单方毁约给建安公司造成的直接经济损失508 795元；判令蔬菜公司偿还拖欠款44万元及承担违约金206万元。蔬菜公司反诉称：《关于联建蔬菜公司仓库、住宅楼的合同书》系无效合同，并且双方并未实际履行，根本不存在所谓508 795元损失。建安公司称蔬菜公司拖欠其工程款44万元与事实不符，蔬菜公司是按照现行建筑行业法律、法规拒付工程款434 550.64元。蔬菜公司按工程决算审计报告暂扣剩余部分工程款是事实，但扣除的原因是建安公司交付的建筑物存在严重工程质量问题。故请求法院依法委托甘肃省建筑工程质量检测中心就涉案工程质量进行检测；依法确认兰州市质量监督站就涉案工程所作的交工核验文件无效；判令建安公司承担交付不合格工程给蔬菜公司造成的全部经济损失（对存在的质量问题，能重修的予以重修，不能重修的赔偿损失）。

在一审法院审理期间，蔬菜公司申请要求对永富商场大楼的工程质量重新进行检测，并对现有四层楼的基础上能否继续施工五、六层作出鉴定。经一审法院委托甘肃省工程质量监督总站检测，该站出具的“大楼检测报告”称：“该商场已经竣工的四层楼房，使用了两年零七个月时间。经过对一层地面和场地地面等的检查，未发现该建筑物地基的不均匀沉降情况和其他异常情况；施工时未严格地按设计图施工，未经设计单位同意，改变建筑物的使用功能，改变了设计约定的建筑材料等；混凝土表面粗糙，一、二层相对较好，三层麻面跑模较多，四层蜂窝、麻面、露筋严重，个别构件出现了影响结构性能的孔洞裂缝等缺陷，必须会同设计单位进行技术处理；一至四层实测混凝土强度均不满足设计要求。建议设计单位根据改变后的实际情况，实测的混凝土强度及部分混凝土构件的缺陷，按照七度抗震设防，对永登县蔬菜公司副食商场的六层框架进行复核，提出能否继续施工五、六层及必需的加固方案，建议由建筑造价计算单位，预估经济损失和加固费用。”随后，一审法院根据甘肃省工程质量监督总站的建议和蔬菜公司的申请，分别委托甘肃省建筑设计研究院和甘肃省建设工程造价管理总站对永富商场大楼的修缮加固进行设计和费用的造价，甘肃省建筑设计研究院“关于永登县蔬菜公司副食商场大楼计算复检报告”称：“原设计图纸未发现问题，满足设计要求。要满足现有四层的使用要求，按照检测报告所提出的加固部位进行加固补强处理。加固补强设计处理后方可进行五、六层施工。”甘肃省建设工程造价管理总站作出的“永登县蔬菜公司永富商场大楼修缮加固工程”预算书表明：修缮加固费用为115 208元（其中土建111 353元、安装 3855 元）。蔬菜公司对此提出异议，要求重新设计和造价。一审法院经合议庭研究决定，具有资质的省级部门在双方当事人未能提供有关资料的情况下，根据现场实际作出的鉴定具有法律效力，故不再委托重新设计和造价。

二、一审法院认定与判决

一审法院认为：建设方蔬菜公司与施工方建安公司签订的永富商场施工

协议，双方意思表示真实，建设手续齐全，应视为有效协议。蔬菜公司与建安公司在未报批立项、办理一切建设手续及建设方资金不足、施工方全部垫资的情况下，签订的联建蔬菜公司仓库、住宅楼合同，违反了国家有关法律规定，合同应当认定为无效。永富商场竣工验收交付使用后，蔬菜公司未按协议约定偿还建安公司的工程款属违约行为，建安公司要求蔬菜公司偿还工程欠款和赔偿损失的请求，应予支持。蔬菜公司反诉提出永富商场存在严重工程质量的问题，虽然该工程经交工验收，被县、市评为合格工程，并交付使用近两年，按双方施工协议的约定，保修期外出现的问题应由蔬菜公司负责。但该工程质量经省、市质检部门进行检测，确实存在工程质量缺陷等问题，造成工程质量缺陷等问题，双方均有责任。工程竣工验收交付使用后，双方将属于自己所有的楼房，在框架结构楼上，未经设计单位同意，擅自进行隔墙和装修，改变建筑物的使用功能。施工方在施工中，改变设计图指定的材料和做法，作为建设方派有工地代表，在施工中对施工方的过错行为未进行制止，也未提出任何异议，应视为默认。因此，造成修缮加固的费用和损失由双方各自承担，各自负责对自己所有的楼房进行修缮加固，修缮加固后的质量要经有关单位的验证，否则出现的问题自负。蔬菜公司要求确认兰州市质检站就涉案工程作出的交工核验文件无效及要求建安公司承担因工程质量给其造成的经济损失的请求，证据不足，不予支持。关于蔬菜公司主张在永富商场大楼现有四层上继续施工五、六层的问题，经修缮加固和有关部门的验证后，由蔬菜公司自己决定。造成联建蔬菜公司仓库、住宅楼合同无效，蔬菜公司应承担主要过错责任，应承担建安公司为此支付的合同打印费和公证费用。建安公司为该工程垫资向银行所贷的款及购置的建筑材料由于均用于其他工程，并未造成损失，且垫资贷款不受法律保护，故不予支持。建安公司要求蔬菜公司继续履行联建合同、承担违约金、赔偿经济损失的请求也不予支持。关于甘肃省工程质量监督总站对永富商场工程质量所作的检测报告及甘肃省建筑设计研究院的加固设计方案和甘肃省建设工程造价管理总站修缮加固费用的造价，应作为审理本案的证据参考，对蔬菜公司要求重新委托设计和造价的请求不予支持。据此判决：一、蔬菜公司与建安公司签订的《关于联建蔬菜公司仓库、住宅楼的协议书》无效；二、蔬菜公司在判决生效后 30 日内偿还建安公司修建永富商场的工程欠款434 550.64元；三、蔬菜公司按照银行同期同类贷款利率，向建安公司支付拖欠工程款（434 550.64元）的利息，自 1996 年 12 月 14 日交工验收之日起至蔬菜公司交清欠款之日止；四、永富商场的修缮加固，由双方各自负责对自己权属的楼房进行修缮加固，造成的一切费用由各自承担。修缮加固后的质量要经有关单位验证，否则出现的问题自负；五、蔬菜公司在判决生效后，支付建安公司在联建其仓库、住宅楼合同中预支的合同打印和公证费用 2382 元。一审案件诉讼费35 000元、反诉费10 010元、质量鉴定费25 000元、加固设计费23 000元、加固造价费 2000 元，共计95 010元，由建安公司负担38 004元，蔬菜公司负担57 006元。

三、上诉及答辩情况

蔬菜公司不服一审判决提起上诉称：一审判决将存在严重质量问题的不合格工程认定为质量缺陷是十分错误的，按照双方《施工协议书》第三条的约定，应自 1999 年 1 月 1 日起支付利息，一审判决却将计息时间提前到了 1996 年 12 月 14 日，显然是错误的。一审法院对不合格工程给蔬菜公司造成的经济损失只审不判，对已经评估出的加固费用115 208元也没有处理。故请求二审法院撤销原判，依法改判：确认涉案工程为不合格工程，蔬菜公司不再支付应按合格工程结算的工程款余额434 550.64元；判决建安公司赔偿因工程质量问题给蔬菜公司造成的全部经济损失。建安公司答辩称：蔬菜公司提出确认涉案工程为不合格工程，不属本案应调整的民事法律关系。本案所涉工程已经有关部门确认为合格工程，如果蔬菜公司对鉴定结论不服，可以依法提起行政诉讼。时至今日蔬菜公司一分工程欠款未付，建安公司蒙受重大经济损失，故一审法院利息计算期间与事实相符。蔬菜公司单方毁约之行为给建安公司造成重大损失，故请求二审法院确认联建合同有效，并判令蔬菜公司支付违约金或赔偿损失。在二审期间，蔬菜公司请求对所涉工程因质量问题引起的加固设计、加固造价和其他经济损失等事项进行重新设计、造价。

四、最高人民法院认定与判决

最高人民法院认为：本案所涉工程 1996 年 12 月 14 日竣工验收，12 月 16 日经兰州市质检部门核验评为合格工程，当时蔬菜公司并未提出异议且实际使用将近五年。在一审期间，一审法院已经委托甘肃省建筑设计研究院对永富商场大楼的修缮加固进行了设计及委托甘肃省建设工程造价管理总站进行修缮加固费用的估算，蔬菜公司在二审时再次提出重新设计、造价的请求依据不足，本院不予支持。根据有关部门的检测，涉案工程尚未发现明显的不安全因素，可以正常使用，但也确实存在一些质量问题。甘肃省建设工程造价管理总站估算出的修缮加固费用为115 208元，此费用应当由建安公司承担。蔬菜公司应支付的工程欠款为434 550.64元，两项折抵，故蔬菜公司还应向建安公司支付工程欠款319 342.64元。由于已从蔬菜公司应付工程欠款中扣除了修缮加固费用，故一审判决第四项内容应予撤销。关于欠款利息的计算问题，根据蔬菜公司与建安公司签订的《施工协议书》第三条的约定："蔬菜公司必须在1997～1998年之间付给建安公司垫资款20万元，超过1998年如还付不清工程款者，蔬菜公司承担欠款利息。其余的工程款，待工程竣工验收后，蔬菜公司使用开始时全部付清"，故对拖欠的20万元工程款应从1999年1月1日起算利息，对其余的工程款119 342.64元，应从1996年12月14日交工验收之日起算利息。一审判决认定双方当事人签订的《关于联建蔬菜公司仓库、住宅楼的协议书》无效，判令蔬菜公司承担合同打印费和公证费并无不当。综上，根据《中华人民共和国民事诉讼法》第一百五十三条第一款第（三）项之规定，最高人民法院于2001年12月31日，以〔2001〕民一终字第70号民事判决判决如下：

一、维持一审法院判决第一、五项；

二、撤销一审法院判决第四项；

三、变更一审法院判决第二、三项为：蔬菜公司在本判决生效后10日内向建安公司支付工程欠款319 342.64元及利息（其中20万元的利息从1999年1月1日起至蔬菜公司付清之日止，余款119 342.64元的利息从1996年12月14日起至蔬菜公司付清之日止）。

一审案件受理费等按一审判决执行，二审案件受理费45 010元，由蔬菜公司和建安公司各负担22 505元。

本判决为终审判决。

29. 对工程结算有关证据的认定

一、案件基本事实

上诉人（原审原告、反诉被告）：文酒公司。

上诉人（原审被告、反诉原告）：宝石厂。

自1980年至1989年文酒公司共承建宝石厂近30个建筑工程项目，其建设项目全部结束后，1990年7月31日双方对其中26项工程作出全部决算，对部分工程的工程款及赔偿问题存有争议。为此宝石厂曾组织人员对双方工程遗留问题进行调查研究，1993年元月14日，宝石厂办公室主任杨康毅向厂领导写出《关于文酒公司承建我厂工程遗留问题的处理意见》（以下简称《处理意见》），1993年3月22日宝石厂厂务扩大会会议纪要（以下简称纪要）中称："原则同意《处理意见》，对滑模费用分摊等若干具体问题还要继续研究协商，财务处、基建处要对各种费用进一步详细测算，报厂审查"。下面分述双方争议工程的有关事实：

一、南厂家属楼工程。1983年11月10日双方签订合同，约定由文酒公司承建四栋家属楼，建筑面积11 171平方米。合同履行中由于宝石厂与当地政府有关部门就基建问题未协调好，造成工程几次停工，最终仅施工了其中两栋楼的部分工程，于1986年撤离现场，双方对已作工程量的结算无争议，但对停工损失补偿等问题有异议，即：1. 开工停工人员进出场损失；2. 工地看守人员工资；3. 春节期间未停工加班费；4. 春节期间干部补贴；5. 器材损失；6. 木材损失6立方费；7. 机械台班损失；8. 土方外运费；9. 因停工报废钢筋损失；10. 因停工往管材楼工地运钢筋22.934吨的运费；11. 因停工外运水泥95吨的运费；12. 撤离现场拆模用工108个费用；13. 临设费等。文酒公司以已调离宝石厂，而当时任该厂基建负责人的梁凯于1990年12月6日出具的《停工损失清单》，要求赔偿，其数额为246 965.08元。对此宝石厂认为梁凯出具的清单系事后签字，亦无人授权，不予认可，仅同意给予

26 439.31元的补偿。此外，文酒公司还要求补偿场地租赁费146 696.64元，对此宝石厂认为，不属于工程用地，预制构件已按定额计算了费用。梁凯于1990年12月6日意见是，“由于3号（即南厂）工地停工造成预制厂生产的成品楼积压、堆放有一定损失，同意补偿一亩地两年的租费，按合同2000元/亩，共计补偿4000元。”

二、管材试验中心楼工程。该工程与南厂家属楼工程系一个合同中的两项工程，基建工程科代表宝石厂签约，约定：1983年10月开工，费用计算执行“陕西省建筑工程77年预算定额单位估价表”，以后如有新的文件精神下达，只用于下次合同，不用于本次合同所列项目。履行中，由于宝石厂的原因，宝石厂承认赶工累计达164天，该工程宝石厂已向文酒公司付款3 837 478.62元（按乡级取费数额）。现双方在取费标准问题上发生争议。宝石厂基建负责人田民伟于1986年9月1日签署“请按县级施工管理费结算”的意见；宝石厂梁凯（原基建主要负责人）于1990年1月2日的意见“关于管材楼取费标准，我认为按县级施工单位清算符合情理”，《处理意见》为“管材楼工程取费标准按照县级施工管理费”。1996年11月12日双方达成协议，确定该工程决算为4 154 595.32元，赔偿文酒公司停工损失197635.51元。

三、内招楼工程。1982年11月签订该工程合同，约定工程建筑面积2000平方米，工期为1982年11月至1983年2月，费用清算执行《陕西省建筑工程77年预算定额单位估价表》，以后如有新的文件精神下达，只用于下次合同，不用于本次所列项目。文酒公司称实际完成面积为3000平方米，并且要求宝石厂按“八五”定额清算工程款并赔偿因多次停工、复工所造成的损失。该工程宝石厂已按自己所确定的“八三”定额决算额836 510.88元向文酒公司支付了工程款。文酒公司又于1998年4月13日提出1996年10月23日双方协议中补偿工程损失费有误，总造价应为1 045 675.33元。

四、塔楼、商店工程。该项工程含A、B座楼和商店建筑，1984年12月1日双方签订合同约定，建筑面积10 190平方米和18 493平方米，概算费用500万元，工程工期为1985年1月至1987年6月，费用决算执行《陕西省建筑工程八三年预算定额单位估价表》及省市有关文件规定。另外合同另增加一条款，即施工所需一切滑模机具设施的费用材料供应等另行商定。施工许可证上载明开工时间为1985年2月5日；关于取费问题，宝石厂基建负责人陆光曾于1985年7月25日致便函文酒公司称：根据我有关人员商量，就塔楼施工取费标准拟定下列意见，供参考：“1. 决算按省级取费标准范围内计取

（不列法定利润，贷款利息），其他有关施工机具如滑模支架、千斤顶等一切设施均有你方负责费用和购置，交工后归你方所有。2. 在此工程总费用包括施工设备购置和建筑总造价不高于按省级施工单位决算水平的前提下，施工有关机具滑模支架、千斤顶等费用我方可以承担部分，施工后全部归交于你方，施工管理费和其他独立费（不列法定利润、贷款利息）的取费标准则低于省级。以上意见请你综合分析，并予答复或面谈商洽。”1985 年 9 月 10 日，陆光又便函告文酒公司乔经理：“塔楼工程合同附件草稿定版之事意见如下：你送来的合同附件草稿和我 8 月起草的合同举荐二者差距很大，要取得一致意见还须双方洽谈协商。”双方再未提供宝石厂与文酒公司在塔楼施工过程中就该项工程取费标准的协商证据。塔楼工程于 1988 年 8 月竣工，10 月 1 日宝石厂家属进住。该项工程属当时西北地区第一高层住宅，文酒公司因该建设工程还获得有关部门奖励。文酒公司曾以“八三”定额，省级取费标准作出了决算，但宝石厂在审查此决算时，坚持以“八三”定额，以县级标准取费，并按此定额、标准作出决算为5 177 986.41元，但此决算已将宝石厂基建负责人之一的薛乃功于 1989 年 12 月 28 日所列塔楼验收遗留问题 11 项，作为未完工程减去34 287.28元，又扣减商店未完工程13 958.60元（该数额系宝石厂单方提供），除此两部分外，双方对塔楼工程量意见基本一致。宝石厂并按自己所作决算向文酒公司付了工程款，但文酒公司坚持认为宝石厂应按承诺的“八五”定额，市级取费标准结算，将塔楼商店工程决算为6 926 215.93元。《处理意见》对该项工程的处理意见是“塔楼工程取费标准按照市级标准取费；塔楼工程是 1985 年开工的，在 1985 年定额公布之日前施工的工程量按 83 定额清算，85 定额公布之日后施工的工程量按 85 定额结算。”宝石厂以该厂纪要，责成有关人员于 1994 年 1 月 19 日将塔楼土建部分按“85”定额，其他部分按“83”定额、市级取费作出决算为8 061 937.41元（去除安装工程费1 331 287.63元及自定的滑模分摊费407 201.18元为6 323 448.60元。）

五、滑模费用摊销。采用滑模工艺对塔楼进行施工是宝石厂的要求，在当时亦是新的施工工艺。而此种工艺所需设施文酒公司不具备，也未曾采用过。塔楼商店工程合同中只约定“施工所需一切滑模机具设施的费用及材料供应等另行商定”。就滑模施工问题，双方均咨询过有关专家，并于 1995 年下半年到北京等地采用滑模施工的施工现场参观，了解采用滑模施工的定额、取费标准，施工及管理办法，滑模购置费用的承担等问题。但对滑模费用承担未作出定论。为制作滑模机具，文酒公司支出购置材料费、加工费以及管理费、税费等1 027 426.70元（系文酒公司提供的数额）。《处理意见》对滑模费用的分摊为“滑模按照50％摊销。”而宝石厂《纪要》称：“对滑模费用分摊等若干具体问题还要继续研究协商，财务处、基建处要对各种费用进一步详细测算报厂审查。”

六、塔吊费用。为解决塔楼高层建筑施工垂直运输问题，宝石厂将自己的0T—80A型塔吊交由文酒公司使用。文酒公司称，宝石厂当时讲待用毕后归还厂里。塔楼工程主体施工共用了123天时间，由于宝石厂无处放置，故未能及时拆卸，直到1989年元月底，宝石厂通知将塔吊找个地方拆下放着，等工厂使用时再拉回来。为此，文酒公司专门向联盟三队租了地皮，将塔吊拆卸存放，塔吊归属问题一直未议。直至1993年，宝石厂才提出将塔吊以50万元作价处理于文酒公司，抵顶其所欠的工程款，经查证，该塔吊系宝石厂于1994年4月15日从北京市建筑机械厂定作，合同约定总价为351 736元，并约定货款及运杂费托收承付，宝石厂于1985年6月7日向该厂家的信汇凭证为4 225 460元，并注有“塔吊一台发票寄，宝石厂基建科”。

七、钢窗款引起合同纠纷造成损失。宝石厂选定宝鸡钢厂钢窗分厂为定点加工塔楼和管材楼钢窗生产单位，约定由文酒公司负责签订定货加工合同，由宝石厂直接付货款。合同履行中，由宝石厂直接付款415 706元，工程后期，宝石厂停止直接付款。供货方起诉文酒公司索要欠款，法院将文酒公司60个钢材，两辆吉普车查封310天，后文酒公司以钢材、五金件折价将款付清，该纠纷调解结案，文酒公司承担违约金37 411.21元，诉讼费1654元，因法院查封损失215 834.01元。经一审查明：对文酒公司查封，以钢材等折抵欠款属实。陕西省宝鸡市中级人民法院宝中法经审字〔89〕第22号民事调解书查明：文酒公司在承建宝石厂、管材楼工程期间，于1985年7月至1988年8月与宝鸡钢厂钢窗分厂签订加工承揽钢窗合同14份，零星购买钢窗7次以上，共计价款775 109.87元。为查明事实，一审法院通知文酒公司提交其代宝鸡饮料啤酒厂购买钢窗的数量及价值等证据，但文酒公司未提供。

八、材差（包括量差和价差）。双方于1993年12月30日、1994年3月31日，1998年11月18日、11月23日数次对24项工程宝石厂应供材料和文酒公司实认材料进行对账核算，其结果不仅与诉请和答辩不一致，而且双方对量差和价差也存在分歧。1998年11月24日，宝石厂的意见是：文酒公司多领水泥888.88吨，钢筋109.67吨，管材18.411吨，五合板6520.12平方米；少领白水泥38.879吨，三合板4486.23平方米。按当时市场价与预算划拨价差计算，宝石厂应给文酒公司量差补偿57 763.10元。文酒公司意见为：宝石厂超供水泥 831.563 吨，钢筋 85.197 吨，钢管 16.678 吨；少供白水泥 38.879 吨，型钢 54.046 吨，木材 897.279 平方米；宝石厂超定额高价材料价差93 047.8元；冲抵后，加上超定额高价材料价差，宝石厂应付价差为767 671.12元。

九、汽车互换损失、返还租赁物及租住费。双方互换汽车后，由于解决不了该车的户口问题，从换回之日（1994 年 4 月 28 日）无法使用、转让，长期停放，已过报废期限。关于租赁钢架杆、扣件、钢模板争议，在文酒公司就宝石厂不完全履行汽车互换协议而提起诉讼后，宝石厂也以文酒公司租赁其钢架杆 3.456 吨、钢模板 355 块、扣件 1723 件等机具既不归还，也不支付租赁费为由，向一审法院提起诉讼，请求判令文酒公司归还上述机具和租赁费。在诉讼中，双方经协商后均向法院提出撤诉申请，受理该两案的宝鸡市金台区人民法院于 1992 年 11 月 6 日以宝金法经字〔1991〕第 057 号、宝金法经字〔1991〕第 070 号民事裁定书，裁定准许了文酒公司、宝石厂的撤诉申请。

十、贷款利息及其他损失。1987 年 8 月 7 日，以文酒公司为借款人、宝石厂为担保人向农行西安市信托投资公司（以下简称农行投资公司）贷款 100 万元，1987 年 11 月 26 日，文酒公司向农行投资公司出具的贷款延期申请称，目前资金仍然紧张，还需贵公司再扶持将贷款延期半年，到那时工程决算款收回来，保证到期本息一次还清。宝石厂盖章并签字“由于今年基建款未落实，请给予延期半年贷款。”此笔贷款后由宝石厂直接向农行投资公司归还了本金，文酒公司偿付了利息54 328.32元。1987 年 11 月 20 日，仍由宝石厂作为担保人，文酒公司又向农行投资公司贷款 30 万元，逾期归还加罚原利率（月息千分之 8.64）20%的利息。文酒公司先后于 1988 年 8 月 31 日、1989 年 1 月 31 日两次偿还利息40 063.68元，截至 1991 年 6 月 30 日，尚欠农行投资公司413 059.80元未付。农行投资公司提起诉讼。经陕西省高级人民法院 1991 年 10 月 19 日以陕高法经上字〔1991〕第 27 号民事判决，判决由文酒公司归还宝石厂为其代偿的借款本息413 059.80元。逾期按《中国人民银行清算办法》关于延期付款的规定办理。一、二审诉讼费共17 086元，文酒公司负担 8543 元。执行该判决中，已将413 059.80元直接从宝石厂划给农行投资公司。后宝石厂将417 331.30元作为向文酒公司所付工程款的一部分。为以上两笔贷款，文酒公司承担利息、罚款及诉讼费共计215 994.80元。

在一审诉讼期间，双方对以下问题达成协议：（一）1. 车厂 19 号楼工程的决算总额为467 007.22元；2. 内招楼工程的决算总额为915 324.72元，其中包括内招楼工程款860 190.82元，补偿停工费等55 133.90元；3. 零星工程的决算总额为24 087.22元；4.1990年7月31日双方代表签字确认的5 203 419.62元不变；对上述1～4条所列工程项目双方一致认为是一次性解决方案，今后不得就此工程款所有问题提出异议；（二）1996年11月12日文酒公司与宝石厂又达成协议认可宝石厂向文酒公司已付工程进度款和材料款16 461 772.47元；（三）宝石厂就管材试验中心楼的补偿问题同意向文酒公司补偿197 635.51元，除此之外，双方协议称对该工程无任何争议；（四）对于管材试验中心楼的决算问题，文酒公司按“83”定额和县级取费标准进行决算，其决算额为4 154 595.32元。宝石厂坚持按“83”定额和乡镇取费标准进行决算，其决算额为3 837 478.62元，双方对用两种取费标准所作的决算数额均予以认可；（五）零星施工和零星费用。文酒公司长期在宝石厂施工期间，为该厂基建承揽了一些零星工程，也派出一些零星用工。对文酒公司该项诉讼请求，宝石厂在1996年10月23日的双方协议中已认可向文酒公司支付费用24 087.22元；（六）19号楼工程。双方于1996年10月23日协议，一致确定此项工程决算总费用为467 007.22元。文酒公司于1995年12月18日向陕西省高级人民法院起诉请求：判令宝石厂支付给文酒公司工程款2 781 782.32元；赔偿经济损失2 435 302.16元；宝石厂应归还马自达面包车一辆。宝石厂请求驳回文酒公司的请求同时反诉判令文酒公司退还其超付的工程款并支付有关费用1 970 797.13元，提供有关的工程竣工资料。

二、一审法院认定与判决

一审法院审理认为：本案所涉及建设施工合同为有效合同。（一）南厂家属楼工程施工中，由于承建部门干预，造成四次停工、四次复工，情况属实，最终由宝石厂另聘宝鸡县酒坊建筑队将四栋家属楼中的两栋楼房完成竣工，其所完成工程量已由宝石厂结算；停工复工，文酒公司无过错责任，确实造成文酒公司多种损失，但当时均未签证。梁凯事后签署的意见，无法对其真实性确认，而宝石厂现虽同意补偿损失，但数额与梁凯意见差距较大。因此，酌情由宝石厂向文酒公司赔偿损失10万元。文酒公司租赁联盟三队场地费用，不但无当时宝石厂认可的证据，且梁凯事后的意见也与文酒公司诉请差距悬殊，因此，不予支持。（二）管材试验中心楼工程的取费标准，田民伟、梁凯《处理意见》一致，对文酒公司应按县级标准取费，即以双方1996年11

月 12 日达成的协议所确定的该工程决算为4 154 595.32元结算，并赔偿文酒公司因停工造成损失的197 635.51元。（三）内招楼工程，应以双方 1996 年 10 月 23 日达成的决算915 324.72元（包括补偿费55 133.90元）结算。（四）零星施工和零星用工费用，应按 1996 年 10 月 23 日双方协议，由宝石厂向文酒公司支付费用24 087.22元。（五）19 号楼工程，应按双方于 1996 年 10 月 23 日协议中一致确认的此项工程决算总额为467 007.22元结算。（六）塔楼商店工程现有证据，不能证明正式开工具体日期，但却可以证明是在 1985 年开始基础开挖。1985 年 2 月 28 日，陕西省计划委员会、陕西省城乡建设环境保护厅《关于颁发〈陕西省建筑工程概算定额〉的通知》，该定额规定，凡 1985 年新开工程均应以本定额编制概（预）算；凡 1985 年以前已经开工的跨年度工程，仍按目前现行的《陕西省建筑工程概算定额》和《陕西省建筑工程预算定额》办理。1985 年 6 月 20 日，陕西省计划委员会、陕西省城乡建设环境保护厅《关于颁发〈陕西省建筑安装工程间接费定额〉的通知》规定，在执行中应与陕计发〔1985〕85 号文颁发《陕西省概算定额》配套使用，本定额自 1985 年 7 月 1 日起执行，凡正在建设的工程仍按原费用定额执行，1985 年 7 月 1 日以后新开工程均执行本定额。1985 年 11 月 16 日，陕西省城乡建设环境保护厅《关于颁发几项补充定额等问题的通知》规定，今年颁发的《陕西省建筑工程概算定额》和《建筑安装工程间接费定额》自 1985 年 7 月 1 日起使用。7 月 1 日以前开工的工程编制施工图预算，仍继续使用 1983 年《建筑工程预算定额》和《建筑安装工程施工管理及独立费取费标准》。即使商店塔楼工程于 1985 年 7 月 1 日前开始基础施工，但主体施工在 1986 年 3 月之后，因为该塔楼工程采用滑模施工，而双方于 1985 年 7 月以后才外出对滑模施工的有关问题进行考察、设计、加工制作，所以可以确认绝大部分是 1986 年 3 月之后施工完成。宝石厂原基建负责人梁凯、张银桂、田民伟等人证明，塔楼工程属一类建筑物，又属当时西北地区最高住宅建筑，宝鸡市有关部门不予批准施工手续，有关高等级施工企业因此不给承担，宝石厂才决定由敢于承担压力、有魄力的文酒公司承建，文酒公司采用滑模施工，虽有宝石厂的配合支持，但文酒公司仍承担着技术上和经济上的风险，文酒公司为采用滑模施工新技术支付了外出学习、培训人员等费用，正是由于施工难度大，所以宝石厂的陆光才提出与文酒公司协商按省级标准取费的意见。该项工程并非一次性包干工程，文酒公司为此高层建筑实际还要承担滑模机具加工制作等费用，以及文酒公司为此还需使用塔吊，如按“83”定额，县级取费，必将造成亏损，结果是一个低等级的施工企业完成了一项高等级施工企业才能完成的一类建筑工程，且质量无问题，并取得奖励。宝石厂曾对内招楼等项工程，也将文酒公司提高为县级企业标准进行了决算，在商店、塔楼经双方验收交工并入住一年后，宝石厂单方面确定有未完工程的行为无效，应确认商店塔楼工程全部完工。综合以上行为和实际情况，结合宝石厂自算数额比较，按公平原则，宝石厂应以文酒公司按“85”定额，市级标准所作的塔楼工程决算6 926 215.93元进行结算。（七）滑模费用的承担，合同未作明确约定，事后又协商意见不一。考虑到宝石厂以“85”定额，市级取费结算塔楼工程，因此，以文酒公司报来决算1 027 426.07元核减建筑工程通用的购买钢顶柱费用77 250元由文酒公司负担后的基数上，由文酒公司负担665 123.69元，宝石厂负担285 053.01元并给付文酒公司。（八）塔楼施工需有塔吊，文酒公司使用了宝石厂的塔吊，没有证据证明当时确定是转让还是借用，《处理意见》称，借用我厂的塔吊，按照当时购买塔吊的价格调拨给文酒公司。鉴于塔吊拆卸后在文酒公司已存放十多年，因此现归文酒公司所有符合实际。文酒公司应以购该塔吊信汇凭证所载款项425 460元向宝石厂支付价款（即1996 年 11 月 12 日双方协议中将塔吊作价 50 万元并作为已向文酒公司所付一部分工程款的数额纠正为此数额）。（九）由宝石厂担保，文酒公司贷款 100 万元、30 万元，利息与诉讼费承担问题，从田民伟签字、宝石厂盖章并为 100 万元贷款申请延期和理由，以及田民伟向宝石厂副厂长请示为文酒公司第三次贷款担保等证据，可以认定，由于宝石厂 1987 年的基建款未落实，拖欠文酒公司工程进度款，因此才由文酒公司向农行投资公司先后贷款 100 万元、30 万元，用于宝石厂工程。因此，宝石厂应赔偿因 100 万元贷款利息和 30 万元贷款利息及其纠纷而使文酒公司已实际发生的损失102 935元（也即 1996 年 11 月 12 日双方协议中宝石厂代西安农行贷款417 331.30元作为已向文酒公司所付工程款调整为197 065元。）（十）由于定作钢窗中有宝鸡饮料啤酒厂糖化楼工程所需钢窗，因文酒公司未能提供该厂在定货合同中所占数量及其价款的证据，因此文酒公司诉请赔偿该项合同纠纷损失不予支持。（十一）材料差价涉及塔楼、管材楼、内招楼、19 号家属楼、南厂家属楼在内的共 24 项工程的材料量差和价差，由于各项工程所适用的定额价不一，各年的市场价格不一，因此，酌情由宝石厂向文酒公司支付 20 万元材料差价。（十二）汽车互换协议纠纷和宝石厂文酒公司应返还租赁其钢模板、钢架管、扣件及租赁费纠纷，不但双方已于 1992 年同时获准撤诉，而且，交换关系、租赁关系与建筑工程合同关系不属同一法律关系。因此，要求审理交换纠纷、返还租赁物并支付租赁费的诉讼请求均不予支持。（十三）宝石厂诉文酒公司乔世英应支付租住宝石宾馆的租住费亦与本案不属同一法律关系，该诉讼请求不予支持。（十四）宝石厂应提出具体缺少的工程项目资料，由文酒公司予以交付。（十五）工程全部结束后，双方对工程量（其中包括损失赔偿）的结算长期存在争议，现在确定的工程量也是双方协商和法院认定及酌情处理的结果，因此，文酒公司请求宝石厂支付未结算前的工程款利息的请求，本院不予支持。综上所述，宝石厂已向文酒公司支付工程款16 166 966.17元，应向文酒公司支付工程款（包括赔偿损失）为18 473 338.55元。据此，依照《中华人民共和国经济合同法》第五条、第十八条、第三十九条第二款第 2 项、4 项，《建筑工程承包合同条例》第八条第一款第 1 项、3 项、7 项、8 项、第二款第 4 项、第十三条第二款第 3 项，《中华人民共和国民法通则》第四条的规定，判决如下：一、文酒公司与宝石厂签订的建筑工程合同有效；二、宝石厂于本判决生效后 30 日内向文酒公司偿付所欠工程款（包括赔偿损失）2 306 372.38元；迟延履行加倍支付银行贷款利息。案件受理费36 120元，由宝石厂负担21 672元，文酒公司负担14 448元。反诉费19 863.99元，由宝石厂负担。

三、上诉及答辩情况

文酒公司和宝石厂均不服一审判决，向最高人民法院提起上诉。文酒公司上诉称：一审法院对以下几个问题的判决有误，请求改判。1. 一审判决酌情由宝石厂向文酒公司赔偿 10 万元没有事实依据，1990 年 12 月被上诉人调回梁凯对该工程进行审算，审算损失金额为246 965.08元，对此结果宝石厂在 1993 年 1 月 14 日《处理意见》及《会议纪要》中均予以认可。宝石厂只同意给予26 439.31元的补偿，与梁凯审算的数额差距较大，而法院判决宝石厂向文酒公司赔偿损失 10 万元不妥，请求改判。2. 场地租赁费问题。一审判决以梁凯出示的审算数额与文酒公司诉请差距悬殊，不予支持，是错误的。3. 管材试验中心楼损失问题。双方协议停工损失的数额为197 635.51元，计算有笔误，该数额应为381 492.85元，两者相差229 506.91元。4. 内招楼工程损失。1990 年 10 月 27 日因 18 层楼和管材楼工程钢窗款合同纠纷一事，双方一致同意先研究内招楼停工损失款用于文酒公司即时给钢窗厂的付款，在此情况下认定该工程停工损失为 55133 .90 元，条件是即时签字即时付款，1990 年 12 月 6 日梁凯对该工程及南厂家属楼一并进行了审算。该工程的审算结果为129 181.53元，对此请求法院予以改判，应按129 181.53元进行赔偿。5. 塔楼商店工程。一审判决未将四项签证共计52 909.70元予以支持，应进行补判。6. 滑模摊销问题。依据《处理意见》其摊销比例为双方各承担50%，一审法院判定宝石厂承担285 053.11元仅占其23.43%，是没有依据的。7. 钢窗问题。该项损失为215 834.01元，望法院予以支持。8. 材料差价。一审认定酌情由宝石厂向文酒公司支付20万元材料差价款不妥，材料差价共计金额为784 577.65元。9. 一审判决还对几笔共计156 863.41元的款项漏判，望予以补判。10. 南厂家属楼工程中，以已完成的工程量决算数额为102 616.11元，以生产的楼板实际生产量、实际使用量和实际剩余量计算金额为69 186.96元，两项共计171 803.07元，一审未提及，望二审法院予以支持。11. 汽车互换一事。一审法院以二者不属同一法律关系为由而不予支持，认为有误。综合以上1～10项，总金额为2 728 316.27元，而一审判决对其各项所提费用的判决费额为640 187.01元，相差2 088 129.26元，请求法院改判。一、二审案件诉讼费应由宝石厂承担。

宝石厂上诉称：1. 南厂家属楼工程结算问题，一审判决“酌情由宝石厂向文酒公司赔偿损失10万元”缺乏事实及法律依据。2. 管材料工程结算问题，一审判决对文酒公司应按县级标准取费缺乏事实和法律依据。3. 塔楼工程结算问题，一审判决宝石厂应按“85”定额市级标准进行结算缺乏事实及法律依据。4. 滑模费用分摊问题，一审法院判决宝石厂再负担285 053.01元给文酒公司显失公平。5. 一审违背宝石厂与文酒公司达成的协议，判决塔吊作价425 460元系偏袒文酒公司。6. 一审判决将1996年11月12日双方协议中宝石厂代付西安农行贷款417 331.30元作为已向文酒公司所付工程款调整为197 065元，显属错误。7. 一审法院酌情判决宝石厂向文酒公司支付20万元材料差价缺乏事实和法律依据。8. 一审判决驳回宝石厂的反诉请求与法相悖，显属不当。

四、最高人民法院认定与判决

最高人民法院认为：（一）关于南厂家属楼工程停工损失补偿问题。由于宝石厂与当地政府有关部门协调不利，造成工程多次停工，确实给文酒公司造成一定损失，对此文酒公司无过错，宝石厂虽然同意补偿损失26 439.31元，但与文酒公司以仅有梁凯一人签名且未经宝石厂认可的《停工损失清单》主张赔偿246 965.08元相差悬殊，且二者主张均无事实依据，故不应予以支持。一审法院酌情判决由宝石厂向文酒公司赔偿损失10万元应予维持。（二）关于场地租赁费问题。文酒公司租赁场地生产建筑材料未经宝石厂同意和认可，系文酒公司单方与出租人发生的法律关系，而且文酒公司将生产的建筑材料用于宝石厂建筑工程，宝石厂已按定额计算了费用，不应再承担文酒公司租赁场地的费用。文酒公司该项请求缺乏事实依据，应予驳回。（三）关于管材楼问题。虽然双方当事人合同约定按乡镇级取费，但在合同履行中宝石厂基建负责人又批示同意按县级取费，另宝石厂《处理意见》《会议纪要》中亦同意按县级取费。故一审认定该工程按县级取费并无不当，应予维持。宝石厂上诉主张按乡镇级取费缺乏事实依据，不予支持。关于停工损失问题，一审判决宝石厂补偿文酒公司停工损失费197 635.51元，1996年11月12日双方协议认定停工损失为197 635.51元，且该协议写明双方对该工程损失补偿再无异议，文酒公司称其中有一笔是误算，请求改判，根据现有证据文酒公司提出的损失数额无法认定。因此对文酒公司上述主张不予支持。（四）关于内招楼工程问题。1996年10月23日双方达成协议，该项工程损失补偿数额为55 133.90元，现文酒公司提出应按梁凯（仅有个人签名）1990年12月6日审算的129 181.53元补偿损失，不能认定，文酒公司该项请求应予驳回。该项工程损失补偿费应按双方协议履行。（五）关于塔楼商店工程问题。虽然双方合同约定该项工程费用执行“陕西省建筑工程八三年预算定额单位估价表”及省市有关文件规定，但宝石厂在《处理意见》中对该项工程的处理意见是“塔楼工程取费标准按照市级标准取费；塔楼工程是1985年开工的，在1985年定额公布之日前施工的工程量按83定额清算，85定额公布之后施工的工程量按85定额结算。”商店塔楼工程虽于1985年7月1日前开始基础施工，但主体工程是在1986年3月之后，该工程系西北地区最高住宅建筑，文酒公司按宝石厂要求采用滑模技术施工，因施工难度大，文酒公司承担着技术上和经济上的风险，并为采用滑模施工新技术支付了外出学习、培训人员等费用，该项工程并非一次性包干工程，且质量无问题，并得到有关部门的奖励。因此，一审法院根据该项工程实际情况判决该工程按85定额、市级取费标准进行决算是正确的，宝石厂此项上诉请求事实依据不足，予以驳回。文酒公司上诉请求称该项工程的决算有漏项，缺乏事实依据，不予支持。（六）关于滑模摊销问题。该问题双方合同未作约定，事后又未达成一致意见，一审以文酒公司提供的滑模机具的购置材料费、加工费、管理费、税费1 027 426.70元，并扣除钢顶柱77 250元后判决文酒公司负担665 123.69元，宝石厂负担285 053.01元并无不当，宝石厂提出已分摊了滑模费用，事实依据不足，不予支持。（七）关于塔吊费用问题。1996年11月12日双方协议，将塔吊作价50万元给文酒公司，系当事人的真实意思表示，一审判决将双方当事人达成协议并已实际履行的内容再予以判决不妥，应予纠正，宝石厂上诉请求有理，应予支持。（八）关于贷款利息与诉讼费问题。由宝石厂担保，文酒公司贷款100万元与30万元已用于宝石厂工程，一审认定文酒公司已付的贷款利息、罚款及诉讼费用共计215 994.80元应由宝石厂承担是正确的。（九）关于钢窗损失问题。文酒公司在宝鸡钢厂钢窗分厂为宝石厂塔楼和管材楼生产钢窗的同时，还为宝鸡饮料啤酒厂订购了钢窗。一审期间，因文酒公司未提供宝鸡饮料啤酒厂在订货合同中所占数量及其价款的证据，因此一审判决未予支持。文酒公司上诉称：已查明啤酒厂糖化楼钢窗价款，但宝石厂不予认可，因此，文酒公司可对该项请求另行起诉。（十）关于材料差价问题。由于各项工程所适用的定额不一，各年的市场价格不一，双方对量差和价差争议较大，因此，一审酌情判决由宝石厂向文酒公司支付20万元材料差价并无不妥。文酒公司与宝石厂上诉主张无事实依据，应予驳回。（十一）关于汽车互换协议、返还租赁物及租住费问题。汽车互换协议、返还租赁物及租住费等与本案不属同一法律关系，双方当事人可另行起诉。（十二）关于欠款利息问题。工程全部结束后，双方对工程量的结算长期存有争议，文酒公司请求宝石厂支付未结算前的工程款利息无事实和法律依据，应予驳回。综上所述，宝石厂已向文酒公司支付工程款16 241 506.17元，应向文酒公司支付工程款（包括赔偿损失）为18 473 338.55元，最高人民法院依据《中华人民共和国民事诉讼法》第一百五十三条第一款第（三）项之规定，于2001年12月31日，以〔2001〕民一终字节41号民事判决判决如下：

一、维持一审判决第一项；

二、变更一审判决第二项为宝石厂于本判决生效后三十日内向文酒公司偿付工程款2 231 832.38元，逾期履行按银行同期贷款利率加部支付利息；文酒公司将工程项目资料交付宝石厂；

三、驳回双方当事人其他诉讼请求。

一审案件受理费按一审判决执行，二审案件受理费55 983.99元，由文酒公司承担33 590.39元，由宝石厂承担22 393.60元。

本判决为终审判决。

30. 对鉴定结论有关问题的认定

一、案件基本事实

上诉人（原审原告、反诉被告）：河南民航局。

上诉人（原审被告、反诉原告）：六冶公司。

1994年12月7日至1997年1月8日，双方先后签订7份施工合同。其中，1994年12月7日签订《郑州薛店机场供油工程承包合同》约定：合同由两部分组成，即建设工程施工合同协议条款和建设工程施工合同条件；工程采用施工图预算加系数包工包料进行承包；造价暂定4500万元，最后以双方审定的预决算为准，取费标准安装工程按全民二级，并给予百分之三以内的优惠；土建工程按类别计取，但最高不超过二类，最低不低于全民二类，免收调遣费和远途施工费，主材和设备以指挥部供应为主，六冶公司采购的主材及设备的质量、价格必须事前征得指挥部的认可；保修方面约定，一年保镖，一年保修，保修金额及支付按郑州市有关规定，保修期满一次返还给六冶公司，保修期间由于六冶公司原因造成的维修费用由六冶公司承担；当指挥部资金不到位时，六冶公司保证连续施工三个月，不得延误合同工期。1995年5月15日签订的《郑州薛店机场建设工程施工承包合同》约定：工程量的核心确认，由六冶公司按指挥部代表要求时间提交已完工程量的报告，指挥部代表接到报告后5天内按照设计图纸核实已完工程量的数量，并在24小时之前通知六冶公司。1996年7月29日签订的《郑州新郑机场航站区道路照明、站前广场给水支管工程、通讯工程预埋预留施工合同》约定：工程总造价105万元包干，由六冶公司全部垫资，工程完成后付至95%，尾款5%保修期满后一次付清。1995年6月30日签订的《郑州薛店机场业务油库库外道路及卸油站中转油库库外道路工程承包合同》约定：工程造价按照施工图预算暂定为53万元。1995年10月10日签订的《新郑高速公路薛店收费站供电线路施工协议书》约定：工程造价确定为22.5万元，由六冶公司包干使用。1996 年 10 月 24 日签订的《少长针消雷器塔架及基础设计施工合同》约定：设计及施工费用为 15.5 万元，一次包死。1997 年 1 月 8 日签订的《候机楼进口设备安装合同》约定：工程内容为登机桥 8 台，其中包括随设备带来的所有部件及配合生产厂家调试，承包方式实行总安装费，一次性包死，设备安装为 60 万元。上述 7 份合同签订后，六冶公司分别进行了施工，河南民航局支付了部分工程款和材料。工程竣工后，经河南民航局委托，中国建设银行郑州分行就本案工程编制了工程决算书，决算总额为103 942 284.99元，该决算数额经六冶公司认可，但因双方对河南民航局已支付工程款的数额、调拨的建筑材料数额等有争议，未能就工程进行最终决算。1998 年 9 月 23 日，河南光华财务会计有限公司受审计署驻郑州特派员办事处委托，就郑州薛店机场建安工程实施了审计验证，结论与郑州建行决算结果不一致。1998 年 12 月 31 日，审计署郑州特派办给河南民航局出具审计意见书，称由于该局内控制度不严，对六冶公司、南阳安装公司、广东开平公司等六家施工企业账面共超付工程款 877 万余元，要求该局收回超付款并调整相关账目。为此河南民航局遂以超付六冶公司工程费用 913 万余元，六冶公司施工工程延期已构成违约为由，向郑州市中级人民法院提起诉讼。1999 年 6 月 24 日，六冶公司向河南省高级人民法院提起诉讼，请求判令河南民航局支付欠付工程款及利息，支付施工人员、机械停窝工费。同年 6 月 30 日，六冶公司向河南省高级人民法院递交申请书，请求将两案合并由河南省高级人民法院审理，后郑州市中级人民法院将河南民航局诉六冶公司一案移送河南省高级人民法院。

一审审理中，河南民航局就延误工期违约赔偿之请求，六冶公司就资金不能及时到位造成机械停、窝工损失之诉分别提出撤诉，对此河南省高级人民法院仅就本案工程是否超付或欠付工程款进行了审理。1999 年 10 月 31 日，河南省高级人民法院委托河南省建行中介处就本案工程系超付还是少付工程款进行鉴定。鉴定报告书经双方质证，除对河南民航局已付68 711 656.49元工程款及39 217 273.82元材料款无争议外，对如下问题产生争议：一、关于1 859 126元阀门款问题。河南民航局主张经审计表明价格虚报较多，应扣减1 859 126元。六冶公司主张，双方合同约定，主材和设备以河南民航局供应为主，六冶公司采购的主材及设备的质量、价格必须事前征得河南民航局的认可，而六冶公司在购买阀门时，品种、规格、价格均已征得河南民航局同意，且钱已付供货厂家，货已用在工程中，不应再扣款。六冶公司提供了有河南民航局签署意见的购买阀门订货明细表及付款审批报告。二、关于3%优惠问题。河南民航局认为，双方在合同中明文约定该工程按二类取费及六冶公司在3%以内对河南民航局进行优惠，故应扣减3%价款56万余元并按原双方决算二类工程取费；六冶公司认为，该公司系一级资质，工程又系一类工程，应按一类工程取费，该条款为无效条款，原双方决算按二类取费少计86.9万元，双方合同约定的3%优惠违反建筑市场管理不得压级压价的规定，亦为无效条款。鉴定部门第一次鉴定称，以下三条需法庭裁定后方能计算出准确的数据：①合同中"3%以为优惠"条款是否有效；②如果不是无效条款，以一个什么样的比例来计算；③计算基础是否应为合同总造价。河南高院二次委托鉴定中称，关于优惠3%的问题。鉴于合同约定的是3%以内，建议按1.5%计取，随后鉴定部门补充鉴定结论为：以决算价为基础，按供油工程中的安装工程总价扣除河南民航局供应的材料价款和设备款及税金，再乘以1.5%，得出河南民航局应优惠283 593.36元。三、关于退库材料问题。河南民航局主张，该款中含有23.361万元废品退料及21.5386万元没有退料计划但却退料，不应计算；六冶公司认为，废品也好，无计划退料也好，河南民航局均已接受了材料，且既系整改拆除的阀门，即不可能为新品，故不应扣减。双方对有计划退库材料款2528487.31元及有计划而未退库的材料继续退库无争议，对无计划退库材料款215386元及退库材料废品233610元有异议。关于无计划退料问题鉴定部门称，双方争议的关键是退料计划是否完整，但若对此退料计划进行重新审验，需要将机场工程的全部整改工作内容核对一遍，因工作量大，双方均不愿做此工作，故215386元无计划退料请法院裁决。关于退料中的废品问题，鉴定部门意见：机场整改有两个原因，设计不合理和材料不合格，如果这部分阀门是因为材料不合格而整改，阀门就是废品，若是因设计不合理整改，那么阀门是否是废品，需进行鉴定，请法庭要求当事人提供整改记录，以便查对。四、关于保镖费用问题。河南民航局主张，合同虽约定有保镖费计算问题，但六冶公司没有证据证明其已实施保镖及发生保镖的费用，也无计算标准，故不应计算；六冶公司认为，保镖是指工程竣工后，成套设备运营技术指导、服务、人员培训，按照合同约定"一年保镖"应计取保镖费用共计54.699万余元。经委托鉴定，鉴定单位认为该费用有可能发生，但六冶公司提供的材料均无河南民航局的签字，无法认定是否实际发生了保镖费用，故无法认定。在一审诉讼期间，六冶公司仍无法提供有关此笔费用实际发生的证据。五、关于波纹补偿器问题。经委托鉴定该部分费和为602 981元。河南民航局主张，该部分费用全部系由其购买的，其提供了波纹器的购货合同，费和为602 981元，还有付款转账单据，有供货厂家将货提供给六冶公司的证明（缺少货物调拨单）；六冶公司主张，波纹器系六冶公司购置，但未提供相关证据。该问题鉴定部门的意见为：六冶公司、河南民航局各执己见，但都没有直接的证据证明自己的说法，鉴定人无法判定这602 981元材料费用的归属，请法庭裁决。六、关于工程整改费用100.83421万元及设备款87.5122万元问题。六冶公司已在诉讼中认可应从1.03亿余元中扣除上述款项。七、关于应否给六冶公司计算5000余吨钢材卸车费问题。河南民航局主张，该费用已按定额计在工程造价中，不应再计；六冶公司认为，几千吨钢材卸运多发生120万余元费用。该问题鉴定意见，5293.38吨的钢材卸车费应该付给六冶公司，但是卸车费用怎样计算，没有统一的计算方法，请法庭予以裁定；原决算漏项费用39 403.87元，是否计算，请法庭裁决，如果计算，河南民航局应付给六冶公司；预制构件运输费，六冶公司提供的签证不是河南民航局指定工地负责人签字，但有河南民航局总工办（总工程师办公室）盖章，此项费用为101 378.18元，签证是否有效请法庭裁决，如果有效河南民航局应付给六冶公司101 378.18元。一审法院二次委托鉴定称，5293.38吨钢材卸车费计算方法可到劳务市场了解，按当时市场劳务价格计算漏项39 403.87元应计算付给六冶公司；10 378.18元河南民航局签证有效，应计算给六冶公司。补充鉴定称，根据对施工单位的走访调查，钢材卸车费从5元至15元不等，取10元/吨，5293.38×10＝52 933.80元；39 403.87元应计算给六冶公司；101 378.18元，应计算给六冶公司。八、关于工程质量奖、罚问题。双方合同约定，达到省优质工程，按质保金的1%奖励，达不到省优质工程扣除1%，根据本案工程的质量状况，经鉴定，结论为优质工程应奖18 409 813.67元，合格工程应扣罚13 566 048.33元，奖、罚冲抵，六冶公司应得48 437.65元。九、关于电缆盘亏盘盈问题。六冶公司认为，河南民航局委托六冶公司保管电缆，工程结束后盘库移交，有部分亏损145 091.4元河南民航局扣除，盈利197 027.2元应属六冶公司所有；河南民航局认为，六冶公司确系代管，按理盈、亏均应由河南民航局负担，但其中145 091.4元系六冶公司挪作其他工程项目，应予扣减。经查六冶公司自行出具的书证材料中注明，该14万余元系挪用于南航工地使用，一审庭审中六冶公司称系其自己工作人员的笔误，但河南民航局不予认可。十、关于特殊措施费问题。双方均认为只要事实存在，应予计算。该问题鉴定部门结论为，特殊费部分应计造价93 537.67元，漏算中需法庭裁决的费用为6783.98元。无法计算的2 516 148.61元，由法庭裁决。十一、关于丢失的工具折款问题。河南民航局扣减了六冶公司丢失工具折价款69 134.93元。该问题鉴定部门鉴定称，经过调解，双方同意将此款项与“设备附件部分”合并解决，河南民航局不再扣减六冶公司69 134.93元作为赔偿，因河南民航局已在决算中扣除了此款，可增加六冶公司工程总造价69 134.93元。经鉴定，河南民航局应扣减六冶公司“设备附件款”为173 305.92元。十二、关于不合格无缝钢管装车退回费用问题。六冶公司认为，河南民航局所供 377×11 的无缝钢管不合格，河南民航局委托六冶公司挑选使用，把不合格的装车退回，共发生费用1 276 998.76元；河南民航局认为，仅存在代用问题不存在不合格问题，退回费用不存在。该问题鉴定部门称，经调查，双方确实存在部分不符合验收标准的半成品装车退回，河南民航局也同意装车退回算费用，但具体数量及费用无法确定。

在查明上述争议的基础上，一审法院三次主持双方当事人进行质证，最后确认：1. 工程总造价按103 942 284.99元计算。2. 河南民航局已付工程款为68 711 656.49元。3. 河南民航局支付材料、设备折款为39 217 273.82元。4. 供油工程应核减1 910674.9元，承插焊阀10 249.2元应增计在 1.03 亿余元工程价款中支付给六冶公司。对于3%优惠问题、波纹补偿器问题、特殊措施费问题、无缝钢管退回费用问题，双方未达成一致意见。

二、一审法院认定与判决

一审法院审理认为：双方签订的 7 份合同是双方当事人的真实意思表示，且不违反有关法律规定，均为有效。根据双方提供的证据，结合鉴定意见，并依照诚实信用、公平及优势证据原则，对双方争议问题作出如下认定：1. 602 981元波纹补偿器，因双方认为系各自购买，而证据表明双方购买的均有，但查不清各买多少，故由双方各半负担，即将301 490.5元计入工程总造价中。2. 关于特殊措施费，鉴定单位鉴定特殊措施费应计造价93 537.67元，结算漏项中需法庭裁定的6783.98元，两项合计100 321.65元，应计入工程总造价。特殊措施费无法计算部分74 695.76元，结算漏项中无法计算部分2 441 482.85元，此两项合计251 148.61元，因河南民航局已批准了施工计划，六冶公司在施工中有可能做了，但其又未让河南民航局签证，故该项费用由双方各半负担，即将1 258 074.3元计入工程总造价中。3. 关于 3%优惠问题，合同约定是3%以内，既然双方各持己见，根据本案情况由双方各半负担，按1.5%计算为283 593.36元。4. 无缝钢管退回费用127 698.76元，既然事实存在，而双方又协议不成，认定各半负担为63 849.38元。综上计算，河南民航局向六冶公司多支付工程款及材料款为1 146 731.52元，六冶公司应予返还。因双方未及时结算，对纠纷形成均有责任，故对多付的工程款及材料款可以从河南民航局向人民法院提起对六冶公司诉讼之日起计算同期银行贷款利息。河南民航局要求六冶公司返还多付工程款大部分事实不实，一部分请求予以支持，双方应按照胜败比例负担案件受理费。六冶公司反诉要求河南民航局支付尚欠工程款及利息没有事实根据，理由不能成立，其请求应予驳回。河南民航局与六冶公司在本案中均撤回一部分诉讼请求，不违反法律规定，应予准许。依照《中华人民共和国民法通则》第一百三十一条的规定，判决：一、六冶公司在本判决生效后十日内返还河南民航局多支付工程款1 146 731.52元并支付利息（自1999年5月26日起至本判决限定履行期限届满之日止，按同期银行贷款利率计付）。逾期加倍支付迟延履行期间的债务利息。二、驳回河南民舫局的其他诉讼请求。三、驳回六冶公司要求河南民航局支付尚欠工程款9 941 868.24元及利息248万元的反诉请求。一审案件受理费67 175元，河南民航局负担57 099元，六冶公司负担10 076元，反诉费72 119元由六冶公司负担，鉴定费30万元，河南民航局与六冶公司各负担15万元。

三、上诉及答辩情况

河南民航局不服一审判决向最高人民法院提起上诉称：1. 双方共同核算全部工程决算造价为100 333 896.37元，而不是一审认定的103 942 284.99元；2. 一审认定的特殊措施费2 516 148.61元没有发生，也没有双方的签证，无事实依据；3.602 981元波纹补偿器系河南民航局购买，六冶公司领用事实清楚，而一审判决以查不清为由判决双方各承担一半是错误的；4. 无缝钢管退回费用127 698.76元，无事实依据，一审判决双方各承担一半不妥；5. 一审判决将丢失工具款69 134.93元增加计付给六冶公司不妥。6. 六冶公司退料中23.361万元为废品，21.84万元不是工程整改计划，不应计算；7. 六冶公司要求计算8000余吨钢材卸车费52 933.80元，无事实依据；8. 河南民航局按3%扣减六冶公司工程造价有合同约定，一审判决按1.5%计283 593.30元没有根据。综上河南民航局请求最高人民法院依法改判，其诉讼费和鉴定费由六冶公司承担。

六冶公司不服一审判决向最高人民法院提起上诉称：一审判决认定事实基本清楚，适用法律得当，但也存在不足，该判决的部分事实认定不清并漏计工程造价款1 305 340.62元。其事实及理由：1.3%以内优惠，不应扣减。2. 材料费多计392 783.57元。3. 工程质量奖应按国家规定执行，应增加给付六冶公司687 954.90元。4. 保镖费546 992.05元应予计取。5. 电缆盘盈盘亏应相抵，不应扣减145 091.40元。6. 应执行一级取费计869 000元。7.15 个漏项的内容为：（1）加油地井设备费107 292.4；（2）四个快速接头16 880元；（3）临时围墙 5000 元；（4）交换树脂67 650元；（5）代办机场建设报50 000元；（6）交工资料费80 152元；（7）代购设备费403 341元；（8）供油中心排污板 6066.53 元；（9）青苗补偿费 6800 元；（10）投标押金30 000元；（11）玻璃调差 8860 元；（12）木材调差222 166.94元。（13）电缆计算误差 700.54 元；（14）铸铁管接头差94 634.24元；（15）供热管道过路套管205 796.97元，以上总计4 230 755.90元。8. 上诉费和鉴定费由河南民航局承担。

四、最高人民法院认定与判决

（一）关于工程总造价问题。工程总造价103 942 284.99元，系双方最初认可的数额，后虽经河南民舫局申请审计，又核减部分工程款，但对审计的法律效力问题，双方有异议。据此，河南民舫局以审计结论主张工程总造价为100 333 896.37元事实依据不足，故不应予以支持。（二）关于 3%以内的优惠问题。双方《供油工程承包合同》约定：取费标准安装工程按全民二级，并给予 3%以内的优惠。该约定不违反法律规定应认定有效，其计算数额567 186.72元，未超过合同约定比例，应予认定，一审法院以双方有争议而判决双方各承担 1.5%，无事实和法律依据。河南民航局该项请求有理，应予支持。（三）特殊措施费问题。一审判决将应计造价93 537.67元、需法庭裁决 6783.98元两项共计100 321.65元计入工程总造价，将无法计算的74 695.76元、2 441 482.85元合计为2 516 178.61元，判决双方各承担一半。关于无法计算的数额问题，鉴定部门认为，该数额系一方提供，其措施属正常施工措施，且工程又无签证证明，因此无法计算。根据鉴定意见，该项费用系六冶公司一方提供，其未提供签证证明，河南民航局亦不予认可，因此该项费用不应计入工程总造价，一审判决此费用由河南民航局与六冶公司分担不妥，应予纠正。河南民航局的该项请求，应予支持。（四）波纹补偿器问题。六冶公司主张工程施工使用的波纹器系六冶公司购置，但未提供相关证据，在此情况下，一审判决波纹器购置款由河南民航局与六冶公司分担不妥，六冶公司该项请求无事实依据，应予驳回。（五）材料费问题。鉴定结论最终确定的河南民航局支付材料款数额为 392 117 273.82 元。河南民航局认为其数额为 40 348 915.44元、六冶公司主张数额为38 824 490.25元，均无事实依据，一审判决按鉴定确定的数额认定河南民航局支付材料款为3 921 727.82元并无不妥，应予维持。（六）保镖费问题。一审判决以六冶公司主张保镖费用无事实依据，驳回六冶公司的该项请求是正确的，应予维持。（七）电缆盘盈盘亏问题。一审判决根据鉴定结论，扣除六冶公司挪用的电缆不足，应予驳回。（八）无缝钢管退回费用问题。六冶公司将无缝钢管退给河南民航局的事实，双方均认可，但双方对退回钢管的数量及费用数额达不成协议，且河南民航局亦提不出退回费用，因此一审判决按六冶公司提出的费用数额由双方各半承担，即将63 849.38元计入总造价比较公平，可予以维持。（九）丢失工具款问题。鉴定部门意见为，双方同意该问题与“设备附件”问题合并解决，即在给六冶公司增加69 134.93元的同时，亦应给河南民航局增加173 305.92元。但一审判决仅给六冶公司增计69 134.93元，而未将173305.92元增付给河南民航局不妥，应予纠正。河南民舫局请求有理，应予支持。（十）材料退库款问题。双方对有计划退料及有计划而未退料可继续退料问题没有异议，而对退料废品及无计划退料存有争议。因六冶公司已将材料退给河南民航局，河南民航局亦将材料收库，因此一审判决认定由河南民航局支付该项费用并无不妥，但该项费用应按鉴定部门鉴定的数额认定，其为2 977 483.31元。一审判决认定的材料退库费用为 313.14 万元，无事实依据，应予纠正。（十一）关于材料卸车费问题。一审法院依据鉴定结论，判决河南民航局给付六冶公司卸车费用193 715.85元是正确的，河南民航局上诉主张无事实依据，不予支持。（十二）工程质量奖问题。一审法院按照双方合同约定及鉴定结论确定奖励数额为48 437.65元是正确的。六冶公司上诉请求，无法律依据，应予驳回。（十三）取费等级问题。六冶公司上诉请求法律依据不足，应予驳回。（十四）关于一审判决是否漏项问题。1. 加油地井设备费107292.4元，该费用双方未计入结算，根据鉴定结论，不予增计。2. 四个快速接头16 880元、临时围墙 5000 元、交换树脂67 650元代办机场建设报50 000元、交工资料费80 152元、供油中心排污板 6066.53 元、青苗补偿费 6800 元、投标押金30 000元、波璃调差 8860 元、木材调差222166.94元、电缆计算误差 700.54

元，上述款项根据鉴定结论，河南民航局应计付给六冶公司，一审判决漏项，应予增加。3. 代购设备费403 341元，根据鉴定结论，该项费用应计入决算数额为45 240元，六冶公司主张403 341元，无事实依据，因此该项应给六冶公司增计45 240元。4. 铸铁管接头差94 634.24元，根据鉴定结论，应从河南民航局扣减六冶公司材料费总额中减去94 634.24元。一审判决漏项，应予增加。5. 供热管道过路套管205 796.97，原结算书没有计算错误，不存在六冶公司所提问题，双方同意不再提及此争议。根据鉴定结论，该项不予增加。综上，河南民航局应增加给六冶公司费用共计634 150.25元。根据案件上述事实认为，双方签订的 7 份合同系双方当事人真实意思表示，且不违反法律规定，一审判决认定合同有效是正确的，河南民航局向六冶公司多支付工程款、材料款共计2 685 562.03元（即：工程总造价103 942 284.99元＋卸车费193 715.85元＋特殊措施费100 321.65元＋退库材料费2 977 483.31元＋承插焊阀10 249.2元＋丢失工具款69 134.94元＋优良工程奖48 437.65 元＋钢管退回费63 849.38元＋一审漏判费用634 150.25元－河南民航局已付工程款68 711 656.49元－河南民航局已付设备款39 217 273.82元－河南民航局已付电缆费145 091.4元－优惠 3％款567 186.72元－供油工程款1 910 674.9元－一审漏项设备费173 305.92元）。最高人民法院依照《中华人民共和国民事诉讼法》第一百五十三条第一款第（二）项和第（三）项之规定，于 2002 年 8 月 7 日，以〔2002〕民一终字节 32 号民事判决判决如下：

一、变更一审判决第一项为：六冶公司于本判决生效之日起十日内返还河南民航局多支付工程款2 685 562.03元并支付利息（自 1999 年 5 月 26 日起至本判决限定履行期限届满之日止，按同期银行贷款利率计付）。

二、维持一审判决书第二、三项。

一审案件受理费按一审判决执行；二审案件受理费139 294元，由河南民航局负担55 717.76元，由六冶公司负担83 576.4元。

本判决为终审判决。

31. 收款收据及工程结算鉴证等证据的认定

一、案件基本事实

上诉人（原审原告、反诉被告）：鼎立公司。

上诉人（原审被告、反诉原告）：尊爵公司。

原审第三人：电信公司。

1994年6月2日，尊爵公司（甲方）与浙江省东阳市第七建筑工程公司（乙方，以后变更为鼎立公司）签订《建设工程施工合同》，包括《建设工程施工合同条件》（以下简称《合同条件》）和《建设工程施工合同协议条款》（以下简称《协议条款》）。《协议条款》约定：鼎立公司承建位于长春市斯大林大街75号尊爵广场，工程内容包括土建、建筑装饰、水暖、电照。承包范围：总承包建筑面积为79 683平方米。开工日期为1994年6月20日，竣工日期为1997年12月31日。质量等级为省优（争取鲁班奖）。合同价款1亿元。工程预付款总金额：合同生效并鉴证后的5日内，甲方向乙方支付基础工程款300万元；基础土方工程完工后，甲方向乙方支付工程款200万元；整个基础工程竣工并完成地面裙房第一层后，按乙方认定的预算，10日内，甲方一次性结清基础工程款（其中扣除甲方供应用于基础工程的钢材、水泥、木材款）。甲方不按时付款应承担的违约责任：甲方承担乙方垫款的利息，按年利率10.2%计算。甲方在工程款中扣留总造价的1%作为保修金额，保修期满后甲方一次性付清保修金。甲方不按时付款按年利率10.2%向乙方付违约金，超过一年部分按年利率15%支付违约金。在施工中，若发生大额工程款短缺情况，乙方同意贷款施工，并在接到甲方提出要求贷款通知之日起两个月内，将所需款项拨到甲方账户，但所贷款项，由甲方承担年息（利率）10.2%（贷款额2 000万元），超出一年部分按年息（利率）15%计算。合同签订后，双方即开始按合同约定履行。在此之前，鼎立公司因未取得外地企业进入长春市施工的主体资格，于1994年5月26日与中国水利水电第一工程局（以下简称水电一局）签订尊爵大厦工程内部承包协议和补充协议，约定水电一局将尊爵大厦工程交由鼎立公司，鼎立公司向水电一局交纳工程总造价1.5%的管理费和营业税。同年6月2日，尊爵公司与水电一局建安分局长春建筑工程总公司工程部（以下简称水电一局工程部）签订建筑工程施工合同后，鼎立公司进场施工。且在此期间，尊爵公司向水电一局工程部拨付工程款500万元。水电一局工程部向鼎立公司支付工程款436.5万元，截留63.5万元。1995年6月间，水电一局工程部与尊爵公司协商同意在原合同条款不变的情况下，将承包方变更为吉林省建筑工程总公司（以下简称省建总公司）。以后，尊爵公司又与省建总公司签订讼争工程的承包合同，合同倒签为1994年6月2日。1996年底，鼎立公司完成尊爵大厦28层主楼框架和封顶工程。

自1995年8月1日至1996年1月16日，尊爵公司分别给鼎立公司出具了银行贷款收据10张。分别为：1995年8月1日，收款300万元；1995年8月19日，收款30万元；1995年8月24日，收款150万元；1995年8月26日，收现金50万元；1995年9月21日，收现金30万元；1995年9月30日，收款现金50万元；1995年10月17日收现金20万元；1995年11月8日，收款现金40万元；1995年11月13日，收款现金30万元；1996年1月16日，通过转账收款500万元；共计1200万元。鼎立公司先后以借款、预收工程款为名目，也给尊爵公司出具了10份收款收据，分别为：1995年7月1日，收款300万元；1995年8月19日，收款30万元；1995年8月24日，收款150万元；1995年8月26日，收款50万元；1995年9月21日，收款30万元；1995年9月30日，收款50万元；1995年10月17日，收款20万元；1995年10月29日，收款40万元；1995年11月11日，收款30万元；1995年11月20日，收款500万元，共计1200万元。双方当事人针对这一争议焦点分别提供了证据并作出书面说明。尊爵公司提供的证据有：尊爵公司委托代理人对时任尊爵公司的会计、出纳鞠亚平、张艳、刘永久的询问笔录，他们称1200万元往来资金并未发生，双方当事人彼此虚开收据。尊爵公司支付工程款的开户行中国银行吉林省分行出具的1995年1月至1995年12月对账单未记载20张双方对开借据项下的资金往来记录。鼎立公司提供的证据为：自1995年5月2日至1996年8月22日尊爵公司发给鼎立公司的8份函件，主要内容为尊爵公司要求鼎立公司垫资施工，承诺按年利率15%～24%承担利息。另外，1995 年 11 月 27 日，鼎立公司给尊爵公司出具了收款收据，记明预收工程款 1341 万元。同日，尊爵公司给鼎立公司出具了 1341 万元收款收据，并注明将鼎立公司以前借款转为预付工程款，付款方式为转账。对上述往来资金是否发生及双方互签收据产生的背景，鼎立公司称：1995 年 11 月 27 日冬季停工时，双方会计对“借款”票据汇总（即将小票换成大票），鼎立公司向尊爵公司出具收款收据，记明将 1995 年 11 月 27 日前的“借款”（小票）全部转为预收工程款，金额合计为 1341 万元（含 1200 万元贷款垫资中出具的 9 份“借款”700 万元）。鼎立公司要求尊爵公司返还 1995 年 11 月 27 日前向尊爵公司出具的标明“借款”的全部收款收据（即小票），其中 700 万元为 9 份，641 万元为 15 份，合计 24 份，共计 1341 万元。1341 万元中只有 641 万元是尊爵公司实际支付的工程款，700 万元为鼎立公司垫资款，加上 1995 年 11 月 20 日尊爵公司出具的 500 万元正式收据，共计 1200 万元。尊爵公司称：鼎立公司向尊爵公司开具的 9 张总金额为 700 万元的收据，鼎立公司主张 700 万元已计入预收工程款，不能对抗尊爵公司向鼎立公司开具的 9 张总金额为 700 万元的票据，从而主张尊爵公司欠鼎立公司 700 万元，这一观点不成立。理由为：1341 万元收款收据中 700 万元如属于鼎立公司垫付的工程款，则不需要尊爵公司偿还，尊爵公司已按工程总造价付清了款项不需二次支付工程款。尊爵公司已举证在 1995 年 1 月～12 月底，尊爵公司根本没有 1200 万元（包括本项中争议的 700 万元）款项往来。鼎立公司把虚构的借款巧妙地说成是预付工程款，让尊爵公司偿还 1200 万元本息。如果 1200 元银行贷款存在，鼎立公司须按照《协议条款》第 42 条第 1 款约定将该款拨到尊爵公司账户上才能成立，否则不应予以支持。

1998 年 12 月 14 日，鼎立公司为已完工程结算问题向一审法院递交《鉴定申请书》。1999 年 6 月 2 日，吉林省高级人民法院经济司法鉴定中心（以下简称鉴定中心）给吉林省吉达建设咨询公司（以下简称吉达公司）出具了《建筑工程造价鉴定委托书》，请吉达公司组织有关专业技术人员对尊爵广场大厦已完工程总造价进行鉴定。2000 年 3 月 7 日，吉达公司给一审法院出具了《尊爵广场工程造价鉴定书》，结论为：鼎立公司施工部分，造价为 73 165 020元，扣除尊爵公司供料款21 439 900元，尊爵公司应给付鼎立公司工程款51 725 120元。二审期间双方当事人对 1994 年～1996 年工程款结算争议作了陈述。鼎立公司称：1. 1994～1996 年工程款结算应以双方签字盖章的两份《工程预结算明细表》（以下简称明细表）为准，签署明细表是按照合同约定的工程款结算方式履行的，是履行合同的民事行为，应依法受到保护。2. 尊爵公司按照两份明细表以积极作为的方式结清了工程款，是尊爵公司的真实意思表示，是依法成立的民事行为。3. 尊爵公司于1997年1月之前确认了两份明细表，并且已全部结清。尊爵公司称：不承认1994～1996年工程造价以明细表为依据。理由为：1. 明细表的功能是工程年度财务拨款的参考依据，是工程竣工结算的程序性文件，不能作为最终确认工程造价的有效文件。2. 明细表的内容具有不确定性，甚至有许多虚假之处。3. 从双方签订的《协议条款》第28条约定看，只有竣工才能结算工程款。第28条第1款约定的结算方式为：参照吉林省及长春市预算定额的材料调差及有关新文件，按实际工程量决算。工程现在仍未竣工，谈不上结算问题。《协议条款》第42条第2项和第3项只对形象进度付款作出约定，不是最终工程款结算的依据。4. 鼎立公司是在不承认明细表作为结算依据的前提下，才向一审法院申请对全部工程造价进行鉴定的。由于鉴定结论对鼎立公司不利，鼎立公司不予认可。5. 长春市城乡建设委员会《关于对预算外工程款结算进行审查的通知》第一条规定，凡在我市区域内的财政预算外基本建设项目的工程款结算，必须到长春市建筑委员会建筑经济定额处审查。同时由该处对竣工结算签署意见，否则不得进行决算，这是对工程决算的强制性规定，应当执行。否则，决算不具有合法性。

1999年3月8日，鼎立公司为1997年～1998年工程鉴定问题向一审法院提交了《鉴定申请书》称：鼎立公司对1994年～1996年的已完工程量无异议，但对1999年～1998年已完工程量有异议，申请一审法院指定法定鉴定机关予以鉴定。2000年7月14日，鼎立公司以吉达公司鉴定程序违法为由，申请更换鉴定单位。2000年7月13日，吉林省建筑工程定额站（以下简称省定额站）致函浙江鼎立建筑集团有限公司长春分公司称："你公司对尊爵大厦工程造价纠纷上报省建设厅，建设厅批给我站处理，我站责成长春求实建设工程造价有限公司对长春尊爵广场工程，已由吉达公司提出的工程结算鉴定成果进行重点主要项目审核，经认真审核后，原鉴定单位遗漏项目较多，仅主要项目就审增832万元，我站认为该项工程造价经两个中介机构重新审核，与吉达公司审核结果出入较大，我们建议应重新认真审核。"2000年8月29日，省定额站出具了《关于浙江鼎立建筑集团有限公司反映省吉达建设咨询公司就尊爵广场工程造价鉴定违纪一事的处理意见》称：吉达公司已于1999年更名为中国建设银行吉林省分行造价咨询中心（以下简称咨询中心），建设部核发变更后的资质证书日期为 1999 年 9 月 16 日，因此吉达公司自 1999 年 9 月 16 日以后已不复存在，而尊爵广场工程造价鉴定结论是 2000 年 3 月 7 日以吉达公司名义出具的，所以该鉴定结论无任何法律效力。2000 年 10 月 9 日，鉴定中心给咨询中心出具了《建筑工程造价补充鉴定委托书》，请咨询中心对 1997 年、1998 年鼎立公司施工工程造价补充鉴定。咨询中心于 2000 年 12 月 11 日出具了《尊爵广场 97、98 年工程造价鉴定说明》结论为：1997 年、1998 年预算内工程原审值 3 700 377 元，现增加外墙面砖换算价值 1 199 292元，具体计算如下：外墙面砖24 587.6平方米，核增直接费658 948元，零星面砖5363.23平方米，核增直接费167 011元，直接费共计825 959元。收费后工程总造价为：825 959元×1.452＝1 199 292元。有三方签证认可是指有建设单位、施工单位、监理单位或设计单位共同签证的部分；有两方签证认可是指有施工单位、监理单位或设计单位共同签证的部分。所有签证均包括有公章及无公章的签证单。本次鉴定的初审值是依据鼎立公司提供的工程预算书以及有关定额进行计算的。本工程未计预算外包干费，所有的维护工程只计计划利润、人工费上调、机械费上调、定额编制管理费、税金。停工损失计算中，人工费按定额基价计算、机械台班按停歇台班计算。关于降水井抽水，由于签证单上无具体的工程量，暂按施工单位提报值列入。具体鉴定结论待双方质疑后再定。鉴定机构吉达公司经营范围包括工程咨询、工程建设技术转让、工程造价核实、建筑业和房地产咨询等。该鉴定单位具有工程造价咨询单位甲级资质证书。吉达公司以后更名为咨询中心亦取得甲级工程造价咨询单位的资质证书。鉴定人员具有工程鉴定的主体资格。鉴定中有质证和答疑的过程。2001 年 12 月 3 日，吉林省建设厅证明：省定额站是该厅所属具有行政职能、主管全省建设工程造价的事业单位，负责省内工程造价咨询中介组织的管理。

东阳市第七建筑企业资质等级二级。1995 年 1 月 1 日变更为浙江省东阳市第七建工程公司于 1993 年 1 月 4 日取得营业执照，注册资本金 1024 万元，企业性质为乡镇集体企业，主营房屋建筑，建筑工程有限公司，注册资本增至 4444.18 万元。1996 年 12 月 24 日，企业名称变更为鼎立公司，注册资本增至 7018 万元。1997 年 12 月 10 日，鼎立公司注册资本增至10 800万元，建筑企业资质等级升至一级。尊爵公司先后取得《建设用地批准书》《国有土地使用证》《长春市建设工程开工许可证》。1994 年 6 月 2 日，鼎立公司在尊爵广场项目招投标中中标，以后取得《“外进施工队伍”入境许可证》《外埠建筑业施工企业进长（春）施工许可证书》。1995 年 6 月 3 日，尊爵公司、吉林省邮电管理局（以下简称省邮电局）签订《转让合同》，约定尊爵公司将尊爵广场大厦项目以17 500万元的价格转让给省邮电局，1999 年 1 月 10 日，尊爵公司、省邮电局与鼎立公司签订了《协议书》同意向省邮电局移交讼争大厦。以后国家体制改革，省邮电局分立，省电信公司为省邮电局的权利义务承受人。1998 年 12 月 23 日，一审法院作出先予执行裁定书，判令：一、裁定生效后 10 日内鼎立公司撤离施工现场；二、鼎立公司撤离之日起，立即与尊爵公司交接讼争工程同时验收；三、自撤离之日起，鼎立公司立即将工程资料移交给尊爵公司。1999 年 1 月 22 日，一审法院根据第三人省电信公司的申请查封了尊爵广场大厦建筑面积为79 680平方米的房产。1999 年 7 月 16 日，一审法院根据尊爵公司的申请对鼎立公司位于上海市的价值 1000 万元的房产进行查封。1999 年 7 月 16 日，一审法院根据尊爵公司的申请对鼎立公司位于浙江省德清县的房产进行保全。此外，一审法院还冻结了尊爵公司 1600 万元。现讼争房屋已完成主体结构建设和外装修工程，并已移交给省电信公司管理。

2001 年 3 月 15 日，一审法院另行制作民事制裁决定书两份，认定尊爵公司与鼎立公司协商由鼎立公司为其垫付工程款 1200 万元并约定年利率 15%～20%，后鼎立公司为尊爵公司垫资 1200 万元，自 1995 年 11 月起息，利息为 1080 万元。一审法院决定对双方约定取得的 1080 万元利息予以收缴。尊爵公司、鼎立公司对制裁决定不服，向本院申请复议，对此本院另案审理。

1998 年 10 月 19 日，鼎立公司向一审法院起诉请求：尊爵公司立即偿还拖欠的工程款及利息18 845 288.60元。尊爵公司赔偿因其违约给鼎立公司造成的经济损失40 895 115.00元。主要理由：尊爵广场工程于 1994 年 6 月 2 日开工至 1998 年 9 月 30 日主体工程完工，外装修全部完工，共完成工作量106 301 575元。由于尊爵公司资金不到位、设计变更、未向政府有关部门缴纳相关费用等原因，导致工程不能按期完工，给鼎立公司造成重大经济损失。1998 年尊爵公司通知鼎立公司已将尊爵广场卖给省邮电局，要求终止与鼎立公司的工程承包合同。这一行为亦构成违约，应承担违约责任。1998 年 11 月 28 日，鼎立公司增加诉讼请求要求尊爵公司给付 300 万元工程款及利息769 769.28元。主张 1994 年～1996 年工程款的确认及结算是依法成立的民事关系，应终止 1994 年～1996 年工程价款的鉴定行为。2000 年 6 月 2 日，尊爵公司提起反诉请求：鼎立公司返还尊爵公司多支付的工程款 3000 万元。鼎立公司承担延期付款的违约金。主要事实和理由：双方签订建筑工程承包合同后，由于鼎立公司在施工中多次虚报施工的工程量，导致尊爵公司多付工程款 3000 万元。在尊爵公司已足额支付工程款的情况下，鼎立公司没有任何理由延期竣工，已构成违约，应承担违约责任。

二、一审法院认定与判决

一审法院经审理认为：尊爵公司和鼎立公司签订的建筑工程承包合同是双方当事人的真实意思表示，不违反法律规定，应认定合同有效。双方当事人按合同约定对 1996 年以前三年已完成的工程量已经结算，尊爵公司已支付工程款，应视为工程结算有效。1997 年、1998 年的工程造价应以一审法院委托的有关部门所作补充鉴定为准。因双方当事人均有违约行为，且双方庭审中所举证据并不充分，故对尊爵公司和鼎立公司向对方当事人提出的损失赔偿请求不予支持。鼎立公司主张尊爵公司应返还其垫付的 1200 万元工程款，应予支持，对利息部分约定因违反有关法律规定而不予支持，应对双方另行进行民事制裁。尊爵公司反诉请求鼎立公司返还多投入的 3000 万元，因证据证明尊爵公司欠鼎立公司工程款，故对尊爵公司提出的反诉请求不予支持。据此判决：一、尊爵公司给付鼎立公司工程欠款 104 285元；二、尊爵公司给付鼎立公司垫付工程款 1200 万元；三、驳回鼎立公司的其他诉讼请求；四、驳回尊爵公司的其他诉讼请求。一审案件受理费179 927元由鼎立公司负担53 978.10元，尊爵公司负担125 948.90元，反诉费160 100元由尊爵公司负担。鉴定费600 000元由鼎立公司负担 180 000元，尊爵公司负担420 000元。

三、上诉及答辩情况

鼎立公司、尊爵公司不服一审判决向最高人民法院提起上诉。鼎立公司上诉请求改判尊爵公司向鼎立公司支付垫资利息 1080 万元，尊爵公司向鼎立公司支付建筑材料保管费360 400元，尊爵公司承担一、二审案件受理费和鉴定费。事实和理由如下：双方签订的《协议条款》第 42 条约定：本工程在施工中，若发生大额工程款短缺情况，鼎立公司同意贷款施工，并在接到尊爵公司提出要求贷款通知之日起两个月内，将所需款项划拨到尊爵公司账户，但所贷款项，由尊爵公司承担年息（利率）10.2%（贷款额 2000 万元之内），超出一年部分按年息（利率）15%计算。按此约定，从 1995 年 7 月 1 日起至

11月20日止共10笔合计1200万元用于垫资施工。尊爵公司出具了10份《收据》，确认垫资数额、利息、起息日。一审判决认定鼎立公司垫资违法，并另行制作《民事制裁决定书》，收缴利息，属适用法律错误。尊爵公司应当按合同约定向鼎立公司支付360 400元材料保管费。双方签订的《合同条件》第23条约定：钢材、水泥、水材全部由尊爵公司供应，《协议条款》第28条约定：结算方式参照吉林省及长春市预算定额和材料调差及有关新文件，按照实际工程量决算。《吉林省建筑工程定额解释》规定，尊爵公司应当按照供应材料价款额的1.7%向鼎立公司支付保管费，保管费为360 400元(21 200 000元×1.7%)。

尊爵公司上诉请求：撤销一审判决主文第一、二、四项。鼎立公司为尊爵公司垫资1200万元工程款的事实并不存在，不应返还。对1994年～1996年工程造价的认定，不应以明细表为据，而以鉴定结论为准。请求二审法院支持尊爵公司在一审中提出的反诉请求。事实和理由如下：一、尊爵公司给鼎立公司支付的工程款已超出工程总造价，承包单位不需要也不可能垫付1200万元。一审判决只认定鼎立公司提供的收款凭证，故意回避尊爵公司提供的收款凭证。鼎立公司无论从银行往来的对账单上，还是从工程的实际投入看，都不能证明鼎立公司实际垫付工程款1200万元，更谈不上返还利息问题。二、一审判决认定“双方于1994年至1996年三年度所作的工程年度结算，是双方当事人的真实意思表示，且经原被告双方及监理部门签字认可，应予以确认。”该认定与事实不符，也与当时建筑行业的结算规定相悖。依据吉林省及长春市建筑委员会下发的文件规定，双方制作的明细表应报请长春市建筑委员会经济定额处审核后才能最终确认工程款的数额，因此明细表不能等同于结算表，不能作为最终确认工程款结算的依据。1995年的明细表制作后，监理公司和监理组没有签字盖章，是鼎立公司在诉讼中补办的，尊爵公司不能认可。1996年明细表审定值经“监理工程师复核后认为暂定为4044万元”，工程款最终确认应以有权部门的审核为准。明细表中虚假的数额高达1000多万元。合同中对工程结算的时间、方式均有约定，该工程尚未竣工，谈不上1994年～1996年工程款结算问题。三、鉴定结论应是确认工程款的合法依据。在一审期间，鼎立公司向一审法院提出对全部已完工程量进行鉴定。尊爵公司表示同意。双方分摊了申请鉴定费。鉴定结论作出并对鼎立公司不利的情况下，一审法院对该结论未予采信，也未说明理由，又擅自决定对1997年、1998年部分工程造价进行补充鉴定。一审法院对尊爵公司针对补充鉴定提出的合理要求不予采信，鉴定采信的材料应重新质证，对该补充鉴定不予认可。对1994年～1998年工程造价鉴定应予采信。四、一审判决认定的1997年～1998年工程造价补充鉴定存在两处错误。其一，预算外工程价款1 318 126元，没有合法有效的图纸作为依据。其二，抽水编号分别为97－4、98－6，借款分别为52 175元、62 423元，属工程用水费用，不应计入工程款中。尊爵公司为鼎立公司垫付水电费1 572 780元，应由鼎立公司承担。一审判决认定尊爵公司给付鼎立公司工程款80 450 000元不实。鼎立公司未按合同约定的期限竣工已构成违约，应承担违约责任。

四、最高人民法院认定与判决

最高人民法院认为：尊爵公司与鼎立公司于1994年6月2日签订的《建设工程施工合同》（包括《合同条件》《协议条款》）其法律性质为建筑工程承包合同。讼争工程已取得《长春市建设工程开工许可证》《建设用地批准书》，履行了法定招投标程序。鼎立公司作为施工单位具有建筑企业一级资质等级证书，作为跨省经营的建筑企业，领取了《“外进施工队伍”入境许可证》《外埠建筑业施工企业进长（春）施工许可证》，应认定双方签订的建筑工程承包合同有效。1995年8月1日至1996年1月16日，尊爵公司分别给鼎立公司出具银行贷款收据10张，总金额为1200万元。从双方相互开具收款收据项下的款项是否实际交付情况看，收据记载付款的方式为现金支付和银行转账，鼎立公司在诉讼期间未提供交付现金的凭证及指明收款人姓名；从尊爵公司提供的其在中国银行吉林省分行开立的工程承包款拨付账户支出明细表上看，在双方对开收据的时间段上也没有收款收据项下款项往来的记载。按一审判决认定的事实：讼争工程总造价为101 754 285元，尊爵公司已向鼎立公司支付工程款101 650 000元，尊爵公司还应付104 285元，尊爵公司已基本付清工程款，鼎立公司不可能也不必要为尊爵公司垫付1200万元。故从双方对开收据及资金往来两方面事实看，双方只是相互虚开收款收据，鼎立公司垫付1200万元工程款以后又转化为工程预付款的事实不存在，一审判决尊爵公司返还鼎立公司垫付工程款1200万元，缺乏事实和法律依据，应予撤销。关于讼争工程的造价问题。一审法院委托的鉴定机构先后作出1994年～1998年工程造价鉴定，1997年～1998年工程造价补充鉴定。前一鉴定结论作出后因与双方签订明细表项下的工程造价数额差距巨大，鼎立公司不予认可。尊爵公司认为一审判决单独采信1997年～1998年补充鉴定而脱离总体工程造价鉴定，丧失了鉴定基础，不予认可。对建筑市场负有部分管理职能的省定额站也对鉴定机构主体资格、鉴定程序、鉴定所采信的材料等方面提出异议。在这种背景下，一审法院对1994年～1996年工程造价采信双方签证的结算单，1997年～1998年补充鉴定采信了有双方或三方（包括监理单位或设计单位）签证的工程费用，鼎立公司单方提供而没有尊爵公司签证的工程款项未予采信。本院认为，一审法院在双方当事人对两份鉴定结论发生争议，有关部门对鉴定结论提出异议的情况下，1994年～1998年工程总体造价均按双方当事人签证的明细表核算工程费是适当的，明细表是双方当事人就工程费结算达成的合意，能够反映双方当事人的真实意思。一审判决有关工程结算部分应予维持，尊爵公司上诉主张明细表不是工程项目的最终结算凭证，其内容存在大量虚假，缺乏事实依据，一审判决对结算签证的认定符合本案实际，本院予以维持。本案工程款结算的实质性标准是以双方当事人或三方（包括监理单位或设计单位）盖章或签字达成一致的结算签证作为工程款结算的唯一依据。在履行合同中，双方实际采取的工程款结算方式已经改变了双方在《协议条款》第28条约定的工程竣工结算方式。鼎立公司上诉主张按《吉林省建筑工程定额解释》的规定，尊爵公司应当按供应材料价款总额的1.7%（费率）向鼎立公司支付材料保管费。尊爵公司上诉主张1997年～1998年预算外工程价款为1 318 126元，因缺乏图纸变更依据，应从工程款中扣除；1997年～1998年降水抽水编号分别为97－4、98－6，价款为52 175元和62 423元属工程用水费用，应从工程费中扣除；尊爵公司为鼎立公司支付水电费1 572 780元，应从工程款中扣除，双方的这几项上诉请求因没有结算签证为依据或与双方已达成的合意相违背，本院不予认可。尊爵公司上诉主张鼎立公司延迟竣工违约，应承担违约责任，但缺乏明确、具体的诉讼请求及充分的依据，本院不予支持，且尊爵公司未付足工程款，参照《中华人民共和国合同法》第六十七条规定，鼎立公司有权行使后履行合同的抗辩权，故对其该项上诉请求不予支持。最高人民法院依据《中华人民共和国民事诉讼法》第一百五十三条第一款第（二）项之规定，于2001年12月30日，以〔2001〕民一终字第62号民事判决判决如下：

一、维持一审判决第一、三、四项；

二、撤销一审判决第二项。

一审案件受理费179 927元、一审案件鉴定费60万元由尊爵公司、鼎立公司各分担389 963.35元；一审案件反诉费163 100元由尊爵公司承担。二审案件受理费179 927元，由鼎立公司负担107 956.2元，由尊爵公司负担71 970.8元。

本判决为终审判决。

32. 按合同约定的计价方法结算工程价款

一、案件基本事实

上诉人（原审被告）：工程公司。

被上诉人（原审原告）：中期公司。

原审被告：哈工大。

1995 年 8 月 4 日，中期公司与工程公司签订一份《协议书》，约定工程公司承担第三届亚冬会亚布力运动员村的假日饭店、康乐中心内装修工程。承包方式为包工包料；工程造价15 689 610元（造价标准为假日饭店 2200 元/平方米，共10 041 510元；康乐中心 2000 元/平方米，共5 671 100元）；工程开工后按工程进度付款；工程定于 1995 年 8 月 15 日开工，1995 年 11 月 26 日竣工；双方约定，工程公司在此工程中获得利润不得超过 10%，同时中期公司保证工程公司获得利润不低于 10%，若工程公司获得利润超过 10%，中期公司有权收回超出部分。同年 8 月 28 日，中期公司与工程公司又签订一份《协议书》，约定工程公司承担第三届亚冬会亚布力运动员村的雪具店、快餐店内装修工程。承包方式为包工包料；工程造价3 853 432元，装修标准2200/平方米，开工后按工程进度付款；定于 1995 年 8 月 30 日开工，1995 年 11 月 26 日竣工；双方约定，工程公司在此工程中获得利润不得超过 10%，同时中期公司保证工程公司获得利润不低于 10%，若工程公司获得利润超过 10%，中期公司有权收回超出部分。上述两份协议书的补充附件载明，装修工程包括室内家具等木制品。同年 10 月 20 日，中期公司与工程公司又签订一份《关于卫生间装修的补充协议》，明确了原约定工程公司承担的假日饭店一号楼、化妆镜、排气扇之外的装修工作内容。承包形式为包工包料，合计金额883 500。1996 年 1 月 8 日，以上工程交付中期公司使用，未经质检验收和工程款结算。中期公司共付给工程公司工程款13 758 072.5元。

另查明：工程公司系由哈工大 1993 年 3 月 10 日开办，注册资金 1888 万元，当时哈工大未投入注册资金。1994 年 4 月 28 日，工程公司向哈尔滨市工商行政管理局开发区分局申请将注册资金减少至 88 万元。哈工大 1994 年 4 月 28 日出具的资金信用证明载明，哈工大“现决定从学校现有资金中拨款 88 万元人民币”作为工程公司的注册资金。同年 5 月 6 日，工程公司取得注册资金为 88 万元的企业法人营业执照。本院审理过程中，工程公司提供了发生在 1993 年的进账单和记账凭证，用以证明其注册资金已经到位。

1999 年 2 月 11 日，中期公司起诉至一审法院，请求确认其与工程公司签订的三份装修工程承包协议书无效；要求与工程公司对装修工程进行决算；要求工程公司退还工程款及利息 1000 万元并赔偿因工程质量问题造成的损失、承担部分修理费用，由哈工大承担连带责任。经一审法院委托大庆建设工程经济事务所进行造价鉴定，本案所争议工程（不含家具、柜台、商服货架、货柜）的总造价为5 939 604元。

二、一审法院认定与判决

一审法院认为：中期公司与工程公司签订的三份协议书是双方的真实意思表示，不违反法律规定，且已履行完毕，因此上述协议合法有效。双方在协议条款中约定，工程公司在此工程中获得利润不得超过 10%，同时中期公司保证工程公司获得利润不低于 10%，若工程公司获得利润超过 10%，中期公司有权收回超出部分。此项约定是双方对工程造价取费的共同意思表示。经委托大庆建设工程经济事务所编制的《工程造价鉴定书》应作为本案争议的工程造价的依据。工程公司应将超出工程款部分的款项返还给中期公司。由于工程公司的注册资金未拨付到位，同时其现有资产无力清偿债务，根据法律的有关规定及最高人民法院《关于企业开办的其他企业被撤销或者歇业后的民事责任承担问题的批复》的规定，其返还工程款的责任应由开办人哈大承担。由于中期公司对工程的使用已经超过保修期限，对其有关工程质量问题的诉讼请求不予支持。据此判决：一、哈工大于判决生效后 30 日内向中期公司返还工程款7 818 468.5元；二、中期公司其他诉讼请求不予支持。案件受理费60 010元，由中期公司承担 9062 元，哈工大承担50 948元。鉴定费122 559.25元由哈工大承担。

三、上诉及答辩情况

工程公司不服一审判决向最高人民法院提起上诉称：大庆建设工程经济

事务所的造价鉴定没有反映工程总价格，应认定无效；上诉人具有独立法人资格，哈工大也已履行了投资义务；一审法院适用最高人民法院《关于企业开办的其他企业被撤销或者歇业后民事责任承担问题的批复》不当，因为哈工大是事业法人，工程公司也没有歇业或被撤销；本案合同的结算方式是造价包干，不是定额结算，合同中关于工程公司在此工程中获得利润不得超过10％的约定显失公平，应认定无效；本案应交由哈尔滨市中级人民法院审理等。请求依法改判。中期公司答辩认为一审法院认定事实清楚，适用法律正确，鉴定结论经过双方当事人质证。室内家具不属装修工程的内容，应由工程公司另诉解决，请求驳回上诉，维持原则。

二审期间，最高人民法院组织双方当事人对鉴定结论再次进行了质证。工程公司称其制作的室内家具等没有包括在鉴定范围之内，分三次提供了有关的发票、合同、供货明细表、支付凭证和转账凭证等证明材料。计有：1996 年 2 月 12 日不锈钢工程款发票 7 万元；2000 年 7 月 1 日家具发票 70 万元（附 1995 年 12 月 19 日《工矿产品购销合同》一份，价款709 954.855）元；椅子发票82 010元，其中两张28 060元的发票是重复的；哈工大餐椅购货发票 9240；哈工大凳购货发票 672 元；桌发票28 221.8元；床垫发票44 136元；床罩铺料、加工费发票647 193元。其中日期在工期之内、户名为工程公司的发票数额为219 087.1元。工程公司称 2000 年 7 月 1 日家具发票 70 万元是补开的，提供了补作的明细表一份，以及供货商的 2 张转账凭证、16 张收款记账凭证及三张手写收款白条和 20 万元“收据”一张。其中“哈工大销货款转账凭证”522 974.19元无日期，另一张金额236 481.81元的转账凭证涂改严重。金额589 456元的收款记账凭证的户名均为哈工大，不是工程公司；其中部分凭证日期在本案工程工期之外，3 张凭证有涂改。

四、最高人民法院认定与判决

最高人民法院认为：工程公司与中期公司 1995 年 8 月 4 日、8 月 28 日签订的两份协议书约定工程的承包方式为包工包料，工程公司在工程中获得利润不超过、也不低于 10％。如果超过 10％，中期公司有权收回超出部分。工程公司上诉主张工程是造价包干，不同意中期公司收回超过 10％利润以外的工程款，不符合双方协议书的约定。关于 10％利润的约定是双方的真实意思表示，不违反法律规定，应认定有效。同时这一合同条款是工程公司获得一定利润的保证，不存在显失公平的问题。一审法院委托大庆建设工程经济事务所进行造价鉴定的程序合法，并经当事人质证，应认定有效。工程公司认为造价鉴定无效，其主张没有事实依据和法律根据，本院不予支持。室内家具等内容包括在双方《协议书》约定的工程范围之内，中期公司也承认工程公司制作了部分家具，因此中期公司应当支付相应的工程款。根据工程公司提供的有关室内家具的证明材料，除去日期不符（在本案工程工期之外）和名称不符（非工程公司本身的票证）、重复、涂改的证明材料之外，由工程公司完成但未包括在鉴定结论之内的室内家具等木制品的成本为219 087.1元，参照工程公司与中期公司对利润的约定，本院认定中期公司应当支付相应工程款240 995.81元。哈工大1994年4月28日出具的资金信用证明载明，哈工大“现决定从学校现有资金中拨款88万元人民币”作为工程公司的注册资金，而工程公司提供的用以证明注册资金到位的进账单和记账凭证均发生在1993年，进账单和记账凭证不能证明哈工大向工程公司拨付了注册资金，因此工程公司不能证明其注册资金已经到位。虽然作为工程公司开办单位的哈工大是事业法人，工程公司也没有被撤销或者歇业，但根据我院法复〔1997〕2号《关于对注册资金投入未达到法规规定最低限额的企业法人签订的经济合同效力如何确认问题的批复》的规定，工程公司应视为不具有法人资格，一审法院判决哈工大各中期公司返还工程款并无不当。按照《中华人民共和国民事诉讼法》第三十九条的规定，上级人民法院有权审理下级人民法院审理的第一审民事案件，一审法院受理本案符合法律规定。综上，依据《中华人民共和国民事诉讼法》第一百五十三条第一款第（三）项的规定，最高人民法院于2001年10月17日，以〔2000〕民终字第86号民事判决判决如下：

一、变更一审法院判决第一项为：哈工大于判决生效后30日内向中期公司返还工程款7 577 472.69元；

二、维持一审法院判决第二项。

一审案件受理费、鉴定费的负担按一审判决执行。二审案件受理费60 010元，由工程公司负担55 000元。中期公司负担5010元。

本判决为终审判决。

33. 未约定工程款结算期限诉讼时效如何起算

一、案件基本事实

上诉人（原审被告、反诉原告）：天马公司。

被上诉人（原审原告、反诉被告）：白蒲公司。

原审第三人：宏大公司。

1995年3月3日，天马公司与白蒲公司签订《工程施工协议》约定，天马公司将其开发建设的哈尔滨市南岗区文库街10号教化小区（以下简称教化小区）A、B、C栋3个单元工程发包给白蒲公司施工，承包方式为包工包料。工期为1995年3月10日至1995年10月7日。工程质量为优良。天马公司供应红砖、水泥、空心板、木材及部分钢材，按预算价格转给白蒲公司，白蒲公司不计取价差。白蒲公司自购的材料按有关调差文件执行。有关费用由天马公司代扣代交。白蒲公司挂靠单位由天马公司办理，白蒲公司负担1%的挂靠费用。同年3月27日，哈尔滨市宏大建筑工程公司（以下简称宏大公司）与白蒲公司签订协议约定，由天马公司担保，宏大公司为白蒲公司办理银行专用账户，教化小区工程的税金及劳保基金、上级管理费等由宏大公司代白蒲公司交纳。白蒲公司进入工地后，天马公司又与白蒲公司签订《补充协议》约定，天马公司教化小区B栋宾馆工程发包给白蒲公司施工，工期为1995年5月5日至1995年10月15日，质量等级为优良。1995年5月19日，天马公司与白蒲公司形成《会议纪要》，天马公司将教化小区栋住宅楼工程发包给白蒲公司。至1995年底，白蒲公司共完成施工面积48 140.70平方米。白蒲公司在完成B栋宾馆主体冷封闭工程后，因购买此房屋的林源炼油厂要求设计变更等原因于1995年底停工。1996年1月7日，天马公司召集林源炼油厂、白蒲公司第五工程队等有关人员参加会议并形成《会议纪要》，要求白蒲公司于1996年2月25日恢复施工，同年6月1日竣工。同年4月22日，双方形成

《会议纪要》，天马公司要求白蒲公司立即施工，前段停工损失由白蒲公司负责，后白蒲公司下属第五施工队擅自撤离施工现场。为此，天马公司与白蒲公司于1996年5月17日形成《会议纪要》，白蒲公司的法定代表人周健表示，第五施工队擅自离场，没有通过公司，也没有与天马公司打招呼，一切后果由第五施工队承担。1996年5月5日，双方对工程决算及质量回访问题形成《会议纪要》称，白蒲公司经理周健表示无能力回访，提出由天马公司回访、返工和维修，所需费用从白蒲公司的工程决算中扣除。同年6月6日、6月7日，天马公司与白蒲公司分别召开关于工程决算的会议，约定6月10日开始决算。嗣后，白蒲公司作出单方结算并报给天马公司。诉讼期间，天马公司将经自己审核修改并加盖双方印鉴的决算材料提交一审法院。

哈尔滨市建筑工程质量监督站于2000年12月11日出具证明，证实争议工程A、C栋均为合格工程，D栋不符合标准，B栋未报检。

一审法院审理期间，经组织双方当事人核对工程决算账目，双方对以下事实无异议，白蒲公司施工总面积为48 140.70平方米。扣除7项费用后天马公司净结工程造价款为20 899 542.54元。天马公司已付工程款7 636 979.39元。已付材料折款8 739 846.45元。宏大公司收取管理费14万元。

双方存有争议的问题是：1. 关于诉讼时效问题。天马公司称白蒲公司的请求权已超过法律规定的诉讼时效。白蒲公司称其在诉讼时效期间向天马公司主张过权利，为此，提供了最高人民法院劳动服务公司大庆分公司法律服务处（以下简称法律服务处）作为其代理人，于1997年12月7日出具的介绍信复印件，以及该法律服务处工作人员1997年12月23日写给天马公司经理张亿达的信函复印件各一份，称已将该介绍信及信函原件交给天马公司有关人员，证明其在诉讼时效期间内，曾向天马公司主张权利遭拒绝而诉至法院。经查，工程竣工后，白蒲公司将自己制作的单方决算材料交天马公司审核，天马公司一直未返给白蒲公司，致使双方的工程决算始终无结果，白蒲公司为此曾到有关部门上访。2. 关于合同效力问题。白蒲公司主张合同内容具有欺诈性应无效。天马公司主张合同是双方真实意思表示，应为有效。经审查，天马公司开发建设的工程办理了相关手续，属于合法工程，双方具备承发包工程的主体资格，除有关挂靠条款违反《黑龙江省建筑市场管理条例》规定外，该合同内容不违反法律、行政法规的禁止性、强制性规定，双方意思表示真实，合同已实际履行。3. 关于重复扣款问题。白蒲公司主张天马公司对其重复扣款1 275 418.98元，天马公司承认扣款明细中有763 404.30元是重复扣款。经一审法院组织双方当事人核对扣款明细，天马公司在决算中已按规定的比例扣除了水电费、劳保统筹费、上级定额管理费等，扣款明细中又扣除水电费214 840.02元、劳保统筹费55 770元、上级定额管理费46 485.35元，计819 025.37元，天马公司承认扣款明细中的招投标、质监费为26 650元，上述共计845 675.37元，属于重复扣款。其余429 743.61元中除14万元系上交宏大公司管理费外，均不属于重复扣款。4. 关于塔吊使用费问题。40T塔吊是施工期间由天马公司出资购买，提供给白蒲公司使用的，发票已交给白蒲公司，天马公司也将该笔款项计入已付工程款中。白蒲公司撤出工地后，该塔吊一直在天马公司处，天马公司在开发建设另一小区工程时，将塔吊提供给施工单位黑龙江省新建建筑公司（以下简称新建公司）使用。诉讼期间白蒲公司请求先予执行，天马公司认可塔吊属于白蒲公司所有。依据黑龙江省高级人民法院〔1999〕黑民初字第9号先予执行裁定，2000年6月中旬，在双方当事人的参加下，将搭吊从新建公司处拉回白蒲公司。经咨询黑龙江省建设厅工程造价管理处，其答复如下，塔吊使用费应按1996年《黑龙江省施工机械台班费用定额》的相应项目的规定执行，每天按一个台班计算2096.18元/日。5. 关于税金问题。白蒲公司要求天马公司提供代交811 495.18元税金的收据，天马公司仅提供452 465.85元的纳税收据，尚有359 029.33元的收据未能提供。6. 关于返修、回访费用问题。天马公司称，白蒲公司撤出工地后，根据1996年5月5日《会议纪要》精神，白蒲公司已同意由天马公司返修和维修，费用由白蒲公司负担。为此，天马公司与新建公司第六处（以下简称新建六处）签订了协议，由新建六处对白蒲公司承建的工程进行返修、维修，双方决算总价4 438 600元，天马公司已用商品房折抵该款，并提供《返修工程决算书》及《商品房销售合同》。白蒲公司对此提出异议，称上述决算书不真实，日期有涂改，《商品房销售合同》所附《备忘录》中新建六处的印章不真实，根据白蒲公司的申请，一审法院委托黑龙江省高级人民法院司法鉴定中心鉴定，结论为《备忘录》中新建六处公章印纹与新建公司提供的原新建六处真实印章的印纹非同一枚印章所印。7. 关于违约金问题。双方合同中没有关于违约金的约定。8. 关于天马公司反诉损失问题。天马公司称白蒲公司在B栋宾馆工程未完工的情况下，中途单方撤离现场，工程被迫停工，给其造成经济损失222万元，要求白蒲公司赔偿。为证明其主张提供以下证据：(1) 1995年4月23日，林源炼油厂与天马公司签订的合同约定，林源炼油厂委托天马公司在教化小区建B栋宾馆一栋，每平方米1950元，要求1995年11月15日竣工。（2）1996年6月22日，天马公司与哈尔滨市新阳建筑公司第四分公司（以下简称新阳公司）签订协议约定，B栋宾馆未完工程由新阳公司承建，B栋宾馆未完土建工程部分造价178万元。水电工程按黑龙江省预算定额及标准执行。（3）1996年6月27日，天马公司的法定代表人张亿达与林源炼油厂副厂长王世清签订协议，约定该宾馆收尾工程由林源炼油厂自行施工，从原总造价中减去400万元。（4）2001年7月18日，中国天然气股份有限公司大庆炼化分公司（原林源炼油厂实行转制后将宾馆工程移交给该单位，以下简称大庆炼化分公司）提供证明一份，证明因B栋宾馆工程未按期完工，天马公司将未完工程发包给新阳公司，造价178万元，大庆炼化分公司不同意天马公司再次发包，与天马公司协商未完工程由其自行施工，从宾馆总价款中扣除400万元，其中178万元是未完工程款，222万元是逾期交工的违约金。（5）大庆炼化分公司2001年7月9日关于决算扣款情况的说明一份，证明内容同前。白蒲公司认为上述证据不真实并提出异议。经查，1996年4月中旬，白蒲公司下属第五工程队在施工期间撤离现场。双方于1996年5月17日形成《会议纪要》载明，白蒲公司法定代表人周健称第五工程队擅自离场，一切后果由第五工程队负责。工程再拖下去损失太大，请天马公司自行抓紧安排队伍施工，以减少损失。天马公司法定代表人张亿达称其一切事务对签署合同的公司发生关系，第五工程队属于白蒲公司内部事情。关于222万元是否为违约金，一审法院依职权进行了调查取证，大庆炼化分公司负责与天马公司进行工程款决算的王刚证实，扣减的400万元是全部未完的工程款，178万元只是土建部分的未完工程款，另222万元也不足以进行水暖、电照、内外装修工程的施工。原来出具的证明不是给法院的，是作为双方的备忘录，证明中的内容不够准确。9. 关于宏大公司收取的管理费问题。白蒲公司认为宏大公司收取的14万元属于天马公司重复扣款，天马公司持否认态度，称该款是宏大公司收取的管理费，并提供宏大公司收费的收据。

二、一审法院认定与判决

1999年5月31日，白蒲公司向黑龙江省高级人民法院起诉称：1995年3月27日，其与天马公司及宏大公司签订了承建天马公司位于黑龙江省哈尔滨市南岗区教化小区的A、B、C、D四栋楼及地下车库等工程的《工程施工协议》，上述工程除B栋转交外单位继续施工外，其余均由其完成建设，并竣工交付天马公司使用。天马公司尚欠其工程款 1200 余万元。另天马公司从应付款中购置一台 40T 塔吊，竣工后以尚未结算为由占有使用至今。综上，请求天马公司给付工程款12 302 500元及滞纳金5 893 680元，返还 40T 塔吊并支付使用费386 000元，返还未代缴税金，由白蒲公司直接向有关部门缴纳，天马公司支付违约金 156 万元。

天马公司答辩称：其不欠白蒲公司工程款。白蒲公司的起诉已超过诉讼时效期间，丧失了胜诉权。工程存在质量问题。

2000 年 11 月 17 日，天马公司提出反诉称，白蒲公司在承建的教化小区 B 栋宾馆工程未完工的情况下，单方擅自撤离现场，工程被迫停止，造成其经济损失 222 万元，请求人民法院依法判令白蒲公司赔偿其经济损失 222 万元。

三、上诉及答辩情况

黑龙江省高级人民法院一审法院认为：本案争议工程开始结算后，白蒲公司即形成单方结算报告报给天马公司，天马公司未将审核意见返给白蒲公司，为此，白蒲公司曾向天马公司主张权利，并于 1997 年 12 月委托法律服务处及该处工作人员，将介绍信及写给天马公司法定代表人张亿达的信函原件交给天马公司的有关人员，说明白蒲公司在天马公司不出具工程结算审核意见的情况下，1997 年 12 月曾向天马公司主张权利，按照《中华人民共和国民法通则》的有关规定，此时诉讼时效中断，白蒲公司于 1999 年 6 月起诉未超过诉讼时效期间。天马公司关于本案已过诉讼时效的辩解不能成立。双方签订的合同是双方的真实意思表示，合同内容不违反法律法规的禁止性、强制性规定，并已实际履行，应当认定为有效。天马公司按照约定扣除了 7 项费用后，又扣除845 675.37元无事实根据，天马公司应将上述款项返还给白蒲公司。天马公司在诉讼期间已经承认塔吊的所有权属于白蒲公司，并将购置塔吊的费用计入已付的工程款中，现又主张塔吊归己的请求不能成立。天马公司法定代表人张亿达承认在开发建设另一小区时，将塔吊提供给其他施工单位使用 5、6 个月，根据有偿使用原则，应当支持白蒲公司索要塔吊使用费的请求，即由天马公司支付给白蒲公司塔吊使用费314 427元（每台班 2096.18 元×150 天）。因天马公司未提供全部代扣代缴税金的证据，未缴纳的359 029.33元应返还给白蒲公司，由其自行缴纳。经审查，天马公司提供的教化小区《维修工程决算书》无维修、返修明细，决算书日期有涂改。天马公司提供的《商品房销售合同》的《备忘录》中加盖的新建六处印章的印纹非新建公司认可的印章印纹。新建六处负责人未证实该单位1997年在教化小区承建返修、维修工程。天马公司未提供工程质监部门对教化小区的整改通知。据此，应当认定，天马公司要求扣除4 438 600元返修费的证据不足，其主张亦不能成立。双方签订的合同中没有违约金的约定，况且白蒲公司起诉之前工程款结算尚未完成，因此，白蒲公司要求天马公司支付违约金的请求不应支持，天马公司应从白蒲公司起诉之日起至工程款项付清之日止，按中国人民银行同期同类贷款利率支付利息。根据已经查明的事实，天马公司与新阳公司签订的合同是天马公司将B栋宾馆的土建未完工程以178万元的价格发包给新阳公司，天马公司和林源炼油厂副厂长王世清签订的合同约定扣除400万元，其中222万元是尚未施工的水暖、电照、内外装修工程款，不是向林源炼油厂支付的违约金。因此，天马公司针对因白蒲公司撤离工地造成B栋宾馆逾期交工而向林源炼油厂支付222万元违约金的主张所提供的证据不真实，该主张无真实根据，其反诉请求不应支持。白蒲公司未按有关规定办理跨省施工手续，宏大公司在白蒲公司施工期间作为被挂靠单位，不参与对建设项目的管理，不承担技术、经济责任，只收取管理费的行为，是扰乱建筑市场的行为，其收取白蒲公司14万元管理费，违反了《黑龙江省建筑市场管理条例》第二十三条、第二十五条规定，故应由有关建设行政主管部门对其处理。双方争议之工程在天马公司扣除7项费用后，净结总造价20 899 542.54元，天马公司已付工程款7 636 979.39元，已付材料折款8 739 846.45元，应返还白蒲公司重复扣款845 675.37元，尚欠5 368 392.07元未付。依照《中华人民共和国民法通则》第一百零六条第一款、第一百零八条、第一百一十一条之规定，判决：（一）天马公司给付白蒲公司工程款5 368 392.07元，并自1999年6月1日起至此款付清之日止按中国人民银行同期同类贷款利率支付利息；（二）天马公司给付白蒲公司塔吊使用费314 427元；（三）天马公司返还白蒲公司争议工程的税金359 029.30元，由白蒲公司自行向税务机关交纳；（四）双方的其他诉讼请求均不予支持。案件受理费104 187元，由白蒲公司负担51 260元，由天马公司负担52 927元；反诉费21 110元，由天马公司负担；诉讼保全费40 000元，由白蒲公司、天马公司各负担20 000元。

四、最高人民法院认定与判决

天马公司不服一审判决向最高人民法院提起上诉，请求撤销一审判决第

二、三、四项；确认天马公司支付的返工和维修费用为4 438 600元，并从应支付白蒲公司的工程款中扣减；白蒲公司支付其违约金 222 万元。主要理由：1. 一审判决适用法律不当。其一，天马公司未见过法律服务处的工作人员，也未收到该处的介绍信及函件，一审法院认定诉讼时效中断事实依据不足，适用法律不当。其二，按照国家及黑龙江省的有关规定，外省的施工单位的税金由建设单位代扣代缴，一审判决判令白蒲公司自缴违反法律规定。其三，王刚并未代表大庆炼化分公司与天马公司进行工程款决算，其证言不能代表大庆炼化分公司的真实意思，一审判决用王刚的证言否定大庆炼化分公司出具的证明，适用法律不当。2. 一审判决认定事实错误。其一，天马公司与新建六处约定维修、返修费用为 120 元/平方米，故双方没有制定维修、返修明细账。决算书日期的涂改，对决算书的内容没有影响，新建六处有两枚公章，新建六处负责人张国泰的证言内容是其不知道是否承建过维修工程，但并没有否认维修工程的存在，且张国泰未出庭作证，证言由白蒲公司提供，程序不合法。天马公司与白蒲公司签字认可的工程质量检查情况记录已能证明质量问题的存在，一审法院要求天马公司提供工程质检部门的整改通知没有法律依据。综上，一审判决认定天马公司要求扣除4 438 600元返修费的证据不足，与事实不符。其二，白蒲公司没有拉走塔吊是其自身原因导致，白蒲公司应对多拉走的塔吊节数予以补偿，一审判决判令天马公司支付 31 万余元使用费与事实不符，且显失公平。

白蒲公司答辩称：白蒲公司起诉之前，与天马公司的工程款结算尚未完成。因结算程序尚未履行完结，双方未形成债权债务关系，所以此案不应适用《中华人民共和国民法通则》关于诉讼时效的规定。且白蒲公司在工程竣工后一直与天马公司协商工程款的结算问题，不存在超过诉讼时效的事实。1997 年 11 月，白蒲公司聘请法律服务处的工作人员多次相约天马公司的法定代表人，在其避而不见的情况下，将有关信函留给该公司接待人员转交，表明已主张过权利。白蒲公司的起诉未超过诉讼时效。一审判决已认定天马公司提供的《商品房销售合同》所附的《备忘录》加盖的新建六处印章的印纹非新建公司认可的印章印纹，故天马公司对4 438 600元返修、回访费的主张没有事实依据。白蒲公司未拉走塔吊是由于天马公司阻挠导致，一审判决天马公司按照《黑龙江省施工机械台班费用定额》规定的标准支付塔吊使用费符合施工企业定额标准及公平原则。天马公司提供的纳税收据是其建设商品房及销售商品房必须缴纳的税金，而不是代白蒲公司缴纳的税金，一审判决白蒲公司自行缴纳税金，符合法律规定。天马公司所称的222万元违约损失是其支付给大庆炼化分公司的工程款而非违约金，大庆炼化分公司负责与天马公司进行结算的王刚的证言证明了以上事实，故天马公司要求白蒲公司赔偿222万元违约损失没有事实依据，综上，一审判决认定事实清楚，适用法律正确，请求驳回上诉，维持原判。

最高人民法院二审查明：1996年5月8日，天马公司给白蒲公司的函件中称，塔吊是天马公司付款为白蒲公司使用购买，在决算未出来前，无法确定双方的债务情况，所以天马公司认为白蒲公司对塔吊现在不宜处理。

最高人民法院二审查明的其他事实与一审法院查明的事实相同。

五、最高人民法院二审审理与认定

最高人民法院认为：白蒲公司与天马公司签订的《工程施工协议》约定，工程竣工后一个月内结清工程款。但双方在履行合同过程中，没有按照合同约定结清工程款。双方也没有对工程款的结算程序及天马公司何时履行给付工程款的义务予以约定。白蒲公司将工程决算资料提供给天马公司，是履行工程款结算的合同义务，并不表明双方已对工程款的数额形成一致意见，天马公司从此时起即应履行给付白蒲公司工程款的义务，此时没有履行付款义务就损害白蒲公司依据合同取得工程款的权利。天马公司也未向白蒲公司明确表示拒绝支付工程款。《中华人民共和国民法通则》第一百三十七条规定，诉讼时效期间从知道或者应当知道权利被侵害时起计算。在天马公司没有提供证据证明白蒲公司知道或者应当知道天马公司拒绝支付工程款，白蒲公司依据双方签订合同取得工程款的权利受到侵害的情况下，白蒲公司向人民法院请求保护的诉讼时效期间并没有开始起算，一审判决以白蒲公司提供的法律服务处的介绍信复印件及该处工作人员写给天马公司法定代表人函件的复印件认定白蒲公司请求权的诉讼时效中断，适用法律不当，但一审判决认定白蒲公司请求权没有超过诉讼时效的结果可予维持。天马公司关于白蒲公司请求权超过诉讼时效的主张没有事实依据，不予支持。天马公司提供的其与新建六处签订的《工程决算书》（教化小区维修工程）及《商品房销售合同》因形式要件的不完备，丧失真实性，不能证明天马公司支付维修、返修费用的事实。故天马公司依据上述两份证据请求确认其支付返修、维修费用4 438 600元，并从应支付工程款中扣减的主张，缺乏事实依据，不予支持。天马公司在1996年5月8日给白蒲公司的函件中称，塔吊是其公司付款为白蒲公司使用购买，在决算未出来前，无法确定双方的债务情况，所以其公司认为白蒲公司对塔吊现在不宜处理。以上证据表明白蒲公司没有拉走塔吊是天马公司阻碍导致。天马公司称塔吊没有拉走是白蒲公司自身原因导致与事实不符。天马公司在开发建设商品房过程中，将塔吊提供给施工方新建公司使用，一审法院判令天马公司支付塔吊使用费，符合公平原则。一审法院参照黑龙江省建设厅的意见，认定塔吊使用费按照一个台班 2096.18 元/日计算，符合黑龙江省建筑行业施工机械的取费标准。天马公司认为一审判决确认的塔吊使用费的计算标准不公平，但未提供相应证据，对其主张，本院不予支持。按照双方合同约定，白蒲公司的税金由天马公司代扣代缴。天马公司仅代缴税金452 465.85元，另有359 029.30元税金天马公司代扣但未缴纳。一审法院在天马公司没有完全履行代扣代缴义务的情况下，判令天马公司将未代为缴纳的税金返还白蒲公司，由白蒲公司自行缴纳，没有违反法律强制性规定，且符合本案的实际情况。天马公司认为应由其继续履行代缴义务的主张，没有法律依据，不予支持。1996 年 6 月 27 日，林源炼油厂与天马公司签订合同约定，B 栋宾馆收尾工程由林源炼油厂自行施工，从原总造价中减去 400 万元。但没有约定 400 万元中包含 222 万元违约金，合同中也没有约定违约赔偿条款。在天马公司与林源炼油厂没有就上述合同中扣减的 400 万元包含 222 万元违约金予以约定的情况下，大庆炼化分公司于 2001 年 7 月 9 日、7 月 18 日出具的证明不足以证实天马公司因 B 栋宾馆工程未完工，支付林源炼油厂 222 万元违约金。天马公司主张的白蒲公司违约给其造成 222 万元损失依据不足，不予支持。2003 年 11 月 28 日，最高人民法院依照《中华人民共和国民事诉讼法》第一百五十三条第一款第（一）项之规定，以〔2003〕民一终字第 28 号民事判决判决如下：

驳回上诉，维持原判。

二审案件受理费125 297元，由天马公司负担。

34. 当事人单方委托所作的鉴定结论效力的认定

一、案件基本事实

上诉人（原审原告、反诉被告）：中建三局。

上诉人（原审被告、反诉原告）：金博大公司。

1994年4月12日，中建三局与金博大公司签订《建筑工程施工合同》约定，中建三局承建金博大公司金博大城工程的主楼1栋、附楼3栋、裙房四层、地下室三层及与上述工程配套的室外附属工程，总建筑面积约26.6万平方米。承建范围包括全部土建工程，部分室外附属工程，部分装修工程及大部分设备安装工程。整个工程分一、二期进行。其中一期工程于1994年4月开工，1996年12月竣工。商住楼于1994年4月开工，1996年12月竣工。二期工程主楼从±0到结构封顶18个月完成，总工期36个月。承包方式为施工图预算加系数包干。工程价款结算方式为，每月按金博大公司代表确认的工程量在金博大公司代表签字确认后5天内，以支票方式支付。工程价款（包括预付备料款）付到合同价款的95%为止，在竣工验收合格后10天内，金博大公司支付余下的3.8%，另1.2%留待保修期满后7天内连同利息（利息按银行企业同期存款利率计算）一次性支付给中建三局。单项工程竣工后，中建三局应在15天内向金博大公司提出结算报告，金博大公司在接到经办银行决算审查通知单后15天内不办理结算，从第16天起支付拖欠工程款的利息，并承担违约责任。每期建设的所有单项工程经有关部门及金博大公司竣工验收，如中建三局承担的工程全部达到优良标准，工程造价上浮2%作为对中建三局的奖励和中建三局由此增加的经济支出。双方对工程质量有争议时，由质量监督站和设计单位仲裁。1995年11月29日，双方在《会议纪要》中增加了第二期工程的一部分工程。合同签订后，中建三局即按约开始施工。1997年6月30日，中建三局和金博大公司对中建三局承包范围内的金博大城已完工程进行了交工验收。双方认定已完工程的质量为优良。1997 年 12 月 10 日，中建三局和金博大公司向河南省重点建设工程质量监督中心郑州分中心提出竣工程质量等级验评申请，1997 年 12 月 24 日，河南省重点建设工程质量监督中心郑州分中心作出评定称，该工程为竣工后一次性验收，主要分部均达到优良标准，优良率＞50％，结论为优良。1997 年 11 月 10 日，中建三局就已完工程向金博大公司报送了《工程结算书》。1997 年 12 月份以后，金博大公司又追加了一部分工作内容，除此之外，合同约定应由中建三局负责完成的工程内容，因种种原因中建三局不再施工，金博大公司未对此提出异议。1998 年 12 月 1 日，中建三局就追加的工作内容又向金博大公司提交了相应的《工程结算书》〔即安装工程结算书（第二期)〕。1998 年 6 月 11 日和 2000 年 5 月 22 日，金博大公司按照合同约定，分别将有关结算书送中国建设银行郑州分行预算审查处（现为郑州建设工程投资咨询公司，以下简称咨询公司）进行审核，该咨询公司具有甲级工程造价咨询资质。咨询公司按照其与金博大公司签订的《郑州市建设工程造价咨询委托合同》的要求，会同金博大公司与中建三局共同进行结算审核。2000 年 9 月 26 日，结算全部审核完毕。1999 年 9 月 2 日、2000 年 7 月 26 日，咨询公司分别出具《金博大城安装工程决算书》《金博大城土建工程决算书》《金博大城安装工程决算书》（第二期)。确认已完工程总造价为353 946 570.53元（含金博大公司供材20 779 265.71元)，其中土建工程造价252 779 404.2元（含金博大公司供材7 918 943.49元)，安装工程（第一期）造价99 870 587.46元（含金博大公司供材14 389 922.22元)。第一期安装工程造价99 870 587.46元，金博大公司和中建三局签字认可。结算审核完毕后，咨询公司多次口头和书面通知金博大公司领取工程结算书，金博大公司因对审核结果部分有异议，始终未领取工程结算书。

双方认可金博大公司已付中建三局工程款为291 683 513.56元。中建三局应付给金博大公司水电费1 582 062.15元。

另查明：因金博大公司逾期交房，其赔偿有关购房人逾期交房违约金共1 153 804.82元，支出有关诉讼费用67 457.22元。其中经法院调解或判决的涉及 8 位购房人，违约金为831 854.82元，诉讼费用支出为48 512元；金博大公司与有关购房人就纠纷达成协议的，涉及 4 位购房人，违约金为321 950元。判决或调解中交房最后时间约定为 1996 年 8 月 31 日的涉及 3 位购房人，违约金为359 749.82元，诉讼费用支出为12 890元。交房最后时间约定为 1996 年 10 月 31 日的涉及 1 位购房人，违约金为93 955元，诉讼费用支出为 6482 元。

交房最后时间约定为1996年12月31日的涉及2位购房人，违约金为174 550元，诉讼费用支出为6550元。另有3份判决、调解书中看不出金博大公司与购房人约定的最后交房时间，此部分涉及违约金245 066元，诉讼费用支出24 390元。

又查明：1997年3月1日，河南省金博大工程监理公司出具一份《工期证明》称，合同约定竣工工期，裙房为1996年4月30日，商住楼为1996年12月31日，主楼为1996年5月15日。实际竣工工期，裙房为1996年4月30日，商住楼为1996年12月31日，主楼为1995年12月20日（±0以下）。

双方对以下问题有争议：1. 金博大公司主张以下有关款项也应计入已付工程款，中建三局对此予以否认。（1）1997年8月金博大公司偿还的材料款229 899.98元。（2）按约应由中建三局负责三栋公寓9部电梯门槛安装，现改为OTLS公司施工，金博大公司主张应从中建三局工程预算中扣除44 963.93元。（3）1997年6月16日，金博大公司支付TRANE北京办事处一公司制冷剂材料款12 000元。（4）3号楼因井道偏管所发生的电梯安装补救措施材料款8884.5元。（5）安装部分代购设备款。（6）郑州阀门厂向中建三局供应阀门折款1 669 842元。2. 金博大公司移交给中建三局的有关设备、临时设施，双方同意从应付工程款中扣除，其中无争议数额为3 340 615.2元。另有以下四部分有争议：（1）机械设备2 324 528.76元。（3）工地临时水电设施559 863.03元。（4）工地临时水电设施559 863.03元。（4）工地临时建筑1 074 667元。此四部分共折款4 314 281.29元。中建三局认为此部分款项应按10%折旧，金博大公司认为不应折旧。

就上述争议一审法院查明：1.1997年8月金博大公司支付材料款229 899.98元，相应工程材料金博大公司已及时接收。2. 有关造价不包含OTLS公司负责施工的有关工程造价。3. 金博大公司支付给TRANE北京办事处一公司制冷剂材料款12 000元及3号楼因井道偏差所发生的电梯安装补救材料款8884.5元，无中建三局签字认可。4. 代购设备款按金博大公司提供的证据，共计4 474 519.28元，少于咨询部门审定的4 587 628.2元，此项费用未计入经咨询公司审核后的工程总造价，中建三局主张金博大公司应当支付的工程欠款中也不包括此项费用。5. 郑州阀门厂向中建三局供应的阀门折款1 669 842元，中建三局认可此笔款项可计入已付工程款。6. 金博大公司移交给中建三局的有关设备、临时设施，双方有争议的部分折款4 314 281.29元，中建三局接收了此部分设备及临时设施。

二、一审法院认定与判决

2001年4月4日，中建三局诉至河南省高级人民法院称，1994年4月12日，中建三局与金博大公司签订《建设工程施工合同》约定，中建三局承建金博大公司金博大城工程的一、二期工程。1995年11月29日，双方在《会议纪要》中增加了第二期工程的一部分工程。1996年6月30日，中建三局提交金博大公司工程竣工验收报告，办理工程竣工手续。工程竣工后，金博大公司又以设计变更的形式要求中建三局增加一部分工作，中建三局同意并施工完毕。1997年12月24日，金博大城工程通过郑州市重点建设工程质量监督中心验收，评定质量等级为优良。1997年11月10日，中建三局向金博大公司报送了《工程结算书》。对于工程竣工后金博大公司追加的工作内容，中建三局又于1998年12月1日向金博大公司提交了该部分《工程结算书》。2000年5月28日，金博大公司委托咨询公司开始进行结算审查及复审，最终确定工程结算总金额为353 946 510.5元。截至1997年11月，金博大公司共支付给中建三局工程款319 492 572.58元，尚欠工程款34 453 937.92元。另，按照合同约定，如工程质量达到优良，金博大公司应支付给中建三局总造价的2%作为奖励和补偿。金博大公司应付中建三局优质工程奖励7 078 930.21元，违约利息1 528 508.95元。由于金博大公司在咨询公司的多次催促下仍不支付审计费，咨询公司拒绝对审查结果盖章。为使工程造价得以确定，中建三局代金博大公司支付10万元审计费，此项费用应由金博大公司承担。故请求判令：1. 金博大公司支付所欠工程款34 453 937.92元，支付违约金7 181 000.27元；2. 金博大公司支付优质工程奖励本金7 078 930.21元，利息1 528 508.95元，本金罚息29 963.56元。3. 支付审计费10万元。4. 全部诉讼费用由金博大公司负担。

金博大公司答辩称：首先，中建三局主张以咨询公司出具的审计报告作为本案工程造价的结算依据，不能成立。咨询公司就本案工程造价进行审查和作出的审计结论是根据金博大公司单方委托进行的。金博大公司与咨询公司订立的委托合同约定，金博大公司对咨询技术结论有异议时，直接向咨询方提出质疑并要求答复，若对其答复仍有异议，可申请河南省郑州市工程造价管理机构裁定。咨询公司就金博大公司委托的工程决算提出初审结论后，金博大公司以充分依据对其中7项项目的造价结算（涉及总价为11 729 974.79元）提出异议，但咨询公司未能给出合理说明。金博大公司亦未能进一步提请郑州市工程造价管理部门作出裁决。因此，本案工程造价尚未作出有效审定，且咨询公司将其受金博大公司委托审查的决算情况和初步审计结论擅自提供给中建三局，严重违反了双方签订的委托合同的约定。中建三局提出的这份审计结论，只能视为其单方主张，应当另行委托具有甲级工程造价咨询资质的单位对本案工程造价重新进行审定。其次，中建三局主张的优质工程奖不能成立。按照双方订立的合同，中建三局只有在其承建的所有单项全部达到优良标准时，方可主张给予工程总价2%的优质工程奖。有充分证据表明，中建三局承建的工程并没有全部达到优良，中建三局无权主张上浮工程总造价2%作为优质工程奖，还应当扣减其工程总造价的2%。再次，按合同约定，应预留工程总价的5%，作为返修施工质量问题至验收合格的费用和保修保证金。最后，中建三局接受的原承包单位留下设备、设施及临时设施，应当依照法庭确定的公正价格，从金博大公司应付工程款中扣减。

2001年6月10日，金博大公司提出反诉称：其与中建三局签订的合同约定，金博大公司承建的裙房施工工期为24个月，应于1996年4月竣工；承建的3栋商住楼施工工期为32个月，应于1996年12月竣工；并特别明确规定金博大公司承建的各项工程竣工均应达到交付使用条件，且包括与各单项工程配套的室外附属工程的竣工。由于中建三局施工力量不足，以及因施工质量问题返工等原因，导致了工期的长期延误。中建三局承建的3栋商住楼及裙楼主体结构迟至1997年6月30日才竣工，1号商住楼迟至1998年12月1日竣工，部分室外配套工程及地下二层、三层至今未进行竣工验收。中建三局承建工程系商品房性质，金博大公司已将上述商品房上市预售。因中建三局逾期竣工，致使金博大公司不能按期向购房人交房。截至2000年6月，仅经法院生效裁判在案的部分，金博大公司已经赔偿购房人逾期交房违约金就高达1 717 886.82元。为此，请求判令中建三局赔偿因其延误工期给金博大公司造成的实际损失1 717 886.82元。

中建三局辩称其没有延期交工，如果确因其延误工期给金博大公司造成损失，愿意承担责任。

三、上诉及答辩情况

一审法院认为：中建三局与金博大公司于1994年4月12日签订的《建设工程施工合同》及1995年11月29日双方形成的会议纪要，是双方当事人真实意思的表示，不违反法律、法规的强制性规定，应为有效。在1997年11

月10日，中建三局就已完工程向金博大公司报送了《工程结算书》后，金博大公司又追加了一部分工作内容，除追加的这部分工作内容之外，合同约定应由中建三局负责完成的工程内容，因种种原因中建三局不再施工，金博大公司也未对此提出异议，应视为双方事实上已对合同的内容及履行情况协议作了变更，双方事实上都同意合同不再履行。关于咨询公司出具的审计报告，金博大公司主要对以下几个方面持有异议：一是认为裙房后浇带支撑、与裙房交接处喷沙、主楼赶工费、对拉螺杆等费用计算不当；二是认为部分工程施工质量存在严重缺陷，需要返工重做，对这一部分不应按照合格工程计价；三是认为部分工程未施工完毕，不应按全部完工结算造价；四是认为对金博大公司供材计算有误。关于裙房后浇带支撑，咨询公司称双方对此有一个统一的意见，审定结论是按双方的意见定的。但经调查，此意见仅为一份工程预算书，所以不能以此为准，多计取的177 961.01元应从总造价中扣除。与裙房交接处喷沙、主楼赶工费、对拉螺杆等费用，咨询公司讲当时双方口头协商达成了一致意见，审定意见只是确认了双方口头协商的结果，但金博大公司对此予以否认，且无其他证据证明确实存在这一口头协议，此三项费用不予认定。部分工程质量如存在严重缺陷，如需返工重做，双方可另行协商解决，但不影响工程造价。金博大公司认为部分工程未施工完毕，但审定意见按已全部完工结算了造价，金博大公司未能就此提供相应的证据予以证明，该主张不予支持。关于金博大公司供材，金博大公司提供的所谓中建三局领料手续，很多都是白条，不能作为证据使用，金博大公司供材应以审定结论为准。总之，审定意见是在三方共同参与的情况下做出的，咨询公司和金博大公司、中建三局均无利害关系，审定意见已经双方多次质证，咨询公司对金博大公司提出的异议也已作了合理说明，所以审定意见基本可以作为证据采信。关于诉讼中双方争议的几个问题：第一，1997年8月金博大公司偿还材料款229 899.98元，因相应工程材料金博大公司已及时接收，所以不应计入已付工程款。第二，有关造价只是中建三局已完工程造价，故有关工程虽由OTLS公司施工，但不应从应付工程款中扣除44 963.93元。第三，金博大公司支付给TRANE北京办事处 公司制冷剂材料款12 000元，及3号楼井道偏差所发生的电梯安装补救材料款8884.5元，未经中建三局签字认可，不应从应付工程款中扣除。第四，代购设备款按金博大公司提供的证据，共计4 474 519.28元，咨询部门审定的金额为4 587 628.2元，咨询部门结果大于金博大公司提供证据所能证明的金额，此项费用未计入经咨询公司审核后的工程总造价，中建三局主张金博大公司应当支付的工程欠款中也不包括此项费用，故此项不应计入已付工程款。第五，郑州阀门厂向中建三局供应的阀门折款1 669 842元，中建三局认可此笔款项可计入已付工程款，故可从金博大公司应付工程款中扣除1 669 842元。第六，金博大公司移交给中建三局的有关设备、临时设施，双方有争议的部分折款4 314 281.29元，在交接记录上这部分设备及临时设施虽表明有损坏，但中建三局事实上接收了此部分设备及临时设施，故其要求按10%折旧的主张不予支持。据此，金博大公司应支付中建三局已完工程欠款26 097 381.46元（即已完工程总造价353 946 570.53元，扣除双方无争议的金博大公司已付中建三局工程款291 683 513.56元，金博大公司供材20 779 265.71元，中建三局应付给金博大公司水电费1 582 062.15元，裙房后浇带支撑费用177 961.01元，与裙房交接处喷沙费用1 067 254.15元，主楼赶工费569 200元，对拉螺杆费用2 665 194元，郑州阀门厂向中建三局供应的阀门折款1 669 842元，金博大公司移交给中建三局的有关设备、临时设施折款7 654 896.49元），并按约定支付相应的利息。金博大城工程已实际交付使用多年，早已超过保修期，金博大公司要求扣减保修金的主张不能成立。因双方事实上已对合同的内容及履行情况协议作了变更，金博大公司并无违约之处，中建三局要求金博大公司承担违约责任的主张不予支持。关于金博大公司应否向中建三局支付优质工程奖及如何支付问题，中建三局提供的证据证明已完工程质量确经双方认可的质量监督部门评定为优良，双方合同中约定的虽然是每期建设的所有单项工程经有关部门及金博大公司竣工验收，如中建三局承担的工程全部达到优良标准，工程造价上浮2%作为对中建三局的奖励和中建三局由此增加的经济支出，但除追加的部分工作内容之外，按约应由中建三局负责完成的其他工程内容，金博大公司事实上同意中建三局不再施工，故金博大公司应按已完工程造价（扣除金博大公司供材）的2%，支付给中建三局优质工程奖。金博大公司主张中建三局不应计算优质工程奖的理由不成立，不予支持。1997年12月以后追加的工作内容，因不在1997年12月24日河南省重点建设工程质量监督中心郑州分中心进行质量评定的范围之内，中建三局也没有证据证明此部分工作内容也为优良，该部分工作内容不应计取优质工程奖。金博大公司主张中建三局承建的有关工程存在质量问题，但并未举出相应证据予以证明，其主张不予支持。金博大公司应支付给中建三局的优质工程奖的具体数额为6 517 230.34元〔即经咨询公司审核后的土建工程造价252 779 404.2元，加上安装工程（第一期）造价99 870 587.46元，扣除土建工程金博大公司供材7 918 943.49元，安装工程（第一期）金博大公司供材14 389 922.22元，裙房后浇带支撑费用177 961.01元，与裙房交接处喷沙费用1 067 254.15元，主楼赶工费569 200元，对拉螺杆费用2 665 194元，剩余后的已完工程总造价的2%〕。双方没有约定优质工程奖要计息，中建三局要求优质工程奖计息的主张不予支持。咨询公司的审价是依咨询公司与金博大公司签订的咨询合同进行的，中建三局在诉讼中也将审核结果作为金博大公司应当支付拖欠工程款的证据使用，此审价相当于工程造价鉴定，故审价费10万元，双方可各负担一半。关于金博大公司的反诉，监理公司已证明有关工程的实际竣工时间符合合同的约定，且依据金博大公司提供的证据能够确定最后交房时间的，金博大公司与有关购房户签订的有关《房屋购销合同》中约定的最后交房时间有的在《建筑工程施工合同》约定的单项工程竣工之前，或为单项工程竣工之日，故金博大公司逾期交房和中建三局无关，金博大公司要求中建三局赔偿因延误工期给金博大公司造成的实际损失证据不力。金博大公司请求中建三局赔偿其依照与有关购房人通过非诉讼程序达成和解协议支付的有关违约金等，没有法律依据。金博大公司的反诉请求不予支持。根据《中华人民共和国合同法》第六十条、第二百七十九条、《中华人民共和国民事诉讼法》第六十四条的规定，判决：（一）金博大公司于判决生效后15日内向中建三局支付工程欠款26 097 381.46元，并按约定支付相应的利息（利息起算期间自2001年4月4日起诉始，至判决确定的履行期限届满止，利率按银行企业同期存款利率计算）；（二）金博大公司于判决生效后15日内向中建三局支付优质工程奖6 517 230.34元；（三）金博大公司于判决生效后15日内向中建三局支付审价费50 000元。（四）驳回中建三局的其他诉讼请求；（五）驳回金博大公司的反诉请求。一审本诉案件受理费261 722元，财产保全费200 520元，共计462 242元，由金博大公司负担277 345元，中建三局负担184 897元；反诉案件受理费13 600元，由金博大公司负担。

四、最高人民法院认定与判决

中建三局、金博大公司均对一审判决不服，向最高人民法院提起上诉。中建三局上诉请求，判决金博大公司支付违约金718万元，支付裙房后浇带支撑、与裙房交接处喷沙、主楼赶工费、对拉螺杆工程费2 081 000元，支付金博大公司供材和争议工程费的优质工程奖励487 800元。优质工程奖励的欠款利息1 528 500元。主要理由：中建三局起诉请求金博大公司支付违约金718万元，一审判决未予支持；金博大公司对实际发生的裙房后浇带支撑、与裙房交接处喷沙、主楼赶工费、对接螺杆工程费的数额有异议，但未否定上述工程的存在，一审判决对上述工程费全部不予支持不当。按照双方签订的合同约定，工程达到优良后，金博大公司将工程造价上浮2%作为奖励。一审判决将金博大公司供材扣除不计奖励违反双方合同约定。中建三局要求金博大公司支付优质工程奖的违约金，并非优质工程奖的利息。一审判决认定合同中没有约定优质工程奖的利息故而驳回中建三局的诉讼请求，与中建三局的诉讼请求不符。

金博大公司上诉请求，撤销一审判决第一项、第二项，申请二审法院委托有资质的造价审定机构，对本案纠纷涉及的工程造价进行审计。主要理由：中建三局以侵权手段获得咨询公司出具的工程结算书，一审法院予以采信，显失公平；中建三局交付的工程存在大量质量问题需要修改，咨询公司却按照合格工程审计中建三局工程款；中建三局并未将工程全部完工，咨询公司却按照中建三局全部完工审计工程款，且将金博大公司供材少计274万元。咨询公司出具的审计报告因存在上述问题，不能作为本案认定工程款的依据，申请二审法院对本案所涉工程款的数额委托专业部门审计。合同约定中建三局承建的工程全部达到优良标准时，才有权主张全部工程造价2%的优质工程奖。中建三局并未完成全部工程，且已完工程有部分存在质量问题，未达到优良。双方在1997年12月16日《关于金博大城一期工程竣工验收有关问题的协议》称，中建三局认可其施工质量并非优良，承诺不得依其获得的优良等级评定向金博大公司主张优质工程奖。一审法院判令金博大公司支付中建三局优质工程奖没有事实依据，且与双方约定不符。

中建三局、金博大公司均未另行作书面答辩。

最高人民法院二审查明的事实与一审法院查明的事实相同。

五、最高人民法院二审审理与认定

最高人民法院认为：（一）关于咨询公司的审计结论可否作为本案的定案依据问题。咨询公司是具有甲级工程造价咨询资质的审计鉴定单位，其依据与金博大公司签订的《郑州市造价咨询委托合同》，运用专业技术，在中建三局与金博大公司认可的工程量签单及实际存在的工程量基础上，对中建三局承建的金博大城工程决算进行审计并出具《金博大城安装工程决算书》《金博大城土建工程决算书》《金博大城安装工程决算书》（第二期）三份审计报告。一审法院在金博大公司没有提供充分的证据足以反驳上述审计结论的情况下，采信上述审计结论并作为本案的定案依据，符合法律规定。金博大公司与咨询公司签订《郑州市造价咨询委托合同》，是履行其与中建三局签订的《建筑工程施工合同》约定的义务。上述委托合同签订后，中建三局及金博大公司均参与咨询公司的工程决算审计工作。以上事实表明虽然咨询公司的审计报告是依据金博大公司单方委托出具，但体现了金博大公司与中建三局双方的意思表示，中建三局代金博大公司支付咨询费，取得咨询公司出具的审计报告，作为其主张金博大公司支付工程款的依据，并没有违反法律禁止性规定，取得审计报告的程序并无不当。金博大公司认为中建三局取得审计报告的方法侵权，没有法律依据。金博大公司对审计报告的部分内容有异议，可以提出证据和理由要求人民法院审查更正，但金博大公司否认审计报告的证据效力，证据不足，申请对本案所涉工程造价委托审计，理由不成立，不予支持。（二）关于金博大公司对审计报告提出的三项异议：1. 部分工程未完工，审计报告却按照全部完工计收工程款。2. 审计报告对金博大公司供材计算有误，少计其供材量 247 万元。金博大公司对其提出的第一项异议，没有提供证据予以证明。金博大公司对其提出的第二项异议，提供其单方作出的中建三局一公司《领用材料明细》，该明细上没有双方的签字认可，无法证实审计结论少计其供材量 247 万元的主张。对金博大公司提出的上述异议，不予支持。3. 审计报告对裙房后浇带支撑、与裙房交接处喷沙以及对拉螺杆等三项费用重复计费。审计报告计收主楼赶工费，与合同规定的工期奖罚办法相矛盾。本案查明的事实是，裙房后浇带支撑、与裙房交接处喷沙、对拉螺杆工程三项工程费用，在双方合同约定的工程量之外实际发生，双方对此均予以认可。根据合同履行的实际情况，金博大公司应支付上述三项费用。一审法院以双方对上述工程量没有明确协议约定为由，驳回中建三局要求支付上述三项费用的主张，违反公平原则，应予纠正。金博大公司主张裙房后浇带支撑、与裙房交接处喷沙、对拉螺杆工程费属于特殊工程技术措施施工费，但没有提供证据予以证明，故其关于审计报告对上述三项费用重复计算的理由，不予采纳。中建三局主张金博大公司应支付其裙房后浇带支撑、与裙房交接处喷沙、对拉螺杆工程费、主楼赶工费共计2 081 000元，其中主楼赶工费为569 200元。鉴于双方合同中约定了工程的竣工时间，中建三局赶工是保证按期完工，故其要求金博大公司支付主楼赶工费没有合同依据及法律依据，本院不予支持。金博大公司应支付中建三局裙房后浇带支撑、与裙房交接处喷沙、对拉螺杆工程费为2 081 000元－569 200元＝1 511 800元。(三) 关于金博大公司是否违约及应支付 718 万元违约金问题。中建三局主张金博大公司在其提交工程结算报告后，拒不履行工程结算及付款义务，金博大公司应按照合同约定，从其提供结算报告后 15 天起，即从 1997 年 11 月 26 日起支付违约金 718 万元。但中建三局没有就其主张提供证据证明金博大公司在其提交结算报告后拒不履行付款义务或者拒绝履行结算义务的事实。其认为金博大公司应支付 718 万元违约金的主张，依据不足，不予支持。(四) 关于金博大公司是否应支付中建三局优质工程奖问题。按照双方合同约定，中建三局承担的全部工程达到优良标准，工程造价上浮 2%作为对中建三局的奖励和中建三局由此增加的经济支出。但中建三局并没有完成合同约定的全部工程，不具备取得优质工程奖的前提条件。金博大公司同意中建三局对于未完工程不再继续施工，并不表明金博大公司在中建三局没有完成全部工程的情况下，变更合同约定的中建三局取得优质工程奖的前提条件，仍然按照合同约定支付中建三局优质工程奖。一审法院以按约应由中建三局负责完成的其他工作内容，金博大公司事实上同意中建三局不再施工，故金博大公司应按已完工程造价的 2%支付中建三局优质工程奖，没有事实依据和法律依据，应予纠正。中建三局主张金博大公司的供材应作为工程奖的计算基数及金博大公司应支付工程奖的利息，不予支持。2003 年 12 月 11 日，最高人民法院依照《中华人民共和国民法通则》第四条、《中华人民共和国民事诉讼法》第六十条、第一百五十三条第一款第（三）项以及最高人民法院《关于民事诉讼证据的若干规定》第二条之规定，以〔2003〕民一终字第 61 号民事判决判决如下：

（一）维持一审判决第三项、第四项、第五项；

（二）变更一审判决第一项为：金博大公司于判决生效后 15 日内向中建三局支付工程欠款27 609 181.46元及利息（利息自 2001 年 4 月 4 日起至本判决确定的履行期限届满止，按照中国人民银行企业同期存款利率计算）；

（三）撤销一审判决第二项。

一审案件受理费、财产保全费按照一审判决执行；二审案件受理费275 322元，由中建三局负担192 725.4元，金博大公司负担82 596.6元。

35. 对有缺陷的鉴定结论经补正后可以作为定案依据

一、案件基本事实

上诉人（原审原告、反诉被告）：石油分行。

上诉人（原审被告、反诉原告）：康源公司。

被上诉人（原审被告）：潘聪。

1995 年，石油分行与康源公司签订室内装饰设计委托书，约定石油分行委托康源公司对建行大厦进行装饰工程设计，设计费为 50 万元。石油分行预付了设计费 40 万元。1996 年 1 月 6 日至 7 日，石油分行与康源公司研究建行大厦装饰工程所用材料、价格和装潢设计问题，确定按康源公司的设计方案施工。1996 年 1 月 29 日，双方就建行大厦装饰工程的用材量、单价确定了清单，并在该清单中明确了建行大厦大门四根柱子每根包干价250 000元，柱子直径 1200 毫米，每一个圆周分 6 件。1996 年 1 月 30 日，双方签订《装饰材料销售合同备忘录》约定，由康源公司尽快办理有关进疆施工手续，并按照双方审定的装潢施工图编制工程预算；原则上由康源公司以包工包料的方式进行施工，原石油分行已购买的材料款也同时转为支付给康源公司的工程款，未付的款项按施工合同中的付款方式支付。1996 年 5 月 9 日，石油分行与康源公司签订《建设施工合同》约定，由石油分行将建行大厦装饰工程交由康源公司施工，除明确了施工范围外，还约定工程于 1996 年 5 月 20 日开工，1996 年 9 月 20 日竣工，质量为合格以上，合同价款 400 万元。次日，双方又签订备忘录约定，工程价款订为 1000 万元。由于石油分行没有提供堆放材料的场所，且建行大厦的土建工程尚未竣工，导致装饰工程开工时间延误，造成施工人员窝工。1997 年 5 月 20 日，康源公司向石油分行委托的工程监理公司函告称，由于石油分行在 1997 年春节后，不能按工程进度支付工程款，工程无法正常施工，故决定暂停施工。1998 年 2 月 16 日，经双方协商达成新的协议约定，康源公司的预算人员务必于1998年2月底前赶回克拉玛依市，会同石油分行和有关部门对工程造价进行审计，否则石油分行可以单方进行；双方商定人工工资每日按35元计算，材料以康源公司买材料时的正式发票为依据，没有正式发票的按国家有关政策办理。该合同签订后，康源公司组织人员于1998年春节后进入工地现场。由于消防系统同时施工等原因，工地现场管理混乱，且石油分行仍不能按进度给付工程款，对康源公司的施工项目不予签证，使装饰工程不能正常进行。1998年6月2日石油分行发出书面通知，责令工地各施工队伍全部撤离工地。之后，康源公司的施工队伍再未进入工地施工。1998年6月13日和6月20日，康源公司、石油分行以及工程监理单位石油管理局工程建设监理公司和质量检测部门建设工程质量监督站对康源公司已实际完成的工程项目进行了统计。

另查明：一审法院于1999年5月4日委托建设工程造价咨询事务所（以下简称鉴定机构）对该工程进行造价鉴定。2000年9月11日，鉴定机构出具工程造价的最终结论。该结论称：按照集体二级施工资质取费标准计算，该工程总造价为24 291 568.05元；按照全民三级施工资质取费标准计算，该工程总造价为24 963 328.72元；对康源公司的施工资质由法院确认后，按确认的资质依据以上计算结论认定工程造价。此外，在所计算的造价之外，还有流动施工津贴及冬季施工费的取费问题双方有争议，需经双方当事人举证后由法院确认。其中流动施工津贴经计算应为151 027.37元，冬季施工费为139 331.12元。该工程超高费计算为1 434 250.79元。双方认可石油分行已实际支付工程款21 765 350元。

又查明：康源公司所完成的装饰工程项目中，有部分项目是江苏省南通市第三建筑安装工程公司第五分公司（以下简称南通公司）承建并已结算，且在康源公司施工中石油分行为其垫付了一部分电器材料。康源公司亦承认以上事实，但要求提供已结算和垫付材料的有效证据，予以扣减。石油分行未能提供以上证据。经协商，双方同意在本案执行中依据石油分行提供的有效证据予以冲减。

再查明：康源公司交由石油分行基建办工作人员签收的误工单，误工工日合计为7458日，除此以外的误工没有证据证实。夜间施工有石油分行主管基建的副行长和工地代表证实，为了赶工期夜间施工事实存在，康源公司报给石油分行的夜间施工工日，石油分行不予签证，根据康源公司的记载统计为5190个工日。原合同对柱子的石材厚度没有约定，但明确每一个圆周分6

件。后由于石油分行要求将 6 件改为 4 件，使每件的长度增大，根据施工要求长度增大厚度也须增加方能保证质量。监理公司的隐蔽工程记录载明，6 改 4 用料和损耗都有增加，情况属实。因设计变更，用料增加的价值经核算为345 734.40元。康源公司撤离施工现场遗留于工地的材料已由石油分行使用，根据清单双方认可所遗留的材料价值为65 547元。康源公司根据石油分行的要求，为石油分行制行了 68 套家具，双方虽没有书面合同，但口头约定由康源公司为建行大厦客房制作 68 套家具，每套价值 8500～9000 元。石油分行工地代表证实，康源公司制作的 68 套家具由其清点后搬入了客房部。

石油分行于 1998 年 7 月 2 日向一审法院提起诉讼，要求解除双方签订的合同，康源公司返还多付的工程款10 505 216.19元，并要求潘聪承担相应民事责任。2000 年 2 月 22 日，康源公司提出反诉称，合同约定的价款和备忘录的修订价款均不是双方的真实意思表示，应根据已完工程量进行造价结算。石油分行已累计欠工程款7 650 000元。由于石油分行的违约行为，导致部分已完工程被损坏，以及遗留于现场的材料损失500 000元；石油分行要求进行夜间施工，导致误工和夜间施工的经济损失625 100元，其他因石油分行违约给康源公司造成的经济损失合计4 259 351.26元。因变更设计，使建行大厦门面柱子用料增加600 000元，康源公司为石油分行制作的 68 套家具的款项和尚欠的装饰工程设计费 10 万元，上述款项及费用应判令石油分行承担。

二、一审法院认定与判决

一审法院经审理认为：经双方长期协商订立的装饰工程施工合同，是双方真实意思表示，其内容不违背法律，应属有效合同，双方均应按合同约定全面履行各自的义务。由于诸多原因使合同不能正常履行，双方均有过错。合同已终止履行，双方应根据康源公司实际完成的工程量和石油分行已实际支付工程款情况，据实结算。石油分行在没有康源公司人员参加和单方委托建行系统的审价部门进行审价，其结论不能认定。该院委托鉴定机构作出的鉴定结论，经双方多次质证应予以确认。康源公司经广东省深圳市建设局审核的装饰资质是二级，进疆施工经新疆维吾尔自治区建设厅审核降为三级。因新疆维吾尔自治区计委和建设厅在 1993 年和 1997 年均有文件规定，凡进疆施工的外省区施工单位，不论其原性质如何，一律按集体性质对待，故确定按康源公司原资质等级以集体二级计算工程造价为24 291 568.05元。对有争议的283 713.99元工程量造价，经质证确认其中80 265元应计入工程造价内。根据有关规定，流动施工津贴及冬季施工费应计入工程造价内。除去已支付款项，石油分行尚欠康源公司工程款2 896 841.54元。石油分行起诉请求康源公司返还多支付的工程款10 505 216.19元，没有事实根据，予以驳回。石油分行所欠康源公司的工程款应予给付。对石油分行主张应从工程造价中扣除南通公司施工部分的价款及为康源公司垫付材料价款，双方均同意在执行中根据石油分行提供的证据金额予以冲减，予以支持。康源公司的误工损失和夜间施工损失的产生，是由于石油分行土建工程交付装饰施工不及时，以及要求康源公司夜间施工所致，石油分行应承担赔偿责任。康源公司将误工签单交由石油分行工作人员签收后，石油分行应签署是否认可的意见但未签署，应视为认可。对于夜间施工工日，夜间施工事实存在，但没有夜间施工的签证证实，属于双方管理上的失误。根据康源公司统计数据和夜间施工的事实，双方各自负担一半的经济损失。根据双方约定的每工日 35 元计算，误工损失和夜间施工损失合计为351 855元，由石油分行予以赔偿。其他误工损失，康源公司没有提供相应的证据支持其主张，予以驳回。对于材料倒运的损失问题，石油分行按约提供了材料的堆放场所，其远近在合同中没有明确，在实际堆放中，康源公司也未提出异议，应视为认可，材料的保管和运输是康源公司自身的职责，康源公司要求石油分行承担材料损失的理由不能成立，予以驳回。康源公司根据石油分行的设计变更，加大了四根柱子的用料，与施工记录相符，其用料的增加值345 734.40元应由石油分行予以补偿。康源公司撤离施工现场所遗留的材料，已由石油分行使用，其材料价值65 547元，应由石油分行补偿。康源公司制作的家具虽没有书面合同，但有当时双方负责人的口头约定，且已交付石油分行使用，故应按双方口头约定的底价每套 8500 元计算，由石油分行向康源公司支付制作家具的价款578 000元。石油分行要求按目前清点的家具数量给付价款没有依据，予以驳回。双方对装饰工程的设计费已有明确约定，石油分行已支付 40 万元，尚欠的 10 万元设计费应当继续支付。潘聪受康源公司的委派，作为该装饰工程的负责人，实施工程的管理行为所产生的法律后果，应由康源公司承担，石油分行起诉潘聪个人不当，应予驳回。据此判决：（一）驳回石油分行要求康源公司返还多付的工程款10 505 216.19元的诉讼请求；（二）石油分行给付康源公司装饰工程欠款2 896 841.54元；（三）石油分行赔偿康源公司误工和夜间施工的经济损失351 855元；（四）石油分行补偿康源公司因设计变更增加用料的经济损失345 734.40元；（五）石油分行补偿康源公司剩余材料的价值65 547

元；（六）石油分行支付康源公司制作家具的价款578 000元；（七）石油分行支付康源公司装饰工程设计费 10 万元；（八）驳回石油分行对潘聪的起诉。本诉案件受理费62 536.08元，诉讼保全费30 520元，由石油分行负担；反诉案件受理费69 556.76元，由石油分行负担25 336.03元，由康源公司负担44 220.73元；鉴定费175 000元，由康源公司负担87 500元，由石油分行负担87 500元。

三、上诉及答辩情况

石油分行及康源公司均不服一审判决，向最高人民法院提起上诉。

石油分行上诉称：鉴定结论缺乏事实依据，程序不规范，鉴定材料未经质证，工程量计算错误多达 480 余处，重复计算工程量，虚列工程项目，工程计价依据不真实，套用定额错误，缺乏工程材质认定依据，随意计取费用，使工程造价增大，请求重新对工程造价进行鉴定。石油分行已与南通公司就部分工程进行结算，该部分工程造价不应计入工程总造价，石油分行提供了部分建筑材料，其款项应在造价中予以扣除。康源公司应认定为集体三级资质企业，不应认定为集体二级企业。石油分行与康源公司签订的合同不是双方真实意思表示，康源公司超越资质等级承接工程，违反法律规定，应认定为无效。一审中证人证言缺乏合法性，不应采信。原判认定石油分行承担康源公司的误工及夜间施工的损失、因设计变更而增加用料的损失、支付制作家具的款项及康源公司设计费，没有事实依据。潘聪应承担相应的民事责任。

康源公司上诉称：一审法院确定康源公司为集体二级施工资质，缺乏法律依据。且新疆维吾尔自治区计委及建设厅文件规定，仅针对建筑安装企业而言的降级取费，不是对装饰装修企业的规定。补充协议中关于按照每工日 35 元计算损失，违反公平原则，应为无效。一审法院认定双方同意就南通公司所施工内容在执行过程中根据有效证据冲减，没有事实依据。请求依法改判。

四、最高人民法院认定与判决

最高人民法院经审理认为：石油分行与康源公司签订的装饰设计委托书、建设施工合同及备忘录，是双方当事人真实意思表示，合同内容不违反法律规定，应认定为有效。由于双方在履行合同中均有违约行为，导致合同已终止履行。双方应依据实际完成的工作量及工程款支付情况，据实进行结算。

一审法院委托鉴定机构对该工程进行造价鉴定，该鉴定机构资质合格，鉴定程序合法，石油分行请求重新对工程造价进行鉴定，理据不足，本院不予支持。但该鉴定结论中关于冬季施工费、流动施工津贴及超高费的计算，因双方当事人在合同中没有明确约定，且鉴定机构向一审法院提交鉴定报告时指出，流动施工津贴及冬季施工费需举证后，由法院予以确定。上述项目的取费是当事人约定以外的间接费，参照有关主管部门的意见及装饰行业惯例，没有双方明确约定的取费项目，不应进入工程造价之中，故一审法院将流动施工津贴139 331.12元、冬季施工费151 027.37元及超高费1 434 250.79元计入工程总造价之中，依据不足，应予纠正。在本院主持下，对鉴定机构作出的鉴定结论进行了补充质证和答疑，该鉴定机构经核对，确认计算错误共计35.71万元，上述款项应在总工程款中予以扣除。石油分行已付工程款21 765 350元，尚欠的815 132.26元应支付康源公司。一审法院认定误工和夜间施工费损失的产生是由于石油分行土建工程交付装饰施工不及时，以及石油分行要求康源公司夜间施工所致，石油分行应承担相应赔偿责任；康源公司将误工签单交由石油分行工作人员签收后，石油分行应签署是否认可的意见但未签署，应视为认可；夜间施工事实存在但没有双方签证证实，属双方管理上的失误，根据康源公司统计数据及夜间施工的事实，该项费用由双方各负担一半经济损失，适用法律并无不妥。双方当事人对制作家具虽未签订书面合同，但却口头约定了家具的制作数量及价款，康源公司亦实际制作家具并交付石油分行使用，一审法院以双方口头约定的最低价格计算该项费用，亦无不妥，石油分行要求按目前清点的家具数字支付价款，依据不足，不予支持。康源公司根据石油分行的要求进行设计变更，加大了建行大厦门面四根柱子的用料，与施工记录相符，其用料的增加值应由石油分行补偿。关于工程的设计费用，双方当事人已有明确合同约定，石油分行已支付40万元，所欠的10万元应由石油分行支付给康源公司。潘聪虽是康源公司的法定代表人和装饰工程的负责人，但不是签订和履行装饰合同的主体，其行为的法律后果应由康源公司承担，一审法院驳回石油分行对潘聪个人的起诉，并无不当，应予维持。康源公司认为，补充协议中约定按照每工日35元计算损失，不是其真实意思表示，违反公平原则，该协议应为无效。经审查，按照上述标准计算损失，是双方当事人签订书面合同加以认可的，康源公司主张该约定无效，依据不足，不予支持。康源公司系国家二级装饰资质企业，一审法院结合国家及新疆维吾尔自治区当地的具体规定，确认按照集体二级标准计算工程费用，并无不当。综上，依据《中华人民共和国民事诉讼法》第一百五十三条第一款第（二）项之规定，最高人民法院于2001年12月30日，以〔2001〕民一终字第33号民事判决判决如下：

一、维持一审判决第一、三、四、五、六、七、八项；

二、变更一审判决第二项为：石油分行支付康源公司装饰工程欠款815 132.26元。

三、上述判项应于本判决生效后三十日内履行完毕，逾期履行按《民事诉讼法》第二百三十二条规定执行。

一审本诉案件受理费、反诉案件受理费、鉴定费，按一审判决执行；二审案件受理费132 092.84元，由石油分行负担79 255.70元，由康源公司负担52 837.14元；鉴定费27 640元，由石油分行负担13 820元，由康源公司负担13 820元。

36. 审计材料未经质证，二审质证弥补程序不足

一、案件基本事实

上诉人（原审被告、反诉原告）：工行朔州分行

被上诉人（原审原告、反诉被告）：山西四建

1994年8月20日，山西四建经招投标取得工行朔州分行办公大楼的承包建设权。中标通知书记载：中标工程为工行朔州分行营业办公大楼建设面积为8488平方米，结构和楼层为12层，总价为970万元，开、竣工时间为1994年9月1日至1996年10月1日，工程质量为省优。1994年8月30日，中国工商银行朔州市支行（以下简称工行朔州支行，1998年改称工行朔州分行）与山西省第四建筑工程公司直属分公司（以下简称山西四建直属分公司）签订《建设工程施工合同》，包括《建设工程施工合同条件》（以下简称《合同条件》）、《建设工程施工合同协议条款》（以下简称《协议条款》）和《〈合同条件〉和〈协议条款〉的使用说明》（以下简称《使用说明》）及《朔州市工商银行办公大楼补充条款》。约定：由山西四建直属分公司承建工行朔州支行营业办公楼及室外配套工程，开工时间为1994年9月1日，竣工时间为1996年10月1日。合同价款按预算加签证相应的取费标准及上级有关调整调差办法计取。工程款按月进度（当月25日前）支付，工行朔州支行不按时付款的利率按银行贷款利率（两个月内不计息）计息。合同生效日期为1994年9月1日。《合同条件》第36条约定：工程分包。乙方（工程承包建设方、山西四建直属分公司）可按投标书和协议条款约定分包部分工程。乙方与分包单位签订分包合同后，将副本送甲方（工程发包方、工行朔州支行）代表。分包合同与本合同发生抵触的，以本合同为准。分包合同不能解除乙方任何义务和责任。乙方应在分包场地派驻相应的监督管理人员，保证合同的履行。分包单位的任何违约或疏忽，均视为乙方的违约或疏忽。除协议条款另有约

定，分包工程价款由乙方与分包单位结算。在《使用说明》记明：《合同条款》和《协议条款》是双方统一意愿的体现，成为合同文件的组成部分。还约定：乙方（工程承包方）不能将工程转包或出让，如按《合同条件》第36条进行分包，应在合同签订前提出并征得甲方（工程发包方）同意。1994年8月30日，工行朔州支行与山西四建直属分公司签订《朔州市工商银行办公大楼工程补充条款》（以下简称《补充条款》）约定：乙方（工程承包方）承包工程不能以任何借口转包，所有工程材料须经甲方（工程发包方）在质量、价格上认可后方可采购，甲方预付乙方的备料款和拨付的进度款，乙方必须专款专用，在施工过程中工程款如暂时不能到位，乙方同意在200万元之内垫付。主楼工程如达到省优另行奖励工程总价的3%，各项工程如期竣工奖励乙方50万元，如不按期竣工赔偿甲方30万元。乙方同意不计取远地施工增加费、机构调迁费。乙方同意取费由甲类降至乙类，凡属装潢材料、附属机电设备一律由甲方自行购买。上述合同签订后，山西四建直属分公司组织人员开始施工，在施工过程中图纸变更、工程量增大，到1997年8月25日已完成的工程量19 929 218元。

1997年3月、4月间，工行朔州支行、山西四建直属分公司分别与山西艺华装饰工程有限公司（以下简称艺华公司）等七家装饰装修单位签订以包工包料方式装修工行朔州支行办公楼楼面为主要内容的《朔州市工行营业办公楼分包协议书》。1997年9月24日，工行朔州支行又与七家装饰装修单位的代表艺华公司签订了《朔州市营业办公楼装潢工程承包合同书》约定：以包工包料方式完成工行朔州支行营业大楼装修工程，承包内容包括营业厅、门厅、会议室、客房、食堂、电梯间、门套及普间地砖铺贴的综合装潢。1997年10月底交工。质量要达到省优。由于工程项目较多，为统一协商、统一指挥各施工单位，在开工前必须把施工图、工程进度表交给甲方（发包方）审定。所有装潢工程控制在每平方米2000元以内，音像设备、艺术作品、室外安全设备等110万元，装潢总面积总计3150平方米，总金额为630万元。开工前，甲方先付40%的工程款，工程超半后，再付进度款40%，工程验收合格后，扣除5%质保金外，其余款项一次性结清。甲方要求乙方必须按照施工图完成所属工作量，并按施工规范保证质量。若不能按期完工，甲方有权扣除工程总造价额3%～5%的费用。同日，双方还签订《合同补充条款》，约定了七家装修公司各自承接装修范围，还约定：工程结算由工行朔州支行与各分包单位单独进行。山西四建不承担各分包单位的税收责任，不承担各分包单位进入朔州市所需向城建、规划、质检、劳动及消防等部门交纳的各项费用，不承担各分包单位在完工后所发生的一切质量问题。1997 年 12 月 25 日，朔州市公证处对该份合同予以公证。1997 年 8 月 25 日，工行朔州支行办公楼工程竣工，竣工报告上山西四建及山西四建直属分公司加盖了公章。

1997 年 12 月 25 日，朔州市审计事务所作出《关于对工商银行朔州市支行新建营业办公用房基建工程竣工决算的审计报告》，报告称：工行朔州支行营业大楼经朔州市建委质检部门验收合格已交付使用。建设工程投资情况为：建安工程费为26 749 941元，这一部分投资审计报告所作的说明为营业大楼装潢是建设单位与艺华公司通过承包合同以平方米包干、包工包料的形式完成的，一次核定为 740 万元。另外，根据合同约定建安工程的主承包单位山西四建直属分公司向分包装潢单位收取了交叉协调配合费等 37 万元、设备购置安装费2 567 303元、其他费用1 781 649元、固定资产投资方向调节税累计 100 万元。以上四项共计32 098 893元。1998 年 1 月 13 日，工行朔州支行与山西四建直属分公司、朔州市审计事务所就有关工程审计结算动态项目及未尽事宜召开协调会。《会议纪要》确定：工行朔州支行在审计已确定安装工程配合费 37 万元的基础上，再按工程总造价 740 万元的 2%加付乙方（承包方）水电费、建管费和劳务费等费用，共计 14.8 万元。另外，工行朔州支行按工程总额 256.7 万元的 3%付给山西四建直属分公司防火门、消防设施等有关配电工程配合费 7.7 万元。原审计签证变更单上所涉及的资料不详，核减 72.9 万元。经双方议定，由山西四建直属分公司提供充足翔实的依据，工行朔州支行可认定 30 万元以上，并由审计部门认可。双方对图纸及签证变更单的严格审计，经这次会议研究后，以此为据。以上有关工程款，按会议纪要执行。1998 年 1 月 19 日，朔州市审计事务所根据上述会议纪要的精神作出《补充说明》，基本确认了《会议纪要》内容，确认工行朔州支行再向山西四建直属分公司支付579 277元。认为原审计报告中“根据合同建安工程主承包单位省建四公司直属分公司向分包装潢工程公司收取交叉协调配合费等 37 万元”的表述有误，更正为“根据合同，建安工程的承包单位省建四公司直属分公司向甲方（工行朔州支行）收取分包装潢工程交叉协调配合费等 37 万元。”达成上述共识后，双方当事人并未按审计结论和《会议纪要》结清工程款。2000 年 5 月 28 日，山西四建向一审法院起诉，请求工行朔州分行立即交付工程欠款和工期款5 901 430元。工行朔州分行承担工程款利息和违约金4 100 000 元。工行朔州分行提起反诉请求：山西四建赔偿未按期竣工的违约金 30 万元。偿还在工行朔州分行所属城建办事处贷款本金 15 万元及利息。2000 年 6 月 2 日，工行朔州分行增加反诉请求，要求判令山西四建向其提供工程正式发票。

1997 年 12 月 25 日，朔州市审计事务所审核大型机械进出场费核减为零，山西四建直属分公司签字认可。1998 年山西四建直属分公司将施工期间剩余的151 000元电器材料费退还工行朔州分行，双方均有签字。工行朔州分行称：1994 年 11 月至 1998 年 8 月工行朔州分行向山西四建直属分公司累计支付工程款16 982 815.67元。工行朔州分行代山西四建直属分公司支付的款项有：1998 年 7 月付朔州市供电局电费 8294.69 元，付朔州市自来水公司水费 4500 元；1998 年 8 月 18 日付大同钢窗厂 4 万元；1998 年 3 月 26 日付维修、材料费 6000 元。上述五笔款项均无山西四建直属分公司的签字。1998 年 6 月 26 日赵书平借工行朔州分行 5 万元，有赵书平签字。1995 年 3 月 2 日至 1998 年山西四建直属分公司在工行朔州分行所属工行朔州分行城建办事处贷款 9 笔共计 233 万元。1998 年 7 月、9 月，1999 年 1 月 13 日工行朔州分行未告知山西四建直属分公司分别将工程款100 077元、218 万元转至工行朔州分行城建办事处偿还山西四建直属分公司在该处的贷款和利息。至今山西四建直属分公司在工行朔州分行城建办事处仍有贷款未还，而在工行朔州分行无贷款。

2000 年 9 月 28 日，山西中盛审计事务所（以下简称中盛审计所）接受一审法院委托，对甲方（工行朔州分行）不按时支付工程款所欠工程款利息进行审计。审计结论为：一、截至 1998 年年底甲方（工行朔州分行）累计欠乙方（山西四建直属分公司）工程款总额为2 896 413元（完成工程量从 1994 年至 1997 年总计19 929 218元，实际支付工程款总计为17 032 805元）。二、装潢工程管理费2 220 000元（法院认定数）。三、退款151 000元（法院认定数）。四、依据合同约定保修金按总价的 3%计算，保修金额为597 876元，不计取利息。五、应付拖欠款利息截至起诉时应付利息为1 760 918元。六、以上一至三合计欠款总额为5 267 413元，加起诉期的利息总计欠7 028 331元（截至起诉期 1999 年底）。七、利息计算截至 2000 年 5 月底应付利息总额为1 967 641元，加工程欠款总额5 267 413元，总计欠款为7 235 054元，应付利息累计1 760 918元。二审期间，合议庭组织中盛审计所的审计人员对双方当事人针对审计报告提出的异议进行答疑。中盛审计所的营业范围包括：审计查证、验资、建设项目审计、工程造价咨询、资产评估（国有资产除外）。审计人员具有注册会计师资格。

2000年6月29日，山西省工程建设标准定额站（以下简称山西标定站）根据一审法院请求复函称：根据合同约定山西四建为总承包单位，装潢工程质量由山西四建负责，山西四建应收取管理费。管理费的计取按山西省建设工程费用定额执行。交叉协调配合费不是管理费。工程类别为一类，取费类别为乙类。取费项目具体如下：1. 直接费740万元。2. 其他直接费740万元×2.25%=16.65万元。3. 现场经费740万元×7.08%=52.392万元。4. 直接工程款计809.042万元。5. 企业管理费809.042万元×3.4%=27.5074万元。6. 劳动保险费809.042万元×3.5%=28.3165万元。7. 财务费用809.042万元×0.51%=4.1261万元。8. 间接费计59.95万元。9. 利润868.992万元×7%=60.8294万元。10. 定编费929.8214万元×1.55%=1.4412万元。11. 税金931.2626万元×3.41%=31.7561万元。12. 造价963.0187万元。通过计算管理费为223.0187万元。二审期间，山西标定站工作人员及鉴定人员对双方当事人提出的管理费问题答疑。2001年2月23日、8月6日，山西省建设厅先后致函本院称：山西标定站于2000年6月29日向一审法院复函，关于工行朔州分行与山西四建承包合同纠纷，装潢工程管理费223.0187万元的计算依据为：甲乙双方签订的建设工程施工合同协议条款1、3条，及1995年山西省建设工程费用定额。《关于山西省工程建设标准定额站职能范围的说明》称，山西标定站的职能范围包括：组织贯彻实施工程建设国家标准、行业标准和全国统一经济定额；组织拟订全省工程建设地方标准，经济定额并组织实施；负责拟订工程造价管理的地方性法规规章并监督实施；监督指导各类工程建设标准定额的实施；负责发布人工、材料、机械等费用的调整系数；组织对全省建筑经济活动的分析和评估，参与重大工程项目的前期工作。

2000年7月3日，山西省朔州市建设委员会所属朔州市标准定额管理站复函一审法院《关于划分山西四建集团有限公司承建朔州市工行营业办公楼进度工作量及有关问题的函》称：经查阅贵院提供的工程结算书和施工过程中发生的设计变更、现场签证等有关资料，并与朔州市审计事务所协商，对该工程最终审计结果反复核实，现复函如下：1. 山西四建在工行朔州分行办公楼施工时从开工之日到1996年10月1日前工程进度完成的工作量为19 334 218元（其中：1994年完成1 652 212元，1995年完成6 543 501元，1996年9月30日前完成11 138 505元）。2. 大型机械进出场费用为47 003元。2000年9月12日，山西省工商行政管理局复函山西四建《关于对山西四建集团有限公司关于〈建设工程施工合同〉文本问题的请示答复》称：《建设工程施工合同》第31条第4款“不按时付款”是指该工程拖欠款（包括该工程进度款），其利息应从该欠款发生之日计算。同日，山西省建设厅复函山西四建称：《建设工程施工合同》第31条第4款约定“甲方不按时付款”是指工程所有拖欠款（包括进度款）。拖欠款项时间计算应按合同约定执行（两个月内不计）。其利息应按当年银行利率从该欠款发生之日计算。

另查明：山西四建系资质等级为工业与民用建筑工程施工一级企业。山西四建向山西省工商行政管理局提交的设立山西四建直属分公司的营业执照申请中称，山西四建成立了山西四建直属分公司，该公司隶属山西四建，为全民所有，不具备法人资格，实行独立核算、自主经营，由山西四建统筹盈亏。注册资金20万元。山西四建填写的《企业营业登记注册书》民事责任意见、隶属关系及责任承担一栏中记明：山西四建直属分公司隶属山西四建领导，民事责任由山西四建承担。

二、一审法院认定与判决

一审法院审理认为：山西四建直属分公司由山西四建授权与工行朔州分行签订建设工程施工合同并已实际履行，属有效合同。山西四建申请变更诉讼主体，作为原审原告起诉，符合有关规定，应予支持。根据山西标定站的解释，工行朔州分行应向山西四建支付装潢管理费。山西标定站计算认定装潢管理费为223.0187万元，山西四建同意按222万元收取管理费本息。山西四建151 000元退贷款有双方签字，上述二笔款项，予以认定。山西四建、工行朔州分行与装潢单位签订的装潢施工合同，合法有效。在施工完毕后，工行朔州分行又与装潢单位另补签了装潢施工合同，显属不当，该合同损害了山西四建的利益，对该份合同不予保护，但因未给山西四建造成经济损失而不承担违约赔偿金。工行朔州分行主张代山西四建交纳水电费及支付大同钢窗厂4万元和支付维修、材料费6000元，因无山西四建的签字而不予采信。山西四建在工行朔州分行城建办事处借款属另一法律关系，可另案起诉。工行朔州分行既无山西四建的委托，也未经山西四建同意将山西四建的工程款分两笔：218万元、100 077元转到工行朔州分行下属单位偿还了山西四建的贷款及利息，亦属不妥，工行朔州分行应将218万元、100 077元的工程款本息归还山西四建。由于工程量增大后双方未约定竣工期限，对山西四建请求工行朔州分行支付50万元工程奖的请求，不予支持。山西四建在审计中同意不计算大型机械进出场费，故工行朔州分行不应再支付该笔费用。中盛审计所作出的审计报告客观、公正，应予采信。工行朔州分行应向山西四建支付工程款本息7 028 331元。工行朔州分行反诉主张不成立。据此，一审法院判决：一、工行朔州分行在判决生效后 30 日内向山西四建支付工程款本息7 028 331元。逾期付款，参照中国人民银行贷款利息加倍支付迟延履行期间的债务利息。二、驳回山西四建及工行朔州分行的其他诉讼请求。一审案件受理费60 010元，由山西四建负担10 010元，由工行朔州分行负担50 000元。鉴定费 3000 元由山西四建负担。反诉费16 025元由工行朔州分行承担。

三、上诉及答辩情况

工行朔州分行不服一审判决，向最高人民法院提起上诉，请求：撤销一审判决，驳回山西四建的诉讼请求。事实和理由为：一、一审判决审理程序严重违法。山西四建作为一审原告起诉主体资格不合格。最初起诉的原告为山西四建直属分公司，而该公司早于 1998 年 8 月已被山西省工商行政管理局吊销了营业执照。依照《民事诉讼法》第一百零八条和最高人民法院《关于适用〈中华人民共和国民事诉讼法〉若干问题的意见》第 139 条规定，山西四建直属分公司不具备原告的主体资格，一审法院应裁定驳回其起诉。一审法院受理山西四建变更诉讼主体的申请，将一审原告由山西四建直属分公司变更为山西四建，并在判决中称“四建公司申请变更诉讼主体符合有关规定”属适用法律错误。工行朔州分行向一审法院提交了《追加第三人申请书》，请求追加与本案有直接利害关系的艺华公司等七家装饰装潢单位为本案第三人，一审法院既未准许追加，也未裁定不准许追加，违反了法律规定。一审法院委托山西标定站、中盛审计所对涉案有关数据计算，在委托时带有明显的倾向性，甚至是诱导。二、一审判决认定工行朔州分行应向山西四建支付 222 万元装潢管理费缺乏法律依据，且与实际情况不符。山西四建直属分公司已取得了工行朔州分行支付的装潢交叉协调配合费 59.5 万元，这一行为足以证明山西四建不是装潢工程的总承包人，不应收取管理费。交叉协调配合费与装潢管理费不能同时收取。三、一审判决认定工行朔州分行未告知山西四建将其工程款 218 万元、100 077元转到工行朔州分行城建办事处偿还山西四建在该单位贷款和利息与事实情况不符。实际情况是山西四建直属分公司在工行朔州分行城建办事处开立银行账户，本案双方当事人之间就以何种方式支付工程款没有特别约定，工行朔州分行将欠山西四建直属分公司的工程款转至山西四建在工行朔州分行城建办事处的账户上，应认定工行朔州分行履行了付款义务。工行朔州分行城建办事处扣收贷款是否恰当，属另一法律关系，与本案无关。四、双方当事人在建筑工程承包合同中没有约定价款，工程也没有结算，故朔州市审计事务所出具的《审计报告》及《补充说明》是工程结算的唯一依据。对该审计结论，双方当事人已签字认可。五、请求二审法院支持上诉人在一审诉讼期间提出的反诉请求。

山西四建答辩称：请求二审法院驳回上诉、维护原判。具体理由如下：一、一审法院同意山西四建变更诉讼主体的请求，符合民事诉讼法的有关规定。依据最高人民法院《关于适用〈中华人民共和国民事诉讼法〉若干问题的意见》第四十一条、第四十九条的规定，山西四建直属分公司以自己的名义向一审法院起诉并无不当，山西四建直属分公司被撤销后，山西四建作为原告向一审法院起诉是适格的。二、本案不存在追加第三人问题。七家装潢公司对山西四建与工行朔州分行间所争议的标的，没有独立的请求权，判决结果对他们也无法律上的利害关系，且七家装潢公司亦未向一审法院提出参加诉讼的申请，故一审法院不追加七家装潢公司为本案当事人是正确的。三、一审法院委托山西标定站对装潢管理费的计算、中盛审计所对部分工程账目的计算，受托机构主体合格、计算或审计的程序合法、依据充分。山西四建收取装潢工程管理费既符合合同约定，也符合管理部门的规范性文件规定。

四、最高人民法院认定与判决

最高人民法院认为：山西四建是具备工业与民用建筑施工一级资质的建设单位，具有承建讼争工程的主体资格。该工程取得了开工许可证、履行了招投标的法定手续，工程已验收合格并交付使用，故应认定山西四建与工行朔州分行签订的建筑工程承包合同有效。山西四建直属分公司是山西四建开办的分支机构，其法律地位是不具备法人资格的其他组织。山西四建填写的《企业营业登记注册书》中记载：山西四建直属分公司隶属山西四建领导，民事责任由山西四建承担。山西四建直属分公司开办期间不能独立承担民事责任。山西四建直属分公司与工行朔州分行订立合同所产生的法律后果应由山西四建承担。且该机构已于1998年8月被山西省工商行政管理局吊销了营业执照，作为其他组织的诉讼主体资格已丧失，山西四建作为其开办单位，民事权利义务的承受人以原告身份向一审法院起诉，符合《民事诉讼法》第一百零八条规定的案件受理条件，是与本案有直接利害关系的适格原告。工行朔州分行上诉主张山西四建作为一审原告主体不适格，缺乏事实和法律依据，本院对其提出的该项请求不予支持。双方当事人涉及装潢工程的争议是：山西四建是否为装潢工程的总承包单位，山西四建是否应向工行朔州分行收取装潢工程管理费，山西四建收取了交叉协调配合费后能否再收取装潢工程管理费。该争议并不涉及山西四建直属分公司、工行朔州分行与七家装潢公司，工行朔州分行与艺华公司签订的两份装潢工程合同的效力及履行情况等内容。一审判决关于山西四建直属分公司、工行朔州分行与装潢单位签订的装潢施工合同合法有效，在施工完毕后，工行朔州分行又与装潢单位另外签订了装潢施工合同，显属不当，且该合同明显损害了山西四建直属分公司的利益，其合同不予保护，但因未给山西四建直属分公司造成实际经济损失，故不再承担违约赔偿金的认定超出了本案当事人的诉讼请求，且涉及未申请参加诉讼的案外人即七家装潢公司的实体权利，该认定缺乏法律依据，应予纠正。《民事诉讼法》第五十六条规定，第三人对当事人双方的诉讼标的，认为有独立请求权的，有权提起诉讼。第三人虽然没有独立请求权，但案件处理结果同其有法律上的利害关系，可以申请参加诉讼，或者由人民法院通知其参加诉讼。本案双方当事人就装潢工程的争执，不涉及艺华公司等七家装潢公司的利益，工行朔州分行上诉请求本院通知七家装潢单位作为本案第三人参加诉讼，缺乏事实和法律依据，本院不予支持。1994 年 8 月 30 日，山西四建直属分公司与工行朔州分行签订的《协议条款》第 1 条约定，承包范围为全部土建属于图纸内的装潢及安装工程。1997 年工行朔州分行、山西四建分别与七家装潢单位签订装潢分包合同，工行朔州分行直接与七家装潢公司的代表艺华公司签订合同。《合同条件》第 36 条约定，分包合同不能解除乙方（山西四建）任何义务和责任。乙方应在分包场地派驻相应监督管理人员，保证合同的履行。分包单位的任何违约或疏忽，均视为乙方的违约和疏忽。以上事实表明工行朔州分行对山西四建分包装潢工程是同意的，山西四建为讼争工程中的装潢工程的总包单位，对分包装潢工程负有监管义务，对分包单位的违约和疏忽承担相应的民事责任。1997 年 8 月，包括分包装潢工程在内的土建工程经朔州市建筑工程质量监督站验收合格，应视山西四建已履行合同约定的分包工程的总包单位的管理义务，应收取装潢工程管理费。对建筑市场负有部分管理职能的山西标定站向一审法院、山西省建设厅亦向本院出证证实，山西四建为分包工程的总包单位，有权向发包单位收取装潢工程管理费。交叉协调配合费不是管理费。上诉人工行朔州分行的委托代理人在庭审中未提出计费单位及计费人员在主体资格、计费程序、计费依据上存在重大缺陷的事实依据及法律依据。二审期间，本院为慎重起见通知装潢工程管理费计费单位山西标定站出庭为双方当事人答疑，经本院审查山西标定站作为计费单位具有主体资格，在接受一审法院委托所做的审核计算，在程序、文件依据上未发现缺陷，工行朔州分行应向山西四建支付装潢工程管理费。一审诉讼前，朔州市审计事务所对讼争工程的审计及双方对工程结算达成的会议纪要，存在装潢工程管理费和151 000元退款等项目漏项，一审法院对漏项补正审计是正确的。一审法院委托中盛审计所对涉诉的部分工程款及利息数额进行审核。经本院审查该审计事务所具备审计查证、验资的主体资格，审计人员具有注册会计师资格，工行朔州分行上诉称对送审材料未质证、审计人员未作答疑。二审期间，本院通知该审计机构派员出庭为双方当事人答疑，对送审材料质证。审计报告显示计息的本金有三项，分别为：截止到 1998 年年底工行朔州分行累计欠工程款2 896 413元、装潢工程管理费 222 万元（法院认定数）、退款151 000元（法院认定数）。针对该审计报告上诉人工行朔州分行提出将 222 万元装潢工程管理费、将上诉人已向山西四建支付的2 280 077元工程款、退还材料的款项151 000元作为欠款计息是错误的。本院认为，装潢工程管理费 222 万元、退款151 000元均为一审法院在一审期间才认定的数额，审计报告确定由上诉人自 1995 年开始承担利息，缺乏依据。且双方当事人在《补充条款》中约定：在施工过程中工程款如暂时不能到位，乙方同意在 200 万元之内垫付。无论垫资 200 万元的条款是否有效，由上诉人单方承担利息是不公平的。审计机构的出庭人员对计息问题未作出有说服力的解释。一审法院委托的审计机构所计算的利息1 760 918元缺乏依据，应予撤销。1995 年至 1998 年山西四建直属分公司向工行朔州分行城建办事处借款 233 万元，双方签订了《人民币短期借贷合同》《借款借据》，但这一借款关系与本案的建筑工程承包合同是两个不同的法律关系，且借款合同的出借方是案外人，在主体上与本案不具备合并审理的法定条件。借款合同的权利人有权另行提起诉讼，工行朔州分行要求本院认定借款已转为其支付给山西四建的工程款，应与本案合并审理，缺乏法律依据，本院不予支持。装潢工程等工程项目的工程量增大后，双方未对顺延工期达成新的协议，工行朔州分行上诉主张按建筑工程承包主合同约定的竣工时间追究山西四建的延期完工的违约责任 30 万元，缺乏事实和法律依据，本院不予支持。山西四建应按国家税收法规的有关规定，对工行朔州分行已支付的工程款出具正式发票，该项上诉请求符合法律规定，应予支持。据此，依据《中华人民共和国民事诉讼法》第一百五十三条第一款第（二）项之规定，最高人民法院于2001年12月26日，以〔2001〕民一终字第9号民事判决判决如下：

一、维持一审法院判决第二项；

二、变更一审法院判决第一项为：在本判决发生法律效力之日起30日内，工行朔州分行向山西四建支付工程费5 267 413元；

三、在本判决生效之日起30日内，山西四建向工行朔州分行交付已付工程款正式发票；本判决主文第二项款项支付后7日内，山西四建向工行朔州分行交付已付款项正式发票。

一审案件诉讼费按一审判决执行，二审案件受理费60 010元，由工行朔州分行承担36 006元，山西四建承担24 004元。

本判决为终审判决。

37. 对评估结论提出异议，要求重新委托评估是否允许

一、案件基本事实

上诉人（原审被告）：省二建

被上诉人（原审原告）：裕宁公司

1992年6月28日，中国科学院沈阳分院（以下简称中科院沈阳分院）与香港裕通贸易公司（以下简称裕通公司）签订建设裕宁大厦合同书，约定：在沈阳市和平区三好街72号五一大院东侧合建裕宁大厦。中科院沈阳分院提供建设用地，裕通公司提供全部建设资金，大厦建成后双方按比例分成。土地使用期限为五十年，大厦建筑面积为53 000平方米，占地10 000平方米。1992年7月4日，中科院沈阳分院与裕通公司召开会议协商成立裕宁大厦工程建设总指挥部。1992年12月15日中科院沈阳分院、工程总指挥部与省二建签订《建筑工程施工合同》，建筑面积主楼加裙房53 000平方米，31层。承包建筑范围土建、给排水、采暖、照明、质量等级确保省优力争国优，合同价款5300万元，以施工图预算为准。1993年1月5日，工程总指挥部与省二建又签订《补充合同》，约定：因裕宁大厦建设周期长，原材料上涨及取费系数不断上调，该工程决定采取分阶段分项承包方式，由省二建总承包对专业工程由省二建分包，1993年完成形象进度为主楼10层，裙房主体。裕宁大厦计划1992年12月28日开工，1995年8月31日完工，1993年1月省二建进场施工。1993年5月11日中科院沈阳分院所属的建筑公司与裕通公司经批准成立裕宁公司。

1993年12月18日，沈阳市建设银行对工程总指挥部、省二建提出的裕宁大厦工程主体1－9层、裙房、地下二层的工程量进行预算，工程造价为48 387 014元（该造价中砼部分除预制构件外全部按流态砼考虑，按结构施工图计算，未包括建施部分及五材价差）。1993年12月4日，工程总指挥部、

省二建对裕宁大厦工程1993年的工程材料价差结算为19 913 542.38元。1994年12月20日，沈阳市建设银行对工程总指挥部、省二建提出的裕宁大厦主体工程地上10层至34层的工程造价预算。其预算值为32 011 665元（含材料价差7 382 668元）。1995年10月16日至1996年1月26日，双方当事人就裕宁大厦工程的竣工、验收、决算等问题相互发函，同意对工程结算验收。1996年3月15日，双方财务部门对账签证确认，裕宁公司已向省二建拨付工程款、材料款、垫付水电费等共计97 647 386.85元。1996年5月8日，裕宁公司委托沈阳市基本建设科技咨询公司对裕宁大厦（结构部分）结算为64 675 787元。以后，因双方对裕宁大厦工程造价分歧较大，未实际结算。1997年7月2日，裕宁公司向一审法院起诉，请求：一、对裕宁大厦主体工程验收；二、返还超拨工程款32 406 108元；三、由省二建承担诉讼费。1999年3月16日，裕宁公司变更了诉讼请求：一、中止双方签订的《建设工程施工合同》；二、省二建返还超拨工程款21 281 254元；三、由省二建承担诉讼费及鉴定费。1997年10月9日，裕宁公司、省二建向一审法院提出书面申请称“经省法院组织双方对该工程造价对账核算，分歧较大，各执己见，经省法院协调，双方同意由省法院委托下列单位（省财政厅、省建行、省定额站）之一，对该工程造价进行审查、鉴定，特此申请。”以后一审法院及鉴定机构组织双方当事人对送鉴定材料质证。1999年2月20日辽宁省财政厅基本建设处经过两个阶段鉴证工作，确定裕宁大厦经双方确认的已完工的建安工程内容的工程造价为74 364 732.00元。对省二建提出的脚手架费、1995年至1996年停建架具租赁费、1996年至1997年现场人员打更费等共8 140 602元，因裕宁公司未予确认，省二建也未能出具可查的证据，未计入工程造价。辽宁省财政厅基本建设处将部分工程造价的审核工作转托给沈阳市基本建设工程预决算审核中心进行，双方当事人对审价机构的主体资格未提出异议。造价审核人员具备造价工程师的注册资格。

1996年10月10日，中科院沈阳分院、裕通公司作为转让方，中国民航东北管理局、辽宁东北民航经济贸易总公司、中国航空公司（香港）有限公司作为受让方签订了《股权转让协议书》，约定中科院沈阳分院、裕通公司将自己拥有的“沈阳裕宁公司”股份分别转让给三受让方，裕宁大厦一期项目中的所有权利义务随股权一并转让受让方，转让方不再享有任何权利，也不再承担任何义务。以后裕宁公司分别向沈阳市对外经济贸易委员会，沈阳市工商局办理了董事会成员和出资数额的变更审批手续。在二审审理期间，中科院沈阳分院、沈阳裕宁大厦有限公司、裕宁大厦工程建设总指挥部向我院书面表示不主张裕宁大厦任何权利。

二、一审法院认定与判决

一审法院认为：其委托的专业部门对讼争工程的造价鉴定合法有效。裕宁公司已超拨工程款23 282 636.85元，应由省二建返还。双方同意解除合同，一审法院照准。省二建主张对脚手架费、停建架具租赁费等8 140 602元预算外费用进行结算，因缺乏事实依据而不予认定。自1996年10月10日，中科院沈阳分院、裕通公司与中国民航东北管理局、辽宁东北民航经济贸易总公司，中国航空公司（香港）有限公司签订《股权转让协议书》后，讼争项目的权利人已变更为裕宁公司，其具备合格的诉讼主体资格。据此判决：一、解除双方于1992年12月15日签订的《建设工程施工合同》及1993年1月5日签订的《补充合同》；二、省二建于本判决生效之日起30日内，返还裕宁公司已超拨的工程款23 282 654.85元；三、省二建于本判决生效之日起30日内，返还裕宁公司已超拨工程款23 282 654.85元的利息，时间自1997年3月10日起至付清之日止，按中国人民银行同期同类贷款利率计算；四、驳回双方当事人的其他诉讼请求。一审案件受理费116 413元，鉴定费200 000元由省二建负担。

三、上诉及答辩情况

省二建不服一审法院判决，向最高人民法院提起上诉称：一审法院委托的评估机构未采信双方业已审定的结算值，请求二审法院重新委托评估或将本案发还到一审法院重审。裕宁公司请求驳回上诉，维持原判。

四、最高人民法院认定与判决

最高人民法院认为：双方于1992年12月15日签订的《建设工程施工合同》和1993年1月5日签订的《补充合同》内容合法，合同当事人意思表示真实，且已得到实际履行，应认定合同有效。1994年12月20日，裕宁大厦地上10层至34层的工程结算是在工程未完工情况下作出的，不是工程造价的最终决算。1995年10月16日裕宁公司致函省二建要求对裕宁大厦主体工程重新结算，省二建表示同意。一审审理期间双方共同书面请求一审法院委托辽宁省财政厅基本建设处对讼争工程造价评估，以后辽宁省财政厅基本建设处又将部分审价工作转让给沈阳市基本建设工程预决算审核中心，双方当事人对此未提出异议，且造价审核人员具备造价工程师的注册资格，评估程序合法，应认可造价鉴定结论并作为本案的证据。省二建主张重新评估缺乏事实和法律依据，本院不予采信。自 1996 年 10 月 10 日，中科院沈阳分院、裕通公司与中国民航东北管理局、辽宁东北民航经济贸易总公司、中国航空公司（香港）有限公司签订《股权转让协议书》后，裕宁大厦的权利人已变更为裕宁公司，裕宁大厦建筑工程承包合同的发包方已变更为裕宁公司，裕宁公司作为原告向原审法院起诉，诉讼主体资格合格。原审判决认定事实清楚，适用法律正确，处理适当。据此，依据《中华人民共和国民事诉讼法》第一百五十三条第一款第（一）项之规定，最高人民法院于 2000 年 12 月 20 日，以〔2000〕民终字第 61 号民事判决判决如下：

驳回上诉，维持原判。

二审案件受理费116 413元由省二建负担。

本判决为终审判决。

38. 超越资质等级作出的鉴定结论，不能作为定案依据

一、案件基本事实

上诉人（原审被告、反诉原告）：中盛公司

被上诉人（原审原告、反诉被告）：省建七公司

1998 年 6 月 15 日，省建七公司与中盛公司签订中匈友好国际大厦《建设工程施工合同协议条款》约定，工程内容：±0 以下工程，建筑面积 9603.74 平方米，工程范围：±0 以下土建全部工程，水、电、暖、通讯、消防等暗配管道预留；对工程开竣工日期、工程质量、合同价款、结算方式等作了约定；并约定±0 以下工程完工后，如省建七公司继续承包±0 以上工程，则预留 500 万元作为工程保证金，待主体封顶后全部还清。同年 8 月 5 日双方经过招投标又签订了中匈友好国际大厦《建设工程施工合同》约定，省建七公司承建山东省建筑设计研究院设计的本工程全套建筑、安装施工图表明的设备安装工程及±0 以上土建工程，即总价包干范围，开工日期 1998 年 8 月 6 日，竣工日期 1999 年 9 月 28 日，质量等级：确保优良，争创鲁班奖。合同价款约定，本工程承包价11 168万元实行总价一次包死。竣工验收：工程具备竣工验收条件，省建七公司负责提供完整的竣工资料（包括竣工图）和竣工验收报告后，先向监理提交，由监理按程序交中盛公司，中盛公司收到竣工验收报告后，按中盛公司与各方商定的验收日期组织有关单位验收。竣工时省建七公司提交竣工报告，同时提供在总价包干预算基础上的设计变更结算，双方在 15 日内同时审定认可签字后，按工程余款 50%付款。交钥匙后，一个月内付清另外 50%的工程款。施工配合费（即工程发包）：设备安装配合费按设备安装人工费的 5%计取，由分包方向省建七公司交付，装修配合费的计取，由中盛公司、省建七公司、装修单位三家共同商定解决。1998 年 10 月 27 日，双方签订《关于中盛房地产开发公司中匈友好国际大厦工程有关问题

协调会议纪要》约定，将合同总工期由1999年9月28日顺延到1999年11月28日。约定施工单位再不得以任何理由推迟工期。中盛公司给省建七公司45万元冬季施工措施费用。该工程于1998年10月6日完成了裙楼主体施工，1999年5月30日完成了东西塔楼的封顶，并进行了封顶仪式，1999年8月13日主体结构经市质量检查站验收通过，2000年9月该工程未经整体验收，中盛公司及其他单位陆续入住使用。2001年5月17日中盛公司举行了竣工典礼。1999年6月14日，中盛公司与省建七公司签订了《锅炉房工程施工合同协议条款》，约定由省建七公司承建锅炉房工程，该工程按期完成，双方于2000年6月8日审定工作量价款为1 724 437元，挖土方及拆迁费用20.78万元。省建七公司2001年8月31日向中盛公司提交了结算报告，在催付款未果的情况下于2001年9月16日诉至法院，其请求中盛公司立即支付工程款2461万元，并承担延迟付款的利息2 732 179.5元，承担本案诉讼费用。中盛公司答辩称：工程结算及结清支付工程款的条件未成就，该工程至今未竣工，省建七公司亦未提交工程竣工验收报告等资料，省建七公司要求中盛公司支付工程款等无依据，中盛公司已超付工程款，省建七公司的诉讼请求应予驳回。同时提出反诉称，省建七公司无故拖延工期，导致工程至今不能全面交工，且分项工程也未能如期完成，使中盛公司不能按期交付客户使用和进行销售，造成巨大的经济损失，因此请求：省建七公司继续履行合同；尽快完工并向中盛公司全面交工；省建七公司支付工程延期违约罚金、返还防护栏款28.2万元及承担全部诉讼费用。省建七公司对反诉答辩称：中盛公司于2000年3月29日已接管了建设工程，并已完全使用该建设工程，应视为工程已交工；省建七公司已向中盛公司提交了防护栏设计图、防护栏设置申请，并购买了防护栏材料并进行了安装，中盛公司该项请求与事实不符。

一审审理期间，甘肃省高级人民法院委托甘肃信诺房地产咨询估价中心对中匈友好大厦工程中由省建七公司施工部分的造价进行评估，评估结果为中匈友好国际大厦工程中由省建七公司完成的工程造价为53 526 101元。经双方多次对账，并经庭审质证，确认中盛公司已付省建七公司工程款为3 472 742.50元。

省建七公司诉讼请求中，要求中盛公司向其支付装修配套费问题（按总造价300万元的3%收取，共计9万元），中盛公司的法定代表人同意支付，并有书证证明。

二、一审法院认定与判决

一审法院审理认为：省建七公司与中盛公司 1998 年 6 月 14 日、6 月 15 日、8 月 15 日分别签订的《建设工程施工合同》《建设工程施工合同协议条款》《大厦锅炉房工程施工合同协议条款》系双方当事人真实意思表示，符合法律规定并已实际履行，均应认定为有效。中盛公司未按合同约定条件全面履行合同义务，应当承担相应的违约责任，故省建七公司要求中盛公司支付拖欠的工程款及利息的诉讼请求，应予支持。关于省建七公司要求收取正泰装饰公司装修配合费问题，因有中盛公司法人同意支持的书证，亦应予支持。对于中盛公司反诉要求省建七公司继续履行合同、全面交工，并承担违约金23 625 470元及返还防护栏款 28.2 万元的请求，因该工程在实际履行中，中盛公司把应由省建七公司承包的项目又发包出去，致使省建七公司对工期无法控制，且未经验收并使用该建设工程，由此造成的责任应由中盛公司自行承担；关于防护栏的问题，有省建七公司提供的设计方案、照片等证据材料证明其已安装了防护栏，因此，中盛公司提出的反诉请求，不予支持。综上，根据《中华人民共和国民法通则》第一百一十一条之规定，判决：一、中盛公司于本判决生效后 15 日内返还省建七公司工程款本金19 153 358.5元，并支付利息（利息自省建七公司提交结算书之次日即 2001 年 9 月 1 日起，按中国人民银行同期同类贷款利息计算）。二、由中盛公司给付省建七公司应计取的正泰装饰公司的配合费 9 万元。三、省建七公司应于判决生效后 15 日内向中盛公司交付由其施工的全部施工资料及图纸。四、驳回中盛公司的反诉请求。案件受理费168 611元，由省建七公司负担50 583.3元，中盛公司负担118 027.7元；反诉费148 980元由中盛公司负担；鉴定费 10 万元，由省建七公司负担 5 万元，中盛公司负担 5 万元。

三、上诉及答辩情况

中盛公司不服一审判决，向最高人民法院提起上诉请求：一、撤销一审判决第一、二、四项；二、变更一审判决第三项为：省建七公司继续履行合同，完成±0 以上未完工程并全面交工，同时向中盛公司提交三项工程的竣工报告、结算书及竣工图纸以及有关法规规定的技术经济资料和工程保修书；三、省建七公司向中盛公司支付工程逾期违约金23 625 470元及自 2001 年 10

月10日起至最终交工的工期违约金，并赔偿中盛公司经济损失46 367 600元；四、省建七公司返还防护栏款28.2万元及承担全部诉讼费用。

省建七公司答辩称：一审判决认定事实清楚，责任划分适当。中盛公司上诉无理，本案应驳回上诉，维护原判。

最高人民法院二审查明：甘肃信诺房地产咨询估价中心的资质等级为乙级。

四、最高人民法院认定与判决

最高人民法院认为：中盛公司与省建七公司签订的中匈友好国际大厦《建设工程施工合同》约定的设备安装工程及±0以上土建工程的承包价为11 168万元。根据国家计委、国家建委、财政部颁布的《关于基本建设项目和大中型划分标准的规定》该建设工程应认定为大型建设项目，依照建设部《工程造价咨询单位管理办法》的规定，大型建设项目的造价评估鉴定应由甲级资质的造价咨询估价机构进行鉴定。而一审法院委托甘肃信诺房地产咨询估价中心（系乙级资质）对该建设工程项目进行评估鉴定不妥，该鉴定结论不能作为人民法院审理案件的依据。上诉人中盛公司的该项请求有理，应予支持。最高人民法院依照《中华人民共和国民事诉讼法》第一百五十三条第一款第（三）项之规定，于2003年11月25日，以〔2003〕民一终字第60号民事裁定裁定如下：

一、撤销一审法院判决；

二、本案发回一审法院重审。

39. 诉讼请求不当释明后仍不变更，法院不予支持

一、案件基本事实

上诉人（原审原告）：广茂公司

被上诉人（原审被告）：伊利公司

1998年5月20日，广茂公司与伊利公司签订《建设工程施工合同》，约定：由广茂公司承建伊利公司位于金川开发区的专家别墅的建设工程，工程预算造价暂定为231.6万元。其中第12条约定："属于以下原因造成的工期延误，甲方（伊利公司）可从价款上予以考虑：(1)工程量变化和设计变更；(2)一周内非乙方（广茂公司）原因停水、停电造成连续停工超过2天；(3)其他非乙方原因停工。非上述原因不能按合同工期竣工，延误天数每天处以工程总造价的5‰的罚款。"第31条约定："按合同条款约定，甲乙双方谁违约谁负责任并赔偿经济损失"；"违约金的数额按违约罚款规定计算的金额"；"损失的计算方法按违约条款罚款规定计算"。第39条约定："由于甲方原因工程中途停建缓建，甲方应赔偿由此造成的停工、窝工、材料倒运、人员和机械调运以及材料、设备积压处理的实际损失。"在"其他说明及附件目录"中约定：工程达不到优良，罚工程总造价的5%，工期延误一天罚工程总造价的5‰。合同签订后，广茂公司即进行施工。同年9月3日，伊利公司向广茂公司下达《关于专家别墅工程暂停施工分项工程形象进度停止部位的通知》（以下简称《停工通知》），要求广茂公司对专家别墅及其附属工程暂停施工，停工后的有关事宜另行研究，何时开工待定。广茂公司按照通知的要求停止了施工。嗣后，广茂公司数次给伊利公司发函，请求复工及处理停工后有关事宜，伊利公司收函后未予答复。同年11月，广茂公司向呼和浩特市中级人民法院提起诉讼称：由于伊利公司无正当理由单方通知停工，截至11月3日造成广茂公司因停窝工而致的机械停置、人工费、停窝工损失达119.37万

元，故请求伊利公司支付违约金 142.74 万元（含赔偿金 119.37 万元），自 1998 年 9 月 4 日至 11 月 3 日止共 60 天，每一天按工程总造价的 5‰计算；要求伊利公司继续履行合同规定的各项义务。1999 年 5 月 19 日，该中院判决：一、广茂公司与伊利公司所签订的《建设工程施工合同》合法有效；二、伊利公司支付广茂公司自 1998 年 9 月 16 日起按专家别墅 234.718 万元的每日 5‰至结案时止的违约金2 875 295元，于判决生效后 10 日内给付；三、伊利公司继续履行合同；四、驳回广茂公司要求伊利公司支付律师费17 000元的诉讼请求。伊利公司不服，向内蒙古自治区高级人民法院提起上诉。同年 11 月 15 日，内蒙古自治区高级人民法院以裁定发回重审。2000 年 8 月 2 日，呼和浩特市中级人民法院判决：一、广茂公司与伊利公司签订的《建设工程施工合同》合法有效，双方继续履行；二、驳回广茂公司要求伊利公司支付工程总造价每日 5‰违约金的诉讼请求；三、驳回伊利公司的反诉请求。广茂公司不服，向内蒙古自治区高级人民法院提起上诉。2001 年 2 月 21 日，内蒙古自治区高级人民法院判决：驳回上诉，维持原判。该判决认为：合同第 12 条的约定，是针对广茂公司而非伊利公司，故该条款对伊利公司不具有约束力，广茂公司以该条款作为对伊利公司违约行为承担违约金的依据不当。因广茂公司在诉讼请求中未提出损失赔偿的请求，故对该部分不予审理，但保留其要求伊利公司赔偿损失的权利。2001 年 4 月 1 日，伊利公司通知复工，同年 8 月 8 日工程竣工。2002 年 6 月，广茂公司起诉至一审法院称，由于伊利公司故意违约，给广茂公司造成了 940 天的停工损失，故请求按照合同第 31 条的约定，每日以工程总造价 5‰计算，共计赔偿损失 2096 万元；由伊利公司承担本案全部的诉讼费用。

二、一审法院认定与判决

一审法院认为：双方签订的《建设工程施工合同》为有效合同，该合同条款对双方当事人具有法律约束力。当该工程施工已近完工时，伊利公司虽以书面形式通知广茂公司暂停施工，但又不与广茂公司协商解决有关事宜，其行为已构成违约。该违约行为客观上已给广茂公司造成经济损失。但广茂公司在本次诉讼请求中未能依据双方在合同第 39 条中关于因停工或缓建应赔偿损失的约定，而是依据合同附件罚则中的第二款及相对应的该合同第 12 条提出的。高级人民法院已生效的民事判决书判决该合同第 12 条属只对伊利公司有约束力的条款，未支持其所提出由伊利公司赔偿工程总造价每日 5‰违约金的请求。广茂公司的本次诉讼请求所依据的事实，属最高人民法院《关于民事诉讼证据的若干规定》第九条第一款第（四）项规定的当事人无需举证证明已为人民法院发生法律效力的裁判所确认的事实。在一审法院审理期间，一审法院已告知广茂公司其诉讼请求的依据不当，应予变更，但广茂公司仍坚持原诉讼请求及事实依据不变的意见。故一审法院认为广茂公司的主张不符合双方合同约定及相关法律规定，其理由不能成立。据此判决如下：驳回广茂公司的诉讼请求，一审案件受理费114 810元由广茂公司负担。

三、上诉及答辩情况

广茂公司对一审判决不服提起上诉称：正是由于合同第 12 条会产生理解上的异议，双方才专门在附件中明确补充了工期延误一天罚工程总造价 5‰的条款，这个补充条款对双方都有约束力，法院判决驳回是没有合同依据和法律根据的。故请求撤销一审判决，判令伊利公司依照合同第 31 条第 3 款损失的计算方法的约定，赔偿广茂公司 2096 万元；判令由伊利公司承担本案的全部诉讼费用。

伊利公司答辩称：伊利公司书面通知广茂公司“暂停施工”的行为属于停建缓建的性质，对于这一行为的处理，双方在合同第 39 条作出了明确约定，违约方应赔偿由此造成的停工、窝工、材料倒运、人员和机械调运以及材料、设备积压处理的实际损失。从法律规定上讲，《中华人民共和国合同法》第二百八十四条也明确规定，因发包人的原因致使工程中途停建、缓建的，发包人应当采取措施弥补或者减少损失，赔偿承包人因此造成的停工、窝工、倒运、机械设备调迁、材料和构件积压等损失和实际费用。另外，广茂公司的主张也远远高出其实际损失，专家别墅的工程总造价也不过 400 万元。故请求驳回上诉，维持原判。

四、最高人民法院认定与判决

最高人民法院认为：广茂公司与伊利公司签订的《建设工程施工合同》，系当事人真实意思表示，内容亦不违反法律、行政法规的强制性规定，应当认定为有效合同，对双方均具有约束力。广茂公司依约履行了合同，而伊利公司在工程正常施工之际下达暂停施工的通知，之后伊利公司也未对停工后的有关事宜进行妥善处理，故一审法院认定伊利公司的行为构成违约是正确的，双方当事人在二审期间对此也没有异议。伊利公司的违约行为客观上给广茂公司造成了经济损失，其应依照合同约定承担相应的赔偿责任。根据双方合同第 39 条的约定，由于伊利公司原因工程停建、缓建，伊利公司应赔偿由此造成的停工、窝工、材料倒运、人员和机械调迁以及材料、设备积压处理的实际损失。广茂公司起诉要求伊利公司赔偿损失，却不对其实际损失进行举证，而是要求伊利公司按工程总造价每日 5‰承担损失 2096 万元。但从整个合同来说，合同第 12 条以及附件罚则中关于工期延误一天罚工程总造价 5‰的约定，只是针对广茂公司出现工期延误的违约行为所作的约定，并未约定伊利公司的违约行为也适用该约定。故广茂公司依据合同第 31 条第 3 款及罚则主张每日 5‰的损失赔偿金是不当的，一审法院在审理期间已告知广茂公司其诉讼请求的依据不当、应予变更，广茂公司并没有做出变更。广茂公司的诉讼请求与其依据的合同约定不符，在一审法院告知后，广茂公司既不变更诉讼请求，又不对其诉讼请求的赔偿数额举证证明，根据最高人民法院《关于民事诉讼证据的若干规定》第二条第二款的规定，广茂公司应承担诉讼风险。一审法院判决驳回广茂公司的诉讼请求是适当的，广茂公司的上诉理由不能成立。根据《中华人民共和国民事诉讼法》第一百五十三条第一款第（一）项之规定，最高人民法院于 2003 年 4 月 2 日，以〔2003〕民一终字第 5 号民事判决判决如下：

驳回上诉，维持原判。

二审案件受理费114 810元，由上诉人广茂公司负担。

本判决为终审判决。

40. 对当事人之间已形成的事实合同关系的处理

一、案件基本事实

上诉人（原审被告）：金龄公司。

被上诉人（原审原告）：第六公司。

被上诉人（原审原告）：西垅工程队。

被上诉人（原审原告）：怀化三公司。

1994 年 6 月 10 日，金龄公司与一分公司签订《东大门市场建设承包合同协议书》约定，由一分公司承建湖南省长沙市东大门市场门面房屋 24 栋，约 36 000平方米房屋，工程在 1994 年 12 月 26 日前交付验收。双方根据 90 定额，参照定额站及有关文件据实结算。金龄公司按每月施工进度预付工程款，工程全部验收合格交付使用后 15 日内结清剩余工程款，并扣留总工程款的 2%作为保修费，6 个月后无质量问题如数退还。因金龄公司原因造成的影响工程因素，按实际延误时间顺延。合同签订后，金龄公司设立了建委会负责合同的具体实施。工程于 1994 年 6 月 17 日正式开工。一分公司将部分工程转包给西垅工程队、怀化三公司及金井公司施工，金龄公司表示认可并纳入其拨付工程款的计划。施工期间，因金龄公司及建委会未能及时支付工程进度款，工程被迫停工。1995 年 3 月 10 日和 3 月 30 日，金龄公司与一分公司签订两份《补充合同》，对工程款的拨付及工程进度作了调整和变更。第六公司同意垫资继续施工。1995 年 4 月 18 日，金龄公司与一分公司签订《工程承包合同》约定，东大门市场中 A1 和 A2 两栋房屋的第四层建筑工程，结算依据为 94 定额和国家、省、市制定的收费标准，以及合同工期内的政策性调价通知，据实结算。1996 年 10 月 20 日，工程全部完工。岸达公司及其下设的东大门市场管理委员会在工程未经竣工验收和工程决算的情况下，将工程投入使用。一分公司随即向金龄公司提交了工程结算资料，要求给付尚欠的工程款，金龄公司未与一分公司进行结算。第六公司、西垅工程队、怀化三公司、金井公司遂于 1998 年 4 月向一审法院提起诉讼，请求金龄公司、岸达公司支付所欠工程款及利息，并赔偿经济损失。

另查明：1994 年 3 月，东岸乡政府与金龄公司签订《合作开发张公岭市场协议书》及《关于开发建设东大门市场的补充协议》约定，由东岸乡政府提供建设用地，金龄公司提供建设资金，合作开发东大门市场。市场建成后，东岸乡政府与金龄公司分别享有 45％和 55％的门面房屋产权。协议签订后，东岸乡政府开办的岸达公司实际履行该协议，岸达公司已于 1997 年 8 月将东大门市场门面房屋的产权全部登记在其名下，并已将部分房屋出售。

又查明：1994 年 5 月 5 日，省建设委员会发布湘建〔1994〕经字第 164 号文件，规定凡新开工工程及在建未完工程量均按 94 定额执行。一审法院在案件审理期间，委托审计师事务所对东大门市场工程的造价和支付工程款的情况进行审计。审计鉴定结论为：工程总造价为24 232 602.84元，金龄公司已支付工程款12 988 916.82元。

二、一审法院认定与判决

一审法院审理认为：金龄公司与一分公司签订的工程承包合同及补充协议，双方当事人意思表示真实，不违反法律规定。虽然一分公司是非法人单位，但第六公司认可该合同并实际负责工程的具体施工，故承包合同及补充协议合法有效。一分公司将部分工程分包给其他具有建设资质的单位施工，已得到金龄公司的认可，且所建工程已完工并投入使用，故分包的民事行为亦合法有效。金龄公司已将工程投入使用，且已收到第六公司提交的工程结算资料，应与第六公司进行工程结算，给付尚欠的工程款，故金龄公司应支付所欠工程款并承担逾期付款的违约责任。岸达公司虽未与第六公司签订工程承包合同，但其是项目的合作建设方，并直接运作将该工程投入使用和出售，且已从中获益，故岸达公司对金龄公司所欠的工程款，应负连带清偿责任。据此判决：一、金龄公司在本判决生效之日起 30 日内支付第六公司、西垅工程队、怀化三公司、金井公司工程款11 243 686.02元并支付逾期付款违约金5 137 200.62元；二、岸达公司对金龄公司应支付的上述款项承担连带清偿责任。案件受理费92 000元、诉讼保全费50 000元、鉴定费160 000元，共计302 000元，由金龄公司负担241 600元，由岸达公司负担60 400元。

三、上诉及答辩情况

金龄公司不服一审判决，向最高人民法院提起上诉称：金龄公司虽然认可第六公司的分包行为，但未与分包人发生法律关系，故西垅工程队、怀化三公司、金井公司不能以原审原告的身份提起诉讼。因部分房屋已由熊宗杰承包建设，其与本案有利害关系，应追加其为第三人参加诉讼。本案应为建筑工程承包纠纷，不应只作为工程款结算纠纷审理。一审法院对已付工程款数额认定有误。工程未验收结算，金龄公司不应承担逾期付款的违约责任。一审审计适用定额错误，审计结论未经双方质证，审计范围超过工程内容。请求重新对工程造价进行审计，依法改判。

第六公司、西垅工程队、怀化三公司及金井公司答辩请求驳回上诉，维持原判。岸达公司未到庭参加诉讼。

四、最高人民法院认定与判决

最高人民法院经审理认为：金龄公司与一分公司签订的《东大门市场建设承包合同协议书》及补充协议，是双方真实意思表示，不违反法律规定。第六公司认可一分公司的缔约行为，并实际负责工程的具体施工，一审法院认定该承包合同及补充协议有效，于法有据。一分公司的分包行为，因已得到金龄公司的认可，亦应认定为合法有效，金龄公司与西垅工程队、怀化三公司、金井公司之间已形成事实上的权利义务关系，故西垅工程队、怀化三公司、金井公司作为债权人，有权提起诉讼。一审法院在查清事实基础上，认定本案为拖欠工程款纠纷，并无不当。合同约定结算方式为根据 90 定额，参照有关文件据实结算。因湖南省建设委员会湘建〔1994〕经字第 164 号文件规定，在建未完工程按 94 定额执行，且双方就部分工程适用 94 定额结算亦作了约定，一审法院确定工程结算适用 94 定额正确。一审期间，审计部门进行的审计鉴定，亦经双方质证，程序合法。审计部门及其人员具有审计鉴定资质。金龄公司主张重新审计鉴定，理由不足，不予采信。熊宗杰虽参与了工程建设，但未向一审法院提起诉讼，其与金龄公司的纠纷，可另行处理。金龄公司拖欠工程款，已构成违约，应支付所欠工程款并承担相应的违约责任。岸达公司是工程的合作建设方，其已将工程投入使用和出售，且已受益，故原审判决岸达公司对工程欠款承担连带责任，并无不当。综上，一审判决认定事实清楚，适用法律正确。金龄公司的上诉请求，依据不足，不予支持。根据《中华人民共和国民事诉讼法》第一百五十三条第一款第（一）项之规定，最高人民法院于2000年10月24日，以〔2000〕民终字第65号民事判决判决如下：

驳回上诉，维持原判。

二审案件受理费92 000元，由金龄公司负担。

41. 建设工程的所有权人应否承担发包人的义务

一、案件基本事实

上诉人（原审被告）：市管总站。

被上诉人（原审原告）：二建公司。

被上诉人（原审被告）：华粤公司。

被上诉人（原审被告）：大石公司。

1994年4月8日，华粤公司与具有工业与民用建筑二级资质的二建公司签订《建筑安装工程承发包专用合同》（即《大石市场综合楼工程承发包合同》）和《补充协议》约定，华粤公司将大石市场综合楼土建工程发包给二建公司承建，工程总造价概算为6500万元。承包工程的工期为25个月，一至三层室内土建工程，从工程动工之日起15个月内全部完成，交付华粤公司使用；正负零以下工程由二建公司垫资，垫资利息按每月1.5%计算，华粤公司在该工程完成后一个月内，将垫资本息付清给二建公司；正负零以上工程款按工程进度拨付。华粤公司不按期拨付工程款，二建公司有权停止施工，停工期间的窝工和其他损失由华粤公司承担，工期相应顺延。1994年8月5日，广州市番禺区建设委员会发给二建公司大石市场综合楼《建筑工程施工任务通知书》，载明兴建单位为华粤公司。1994年8月7日，华粤公司与二建公司签订《补充协议》约定，工期正式确定为1996年8月15日交第一、二层，1996年9月15日交第三层；桩基础必须在1995年12月31日前完成，正负零必须在1996年4月20日完成。1994年8月28日，二建公司进场施工。

1994年10月24日，二建公司与广东省基础工程公司灌浆工程分公司签订《番禺大石市场综合楼基坑支护工程承发包合同》约定，二建公司将上述综合楼基坑支护工程分包给广东省基础工程公司灌浆工程分公司承建，整个基坑帷幕由水泥土搅拌桩搭接而成，包工包料，工程造价为2 766 600元，工程款由二建公司支付。华粤公司作为建设单位在该合同上盖章确认。同年11月初，广东省基础工程公司灌浆工程分公司进场施工。1995年11月，二建公司对上述项目工程进行基坑土方开挖。1996年2月初，工程地下室基坑支护出现险情，支护结构后侧土体出现裂缝。同年3月6日和15日，华粤公司、二建公司、广州市番禺区工商行政管理局两次联合召开会议，研究处理支护桩裂缝及补强措施问题，参加会议的单位还有广东省基础工程公司、设计单位、广州市番禺区建设委员会、番禺区质量监督站。同年3月7日，广东省基础工程公司致函二建公司称，二建公司土方未按施工惯例分层开挖，而是一次开挖到底，开挖深度达5.5米～6.0米，远远超过了设计4.8米的开挖深度，且基抗支护结构附近土体未采用人工开挖，仍用挖土机开挖，支护结构的深层搅拌桩桩体大多数受到损坏，部分深层搅拌桩甚至被挖土机挖掉半个桩体，希望二建公司不要继续超挖，已超挖部分及时回填至4.8米处，并压实。同年5月20日，广州市番禺区建设委员会向华粤公司发出《关于立即处理大石市场综合楼地下室基坑支护问题的通知》，指出该工程地下室的基坑支护桩变形进一步增大，原来进行临时加固的沙包堆挡土结构逐渐失去作用，因而该基坑的挡土桩有倒塌的危险。为了安全，要求华粤公司立即组织力量采取措施，对工程的基坑出现的险情予以排除，并将处理结果书面报告广州市番禺区建设委员会。同月21日，华粤公司向广州市番禺区建设委员会书面报告称，为了保证围护桩工程的安全，决定将(1)～(13)轴已开挖的地下室基坑回填夯实，此项回填工作将责成该工程的总承包单位二建公司施工。同年5月22日，广州市番禺区建设委员会在该报告上批注：同意回填排险，应迅速落实。

1997年8月13日，二建公司致函华粤公司称，该工程自正负零工程完成至今已一个月，要求华粤公司对后续工程的建设及资金问题给予明确答复。至1997年10月底，二建公司已完成大石市场综合楼正负零以下基础工程及一层工程，二、三层部分框架工程。华粤公司和二建公司对已投入的工程款未进行结算。至1997年11月，华粤公司共支付给二建公司工程款600万元(包括华粤公司向市管总站借款500万元)。自1997年11月起，二建公司已停止对上述楼房的施工建设。1998年1月起，市管总站出资对市场综合楼首层进行装修，并作农贸市场出租使用。1999年2月2日，二建公司向广东省广州市中级人民法院起诉，请求华粤公司继续履行合同，支付工程款及利息，判令华粤公司承担违约责任，由市管总站及大石公司对所欠工程款承担连带责任。

广东省广州市中级人民法院在案件审理期间，委托中国建设银行广东省分行对番禺区市场综合楼上述已建工程的工程造价进行鉴定。经鉴定该工程造价为26 187 977.83元，其中综合楼正负零以上捣桩框架工程造价12 685 848.39元，正负零以下工程造价13 502 129.44元（包括正负零以下捣制框架工程造价12 979 826.23元，大型机械土石方工程造价466 598.05元，管桩工程造价27 899.45元，人工土石方工程造价27 805.71元）。

广东省高级人民法院提审本案后，于2001年2月26日委托中国建设银行广东省分行造价咨询中心，对上述工程地下室回填所造成的工程浪费部分的工程造价进行鉴定。该行造价咨询中心于同年3月2日作出鉴定结论，确认地下室维护桩工程、基础开挖时多挖的土方及地下室回填等三项工程的工程造价共计3 712 598.76元，其中维护桩工程2 766 600元，地下室回填工程451 595.15元，基础开挖多挖土方工程494 403.76元（包括大型机械土石方工程造价466 598.05元和人工土石方工程造价27 805.71元）。

另查明：1993年9月2日，市管总站、华粤公司、大石公司签订《合作改造开发番禺区大石市场合同》约定，三方合作改造开发番禺区大石镇城西路大石农贸市场9层农贸市场综合楼。合作方式为市管总站提供合作用地，华粤公司提供合作开发的建设资金，大石公司负责协助办理手续。市管总站分得一、二、三层建筑面积，华粤公司分得四层以上的全部建筑面积，大石公司获得的报酬为销售和出租总额的2%。1994年3月11日，市管总站领取了该用地的《国有土地使用证》，用地总面积为8970平方米，性质为划拨用地，用途为商业。1994年4月9日，市管总站、华粤公司、大石公司签订《补充协议》约定，拟建的农贸市场综合楼现改为12层，市管总站将大石旧市场三通一平后即书面通知华粤公司，华粤公司接到进场施工通知之日起20个月内，必须按时、按质将一、二层室内土建完成交付给市管总站使用。1994年6月7日，市管总站以自己名义领取了该项目的《建设用地规划许可证》和《建设工程规划许可证》，核定的用地项目为商业用地，用地面积7000平方米，建设项目为综合楼，建设规模为框架12层57 770平方米。

又查明：1996年12月31日，市管总站与华粤公司签订《大石市场补充协议》约定，市管总站借500万元给华粤公司用于一至三层的工程建设，利息按银行同期贷款利率计算，此款在三层完成后半年内还清。市管总站分别于1997年1月10日付200万元、1月23日付50万元、2月3日付50万元、

6 月 4 日付 200 万元，共付款 500 万元给华粤公司，华粤公司均出具了借据给市管总站。市管总站根据华粤公司的指定，直接将该款付给二建公司用于上述楼房建设。

二、一审法院认定与判决

一审法院经审理认为：1994 年 4 月 8 日华粤公司与二建公司签订的《建筑安装工程承发包专用合同》和《补充协议》约定，由华粤公司将大石市场综合楼土建工程发包给二建公司承建，二建公司具有相应的建筑企业资质，已取得广州市番禺区建设委员会颁发的施工建设许可手续，合同是双方当事人的真实意思表示，没有违反法律、法规的禁止性规定，依法应确认为有效。但该合同和补充协议中约定由二建公司垫资上述项目正负零以下工程，因垫资实质上是一种企业之间的非法借贷，违反有关金融法规的规定，该部分约定依法应确认为无效。市管总站虽没有参与该合同的签订，但市管总站的上级主管部门广州市番禺区工商行政管理局已在该合同上鉴证。楼房施工过程中，广州市番禺区工商行政管理局作为市管总站的主管单位参与了支护桩裂缝的险情处理，对二建公司承建该工程，市管总站是知道的，但未提出异议，故应视为市管总站同意华粤公司将上述项目发包给二建公司承建。由于一审法院在审理华粤公司诉市管总站的合作开发合同纠纷中已确认合作合同无效，工程项目归市管总站所有，华粤公司已不具备与二建公司继续履行建筑工程承包合同的主体资格，因此本案双方所签的建筑工程承发包合同依法予以解除。二建公司请求华粤公司继续履行合同的主张缺乏法律依据，不予支持。对于二建公司已完成的工程部分，华粤公司应支付工程款给二建公司。由于二建公司在承接该工程之后，广东省基础工程公司在综合楼基础工程施工过程中，为了排险而被迫取消地下室所造成工程浪费的损失，是由于施工不当造成的，该部分工程款应由承建单位二建公司负责。华粤公司在支付工程款时，可扣除该损失的工程款部分。根据中国建设银行广东省分行造价咨询中心的鉴定，二建公司在该工程实际投入的工程款为26 187 977.83元，扣除建筑地下室的工程款损失为3 712 598.76元和华粤公司已付给二建公司的工程款600 万元（包括委托市管总站支付二建公司的 500 万元），华粤公司应将尚欠的工程款16 475 379.07元支付给二建公司，并支付同期同类银行贷款利息，利息从工程全面停工的 1997 年 11 月 1 日起算，计至还清款项之日止。由于一审法院已在华粤公司诉市管总站的合作开发合同纠纷案中，将本案工程的建筑物判归市管总站所有，市管总站是该建筑物的受益人，故其应对华粤公司的上述付款义务承担连带清偿责任。二建公司请求华粤公司、市管总站支付拖欠工程款有理，予以支持。但请求按合同约定支付违约金缺乏依据，不予支持。二建公司请求大石公司承担还款责任，缺乏事实和法律依据，不予支持。二建公司请求华粤公司、市管总站赔偿其停工补偿费、机械呆滞费、材料维护费1 846 496.14元，因二建公司未能提供损失的充分证据，故该主张不予支持。据此判决：（一）华粤公司与二建公司于 1994 年 4 月 8 日签订的《建筑安装工程承发包专用合同》和《补充协议》中有关二建公司垫资该项目正负零以下工程的条款内容无效，其余有效，有效部分，予以解除；（二）华粤公司应在本判决生效之日起 30 日内，支付工程款16 475 379.07元及其利息给二建公司，利息按中国人民银行同期同类贷款利率，从 1997 年 11 月 1 日起算，计至还清款项之日止，市管总站对华粤公司上述付款义务承担连带清偿责任；（三）驳回二建公司的其他诉讼请求。一审案件受理费172 384元、工程造价鉴定费177 127.87元，共计349 511.87元，由二建公司负担174 756元，由华粤公司负担87 378元，由市管总站负担87 378元。

三、上诉及答辩情况

市管总站不服一审判决向最高人民法院提起上诉称：市管总站不是《建筑安装工程承包专用合同》和《补充协议》的缔约方或担保方，合同对其无约束力，一审判决认定市管总站承担支付工程款的连带清偿责任，于法无据。请求依法改判。另市管总站已支付二建公司装修款 160 余万元，是否包括在鉴定确认的工程款中，请求法院予以查明。

华粤公司、二建公司答辩请求驳回上诉，维持原判。大石公司未发表答辩意见。

四、最高人民法院认定与判决

最高人民法院经审理认为：华粤公司与二建公司签订的《建筑安装工程承发包专用合同》及《补充协议》是双方当事人真实意思表示，主要条款内容不违反法律、行政法规强制性、禁止性规定，二建公司具有相应的建筑企业资质，应依法认定为有效。但该合同中约定由二建公司垫资施工部分，违反法律规定，应认定为无效。由于华粤公司与市管总站的合作开发合同被法院判决已确认为无效合同，工程项目判归市管总站所有，华粤公司已不具备继续履行与二建公司建筑工程承发包合同的主体资格，故双方签订的合同及补充协议应依法解除。合同解除后，华粤公司应支付二建公司已完成建设工程部分的工程款。在二建公司施工过程中，广东省基础工程公司为了排除险情而使地下室回填造成的工程浪费的损失，应由二建公司承担。工程总造价经鉴定为26 187 977.83元，地下室工程损失为3 712 598.76元，华粤公司已支付工程款 600 万元，尚欠二建公司工程款16 475 379.07元。一审法院判决华粤公司应将上述款项支付二建公司，并付该款同期同类贷款利息，利息自工程全面停工的 1997 年 11 月 1 日起计算，至款项付清之日至，并无不妥。市管总站不是华粤公司与二建公司建筑安装工程合同的缔约人，一审法院以讼争工程项目已被另案判归市管总站所有，市管总站是该建筑物的收益人为由，判令市管总站对华粤公司的上述付款义务承担连带清偿责任，适用法律错误，依法应予纠正。市管总站上诉请求其不应承担连带清偿责任，依据充分，应予支持。市管总站虽支付二建公司装修款 160 余万元，但未提出证据证明该款包括在鉴定确认的总工程款中，且鉴定结论已指明鉴定内容为华粤公司发包二建公司工程的造价，未包括市管总站装修工程的部分。市管总站的该项诉讼请求，证据不足，不予采信。综上，根据《中华人民共和国民事诉讼法》第一百五十三条第一款第（二）之规定，最高人民法院于 2001 年 11 月 13 日，以〔2001〕民一终字第 67 号民事判决判决如下：

一、维持一审判决第一、三项；

二、变更一审判决第二项为：华粤公司应在本判决发生法律效力之日起 30 日内，支付二建公司工程款16 475 379.07元及利息（利息从 1997 年 11 月 1 日起至还款之日止，按中国人民银行同期同类贷款利率计算）。

一审案件受理费 172 384 元、工程造价鉴定费 177 127.87 元，共计 349 511.87元，由二建公司负担174 755.94元，华粤公司负担174 755.93元。二审案件受理费 172 384 元，由二建公司负担86 192元，华粤公司负担 86 192元。

42. 对因债务加入而产生的连带责任的处理

一、案件基本事实

上诉人（原审被告）：宏福公司。

上诉人（原审被告）：黄磷公司。

被上诉人（原审原告）：建联公司。

1994 年 9 月 2 日，宏福公司与建联公司签订《建设工程施工合同》约定，由建联公司修建瓮福黄磷厂。开工时间为 1994 年 9 月 10 日，竣工时间为 1995 年 8 月 10 日。土建工程按《黔南 88 估价表》补充“91－269”文，安装工程按全统安装定额 90 价目表补充“91－269”文，审定的施工图预算加减现场签证。设地变更增加的工程量为最终价款。如基地指挥部有新标准、新规定，按新标准、新规定执行。因宏福公司原因，可以顺延工期；因建联公司原因，工期不得顺延。工程款按每月实际完成工程量支付进度款。宏福公司负责建安九大主材及定型设备，建联公司采购材料根据宏福公司委托办理。宏福公司应在收到结算报告后 30 日内批准或提出修改意见，否则从第 31 日起按建联公司向银行计划外贷款的利率支付工程款的利息，并承担违约责任。如宏福公司违约，应支付违约金相应顺延工期并赔偿建联公司的窝工等损失；如建联公司违约，应承担违约金和宏福公司损失。合同签订后，由于宏福公司资金未到位，至 1996 年 3 月 28 日才正式开工。其间，建联公司受到一定的窝工损失。

1994 年 9 月 15 日，宏福公司与宝田国际公司共同出资成立黄磷公司，该公司于 1995 年 4 月 18 日领取了企业法人营业执照。1994 年 9 月至 1995 年 12 月，黄磷公司的总经理由宏福公司驻工地代表周开勋担任。1995 年 12 月初至 1996 年 5 月，驻工地代表改为曹国栋。合同履行期间，建联公司与曹国栋等人经协商土建工程按 93 定额加套 95－122 号文，安装工程按 90 定额加套 95

—122 号文报工程进度。从 1996 年 4 月 27 日起至工程竣工，建联公司按上述定额所报的工程价款结算表，现场施工负责人及施工人员均签字认可，并加盖了黄磷公司的公章。宏福公司和黄磷公司开具给建联公司的物资调拨单亦均按 93 定额计价。1998 年 7 月 17 日，黄磷公司收取了工程结算书，但未批准或提出修改意见。建联公司于 1998 年 9 月 8 日向一审法院提起诉讼，请求工程按双方商定后的定额进行结算，由宏福公司支付工程欠款及逾期给付的违约金，并赔偿延期开工的损失。黄磷公司申请追加其为无独立请求权第三人参加诉讼。一审法院经审查认为，黄磷公司是本案权利义务的承受人，故追加黄磷公司为被告参加诉讼。

另查明：1999 年 9 月 14 日，一审法院委托中建建筑设计院工程造价咨询部对工程造价进行鉴定。该咨询部于 1994 年 11 月出具《关于瓮福黄磷有限公司黄磷厂整个建设项目竣工图结算的鉴定报告》认定，建设项目审定结算工程总造价为19 050 481元。黄磷公司与建联公司一致认可工程已付款为5 890 000元，宏福公司代付水电费103 791.77元。宏福公司提供材料为6 123 200.54元，建联公司退还材料668 784.84元，宏福公司实际提供材料价值5 454 415.67元，尚欠建联公司工程款7 602 273.56元。

二、一审法院认定与判决

一审法院认为：宏福公司与建联公司签订的《建设工程施工合同》，是双方当事人真实意思表示，并经国家有关机关批准，应为有效合同。宏福公司以黄磷公司是实际投资人，合同的权利义务已经转移，宏福公司不应承担民事责任为由提出抗辩，并无证据证明该变更已征得建联公司同意。鉴于黄磷公司参与合同的实际履行，并主动要求参加诉讼和承担民事责任，可承担连带责任。宏福公司、黄磷公司同意依新定额结算，建联公司从第一个月起均按新定额标准填报进度报表，宏福公司、黄磷公司提供材料出具的物资调拨单，亦明确标明按新定额计价，故对建联公司对结算标准的请求予以支持。黄磷公司在收取建联公司的工程结算书后，未予批准或提出修改意见，已构成违约，依约应支付逾期付款违约金，违约金应按中国人民银行逾期贷款利息计算。建联公司进场后，因宏福公司资金不到位，导致工期延误，宏福公司应酌情赔偿建联公司的窝工损失。据此判决：一、建联公司与宏福公司签订的《建设工程施工合同》有效；二、宏福公司在本判决生效之日起 30 日内，支付建联公司工程欠款7 602 273.56元及逾期付款违约金（违约金自

1998 年 8 月 18 日起至给付之日止，按中国人民银行同期同类逾期贷款利息分段计算），黄磷公司承担连带责任；三、宏福公司在本判决生效之日起 30 日内，赔偿建联公司的窝工损失 21 万元，黄磷公司承担连带责任。案件受理费48 021.37元，由宏福公司承担24 021.37元，黄磷公司承担24 000元。鉴定费60 000元，由建联公司承担30 000元，宏福公司、黄磷公司承担30 000元。

三、上诉及答辩情况

宏福公司、黄磷公司均不服一审判决，向最高人民法院提起上诉。宏福公司上诉称：工程的投资主体已发生变化，宏福公司在合同中的权利义务已转移给黄磷公司。在履约过程中，建联公司与黄磷公司直接产生了合同关系，宏福公司不应再承担民事责任。合同约定的定额标准没有变更。请求发回重审或依法改判。黄磷公司上诉称：《建设工程施工合同》虽然对建联公司和宏福公司具有约束力，但黄磷公司可以参照履行，且黄磷公司与建联公司直接建立了权利义务关系。曹国栋个人无权修改工程结算的定额标准。施工现场人员在进度报表上的签字，不表示对定额标准的认可。黄磷公司只是借用了宏福公司的物资调拨单。由于双方对适用定额问题未达成一致，无法办理工程结算，故黄磷公司不存在逾期付款的违约行为，请求发回重审或依法改判。建联公司答辩称：双方已商定工程依新定额进行结算，且已实际履行。宏福公司、黄磷公司在收到工程结算书后逾期拒不结算，已构成违约，应承担违约责任。一审期间的鉴定结论真实合法，应予确认。由于宏福公司的原因使工期延误，对建联公司造成的窝工损失应予赔偿。请求驳回上诉，维持原判。

四、最高人民法院认定与判决

最高人民法院经审理认为：宏福公司与建联公司签订的《建设工程施工合同》系双方当事人真实意思表示，不违反法律法规的规定，一审法院认定合同有效是正确的。合同签订后，由宏福公司与外商合资成立的黄磷公司虽然参与了合同的履行，但宏福公司在合同中的权利义务并未转移给黄磷公司。黄磷公司请求参加诉讼，并不能引起宏福公司民事责任的消灭。双方当事人经协商一致同意土建工程按 93 定额加套 95－122 号文，安装工程按 90 定额加套 95－122 号文报工程进度。依工程结算表及物资调拨单的记载证明双方在履行合同中已按新的工程定额标准计价取费。宏福公司、黄磷公司在收到建联公司工程结算书后，未依约批准或提出修改意见，应承担相应的违约责任。一审法院对上述违约责任的认定是正确的。由于宏福公司的原因，已导致工期顺延，依合同约定，宏福公司应赔偿建联公司的窝工损失。一审法院根据案件实际情况，确定损失数额，符合民法的公平原则。宏福公司、黄磷公司上诉理由不成立，本院不予支持。根据《中华人民共和国民事诉讼法》第一百五十三条第一款第（一）项的规定，最高人民法院于 2000 年 7 月 21 日，以〔2000〕民终字第 23 号民事判决判决如下：

驳回上诉，维持原判。

二审案件受理费48 021.37元，由宏福公司负担24 021.37元，由黄磷公司负担24 000元。

43. 建设工程施工合同中债的加入问题的认定及处理

一、案件基本事实

上诉人（原审被告）：杭州公司。

上诉人（原审被告）：上海公司。

被上诉人（原审原告）：中成公司。

1997 年 8 月 8 日，杭州公司与上海公司签订《施工总承包合同》约定，坐落在浙江省杭州市湖滨路 12 号的杭州西湖国际饭店（地下室部分）工程，以施工总承包方式由上海公司承建，承包范围为施工区域内的工程桩、连续墙、地下主体结构、土方工程及相关项目。各分包商由上海公司负责筛选决定，征得杭州公司认可，将合约附本报杭州公司备案，并由上海公司统一管理。建筑面积为 4.5 万平方米（暂定），合同总造价暂定 9800 万元。工程质量等级为优良。双方还对合同价款的调整、工程款的支付、工程验收、结算、双方其他权利义务进行了约定。同日，杭州公司与上海公司就杭州西湖国际饭店工程还签订了《施工总承包合同》约定，上海公司承包土建、安装预留预埋管等全部工程，负责筛选各分包商，征得杭州公司认可，将合约附本报杭州公司备案，并由上海公司统一管理。工程建筑面积暂定为 12.7 万平方米。合同总造价暂估为 2.6 亿元。工程质量及其他事项的约定与前一份合同约定一致。该合同于同年 10 月 7 日经浙江省杭州市公证处公证。

1997 年 11 月，中成公司派人进场。同年 12 月 20 日，上海公司与中成公司签订《建筑安装工程承包合同》约定，中成公司承建位于浙江省杭州市湖滨路 12 号杭州利星凯悦大酒店（即杭州西湖国际饭店）土建部分工程。工程建筑面积地下层为45 000平方米，合同造价为 3196.8 万元；地上层为82 400平方米，工程造价为 9451.2 万元。开工日期为 1998 年 4 月 1 日，工程造价暂定12 650万元，其中土建暂定为12 050万元，安装暂定为 600 万元。上海公司在合同签订后分阶段提供完整的建安施工图 12 份，施工技术资料 8 份。工期为 365 日结构封顶，490 日完成内外粉刷花岗石工程。合同还约定如遇下列情况，经上海公司现场代表签证后工期相应顺延，其中：(1) 不属包工系数范围内的重大计划变更，提供的工程地质资料不准致使设计方案改变或出于施工无法进行而影响进度；(2) 未按合同约定拨付预付款、工程进度或代购材料差价款而影响施工。工程质量要求达到优良，由浙江省杭州市建筑工程质量监督站实行质量监督，由浙江省工程监理公司承担监理任务。中成公司应按质量验评标准对工程进行分项、分部和单位工程质量评定，并及时将单位工程质量评定结果送上海公司和质监站。单位工程结构完工时，应会同发包方、质监站进行结构中间验收。上海公司收到中成公司的工程进度月报后必须在 7 日内按核实的工程进度支付进度款，工程进度款支付达到合同总价的 90％时，按约定比例逐步开始扣回备料款。工程款支付达到合同总价的 90％（一般不超过 95％）时，不再按进度付款，待工程竣工验收后清算。本合同造价结算方式以议标报价和合同细则及工程签订联系单结算。中成公司在单项工程竣工验收后 30 日内，将竣工结算文件送交上海公司和经办银行审查，上海公司在接到结算文件 30 日内审查完毕，如到期未提出书面异议，中成公司可请求经办银行审定后拨款。本合同仅为原则合同，双方另订实施细则，执行以实施细则为准。

1998 年 2 月 10 日，中成公司提供了报价书，预算工程总价为126 794 751 元。同日，上海公司与中成公司签订《施行细则》约定，中成公司应于每月 25 日前提供次月月进度工作计划和完成月工程量报表，工程如遇建设单位变更设计或建设单位指示造成工程延误、停工及有关经济损失，概由双方共同向建设单位争取并依建设单位最后核定工期及金额为准。中成公司于工程竣工后 15 日内提交竣工资料和竣工报告，上海公司收到竣工报告后 15 日内提交竣工资料和竣工报告，上海公司收到竣工报告后 15 日内组织有关部门验收，验收后 5 日内给予批准或提出修改意见。中成公司应在竣工后 30 日内提出竣工图 6 套，竣工报告批准后中成公司应在 30 日内提出结算报告。合同执行过程中，凡上海公司因执行杭州公司的指示所产生的违约行为，皆由双方共同向杭州公司要求赔偿，并依杭州公司最后核定为准。中成公司每月底提出当月完成工程量及费用经上海公司审核后报杭州公司，经杭州公司核定后，依核定后的工程费用付款 90％，余下 10％为保留款，待工程竣工验收合格后清算，有关工程费用概由双方共同向杭州公司办理，并依杭州公司的最后核定为准。延误工期的，每延误一日按合同总造价的万分之二计罚款。

1998 年 4 月 19 日，工程正式开工。自同年 3 月 2 日起，上海公司陆续支付中成公司部分工程款。同年 4 月 28 日，上海公司与中成公司又签订一份合同，载明上海公司为总承建责任人，中成公司为土建承建责任人。1997 年 12 月 20 日合同、1998 年 2 月 10 日施行细则和中成公司报价书，具有同等法律效力。合同还载明土建部分总造价为12 650万元，基础工程格构柱部分按实结算，1999 年 3 月 15 日前土建揭顶，8 月 25 日前外立面装修及内部粗装修完工，其余工期另行协商。本合同自杭州公司鉴证盖章、签字之日起生效。合同上除了上海公司、中成公司盖章外，还盖有杭州公司公章及其法定代表人签字。

在合同履行期间，杭州公司多次会同中成公司、上海公司就履行合同的细节问题开会研究并共同签署会议纪要。

1988 年 10 月 3 日，杭州公司致函中成公司，载明："关于工程款支付事宜，凡我方建设单位（业主）未能及时到位，总包方又不能按合同支付工程进度款的由我方建设单位（业主）负责给付。"1999 年 1 月 18 日，杭州公司、上海公司、中成公司和杭州之江市政建设公司签订了土方施工补充协议，主要内容为：前期已完成的土方工程量约 12 万立方米，单价仍按原土方承包合同约定的 43 元/立方米；后期的工程量分两部分另行计算，前 6 万立方米土方工程量，单价按 65 元/立方米计，总土方工程量估计为 24 万立方米，另由于地下条件限制造成 2 万立方米场内驳运，单价为 60 元/立方米，土方挖运工程量根据竣工图纸按实结算。1999 年 3 月 4 日，中成公司、上海公司与杭州公司签订《关于饭店主体结构钢筋结算及工程联系单审核方法的备忘》，主要内容为：1. 钢筋超用量调整：基数参照上海市 93 定额相应子目的定额含量计算。实际钢筋用量按设计施工图及变更、技术联系单翻样后，另加钢筋损耗计算，钢筋损耗按±0.00 以下（含±0.00 层）5%，±0.00 以上 2.5%计算，后者与前者之量差即为钢筋超用数量；2. 单价、管理费及利税仍按中成公司报价书执行；3. 中成公司主送的工程联系单，上海公司必须会同监理及时答复，上报业主工程部，工程部未能及时回复的联系单，以月报审核核定结果作为最终结算依据。

1999 年 12 月 21 日，中成公司进行了结构工程中间验收，并形成验收记录，由杭州公司、上海公司、设计单位、监理单位及中成公司参加，对地基与基础工程（地下室 1—3 层）、主体结构工程（±0.00 线以上）的评定意见为：经核，保证资料齐全，试验结果都达到设计要求，其外观及尺寸都符合图纸要求，达到优良等级。2000 年 1 月 20 日，浙江省杭州市质监站梁焰在中间结构验收纪要上签署了“经整改结构已符合要求，可以进入下道工序施工”的意见。

自 1998 年 3 月 2 日至 1999 年 12 月 30 日，中成公司共收到工程款13 216万元，其中上海公司支付11 960万元，杭州公司支付 1256 万元。中成公司于 1999 年 10 月 30 日编制了结算报告，工程造价为229 718 428元，并于同日将该报告提交给上海公司，上海公司于 1999 年 11 月 8 日确认收到该报告并提供给了杭州公司；杭州公司未进行审核。一审法院根据中成公司的申请，委托浙江万邦会计师事务所对工程造价进行了审计鉴定。2001 年 7 月 6 日，该所出具了土建工程造价鉴定的意见征求稿。中成公司、上海公司、杭州公司分别出具了书面反馈意见。一审法院召集三方当事人及鉴定人员逐项征求意见并进行核对。同年 10 月 29 日，浙江万邦会计师事务所出具正式报告，审定工程造价为193 968 170元，并派鉴定人员到庭接受质询。中成公司对该报告无异议；上海公司质询该鉴定报告是否已扣除了中成公司未完工部分，鉴定人员称已扣除，上海公司无其他异议；杭州公司则要求鉴定人员说明土方量的计算依据，鉴定人员告知土方量的计算有两份依据：一份是土方施工补充协议，另一份是土方施工付款鉴定协议书，并作出相应的解释。杭州公司遂未提出其他异议。

2000 年 1 月 19 日，中成公司向浙江省高级人民法院提起诉讼，请求判令上海公司、杭州公司支付工程款61 808 170元、逾期付款违约金8 956 000元及律师费用 80 万元，共计71 564 170元。

二、一审法院认定与判决

一审法院经审理认为：中成公司与上海公司于 1997 年 12 月 20 日签订的建筑安装工程承包合同及 1998 年 2 月 10 日签订的施行细则，没有违反《建筑安装工程承包合同条例》的有关规定，双方意思表示真实，中成公司具备相应的资质条件，合同及施行细则是合法有效的。合同约定的土建工程已完工，并可进入下一道工序、部分商场已开业，故该合同已基本履行完毕。杭州公司认为应适用当时未生效的《中华人民共和国建筑法》，要求确认合同无效，没有依据，不予支持。由于工程量的增加、进度款的迟延支付等导致工期延误，责任应由上海公司承担。杭州公司系建设方且于 1998 年 10 月 3 日书面向中成公司承诺，若上海公司不能支付工程款，由其负责给付，表明杭州公司慎重地加入到上海公司与中成公司的合同关系中，与上海公司一起对中成公司的债务承担连带清偿责任，故杭州公司系本案适格的被告，杭州公司认为其不是适格被告的抗辩理由不能成立。委托鉴定单位浙江万邦会计师事务所，是经三方当事人确认的。鉴定报告经庭审各方质证、鉴定人员出庭接受质询。从 1997 年 8 月开始至 1999 年底在长达 3 年的时间里，张为志均代表杭州公司在合同、补充协议、会议纪要、工程联系单、月进度款审核表等资料上签字，杭州公司从未有任何异议。据此，中成公司、上海公司有充分理由相信张为志是代表杭州公司的，张为志的行为符合表见代理的特征，由此引起的责任应由杭州公司承担。至于张为志是否构成刑事犯罪与本案合同纠纷系不同的事实引起的，可分别审理，无需中止本案审理。本案也不存在延期审理的法定情形，故杭州公司要求延期或中止审理的抗辩理由没有事实和法律依据。1997 年 12 月 20 日的合同虽然约定工程造价暂定为12 650万元，但同时约定合同造价以议标报价和合同细则及工程联系单结算。施行细则约定中成公司每月底提出当月完成工程量及费用经上海公司审核后报杭州公司，经杭州公司核定，依核定后的工程费用付 90%，余下 10%为保留款。中成公司与上海公司还明确约定 1997 年 12 月 20 日合同为原则合同，执行以施行细则为准。据此，中成公司与上海公司约定的工程进度款的支付是以经杭州公司核定的月完成工程量及费用为准，而不是以12 650万元为基准的。上海公司虽已支付13 216万元，但距鉴定的工程造价的 90%还相差甚远，上海公司认为其已按约履行了付款义务的抗辩理由与事实不符，不予支持。由于工程量的增加、进度款的迟延支付等导致工期延误，责任应由上海公司承担。工程约定暂定价为12 650万元，工期为 327 日，由此推算每天工作量为386 850元，实际工程造价经鉴定为193 968 170元，增加工程量为67 468 170元，工期应顺延 174 日。杭州公司认为中成公司拖延工期应承担违约责任的抗辩理由与事实不符。中成公司虽未提供竣工资料、竣工报告，但其向上海公司提供了结算报告，上海公司 1999 年 11 月 8 日确认收到该报告。此后上海公司既未按约予以审核，也未提出任何异议，在 1999 年 12 月 20 日工程通过中间结构验收后也未支付相应款项，故自 1999 年 12 月 21 日起上海公司应承担逾期付款滞纳金。但考虑到中成公司未依约提供竣工报告、竣工资料，亦存在过错，应承担相应责任，逾期付款滞纳金从 2000 年 1 月 21 日开始计算。中成公司仍需提供相应的竣工资料。据此判决：（一）上海公司应在判决生效之日起30日内支付给中成公司工程款61 808 170元及逾期付款的滞纳金（滞纳金自2000年1月21日起至履行完毕之日止，按中国人民银行同类同期逾期贷款利息计算）；（二）杭州公司对上述债务承担连带清偿责任；（三）驳回中成公司的其他诉讼请求。案件受理费367 831元，由上海公司负担180 000元，杭州公司负担180 000元，中成公司负担7831元。财产保全费470 520元，由上海公司负担179 170元，杭州公司负担179 170元，中成公司负担112 180元。鉴定费800 000元，由上海公司负担350 000元，杭州公司负担350 000元，中成公司负担100 000元。

三、上诉及答辩情况

杭州公司和上海公司均不服一审判决，向最高人民法院提起上诉。杭州公司上诉请求称：（一）一审判决认定事实不清。该工程项目当时杭州公司的负责人张为志因涉嫌商业受贿罪，已被浙江省杭州市公安局立案侦查。在司法机关尚未最终确定是否是由于犯罪行为而产生的杭州公司1998年10月3日书面承诺的情况下即予以认定，并判决杭州公司承担连带责任，则有可能保护了犯罪行为的结果。该书面承诺从其内容上看，也仅对不能按杭州公司与上海公司的总包合同支付的工程进度款，由杭州公司负责付给。而根据总包合同杭州公司已全部付清总包合同工程款。对追加工程款，杭州公司从未承诺支付。一审法院以总包合同以内的书面承诺函来判决杭州公司对总包合同以外的工程款承担连带责任不符合本案事实及承诺函的原意。一审法院认定的本案鉴定报告书，直接以张为志签订的补充协议、会议纪要等为计算工程款的依据，客观上导致了工程款的高估冒算，保护了可能是商业受贿罪的犯罪结果。（二）一审判决适用法律错误。本案中工程款数额的确定和经济犯罪有直接的因果关系，系同一法律事实。根据法律规定，本案必须以刑事案件的审理结果为依据，而刑事案件尚未审结，本案应当中止审理。由于本案中涉嫌经济犯罪，直接导致工程款数额的最终确定，是法律规定的“应当调取的新的证据”，在未取得新证据的情况下，本案亦应延期审理。一审法院判决上海公司承担逾期付款的滞纳金，亦不符合法律规定。双方互有违约行为，应各自承担相应的违约责任。本案不具备结算条件，只有竣工之后才能进行最后结算。综上，请求重新对本案的工程造价进行鉴定，撤销原判第二项，驳回中成公司对杭州公司的诉讼请求。

上海公司上诉请求称：中成公司要求上海公司支付款项没有事实和法律

依据。即使中成公司有权提出请求，也只能向杭州公司主张权利。请求撤销原判，依法改判，驳回中成公司的诉讼请求。

中成公司答辩称：一审判决认定事实清楚，证据充分，判令杭州公司对本案债务承担连带清偿责任并无不当。杭州公司和上海公司对 1998 年 10 月 3 日出具给中成公司的函件的真实性均无异议。杭州公司在这份函件中作出的承诺，是杭州公司关于支付工程款的书面保证。杭州公司与上海公司应共同作为连带债务人向中成公司负责。对鉴定报告内容的真实性、合理性及合法性，一审法院亦是在充分质证的基础上作出的认定。杭州公司、上海公司以及中成公司在一审法院主持的庭审质证中，对鉴定报告没有提出实质性异议。对于杭州公司与上海公司所提出的问题，鉴定人员均作了合理解释，各方均表示认可。鉴定结论符合案件事实及法律规定，应予采信。杭州公司要求本案中止或延期审理，缺乏事实及法律依据。杭州公司并不能提出必须延期审理的充足理由，也未能提供证据证明张为志存在犯罪行为，且该行为足以影响本案的审理结果。关于逾期付款滞纳金问题，中成公司于 1999 年 11 月 8 日把结算报告送达上海公司，上海公司未在约定的时间内提出异议或付款，故依法应承担违约责任。一审判决将逾期付款滞纳金的起算日期确定为 2000 年 1 月 21 日，不仅有合同和法律依据，而且也体现了公平与诚信原则。综上，一审判决认定事实清楚，证据充分，实体处理适当，审理程序合法，请求驳回上诉，维持原判。

四、最高人民法院认定与判决

最高人民法院经审理认为：中成公司与上海公司 1997 年 12 月 20 日签订的《建筑安装工程承包合同》、1998 年 2 月 10 日签订的《施行细则》及其后签订的会议纪要等文件，均系双方当事人真实意思表示，中成公司具有相应的建筑工程施工资质，合同不违反法律、行政法规的强制性、禁止性规定，故应认定为有效。一审法院认为确认合同效力应依照合同签订时的相关规定，即以 1983 年 8 月 8 日国务院发布的《建筑安装工程承包合同条例》为依据，而不应适用 1998 年 3 月 1 日施行的《中华人民共和国建筑法》关于合同效力的规定，符合法不溯及既往的原则，故一审判决对双方争议合同的性质及效力的认定，适用法律正确。杭州公司主张，本案中杭州公司的负责人张为志因涉嫌商业受贿罪已被立案审查，在尚未确定张为志的行为是否构成犯罪及其行为是否与本案有关联的情况下，应将本案延期或中止审理。根据最高人民法院《关于在审理经济纠纷案件中涉及经济犯罪嫌疑若干问题的规定》第一条的规定，同一公民、法人或其他经济组织因不同的法律事实，分别涉及经济纠纷和经济犯罪嫌疑的，经济纠纷案件和经济犯罪嫌疑案件应当分开审理。张为志的行为是否构成犯罪与本案虽有牵连，但其与杭州公司应当承担的民事责任系由不同的法律事实引起的，一审法院认为张为志涉嫌犯罪的问题，不构成本案延期或中止审理的法定条件，是正确的。杭州公司的该项请求，理据不足，不予支持。中成公司依据合同只承建该工程的土建部分。现工程已通过由中成公司、上海公司、杭州公司、设计单位、监理单位和质监部门共同参加的中间结构验收，验收结论为保证资料齐全，试验结果都达到设计要求，其外观尺寸都符合图纸要求，达到优良等级，可以进入下一道工序施工。中成公司依据合同已完成土建工程。上海公司和杭州公司认为应待整个工程竣工验收后再进行结算，既不符合案件实际情况，又没有合同及法律依据。中间结构验收记录已证明，工程具备竣工条件，故双方工程款结算纠纷应予解决。依照合同约定，工程结算，中成公司应提交竣工报告和竣工资料，一审法院已对此予以认定亦是正确的。杭州公司认为一审鉴定采信了犯罪嫌疑人张为志签字的会议纪要等文件作为结算依据计算工程款，鉴定机构关于土方量及土方总价的认定不符合实际情况，鉴定报告中部分计算适用定额错误。关于土方量计算的异议，杭州公司在一审期间提出过，鉴定机构对此已予以明确答复，二审期间杭州公司没有提出新的证据予以证明。关于部分工程适用定额问题，在合同没有约定或约定不明的情况下，鉴定机构可以依据实际情况，套用相关定额并采取相应的技术手段对工程造价进行计算。对张为志的行为，没有证据证明其涉嫌犯罪的行为与本案有直接的关系。一审法院委托的鉴定机构具有相应的鉴定资质。在鉴定过程中，多次征求各方当事人的意见，并对鉴定材料进行质证。在正式鉴定结论作出之前，对上海公司、杭州公司提出的异议均作出修正或答复。杭州公司提出重新鉴定，理由不充分，不予支持。杭州公司虽然不是 1997 年 12 月 20 日合同的缔约人，但在合同履行中，多次参与会议纪要的签署，参加了土建工程的中间结构验收，并分四次直接向中成公司支付工程款累计达 1256 万元，且于 1998 年 10 月 3 日给中成公司出具书面函承诺，工程款支付事宜，凡杭州公司未能及时到位，上海公司又不能按合同支付工程进度款的，由杭州公司负责给付。由此说明杭州公司已加入到中成公司与上海公司的合同关系之中。由于中成公司与上海公司在签订合同时是暂定合同价，最后要以结算价支付工程款，故应按鉴定结论确认的实际工程款数额，由上海公司支付给中成公司，杭州公司应按其对中成公司承诺的内容，承担连带清偿责任。一审法院将杭州公司列为共同被告，并判令其承担上海公司还款的连带责任，并无不妥。由于工程量增加及工程设计变更，按照双方合同约定，应合理顺延中成公司的施工期限，故一审判决认定中成公司没有违约行为，于法有据。中成公司在向上海公司提交结算报告前，未提出上海公司有逾期支付工程进度款的行为，双方亦未在合同中约定，中成公司在通过中间结构验收，向上海公司提交结算报告后，如上海公司未依据结算报告进行结算，应承担违约责任，故一审判决认定上海公司承担逾期付款的违约责任，没有合同及法律依据，依法应予纠正。上海公司依据合同约定，对中成公司负有付款义务，故其关于中成公司应向杭州公司主张权利的上诉请求，本院不予支持。综上，2002 年 12 月 27 日，最高人民法院依据《中华人民共和国民事诉讼法》第一百五十三条第一款第（二）项、第（三）项之规定，以〔2002〕民一终字第 53 号民事判决判决如下：

（一）维持一审判决第二项、第三项；

（二）变更一审判决第一项为：上海公司应在本判决发生法律效力之日起 30 日内支付中成公司工程款61 808 170元。

一审案件受理费、财产保全费、鉴定费按一审判决执行；二审案件受理费367 831元，由上海公司负担147 132.40元，杭州公司负担147 132.40元，中成公司负担73 566.20元。